Erlebnis Erdwandlung

Berichte und Texte einer Zeitzeugenschaft

Erlebnis Erdwandlung
Berichte und Texte einer Zeitzeugenschaft

Herausgegeben von
Hans-Joachim Aderhold und Thomas Mayer

Mit Beiträgen von
Hans-Joachim Aderhold, Fritz Bachmann, Regula Berger,
Claudia Böni Glatz, Jutta Borchert, Ann-Katrin Eriksdotter,
Franklin Frederick, Erwin und Renate Frohmann,
Florian Grimm, Anna Gruber-Schmälzle, Hans Hansen,
Karin Hornikel, Philipp Hostettler, Radomil Hradil,
Pierrette Hurni, Deert Jacobs, Renate Kirzinger,
Thera Konrad, Wolfgang Körner, Dirk Kruse,
Eva Mächler-Wydler, Thomas Mayer, Rena Meyer Wiel,
Sybille Mikula, Sonja Aranya Müller-Hartmann,
Elke Arina Neumann, Christoph Oberhuber, Ana Pogačnik,
Marko Pogačnik, Silvia Reichert de Palacio, Ilse Rendtorff,
Jana Rieger, Wolfgang Schneider, Juliane Viktoria Scholz,
Wolfgang Steffen, Jürgen Stümpfig,
Wolfgang Alexander Tiller, Bettina Inés Truffat,
Rositta Virag, Gunhild von Kries und Helgard Zeh

Titelseite nach dem Bild „Meditation 1" von Iris Templeton

Verlag Ch. Möllmann

Elfte aktualisierte Auflage 2020

Alle Rechte vorbehalten
Copyright © by
Verlag Ch. Möllmann
Schloss Hamborn 94, 33178 Borchen
Tel.: 0 52 51 – 2 72 80
Fax: 0 52 51 – 2 72 56
www.chmoellmann.de
Herstellung: Frick Kreativbüro & Onlinedruckerei e.K., Krumbach

ISBN 978-3-89979-098-6

Inhaltsverzeichnis

Vorwort zur 11. Auflage _____ 10

Vorwort _____ 10

Einleitung _____ 12

Das Oberengadin — Geburtsort für dieses Buch _____ 15
Thomas Mayer

Persönliche Beiträge _____ 39
in alphabetischer Reihenfolge

Dem Sein entgegen _____ 40
Hans-Joachim Aderhold

Neue Elementarwesen _____ 51
Fritz Bachmann (†)

Initiativen im Berner Oberland _____ 52
Regula Berger

Die Erde braucht dein Lachen _____ 59
Claudia Böni Glatz

Christusplätze _____ 61
Jutta Borchert

Die neue Erde ist schon geboren _____ 63
Ann-Katrin Eriksdotter

Erdwandlung ist Menschwandlung _____ 72
Franklin Frederick

Berührung mit der Erde _____ 74
Erwin und Renate Frohmann

Begegnung in Berlin _____ 77
Florian Grimm

Leben mit meiner weichen Seite _____ 82
Anna Gruber-Schmälzle

Vereinigungsenergie _____ 86
Hans Hansen

Gaia ruft mich _____ 88
Karin Hornikel

Einladung an die Göttin der Wandlung _____ 89
Philipp Hostettler

Begegnungen mit der übersinnlichen Welt _____ 92
Radomil Hradil

Mein Leib — ein Stück Erde _____ 96
Pierrette Hurni

Unternehmen in Wandlung _____ 106
Deert Jacobs

Lichtinseln und Urkraftquellen _____ 112
Renate Kirzinger (†)

Wandlung ist Werden — Werden ist Wandlung _____ 119
Thera Konrad

Wandlungsprozesse _____ 123
Wolfgang Körner

Inspirationen für Natur- und Sozialgestaltungen _____ 132
Dirk Kruse

Die Erde als Therapeutin _____ 154
Eva Mächler-Wydler

Geistige Hintergründe der Erdwandlung _____ 161
Thomas Mayer

Bewusstseinsraum der Stille _____ 187
Rena Meyer Wiel

Im Geburtsprozess _____ 191
Sybille Mikula

Erd- und Himmelsenergie _____ 195
Sonja Aranya Müller-Hartmann

Vereinigungsplätze und Sternentore _____ 197
Elke Arina Neumann (†)

Auf dem Weg zu neuen Wahrnehmungsorganen _____ 199
Christoph Oberhuber

Wach auf, die Erde wandelt sich! _____ 201
Ana Pogačnik

Erdwandlung im Überblick _____ 219
Marko Pogačnik

Kommunikation mit der Natur _____ 227
Silvia Reichert de Palacio

Stufen der Erdwandlung in meinem Leben _____ 234
Ilse Rendtorff (†)

Die Liebe zur Erde erfahren _____ 239
Jana Rieger

Schritte zur Vergeistigung der Erde _____ 244
Wolfgang Schneider

Unterwegs auf dem Wasser _____ 260
Juliane Viktoria Scholz

Freiheit als Substanz _____ 270
Wolfgang Steffen

Quellen der Kraft _____ 284
Jürgen Stümpfig (†)

Sie liebt uns _____ 287
Wolfgang Alexander Tiller

Wandlung in Tanz und Natur _____ 298
Bettina Inés Truffat

Das Erwecken der Göttin _____ 304
Rositta Virag

Vor der Schwelle — von jenseits der Schwelle _____ 317
Gunhild von Kries

Mitten drin _____ 323
Helgard Zeh

Weitere Texte _____ 327

Anthroposophie und Geomantie _____ 328
Wolfgang Körner

Die Welt der Engel bei Rudolf Steiner und bei der
Brücke zur Freiheit _____ 339
Wolfgang Körner

Die Vorbereitung der Erdwandlung durch die
Anthroposophie _____ 346
Thomas Mayer

Aspekte der Erdwandlung bei geisteswissenschaftlichen
Autoren _____ 391
Florian Grimm

Die Erdwandlung durch die Eröffnung geistiger Quellen ___ 415
Hans-Joachim Aderhold

Wachtraum zur Vorbereitung der Erdwandlung _____ 443
Hans-Joachim Aderhold

Herzenergien im mehrdimensionalen Gefüge _____ 447
Wolfgang Schneider

Was geschieht mit unseren Herzen? _____ 462
Claudia Böni Glatz

Die Limburg — eine Landschaftsoffenbarung _____ 464
Hans-Joachim Aderhold

Materialien _____ 477

Schulungsmaterial zur Geomantie _____ 478
Wolfgang Schneider

Glossar _____ 496
Philipp Hostettler und andere

Die Autorinnen und Autoren _____ 504
in alphabetischer Reihenfolge

Literaturliste der Autorinnen und Autoren _____ 519

Vorwort zur 11. Auflage

Das Buch wurde mit dieser Auflage etwas überarbeitet sowie die Viten (außer den Fotos) und die Bücherliste aktualisiert. Insbesondere wurde der Text über den Geburtsort für dieses Buch vorangestellt. In der Einleitung hatten wir betont: Dieses Buch steht in vieler Hinsicht am Anfang und nicht am Ende eines Prozesses! Gut zwölf Jahre später stellen wir nun fest: Obwohl die Erdwandlung weiter vorangeschritten ist und wir auf ihre Fortschreibung an dieser Stelle verzichten, hat dieses Buch seinen dokumentarischen Wert keineswegs verloren. Es enthält außerdem so viele auch künftig noch wichtige Gedanken und Beiträge, dass wir es weiterhin als grundlegendes Werk zu diesem Thema ansehen.

Hans-Joachim Aderhold, Thomas Mayer
Im Februar 2020

Vorwort

Das Buch, das Sie in Händen halten, stellt eine kollektive Zeugenaussage dar. Während die Welt erschüttert wird durch die Erkenntnis, wie weit und tief unsere Erdzerstörung schon greift, legen hier 42 Menschen aus verschiedenen Ländern Zeugnis ab von einer positiven Seite des Weltgeschehens. Was für eine Dramatik!

Es handelt sich um Autorinnen und Autoren, von denen sich viele schon 1999 in einem lockeren, nicht organisierten Netzwerk zusammengeschlossen haben, das sich „Lebensnetz Geomantie und Wandlung — Netzwerk für die wechselseitige Inspiration von Erde und Mensch" nennt. Damals, als die Besorgnis um die Erderwärmung noch kein Thema war, haben manche schon wahrgenommen, dass die Erde weitreichende Prozesse in Gang gesetzt hat — offensichtlich, um die ökologisch-seelische Zerstörung des Lebens zu verhindern.

Mit dem Begriff „Geomantie" wird heute eine neue Art der geistigen Forschung und der ökologischen Praxis bezeichnet, die seit den achtziger Jahren im Rahmen des modernen ganzheitlich ausgerichteten Bewusstseins entwickelt wurde. Die Erde wird dabei als ein mehrdimensionaler planetarer Körper erkannt, dem eine eigene Intelligenz innewohnt.

Geomantisch geschulte Menschen — wie die Autorinnen und Autoren des Buches — haben die Fähigkeit zur übersinnlichen (vertieften) Wahrnehmung wieder entdeckt und deren Methoden erweitert. Diese, der menschlichen Natur eingeborene Fähigkeit wurde vorübergehend durch den einseitigen Drang zum logischen Verstehen der Lebensvorgänge unterdrückt. Durch geomantische Schulung und Übung wird sie erneuert und auf den Geist der gegenwärtigen Epoche der Menschheitsentwicklung eingestimmt. Anhand einer solchen Erneuerung der übersinnlichen Wahrnehmung kann die Zeugenschaft von 42 Menschen als genügend glaubwürdig hingenommen werden, um einen Bewusstseinswandel in unserer gängigen Deutung der inzwischen bestätigten Erdveränderungen anzuregen.
Neben den Zeugenaussagen enthält das Buch in einem zweiten Teil und im Anhang verschiedene Texte und Materialien, durch die es der Leserin und dem Leser anfänglich ermöglicht wird, die Grundlagen der geomantischen Sprache zu verstehen und sich in die Welt der mehrdimensionalen Erdanschauung einzuleben. Auch werden Hintergründe der Erdwandlung aufgezeigt.

Das Buch kommt nicht nur in die Welt, um gelesen zu werden, sondern auch, um die Lesenden zu ermuntern, sich eigenen — oft missverstandenen — Erfahrungen zu öffnen, sie ohne jede Ängstlichkeit zuzulassen. Je mehr Menschen sich weltweit auf den Prozess der Erdwandlung einstimmen, desto friedlicher kann die Erdseele die Erneuerung ihres planetaren Körpers — von dem wir Menschen ein Teil sind — umsetzen. Vertrauen, Wandlungsfreude und Mut sind dafür die nötigen Eigenschaften!

Šempas, am 2. Februar 2008 *Marko Pogačnik*

Einleitung

Gewidmet und verpflichtet ist dieses Buch dem Thema Erdwandlung. Dieser Begriff wird in der Geomantie seit etwa 1997 verwendet. Er bezeichnet weitgehende Wandlungsprozesse in den übersinnlichen Ebenen der Erde und des menschlichen Bewusstseins, die um die Jahrtausendwende erlebbar wurden. Im Sinnlich-Physischen ist die Erdwandlung noch kaum zu bemerken. Wird eine neue Erde geboren und das öffentliche Bewusstsein bekommt es gar nicht mit? Was geschieht hier? Welche Auswirkungen hat es? Wie kann man es erleben? Diese und weitere Fragen werden in diesem Buch behandelt.

Während die Teilchenphysik über die Grenze der Materie hinausführt, wobei diese selbst immer mehr entgleitet, ermöglicht die Geomantie einen gegenläufigen Prozess, indem die Durchgeistigung der Materie im unmittelbaren eigenen Erleben des Menschen eine Tatsache wird. Während die Naturwissenschaft einräumen muss, dass die ursprünglich geforderte Loslösung ihrer Ergebnisse vom Beobachter nicht immer möglich ist, bekennt sich die Geomantie von vorneherein zur Subjektivität ihrer Erkenntnis. Während in der Naturwissenschaft die geglaubte Objektivität tendenziell also schwindet, wird in der Geomantie die Erfahrung gemacht, dass die anerkannte Subjektivität ihrer Wahrnehmungen deren Wahrheitsgehalt gar nicht beeinträchtigt. Allerdings sind dazu auch hier bestimmte Bedingungen einzuhalten. Dazu gehören zum Beispiel die innere Vorbereitung, die Schulung der Wahrnehmungsorgane und der Austausch mit anderen. Neu in der Geomantie ist also das bewusst subjektive, dabei aber eben auch *eigene* Wahrnehmen anstelle eines distanzierten — oft nur vermeintlich — Objektiven. Das ist zunächst eine Feststellung ohne Wertung. Beide Methoden können prinzipiell auch nebeneinander zur Anwendung kommen. Allerdings führt immer erst die eigene Wahrnehmung auch zu einer kompetenten Urteilsbildung. Erst dadurch endet die Ebene des Glauben- oder Nichtglaubenmüssens. Und da ist die Geomantie im Vorteil.

Dieses Buch legt — nach Art und Umfang sehr unterschiedlich

— Zeugnis zum Thema Erdwandlung ab durch Menschen, die Zugang zur Geomantie gefunden haben. Obwohl jeder einzelne dieser persönlichen Berichte von 42 Autorinnen und Autoren subjektive Erlebnisse beschreibt, ergibt sich in deren Summe doch ein gemeinsames Bild. Da diese Berichte manchmal begriffliches Neuland betreten, werden bisweilen unterschiedliche Begriffe für gleiche oder ähnliche Sachverhalte verwendet. Das wird so hingenommen. Dieses Buch steht in vieler Hinsicht am Anfang und nicht am Ende eines Prozesses! Es ist überhaupt der erste schriftliche Versuch, die Erdwandlung gemeinschaftlich zu greifen und zu beleuchten. Wir hoffen, dass sich auf dieser Grundlage — mit diesem Blick in die Werkstatt — in den kommenden Jahrzehnten das Erleben und das Verständnis der Erdwandlung erweitern und vertiefen kann. Auch das unterstützt die Erdwandlung. Diese findet nicht unabhängig von uns Menschen statt und ist nicht abgeschlossen.

Jeder Beitrag ist authentisch und entsprechend der geomantischen Arbeitsweise gleichberechtigt — deshalb die alphabetische Reihenfolge. Als Herausgeber möchten wir den Leserinnen und Lesern ein realistisches und unbeeinflusstes Gesamtbild ermöglichen. Es sind alle zum Thema eingegangenen Beiträge abgedruckt — natürlich nach einer redaktionellen Bearbeitung. Jeder Beitrag bringt einen Gesichtspunkt. Wir möchten keinen missen.

Die zugrunde liegenden übersinnlichen Wahrnehmungsmethoden werden verschiedentlich ebenfalls thematisiert. So entsteht auch ein guter erster Einblick in Methoden und Ergebnisfindung der modernen Geomantie.

Die Erfahrungsberichte sind das eine. Das andere ist der zeitliche und sachliche Horizont, in den das Erdwandlungsgeschehen eingebunden ist. Dazu gehört auch die Fülle einzelner Aspekte. Dies wird vor allem im zweiten Teil des Buches anfänglich dargestellt — mit einem Schwerpunkt bei Rudolf Steiner und der Anthroposophie — und ohne Anspruch auf Vollständigkeit. Dieser Teil behandelt auch die Geburt dieses Buches und endet mit einer Vision als Hinweis auf die noch unerledigte Aufgabe vor allem Mitteleuropas.

Der Anhang enthält Schulungsmaterial, eine themenbezogene Literaturliste, die Viten der Autorinnen und Autoren und ein Glossar.

Hans-Joachim Aderhold, Thomas Mayer
Im November 2007

Das Oberengadin — Geburtsort für dieses Buch

Thomas Mayer

Im folgenden schildere ich meine Erlebnisse der Arbeitswoche des Lebensnetzes Geomantie und Wandlung vom 3. bis 11. Juli 2004 in Maloja. An diesem Treffen waren viele Aspekte der Erdwandlung erlebbar — und es war der Geburtsmoment des Buches, das Sie jetzt in Händen halten. Denn dort formte sich der Entschluss und die Idee für dieses Buch.

Samstag, 3. Juli 2004
Der erste Eindruck vom Oberengadin und das Thema des Treffens: „Die Isolation des Menschen vom Universum"

Maloja liegt im Oberengadin, einem Hochtal im Süden der Schweiz, ca. 1.800 Meter über dem Meeresspiegel. Von Chur fahren wir zwei Stunden mit dem Bus. Irgendwann überqueren wir einen Pass mit über 2000 Meter Höhe und hinab geht es zum Ziel unserer Reise. Bei dieser Einfahrt ins Oberengadin ist mein erster Gedanke: Um mich herum sind lauter Engel. Alles ist lauter, rein und licht. Wir sind im Himmel! Die irdische Menschenwelt ist weit unter mir.

Wenn ich sonst in Richtung Engel denke, so ist dieses Reich räumlich betrachtet oben, jetzt ist es neben mir auf gleicher Höhe. Meistens kann ich mich auf den ersten Eindruck verlassen. Das verspricht eine spannende Woche zu werden!

In dieser Woche wollen wir das Oberengadin geomantisch erforschen. Das Lebensnetz Geomantie und Wandlung ist ein Netzwerk von Menschen, die sich um das Geistige der Natur und der Landschaft kümmern. Dabei wird die meditative Wahrnehmung von Ätherkräften, Elementarwesen, Göttinnen und Engeln geübt.

Wir übernachten in der Ferien- und Bildungsstätte Salenzina. Dieses Treffen des Lebensnetzes ist klein. Fritz Bachmann aus der Schweiz und Wolfgang Schneider aus Quedlinburg — beides erfahrene Geomanten — haben das Treffen organisiert. Außer mir noch mit dabei sind Silvan, der kleine Sohn von Wolfgang Schneider, Maria Niehle aus Quedlinburg, Jana Rieger aus Berlin mit ihrem Mann Dieter und ihren beiden Töchtern, Rita Dahinden aus Luzern, Agnes Hardorp aus Hamburg und an den ersten Tagen Ruth Schmidhauser.

Am Abend treffen wir uns zu einem ersten Gespräch. Einige Motive:
– Fritz Bachmann und Wolfgang Schneider hatten hier letztes Jahr ein Seminar gegeben. Sie erlebten diese Gegend energetisch als sehr bedeutsam. Deshalb kamen sie auf die Idee, zu diesem Treffen einzuladen.
– Das Oberengadin ist ein europäischer Ort. Was man hier energetisch tut, kann europaweit ausstrahlen.
– Auch wenn jetzt nur wenige da sind, so ist das Treffen mit dem ganzen Lebensnetz verbunden und mit noch viel mehr. Wir arbeiten hier nicht nur für uns.
– In den letzten Tagen hat sich bei einigen ein Thema für dieses Treffen herauskristallisiert: Die USA führen seit einigen Jahren ein Klimaveränderungsprojekt durch — die „Chemtrails". Das von Flugzeugen versprühte Aluminiumoxyd soll angeblich den Treibhauseffekt mildern. Ob es „Chemtrails" wirklich gibt oder nicht, ist in der Öffentlichkeit umstritten. Wolfgang Schneider berichtete, dass Marko Pogačnik in Slowenien eine solche Sprühung erlebt hat und dabei bemerkte, wie stark uns dies von den kosmischen Impulsen abschirmt. Auf der einen Seite findet in den letzten Jahren eine Erdwandlung in den übersinnlichen Ebenen statt, die uns Menschen kosmisch anschließt, andererseits versuchen die Gegenkräfte, uns davon zu isolieren. Dafür sind die Chemtrails Mittel und Symbol. Das Hauptthema dieses Treffens soll sein: Die bewusste Isolation des Menschen vom geistigen Kosmos, und wie wir statt dessen verbindende Impulse setzen können.

Sonntag, 4. Juli 2004
„Mir ist, als wäre ich im Land der Verheißung..."

Halbinsel Chasté — die rote Göttin
Wolfgang und Fritz wollen uns zum Auftakt an einen schönen Ort „zum Auftanken" führen und dann an einen Ort, wo es etwas zu tun gibt. Sie erzählen, dass der Silsersee wie ein kosmisches Auffangbecken von weicher Marien-Energie wirkt und durch drei Punkte gehalten wird. Einen Punkt wollen wir uns als erstes ansehen, die rote Sophiengöttin (Lebensfreude) auf der Halbinsel Chasté. Ich verstehe nicht, was das alles bedeuten soll, und bin gespannt, was mich da erwartet.

Hinter einem ruhigen Dorf geht es über Wiesen zum Eingang der Halbinsel. Kaum dass ich die Insel betrete, fühle ich mich leicht und getragen und von reiner Energie umspült. Unglaublich — dass es so etwas gibt! Sofort wird mir klar: Das Hauptthema dieser Insel ist die Spiritualisierung der Erde. Die Materie erlebe ich hier wie Licht. Eigentlich habe ich es gar nicht mehr mit der sonst üblichen Materie zu tun, sondern mit reiner Ätherkraft. Es sieht gerade noch wie Materie aus, ist aber so gereinigt und entschlackt, dass es sich gar nicht mehr danach anfühlt. Diese Halbinsel ist eine Insel der Zukunft. Hier kann man erleben, was aus unserer Erde als Ganzes noch werden kann.

Ich bleibe bei einem Erdelementarwesen stehen, das mein Herz berührt. Da ich eine deutlich wahrnehmbare Verbindung erlebe, versuche ich, mich in dieses einzuleben und etwas über diese Insel und ihre Geschichte zu erfahren. Das Erdwesen vermittelt aber — für mich sehr überraschend —, dass es gar keine Vergangenheit habe, da es gerade erst geboren sei. Es gebe wohl Erinnerungen in einer tieferen Schicht, doch das sei nicht mehr es. Das war es früher einmal. Es sei transformiert, neu geschaffen. Ich frage, von wem es denn transformiert worden sei? Meine Aufmerksamkeit wird zu einem großen Engel geleitet. Dieser steht mit einer Rechtsdrehung auf einer Lichtung und leitet und impulsiert die Wandlung und Spiritualisierung dieser Halbinsel — welche Kraft, welcher Frieden und welche Farbe!

Erstaunt gehe ich weiter und finde ähnliche Engel an einigen weiteren Stellen der Halbinsel. Bei einem Engel verweile ich in der Meditation und frage ihn, warum er so wirken kann? Da erlebe ich mich von einem Verstorbenen aus dem Umkreis des Universums angeblickt und von seiner besonderen Färbung durchweht. Sofort ist klar: das ist der Sphärenmensch (1) Nietzsche, Friedrich Nietzsche. Was macht der denn hier? Zur Wahrnehmungskontrolle richte ich meine Aufmerksamkeit auf zwei mir vertraute Sphärenseelen, zu denen ich leicht Kontakt aufnehmen kann und erlebe, dass diese nicht herblicken. Nietzsche ist aber sehr interessiert und blickt ganz intensiv her. Die Antwort auf meine Frage ist also: Diese Erdwandlungsengel können wirken auf Grund der Taten und des gegenwärtigen Herblickens von Friedrich Nietzsche. Wie kann ich das verstehen? Etwas weiter stoße ich dann auf eine in einen Felsen gehauene zwei Meter große Inschrift:

„O Mensch! Gib Acht!
Was spricht die tiefe Mitternacht?
Ich schlief, ich schlief —,
Aus tiefem Traum bin ich erwacht:
Die Welt ist tief,
Und tiefer als der Tag gedacht.
Tief ist ihr Weh —,
Lust, tiefer noch als Herzeleid:
Doch alle Lust will Ewigkeit —,
— Will tiefe, tiefe Ewigkeit!"
Friedrich Nietzsche

Das gibt es doch nicht — diese ganze Zauberinsel ist auch äußerlich Nietzsche gewidmet! Und das Nietzschemotto für die Insel ist der Aufruf an den Menschen, in seiner tiefsten Bewusstseinsdunkelheit aufzuwachen! Das heißt, er soll in dem Moment, wo er vollkommen Nicht-Ich und schlafend ist, aufwachen und Ich werden. Das ist doch genau die Quelle der Erdwandlung, so wie ich sie bisher kennen gelernt habe, die zur Spiritualisierung der Erde führt!

Die Besonderheit der Halbinsel Chasté können alle unserer Forschungsgruppe erleben. Trotz der freudigen Stimmung der roten Göttin nehmen wir aber auch eine gewisse Traurigkeit wahr, die über der Halbinsel liegt. Die Halbinsel ist wie außerhalb der Welt. Die Menschen nehmen es nicht wahr, was sich hier vollzieht.

Der Steinkreis
Vor dem Eingang zur Halbinsel ist eine Wiese. In dieser liegen mehrere mannshohe Steine. Wolfgang bleibt auf einmal gebannt stehen. Er erlebt eine Art zeitlosen Raumes zwischen diesen Steinen und kommt zuletzt zu der Ansicht, dass es sich um einen noch wirksamen Steinkreis handelt. Die Steine wurden vor langer Zeit von Menschen als Ort der Kommunikation mit den Geistern der Erde und des Himmels präpariert. Er verbreitet die Stimmung eines schlafenden Zeugen längst vergangener Zeiten. Wieso liegt so ein Steinkreis vor der Halbinsel? Was ist hier los?

Sasc da Corn — die weiße Göttin
Wir können die Fragen, die uns der Steinkreis aufwirft, nicht weiter bearbeiten und fahren zu unserem nächsten Ziel, nach Sasc da Corn am Silsersee. Als wir gestern bei der Hinfahrt dort vorbeikamen, landete ein Rettungshubschrauber und Sanitäter kümmerten sich um einen verunglückten Motorradfahrer. Wir gehen durch ein kleines Wäldchen bis an das Seeufer. Wolfgang und Fritz berichten, dass hier der Platz der weißen Göttin sei, der Jungfrau, der Gebärenden. Dies sei ein zweiter Haltepunkt des kosmischen Auffangbeckens.

Wir versuchen, mit dem Ort in Kontakt zu kommen. Alle in der Gruppe fühlen sich unwohl, obwohl die Natur äußerlich sehr schön ist. Ich habe den Eindruck, dass von der Straße — von der Welt der Menschen — unreine Emotionalität und Gedanken heranströmen, den Ort damit belasten und in seiner Arbeit stören. Der Ort kann seine Aufgabe nicht gut erfüllen. Wir versuchen einen geomantischen Heilungsimpuls durch Tönen (freier gemeinschaftlicher Gesang), haben aber die Empfindung, dass wir damit nicht durchkommen, und ziehen dann diesen Ort in Gedanken durch den Silsersee, um ihn damit zu waschen. Das funktioniert besser. Es ist aber klar, wir können nur einen Impuls setzen, aber das Problem nicht lösen.

Friedrich Nietzsches Heimat und Brutstätte
Am Abend versuche ich das Nietzsche-Erlebnis zu verarbeiten und stöbere in der Bibliothek des Hauses Salenzina. Dabei finde ich Erstaunliches: Friedrich Nietzsche lebte von 1881 bis 1888 in den Sommermonaten in Sils Maria, einige hundert Meter von der Halbinsel entfernt, und erreichte dort seinen schriftstellerischen Höhepunkt. In Sils Maria schrieb er „Morgenröte" (1881), „Die fröhliche Wissenschaft" (1882), „Also sprach Zarathustra" (1883–1885), „Jenseits von Gut und Böse" (1886), „Zur Genealogie der Moral" (1887) und „Die Götzendämmerung" (1888). 1889 brach in Turin seine Geisteskrankheit aus. Am 25. August 1900 starb Nietzsche in Weimar.
Nietzsche schrieb seine Werke im Austausch mit der Landschaft des Oberengadins. Er ging nach Sils Maria, da er hier geistig arbeiten konnte und inspiriert wurde. Als er 1879 einen ersten Erholungsurlaub im Oberengadin verbrachte, schrieb er: „Mir ist, als wäre ich im Land der Verheißung...", und später äußerte er sich über Sils so: „Ein landschaftlicher Umblick in der Schweiz hat mich von Neuem belehrt, dass Sils Maria nicht seinesgleichen in der Schweiz hat..." Nietzsches Arbeits- und Wohnzimmer kann in Sils Maria besichtigt werden. (2)

In „Also sprach Zarathustra" schreibt er: „Ein Buch für Alle und Keinen. Ich erzähle nunmehr die Geschichte des Zarathustra. Die Grundkonzeption des Werks — der Ewige-Wiederkunfts-Gedanke, die höchste Formel der Bejahung, die überhaupt erreicht werden kann —, gehört in den August des Jahres 1881: er ist auf ein Blatt hingeworfen mit der Unterschrift: ‚6000 Fuß jenseits von Mensch und Zeit'. Ich ging in jenem Tage am See von Silvaplana durch die Wälder; bei einem mächtigen pyramidal aufgetürmten Block unweit Surlei machte ich halt. Da kam mir dieser Gedanke."

Aus seinen Briefen lässt sich Nietzsches Verhältnis zu Sils Maria herauslesen:

Sils Maria, 28. Juni 1883, an Carl von Gersdorff:
„Lieber alter Freund, nun bin ich wieder im Ober-Engadin, zum dritten Male, und wieder fühle ich, dass hier, und nirgends anderswo meine echte Heimat und Brutstätte ist." ... *„Ich möchte Geld genug haben, um mir hier eine Art ideale Hundehütte*

zu bauen: ich meine, ein Holzhaus mit zwei Räumen, und zwar auf einer Halbinsel, die in den Silsersee hineingeht und auf der einst ein römisches Kastell gestanden hat. Es ist mir nämlich auf die Dauer unmöglich, in diesen Bauernhäusern zu wohnen, wie ich bisher getan habe: die Zimmer sind niedrig und gedrückt, und immer gibt es mancherlei Unruhe, sonst sind mir die Einwohner von Sils Maria sehr gewogen; und ich schätze sie. Im Hotel Edelweiß, einem ganz vorzüglichen Gasthof, esse ich, allein natürlich, und zu einem Preis, der nicht gänzlich im Missverhältnis zu meinen kleinen Mitteln steht."

Sils Maria, 2. September 1884, an Peter Gast:
"Sils Maria ist allerersten Ranges, als Landschaft und nunmehr auch, wie man mir sagte, durch den Einsiedler von Sils Maria ..." (Anm.: Mit dem „Einsiedler" ist Nietzsche selbst gemeint.)

Turin, 14. April 1888, an Carl Fuchs:
„Dann kommt meine alte Sommerresidenz Sils Maria an die Reihe: das Oberengadin, meine Landschaft, so fern vom Leben, so metaphysisch." (2)

Im Jahre 1900 — dem Todesjahr Nietzsches — stifteten zwei deutsche Musiker — der Münchner Professor Walter Lampe und der Danziger Carl Fuchs — mit Unterstützung des Gemeindepräsidenten Durisch die große in Felsen gehauene Inschriftplatte auf der Halbinsel Chasté. Nietzsche ist also mit Sils Maria und dem Oberengadin eng verbunden. Es ist seine „Heimat und Brutstätte", seine „Landschaft". In Sils Maria hat er seine wichtigsten Werke geschrieben. Auf der Halbinsel Chasté wünschte er sogar zu wohnen, was sich aber nicht realisieren ließ.

Ich versuche, mir ein Grundbild von Nietzsches Schaffen zu machen: Er war verzweifelt mit der alten Welt, und er schrieb, um den Einsturz der alten Welt zu befördern. Er beschwor die neue Welt, die vom Menschen selbst geschaffen und im Einklang mit der Natur ist. So verstehe ich z. B. das Nietzsche-Wort des „Übermenschen". Mit großer Kraft und großer Erwartung — mit viel Denkwillen und Denkgefühl — lebte er der neuen Welt entgegen. Doch er konnte diese selbst nicht erreichen. Die Zeit war dafür noch nicht gekommen. Diese geistigen Impulse prägte er dem Oberengadin, wo er seine Werke schrieb, ein. Und er nahm diese Impulse mit in das Nachtodliche, reifte diese dort weiter aus und legte einen Grund für die energetische Wandlung, das heißt die Spiritualisierung der Halbinsel Chasté. Deshalb konnte ich ihn heute als gegenwärtig wirkenden Sphärenmenschen so stark dort erleben.

Nietzsches Impulse können auf der Halbinsel solche Wirkungen entfalten, weil er mit dem Ort eng verbunden ist. Gleichzeitig gilt: Er ist mit diesem Ort eng verbunden, weil er hier eine Unterstützung seiner Intentionen erlebte. Es liegt also nicht nur an Nietzsche, sondern auch an der Bereitschaft des Ortes. Nietzsche unterstützte den Ort, der Ort unterstützte Nietzsche. Was ist an diesem Ort so Besonderes? Wer hat den Ort so präpariert, dass er für Nietzsche geeignet war?

Aus diesen Erlebnissen lerne ich, welch große Verantwortung auf uns Menschen liegt. Wir tragen eine Verantwortung, von der wir meist nichts wissen und wissen wollen. Von unserem Denken, von unseren Empfindungen und von unserem Willen hängt die Erdentwicklung ab. Wenn wir uns zur Erdwandlung entschließen — wirklich und mit ganzem Herzen —, dann kann diese stattfinden. Das ist meine heutige, herzberührende Lehre aus dem Erleben der Rolle Nietzsches in der Spiritualisierung der Halbinsel Chasté.

Montag, 5. Juli 2004
Die schwarze Göttin arbeitet an der Erdwandlung

Zwei Keltensteine auf der Drachenzunge
Heute wollen wir nach Isola am Silsersee wandern, um den Ort der schwarzen Göttin — den dritten Haltepunkt des kosmischen Auffangbeckens — zu besuchen. Auf dem Weg dahin machen wir an einem Platz halt, auf dem zwei alte etwa ein Meter große Keltensteine liegen. Der eine Stein ist mit Ornamenten verziert, der andere Stein hat eine tiefe Opferschale. Fritz erzählt, dass diese Steine lange Zeit in Maloja vor der Gemeindekanzlei lagen und dann an ihren alten Ort zurück transportiert werden sollten. Diese Steine gehören zu den „offiziellen" Sehenswürdigkeiten des Ortes und zieren Postkarten. Fritz war in diesen

Rücktransport eingeschaltet, um den energetisch richtigen Ort zu bestimmen. Die Steine wurden dann aber doch nicht so gelegt, wie er es vorgeschlagen hatte. Auf dem Geomantieseminar im letzten Jahr wurden die Steine energetisch wieder eingebunden. Außerdem erzählt er, dass hier der Kopf eines langen Drachen sei, der sich bis zum Silsersee durch die Wälder schlängelt. Unter „Drache" wird ein ätherisches Kraftgebilde verstanden, das aber selbst schon wesenhafte Züge besitzt. Normalerweise hat man es nur mit ätherischen Kräften zu tun, die von Elementarwesen geleitet werden. Ich bekomme das nicht deutlich ins Erleben. Jedenfalls fühlt man sich sehr belebt, wohl und gut in diesem Drachen.

Auf dem Weg nach Isola am Silsersee weht mich an einem Ort wieder die Stimmung an, die ich gestern auch am Steinkreis erlebt habe — der Hauch alter Zeiten, als die Menschen noch mit den Naturgeistern verbunden waren und dafür Kommunikationsorte schufen. Wir vermuten, dass wir an einem alten Kultplatz stehen und diese Aktivitäten dem Ort eingeprägt sind. Wir haben aber nicht die Empfindung, dass dieser Ort noch aktuelle Bedeutung hat und wir mit ihm etwas machen sollten. Eine erste Erkenntnis unserer kurzen Wanderung ist, dass die Kelten in dieser Gegend aktiv waren.

Die schwarze Göttin von Isola
Isola ist ein kleiner Ort am Rand des Silsersees. Viele alte karge Hütten zeugen von der bäuerlichen Vergangenheit. Direkt neben dem Ort strömt ein Bach aus einer Felsenschlucht. Wir gehen in die Schlucht hinein und stehen vor einem reißenden Wasserfall. Schicksalsträchtig und eine Entscheidung fordernd stürzen Wassermassen die Felswand hinab. Hier kann man nicht lau bleiben, hier wird geschieden, hier wird Klarheit geschaffen. Eine andere Seite dieses Geschehens ist die Beständigkeit. Das Wasser stürzt, ob es Tag ist oder Nacht. Man kann sich darauf verlassen. Auch die Kinder kommen auf dieses Thema: Ein Mädchen fragt, ob das Wasser nachts auch fließt? An einer Stelle liegt eine große Felsenplatte quer. Das Wasser braust und sprudelt darunter durch. An dieser Stelle sei das Zentrum der schwarzen Göttin. Hier spielt sich das Wesentliche ab. Ich kann nach einiger Zeit eine Art Engel sehen, der hier steht. Er ist sehr groß und überragt den Wasserfall.

Ich finde heute zum ersten Mal einen Zugang zu einer schwarzen Göttin. Ich bin überrascht, diese sogar in einer Imagination greifen zu können. Göttinnen sind in der Geomantie das „Bewusstsein der Landschaft" — ein Phänomen der Mentalebene, der Ebene unserer Gedanken. Die Göttinnen „registrieren", was in der Landschaft geschieht, und haben eine Leitungsaufgabe gegenüber den Elementarwesen. Die Mentalebene liegt in der menschlichen Aura zwischen der Ebene der Gefühle und der spirituellen Ebene. Die schwarze Göttin arbeitet an der Wandlung, der Transformation der Gedanken.

Wolfgang erlebt, wie unter der Felsenplatte der Raum umgestülpt wird. Im Ätherischen wird das Oben nach unten gedreht und das Innen nach außen und damit alles auf einer höheren Stufe neu geboren. Diese Umstülpung des Raumes erfolge in Verbindung mit der Christusenergie. Er erzählt weiter, dass er in letzter Zeit immer wieder solche Raumumstülpungen beobachten konnte. Inzwischen würden fast alle schwarzen Göttinnen so arbeiten und seien mit Christus verbunden. Vor einigen Jahren sei das noch nicht so gewesen. Diese Raumumstülpung hänge mit der Auraumstülpung des Menschen im Ich zusammen, wie sie von Rudolf Steiner beschrieben wird — z. B. die Verwandlung des Astralleibes im Ich in das Geistselbst oder die Verwandlung des Ätherleibes im Ich in den Lebensgeist. Alle Vorgänge im Innern des Menschen würden sich auch im Raum abbilden und könnten geomantisch wahrgenommen werden. Ich schaue mir den Wasserfall noch einmal genauer an und stelle fest, dass hier die Materie sehr geistig ist. Die die Materie bildende Ätherkraft ist sehr gereinigt und licht. Jetzt kann ich einen Zusammenhang mit der Halbinsel Chasté erkennen, die ganz aus dieser lichten Ätherkraft besteht, die von der schwarzen Göttin in ihrer Wandlungsarbeit geschaffen wird.

Dienstag, 6. Juli 2004
Besuch bei den hohen Berggeistern

Eine Freundin aus Kiel, die seit vielen Jahren in Maloja wandert und uns auf diesen Ort aufmerksam machte, empfiehlt uns in einem Telefonat zwei Berge. Da uns heute die Sonne wieder grüßt, entschließen wir uns, diese Berge aufzusuchen. Der Weg führt in ein Tal hinein. Obwohl wir uns schon bald in einer Höhe von über 2000 Meter befinden, wachsen immer noch Bäume und die Landschaft wirkt weich und parkartig. Im Oberengadin ist das Klima dank des Föns und der Alpensüdlage trotz der Höhe sehr mild. Schritt für Schritt geht es in das Tal hinein. Wir kommen bald an einem Elementarwesenplatz vorbei, an dem sich die Elementarwesen des Gebiets zur Ganzheit verbinden und miteinander kommunizieren und an dem irdische und kosmische Impulse einfließen können. Einige hundert Meter weiter bleibe ich bei einem Steinwesen hängen, das mich berührt. Ich verweile und suche den Kontakt. Dabei fällt mir auf, dass ich die gesamte Materie hier oben auch sehr licht und geistig erlebe. Ich frage, wie das kommt? Ich erhalte von dem Steinwesen zur Antwort, dass es mit den Göttinnen im Silsersee verbunden ist und von diesen Transformationskraft heraufströmt. Diese Transformationskraft verwandelt und durchlichtet das Steinwesen und die materiebildende Ätherkraft.

Ich verstehe nun immer besser, was die Göttinnen machen. Ich habe heute ein starkes Nachklangerlebnis der schwarzen Göttin, der wir gestern begegnen durften. Ich erlebe die schwarze Göttin in meiner Aura zwischen den Elementarwesen und den Engeln. Insoweit sind die Göttinnen auf die Impulse aus der Engelwelt angewiesen und leiten diese an die Elementarwelt weiter. Ich mache mir weiter klar: Die Göttinnenebene ist die Welt der Gedanken, die uns alltäglich bewusst sind. Wir erleben die Gedanken. Die Tätigkeit des Denkens, dessen Produkte die Gedanken sind, erleben wir jedoch nicht. Die Engel sind das, was in der Tätigkeit des Denkens lebt — dem Reich des Denkens. Wenn nun Christus — also das Ich — in der Gedankenwelt auftritt, so heißt das nichts anderes, als dass die Gedanken in der alten Form (Gedanke mit unsichtbarem Denker) vernichtet werden und in einer neuen Form — der Ich-Form — wieder erstehen. Dann erlebe ich nicht nur den Gedanken, sondern gleichzeitig auch die Denktätigkeit und erlebe mich darin als Ich. Damit ist die Göttinnenwelt mit der kosmischen Engelwelt verbunden. Die Göttinnen sind gewandelt und erhalten „Sophien-Qualität". Das Sophien-Dreigespann arbeitet so zusammen: Die schwarze Göttin — die Greisin — ist für die Vernichtung der alten Gedankenform, die Wandlung und die neue Form der Gedanken zuständig. Die weiße Göttin — die Jungfrau — gebiert diese neuen Gedankenformen. Die rote Göttin — die Mutter — entfaltet diese neuen Gedankenformen, macht sie wirksam, wie es auf der spiritualisierten Halbinsel Chasté erlebbar ist. Da aber wir Menschen von einer Durchchristung unseres Denkens noch nicht viel wissen wollen, ist die weiße Göttin noch mit vielerlei Gedankenmüll belastet, der erst von dem Göttinnensystem gereinigt werden muss. Die weiße Göttin ist dadurch aber in ihrer Arbeit behindert.

Plötzlich öffnet sich der Blick in ein Hochtal und der Lac da Cavloc, ein malerischer Bergsee, liegt vor uns. Der See liegt zu Füßen des Piz da la Margna (3158m), einem Koloss von Berg. Wir versuchen uns mit dem Berg zu verbinden und erleben ein großes uraltes erhabenes Elementarwesen. Es repräsentiert die alte irdische Ganzheit, den Urschoß des Lebens, der uns schützt und umfasst. Es ist das alte Paradies. Ganz aus Felsgestein ist es in seiner Kraftgestalt auch sehr durchlichtet. Vom Berghang erleben wir eine Ätherkraft strömen, die durch den See wie eine Membran weitergeleitet und verteilt wird. Fritz bemerkt überrascht, dass dieser Ätherstrom nicht von einem Elementarwesen dirigiert wird, wie es normalerweise der Fall ist, sondern dass ein Engel diese Aufgabe erfüllt. Agnes hat Schwierigkeiten mit dem seelischen Erleben des Berges. Immer wenn sie ihn ansieht, ist sie in dieser sinnlichen Betrachtung so gefangen, dass sie nichts Inneres mehr erleben kann. Die Kunst besteht darin, sinnlich wahrzunehmen und gleichzeitig die sinnliche Wahrnehmung auszulöschen und nur innerlich zu sehen. Deshalb ist es sinnvoll, die Augen zu schließen oder mit dem „Kuhblick" zu schauen, also unscharf, ohne Fokus, nur den Umkreis sehend.

Wir marschieren durch das idyllische Tal weiter. Auf einer Hochalpe gibt es Ziegenmilch. Da Regen angesagt ist, kehrt ein Teil der Gruppe zurück. Zu viert wandern wir zum Fuß des Piz dei Rossi (3027m). Wie anders ist dieser Berg! Während der Piz da la Margna das Urleben repräsentiert, lebt im Piz dei Rossi die Urweisheit. In der ersten Annäherung erlebt Fritz eine große Anzahl von Steingeistern in der Geröllhalde neben uns, die ihm das Bild geben, dass sie die Weisheit, die vom Berg strömt in den Klangäther „einkracksen", so dass diese

Weisheit weitergeleitet werden kann. Den Geist des Piz dei Rossi erlebt er ähnlich wie einen Gruppengeist einer Tierart — in jedem Fall als kosmisches Wesen. Ich erlebe mich in einem vom Berg kommenden, sehr warmen und ausgeglichenen Ätherstrom und sehe Engelartiges um den Gipfel. Maria erlebt einen Zusammenhang des Piz dei Rossi mit dem großen Steinkreis am Silsersee.

In einer zweiten Runde wollen wir uns dem Wesen des Berges weiter nähern und bitten deshalb die Steingeister, die um uns herum sind, um Hilfe. Diese nehmen uns mit hoch zum Berggipfel und so kommt es zu einer intensiven geistigen Begegnung. Übereinstimmend erleben wir einen Engel oder ein ganz hoch entwickeltes Elementarwesen, das farbig strahlend, erhaben und ganz überpersönlich seine Weisheit aus der kosmischen Welt bis in die irdische Welt herunterleitet. Die Ausstrahlung erleben wir orange und mit Resonanz im Kehlkopfchakra. Fritz hat das Bild eines mit Häuten ausgespannten Innenraumes. Diese Begegnung ist eine sehr tiefe und das Herz berührende Erfahrung. Es ist ein sehr großer Geist, ein Meister der Erde. Wir wären alle gerne noch intensiver in das Wesen des Berges eingetaucht, doch dazu reicht die Kraft nicht. So müssen wir nun warten, was der Nachklang oder die Nacht bringt. Der Kontakt ist Auge in Auge aufgenommen. (Wolfgang meint später, als wir ihm die Erlebnisse erzählen, dass es sich nicht um einen Engel, sondern um ein mächtiges Elementarwesen handelt, das die höchste Entwicklungsstufe erreicht hat.) Agnes kommt in einen engen Kontakt zu den Steingeistern und ihr gelingt ein regelrechtes Gespräch. Ich bin nach der Begegnung mit Piz dei Rossi etwas erschöpft und mache nur Spaß mit den lustigen Steingeistern und kneife diese (in Gedanken). Auf dem Heimweg braut sich ein Gewitter zusammen. Gerade in letzter Minute kommen wir noch nach Hause.

Mittwoch, 7. Juli 2004
**Der Steinkreis im Zentrum des Oberengadins —
Verbindung des Menschen mit dem Kosmos**

Heute möchten wir den Steinkreis vor der Halbinsel Chasté besuchen und genauer erkunden. Es liegen sieben große Steine, die einen Raum von ca. 300 m auf 50 m markieren. Die Steine liegen nicht symmetrisch, und es sieht so aus, als wenn ein Großteil der Steine in der Erde steckt und nur die Spitzen herausschauen. Zwischen den Steinen erleben wir einen stark energetisch aufgeladenen Raum. Das kann man deutlich beim Eintritt in den Raum und beim Austritt erleben. Jeder Stein ist ein eigenes Erlebnis. Ein Teil unserer Gruppe stellt klare Chakrabezüge fest, andere kommen zu anderen Ergebnissen. Vermutlich haben wir auf unterschiedlichen Ebenen wahrgenommen. Ein Stein hat eine solche Ausstrahlung, als ob der ehrwürdige und gewaltige Geist Piz dei Rossi, den wir näher kennen lernen durften, selbst darinnen sitzt. Ein anderer Stein scheint mit dem Piz da la Margna in Verbindung zu stehen. Die Steine sind mit einzelnen hohen Berggeistern verbunden. Wolfgang hat weitere Bergbezüge entdeckt. Wir stellen fest, dass ein kleiner Stein, der außerhalb dieses Steinkreises liegt, nicht aufgeladen und verbunden ist. Wir kommen zu folgender Anschauung: Dieser Steinkreis wurde in früheren Zeiten von Menschen mit den jeweiligen hohen Berggeistern verbunden. Die Kelten arbeiteten mit Steinkreisen. Ob die Steine gerückt wurden oder nicht, darüber können wir nichts sagen, das ist aber auch nicht wichtig. Die früheren Menschen erlebten sich in Einheit mit dem Kosmos. Sie schufen diesen Steinkreis als Ort des Gesprächs und Austausches mit den Berggeistern. Hier fließen hohe kosmische Kräfte zusammen. Im Zentrum des Steinkreises empfindet sich Fritz als runder und vollständiger Mensch. Dies ist wohl der höchste Steinkreis in ganz Europa. Das Oberengadin ist ein Hochtal, nach allen Seiten geht es hinab. Insoweit hat dieser Steinkreis eine besondere Bedeutung für das Verhältnis von Mensch und geistiger Welt. Hier werden hohe kosmische Kräfte angebunden.

Ich selbst werde in der Frage nach der Rolle des Menschen für einen kurzen Moment von Erzengel Michael angeblickt. Ich kenne seinen Blick seit einer sehr intensiven Begegnung vor einigen Jahren. Sein Blick ist wie ein Ruf, wie eine Vereinbarung, die ich mit ihm treffe. Ich werde mit meinem ganzen Wesen von ihm ergriffen, gleichsam aufgegessen, erlebe aber gleichzeitig Freiheit und Liebe, ein „In sich selbst Bestehen". Welche Vereinbarung habe ich gerade mit ihm getroffen? Ich entsinne mich an ein Bild des heiligen Christopherus, der das

Christkind auf den Schultern trägt, und ruhe innerlich in diesem Bild. Das Christkind sitzt in dieser Darstellung in einem Sternentierkreis. Christopherus trägt den Kosmos. In der Anthroposophie nennt man das „Geistselbst", den im Ich verwandelten Astralleib. Im Geistselbst ist das Bewusstsein des Menschen so groß geworden, dass der ganze Kosmos — alle geistigen Wesen — darin aufgenommen sind. Der Mensch weitet sich zum Universum, ist individuelles Ich und gleichzeitig Betreiber des Weltgeschehens. Das Christopherusbild habe ich aus meinen Erinnerungen mitgebracht. Den Gedanken an das Geistselbst kann ich jedoch ganz intensiv und lebendig und ohne großen Vorlauf denken und empfinden. Normalerweise brauche ich für ein solches Gedankenerleben einen langen Vorlauf, viel Mühe und die Gunst der Stunde. Da es an diesem Ort „wie von alleine geht", heißt das für mich, dass dieses Motiv zu diesem Ort gehört und von ihm unterstützt wird. Es ist die Verheißung dieses Ortes.

Fritz versucht, mit dem Engel des Steinkreises Verbindung aufzunehmen, und erlebt diesen wie abgeschnitten. Wolfgang meint, dass der Engel nicht wirklich abgeschnitten ist, sondern dass Zwischenebenen fehlen. Es fehlt das Bewusstsein der Menschen. Dieser Steinkreis funktioniert, jedoch ist er wie in einer Wartehaltung — schlafend und wartend auf den Menschen. Es liegt in der Freiheit des Menschen, sich wieder in den kosmischen Zusammenhang zu stellen.

An dieser Rolle des Menschen arbeiten wir nachmittags weiter. Wir beginnen ein Kosmogramm zu entwickeln, um hier einen positiven Impuls zu setzen. Danach führen wir ein längeres Gespräch über Sinn, Ziel und Zustand des Lebensnetzes. Ich berichte den anderen davon, dass ich ein Buch zur Erderneuerung zusammenstellen möchte. Ich hatte gestern auf der Wanderung innerlich sehr gute Signale zu diesem Projekt erhalten und mich nun entschlossen, es anzugehen. Das Buch soll zum einen aus möglichst vielen Erlebnisberichten zur Erderneuerung, die seit einigen Jahren stattfindet, bestehen. Zum anderen möchte ich darin den Bogen zur Anthroposophie schlagen. Rudolf Steiner hat mit verschiedenen Ausdrücken von der aktuellen Erdwandlung gesprochen: die Menschheit übertritt die Schwelle zur geistigen Welt, Christus erscheint im Ätherischen usw. Die Aktualität dieser Aussagen der Anthroposophie ist aber in meinen Augen bisher nicht ausreichend gewürdigt. Die Spiritualisierung der Erde ist darauf angewiesen, dass sich Menschen in ihrem Herzen dafür entscheiden. Das kann unterstützt werden, wenn man Möglichkeiten dafür schafft, dass die gegenwärtige Erdwandlung von Menschen in ihrem Denken ergriffen werden kann. Deshalb ist es notwendig, dieses Thema möglichst vielseitig aufzuarbeiten.

Donnerstag, 8. Juli 2004
**Die Gletschermühlen von Maloja —
Joseph Beuys taucht auf**

Heute ist Regen angesagt und tatsächlich, es regnet ununterbrochen. Unerschrocken gehen wir wieder auf Wanderung, heute zu den Gletschermühlen von Maloja. Die abschmelzenden Gletscher haben tiefe Schächte in den Felsen getrieben. Steinbrocken wurden wie in einer Mühle vom Gletscher in den Felsen hineingedreht. Der größte Schacht ist ca. 15 m tief und 5 m breit. Aus den Steinschächten strömt uns eine uralte Zeit entgegen. Man kommt sehr weit in das Erdinnere hinein. Gleichzeitig kommt ein Kraftstrom heraus. Fritz erlebt ätherische Drachenkräfte und fühlt sich in die Drachenzeit zurückversetzt. Ich erlebe lustige polternde Elementarwesen. Deutlich kann ich erleben, dass diese eine innere Verbindung zum Piz da la Margna — dem großen alten Elementarwesen — und von dort auch zum Steinkreis haben. Jetzt verstehe ich eine Aussage, die Wolfgang gestern machte, dass der Lac da Cavloc unterirdisch das Göttinnensystem vom Silsersee stütze. Ja, dieses tragende Urleben des Piz da la Margna durchströmt unterirdisch das ganze Tal, strömt aus den Gletschermühlen und trägt so den Silsersee.

Ein zweiter Berg bekommt für mich heute eine besondere Bedeutung, der Piz Lagrev (3164m) mit seiner Felsenkrone. Die Halbinsel Chasté liegt in der Mitte zwischen dem Piz Lagrev und dem Piz da la Margna. Im Steinkreis hatte ich gestern bei einem kleinen Stein eine starke Resonanz im Kronenchakra. Ich wende meinen inneren Blick immer wieder zu dem Piz Lagrev und erlebe dieselbe Resonanz. Er strömt mir kristallklar, rein und leuchtend entgegen — wie Christus. Der Piz Lagrev ist der höchste Gipfel der Bergkette, aus der der Inn entspringt. Beim Lac dal Lunghin (2484m) — der Innquelle — vermuten wir den Einstrahlungspunkt von Christusenergie für das Sophiensystem des Silsersees. Ich erlebe den Piz Lagrev als den dazu gehörenden Berg. Maria erlebt den Inn unterirdisch bis in die Mitte des Silsersees fließen und dort im Zentrum des Göttinnensystems seine kosmischen Impulse hinbringend.

Auf dem Heimweg kommen wir an einer Tafel vorbei, die uns klar macht, wie das Oberengadin über die Wasserströme mit ganz Europa verbunden ist. Vom Oberengadin fließt das Wasser in drei Richtungen:
– nach Süden über den Orlegna und Maira in den Po und ins Mittelmeer;
– nach Osten über den Inn und die Donau ins Schwarze Meer; und
– nach Norden über die Julia und die Albula in den Rhein und in die Nordsee.
Dieses Hochtal ist eine dreiteilige europäische Wasserscheide. Wasser ist immer Ausdruck des Ätherischen. Wenn das Oberengadin im Wasser mit ganz Europa verbunden ist, so ist das ein Ausdruck einer europaweiten ätherischen Verbindung.

Fünf Minuten später erlebe ich eine weitere Überraschung: In einer Kirche ist eine Ausstellung zu Giovanni Segantini und Joseph Beuys! Ich bleibe getroffen stehen — warum taucht jetzt Joseph Beuys in diesem kleinen Bergdorf auf? Ich bin seit vielen Jahren mit Joseph Beuys verbunden und habe ein Unternehmen mit aufgebaut, das vom erweiterten Kunstbegriff Joseph Beuys' und der Arbeit an der Sozialen Skulptur inspiriert ist, dem „Omnibus für Direkte Demokratie in Deutschland". Joseph Beuys, gestorben 1986, ist in meinen Augen ein wichtiger Vorbereiter der aktuellen Erderneuerung. Seine ganze Arbeit zielte darauf hin, die Schaffung eines „neuen Planeten", der aus den menschlichen Taten besteht, vorzubereiten. Wenn man diese Dimension — von der Beuys auch ganz direkt gesprochen hat — versteht, kann man die Idee des erweiterten Kunstbegriffs („Jeder Mensch ist ein Künstler") in seiner ganzen Tiefe erfassen.

Sofort gehen ich und Agnes zu dieser Kirche. Gleich hinter der Kirchentüre hängen folgende Sprüche:

„Ich denke sowieso mit dem Knie."
Joseph Beuys

„Wer nicht denken will, fliegt (sich selbst) raus."
Joseph Beuys

In der Kirche treffen wir den Ausstellungsmacher, einen Künstler aus Basel, der uns alles zeigt und ausführlich erklärt. Giovanni Segantini ist ein heute sehr bekannter Schweizer Maler, der seine letzten Lebensjahre in Maloja verbrachte. Joseph Beuys hatte sich mit Segantini intensiv befasst und 1971 eine Installation in Eindhoven zu dessen Ehren aufgebaut. In dieser Installation griff Beuys stark die geographische Konstellation des Oberengadins auf und über allem hing ein Gewehr mit der Aufschrift „Denken". Die Ausstellung in der Kirche besteht im Wesentlichen aus Arbeiten des Ausstellungsmachers, in denen er Werke von Segantini zitiert. Beuys ist dabei immer wieder mit eingeflochten. Interessant ist der zeitliche Gleichklang: Die Ausstellung eröffnete am selben Tag, an dem wir mit der geomantischen Arbeit begannen. Bei dem Hauptthema des Oberengadins — der Durchchristung des Denkens und die Spiritualisierung der Erde (Erdwandlung) — darf Joseph Beuys nicht fehlen!

Zurück in Salenzina arbeiten wir weiter an dem Kosmogramm für die Erweckung des Steinkreises und die Stärkung der kosmischen Verbindung des Menschen. Ein Kosmogramm ist dann stimmig, wenn man es mehrmals in Gedanken durch den Ort ziehen kann und nichts klemmt oder hakt. Wenn es gut läuft und das Herz frei ist, dann stimmt es. Nach vielen Entwürfen gelingt uns so ein Kosmogramm. Dieses werden wir in den nächsten Tagen an verschiedenen Orten der Landschaft einprägen.

Später — nach der Malojawoche — wird dieses Kosmogramm über das Lebensnetz auch noch an andere Geomantie-Interessierte weiterverbreitet, mit der Anregung, damit zu arbeiten. Maria Niehle und Jana Rieger formulierten den Kern des Kosmogramms so: „Wir spürten, wie sich der Mensch bewusst dazu entschlossen hatte, die durch die Schöpfung ihm entgegengebrachte Entwicklungsmöglichkeit zu ignorieren und einen eigenen, gegen die Natur gerichteten Weg einzuschlagen. Um den neuen Raum zu stärken, entstand ein Zeichen, das uns auffordert, unseren Platz im Universum einzunehmen, gestellt zwischen die Kräfte von Kosmos und Erde. Im Herzen des Zeichens bildet sich eine liebevolle, sich ausbreitende Sphäre, mitfließend in den Prozessen des Irdisch-Kosmischen. Es öffnet unsere Herzen, um uns den Weg zu zeigen, den wir uns entschlossen haben, mit der Erde zu gehen."

Freitag, 9. Juli 2004
Den Christus in der Landschaft entdecken

Jeden Morgen mache ich meine Meditation. Diese besteht im Kern in der Suche nach dem Denker und dem Wahrnehmer in mir. Ich wende mich von den Wahrnehmungs- und Denkgegenständen ab und übe mich — denjenigen, der denkt und wahrnimmt — selbst zu greifen. Dabei erlebe ich zunächst immer einen Griff in das Nichts, dann baut sich eine neue Bewusstseinsverfassung auf, das Leben in der geistigen Welt, das für mich wie ein Jungbrunnen wirkt. Ich möchte jetzt nur einen besonderen Aspekt dieser Übung schildern. Während dieses Sich-selbst-Ergreifens im Ich, erlebe ich stark den Rückenraum über dem Herzen. Dieser wird dabei ganz licht bzw. ich erlebe in diesem Bereich die Knoten und Widerstände, die hindern und dieser geistigen Ich-Verfassung entgegenstehen.

Heute empfängt uns herrlicher Sonnenschein. Wir haben eine längere Wanderung vor und wollen zum Lac dal Lunghin (2484 m), der Innquelle, aufsteigen. Der Lac dal Lunghin ist ein ca. 800 Meter breiter Bergsee, der von mehreren kleinen Bächen gespeist wird. Hier wirkt alles ganz irdisch und ist trotzdem ganz licht, rein und klar. Ich erlebe sehr stark den Engel des Sees und stelle mich in seinen Fokus. Ich fühle mich beschenkt mit reinem Licht, erlebe mich zum einen ganz tief in die Erde geerdet und gleichzeitig ganz hoch kosmisch angebunden. Durch meinen Rücken geht eine Lichtsäule. Mein Rückenbereich ist ganz klar. Ich empfinde mich geistig in meinem hinteren Herzen stehend. Wenn ich in diesen Engelfokus trete, dann kann ich mich mit wenig Aufwand in eine Verfassung bringen, die sonst nur nach langer Meditation und auch dann nur sehr selten möglich ist. Ich verstehe das so, dass hier die Ich-Kraft — die Christuskraft — deutlich in der Landschaft wirkt.

Wolfgang erlebt Christus in der Materie sehr nah und klar und kann sich von diesem Ort aus durch ganz Europa fühlen. Der Inn stürzt sehr steil den Berg hinab, ein erstaunliches Spiel des Wassers. Ich erlebe, wie der Inn vom Engel des Lac dal Lunghin hinabgeleitet wird. Was innen ist, das ist auch außen: Wenn der Christus — das Ich — im Denken gefunden werden kann, so kann er auch in der Landschaft entdeckt werden. Das ist der Nachklang der heutigen Erlebnisse.

Samstag, 10. Juli 2004
Letzter Besuch im Steinkreis

Heute ist unser letzter Arbeitstag im Oberengadin. Wir besuchen den Steinkreis bei Sils Maria, um zu sehen, ob er sich verändert hat, und um ihn zu verabschieden. Wir erleben den Steinkreis lebendiger. Er ist gegenwärtiger geworden. Seine Vergangenheitsverharrung ist aufgelöst. Die Vergangenheit ist natürlich schon noch da, der Steinkreis hängt in dieser aber nicht mehr so fest wie noch vor einer Woche. Beim Durchschreiten des Kreises stelle ich wieder fest, dass der Gedanke an das Geistselbst — das Selbstbewusstsein des kosmischen Menschen — innerhalb des Steinkreises ganz lebendig und sprechend ist, und erlebe Erzengel Michael als Schirmherr wirken und einstrahlen. Auch habe ich das Empfinden, dass ich in planetarisch frühere Erdverkörperungen sehen kann und diese offenbar liegen. Außerhalb des Steinkreises verlöschen diese Erlebnisse. Wolfgang sucht nach einem Begriff für die Art des Raumes im Steinkreis und nennt sie „Schöpferebene". Darin ist ausgedrückt, dass hier Anfang und Ende der Weltentwicklung gegenwärtig vorhanden sind. Die vergangenen und zukünftigen Verkörperungen der Erde liegen wie offenbar.

Maria und Jana hauen in einen großen Stein das Kosmogramm und wir stellen diesen am Eingang des Hauses Salenzina auf. Dann versuchen wir, die Arbeitsergebnisse in einer Karte festzuhalten:
– den Steinkreis mit den verbundenen Berggeistern. Wir orten die Berge mit Spüren auf der Landkarte. Das birgt Unsicherheiten. Deshalb steht ein Besuch der Berge und die Überprüfung der Ortungen an. Bislang haben wir nur mit dem Piz dei Rossi direkten Kontakt aufgenommen.
– das Göttinnen-System am Silsersee, das die Erdwandlung im Oberengadin impulsiert.
– „die zukünftige Erde", den Piz Lagrev mit dem verbundenen Lac Lunghin, an dem die Christuskraft einstrahlt.
– „das alte Paradies", den Piz da la Margna mit dem dazugehörenden Lac da Cavloc, von dem die tragende irdische Sophienkraft ausgeht.

Das Oberengadin ist als ein Ort zur Impulsierung der Erdwandlung europaweit verbunden, wie die drei Flusssysteme, die von hier ausgehen, zeigen.

Sonntag, 11. Juli 2004
Impulsierung der Erdwandlung in Europa

Heute ist Abreisetag. Nach dem Frühstück steigen wir ins Auto und wir verlassen das Oberengadin. Das ist mir sehr ans Herz gewachsen. Auf der Heimfahrt gehe ich innerlich die Erlebnisse der letzten Woche noch einmal durch und versuche, diese in einen Zusammenhang zu bringen:

Wir heutigen Menschen sind in unserem Denken, Fühlen und Wollen wie in einer Schleimhaut von persönlichkeitsgeprägten Vorstellungen gefangen und vom Kosmos getrennt. Wir leben in uns selbst in Missachtung der Sinneswelt, der ätherischen, astralen und geistigen Welt. Wir können aber eine erneuerte, bewusste Verbindung mit dem geistigen Kosmos schaffen durch die Geburt eines neuen inneren Menschen durch Selbstbeobachtung im Denken, Wahrnehmen, Fühlen und Wollen. Wir können lernen — anstatt nur abstrakte Gedanken zu produzieren —, ihr Wesen zu erleben. Jedes Denken kann meditatives Erleben werden. Wir können lernen, unsere Gefühle und unseren Willen so zu ergreifen, dass wir die Wesen erleben, die sich durch uns „durchfühlen" und „durchwollen". Diese meditative Selbsterfassung kann man auch die „Durchchristung unseres Denkens, Fühlens und Wollens" nennen. Diese Seelentätigkeiten nehmen dann die Form des Ich an — die Form des Christus. In dieser Ich-Form werden die abstrakten Gedanken, die eigenen Gefühle und der schlafende Wille zu gegenwärtig wirkenden geistigen Wesen. Damit überschreiten wir die Schwelle zur geistigen Welt. In diesem bewussten geistigen Hinausgehen des Menschen in die Welt wird diese selbst auch gewandelt. Die Welt wird von der Ich-Form durchdrungen und so spiritualisiert.

Mit den Formulierungen Rudolf Steiners kann man diesen Vorgang auch die „ätherische Wiederkunft des Christus" nennen, die seit dem 20. Jahrhundert stattfinde. Christus sei — so Steiner — mit dem Mysterium von Golgatha zum Geist der Erde geworden. Die Erde ist — in den esoterischen Begriffen — das Gegenstandsbewusstsein. Im Gegenstandsbewusstsein können wir uns als Ich erleben. In der Betätigung der physischen Sinne haben wir das stärkste und klarste Ich-Erlebnis. In einer sinnlichkeitsfreien Bewusstseinsverfassung — wie im Schlaf — haben wir kein Ich-Erleben, außer bei großen inneren Anstrengungen (wie in der Meditation). Es ist für uns unerklärlich, woher dieses Ich-Erleben kommt. Im Gegenstandsbewusstsein nehmen wir immer nur Welt und niemals ein Ich wahr. Da Christus als Geist der Erde und Quell unseres Ich-Erlebens mit einem Schleier vor uns heutigen Menschen verborgen ist, können sich persönlichkeitsgeprägte (luziferische) Ich-Vorstellungen breit machen. Das von uns vorgestellte Ich — für das wir uns alle halten — könnte aber niemals das großartige Wunder der Wahrnehmung der physischen Welt mit ihren Farben, Formen, Gerüchen, Geschmäckern, das große Wunder der Entwicklung des Kindes usw. vollbringen. Unser vorgestelltes Ich ist nur ein Trittbrettfahrer kosmischer Vorgänge. Der bislang im Verborgenen wirkende Geist der Erde (Christus) kann nun in unserem Denken — als eine neue Form der Gedanken — und auch in unserem Wahrnehmen, Fühlen und Wollen auftreten. In diesem Vorgang wird die Schwelle zur Welt überwunden und wir leben bewusst das Leben der Welt. Damit verändern wir die Welt, die durchchristet, ge-ich-t wird.

Hier im Oberengadin kann ich diesen Vorgang ganz praktisch miterleben:
- Im Steinkreis pflegten in früheren Zeiten Menschen den Austausch mit dem geistigen Kosmos.
- Durch diese Vorbereitung war das Oberengadin empfänglich für Friedrich Nietzsche. Seine geistigen Impulse wirkten an der Impulsierung der Erdwandlung im Oberengadin mit.
- Die Göttinnen der Mentalebene nahmen Christus — die Ich-Kraft — in sich auf.
- Damit wird auch die ätherische Kräftewelt und die Elementarwelt gewandelt und entsprechende Wandlungsengel können wirken.
- Diese Spiritualisierung der Erde ist bei der roten Göttin (Mutter) auf der Halbinsel Chasté besonders erlebbar. So ätherisch rein und belebt sollte in Zukunft die ganze Erde werden!

Dazu müssen wir Menschen uns wieder mit dem Kosmos verbinden. Hier hilft der Steinkreis, der hohe geistige Wesen an einem Ort bündelt. Er ist dann wirksam, wenn Menschen in ihm sich mit dem geistigen Kosmos verbinden. Diese Fähigkeit ist natürlich nicht an den Steinkreis gebunden, sondern bei entsprechender Geistesgegenwart theoretisch überall möglich. Der Steinkreis ist aber eine Hilfe. Diese Hilfe kann man annehmen und sich zum Beispiel innerlich einmal täglich in ihn versetzen — der Steinkreis in mir, ich im Steinkreis. Der Steinkreis des Oberengadins hilft uns, uns mit dem geistigen Kosmos zu verbinden und die damit einhergehende Erdwandlung in Europa zu impulsieren.

Anmerkungen:
(1) Zitiert aus Willi und Ursula Dolder: DuMont Kunst- und Landschaftsführer Graubünden, Köln 1992, S. 250.
(2) Zitiert aus Rudolf Boppart: Sils im Engadin, St. Gallen 1980.

Persönliche Beiträge

in alphabetischer Reihenfolge

Dem Sein entgegen

Hans-Joachim Aderhold

Mein Weg zur Geomantie

Meine Wahrnehmungen der sich wandelnden Erde hängen zusammen mit bestimmten Zäsuren in meiner Biographie. Durch sie wurde ein jeweils nächster Erkenntnisschritt eingeleitet. Kennzeichnend für diese Zäsuren, aber auch für andere Ereignisse ist ein sich wiederholendes Muster eines geistigen Einschlags, das ich „Rückmeldung" nenne.

Die erste Zäsur war die Begegnung mit der Anthroposophie Rudolf Steiners. Als ich im Sommer 1966 bei der Stuttgarter Lehrertagung des Bundes der Freien Waldorfschulen das Foyer der Schule an der Uhlandshöhe betrat, bekam ich zum ersten Mal eine solche Rückmeldung. Es war ein ganz bestimmter, mir geltender geistiger Einschlag: das betrifft dich, das wird dich in Zukunft beschäftigen. Die erste Schrift Rudolf Steiners, die ich las, war die „Philosophie der Freiheit". (1) Es war wie ein Wiedererkennen, ein Erwachen mir vertrauter Gedanken.

Dieser ersten Rückmeldung vorausgegangen war ein dreiwöchiger Aufenthalt im Oberengadin im Oktober 1965. Ich war zwanzig Jahre alt und hatte soeben mein halbjähriges Baustellenpraktikum vor dem Beginn meines Architekturstudiums beendet, das am 1. November in Stuttgart beginnen sollte. Ich habe in dieser Landschaft, die mich tief berührte, bewusst die Einsamkeit gewählt und manche Tage und Nächte allein in Berghütten verbracht. Aus den damaligen inneren und äußeren Grenzerlebnissen hat sich mein weiteres Leben entfaltet.

Die nächste Zäsur war 1970 das Lesen einer Anzeige in der Zeitschrift „Die Kommenden". Unter dem Titel „Brücke über den Strom" wurden darin „Mitteilungen aus dem Leben nach dem Tode eines im Ersten Weltkrieg gefallenen jungen Künstlers" angekündigt. (2) Wieder erhielt ich eine solche Rückmeldung und „kannte" den Inhalt schon, bevor ich ihn las.

Es folgte in den siebziger Jahren bis 1980 neben dem privaten ein reiches Betätigungsfeld im bürgerschaftlichen und politischen Raum. Dieses war durch viele Rückmeldungen geprägt. Zu meinen damaligen Tätigkeiten gehörten: meine Bürgerinitiativenarbeit, z. B. Innerortsumgehung und Stadtentwicklung Altenkirchen/Westerwald, Ortskernsanierungen Winterbach und Korb, Neckar-Alb-Autobahn als Autobahnring um Stuttgart, B29 Schorndorf, B14 Winnenden-Backnang, Nordumgehung Schorndorf-Weiler; meine Verbandstätigkeit, z. B. Mitgründung der BUND-Kreisgruppe Rems-Murr, Aktionsgemeinschaft Natur- und Umweltschutz Baden-Württemberg; und meine politische Arbeit als Gründungsmitglied der Partei „Die Grünen" mit anschließenden Kandidaturen auf Landes- und Bundesebene. Bei diesen Tätigkeiten konnte ich die Zusammenarbeit mit meinen geistigen Helfern vertiefen.

Dann kam die große Zäsur in der Adventszeit 1980: In einem voll bewussten Traum (siehe Wachtraum im zweiten Teil dieses Buches) regte Rudolf Steiner Menschengruppen zu weltenwendender Hilfestellung an. Durch die präzise Arbeit dieser Gruppen müsse etwas geschaffen werden. Dadurch werde es möglich, dass sich Erde und Menschheit ohne große Katastrophe weiterentwickeln könnten. Anthroposophie könne dafür Hilfestellung geben, das zu schaffende Instrument aber nicht ersetzen. Als Folge dieses Traumes war ich innerlich bereit, „alles neu" zu machen.

Einige Monate später wurden mir von einer Bekannten Mitteilungen, Gebete und Meditationen übergeben, die Imme Atwood aus der geistigen Welt empfangen hatte. (3) Bei der Übergabe bekam ich eine Rückmeldung wie 1970 — nicht nur wusste ich nun, dass diese Texte mich beschäftigen würden, sondern ich kannte prinzipiell auch schon ihren Inhalt. Ich nahm Kontakt auf zu Menschen, die diese Texte ebenfalls kannten, und begann mit ihnen eine achtzehnjährige wöchentliche Meditationsarbeit für die Erde und den Frieden. Sie wurde auch nach 1999 noch in größeren Abständen weitergeführt. In der Zeit der zwölf Heiligen Nächte zwischen Weihnachten und Epiphanias und zu besonderen Ereignissen auf der Erde fanden die Feiern täglich statt. Auch viele Verstorbene nahmen daran teil. Am 6. Januar kam es öfters zu einem doppelten geistigen

Erlebnis: einem Abdruck des vergangenen Jahres und einem Ausblick auf das neue Jahr.

Gleichzeitig mit dem Bekanntwerden der Texte begann für mich eine dreimonatige Schulungszeit durch Rudolf Steiner. Ich erhielt einen Überblick über die Verknüpfungspunkte zwischen Mitteilungen aus der geistigen Welt von der Mitte des 19. Jahrhunderts bis zur Gegenwart. Innerhalb seines eigenen Werkes wurde ich besonders auf die Bedeutung seines Zyklus „Der Orient im Lichte des Okzidents" von 1909 hingewiesen. (4) Rudolf Steiner hat ihn 1921 selbst redigiert und mit einer Vorbemerkung in der Monatszeitschrift „Die Drei" veröffentlicht. Er wollte damit eine Brücke bauen. Seitdem kann ich Aussagen Rudolf Steiners in größere Zusammenhänge einordnen.

1983 erfolgte die Stationierung der atomaren Mittelstreckenraketen in Mutlangen. In Winterbach entstand eine Friedensinitiative. Sobald die amerikanischen Soldaten mit den Raketen durch den Ort fuhren, um sie oben im Schurwald in Abschussbereitschaft zu bringen, wurde eine Telefonkette aktiviert. In kurzer Zeit nahmen wir die Verfolgung auf und blieben tagsüber uns ablösend mit Plakaten bei den aufgestellten Raketen. Auf Initiative von Pfarrer Ernst Hager und seiner Frau Waltraud Hager entstand ein Schweigekreis (bis 2003, mit einer Unterbrechung), der sich wöchentlich auf dem Marktplatz am Winterbacher Rathaus traf, um eine halbe Stunde öffentlich für den Frieden zu schweigen. Meditations- und Schweigekreis waren durch einzelne Menschen miteinander verbunden.

Die bisher letzte Zäsur erfolgte am 6. Januar 1998. Beim Abschluss der Meditationsfeier bekam ich zwei Informationen: Es werde keine dramatischen Entwicklungen geben im Zusammenhang mit der Jahrtausendwende. Das zweite war eine persönliche Bitte: Ich möge mich der Arbeit von Marko Pogačnik anschließen. Zu diesem Zeitpunkt kannte ich einige Bücher von ihm und wusste von seinen Seminaren. Um aber einen konkreten Anknüpfungspunkt zu finden, musste ich mich nun doch erst einmal sachkundig machen. Ich wählte schließlich zwei Seminare der Hagia-Chora-Schule für Geomantie mit ihm: im August im Schwarzwald, im Oktober in München.

Erste Schritte

Ich ahnte nicht, wie schnell sich nun alles entwickeln würde. Beim unmittelbar nach München in Stuttgart stattfindenden Seminar übernahm ich bereits Ende Oktober 1998 eine der vier Gruppen und danach zu viert die gemeinsame Leitung der neuen Stuttgarter Geomantiegruppe.

Schon vorher hatte ich im September bei einem Seminar am Chiemsee Ana Pogačnik kennen gelernt und sie zum Engelberg eingeladen. Zu diesem Zeitpunkt hatte sie noch eine andere Lebensplanung. Doch entwickelte sich alles so, dass sie dann tatsächlich im Juni 1999 erstmals nach Winterbach kam. Daraus entstand die Geomantiegruppe Engelberg und eine längere Reihe jährlicher Seminare im Raum Remstal-Schurwald.

Bis zum Seminar im August 1998 hatte ich — abgesehen von frühen kindlichen oder späteren flüchtigen Eindrücken — keine bewusste Wahrnehmung geomantischer Phänomene. Vertraut war mir aber die Beziehung zur geistigen Welt. Schon bei der ersten Feierstunde 1981 bemerkte ich nach deren Ende, dass mein Scheitelchakra geöffnet war und ich die Wirkungen der Feier unmittelbar wahrnehmen konnte. Im Seminar im August 1998 erlebte ich nun zum ersten Mal auch die energetischen Verhältnisse in Natur und Landschaft. Seitdem habe ich anfänglich gelernt, auch in das frühere Geschehen an einem Ort Einblick zu nehmen. Rudolf Steiner spricht in diesem Zusammenhang von der Akasha-Chronik. Allerdings erfordert es weitere Lernprozesse, das durch die jeweilige Technik Empfangene zutreffend zu beurteilen und mitzuteilen. Alles dies kann in Seminaren, Ausbildungen und den Geomantiegruppen vor Ort erübt werden. Charakteristisch für dieses Erüben in Gruppen ist das Erlebnis der vollkommenen Individualität jedes einzelnen Menschen und das völlige Auf-sich-gestellt-Sein im übersinnlichen Wahrnehmen. Andererseits potenziert sich durch das Zusammenklingen der Gruppe die Kraft. An die Stelle nur geglaubter Objektivität tritt bewusst erlebte Subjektivität und die tätige Erkenntnis der Gleichwertigkeit aller Menschen. Durch den Austausch untereinander entsteht ein Ganzes.

Meine eigene Begegnung mit den Erdwandlungen geht zurück auf das Jahr 2000. In diesem Jahr erlebte ich immer häufiger ein Phänomen, das ich vorher nicht kannte. Bis dahin „sah" ich mit geschlossenen Augen durch ein Lauschen vom dritten Ohr aus die energetischen Bewegungen der jeweils fokussierten Ebene, sobald ich mich auf die andere Bewusstseinsebene begeben hatte. Nennen wir sie Alphaebene. Das dritte Ohr befindet sich innen am Hinterkopf unter dem Schädelansatz. Daneben gibt es noch viele weitere Möglichkeiten zur Wahrnehmung auf der Alphaebene, die ich auch teilweise einbeziehe. Dazu gehören z. B. die Wahrnehmung im Herzraum oder die Aktivität bzw. Resonanz in einzelnen Chakren. Aber das lauschende Schauen vom dritten Ohr aus in die Energiestrukturen war lange meine Standardtechnik. Diese kann ich sowohl anwenden auf einen Ort als Ganzes, als auch auf einzelne Aspekte, z. B. das Luftelement, oder einen früheren Zustand. In den beiden ersten Jahren durfte ich viele Erfahrungen auf der Alphaebene machen, weil ich durch vorrangige Anwendung immer derselben Technik rasch ein gutes Unterscheidungsvermögen auszubilden lernte.

Begegnungen mit der neuen Energie in Stuttgart

Um so erstaunter und irritierter war ich, als ich im Laufe des Jahres 2000 immer häufiger wie durch eine durchsichtige Membran auf die vertrauten Energiestrukturen „schaute". Auf dieser spielten sich aber ebenfalls energetische Bewegungen ab, und zwar mit einer ungeheuren Geschwindigkeit. Dieses Geschehen im Vordergrund erlebte ich zuerst als völlig chaotisch. Es war nicht zugänglich, keiner eigenen Erfahrung, keiner Beurteilung, keiner Übersetzung, keiner Mitteilung. Es wirkte fremd und bestürzend, obwohl es bei näherer Betrachtung durchaus eigenen Gesetzen zu gehorchen schien. Diese verstand ich aber nicht. Extrem wurde das beim Odenwaldseminar im Oktober 2000. An etwa der Hälfte der besuchten Plätze traten diese Phänomene so deutlich auf, dass ich ihnen spätestens jetzt nicht mehr ausweichen konnte. Glücklicherweise lernte ich, durch diese irritierende Membran hindurch zu schauen auf die dahinter weiterhin sichtbaren mir vertrauten Energien. So nahm ich an, dass es sich um physiologische Veränderungen bei mir handeln könnte, mit denen ich eben zu leben hätte.

Doch schon bei der nächsten Zusammenkunft der Stuttgarter Leitungsgruppe bekam diese Beobachtung eine überraschende Wendung. Zur Vorbereitung der Gruppenarbeit am nächsten Tag suchten wir einen Punkt in einer kleinen Grünanlage unterhalb der Etzelstraße in Stuttgart. Diesen Punkt hatte Ana Pogačnik für das Seminar im Oktober 1998 mit Marko Pogačnik als einen von mehreren Verankerungspunkten der Vitalenergie kartiert. Das vitalenergetische Zentrum von Stuttgart befindet sich auf der Karlshöhe. Von dort wird der Stadtraum mit Lebenskraft versorgt. Allerdings hat man die Materie dort abgetragen durch einen Steinbruch. Dieser wurde schon im späten 19. Jahrhundert vom Stuttgarter Verschönerungsverein als öffentlicher Park gestaltet. Die Wiederbelebung der Vitalenergie war ein wesentlicher Beitrag am Beginn des Seminars 1998. Leider war keine Zeit mehr, die Verankerung der Vitalenergie im Stadtraum vorzunehmen. Das wurde dann die erste Aufgabe der neuen Geomantiegruppe. Dabei erlebten wir diese Punkte wie örtliche Verteiler der Vitalenergie, die von dort über Energiebahnen in den weiteren Stadtraum geleitet wird. Zugleich hatten wir den Eindruck, dass sie dem vitalenergetischen Zentrum spezifische Kräfte aus dem Stadtraum zuführen, die über dieselben Energiebahnen fließen. Wir nannten diese Punkte deshalb lieber Vernetzungspunkte der Vitalenergie. Ana Pogačnik hatte für Stuttgart zehn solcher Punkte kartiert. Sonst waren es weniger. Sie meinte, es würde aber genügen, drei Verankerungen durchzuführen.

Am 2. September 2000 besuchten wir als Gruppe nach längerer Zeit wieder die Karlshöhe. Dabei nahmen wir uns zum ersten Mal Zeit, an mehreren Stellen zu spüren. Diese Zeit nutzte ich zur Erstellung einer Topographie der vitalenergetischen Wirkung. Achim Schmälzle erkannte später folgende Zusammenhänge: Nach allen Richtungen, in denen wir bis dahin sieben Vernetzungen vorgenommen hatten, war ein stabiler Fluss der Vitalenergie feststellbar. Aber dorthin, wo die drei noch nicht bearbeiteten Punkte dicht beieinander lagen, wirkte diese viel schwächer. Deshalb beschlossen wir, die fehlenden Vernetzungen baldmöglichst nachzuholen.

Wir suchten also nun am 3. November 2000 in der kleinen Grünanlage unterhalb der Etzelstraße nach einem dieser noch fehlenden Punkte. Auf einmal sagte eine Angehörige unserer Leitungsgruppe, dort, wo sie gerade stehe, sei die neue Energie der Erde zu spüren. Sie hatte vor kurzem bei einem Besuch von Geomantiekolleginnen aus der Schweiz in Stuttgart die Eigenart dieser Energie näher kennen gelernt. Auf dem bezeichneten Platz nahm ich eine rasende Energie auf meiner Membran wahr, aber keine wesentlichen Energiestrukturen dahinter. Hier war also keine besondere Energie, außer der neuen. Jetzt wusste ich, was ich schon so oft wahrgenommen hatte als Membran. Es war die entstehende neue Energie der Erde. Von nun an konnte ich die Eigenart dieser Energie und ihre weitere Entwicklung immer besser beobachten und dahinter die mir vertraute bisherige.

Doch dies blieb so nicht. Im Laufe der nächsten Jahre wurde diese zunächst noch vorhandene Trennung beider Energiearten unschärfer. Der Wahrnehmungseindruck wurde immer vermischter, ganzheitlicher. Dadurch wurde er schwerer zu deuten. Es wurde schwieriger, auf dem Erfahrungsschatz bereits erlebter Wahrnehmungen weiter aufzubauen. Meine Standardtechnik büßte an Fruchtbarkeit ein. Dadurch wurden mir andere Resonanzbereiche wichtiger. Aber ich bekam auch eine immer konkretere Anschauung von der so völlig anderen Qualität dieser neu sich ausbildenden Energie. Diese Andersartigkeit war mir zum ersten Mal 1980 in dem bereits angesprochenen Wachtraum begegnet. Die damals in meiner summenhaften Lebensrückschau erlebte Umwertung meiner Taten hatte ähnliche Empfindungen in mir geweckt wie jetzt die neue Energie. Bei ihrer Wahrnehmung lasse ich mich ein auf etwas, das wie eine solche Umwertung auf mich wirkt. Dabei bewegen sich die Energien so schnell und grenzenlos, dass ich ihnen noch nicht angemessen folgen kann. Gleichzeitig ist eine immer deutlicher in Erscheinung tretende Weite und Leichtigkeit da. Diese trägt aber auch eine Bestimmtheit in sich. Es ist keine Beliebigkeit mehr möglich. Diese Erfahrung erinnert mich in ihrer Tendenz an die Mathematik.

Die nächste Stufe ist eine zunehmende „Unsichtbarkeit" dieser Energie. Dadurch werden die alten Energiestrukturen auf der Alphaebene im Prinzip wieder „sichtbar". Aber sie haben sich gegenüber früher oftmals gewandelt. Und sie wandeln sich weiter mit. Wo dies so auftritt, lässt sich an ihren die aktuelle Entwicklung der neuen Energie ablesen oder wenigstens erahnen, die selbst immer seltener unmittelbar fassbar ist. Dies ist jedoch nicht an allen Plätzen in gleicher Weise so. Ich nehme eine Differenzierung wahr. Insgesamt erlebe ich dieses Geschehen als eine fortschreitende Intensivierung des Seins.

Dieser Zusammenhang wurde für die Stuttgarter Geomantiegruppe zu einem gemeinsamen Erlebnis, als wir am 11. September 2004 wieder einmal das vitalenergetische Zentrum auf der Karlshöhe besuchten. Schon vorher am benachbarten Generalakupunkturpunkt von Stuttgart waren uns wesentliche Veränderungen gegenüber früher aufgefallen. In den Anfangsjahren habe ich diesen Punkt vor jeder Gruppenarbeit aufgesucht, um den Stadtraum und mich auf die jeweils vorgesehene Arbeit einzustimmen. Es war immer wieder aufs Neue verblüffend, wie von diesem kleinflächigen Punkt aus der ganze Stadtraum erlebbar war. Bei unserem Besuch am 11. September war dies ganz anders. Zwar offen, aber doch auch wie unzugänglich zeigte sich der Raum, wie mit sich selbst genug. Und manche von uns klagten anschließend auch noch über körperliche Beschwerden. Die Wahrnehmung war deutlich erschwert. Denn die offene Seinsebene war uns nicht zugänglich, weil wir einen anderen Fokus hatten.

Das zeigte sich anschließend am vitalenergetischen Zentrum noch krasser: An wenigen Stellen, vor allem ganz unten im ehemaligen Steinbruch, wurde sporadisch Belebendes, Prickelndes erlebt, aber kein Strömen, kein Fließen. Doch oben am Rand des Steinbruchs, wo wir schon 1998 einen neuen Zugang zum Fokus des Zentrums gebildet hatten, war alle Vitalenergie wie ausgelöscht. Persönlich nehme ich dazu einen Kopfdruck wahr. Doch dann bemerke ich, dass dieser Druck steuerbar ist: Je mehr ich mich auf der Alphaebene um Wahrnehmung bemühe, desto stärker wird er. Je mehr ich davon ablasse, desto schwächer wird er. Nun drehe ich den Vorgang um: Ich lasse mich immer tiefer in mein Sein fallen. Auf einmal dringe ich durch. — Da ist sie, die Vitalenergie, aber völlig verwandelt: nicht mehr strömend-fließend, sondern seiend, in wunderbarer Kraft und Klarheit. Das war wohl auch der Grund für unsere Erlebnisse am Generalakupunkturpunkt: Stuttgart hat energetisch offenbar eine neue Stufe erreicht und seine Vitalenergie ist darin eingebunden. Oder die Vitalenergie hat sich verwandelt und der Stadtraum spiegelt uns dies. Auf der Seinsebene wird so erlebbar, was energetisch nicht mehr wahrnehmbar ist.

Diese Wahrnehmungen lassen als Konsequenz der sich wandelnden Erde eine Entwicklung hin zur Seinsebene erkennen. Für jeden einzelnen Menschen könnte das bedeuten, dass in zunehmendem Maße nur noch seine Individualität trägt. Individualität meint hier das, was jeden Menschen unverwechselbar macht, was mit seinem innersten Kern, mit seiner vollen Kraft und seiner persönlichen Färbung im Weltenganzen verbunden ist. Diesen Teil kann ihm niemand nehmen. Mit ihm bleibt er auch ohne physischen Körper verbunden. Dieser Zustand wird als Sein erlebbar. Alles, was diesem nicht standhält, zeigt sich als Illusion, bedarf der Verwandlung, der Neuausrichtung. Hier liegt noch ein ungeheures Potenzial. Gegenüber dem bisher gewohnten Leben auf der Erde kann dieser Zusammenhang allerdings wie eine Umstülpung der Verhältnisse wirken.

Zwei Monate später lernten wir bei einem Seminar mit Ana Pogačnik im Bodenseegebiet einen Platz kennen, an dem sich die neue Energie bereits manifestiert. Jedoch erfahren wir dies erst nach der ersten Begegnung. Als Übungsaufgabe erhalten wir zur Beantwortung folgende Fragen: „Konnte ich den Lichttrichter halten und die neue Resonanz so durch mich fließen lassen? Wie habe ich den Ort, der die neue Frequenz schon so klar hält, erlebt? Wie konnte ich mit dieser Kraft mitschwingen?"

Als Antwort schrieb ich folgendes nieder:

„Diesen Platz der neuen Energie konnte ich als solchen nicht erleben, weil ich mich auf meine Wahrnehmung nicht konzentrieren konnte, sondern „wegträumte". Wenn ich es positiv formuliere, habe ich mich diesem Platz hingegeben, ohne ihn in seinen Qualitäten zu erfassen. Allerdings bekam ich ein klares Bild, das ich zuerst nicht verstand und das mich, als ich die Bedeutung des Platzes erfuhr und anschließend die geführte Meditation erlebte, nachträglich noch erschütterte. Ich sah einen

Tannenbaum, der sich auf den Kopf stellte. Dazu hörte ich mich Worte denken wie „die Letzten werden die Ersten sein", „wie oben so unten", „wie außen so innen". Die anschließende, tatsächlich wie ein umgedrehter Tannenbaum sich kaskadenförmig aufweitende Lichttrichter-Meditation tut gut. Ich habe dabei das Gefühl, von dieser Energie durchströmt zu werden, wobei sich meine Körpergrenzen auflösen."

Am 16. April 2005 besuchen wir in einer kleinen Gruppe zusammen mit Marko Pogačnik wieder die Karlshöhe. Mit Erstaunen nehmen wir am gewohnten Rand des Steinbruchs wahr, dass die Vitalenergie jetzt kraftvoll und lebendig nach allen Seiten fließt. Die Klarheit der zuvor erlebten Seinsebene ist darin enthalten. Es ist wie nach dem Durchgang durch ein Nadelöhr. Es ist ein Auferstehungserlebnis.

Eine weitere Begegnung der Geomantiegruppe mit dem vitalenergetischen Zentrum von Stuttgart gibt es am 21. April 2007. Zuvor, am 3. März, hatten wir nacheinander das Herzzentrum, das Naturwesenzentrum und den Engelfokus besucht. Dies war ein Tag der Luftwesen. Sie hatten die ganze Atmosphäre durchgeblasen und gereinigt und reagierten auch lebhaft auf unser Tun. Wir fanden die Energie dieser Zentren stark im ganzen Stadtraum ausgebreitet. Der jeweilige Fokus trat im Erleben zurück. Nun, am 21. April, sind wir gespannt, was uns am vitalenergetischen Zentrum erwartet.

Was wir finden, verblüfft uns: Der Fokus des Zentrums ist erstmals nicht mehr so sehr vom Rand aus wahrnehmbar, sondern viel stärker unten am Grund des Steinbruchs. Dort hat er sich in die Erde begeben, so, als wäre darüber gar keine Materie weggenommen worden, als wäre es immer schon so gewesen. Ohne das sonst gewohnte Auftreten körperlicher Beschwerden können wir uns zum ersten Mal lange dort aufhalten. Es ist wie ein Bad in feiner belebender Energie. Wir genießen die unerwartete Leichtigkeit und Schönheit des Seins. Wir erleben das wie eine Heilung.

Anmerkungen:
(1) Rudolf Steiner: Die Philosophie der Freiheit — Grundzüge einer modernen Weltanschauung. Seelische Beobachtungsresultate nach naturwissenschaftlicher Methode, 1894, GA 4, Dornach 1995.
(2) F. Herbert Hillringhaus (Hrsg.): Brücke über den Strom — Mitteilungen aus dem Leben nach dem Tode eines im Ersten Weltkrieg gefallenen jungen Künstlers 1915–1945, Folgen 1–4, Schaffhausen 1999.
(3) Siehe dazu den Beitrag „Die Erdwandlung durch die Eröffnung geistiger Quellen" im zweiten Teil dieses Buches.
(4) Rudolf Steiner: Der Orient im Lichte des Okzidents — Die Kinder des Luzifer und die Brüder Christi, 1909, GA 113, Dornach 1982.

Neue Elementarwesen

Fritz Bachmann (†)

Wir bekommen in der jetzigen Zeit viel Hilfe aus der geistigen Welt, wenn wir uns an das Auflösen dieses Astralmülles machen... Die Erde hat für diesen Heilungsprozess, für dieses Auflösen von Altem und Blockierendem, spezielle neue Elementarwesen entwickelt. Seit einigen Jahren gibt es Fokuspunkte dieser neuen Elementarwesen, welche die Reinigung und Selbstheilung der Erde unterstützen. Sie warten allerdings oft auf den Kontakt mit den Menschen, damit sie wirksam werden können. Ich erlebe sie oft wie schlafend, noch nicht mit ihrer Aufgabe verbunden, und wenn wir sie ansprechen, zum Beispiel durch ein freies, harmonisches Singen an ihrem Fokuspunkt, so entfalten sie sich und können jetzt ihre Aufgabe erfüllen. Diese Wesen sind nicht mehr auf ein Element fixiert. Sie haben oft zwei, drei oder gar alle vier Elemente in sich. Es sind auch keine reinen Erdenwesen mehr. Sie haben einen starken Bezug zum Kosmos und zur Christuskraft. (1)

Anmerkung:
(1) Fritz Bachmann: Getragen von Engeln und Elementarwesen — Die ätherischen Hüllen des Goetheanums, Schaffhausen 2003, S. 88.

Initiativen im Berner Oberland

Regula Berger

Im Folgenden einige meiner Stationen, um die Wandlung der Erde und der Menschheit — auch von mir selbst — in positivem Sinne zu unterstützen:

1997–2000: „Wort und Ton" — drei mal zwölf Raunächte in den zwölf Thunerseekirchen

Die Idee zur ersten Unterstützungsinitiative der Erdwandlung kam mir auf dem Thuner Hausberg „der Stockhörnin" (Stockhorn): Zwölf Kirchen, zwölf Nächte und Rudolf von Hochburgunds Traum einer Stadt mit zwölf Toren, worüber je ein Engel wacht, im Jahre 933 (beschrieben in der Strättliger Chronik). Es kam wie ein Blitz über mich: Damit müsste man doch etwas machen zur Unterstützung der Jahrtausendwende und dieser Vision des neuen Jerusalems. Mit der Thuner Komponistin Susanne Schöni zusammen arbeiteten wir dann drei Jahre. Wir kämpften mit Kirchgemeindebewilligungen, innerhalb der Gruppe mit Durchhalten, mit unseren Schattenanteilen und mit den Rhythmen der Kompositionen. Aber es war sehr eindrücklich, die Verschiedenheit der Kirchen und Plätze während des allabendlichen Rituals — wir nannten es Abendfeier — zu erleben.

Für mich wurde zum ersten Mal so richtig spürbar, dass es um neue Weiten, neue Dimensionen geht. Die Mutterkirche der zwölf Thunerseekirchen, die Michaelskirche zum Paradeis in Einigen, war nach meiner Wahrnehmung ziemlich „belastet". Früher gab es dort eine Quelle mit heilendem Wasser. Diese Quelle ist nach dem Kanderdurchstich (1714) versiegt. Mit der Kanderkorrektion wurde die Kander, welche zuvor bei Uttigen in die Aare floss, in den Thunersee eingeleitet. Ich habe trotz diverser Recherchen niemanden gefunden, dem der Ort der damaligen Quelle noch bekannt war. Meine Vorstellung war: Dieser Heilort ist zerstört, er muss wiederhergestellt und „geheilt" werden.

In einer Meditation am Ort „sah" ich dann einen riesigen gold-violetten Raum und ich „wusste", dass es nicht darum geht, den vergangenen Zustand wieder her zu zwingen. Der Platz hatte sich zu einer für mich ungeahnten Größendimension verändert. Ich fühlte: Es ist gut, es geht um andere Dimensionen, neue Gefäße und Räume in die Zukunft. Für mich war das ein erschütterndes, aber Vertrauen erweckendes Erlebnis.

Mai 2000: Meditative Heilarbeit für den Schlossberg Thun

Das Wappen von Thun besteht aus einem goldenen Siebenstern, der bis vor der Schlacht von Murten schwarz gewesen war. Auf Initiative von Monika Reinwand planten wir, eine Landschaftsaufstellung an sieben Orten zu machen, um den Thunerstern in der Landschaft zu verankern und zu versuchen, die von Marko Pogačnik wahrgenommene Störung unterhalb von Schloss Thun durch Farbvisualisationen — simultan von den sieben Orten aus — zu bearbeiten. Ich leitete die Schlossberggruppe.

Der Vergleich vorher–nachher war für mich sehr eindrücklich. Vor der Arbeit nahm ich im Schlossgarten vor der Wand des damals noch im Schloss untergebrachten Gefängnisses einen riesigen Drachen wahr, welcher seine Schnauze in Richtung der Gefängnisfenster öffnete. Mir schien, dass die negativen Emotionen der Häftlinge ihn „ernährten" und stärkten. Nach der Meditation ging ich gespannt an denselben Platz, um zu spüren, ob sich etwas verändert hatte. Ich traute meinen inneren Augen kaum: Der Drache schien zusammengeschrumpft auf die Größe eines Bettvorlegers! Für mich war auch beglückend, dass im November 2001 das Gefängnis im Schloss geräumt wurde und die Häftlinge in das neu gebaute Regionalgefängnis nahe der Militärkaserne verlegt wurden! Was für eine Befreiung für den Kraftort des ursprünglichen Stadtkerns von Thun!

2004: Heilarbeit im Konzentrationslager Dachau

Am 14. und 15. August 2004 trafen sich Menschen aus Holland und aus der Schweiz unter Anleitung von Nikolaas de Jong im Konzentrationslager Dachau bei München. Die Gruppe war mit Heilarbeit an schwierigen Orten erfahren. Ähnliche Arbeiten wurden/werden auch in anderen Konzentrationslagern durchgeführt.

Zuerst stimmten wir uns mit einer Gesangsimprovisation nach den aktuellen Sternenkonstellationen auf den Ort am blockiert wirkenden Einatmungspunkt ein. Dann untersuchten wir individuell den gesamten Platz und trafen uns am Transformationspunkt, inmitten einer Birkengruppe nahe dem ehemaligen Verwaltungsgebäude. Über Resonanzeinstimmung durch rhythmisch gesungene improvisierte Töne und Texte versuchten wir, nacheinander in die neun unterirdischen Sphären zu gelangen. Für jede Schicht wurden bestimmte Elementarwesen und Engelhierarchien angesprochen. Forschend, fragend untersuchten wir, was getan werden könnte, um die Befreiung der noch da haftenden Seelen und der „gefallenen Wesen" der jeweiligen Sphäre zu unterstützen.

Es war außerordentlich berührend, zu erleben, wie sehr diese Wesen darauf zu warten scheinen, dass die Menschen mit mitfühlend-fragendem Bewusstsein an der Verwandlung und Weiterentwicklung mitarbeiten, und wie durch die verschiedenen „Antennen" der Teilnehmenden unterschiedliche Bilder und Inspirationen auftraten. Man konnte Massen von unerlösten und gefangenen Seelen wahrnehmen, welche „interessiert" die Geschehnisse beobachteten und sich zum Teil vom Ort zu (er)lösen schienen.

Sehr eindrücklich war der Unterschied von der siebten unterirdischen „Gegensphäre", wo Christus offenbar schon erlösend gewirkt hat, zur achten Untersphäre, wo noch kein Christuslicht zu spüren war. Es war nur eisiges Dunkel, eine Art schwarzmagische Tempelanlage, zu erleben. In dieser Sphäre war für mich keinerlei Bereitschaft zur Kommunikation oder zum Wandel wahrnehmbar: nur Hass, Macht, Kälte. Bewegend war jedoch in der neunten Sphäre das Erleben der liebendschützenden Erdmutter, welche die Erde zärtlich auf ihrem Schoß hielt, stärker als jede finstere Macht.

Diese Erfahrung stärkte in mir das Vertrauen, dass wir nicht einfach ohnmächtig sind, sondern unsere liebevolle, verantwortungsvolle Mitarbeit gefragt und wirksam ist, und zwar im Schutze von Gruppen im Sinne von „Wo zwei oder drei in meinem Namen zusammen sind, da bin ich mitten unter ihnen". Im Unterschied zu den relativ zahlreichen Wochenendbesuchern der Gedenkstätte Dachau, welche vor allem tief emotional — auf der Empfindungsebene — betroffen schienen, hatte ich den Eindruck, dass wir uns in den Schichten der Ursachen und Verursacher (Inspiratoren) von Gewalt, Sadismus und Massenverbrechen arbeitend befanden.

2006: Jahreszeitenfeste für die Elementarwelt

Jeweils zum Saisoneintritt der Jahreszeiten machen wir einen „Festtag" mit Bewegung, Musik, Gesang und Sprache. Der Zweck ist, ein respektvolles Verhältnis, eine innigere Beziehung zwischen Mensch und Natur zu pflegen und so hoffentlich versöhnend auf die Naturwesen zu wirken.

Im Herzen der Schweiz im Flüeli Ranft hatte ich ein Schlüsselerlebnis zur Bedeutung des Heiligen Niklaus von Flüe, dem „Schutzpatron" der Schweiz. Dessen Klause ist noch 600 Jahre nach seinem Tod ein Ort der Gnade, des Friedens und der Inspiration. Es schien mir für die Naturwesen existenziell, dass wir mit Bewusstsein und Achtsamkeit mit ihnen umgehen, liebevoll an sie denken — Kopf-Herz-verbunden (Gnome, Erdwesen), dass wir unseren Alltag liebevoll gestalten, Gewohnheiten und Rituale mit Liebe pflegen (Undinen, Wasserwesen), dass wir liebevoll kommunizieren — Liebe in Beziehungen (Sylphen, Luftwesen) und überhaupt in einer Haltung der All-Liebe unsere Arbeit aus dem Herzen verrichten (Salamander, Feuerwesen).

Auf dem Stockhorn wurde mir klar, dass die Naturwesen sich selber nicht helfen können und auf unsere Aktivität angewiesen sind. Ich empfand stark die Not der Vögel in ihrem unterbrochenen Liebesverhältnis zu den Luftwesen (Sylphen). Durch die vielen technischen Strahlungen und Einflüsse (Strom, Mobilfunkantennen, Chemtrails usw.) schienen sie wie abgetrennt von der Verbindung zum Geistigen. Da sie über keine Freiheit verfügen, können sie selber die Verbindung nicht wieder herstellen. Sie sind also auf menschliche Vermittlung angewiesen. Außerdem erkannte ich es als wichtig, den in technische Apparate hinein gebannten Elementarwesen nicht mit Ablehnung zu begegnen. Gerade sie benötigen unsere liebevolle Aufmerksamkeit, um erlöst und an eine gute Entwicklung angeschlossen zu werden. Ich empfand, dass es hilfreich sein könnte, immer wieder Lemniskaten (8-er Formen) in die Luft und den Lichtäther mit unseren Armen zu malen, um die Luft zu beleben und die Vögel wieder in Verbindung zu bringen mit den sie inspirierenden Sylphen. Auch für die Technikwesen wäre es gut, sie mit Lemniskaten mit unseren Herzkräften zu verbinden. Dies taten wir denn auch.

11. März 2006: Erdwandlung

Diesen Tag spürte ich schon zwei bis drei Tage im voraus. Der Schnee- und Regensturm und die geladene Atmosphäre im Vorfeld machten es nicht leicht, in der Ruhe zu bleiben. Doch heute morgen war in meiner Meditation ein unglaublicher Friedensraum ganz aus einer warmen Goldsphäre und die Wirkung und Präsenz des Erzengels Michael in einer sehr starken Intensität spürbar. Ein tiefes glückseliges Vertrauen in die Begleitung und Weltgeschickführung der geistigen Welt breitete sich in meiner Seele aus. Ich fühlte dieselbe grenzenlose Allliebe, die ich schon am 25. Februar in der Frühlingsritualarbeit im Flüeli Ranft durch die Erfahrung des Heilmandalas von Niklaus von Flüe erlebt hatte.

2006/2007: „Wie im Himmel" —
Improvisationen in den Thunerseekirchen

2006/2007 machten wir anlässlich der zwölf Raunächte wieder ein Projekt in den zwölf Thunerseekirchen. Den Rücken gestärkt durch den Film „As it is in heaven (Wie im Himmel)" des schwedischen Regisseurs Kay Pollak organisierte ich Gesangsimprovisationen mit Einbezug des Publikums. In einer „freieren Art" als noch vor sieben Jahren mit dem Projekt „Wort und Ton" versuchten wir wieder, diese Vision des Neuen Jerusalem im Berner Oberland zu stärken.

Im Vorfeld erlebte ich noch dramatischeren Widerstand einiger Kirchgemeinden als im Jahrtausendwendeprojekt — mit Drohung von Wegweisen, wenn wir trotz Absage auf das Gelände der Kirche treten würden, und Abschließen von Kirchen, welche sonst Tag und Nacht offen sind. Um so überraschter war ich dann über den „Erfolg". Jeden Abend kamen zwischen 15 und 65 Menschen, ob wir draußen in der Natur an Ersatzorten oder in den wunderschönen Kirchen improvisierten. Es war überwältigend, wie die Kraft mit jedem Abend wuchs. Durch dieses gemeinsame Tun entstand ein feines „Liebesnetz" zwischen den zum Teil völlig unbekannten Menschen — Liebe zu den Orten, zur Erde, zur Menschheit.

In der Stadtkirche Thun auf dem Schlossberg nahm ich zum ersten Mal so richtig wahr, wie der alte Kraftort nun rein und befreit ist. Ich brachte dies auch in Zusammenhang mit der Verlegung des Gefängnisses. Es ist nun ein wunderbar atmender, lichtvoll weiter Ort geworden.

Noch fast überwältigender war dann das Erlebnis in der letzten Nacht in Einigen, einem meinem Empfinden nach sehr belasteten Ort. Die Kirche war total voller Menschen, die Improvisation erlösend kräftig und doch auch feinfühlig. Es war, wie wenn der letzte Pinselstrich eines Gemäldes gemacht ist. Eine lichtvolle heilsame Klangwelle schien sich strahlend über den ganzen See und weit über die Region auszugießen. Wie schon an anderen Orten breitete sich ein zuversichtliches Friedensgefühl aus. Durch die Intensität, die das gerade an diesem Ort hatte, schien sich mir eine riesige „Altlast" von Geschichte aufzulösen. An dem Ort wurden offenbar früher Exorzismen gemacht, wobei manche der Patienten dabei umkamen.

2007: Insel Reichenau: Licht-Heil-Ort

Auf der Insel Reichenau in der Kirche des Heiligen Georg hatte ich dann das Gnadenerlebnis eines Ich-stärkenden Licht-Heil-Ortes. Ich hatte den Eindruck, meine Wirbelsäule und die eines jeden Menschen, der sich lange genug an dem Ort aufhält, werde neu gerichtet, so dass die Aufrichte ganz leicht fällt und der Mensch ganz geerdet und gehimmelt — mit dem Kosmos verbunden — wird. Es schien mir ein großes Geschenk, dass es durch alle Zeiten hindurch Orte gibt, welche „durchhalten" und bleibende Säulen des „Ewigen Tempels" sind.

Anmerkung:
(1) Die Bibel: Die Apokalypse des Johannes.

Die Erde braucht dein Lachen

Claudia Böni Glatz

Geh Wege des Lichts
Und trauere über das Dunkle

Schöpfe deine Werke
aus dem Licht
Und lass das Dunkle
nicht fallen aus deiner Liebe

Denn du bist gerufen

*Verzeih
wenn ich
deinen Namen rufe
die Erde braucht dein
Lachen*

Erdwandlung — eigentlich erlebe ich sie am stärksten in meiner eigenen Wandlung, sei es in der Kommunikation mit der Natur oder im Umgang mit meinen Ängsten. Immer ist es ein Weg in Unerwartetes, der mit sich bringt, dass ich die Gleichzeitigkeit und Gleichwertigkeit von Hellem und Dunklem immer konkreter erlebe. Das führt dazu, dass mir die Mehrdimensionalität der Welt immer fassbarer wird und ich gleichzeitig Mühe habe, Worte dafür zu finden. Da hilft nur eines: die künstlerische Darstellung. So habe ich versucht, meine Erfahrungen in eine Geschichte und zwei Gedichte zu kleiden:

Es war einmal eine Liebe

*unergründlicher als das tiefste Meer
und leuchtender als der hellste Stern am Firmament
regenbogengleich schwang sie sich*

vom Himmel zur Erde   von der Erde zum Himmel
durch das Nichts

alles auf der Erde war fest   alles im Himmel war bewegt
beide sehnten sie sich
nur — das Nichts zwischen ihnen war unendlich weit

Das Sehnen aber schlief nicht!
leise pochte es   unermüdlich pulste es
an die Starre der Erde   durch die Bewegung
bis ihr Herz aufsprang —   des Himmels
darin lag ein Schatz verborgen   bis diesem ein Licht aufging

über den Regenbogen tanzten sie
die Erde mit ihrem Schatz im Herzen,
der Himmel mit seinem Licht,
Schritt für Schritt einander entgegen.
immer näher brachten sie ihr Geschenk:

„Alles, was fest ist", sprach die Erde,
„unterwerfe ich dem Zyklus von Werden und Vergehen" —
sogleich verband sich ihr Schatz mit dem Himmel.
„Alles, was Geist ist", sprach der Himmel,
„lasse sich von nun an auch verdichten bis es fest ist" —
sogleich leuchtete sein Licht auf in der Erde.

Die Liebe aber, die ersehnte Liebe, erfüllte sich.

Christusplätze

Jutta Borchert

Ich gehe seit 1997 den Weg der Geomantie. Dies ist für mich ein spiritueller Weg, mich mit Gaia/Erde zu verbinden, ihre Kräfte und Energien zu spüren, mich immer tiefer einzuschwingen. Ich arbeite seit 1998 in der Geomantiegruppe Stuttgart mit. Wir treffen uns regelmäßig einmal im Monat, um an einem Platz im Landschaftsraum Stuttgart zu arbeiten. Weiterhin bin ich in der Südgruppe bei Ana Pogačnik, die es seit 2003 gibt.

Ich habe auf diesem Weg viele verschiedene Plätze kennen gelernt. Ich habe erfahren, dass das Chakrensystem unseres Körpers seine Entsprechung in der Landschaft hat. Ich stand an Orten, wo ich die Kräfte anderer Planeten — von Mars oder Venus oder Mond — spüren konnte. Es gab Plätze, wo die Feen im Wald getanzt haben, und andere, wo die Zwerge zu mir gesprochen haben. Ich erinnere mich an Orte, wo ich Feuer und Lava längst vergangener Erdepochen spüren konnte, und andere, wo es um das innere Gleichgewicht — um meine Balance — ging. Es gab Plätze, wo ich eintauchen konnte in die Erde wie in Wasser und dahinfließen durch (unterirdische?) Ströme bis in die Unendlichkeit der Ozeane. Ich habe mich mit Bäumen verbunden und konnte die Welt aus der Perspektive anderer Wesenheiten sehen.

Generell erlebe ich an den Plätzen, wenn ich mich tief mit der Erde verbinde, eine Veränderung meines Bewusstseins. Ich trete wie aus mir heraus und in eine andere Wirklichkeit ein. Diese Fähigkeit war nicht von Anfang an da, sie hat sich im Laufe der letzten Jahre entwickelt.

Erdwandel — wie ändert sich die Erde?

Über das Thema Erdwandel sprechen wir in den Gruppen seit etlichen Jahren. Wenn ich diesem Thema nachspüre, erscheint vor meinem inneren Auge eine Geste: ich halte meine Hände vor meinem Herzen und öffne sie in den Raum hinein; meine

Herzenskraft breitet sich aus in diesen Raum. So ist es auch mit der Erde: Sie öffnet sich und strömt ihre Herzenskraft aus in den Kosmos hinein. Die Veränderung der Erde ist ein Teil der Veränderung des Kosmos. Zwischen den Gestirnen entstehen neue Beziehungen. Wir Menschen können und sollen diesen Prozess unterstützen, indem wir unsere Herzenskraft entwickeln und in die Welt hinausstrahlen.

Diese neue Qualität ist in der Landschaft zu spüren. Und zwar an jenen Plätzen, die ich gelernt habe, „Christuskraft-Platz" zu nennen. Alleine würde ich diese Plätze in der Landschaft nicht finden, aber in der Gruppe kommen wir an solche Plätze. Was ich an diesen Plätzen erlebe ist — ja, unbeschreiblich. Es ist eine Kraft präsent, ich weiß nicht, ob sie von außen kommt oder von innen, ich spüre sie in meinem Herzen. Da ist ein Gefühl der Ausdehnung, des Wachsens, der Unendlichkeit, von Größe, Liebe, Güte... ein Gefühl des Verschmelzens mit dem Göttlichen... Es ist sehr stark. Ich durfte mehrere solcher Plätze erleben und bin sehr dankbar dafür.

Seit einigen Jahren durchlaufe ich einen tiefen persönlichen Veränderungsprozess. Ich weiß nicht, ob meine Art, die Welt zu sehen, die Landschaft zu spüren und mich selbst wahrzunehmen, meinen eigenen Wandlungsprozess widerspiegelt oder den der Erde oder ob da beides zusammenkommt. Ich vermute letzteres: die Erde wandelt sich und wir mit ihr.

Die neue Erde ist schon geboren

Ann-Katrin Eriksdotter

In Schweden gab es längere Zeit das „schwedische Modell". Arbeitgeber und Arbeitnehmer sowie die großen Gewerkschaftsverbände trafen sich regelmäßig mit Politikern. Das Ziel war das Einvernehmen. Wir dachten, das Staatswesen sei in guten Händen. Die Zukunft war sicher. Wir bezahlten solidarisch unsere hohen Steuern und wussten, dass es genug gab, damit die Gesellschaft sich um alle Bedürftigen kümmern konnte. Wir hatten lange keinen Krieg und keine Katastrophen. Die Luft war gut zu atmen, das Wasser gut zu trinken. Mitten in Stockholm konnte man schwimmen gehen. Wir schützten unser Recht auf Einsamkeit. Die meisten waren zufrieden. Wir schliefen in einem Traum von Wohlstand.

Freilich konnten wir nicht schlafen bleiben. Die erste Warnung kam schon 1986, als unser Staatsminister Olof Palme ermordet wurde. Palme wollte keinen Schutz. Er ging mit seiner Frau ins Kino. Plötzlich war die Gewalt da — in Schweden — unerhört! Wir waren im Schock. Und dazu zeigte es sich, dass die Behörden es nicht schafften, den Mörder zu finden. Seit 1986 kam dann ein Signal nach dem anderen, um das schwedische Volk aufzuwecken, damit wir verstehen, dass wir uns verändern müssen. Zu den größeren Schocks gehörten der Mord an unserer Außenministerin Anna Lindh in September 2003 und die mehr als 540 im Tsunami Weihnachten 2004 ums Leben gekommenen Schweden. Wie in anderen Ländern gab es auch in Schweden in den letzten Jahren Naturkatastrophen wie Stürme und Überschwemmungen. Aber auch anderes hat sich verändert: In Stockholm und anderen Städten ist das Wasser nicht mehr immer gut zu trinken. Mit dem Schwimmen in Seen muss man jetzt vorsichtig sein. Auch die Luft in Stockholm hat sich verschlechtert.

Was sich auch langsam entwickelt hat — bis es in den letzten Jahren ganz deutlich geworden ist —, ist, dass das Staatswesen auf dem Weg ist, zu Grunde zu gehen. Das „schwedische Modell" funktioniert nicht mehr. Die Vertreter der Arbeitgeber und Arbeitnehmer treffen sich nicht mehr mit den Politikern, um sich zu einigen. Es ist nicht mehr sicher, ob die Steuern in Zukunft noch für alle Bedürftigen reichen werden. Und was mich persönlich am meisten erschüttert, ist, dass das bisherige System mit gründlichen Untersuchungen, das als eine Garantie der Demokratie wirkte, langsam untergraben wurde. Alles soll jetzt so schnell gehen, dass oft weder die Politiker genug Zeit haben für gründliche Untersuchungen, noch die Behörden, ihre Stellungnahmen abzugeben. Eine andere Beobachtung ist, dass es in den letzten Jahren so oft Veränderungen im System der Sozialversicherung gab, dass die verantwortlichen Behörden nicht genug Zeit hatten, sich auf alle Neuerungen einzustellen. Das bedeutet, dass man nicht mehr sicher sein kann, die richtige Antwort zu bekommen.

Alle diese Ereignisse und das zunehmende Gefühl von Unsicherheit haben es mit sich gebracht, dass Menschen zusammengekommen sind, um einander zu trösten und zu helfen. Die Herzen öffnen sich. In der U-Bahn brauche ich nur zu lächeln, und sofort lächeln andere zurück und fangen an zu reden. Das ist ganz neu bei uns. Immer mehr Menschen verstehen, dass es höchste Zeit ist, die Verantwortung für das eigene Leben und für die Umwelt zu übernehmen. Wir können uns nicht mehr auf den Staat verlassen.

Was ich aber auch feststelle, ist eine zunehmende Polarisierung der Menschen. Manche Menschen kümmern sich verstärkt um einander und um die Natur und die Erde. Sie engagieren sich für die Umwelt und für die eigene geistige Entwicklung. So standen die Kirchen am Sonntag lange leer. Aber jetzt gibt es allerlei angepasste Gottesdienste und die Menschen kommen wieder. Andere aber kümmern sich — wie es scheint — überhaupt nicht um andere Menschen oder um die Umwelt. Es gibt immer mehr bandenmäßige Prostitution und Menschenhandel oder Wirtschaftskriminalität. Die Behörden sind fast machtlos. Wenn eine Bande eingelocht wird, ist sofort eine andere da. Dann wird immer öfters auf andere Menschen Gewalt ausgeübt — oft nur aus Spaß, wie es scheint. Was daran besonders unheimlich ist, ist, dass viele dieser Gewalttäter so jung sind. Auch junge Mädchen sind dabei. Und die Behörden können nichts dagegen ausrichten.

Eine ganz interessante Entwicklung ist, dass wir mit der Zeit immer mehr Einwanderer bekommen haben. Abgesehen vom manchmal intensiven Aufeinanderprallen der Kulturen hat Schweden dadurch einen wundervollen Ansatz erhalten, sich zu etwas ganz Neuem und Starkem zu entwickeln. Viele von unseren kreativen jungen Künstlern stammen aus dem Ausland, auch viele Ärzte und Zahnärzte. Aber es gibt auch viele Arbeitslose. Die Frage ist nun, wie es weitergehen wird. Genau wie bei der angesprochenen Polarisierung der Menschen gibt es auch eine wachsende Kluft zwischen geborenen Schweden und denen, die aus dem Ausland stammen. Fast niemand spricht von den wachsenden Spannungen in der Gesellschaft. Aber sie sind da und Schweden wird langsam umgestaltet.

In den vergangen Jahren sind auch viele Heimlichkeiten, die früher verborgen waren, ans Licht gekommen. Das reicht von Vätern, die ihre Kinder vergewaltigt haben, bis zur Auslieferung von Balten an die Sowjetunion im Jahre 1945. Es scheint so zu sein, als wenn nichts länger verborgen bleiben darf. Wir müssen uns selber gut anschauen.

Im Februar 2001 traf mich ganz persönlich ein entscheidendes Erlebnis: Die linke Seite meines Gehirns hörte auf zu funktionieren. Es dauerte einige Jahre, bis ich mein entsprechendes Vermögen wiedergewonnen hatte. Ich konnte überhaupt keine Entscheidungen mehr treffen, konnte nichts verstehen, wenn ich versuchte, etwas zu lesen. Ich, die ich mich immer sehr auf meinen Intellekt verlassen hatte, musste jetzt langsam lernen, wie ich ohne diesen leben konnte. Ich hatte wirklich Zeit, mich selbst gut zu betrachten. Eine wichtige Lehre dieser Jahre ist, dass es oft besser ist, zu sein als zu tun. Es ist für mich sehr wichtig geworden, mir genügend Zeit zu geben, bevor ich mich für etwas entscheide. Und ich muss dabei sehr aufmerksam sein, dass mein kritischer Intellekt nicht meine Intuition überwältigt.

Was ich seitdem an mir selbst bemerkt habe, ist meine zunehmende Sensibilität. Es ist, als ob meine Grenzen zur Umwelt schrittweise aufgelöst werden. Einerseits wirkt meine Intuition besser denn je. Andererseits können mich andere Menschen — z. B. ihr Gespräch am Mobiltelefon oder sogar ihre Gedanken —

unheimlich stören. Hohe Laute ertrage ich viel weniger als früher. Ich muss überhaupt sehr aufmerksam, ganz im Jetzt anwesend sein. Ein Beispiel ist das Warten auf den Bus: Früher standen wir Schlange und man konnte ein bisschen träumen und die Blumen und Bäume beobachten während des Wartens. Das ist jetzt vorbei. Kein Schlangestehen mehr — man muss sich wirklich bewusst vorwärts pressen, damit man mitkommt.

In den letzten Jahren war ich manchmal unerwartet sehr müde und fast schwindlig. Einige von meinen Freundinnen haben dieselben Reaktionen bemerkt, und wir haben uns gesagt, dass es um höhere Energiefrequenzen ging. Ich finde, dass es immer wichtiger wird, mit Freunden oder Freundinnen die Umwandlungen in uns und um uns herum zu besprechen. Die Entwicklung scheint dahin zu gehen, dass ich zwar immer weniger Freundinnen habe, dass diese aber immer wichtiger werden.

In der Natur habe ich in den letzten Jahren beobachtet, dass die Luft sich anscheinend verändert hat — als ob sie jetzt viel durchsichtiger wäre, oder als ob sie ein dünner Schleier geworden wäre, den man mit den Händen berühren kann. Plötzlich kann die Luft ganz still werden und dann bemerke ich glitzernde, tanzende Bewegungen vor mir. Es glitzert so intensiv, dass ich die Augen fast zumachen muss. Auch die Nase merkt die Veränderung. Die Blüten duften wunderbarer und stärker als früher — manchmal so aufdringlich, dass ich niesen muss.

Auch das Licht hat sich verändert. Die Farben sind stärker geworden. Nie zuvor war das Gras so grün, die Farben der Blumen so vollkommen und kräftig. Die neuen Farben berühren mich stark. Ich spüre etwas Vollkommenes im Herzen, wenn ich stehen bleibe und die wunderschönen Blumen anschaue und genieße. Vor allem die grünen, blauen und violetten Farben haben sich verändert und weiter entwickelt. Anscheinend sind neue Varianten in diesem Spektrum dazu gekommen. Im Wald haben mich die großen Fichten schon im vorigen Sommer mit ihren wunderschönen roten Blüten erstaunt. Ich kann mich nicht erinnern, dass ich jemals so eine große Menge roter Fichtenblüten sah. Und in diesem Jahr geht es so weiter: Viele Bäume blühen wie nie zuvor, in vollkommener Schönheit und Fülle.

Auch die Tiere haben sich verändert. Sie sind den Menschen immer näher gekommen. Rehe und Hasen grasen ganz ungeniert in den Gärten oder im Park zwischen Mietshäusern mitten in der Großstadt. Sie haben keine Angst vor Menschen. Es sieht so aus, als ob sie glaubten, sie seien unsichtbar. Wenn ich ihnen mal zurede, ist es, als ob sie aus einem Traum erwachten. Sie sehen mich erstaunt an: Habe ich sie tatsächlich gesehen? Bin ich gefährlich? Im vorigen Sommer hat mich eine Häsin als gefahrlos eingeschätzt. Sie hat mich sehen lassen, wie sie ihre zwei Jungen gesäugt hat. Das war ein Geschenk!

Ihr Verhalten geändert haben auch die Vögel. So habe ich zum Beispiel beobachtet, wie jetzt zum ersten Mal seit Jahren sich auch die schönen schwarz- und weißgefärbten Eiderenteriche an der Betreuung der jungen Eiderenten beteiligten. Es geht jetzt viel schneller und leichter, mit Tieren in Kontakt zu kommen. Oft ist die Gruppenseele sofort da, wenn ich sie anspreche. Es geht genau so gut mit kleinen Fischen und Insekten wie mit größeren Tieren. Ich merke, dass einige erstaunt sind, wenn ich an ihnen interessiert bin. Meistens kommt mir von ihnen große Freude entgegen.

Bei meinen Kontakten mit Elementarwesen habe ich kein Bedürfnis bemerkt, dass ich ihnen mit irgendetwas Speziellem helfen sollte. Sehr geschätzt wird liebende Aufmerksamkeit von meiner Seite und auch Singen und Umarmungen. Die Elementarwesen scheinen ganz gut zu wissen, welche Aufgaben sie haben während der Erdwandlung.

Als Schlussarbeit meiner Geomantieausbildung habe ich 2005 Fragen über die Erdwandlung an die Erde selbst sowie an verschiedene Vertreter der Erde gestellt. Die Methode bestand darin, mich — geerdet und in Liebe konzentriert — aus meinem Herzen heraus eine Weile auf die Erde oder auf ihren Vertreter zu fokussieren und danach die Fragen zu stellen. Zusammenfassend war die Botschaft, dass die neue Erde schon geboren ist. Die alte Erde wird noch aufrecht erhalten, damit wir Menschen, die wir noch Angst vor dem Unbekannten haben, genug Zeit haben, um uns an die neue Welt anzupassen. Die ganze Natur, die verschiedenen Elementarwesen der Erde, die Tiere und Vögel, die Engel sowie die anderen Planeten in unserem

Sonnensystem machen schon mit. Nur die Menschen haben es schwer, sich zu ändern. Die Erde und ihre Wesen können helfen und machen praktische Vorschläge. Nachfolgend Passagen aus meiner Schlussarbeit:

Ein Feuerelementarwesen in einem kleinem Felsen
In den ursprünglichen Zeiten suchten wir unsere Mutter. Unser Herz klopfte langsam und dumpf. Wir warteten lange, von ihrer Liebe umgeben. Ein Leben, das langsam und stark gelebt wurde, ist jetzt zu Ende. Nun leben wir schneller, nicht mehr verborgen und langsam. Unsere Mutter ist wach, schonungslos und stark. Wir sind die Haut der Mutter, wir sind ihr Feuer. Wir atmen und bewegen uns mit ihr. Wir nehmen keine Rücksicht. Alles muss sich jetzt verändern und neu werden. Alle Berge, Felsen und Steine sind im Kontakt, spüren einander, atmen und leben zusammen in starkem Bewusstsein.

Ein Erdelementarwesen in einem Rosenstrauch
Lange war ich eingeschlafen, aber jetzt geht es los: das Neue ist da. Bald werde ich mich unbehindert im Leben bewegen. Mit dem Rosenduft werden wir an die Schönheit auf der Erde erinnern. Der Duft wird so stark sein, dass wir die anderen Sinne betäuben. Wir strecken unsere Arme aus und umarmen den Wanderer. Wir erinnern ihn an Schönheit und Stärke, an Zutrauen und Stille, an Gewissheit und Zugehörigkeit, daran, dass wir ein Teil der Erde sind, die sich in Schönheit wölbt, die nichts halten wird.

Ein Wasserelementarwesen in einem Teich
So viel Neues ist jetzt zu lernen! Als ein Reinigungsorgan der Erde tanzen wir nicht nur hier im Teich, sondern überall. Wir kämmen alles und alle durch bis zum letzten Blutstropfen. Wir säubern und reinigen, bringen alte stickige Gefühle und Geschehnisse zur Bewegung, zum Explodieren wenn nötig. Wir reinigen die ganze Erde, bis sie eines Morgens frisch gewaschen und wach da steht. Wir suchen uns in die widerspenstigsten Wesen — die Menschen — hinein und sprengen ihre Verteidigung. Wir finden verschmutzte Gegenden auf und in der Erde und spülen sie völlig rein.

Erdelementarwesen in einem Weidenbusch und in Kirschenbäumen
Die Erde ist ein Liebesplanet. Kehre das Innere deines Herzens nach außen, öffne es völlig, so wirst Du das Lachen und die Freude der Ewigkeit spüren. Die Liebe vibriert — wir sind alle in der Mitte. Zweifle nicht — sei in deiner Mitte! In der Mitte ist der Anfang der Ewigkeit. Geh in die Mitte, bleib in der Mitte und warte mit Geduld. In der Mitte im Jetzt ist die Ewigkeit still. (Mir wird gezeigt, dass unsere Umwandlung so geschehen kann, dass wir durch unser Herz hindurch — wie durch eine Membrane — gezogen werden.)

Die neue Erde — die Erdgöttin
Kosmische Kräfte beeinflussen sehr. Wir arbeiten zusammen. Das Herz wird immer mehr erweitert, verwandelt sich. Nichts kann länger vorausgesagt werden. Das Jetzt ist erreicht und danach kommen das nächste Jetzt und das übernächste. Endlich sind wir da angelangt: bei der Hochzeit zwischen Gefühl und Gedanke und Instinkt, zwischen Herz und Gehirn und Magen, zwischen den Dimensionen. Das Physische schimmert und verändert sich, dehnt sich, wird immer mehr flüssig dünn. Die Grenzen lösen sich auf. Bald werden vielleicht sogar die Menschen einander und auch andere kennen. Alles beeinflusst alles andere und bewegt sich zusammen vorwärts im Jetzt. Nichts darf die Erde, die Göttin, hindern. Ich sammle mich selbst in der Mitte. Ich strecke mich von meiner Mitte aus, von meinem heimlichen kosmischen Herz und wende mich nach außen. Alles, was zu mir gehört, wird von mir berührt. Aber alles, was nicht zu mir gehört, was sich weigert zu leben, meine Vibration anzunehmen, sich zu verwandeln, sich in Angst und Unverstand weigert, werde ich aus meinen Haaren schütteln. Ich lasse das da für eine andere Erde, die dafür ist.

(Auf meine Frage, was ich tun kann:) Gib deine Ziele auf. Erhole dich mit offenem Herz. Gehe langsam — in jedem Augenblick, in jeder Begegnung. Sei offen, sei liebevoll, neu, neugierig. Verstehe, dass du nichts verstanden hast. Lass das Herz — dein inneres kosmisches Herz — sich öffnen und anfangen, in dir zu glühen. Lasse es in allen deinen Begegnungen und Verhältnissen wirken. Sei genau so schonungslos wie die Erde. Vergiss nicht, dass du ein Teil der Erde bist. Suche dich im Inneren. Behalte nur diejenigen in deiner Nähe, die bereit sind, sich zu verändern. Sei im Jetzt in totalem Vertrauen zur Erdgöttin.

Die neue Erde
Nur noch das, was sich gut fühlt, kann akzeptiert werden. Die Kontakte sind geknüpft. Kraftvoll weise ich alles ab, was sich nicht gut fühlt. Endlich werde ich gehört, die Gefühle werden anerkannt. Die Liebe ist meine Absicht. Die Grenzen sind deutlich. Endlich wird alles erlaubt sein. Ich komme mit glasklarer, deutlicher Kommunikation. Klare Farben. Das Wesen der Liebe im Kosmos bin ich. Alle Teile werden alle Teile kennen. Es wird unmöglich, irgend etwas zu verbergen. Alles wird deutlich und klar gesehen werden. Alle werden gesehen. Ich brauche niemanden auszuschließen oder hinauszuwerfen. Jede Zelle ist in Verbindung mit dem All. Zerstörung wird unmöglich, weil jeder Mensch die Wirkung von all dem, was er denkt und tut, völlig in sich selbst spüren wird. Jetzt atme ich und vibriere durch alle Teile von mir. Alles wird in reine Energie umgewandelt. Ich kenne meine Lebensaufgabe als der Planet für Liebe und Schönheit. Mein Herz pulsiert schon in der Mitte meines fließenden Körpers und vibriert die Energie der Liebe aus, von der niemand umhin kann, betroffen zu werden. Widerstand wird abgeschnitten, von der Liebe durchbohrt. Ich strecke mich unverzüglicher und glasklarer Liebe entgegen und wandle alles in mir um.

Einige Erdelementarwesen
Die Erde ist neu und ganz unbekannt. Komm mit uns. Wir sind die Wesen der Erde. Du bist ein Teil von dem All, wie wir Teile von dir sind. Nun ist schon das Neue gekommen und du darfst nicht stillstehen und wie früher bleiben. Lass dich geliebt werden, lass dich in deinem neuen Ich, deinem neuen Wesen ausruhen. Du bist eine Zelle der Erde, die jetzt nichts tun muss als stehen bleiben und warten, nichts tun — nur ruhen und in sich selbst wachsen. Höre der Erde zu und du wirst dich selber hören.

Nichts ist völlig still, alles bewegt sich. Fließ mit, ohne zu wissen, wohin es geht. Entscheide dich dafür, für Veränderungen offen zu sein. Alles ist schon fertig, der Mensch braucht nur in das Neue hinein zu wachsen. Hinter dir stehen deine ganze Familie, alle deine Vorfahren. Durch dich gehen sie nun weiter und heben sich in die neue Wirklichkeit.

Sei in Ruhe, schlaf und träume dich in das Neue hinein. Akzeptiere und habe Vertrauen. Der Mensch hat kein Wissen von dem neuen Wesen, das er jetzt wird. Wir können vermuten und Visionen haben. Aber niemand kann wissen, wie der Schritt gemacht werden soll, wie die Brücke überquert werden soll, um sich dem eigenen neuen Wesen zu nähern, das sich nur mit sich selbst auszufüllen braucht. Die Zelle ist schon da. Sie ist fertig, sich mit dem neuen Leben zu füllen.

Erdwandlung heißt Menschwandlung

Franklin Frederick

Was kann zur Erdwandlung gesagt werden in einem Land mit so vielen und so tiefen sozialen und ökologischen Problemen wie Brasilien? Was bedeutet Erdwandlung in einer Gesellschaft, die gleichermaßen bedroht ist durch entsetzliche Armut wie durch unverantwortliche Fülle? Wo finde ich die Verbindung zwischen dieser Wandlung und der Gesellschaft als ganzer? Das sind schon seit längerem Fragen, die mich bewegen. Die Antworten darauf habe ich noch nicht gefunden. Aber ich habe erkannt: Veränderungen auf der planetaren Ebene müssen auch mit sozialen Bewusstseinsveränderungen einhergehen. Ich bin davon überzeugt, Erdwandlung ist kein selbstständiges äußeres Geschehen, sondern Teil eines Bewusstwerdungsprozesses, der die Menschen und die menschliche Gesellschaft einschließt. Diesem Bewusstsein stehen die Kräfte in uns und außerhalb von uns entgegen, die so an der Welt festhalten wollen, wie sie ist. Wir müssen uns Folgendes klar machen: Nie zuvor in der menschlichen Geschichte wurden so viele Menschen so erzogen wie heute. Nie zuvor gab es eine solche technologische Macht. Und nie zuvor wurden diese Errungenschaften wie heute benutzt, um uns abzuhalten von unserer Verbindung zu einer tieferen Schicht in unserer Mitwelt und in unserem Inneren. Es ist eine gefährliche Situation. Aber natürlich können wir durch das, was in unserem Inneren lebt, unsere Aufmerksamkeit auf diese Entfremdung von den tieferen Ebenen der Wirklichkeit lenken. Deshalb ist ein Gefühl der Unzulänglichkeit, des Mangels oder der puren Zweckmäßigkeit oder sogar der Depression so geläufig geworden: Wir müssen die Entfremdung innerlich erkennen, um sie ändern und sie als ein Teil der tieferen Ebenen der Wirklichkeit fühlen zu können, um dann entsprechend zu handeln.

Es gibt einen alten griechischen Mythos, der schön und tief davon spricht, was geschah, um diese Welt zu ermöglichen, und was zu tun ist, sie zu verwandeln, wenn wir wieder ein vollständigeres und vertrauteres Verhältnis mit der Erde herstellen möchten. Es ist der Mythos von Antaeus, dem Titan. Antaeus war ein Sohn von Gaia. Als die griechischen Mythen erst viel später geschrieben wurden, nachdem sie als emotionale Realitäten geschaffen oder erfahren worden waren, wurde Antaeus darin als „Übel" geschildert. Zu diesem Zeitpunkt war im alten Griechenland bereits eine patriarchalische Gesellschaft dominierend. Und dann kämpft Herkules, der patriarchalische griechische Held schlechthin, mit ihm. Während des Kampfes, sooft Antaeus niederfällt, erholt er sich wieder gestärkt: Der Kontakt mit Mutter Erde gab ihm Energie und Kraft. Herkules konnte ihn nicht besiegen und wollte den Kampf aufgeben. Aber dann tat Herkules exakt das, was wir taten, um unsere heutige Welt zu bauen: Herkules hält Antaeus an der Hüfte und hebt ihn hoch. Antaeus ist damit abgehoben von der Erde und Herkules kann ihn in der Mitte seines Körpers einschnüren. Dieser Mythos enthält eine bedeutende Botschaft: Wir alle tragen noch die Wunden, die Antaeus töteten, mit uns — die Trennung von der Erde und deren körperliche Entsprechung: der Teilung in Geist/Seele und Körper als sich widersprechende und wesentlich unterschiedene Instanzen. Keine Erdwandlung wird uns helfen, diese Teilung zu überwinden, wenn wir es nicht selbst tun. Das ist unsere Hauptaufgabe. In jeder/jedem von uns muss Antaeus zurückkehren und wieder beide Füße kraftvoll in die Erde stellen. In sozialer Hinsicht: Nur mit beiden Füßen fest in der Realität verwurzelt, werden wir in der Lage sein, zu tun, was wir alle zusammen tun sollten als Söhne und Töchter der Erde, uns erinnernd unserer Verantwortlichkeiten einander und dem ganzen Leben dieses Planeten gegenüber. Erdwandlung ist vor allem Menschwandlung — und es ist unsere Entscheidung! Das ist es, was ich fühle und sehe.

Berührung mit der Erde

Erwin und Renate Frohmann

*„Ich fließe durch die Landschaft
und es ist fast so, als würde ich meinen Weg nicht finden.
Das stimmt natürlich nicht, denn das Wasser
findet immer seinen Weg.
Dabei sehen mich die Menschen oft nicht,
da sie zu viel Angst vor mir haben,
so als würden sie Angst vor ihren eigenen Gefühlen haben.
Sperrt Eure Gefühle nicht aus,
dann müsst ihr auch mich nicht aussperren.
Führt die Menschen zur Schönheit des Wassers.
Kommt zu mir und ich werde Euch inspirieren."*

(Innerer Dialog mit einem Wasserfall in Südtirol)

Die inspirative oder intuitive Öffnung gegenüber den Vitalkräften und den seelisch-geistigen Feldern des Lebens ist derzeit unsere wichtigste Methode in der geomantischen Arbeit. Im Vertrauen auf die Begleitung durch die Wesenskräfte der Erde versuchen wir, mehr und mehr dem Thema des Ortes und der Menschen im Hier und Jetzt zu begegnen. Der einleitende Dialog mit dem Wasserfall gibt ein Beispiel für das inspirative Schreiben. Als SchreiberIn werden wir zum Empfänger für den Geist (spirit) des Ortes, und das Wesen der Landschaft drückt sich in kreativer und wechselseitiger Hingabe über uns aus. So erzählte der Wasserfall seine Geschichte, unmittelbar bevor er in ein strenges, von Menschenhand gemachtes Bachbett reguliert wird.

Die nachfolgenden Erfahrungen zu diesem Beitrag stammen aus unseren geomantischen Begegnungen der letzten Jahre mit der Erde und mit Menschen, aus der projektbezogenen Arbeit im öffentlichen und privaten Bereich sowie aus der Lehrtätigkeit im Rahmen unserer Geomantieausbildungen. Im Spiegel der Landschaft und der Menschen durften wir viele schöne und intensive Erfahrungen sammeln, die unser Verständnis für das Seelenleben von Raum und Mensch enorm bereicherten.

Geomantie ist für uns Hingabe an das Leben, an die spirituelle Essenz des Seins. Die Begegnung mit der Landschaft wird immer mehr zu einer Begegnung mit uns selbst. In Resonanz schwingen wir uns auf das Seelenfeld der Landschaft ein und sie wird zum Spiegel für unser persönliches Seelenfeld. Der Ort wird zur Selbsterkenntnis, er berührt uns und wir berühren ihn. Indem wir uns für die Landschaft öffnen, öffnen wir uns für die Quelle, das alles durchdringende Sein. Von Quelle zu Quelle fließt der Strom und begegnet sich im Ursprung, dort, wo es keinen Unterschied gibt, keine Vorurteile und keine Wertungen — im Sein — in der absoluten Ruhe des Hier und Jetzt — in der göttlichen Essenz.

In diesem Sinne wird die geomantische Arbeit für uns zunehmend zur Rückverbindung, zur „religio" (lat.) mit der göttlichen Essenz. Sie wird zu einem spirituellen Erlebnis, zu einer Begegnung mit Gott oder mit der Göttin — so wie ihr es wollt, denn in der Einheit gibt es keine Trennung zwischen weiblich und männlich, zwischen oben und unten oder zwischen gestern und morgen. Es gibt nur die innere Ruhe der absoluten Zufriedenheit.

Wir bemerken immer stärker, dass sich die Christuskraft zunehmend in der Landschaft ausbreitet. Ein wunderbares Angebot der neuen Zeit. Das Harmonisierungspotenzial des Raums wächst und wächst, und in der herzensbezogenen Hinwendung zur Landschaft wird unsere Selbstheilungskraft gestärkt. Zugleich wächst die Aufforderung, zu uns zu stehen, unsere guten wie auch unsere weniger guten Eigenschaften anzusehen, mit ihnen zu kommunizieren und mit ihnen zu arbeiten. Offenheit, Gespräch und Miteinander sind für uns Tugenden der neuen Zeit. Nicht in der Wertung und im Wettkampf liegt unser Ziel, sondern in der gemeinsamen Lösung. Vom persönlichen zum kollektiven Frieden. Die Erde unterstützt uns. Die einst alles hinnehmende Mutter wird konkreter, sie wird zu unserer Lehrmeisterin, zum Spiegel der eigenen Persönlichkeit.

Dabei geht die Erde ihren Weg, und auch wenn es manchmal

schwer für sie ist, sie wird in ihrer Evolution voranschreiten. Dabei wird sich das Irdische nicht in der „Luft" des Wassermannzeitalters auflösen, sondern vielmehr seine Seelenanteile mehr und mehr hervorbringen. Seine Schwingungsfrequenz wird erhöht. Das seelisch-geistige Feld der Erde zeigt sich zunehmend und wirkt ebenso zunehmend auf uns. Es ist das immerwährende Prinzip der Resonanz — wie im Großen so auch im Kleinen. Die Schwingungsmuster übertragen sich auf uns Menschen und unsere persönliche seelisch-geistige Frequenz wird erhöht. Unser Seelenleben meldet sich mit ansteigender Lautstärke. Erfühlen wir diesen Klang, und lassen wir uns doch auf die gemeinsame Evolution mit der Erde ein! In diesem Sinne nehmen wir den Seelenteil der Erde an, der uns bei unserer Geburt von ihr geschenkt wird, um auf dieser Erde Fuß fassen zu können. Lösen wir uns doch nicht von ihr, um in eine virtuelle Welt zu flüchten. Sie könnte hohl sein und unsere Suche nach dem Sinn des Lebens nicht wirklich erfüllen. Denn wir alle wollen berührt werden — von unserer eigenen Seele, von der Seele unserer Mitmenschen und von der Seele der Erde. Lasst es uns versuchen und treten wir ein in ein bereicherndes Miteinander!

Begegnung in Berlin

Florian Grimm

Es ist der Frühsommer des Jahres 2000. Ich bin mit geomantischen Freundinnen und Freunden in Berlin. Wenige Städte rufen in mir so gegensätzliche Empfindungen hervor wie diese. Ich kenne die Stadt noch aus den frühen achtziger Jahren, als ich hier als junger Student hinkam. Eine im Innern von ihrer Geschichte so sehr verletzte Seele, die im Außen sich besonders gerne hart und abwehrend zeigt, ganz die „Frontstadt". Die Stadt hat sich jetzt — wie auch die Erde insgesamt — stark gewandelt. Die Trennung in Ost und West ist überwunden, Berlin ist wieder Hauptstadt und schreibt ein ganz neues Kapitel seiner Entwicklung. Auch mein Blick auf die Stadt ist neu, ich sehe die vielen Stadien der Entwicklung und des Durchgangs der Menschen, auch der Gang durch die Finsternis von Militarismus, Diktatur, Unterdrückung und Materialismus. Dies alles aber auch als notwendige Entwicklung zur Sehnsucht nach wirklicher Freiheit hin.

Jetzt sind wir zusammen als Geomantinnen und Geomanten in dieser Stadt unterwegs, angeleitet und begleitet von unserem erfahrenen, umsichtigen und sehr verehrten Lehrer und geliebten Mentor. Wir haben im Zentrum einige Kraftqualitäten der Stadt versucht zu erfahren, die fast zur Unkenntlichkeit von vielen anderen Energien überdeckt sind: Germania, Blut und Boden — die doppelbödigen Manipulationen der Nationalsozialisten. Krieg, Faschismus und Gewalt spüren wir jetzt hautnah: den Schmerz der Frauen und das Sterben der Soldaten. Wo ist die Seele der Stadt, die Bärin — die Berolina —, die einst auf dem Alexanderplatz als die Stadtheilige wachte?

In der Gruppe haben sich während der Wahrnehmungsübungen und der Erdheilungen dramatische Szenen abgespielt angesichts des immer noch in der Seele der Stadt tief eingegrabenen großen Leids der Menschen. Eine Frau ist zusammengebrochen, von starken Weinkrämpfen geschüttelt. Liebevoll nehmen wir sie in unsere Mitte, suchen ihr Trost zu geben. Wir stehen inmitten des tosenden Straßenverkehrs und mein Gehör ist durch die innere Verfeinerung — die die Wahrnehmung der feinstofflichen Kräfte mit sich bringt — so empfindlich geworden, dass jeder vorbeidonnernde Lastwagen mich schmerzt. In jedem Motor meine ich einen Nachhall von Bombertriebwerken zu vernehmen, von all anwesender Bedrohung und Gefahr. Ich stehe im historischen Zentrum der Stadt und finde mich nicht zurecht. Es ist so stark zerstört, dass der jahrhundertealte Stadtgrundriss nicht mehr zu erkennen ist. Einsam und wie vergessen ragt aus dieser Wüste die Marienkirche heraus.

Auf der Rückseite der Kirche verändern sich plötzlich die Energien der Stadt. Ich stehe inmitten der Kräfte der neuen Zeit. Ich stehe in „ihr". Wie vor dem Hintergrund der eben erfahrenen Schrecken besonders stark berührend, erscheint „sie" mir, erscheint wie eine Art neues Paradies — weich und liebevoll. Und diese Kraft ist von einer tiefen weiblichen Urqualität. Mitunter durfte ich die Präsenz eines erdig-gefühlvollen Elementarwesens erfahren oder meinte, in der erhebenden Strahlkraft eines Engels zu sein — aber diese Kraft ist etwas ganz anderes. „Sie" scheint ganz hoch und doch ist es, als dringe „sie" aus dem Erdboden hervor. Wo sind die Menschen, die „sie" tragen werden? Was ist das Gefäß? Erleben wir eine Wiedergeburt des Weiblichen?

Bisher habe ich strahlende Herzenskräfte als einen Ausdruck der universellen Liebeskraft nur aus den lichten Höhen des Himmels erfahren. An diesem Punkt vor der Marienkirche aber ist ein anderes Licht, das wie ein Quell des Lebens aus der Erde hervorströmt: Das Göttliche wird in Schönheit der „seelischen" Schau geöffnet. Ich gehe in meinem Innersten mit der Aufmerksamkeit nach unten, spüre die sanft strömende Herzenergie, die mir entgegen fließt. Ein ganz lichter Kraftstrom erfüllt jetzt mein Herz. Grenzenlos liebend, eine Ahnung von Allverbundenheit in sich tragend.

Auch mein Körperempfinden ist ein ganz verwandeltes: Der Raum in meinem Rücken wird präsenter und mein empfindendes Herz öffnet sich nach hinten in diesen neuen Raum. Vor meinem inneren Auge nehme ich ein opalisierendes Licht wahr. Vielleicht ist es der Schimmer von Perlmutt in einem weichen

Blau-Rot, mit Grün und der Anmutung von lichtem Rosa. In meiner Seele klingt eine Empfindung auf, die neu und überraschend fein ist. und doch ist es, als habe ich mich schon lange Zeit nach „ihr" gesehnt. Als ein neues irdisch-kosmisches Gleichgewicht entsteht in mir die Vorstellung einer geistig-seelischen Ganzheit der Zukunft. Ein vereinigendes Schöpfertum der Seele wird wieder möglich, die verbindende Hingabe zu allen Menschen. Ströme der Offenbarung. Herzensheimat.

Vor dem Hintergrund der Enge der deutschen Verhärtung und Verwüstung, die ich eben noch mit der Gruppe erfahren habe, führt die Begegnung mir „ihr" jetzt zu einer völlig andersartigen Herzensweite in mir. Ganz in deren Mitte entfaltet sich eine Art warmer und ganz feiner Liebe der Erde. Immer feiner werdend, auch das Gröbste durch Annahme wandelnd. Die Begrenzungen in mir, in meinem Bewusstsein werden immer durchlässiger, mit „ihrem" Impuls wird gleichsam von innen her, aus innerer Bewegung alles gelockert. Alles Harte durchströmt „sie" mit „ihrer" Leichtigkeit, die alles durchdringt und erlöst. Ist so die gesuchte, erneuerte, weisheitsvolle Seele der Stadt? Sind wir ein Teil von ihr geworden?

Langsam löst sich die Gruppe von den Bildern. In mir klingt ein altes Gebet der Ostkirche auf, das sich an die bisher tief im Erdinnern verborgenen Kräfte des Glaubens, der Liebe und der Hoffnung der „Mutter" richtet (1):

Das Muttergebet

Unsere Mutter,
die Du bist in der Finsternis der Unterwelt,
es leuchte auf die Erinnerung
an die Heiligkeit Deines Namens.
Es erwärme
der Atem des Erwachens Deines Reiches
alle Wanderer, die ohne Heimat sind.
Es belebe
die Auferstehung Deines Willens
ewige Treue
bis in die Tiefen der Leiblichkeit.

Empfange heute das lebendige Gedenken Deiner
aus Menschenherzen,
die Dich um Vergebung flehen
der Schuld des Vergessens Deiner

und bereit sind zu kämpfen gegen die Versuchung in der Welt,
die Dich zum Sein in der Finsternis geführt hat
um durch die Tat des Sohnes den maßlosen Schmerz
des Vaters zu beschwichtigen,
durch die Erlösung alles Seienden vom Übel Deines Scheidens.

Denn Dein ist die Heimat,
die Freigiebigkeit
und das Allerbarmen

für Alles und für Alle
im Kreise des Seins.

Amen.

Auf dem Rückweg von Berlin fahre ich auf dem Autobahnring. Mein Blick fällt noch einmal auf den Bereich des Zentrums der Stadt, weithin sichtbar durch die spitze Nadel des Fernsehturms markiert. Über der Stadt — im Himmel über Berlin — meine ich eine neue Qualität wahrzunehmen: Wie ein Streifen Lichtes aus Silber-Rosa-Violett hat sich eine neue Sphäre als Aura der Erdkräfte geöffnet. Wir sprechen während der Fahrt über unsere Erfahrungen: Welch ein Reichtum der Empfindung! Wäre uns auf anderem Wege diese Kraft auch begegnet? War gerade unser innerer Entschluss, uns freiwillig helfend der Seele der Stadt zuzuwenden, die Möglichkeit für „sie", sich uns zuzuwenden? Ist es ein Zwiegespräch? Ich lerne mit jeder Erdheilungsarbeit auch meine eigenen Hintergründe immer besser kennen, sammle innere Bezüge zu eigenen familiären, seelischen und karmischen Verstrickungen.

Die Begegnung mit „ihr" war allen etwas Besonderes. Ein Teilnehmer schildert eine alte Überlieferung, nach der beim Sündenfall nicht alle Wesensglieder des Menschen dem „Fall" in die Materie ausgesetzt gewesen sein sollen. Vielmehr wurde eine

Art unschuldiger „Schwesterseele des Adam" von den geistigen Hierarchien zurückgehalten, damit sie der Gaia — und mit ihr den Menschen — nach dem Ende des finsteren Zeitalters zurückgegeben werden könne. Diese Schwesterseele birgt in sich unbegrenzte Heilkräfte, die auch über alle weltlichen Verstrickungen hinaus versöhnend und allverbindend wirken. Vielleicht haben wir bei unserem Berliner Treffen einen ersten Zipfel davon gespürt?

Anmerkung:
(1) Zitiert in Valentin Tomberg: Karmische Zusammenhänge bei Gestalten des Alten Testamentes — Mitteilungen aus der Arkandisziplin, Taisersdorf 2003.

Leben mit meiner weichen Seite

Anna Gruber-Schmälzle

Erfahrung am 4. Februar 2007

Seit Jahren gehen wir mit der Geomantiegruppe Stuttgart zu Lichtmess auf den Württemberg, um von dort aus den Segen in die Landschaft auszusenden. Dort steht die Grabkapelle der Katharina, die König Wilhelm I. dort für sie erbauen ließ. Dafür hatte er die Stammburg der Württemberger abreißen lassen. Katharina war erkrankt und gestorben, nachdem sie ihn verfolgt hatte, als er fremd ging.

Ich erlebe mich heute sehr weich, auch unruhig, unsicher durch persönliche Auseinandersetzungen. Bei unserem Treffpunkt in Stuttgart war eine große rote Lache auf dem Gehweg genau neben unserem Auto gewesen. Für mich eindeutig Blut. Auch das hat mich sehr berührt, wirkt noch in mir. Am liebsten würde ich mich in weiche Watte packen und allein sein. Bei der Einstimmung zur Verbindung mit Erde und Kosmos und untereinander als Gruppe kommt mir eine Inspiration für einen neuen Umgang mit meiner weichen Seite. Anstatt sie einpacken, wegpacken zu wollen genau mit dieser Weichheit — auch Verletzlichkeit — in der Welt sein! Wie eine Umstülpung — mit dem Inneren nach außen — der Welt begegnen. Ich fühle mich dadurch leichter, neugierig.

Bei der eigenen Wahrnehmung des Ortes erlebe ich das Zentrum für die Vitalenergie ganz anders, keine Bewegung, sondern mich ganz ausfüllend mit Lebendigkeit. Das Bild der Blutlache ist noch ganz präsent in mir. Verbindung zu Drogen kommen mir, die Sehnsucht, die hinter dem Konsum von Drogen steht. Bei der Austauschrunde unserer Erfahrungen wird auch das Thema Schuld und der Versuch der Wiedergutmachung durch Wilhelm I. angesprochen. Hans-Joachim Aderhold erzählt von einem Satz, der ihn schon seit zwanzig Jahren begleitet: „Christus nimmt die nicht gewollte Schuld der Menschen und webt daraus das Nervensystem der neuen Erde." Ich bin dadurch tief bewegt, erzähle von meiner Erfahrung mit dem Mit-der-Weichen-Seite-in-der-Welt-sein und von dem Thema Sehnsucht, Drogen und der Blutlache. Da kommt Hans-Joachim die Idee, ob nicht ich die Segensmeditation leiten wolle, was er ursprünglich vorhatte. Und da ich mich nicht mehr verstecken will, sage ich ja — und lasse mich vom Vertrauen leiten:

„– Ich lasse mich vom Atem der Erde ganz ausfüllen und lasse den Atem durch mich weiterströmen.
– Ich lasse mich vom Atem des Kosmos ganz ausfüllen und lasse ihn durch mich weiterströmen.
– Ich finde die tiefste Sehnsucht in mir und gehe ganz dort hin.
– Ich finde die Erfüllung der tiefsten Sehnsucht in mir, die schon immer in mir ist.
– Die tiefste Sehnsucht in mir und die Erfüllung der tiefsten Sehnsucht begegnen sich in mir.
– Daraus entsteht Frieden.
– Ich werde ganz mit diesem Frieden ausgefüllt und unsere ganze Gruppensphäre füllt sich mit diesem Frieden.
– Dieser Friede strömt durch uns in die Erde und in den Kosmos.
– Ich sende diesen Frieden zu Orten, Personen, Situationen, die mir persönlich kommen.
– Dadurch ist die Friedenskraft überall, die Landschaft kennt keine Grenzen.
– Ich bitte meine persönliche Engelpräsenz und geistigen Helfer, dass die Erinnerung an diese Friedenskraft mir immer wieder bewusst wird in Situationen, in denen ich sie brauche."
– Danach tönen wir und lassen so diese Friedenskraft hörbar werden, sich durch die Töne in uns und der Landschaft verströmen.
– Wir stehen noch lange in intensiven Gesprächen und genießen die schon wärmende Februarsonne.

Was hat diese Erfahrung mit der Erdwandlung zu tun? Ich erlebe diese Zeit so offen, schon fast drängend zur Verwandlung. Trennungen haben keinen Bestand mehr. Dazu noch zwei Erlebnisse, die für mich wie durch einen Strom verbunden sind:

Frühere Erlebnisse

Ich bin Kind, vielleicht zehn Jahre alt. Ich bin hoch oben auf meiner Lieblingslinde, die vor unserem Hof wächst. Ein Vogel sitzt mir gegenüber auf einem Ast. Der Vogel, ich, der Baum: gleichberechtigt, gleichwertig. Ich fühle mich geborgen. Die Trennung zwischen Mensch, Tier, Pflanze, Landschaft ist aufgehoben.

Jahre später, 2001 bei der Ägypten-Israel-Reise mit Ana und Marko Pogačnik. Es ist am Ostersonntagmorgen auf dem Mosesberg im Sinai. Am Vorabend haben wir eine Ortsaufstellung gemacht. Ich stand für die Synagoge, die wir in Kairo besucht hatten. Jetzt verbanden wir uns noch einmal mit diesem Ort, den wir gewählt hatten, und standen in Kreisen ineinander. Wir gaben durch Töne unserem Erleben Ausdruck. Durch persönlichen Ärger war ich sehr dicht. Beim Tönen empfand ich mich wie um mein Leben kämpfend. Es war kein Raum für die Wahrnehmung der anderen. Ihre Töne berührten mich nicht. Ich erlebte mich so getrennt, dass die Trennung mir nicht einmal bewusst war. Am Ende des Tönens öffnete ich die Augen und sah in die Augen der Frau, die mir gegenüber stand. Ich begann zu weinen. Erst jetzt wurde mir bewusst, in was für einem Zustand der Trennung ich davor gefangen war. Diese Erfahrung hat mich wach gemacht, was in dem Gefühl der Trennung zwischen Menschen möglich ist — warum Krieg möglich ist. Und was sich durch das Erkennen der Trennung und die Begegnung mit anderen Menschen verändert.

Bei der Erfahrung auf dem Württemberg wurde mir die Trennung in mir selbst, durch die Trennung der Sehnsucht in mir von der Erfüllung der Sehnsucht deutlich — und wie Friede in mir entstehen kann, wenn ich in dem ankomme, was ist.

11. März 2006 —
Begegnung mit der neuen Energie

Ich möchte noch von einer konkreten Erfahrung mit der neuen Energie berichten: Am 11. März 2006 treffen wir uns mit der Geomantiegruppe im Killesbergpark in Stuttgart. Wir gehen zum Gedenkstein für die deportierten jüdischen Menschen aus Stuttgart. Für diesen Tag ist ein wichtiger Schritt für die Erdwandlung angekündigt. Unser Treffen war unabhängig davon schon länger dort geplant gewesen. Ich hatte eine Erwartung von etwas Spektakulärem. Doch was ich erlebte, war viel schöner. Es war wie gleichzeitig noch die Ebene des Leids und Schmerzes dort — und auch eine Sphäre der neuen Energie. Ich hatte davor noch nie eine klare Erfahrung der neuen Energie, hatte es nur von anderen gehört. Was ich erlebte, entsprach absolut nicht meiner Vorstellung von „spektakulär". Es war eine sanfte und doch gleichzeitig präsent durchtragende Kraft, die ich wahrnahm. Und diese Gleichzeitigkeit aus Sanftheit und Präsenz war ganz neu für mich. Sie entsprach so gar nicht meinen Vorstellungen. Danach sind wir noch eingekehrt — und auch hier erlebte ich mich noch ganz in dieser Kraft. Es war eine Einfachheit des Seins — einfach sein!

Im Alltag falle ich oft in den gewohnten Trott. Doch die Erinnerung an diese Erfahrung ist sehr lebendig und auch hoffnungsvoll.

Vereinigungsenergie

Hans Hansen

Seit einigen Jahren nehme ich eine Schöpfungsenergie wahr, die die Qualität hat, unsere Polaritäten wieder mit uns zu vereinigen. Wenn wir uns mit ihr verbinden, hat das zur Folge, dass sich unsere Abhängigkeiten auflösen können. Wir werden wieder ganz und somit frei. Ich nenne diese Energie Vereinigungsenergie, weil sie uns hilft, in unsere Mitte zu kommen, Himmel und Erde, männlich und weiblich, hinten und vorne in uns zu vereinen. So kommen wir von der Einpoligkeit in die Zweipoligkeit. Im Erdwandlungsprozess hilft die Vereinigungsenergie den Menschen, sich von der Vorstellung der Trennung zu lösen. Das Einpolige in uns ist der Tiermensch. Er sieht sich getrennt. Die anderen sind Schuld. Er kämpft gegen Konkurrenz, verurteilt sich und andere. Der Zweipolige ist der Gottmensch in uns. Er lebt mit sich und der Welt in Frieden, liebt bedingungslos sich und andere, setzt sich für das Wohl aller ein. Die Vereinigungsenergie hilft uns dabei, ein Gottmensch zu werden. Zur Zeit schwanken wir hin und her. Deswegen ist es wichtig, diese Energie zu aktivieren und zu vernetzen. Fokusse dieser Energie findet man schon in jeder Wohnung, in jedem Garten, in jedem Landschaftstempel.

Du findest diese Energie, indem du dich auf die Schöpfungsebene einstellst. Du erkennst sie an einer angenehmen Frische und Klarheit, die dich umweht. Sie hat eine starke zentrierende Wirkung, wenn du dich auf sie einlässt, so dass du mit einer großen Klarheit in die Mitte deines Herzens kommen kannst. Mit Hilfe der Vereinigungsenergie kannst du das, was dich hindert, in deine Mitte zu kommen, erkennen. Du kannst dich davon reinigen oder es umwandeln. Sie kann dich mit den tiefsten Tiefen der Erde und des Kosmos verbinden und dich in deine eigenen Tiefen führen.

Ich habe bisher verschiedene Arten der Vereinigungsenergie wahrnehmen können:
– Erstens die Kraft, die Himmel und Erde in uns und in der Landschaft ausbalanciert und mit unserem Herzen vereinigt.

Man kann eine vertikale Achse wahrnehmen, wenn man sich mit ihr verbindet, und in die tiefsten Tiefen von Erde und Kosmos vordringen bis zu den Urbildern, ja bis zur Quelle, aus der sie hervorgehen.
– Zweitens die Kraft, die das Männliche und das Weibliche ausbalanciert und mit unserem Herzen vereinigt. Wenn wir die Arme ausbreiten und mit dieser Energie verbunden sind, können wir eine horizontale Achse wahrnehmen und in die tiefsten Tiefen dieser Pole vordringen.
– Drittens die Kraft, die hinten und vorne in unserem Herzen vereinigt und ausbalanciert. Hier können wir in die tiefsten Tiefen des Raumes vor und hinter uns vordringen.
– Es gibt auch Plätze, die alle Polaritäten vereinigen, ohne dass eine im Vordergrund steht. Das sind die Hauptplätze, von denen die Steuerung ausgeht. Die Engel, die ich dort wahrnehme, sind sehr groß, ihre Flügel sind auch sehr groß und gehen fast bis an die Erde. Ich vermute, dass sie die Plätze erschaffen haben.

Wir können den Erdwandlungsprozess unterstützen, indem wir uns mit der Vereinigungsenergie verbinden, die Plätze aufsuchen, sie aktivieren und miteinander vernetzen. Besonders in den Städten werden die Plätze blockiert durch die einpolige Vorstellung und Lebensweise der Menschen, die sich wie eine Wolke über die Orte legt. Wenn wir uns im Herzen mit dieser Energie verbinden, hilft sie uns dabei, den Blickwinkel zu verändern. Sie schenkt uns eine große Klarheit, durch die wir unsere Schatten besser erkennen können. Und sie hilft uns, sie umzuwandeln.

Gaia ruft mich

Karin Hornikel

Zur Sonnenfinsternis 1999 malte ich ein Aquarellbild. „Neue Erde" nannte ich es. Es zeigt das Aufbrechen von etwas Verdunkeltem. Später bei meiner geomantischen Schulung erlebte ich viele Plätze als verdunkelt und blockiert, als zugedeckt, nicht wahrgenommen und nicht gewürdigt; im besonderen auch die weiblichen — die Göttinnenplätze. Die Göttin zeigt sich in drei Aspekten: weiß = Ganzheit, rot = Kreativität, schwarz = Wandlung.

Gaia, Mutter, Schwester, Freundin Erde: Sie war es, die mich gerufen hat. Der Baum vor meiner Terrassentür, die Wiese vor meinem Haus, die Plätze in der Natur, vor denen ich stand und wartete, bis ein leises oder lautes Gefühl oder ein Gedanke auftauchte. Nimm mich wahr, schien dieses Gefühl oder ein Gedanke zu sagen. So auch jener Baum vor meiner Terrassentür — ein „städtischer" —, damals zog ich noch eine Trennungslinie zwischen uns — ein wie „du gehörst nicht zu mir". Später durfte ich mich dann bei ihm entschuldigen, da ich begriff, dass auch jenes Stück brachliegendes Land vor meinem Haus zu meinem inneren Kreis gehörte, mit einbezogen, dazugehörig sein wollte. Und dann war es, wie wenn man einen Stöpsel zieht. Stunde um Stunde der Aufmerksamkeit, die ich zurückgab, pflanzte, hegte und pflegte und begrüßte. Und ich weiß nicht, wer es zuerst war, der aufwachte, ich oder mein Garten, wer mehr Freude empfing? Von da an war es ein Überfließen von Herz zu Herz.

Die Göttin, sie wandelt mich, sie spiegelt mich. In den letzten Jahren erlebte ich mehrere persönliche Trennungserfahrungen, bis ich aufwachte und erkannte, dass es um meine Transformation, um Auflösen persönlicher Blockaden geht. Ich spürte einen unendlichen Drang, frei zu werden, Altes aufzulösen und Depression zu heilen. Es war die Sehnsucht nach Ganzsein, im Hier und Jetzt sein. Jetzt erfahre ich eine Fülle von Möglichkeiten, meiner Kreativität Ausdruck zu verleihen. Ich fühle mich geführt und komme immer mehr in meine Kraft.

Einladung an die Göttin der Wandlung

Philipp Hostettler

Innere Wandlung war für mich bisher das Ringen mit Widerständen. Wer fühlt schon gerne Enge, innere Not, Schmerz? Meine Frage war — je länger, je mehr —, wie ich Veränderung, zu der mich die Erde in ihrem fortschreitenden Wandel einlädt, ungehindert zulassen kann. Meist empfand ich das in den letzten Jahren als mehr oder weniger lästige Pflicht: Der Wandel auf allen Ebenen zwang mich eben, mitzugehen. Der Alltag mit seinen Gegebenheiten sorgte dafür, dass ich nicht ausweichen konnte. Schubweise überkam es mich, doch immer war ich erleichtert, wenn ich dem emotionalen Strudel wieder entrinnen konnte. Aus freien Stücken konnte ich mich für Wandlungsarbeit nur in geomantischem Wirken begeistern. Weil ich dabei für einen Ort, im Außen tätig war. Sicherlich berührte mich oft, dass sich nach vollzogenem Heilritual auch in mir viel bewegt hatte, seelische Verletzungen tief in mir Heilung finden konnten. Innen und Außen — das empfand ich trotzdem lange als zwei verschiedene Welten.

An einem warmen Augusttag des Sommers 2007 erlebte ich eine Wende. Der Blick in die Augen einer Frau, deren Tiefe mich im Innersten berührte und in mir Wiedererkennen ihres Wesens auslöste, führte in mir zur ultimativen Bereitschaft, mein Inneres offensiver zu klären und hindernde Muster und Vorstellungen in nie gekannter Entschiedenheit über Bord zu werfen. Ich wollte die Ursachen, die zur Trennung mit meiner bisherigen Partnerin geführt hatten, unbedingt bearbeiten. In einem bewussten Akt lud ich die Göttin der Wandlung zu mir, auf dass sie wirke, mir helfe, Hindernisse auf dem Weg zu innerer Freiheit und ungehindertem Liebesfluss aus dem Weg zu räumen. Rückblickend staune ich über meinen Mut. Nie hätte ich gedacht, dass ich mit solcher Direktheit und Heftigkeit zu meinen tiefsten Wunden geführt würde.

Honig und Sahne hatte ich mir von den folgenden Monaten erhofft — das Bild einer neuen Beziehung vor Augen. Erlebt habe ich eine atemlose Folge von Konfusionen, welche mich immer tiefer in vergessene und verdrängte Winkel meiner Seele führten. Bald sah ich ein, dass es nun kein Zurück mehr gab. Sobald sich ein Gefühl meldete, tauchte ich hinein, folgte dem „Gefühlsfaden" bis zu seinem Ursprung, benannte es für mich, fühlte den Schmerz. Mit EFT (Emotional Freedom Techniques) — dem Klopfen von Körpermeridianen — erreichte ich Lösung, spürte warmes Strömen, vielschichtigstes Wirbeln an jenen Orten meines Emotionalkörpers, in welchen dieser alte Schmerz „zu Hause" war. Auffallend oft spürte ich rückseitig eine starke Öffnung des Kehlkopfchakras. Wie ein Pferd schnaubte ich bisweilen, die große Spannung längst vergangener Traumata loslassend. Stundenlang, tagelang. Tränen flossen ohne Hindernisse. Überraschend für mich war, dass der Schmerz — jahrelang unter Decken verborgen — schnell sein Schreckensgesicht verlor. Die Erleichterung war groß: Alles war Meines, was da kam, Eigenes — nichts Fremdes, Böses. Die Angst davor war nur Schutzmechanismus, um nicht fühlen zu müssen. Und alt war der Schmerz. Er führte mich in meine Kindheit und oft noch viel weiter zurück in der Zeit...

Immer tiefer führte mich die Reise. Immer stärker waren bisweilen die Schmerzregungen. Mehrmals prüfte ich die Möglichkeit, aus diesem heftigen Prozess auszusteigen. Meine Tiefe gebot mir aber, dabei zu bleiben. Ich hatte die Göttin um Hilfe gebeten. Nun empfände ich es als Verrat an ihrem Wirken, auszuweichen.

Emotion um Emotion löste sich auf — „Reaktionsprogramme" auf Grund alter Verletzungen — in Elternhaus und Schule zahlreicher entstanden, als mir lieb und in Erinnerung war. Ich wurde mehr denn je fühlend, erlebte Öffnung. Ob ich lachte oder weinte, war bald einerlei. Wichtig war mir nur noch das authentische Fühlen, die geklärte Verbindung mit meinem Innersten, das intensive Gewahrsein meines Wesens. Offener war ich nun für die Regungen und Empfindungen meiner Mitmenschen, für die Präsenz und das Wirken der gesamten Schöpfung um mich. Trennendes verminderte sich, Verbindendes wurde innen und außen sicht- und fühlbarer. Der Strom des Lebens, der sich in dieser neu kommenden Zeit ausbreiten will, wurde für mich immer präsenter. Dieses freudige Pulsieren des Lebens, das uns erfasst und zu neuen Horizonten führen will...

Ich erkannte, dass die neue Welt nicht im Außen entstehen kann. Sie will aus unserem Innersten heraus geboren werden, aus der fließenden Liebe — was in Schmerz und Erstarrung allerdings nicht gelingen kann. Und wer von uns trägt davon nicht vieles in sich? Gefrorene Liebe, die sich verflüssigen will... Die Erlösung von alten Emotionen, die das empfindende Gefühl als Zentrum in mir blockierten, empfand ich als unausweichlichen Pfad. Nun kann die Vision für ein Paradies auf Erden, die ich in mir trage, endlich Form annehmen und sich im Außen ausbreiten — das bisher Unsichtbare, welches durch die große Umstülpung alles Sichtbare gänzlich verändern wird. Das berührte mich tief. Zu lange habe ich aus untergründiger Angst vor Tabuzonen meiner Seele zu stark im Außen gesucht und übersehen, dass das Paradies in mir wartet — aus seinem Dornröschenschlaf durch mich wachgeküsst zu werden...

Begegnungen mit der übersinnlichen Welt

Radomil Hradil

Seit mehreren Jahren — vor allem aber seit Frühjahr/Sommer 2006 — empfinde ich eine gewisse Dringlichkeit seitens der geistigen Welt, von uns lebenden Menschen wahrgenommen zu werden. Als wäre es gerade jetzt besonders wichtig, wach und offen für geistige Impulse zu sein, sie aufzunehmen und zu verwirklichen, die andere Welt ernst zu nehmen und sich inspirieren zu lassen.

Ein notwendiger Schritt für eine weitere Kulturentwicklung besteht darin, die drei Ebenen oder Reiche der übersinnlichen Welt in unser Leben mit einzubeziehen: die verstorbenen und ungeborenen Menschen, die höheren geistigen Wesenheiten — etwa die Engel, und die Wesen der Elemente. (1) Bei mir hat sich dies im letzten Jahr sehr deutlich gezeigt, und zwar in Form von starken Impulsen, Bücher zu entsprechenden Themen zu veröffentlichen. Das Interessante dabei ist, dass diese Impulse zu einer Annäherung an Begegnungen mit geistigen Wesenheiten führten. Neu für mich war dabei die Deutlichkeit und — wie gesagt — die Dringlichkeit des Erlebten.

**Inspirationen aus der Welt
der nicht verkörperten Menschen**

Nachdem meine Frau und ich Ende August 2006 in unmittelbare Nähe des Dorfes und damit auch der Burg Karlštejn umgezogen waren, bekam ich am Ende des Jahres Impulse, mich mit der tschechischen Urgeschichte zu beschäftigen. Die historisch belegte Geschichte des tschechischen Volkes beginnt am Ende des 9. Jahrhunderts mit dem Einzug des Christentums. Was davor passiert ist, davon sprechen nur die Mythen, die jedoch von der Geschichtswissenschaft im Laufe des 20. Jahrhunderts in den Bereich des Ausgedachten, Erfundenen abgewiesen wurden. In mir entstand aber ein starkes Bedürfnis, diese so genannte mythische Geschichte unseres Volkes zu bearbeiten und als Mysteriengeschichte zu erläutern, die sehr wohl ernst zu nehmen ist. Ich konnte mich dabei an die aus dem 16. Jahrhundert stammende Chronik des Václav Hájek aus Libočany anlehnen, eines Chronisten, der von der Geschichtswissenschaft zwar nicht ernst genommen wird, in dessen Werk jedoch sehr wichtige Hinweise auf unsere Frühgeschichte zu finden sind. Dieser Chronist lebte und diente sechs Jahre als Pfarrer gerade in Karlštejn und in einem anderen Dorf dieser Gegend, in Tetín, das auch für die mythische tschechische Geschichte sehr bedeutend ist. Der Impuls, ein Buch darüber zu schreiben, kam mir also, nachdem ich in die Gegend des Wirkens dieses Chronisten gezogen war und die Stätten besuchte, wo er die Idee bekommen hatte, seine Chronik zu verfassen, und wo er die Unterlagen dazu — was damals gar nicht so einfach war — gesammelt hatte.

In der gleichen Zeit begegnete ich einem völlig unbekannten Werk zu diesem Thema, das von Emilie Bednářová aus den Jahren 1996 bis 1998 stammt. Als ich es gelesen hatte, wusste ich: mit dieser Frau möchte ich sprechen! Doch als ich im Internet nachforschte, stellte ich fest, dass sie dieses Buch mit 90 Jahren geschrieben hat und unmittelbar danach gestorben ist. Das geschah ungefähr vor neun Jahren — und dabei hat der Neunjahresrhythmus in ihrem Werk und eben auch in der tschechischen Urgeschichte eine so große Bedeutung!

Das Schreiben meines Buches war für mich wie ein Gespräch mit diesen beiden Menschen, denen ich es dann auch gewidmet habe. Ich ahne, dass Václav Hájek und Emilie Bednářová die beiden mich inspirierenden Persönlichkeiten aus der Sphäre der nicht verkörperten Menschen waren, für die es wichtig war, den Blick der hiesigen Menschen auf diese Weise auf die tschechische Urgeschichte zu lenken.

Begegnung mit einer Flussgöttin

Eine zweite Begegnung erfolgte im August 2006, als ich ein Arbeitsamt in Prag besuchen musste. Dieser Besuch war damals nicht erfolgreich, meine Aufmerksamkeit wurde jedoch durch eine kleine Marienkapelle am Parkplatz vor dem Amt geweckt. Nah bei der Kapelle floss ein kleiner, für mich noch unbekannter Fluss, der — wie ich dann auf der Karte feststellte — Rokytka hieß und in diesem Stadtteil in die Moldau mündete. Es entstand in mir ein starker Wunsch, diesen Fluss näher kennen zu lernen. Ich begann, entlang des Flusses zu wandern. Stück für Stück konnte ich in einem halben Jahr den ganzen Fluss und die anliegenden Dörfer und Stadtteile Prags, aber auch manche Zuflüsse bewandern und mit dem Fluss in eine intime Beziehung treten. Ich sah, wie kritisch die Umweltbelastung an diesem Fluss oft ist, wie sehr er schon erniedrigt wurde, aber auch wie er an manchen Stellen geschätzt, ja geliebt wird. Unterwegs habe ich viele Fotos gemacht. So ist daraus ein spannendes — auch vom Prager Magistrat gefördertes — Buch über diesen Fluss entstanden, über die Landschaften an ihm, aber auch über die Flüsse und das Wasser überhaupt und über das Zusammenleben von Mensch und Fluss. Die erwähnte Kapelle mit einer Madonna, die ein enthauptetes Torso vom Jesusknäblein in den Armen hält, bildet für mich den Brennpunkt der Flussgöttin, die nach Hilfe und Aufmerksamkeit ruft. Es ist eine Begegnung mit einem Wesen aus dem Bereich der höheren Wasserwesenheiten, das man vielleicht schon zu den Engelwesen zählen kann — wenn man es in von Menschen angewandte Kategorien zwingen will...

Die Elementarwesen

Ein drittes Erlebnis: Eines Morgens beim Erwachen kommt mir der Gedanke — ich bin ja ein Hobbynaturgärtner und habe auch ökologisch und biodynamisch Gemüse angebaut —: Wie wäre es, ein Buch für die Hobbygärtner zu schreiben, wie man den Garten für die Zwerge und Nixen und Feen gestaltet?! Mit diesem neuen, anfänglichen Gedanken im Kopf gehe ich in den Garten und — siehe da!, eine wunderschöne Eidechse kommt am Komposthaufen zu mir, stellt sich vor mich in die Sonne und lässt sich fotografieren und sogar mit dem Finger berühren... Als wollte sie sagen: Eine gute Idee hast du dir eingeben lassen, Mensch! Schau mal, ich möchte in deinem Buch auch zu sehen sein!

Und seitdem bin ich dabei, durch die Gartenkolonien zu streichen und Gipszwerge und Wassermänner und andere Wesen zu suchen und Aufnahmen von ihnen zu machen, um sie in dem Buch mit abzubilden. Denn — wiewohl man sie auch hässlich und kitschig finden mag — sind sie doch auch der Ausdruck einer tiefen unbewussten Sehnsucht nach der Präsenz dieser Wesen der Elemente. Und die Gartenzwerge wollen — wie es mir scheint — nicht mehr geleugnet oder ausgelacht werden ...

Obwohl ich jetzt von unmittelbar wahrgenommenen Prozessen der Erdwandlung nicht berichtet habe, sind vielleicht diese von mir erlebten Impulse auch ein Bericht davon. Als suchte die unsichtbare Welt verzweifelt nach Menschen, die nur ein bisschen offen für sie sind, um diesen ihre Anliegen zu vermitteln! So empfinde ich schon eine gewisse Peinlichkeit, dass ich als Agraringenieur über die Geschichte schreiben muss. Doch ich kann nicht anders. Und obwohl das Schreiben eine äußerst kreative Tätigkeit ist, habe ich dabei oft das Gefühl: Eigentlich gibt es das Buch ja schon — ich brauche es nur aufzuschreiben. Und meine größte Sorge dabei ist, ob meine Fähigkeit ausreicht, um das Buch aus der Welt der Ideen gut „abzuschreiben".

Anmerkung:
(1) Nach Marko Pogačnik in einem Vortrag in Prag im August 2007.

Mein Leib — ein Stück Erde

Pierrette Hurni

Auf dem Weg zur Leichtigkeit

Was verstehe ich unter Erdwandlung? Wie erfasse ich dieses Phänomen? Wie beeinflusst es mich? Bei der Suche nach Antworten auf diese Fragen sind mir nicht nur Erfahrungen mit der Landschaft in den Sinn gekommen, sondern ich bin auch auf innere Erlebnisse und Träume gestoßen, die aus einer Zeit stammen, als ich noch nichts mit Geomantie zu tun hatte. Es hat mich überrascht, zu entdecken, wie früh in meinem Leben die Erdwandlung oder ihre Vorboten bereits am Wirken waren. Um mich auf das Schreiben einzustimmen, wollte ich am Karfreitag, dem 6. April 2007, zwei, drei für Bern wichtige Orte aufsuchen. Aus der Einstimmung wurde ein ganztägiger Rundgang. Vier Stationen vermittelten mir tief berührende Erfahrungen und Einsichten. Sie geben im Folgenden den Rahmen, in dem ich eine Auswahl alter und neuer Erfahrungen, Träume und Visionen aufspanne und mit meinen Überlegungen verwebe. „Lass dich von den Erlebnissen leiten, ohne im voraus zu wissen, wo es dich hindurchführen wird!", tönte es ermutigend in mir. „Sei zuversichtlich, dass sich alles stimmig zusammenfügen wird, wenn du dich dem Fluss des Schreibens anvertraust!"

Erste Station
Im Botanischen Garten beim Haller-Denkmal: Wieder einmal fließt eine feine helle Energie von oben herab in mich hinein und durch mich hindurch. Diesmal strömt es schwächer und etwas zögerlich. Ich spüre, wie eine Kraft von unten her aufsteigt. Es braucht eine Weile, bis sie den Weg aneinander vorbei gefunden haben und ich mich an dieses gegenläufige Wirken gewöhnt habe. Es war lange kalt. Seit kurzem ist es fast frühsommerlich warm. Der Frühling ist mit voller Kraft ausgebrochen. Mich dünkt, dass es diese sprießende Kraft ist, die sich so stark bemerkbar macht. Beim Weiter-fragend-Hineinspüren taucht blitzartig ein Bild auf, das mir wie in einem Spiegel eine Veränderung zeigt, die mit mir und vielleicht auch andern geschieht: Wenn ich mich früher für Geistiges oder

Göttliches öffnete, leerte ich mich, entfernte ich mich aus mir selber gewissermaßen. Ich machte mich buchstäblich zu einem Gefäß, in dem nichts Persönliches sein durfte, da ich mich nicht wert fühlte, des Kosmischen teilhaftig zu werden. Jetzt aber fülle ich mich mehr und mehr ganz mit mir aus, nehme den Platz und den Raum ein, der mir hier in meinem Körper zusteht, und lasse mich von den himmlischen Kräften durchdringen und durchströmen. Ich wachse ihnen entgegen, mich unaufhaltbar entfaltend wie die Blüten und Blätter der Bäume und Sträucher. Es ist beglückend und braucht etwas Mut, ein Durchdringen und Verbinden des Menschlichen und Göttlichen zuzulassen und nicht mehr vor lauter Respekt und Ehrfurcht ängstlich zurückzuweichen. Mit diesem empfindenden Erleben sickert die Einsicht tiefer in mich ein, dass es nichts an mir menschlichem Wesen gibt, das ich verstecken müsste, und dass es keine Bedingungen gibt, wie ich zu sein hätte, um dem Göttlichen begegnen zu dürfen. Jede Erfahrung, jedes Leben trägt unaufhaltsam zur Verfeinerung meiner Seele bei. Die Entfaltung der menschlichen Seele geschieht in Übereinstimmung mit dem All-Ganzen. Ich genieße das Gefühl tiefen Vertrauens, das diese Gedanken in mir auslösen, und fühle, wie Ängste und Zweifel wegschmelzen.

Das ist das Neue in der jetzigen Zeit für mich, dass sich unser Denken dafür öffnet, sich früher Ausschließendes — wie Körper und Geist — als sich Ergänzendes, sogar Durchdringendes zu erfassen. Dies wirkt sich bis in die Körperlichkeit aus. Oder verhält es sich umgekehrt? Verändert sich die Basis unserer Existenz, indem sich eine neue Energiestruktur herausbildet? Beeinflusst diese mein Erleben und dringt erst in mein Bewusstsein, wenn ich mich im Wahrnehmen und Empfinden schule, und kommt erst dann mein Denken nach? Ich nehme an, dass die Erde — sehr vereinfacht gesagt — ein beseeltes Wesen ist, das einen Entfaltungsweg beschreitet wie wir auch. Wenn sie einen Entwicklungsschub erlebt, verändert dies unsere Existenzbasis, unseren Körper inbegriffen. Es bedeutet für die sich inkarnierende Seele eine große Herausforderung, sich an veränderte physische Bedingungen anzupassen. Bisher gültige traditionelle Erfahrungswerte funktionieren nicht mehr. Mit jedem Atemzug betreten wir Neuland. Was mit mir geschieht, unter diesem Blickwinkel zu betrachten, finde ich befreiend und inspirierend. Ich liebe es, an diesem Entdeckungsprozess teilzuhaben und mitzuwirken. Es bringt mir inneren Frieden und stärkt mein Gefühl des Einsseins mit der Erde und den Menschen.

Zweite Station
Oben am Botanischen Garten steht der Kursaal auf dem Ende einer nördlich der Altstadt-Halbinsel liegenden Moräne. Ich suche den äußersten Punkt auf, der sich auf der Hinterseite des Gebäudes befindet und etwas versteckt ist. Ein Wäldchen zieht sich den Hang hoch. Ich stelle mich mit dem Rücken zu einem großen Ahorn. Schon bald komme ich mir vor wie ein Wärter oder Wachposten. Er überragt mich um einiges und schaut nach hinten. Er steht breitbeinig und unverrückbar — fast wie aus Stein — und überblickt den Aarebogen. Meine Aufmerksamkeit wird nach unten gezogen. Unter meinen Füßen nehme ich innerlich eine Öffnung wahr, wie den Eingang in eine unterirdische Höhle. „Ist das ein Tor zur Unterwelt?", geht es mir durch den Kopf. „Sollte ich hineingehen? Habe ich da etwas zu suchen? Ist sogar ein Seelenanteil zurückzuholen?", frage ich in mich hinein. Ich und der Wärter stehen weiterhin bewegungslos da. Als Antwort spüre ich einen Druck von unten an meine rechte Fußsohle. Etwas dringt hinein und steigt das Bein hoch. Es steigt weiter und lässt sich in meinem Brustraum nieder. Ich spüre, wie der Wärter und ich weicher werden und wir uns innerlich entspannen. Jetzt merke ich, wie starr wir vor lauter Pflichterfüllung waren. Ist es Mitgefühl, das zurückkommt? Das Herz fühlt sich schwer und voller Trauer an. Es ist wahr, sein Mitgefühl störte uns. Wie erbarmungslos waren wir in unserem Pflichtgefühl! Jetzt fühlen wir wieder, und das macht froh. Ich löse und verabschiede mich. Das Herz trage ich mit mir — ein kostbarer Schatz! Ich gehe langsam über die Terrasse, von der aus man einen herrlichen Ausblick über die Stadt und auf die Schneeberge hat, und genieße meinen erweiterten und neu belebten Brustraum. Dabei entdecke ich, dass man an einem bestimmten Punkt quer durch die Stadt auf den Gurten blicken kann. Dieser überraschende Durchblick lässt das schwere Herz aufleuchten.

Weshalb ich annehme, dass meine Wahrnehmungen etwas mit dem Ort zu tun haben und dass es nicht nur ein persönlicher innerer Prozess ist? Anfang der achtziger Jahre lernte ich in der Atemerfahrung nach Ilse Middendorf einen Ansatz kennen, der mich faszinierte. Bei diesem Üben ging es darum, die natürliche Atembewegung geschehen zu lassen und diese gleichzeitig mit der Achtsamkeit zu begleiten. Ich war in Ausbildung zur Blockflötenlehrerin. Wenn ich mir Klangvorstellungen machte und diese beim Spielen zu erfüllen suchte, blockierte mich das bis zur Verzweiflung. Ich sah einen Ausweg: Ich stellte neue Regeln auf! Nicht mehr eine Vorstellung und damit ein Ziel erreichen wollen, sondern meinem Atem, den ich durch die Flöte fließen ließ, zuhören und meine Finger sich nach Lust und Bedürfnis bewegen lassen. Am Anfang war es oft schwer auszuhalten, vor allem, wenn ich nur vor mich hinwimmerte. Meistens folgten aber überraschende, sogar überwältigende Momente. Ein ungeahnter Reichtum an Tönen und Klangmöglichkeiten eröffnete sich mir. Die Musik, die so entstand, gab mir tief Berührendes aus meinem Inneren preis. Es brachte zum Ausdruck, was sich jetzt gerade zeigen und äußern wollte, und erfrischte und stärkte mich auf ungeahnte und vorher nie erlebte Weise. Dieses freie Improvisieren dehnte ich später auch auf das Tönen mit der Stimme und das Bewegen mit dem Körper aus.

In den neunziger Jahren kam ich mit der Aura-Soma-Farbtherapie in Kontakt. Als ich auf diese Art — in mich horchend — zu einzelnen zweifarbigen Fläschchen improvisierte, stellte sich heraus, dass ich dabei nicht nur das Thema der Farbkombination zum Ausdruck brachte, sondern auch, was es mit der Person zu tun hatte, die die Farben gewählt hatte. Ich habe dieses Phänomen oft erlebt. Es funktioniert. Ich nehme wahr, was um mich herum ist, wenn ich in mich hinein horche und mich davon bewegen lasse, auch wenn ich es nicht erklären kann. Es funktioniert auch, wenn ich es nur innerlich bewege und die aufsteigenden Empfindungen und Bilder mit meiner Achtsamkeit begleite. Es spielt sich ein Prozess ab, bei dem etwas erlöst und befreit wird, in mir und im Gegenüber — sei es eine Person oder ein Ort. Wie sich das vollzieht, ist immer wieder anders.

Das freie Improvisieren hat mich nicht mehr losgelassen. Ich liebe es, mich immer wieder aufs Neue überraschen zu lassen.

Es geschieht und bewegt mich mit einer Leichtigkeit und Mühelosigkeit, die mir nicht zugänglich sind, wenn ich mir etwas Bestimmtes vornehme. Mehr und mehr wird mir bewusst, dass es sich wohl in der neuen Energie so lebt! Die sich wandelnde Erde leitet mich an, das hervorquellende Leben von Moment zu Moment fühlend zu ertasten und erkennend zu gestalten, aus innen heraus und nicht nach einer vorgefassten Idee.

An einen Traum aus den achtziger Jahren kann ich mich deutlich erinnern: Es ist Nacht. Ich laufe mit weit ausholenden Schritten durch einen Park mit vielen Bäumen. Es ist absolut anstrengungslos und ganz leicht, so wie ich es im Wachzustand noch nie erlebt habe. Es gibt keinen Mond am Himmel und trotzdem sehe ich alles ganz klar. Im Traum geht mir durch den Kopf, es sei eigentlich gar nicht möglich, dass ich genug sähe, um bei dem schnellen Tempo nicht in einen Baum zu prallen. Diese Bedenken lassen mich augenblicklich nicht mehr deutlich sehen und Unsicherheit in mir auslösen. Innerhalb kürzester Zeit ist es stockdunkel, und ich werde langsamer, bis ich mich nur noch — die Arme vor mir ausgestreckt — Schritt für Schritt mühsam vorantaste. Der Traum hat mir geschenkt, dass ich erlebt habe, wie es ist, sich mit Leichtigkeit zu bewegen, meine Sehnsucht danach und die Hoffnung, dass so zu leben möglich ist. Er hat mir die Erkenntnis geschenkt, wie Angst entsteht und wie ich sie und ihre Wirkung auf mich mit einem Gedanken selber produziere: Ein grundloses Bedenken verdrehte meine Leichtigkeit und Klarheit in ihr Gegenteil!

Als Bild für die Schwere, die mich lähmte, sah ich immer wieder einen mittelalterlichen Turm ohne Fenster und Türen. In dessen tiefstem Verlies steckte ich. Mal sah ich mich gegen die Mauern ankämpfen, im hoffnungslosen Versuch, sie zu sprengen, dann wieder total erschöpft und verzweifelt zusammensacken. Eines Tages tauchte die Frage auf: Wenn alles in diesem Bild ich bin, was meine ich, zerstören zu müssen, um leben zu können? Könnte ich ohne Turm überhaupt auskommen? Steht er womöglich für meinen Körper? Und plötzlich sah ich vor meinem inneren Auge denselben Turm, durchscheinend, aus sich heraus strahlend. Es wurde mir gleichzeitig klar, dass ich die Undurchlässigkeit und Finsternis nur verstärkte, wenn ich derart um mich schlug. Ich erfühlte, wie ich mich ausdehnte und von innen her hineinwuchs, bis ich jede Pore des Turms ausfüllte und zum Leuchtturm wurde, der durchdrungen von meiner Kraft und Lebendigkeit nichts von seiner Festigkeit eingebüßt hatte. Das Bild dieses Leuchtturms freute mich zutiefst und erfüllte mich mit Dankbarkeit. Dieses Geschenk war mir ein Trost.

Einige Jahre später realisierte ich, dass sich mein Körper heller anfühlte als vorher und die finsteren Stellen zusammengeschrumpft waren. Mit Verblüffung stellte ich fest, dass es sich nicht nur um ein wunderbares Bild gehandelt hatte, sondern dass ich daran war, ihm entgegen zu wachsen. Mir wurde bewusst, dass das mein inneres Ziel ist. Als ich später vom Lichtkörper las, wusste ich sofort, wovon die Rede war. Es erweiterte mein Verständnis für das, was mit mir geschah, als ich erfuhr, dass es ein allgemeines Phänomen war und nicht nur ein persönliches.

Erste Botschaft

Das erste Mal, dass eine Art Zwiesprache zwischen der Erde und mir entstand, war 1987 in einem spirituellen Workshop: Wir sitzen im Kreis. Die Leiterin führt uns auf eine innere Reise zu Isis, einem Planeten, der sich außerhalb von Pluto befinden soll und auf seine Entdeckung wartet. Isis steht für eine neue Erde, einen Ort, wo das Weibliche befreit ist und sich entfalten kann. Ganz leicht taucht in mir das Bild eines Lebens in schwebender Freude auf. Unsere Körper und die Materie um uns herum sind durchscheinend und sanft schimmernd. Ich spüre, wie angenehm sich das anfühlt. Unvermutet steigt Trauer auf. Verstimmung macht sich breit. Zuerst zweifle ich an mir und meiner Fähigkeit, mich vorbehaltlos zu freuen. Bald merke ich, dass die Trauer nicht aus mir kommt. Ich befrage sie und ein Bild taucht vor meinem inneren Auge auf, wie wenn die Erde zu mir reden würde: „Es macht mich traurig, dass ihr nur möglichst schnell aus eurem irdischen Leben weg und mich verlassen wollt. Ihr findet es beschwerlich, voller Leid und lehnt es ab. Ihr sehnt euch nach einer besseren Welt. Ihr meint, sie auf einem anderen Planeten finden zu können. Gleichzeitig habt ihr ein schlechtes Gewissen und werft euch selber und einander vor, für die Umwelt zu wenig Sorge zu tragen, sie sogar zu zerstören. Ich wünsche mir, dass ihr Verständnis für den Wert all der Erfahrungen entwickelt, welche ich euch in eurer irdischen Form ermögliche. Ihr sollt wissen, dass ich mich euch dafür gerne und freiwillig zur Verfügung stelle. Ich trage euch gerne mit allem, was es mit sich bringt. Ihr meint, dass es mich traurig macht, wenn Menschen sich rücksichtslos mir oder einander gegenüber verhalten. Ich habe großes Mitgefühl, ja, denn ich weiß, dass ihr Menschen Schreckliches und Wunderbares gleichermaßen erfahren wollt und müsst. Weder ich noch irgendeine göttliche Instanz strafen euch deswegen. Wenn ihr euer irdisches Leben und damit mich ablehnt und verteufelt, das hingegen schmerzt mich." Diese Botschaft berührt mich tief und macht mich betroffen. Vor allem fühle ich mich geehrt, wertgeschätzt und reich beschenkt, dass mir unerwartet ein solcher Einblick gewährt wurde.

Die Botschaft ertönte aus meinen Tiefen. Doch diese Tiefen ragten weit über meine Körpergrenzen hinaus in die Erde hinein. Sie traf mich unerwartet. Mein Eindruck war, dass sie nicht aus mir kam. Sie eröffnete mir eine neue Sichtweise und gab mir den Schlüssel, um meine Liebe zur menschlich-irdischen Entfaltungsform mit meiner Liebe zu Erde und Natur in Einklang zu bringen. Dieses Erlebnis hat über all die Jahre sehr wohltuend gewirkt und meine innere Spannung gemildert, in der ich steckte. Ich meinte, ich müsste die Menschen und ihren Inkarnationsweg ablehnen und bekämpfen und mich ständig sehr bemühen, besser und anders zu sein, um glaubhaft machen zu können, dass ich die Erde liebte. Wenn ich hingegen das Menschsein mit allem Unangenehmen und Schrecklichen bejahte, sei dies gleichbedeutend mit Geringschätzung von Erde und Natur. Anders gesagt: lebte ich mein Menschsein voll aus, bedeutete das Abwendung von der Erde; liebte und achtete ich die Erde, müsste ich mich selber verachten. Bei diesen Ansichten handelt es sich um von uns Menschen konstruierte duale Denkmuster, die die Erde nicht teilt. In diesem Erlebnis hat sie mir gezeigt, wie sich das in meinem Denken Unvereinbare zusammenbringen lässt.

Erneute Begegnung

Einen weiteren direkten Kontakt mit der Erde erlebte ich 2003 bei einer geomantischen Reise auf Gozo: Alle suchen einen Platz, um sich mit dem Ort — einer trockenen Wiese am Rand von Xiagra — in Verbindung zu setzen. Es gibt ein paar Steinformationen, die möglicherweise Überreste eines megalithischen Steinkreises sind. Ich setze mich auf Geröll, einen stacheligen Busch im Rücken. Es ist überhaupt nichts Besonderes hier und bequem schon gar nicht, doch ich bleibe sitzen. „Was soll es hier schon zu spüren geben?", geht es mir missmutig durch den Kopf. Und es passiert auch gar nichts. Nach einer Weile merke ich, dass genau das, dass ich nichts spüre und dass nichts passiert, etwas ist. Es hat mich so schnell erfasst, dass ich es nicht gemerkt habe. Mein Körper fühlt sich an wie aus Stein, wie ein unverrückbarer Teil dieses Hügelchens, und ich sitze bewegungslos, mit aufgestellten Beinen, den rechten Ellbogen auf dem Knie, den Kopf auf die zur Faust geballte Hand aufgestützt, eine seit Ewigkeiten vor sich hinbrütende, in Schweigen verfallene alte Frau. Ist es die Göttin? Ich fühle mich in sie ein. Missmutig, voller Groll, vor Unlust erstarrt. „Ihr wollt immer etwas tun", gibt sie mir barsch zu verstehen. „Nur um mich nicht wahrzuhaben. Ihr habt Angst, dass ich euch hinunterziehen und nie mehr aus der Verstimmung herauslassen könnte. Jetzt meinst du, dass ich mich dir nicht zuwende, weil ich euch böse sei und nichts mit euch zu tun haben wolle. Solange ihr vor euren Gefühlen und Stimmungen Angst habt, euch diffuse Schuldgefühle bedrängen und ihr sie bekämpft, indem ihr euch in Aktivsein flüchtet, drehe ich euch den Rücken zu. Auf ihm könnt ihr herumtrampeln. Und das tut ihr, wenn ihr euch und damit auch mich nicht spürt. Du bist vor diesen beängstigenden Gefühlen nicht davongelaufen. Du hast dich eingelassen auf meine Art des Seins und dich eingefühlt. So hast du eine kleine Ahnung erhalten, welche Gnade und welcher Genuss darin verborgen sind!" Ihre Missstimmung ist einem Lächeln gewichen, ohne dass sich an ihrer Reglosigkeit etwas geändert hätte. Sie verströmt tiefe Ruhe und Frieden, und wir genießen das Einssein. Es tut mir unendlich gut. Nach einiger Zeit entlässt sie mich, und meine Reglosigkeit löst sich auf.

Auch Nichtstun ist eine Aufgabe

Ich kämpfe oft mit mir, weil ich nichts tun mag. Aber was steckt hinter meiner Meinung, ich müsste etwas tun wollen? Nichtstun ist verpönt. Ich habe Angst, dass die Menschen mich dafür verachten könnten. Mit Nichtstun wertvolle Zeit verschwenden, ist höchst tadelnswert. Diese Wertungen sitzen mir in den Knochen.

Dritte Station
Auf meiner Karfreitagswanderung wechsle ich auf die andere Seite der Altstadt. Beim Überqueren der Aare fängt mein rechter Fuß an zu lahmen. Vorher hatte ich mich noch von einer mich aufrichtenden Kraft durchdrungen und gestärkt gefühlt. Jetzt ist es, wie wenn einem Luftballon die Luft ausginge. Auf wabbeligen Beinen gelange ich in den Park des Historischen Museums, wo ich bei einer Gruppe von Nadelbäumen halt mache. In meinem Bauch breitet sich ein eigenartiges Gefühl aus, zu dem ein Bild auftaucht: ein Korb mit Schlangen, die sich zum Klang einer Flöte hoch aufrichten. Es fühlt sich gequält an. Wie wenn die Magie der Musik sie dazu zwingen würde, und sie sich ihr nicht entziehen könnten. Gestylte Weiblichkeit — all die straffen schmalen Körper kommen mir dazu in den Sinn. Ich muss mich dringend ins Parkbistro stärken gehen. Nach einer Weile vergeht das unangenehme Gefühl. Auf einmal fühle ich mich in meinen Bauch plumpsen. Ah, jetzt wird es endlich gut! Nur noch nichts tun! Bald breche ich auf und lasse mich treiben. Meine Bewegungen sind entspannt, weich, fast schlenkernd.

Vierte Station
Ziellos schlendernd gelange ich zum Yin-Zentrum am Ufer der Aare, dem Münster gegenüber. Eine etwas gedämpfte Stimmung kommt mir entgegen. Beim Hineinhorchen vernehme ich: „Ich werde nicht genug beachtet. Meine eigentliche Qualität wird nicht verstanden." Was ist das, frage ich innerlich nach. „Die Qualität des Faulenzens!" — Ja, was macht die Aare anderes als faulenzen? Sie lässt sich gehen, gibt sich völlig hin, lässt sich treiben — versuche ich es nachzuvollziehen. Doch etwas zieht sich in mir zusammen und will es nicht wahrhaben. „Ich nehme deine Botschaft als Aufgabe mit. Wie du siehst, bin

ich noch nicht fähig, Faulenzen als etwas Wertvolles zu verstehen."

Was ich bei all meinem Tun und Nichtstun suche, ist das Gefühl von Freiheit. Dieses entsteht, wenn es von Zuversicht und Vertrauen getragen wird. Dies ist mir auch beim In-Kontakt-Treten mit Erde und Natur wichtig. So wie ich in erster Linie in meinem inneren Wesen erkannt werden möchte, so begegne ich auch einem Ort. Ich suche seine innere Qualität zu erspüren, wahrzunehmen und zu würdigen. Dabei kommen oft innere Prozesse in Gang, die ich gerne annehme und geschehen lasse. Das Beste, was ich zu geben habe, ist meine Bereitschaft, meine Ängste zu hinterfragen, zu durchschauen und in Zuversicht, Liebe und Vertrauen zu verwandeln und der Erdwandlung bis in meinen Leib — meinem Stück Erde — zu lauschen.

Unternehmen in Wandlung

Deert Jacobs

Die tiefgreifenden Wandlungen, die sich im seelisch-geistigen Schwingungsfeld der Erde seit 1995 ereignen, finden ihren Niederschlag inzwischen auch in einem Bewusstseinswandel der breiten Öffentlichkeit. Hier heißen sie Klimawandel, Wellness, Bioartikel, bewusstes Leben und Spiritualität. Die Erde kommuniziert nicht mehr nur ausschließlich mit den Geomanten, sondern nun sogar mit „normalen" Menschen. Die Geomantie ist nicht länger Exot und Außenseiter. Sie bestellt kein Sonderfeld mehr. Sie ist längst angekommen in der Mitte der Gesellschaft und hat damit auch Aufgaben und Verantwortung zu übernehmen. Ich begreife die Kunst der Geomantie als spirituellen Tiefenmaterialismus — als ein sehr konkretes Handwerk und als Dienstleister für die Erde, für Menschen und für soziale, wirtschaftliche und politische Systeme. Und ich vertrete die Ansicht, dass die Geomantie sogar die Pflicht hat, sich überall da einzubringen und einzumischen, wo Orte, Menschen und wirtschaftspolitische Strukturen für lange Zeit prägend verändert werden. Geomanten sind als Vermittler zwischen den Erde und Landschaft prägenden Kräften einerseits und den Interessen von Wirtschaft und Politik andererseits gefordert. Vor nur vierzig Jahren war der Begriff „Umweltschutz" noch ebenso wenig in der Gesellschaft angekommen, wie es heute der Begriff „Geomantie" ist. Die ökologischen Verbände haben es seitdem geschafft, den Umweltschutz so weit in das öffentliche Bewusstsein zu tragen, dass er heute als Bundesnaturschutzgesetz verankert ist. Wann wird es ein Bundesgeomantiegesetz geben?

Es gibt wohl kaum eine Kraft auf der Erde, die markanter und massiver unseren Planeten materiell und gedanklich verändert, als die Wirtschaft. Alle anderen Kräfte im Staatswesen (Politik, Bildung, Religion) zeichnen sich dadurch aus, dass ihr vorherrschendes Charakteristikum gerade in ihrer Langsamkeit, Zaghaftigkeit und in ihrem Reagieren — statt ihres Agierens — besteht. Die Wirtschaft — als die treibende und innovative Macht — übt nicht selten ihren Einfluss auf die anderen Lebensbereiche aus. Sie steuert, handelt und verfügt über einen erstaunlichen Spürsinn. Auf kleinste Veränderungen des Marktes antwortet sie schnell und treffsicher. Wer Fehler macht oder zögerlich handelt, den trifft der Sturm von der Breitseite oder er dümpelt in die Flaute. Andererseits kann man den Eindruck gewinnen, dass viele Wirtschaftsunternehmen — besonders Aktiengesellschaften — wandlungsresistent sind. Sie versuchen, eigene ökonomische und politische Machtbestrebungen ignorant und sogar militant durchzusetzen. Kurz vor einem allgemeinen Paradigmenwechsel scheinen diese Unternehmen — um den Preis der Erde — aus dieser noch so viel herausholen zu wollen wie möglich. Wachstum und Expansion sind magische Mantren. Sie bilden den Gegenpol zur spirituellen Entfaltung von Erde und Mensch.

Vielleicht ist auch dieses Geschäftsgebaren der Aktiengesellschaften ein Grund, warum es bei Geomanten bisweilen zu Berührungsängsten gegenüber der Wirtschaft kommt. Mag auch sein, dass keine gemeinsame Sprache entwickelt wurde und dies Unsicherheit hervorruft. So kommt es zu einem Auseinanderdriften zwischen der Geomantie, wie sie sich bisher ausgebildet hat, und der die Materie bewegenden Kraft der Wirtschaft. Es hat sich eine Schwelle gebildet, durch die die jeweils andere Partei mehr als monolithischer Block wahrgenommen wird und weniger als einzelne Menschen, die etwas bewegen wollen. Doch wo liegen nun die Aufgaben und Möglichkeiten der Geomantie bei der Beratung von Unternehmen?

Die Erde wacht mehr und mehr auf. Sie erdet zunehmend ihre geistigen Dimensionen und der Planet tritt in Kommunikation mit seinen kosmischen Geschwistern. Wie können die Erkenntnisse aus der Erdwandlung den nach Orientierung suchenden Unternehmen vermittelt werden? Denn wenn jemand auf Wandlung und Erneuerung angewiesen ist, dann die Wirtschaft. In den letzen Jahren hat sich innerhalb der Wirtschaftsunternehmen — gemeint sind hier nicht in erster Linie Aktiengesellschaften, denn die gehören einer anderen Gattung an — etwas Grundlegendes geändert. Das Unternehmen wird zunehmend als gesamtunternehmerischer Organismus gedacht. Die Notwendigkeit nach Ethik und spirituellen Werten als Gegengewicht zum zügellosen „Heuschrecken-Kapitalismus" hat Einzug in das Selbstverständnis der Wirtschaft gehalten. Als „Spiritual Consultants" zeigen fortschrittliche Berater Unternehmern und Managern, wie in Zukunft auf der Basis von psychosozialer Integrität und spiritueller Praxis gute Geschäfte gemacht werden können. Ich kenne inzwischen kein erfolgreiches Unternehmen, in dem die Führungskräfte nicht einer spirituellen Praxis nachgehen. Wie sollten sie sonst ihre Aufgabe als Navigator und Steuermann erfüllen können und dem enormen Zeit- und Leistungsdruck standhalten? Inspiration und Vorbilder können nur aus der geistigen Welt kommen. Das wissen auch und gerade Manager.

Seit 1992 arbeite ich in der künstlerischen und seit 1998 in der geomantischen Unternehmensberatung. Ich konnte hierbei einen intimen Blick in die Struktur der Unternehmen werfen. Andererseits bildete ich Studenten in Geomantie aus und betreute Bauprojekte, bei denen ich die Prozesse der Erdwandlung verfolgten konnte. Im Folgenden möchte ich anhand einiger Praxisbeispiele kurz skizzieren, wo ich die Zusammenhänge zwischen den Wandlungen in Unternehmen und der Erde sehe.

Als sich seit 1998 die Ausstrahlung des Schwingungsfeldes der Erde vom erdhaften zum luftigen Zustand änderte, gerieten auch in der Wirtschaft Dinge in Bewegung. War es zuvor noch möglich, dass feste Kriterien und Grundsätze Unstimmigkeiten im Zaume hielten, kehrte sich nun das Untere nach oben. Bei der Wandlung der Erde tauchten Urkraftsysteme in den Stadtlandschaften auf, die unstrukturierte archaische Kräfte aus dem Erdinneren an die Oberfläche spülten. Diese veränderten die bekannte Ordnung. Strukturen begannen sich in den Unternehmen aufzulösen und sorgten für Irritationen. In den Jahren zuvor hatte das Interesse der Unternehmen bei der künstlerisch-geomantischen Beratung in der Regel darin bestanden, Fehlentwicklungen und Fehlentscheidungen überprüfen und korrigieren zu lassen. Ebenso wie der Gang zum Zahnarzt bisweilen erst dann angegangen wird, wenn die Schmerzen größer als die Angst sind, ließ sich die Wirtschaft zumeist von Künstlern und Geomanten erst dann in die Karten schauen, wenn alle anderen Stricke gerissen waren. Ab 1998 änderte sich das. Ein Beispiel mag das verdeutlichen:

Ein exzentrischer Unternehmer hatte angegliedert an sein Hotel und Restaurant ein Saunagebäude. Dort wohnte er auch. Er merkte, dass sich etwas an dem Ort seines Unternehmens verändert hatte, konnte es aber kaum in Worte fassen. An fast allen Schwellen des Hauses und des Grundstücks zeigten sich eigentümliche Multiwellenzonen, die zudem auch in der Persönlichkeitsstruktur des Unternehmers zu finden waren. Diese waren derart massiv, dass sie Gäste davon abhielten, das Hotel und das Restaurant zu besuchen. Es war so, als käme man unerwünscht in ein Privathaus. Nichtintegrierte Persönlichkeitsanteile hatten sich selbstständig gemacht und sich auf die Schwellen gelegt. Der Unternehmer ging für einige Zeit ins Ausland. Ob er seine Schwellen mitgenommen hat, weiß ich nicht.

Ein anderes Beispiel ist das eines Vier-Sterne-Hotels. Das Hotel war in einem Gebäude aus der NS-Zeit beheimatet, mit Weihespruch im Eckstein und einem Hakenkreuz-Schluss-Stein am Haupteingang. Auf allen erdenklichen Ebenen häuften sich Probleme und Schwierigkeiten. Die alten und ungeklärten Kräfte des Ortes wurden an die Oberfläche gespült.

Eine neue Wandlungsperiode der Erde begann um die Zeit der 1999 in Mitteleuropa sichtbaren Sonnenfinsternis, umfasste die Jahrtausendwende und fand ihren Kulminationspunkt am 11. September 2001. In der Landschaft konzentrierten sich energetisch konkrete Kräfte aus sehr hohen geistigen Sphären — wie offene Sterntore. In der Entwicklung von Wirtschaftsunternehmen rückten nun zunehmend Themen nach geistigen Kriterien in den Vordergrund der Betrachtung. Die Notwendigkeit nach Orientierung an etwas Größerem als der alltäglichen Gewinnmaximierung fand Eingang in die Geschäftswelt. Gefragt waren nicht mehr kurzfristige Problemlösungen, sondern dauerhafte und spirituelle Unternehmenskonzepte. Das stumpfe „mehr, schneller und effizienter" motivierte nicht mehr. Es stellte sich immer mehr die Frage nach dem „Warum" — wozu das Ganze? Der innere Kurswechsel fand spätestens dann statt, wenn Manager an ihre persönlichen Grenzen stießen: Überforderung, Leistungsdruck, Burnout, Krankheit. Spirituelle Ethik und wirtschaftlicher Erfolg standen nicht mehr im Widerspruch zueinander, selbst wenn Spiritualität zunächst noch keinen Marktwert zu haben schien. Doch wie sich durch Analysen inzwischen gezeigt hat, besteht sehr wohl auch ein messbarer Zusammenhang zwischen dem gelebten Wertesystem eines Unternehmens und seinem wirtschaftlichen Erfolg. (1)

In dieser Zeit coachte ich Wirtschaftsunternehmen unter anderem mit Theatermethoden. Es ging hierbei nicht mehr um Rollenspiele zur Problembearbeitung — diese Zeiten waren jetzt vorüber. Vielmehr wurden künstlerisch durchkomponierte Theaterprojekte realisiert: Die Mitarbeiter der Unternehmen entwickeln ein eigenes Bühnenstück, proben und präsentieren dieses der Öffentlichkeit. Waren in den Jahren vorher vor allem sozialkritische Themen durch Improvisation zum Vorschein gekommen, so tauchten jetzt Engel und mythologische Wesen auf. Die Unternehmen entdeckten die Macht geistiger Bilder und die Kraft, diese im körperlich-szenischen Spiel darzustellen. Durch das Schauen und Spielen entstand ein Perspektivenwechsel. Die Bühne wurde als sakraler Raum begriffen, als Ort für neue Impulse. In Gesprächsrunden zeigte sich, wie schwierig es für den Verstand ist, verbal an die Magie der theatralen Bilder heranzukommen.

In den darauffolgenden Jahren waren besonders zwei Aspekte der Erdwandlung für die Entwicklung in Unternehmen maßgeblich: die Abnahme der Lebensenergie und eine Umstülpung des Raumes. Das Obere wird zum Unteren, das Innen nach außen gekehrt usw. Bildlich gesprochen schüttelten sich die feinen Energien unter Abnahme der Regenerationskräfte so weit durcheinander, bis nur noch schwer zu erkennen war, wem was gehörte. Auch diese Geschehnisse sind an der Wirtschaft nicht unbemerkt vorbeigegangen. Zu dieser Zeit meldeten sich Unternehmen mit dem ausdrücklichen Anliegen, ihren Betrieb mit den Wandlungskräften der Landschaft in Einklang zu bringen. Hierbei ging es nicht nur um Lithopunktur, sondern auch um substanzielle Eingriffe in das Unternehmensgefüge.

Zur Veranschaulichung möchte ich das Beispiel eines Unternehmens nennen, das in der Metallverarbeitung als Zulieferer der Autoindustrie tätig ist. Bei dem Neubau einer Produktionshalle, in der Roboterzellen untergebracht werden sollen, war es das Anliegen der Firma, durch die geomantische Baubegleitung und mit Bauritualen die multidimensionalen Landschaftskräfte einzubinden. Darüber hinaus bestand der Wunsch, das Firmenprofil bei der Logoentwicklung und im Sinne der Firmenphilosophie an die Wandlungskräfte der Landschaft so anzupassen, dass beide miteinander kommunizieren. Derart mutige Unternehmen wünsche ich mir, die nicht dabei halt machen, ihre Umweltbilanz werbewirksam zu verbessern, sondern die Gaia, auf der sie stehen, für das nehmen, was sie ist.

Anmerkung:
(1) Die Agentur für Unternehmens- und Wertekultur „Deep White" in Zusammenarbeit mit dem Institut für Medien- und Kommunikationsmanagement der Universität St. Gallen nach einer Befragung von 2134 Mitarbeitern in 33 Unternehmen.

Lichtinseln und Urkraftquellen

Renate Kirzinger (†)

Der Lichtkörperprozess beginnt

Ich bin Heilpraktikerin und arbeite mit feinstofflichen Methoden. Um 2001 ist mir das erste Mal aufgefallen, dass eine ganze Reihe von Menschen angefangen hat, sich in einer besonderen Weise zu verändern, dass sich die Aura verändert hat. Träume mit ganz außerordentlichen Botschaften kommen, Visionen oder starke innere Bilder tauchen auf und vieles mehr. Es war, als wäre plötzlich eine neue Dimension aufgetaucht, die vorher im Alltagsleben dieser Menschen kaum eine Rolle gespielt hatte. Was ich in der Aura vieler Menschen wahrnehmen kann, ist, dass sich zuerst die Kopfchakren verändern, sie werden sehr viel größer und heller, der so genannte „Lichtkörperprozess" beginnt. Bei vielen Menschen steigt inzwischen auch die Kundalini — das ist im Negativen wohl auch einer der Gründe für die zunehmende Gewalt, weil viele unterdrückte Gefühle „hochgekocht" werden. Besonders spannend ist für mich aber, dass sich — so weit ich es wahrnehmen kann — auf den feinstofflichen Ebenen der Natur fast genau die gleichen Prozesse in der gleichen Reihenfolge abspielen.

An mittlerweile vielen Orten ist die Lichtenergie für mich inzwischen deutlich wahrnehmbar. Besonders intensiv ist sie an den von Marko Pogačnik entdeckten „Lichtinseln". Ich kann sie aber auch an anderen Orten spüren. Meist ist sie allerdings auf die höheren Bereiche des Erdenraums beschränkt, sie hängt sozusagen in der Luft — ähnlich wie die Menschen in den gleichen Prozessen. Es ist, als könne sie den Raum, in dem sich unser zivilisatorisches Leben abspielt, — noch — nicht berühren. Mit dieser Lichtenergie scheinen auch unterschiedliche Qualitäten einzustrahlen. An manchen Orten spüre ich eine starke Bewusstseinskraft, an anderen eine sanfte, sehr liebevolle Qualität. An einem Ort war es wie das Strahlen einer unsichtbaren Sonne, an einem anderen eine Schönheit, die den Raum wie verzaubert. Es gibt sicher noch vieles mehr.

Aktivität der Erdkundalini

Auch eine Aktivität der Erdkundalini kann ich an immer zahlreicher werdenden Plätzen wahrnehmen. Marko Pogačnik nennt sie Urkraftquellen. Auch hier werden sicher unterschiedliche Qualitäten von Energie freigesetzt. Ich bin leider nicht hellfühlig genug, um sie unterscheiden zu können. Was ich jedoch spüren kann, sind die Wärmekräfte, die damit verbunden sind. An manchen dieser Orte werden ordentlich Spannungen entladen, die sich für mich wie spitze oder scharfe Energien anfühlen. Es ist nicht ratsam, sich dort allzu lange aufzuhalten.

Einige dieser Orte, an denen die Urkraft der Erde zum Vorschein kommt, sind etwas ganz Besonderes: die Urenergie mündet in einer unglaublich starken Herzkraft, einer Liebeskraft, die direkt der Erde entströmt. Ein Ort, wo das besonders stark ausgeprägt ist, ist die Umgebung von Thingvellir auf Island, am atlantischen Grabenbruch. Ich habe diese Plätze Liebesgeneratoren getauft.

Blockaden und Traumata

Wie ich beobachten kann, möchten beide Energieformen, die Lichtenergie und die Kundalini, weiterfließen, sich fortentwickeln, sowohl im Erdenraum, als auch auf allen Ebenen des menschlichen Körpers. Dies stößt aber auf große Probleme. Als besonders schwerwiegend nehme ich zum einen eine Blockade auf der Herzebene wahr, zum anderen eine Blockade im Beckenraum.

Die Herzblockade fühlt sich für mich in der Natur wie eine Verkrampfung an oder wie ein gewaltiger Druck auf das Herz, verbunden mit viel Trauer. Sie stellt sich eigentlich immer als Folge der vielen Traumatisierungen heraus, die wir diesem Planeten zugefügt haben. Als Folge der Zerstörung der Natur und der Nichtachtung, ja der Verachtung des Wesens Erde, die wir als toten Gegenstand betrachten, mit dem wir beliebig umgehen können, als Folge der Grausamkeit gegenüber unseresgleichen und anderen Lebewesen, der Kriege und der unzähligen anderen Verletzungen. Meine Erfahrung ist, dass diese

Traumata meist in mehreren Schichten übereinander liegen — auch bei Menschen übrigens —, und dass es jedes Mal wieder ein Stückchen weiter geht, wenn eine dieser Schichten abgebaut ist. Dass die Herzkraft frei fließen kann, erlebe ich selten. Aber das wäre wohl die Voraussetzung für die Manifestation des Lichtkörpers auf der Herzebene.

Die Blockaden, die ich auf der Ebene des ersten und des zweiten Chakras der Erde — entsprechend dem Unterleibsbereich des Menschen — wahrnehme, haben aus meiner Sicht verschiedene Ursachen. Zum einen trägt unser Umgang mit der Fruchtbarkeit und den Bodenschätzen der Erde sehr dazu bei, diesen Bereich zu traumatisieren: Die Ausbeutung der Erde, ohne auch nur „danke" zu sagen, die beliebige Manipulation der Fruchtbarkeit der Natur. Was ich von den Elementarwesen immer wieder zu hören bekomme, ist, dass die Fruchtbarkeit der Natur in früheren Zeiten viel größer war. Mit etwas mehr Fürsorge und Achtsamkeit und der Bereitschaft, für etwas Erhaltenes auch etwas zurückzugeben, könnten wir auf Pestizide, Kunstdünger und Gentechnik gut verzichten und vielleicht sogar manche Wüstenregion wieder fruchtbar machen. Auch die Bodenschätze sind nicht nur für uns Menschen da. Wie ich es verstanden habe, haben die Kupfer-, Gold- und Silberadern, die Eisenerzvorkommen usw. eine Funktion für den Erdorganismus selbst. Sie vollständig „auszubeuten", schwächt den Erdorganismus, ganz abgesehen von der Zerstörung, die dadurch geschieht.

Ein weiteres Thema ist der Umgang mit den Urkräften der Erde. Solange wir diese Kräfte, die sich oft in Form von Vulkanausbrüchen, Erdbeben und Stürmen entladen, nicht haben wollen, entstehen Blockaden im feinstofflichen Körper der Erde — der menschliche Wille hat einen starken Einfluss auf den Erdkörper. Diese Kräfte sind Wandlungskräfte und haben eine wichtige Funktion, deshalb muss die Erde immer wieder versuchen, die Blockaden zu durchbrechen — wodurch die Heftigkeit der Ereignisse gewaltig zunimmt, wie bei jedem Ausbruchsversuch. Es wird Zeit, dass wir Menschen begreifen, dass man in Vulkan- und Erdbebengebieten nicht siedeln darf, weil sie der Erde gehören, dass Überschwemmungsauen Leben bedeuten und Stürme eine wichtige Ventilfunktion haben, nämlich die Reinigung der Atmosphäre. Und es wird Zeit, dass wir wieder verstehen lernen, dass Wandlungsprozesse zum Leben gehören. Wenn wir versuchen, sie zu verhindern, setzen wir in unserer Umgebung und in uns selbst (!) Blockaden, so dass die Energie nicht mehr fließen kann. Das ist — nach meiner Beobachtung — der Grund dafür, warum die Kundaliniprozesse der Erde oft mit so großen Problemen verbunden sind.

Wir Menschen haben eine Art Katalysatorfunktion für die Erde („Ihr seid das Salz der Erde!"), darum nimmt die Erde sehr vieles von den Menschen auf. Aber so wie wir uns im Moment benehmen, sind wir ein äußerst bitteres Salz, oder — um es mit anderen Worten zu sagen — „echt ätzend"!

Eine andere Problemschicht für die Erneuerungsprozesse liegt auf der Mentalebene. Ich nehme Landschaftsräume vor allem in Zentraleuropa oft sehr stark von mentalen Strukturen überlagert wahr, die in keinem Bezug stehen zur ursprünglichen Bedeutung und zur Aufgabe der Landschaft. Die Natur hat eine eigene Mentalebene, die aber viel schwächer ist als die der Menschen. So ist es ein leichtes, eine Landschaft „umzuprogrammieren", ihr ein anderes Programm aufzuzwingen. Die Weisheit, dabei die Konsequenzen ihres Eingriffs zu sehen, besitzen die Menschen nur selten. Mittlerweile ist fast jeder Quadratmeter dieses Planeten verplant und funktionalisiert. Als „landwirtschaftliche Nutzfläche", „Baugebiet", „Rohstoffvorkommen", „Fischfanggründe" bis hin zu den entlegensten Wüstenregionen, die „militärische Testgelände" werden. Die Landschaften verlieren ihre ursprüngliche Funktion im Ökosystem des Planeten oder können ihrer Aufgabe nur noch teilweise nachkommen. Und dies nicht nur in physischer Hinsicht, sondern auch in geistiger. Aber jemand, der seine Identität verloren hat, kann nicht in den Lichtkörperprozess eintreten.

Eine andere Ebene der mentalen Besetzung oder Umprogrammierung sind die oft viel zu rigiden Wertesysteme, meist in Form von starren religiösen Systemen. Der ganze Planet gilt als Ort der Verbannung, als Ort der Unvollkommenheit, des Scheins. Hier zu inkarnieren ist ein Zustand, der überwunden werden muss. Solche Einstellungen bleiben nicht ohne Folgen für den Planeten. Das Gefühl, etwas Minderwertiges zu sein, begegnet mir immerzu in der Natur. Und auch die Trauer darüber. Auch die permanente Bewertung der Natur in „gut" und „schlecht", „nützlich" und „wertlos" oder „unnütz" trägt sehr zur Überlagerung der Erde mit menschlichen Mentalstrukturen bei. Wertesysteme nehme ich als besonders rigide und engmaschige Strukturen wahr, in etwa wie Käfiggitter.

Nach meiner Wahrnehmung gibt es allerdings noch eine weitere Ebene der mentalen Programmierung von Landschaften. Immer wieder stoße ich auf Mentalstrukturen von solcher Macht und Intensität, dass ich nicht glaube, dass sie von Menschen gemacht worden sind, sondern von mental stärkeren Wesenheiten. Über dem ehemaligen Konzentrationslager in Dachau bin ich einem solchen Muster begegnet, über den Kreuzritterburgen auf Malta, aber auch an scheinbar unbedeutenden Orten. Es fühlt sich an wie ein destruktives Programm, das über den Ort gelegt wurde, um ihn dazu zu bringen, bestimmte zerstörerische Verhaltensmuster zuzulassen. Ich habe mich mit dem Thema seit einigen Jahren nicht mehr beschäftigt, weil ich es im Moment nicht zu lösen weiß und es mir höchstens noch Angst macht. Vielleicht gibt es ähnliche Wahrnehmungen von anderen. So weit die Probleme. Aber es tut sich trotzdem ordentlich etwas.

Wärmeenergie als Liebeswärme

Nach meiner Beobachtung wurde seit der Sonnenfinsternis 1999 der Lichtkörper der Erde sehr stark und erreichte schon am 4./5. Mai 2000 eine Art Höhepunkt. Ich hatte das Gefühl, die Erde konnte diese hohe Energie kaum noch aushalten, und machte mir viele Sorgen, wie das wohl weitergehen würde. Tatsächlich aber hat sich der Lichtkörper in den folgenden Jahren wieder ein Stück weit zurückgezogen. Statt dessen steigt seit einigen Jahren die Erdkundalini. Ich meine, dass das mit dem Plutotransit über das Galaktische Zentrum auf 26 Grad Schütze — einem sehr spirituellen Ort — zusammenfällt. Natürlich häufen sich damit auch Erdbeben und Vulkanausbrüche — als eine Art Druckventil — und Gewalt- und Aggressionsausbrüche bei Menschen. Aber auch Fußball scheint mit der steigenden Kundalini zu tun zu haben. Tatsächlich handelt es sich aber einfach um Wärmeenergie, die sich genauso gut als Liebeswärme zeigen kann.

Um 2004 hatte ich ein schönes Erlebnis an einem Ort, der mir sehr ans Herz gewachsen ist, einer kleinen Lichtinsel in der Nähe von Hausham, wo sich gleichzeitig auch Urkraftquellen befinden, so dass der Ort in einem ziemlichen Spannungsfeld lebt und es ohnehin nicht leicht hat. Damals waren an dem hübschen Weiher mit umgebendem Wald von den Pächtern — einem Fischereiverein — viele Bäume gefällt worden und auch ansonsten einiges übel zugerichtet. Ich spürte das Entsetzen und den Kummer und bin deshalb zu dem Feuerwesen des Ortes gegangen, um es zu fragen, warum es ihn nicht verteidigt hat. Es war voller hilfloser Wut, konnte aber nichts tun. Und weil ich diese Blockade, die aus Machtmissbrauch und Unterdrückung besteht, die wir Menschen uns gegenseitig und der Natur auferlegen, inzwischen gut kenne, habe ich versucht, dem Feuerwesen zu helfen, es zu befreien. Der Versuch war erfolgreich. Was da entstand, war eine so starke Herzenswärme, eine Liebeskraft, die kosmische Qualität hatte, wie eine Christusenergie aus der Urkraft der Erde kommend.

Jetzt möchte ich noch zwei Träume erzählen, die mir wichtige Hinweise auf die Zeitenwende gegeben haben:

Den ersten Traum hatte ich etwa 1995. Darin stand ich zusammen mit vielen anderen auf einem Bahnsteig und wartete auf einen Zug. Bei uns war auch ein geistiger Meister, ein sehr schwerer Mann, ganz in weiß gekleidet — er sah ein wenig so aus wie der zypriotische Heiler „Daskalos" Stylianos Atteshlis. Plötzlich wurde die ganze Welt auf den Kopf gestellt. Unsere Füße klebten noch am Bahnsteig, aber wir hingen kopfunter in der Luft. Der geistige Meister sagte, wir sollten keine Angst haben, es sei alles in Ordnung. Und wenn wir doch einmal zuviel Angst bekommen würden, sollten wir uns einfach mit ihm verbinden!

Den zweiten Traum hatte ich Anfang 2001. Ich ging eine unendlich hohe Treppe hinauf, vorbei an zwei Frauen mit schmerzhaft verzerrten Gesichtern, bis ich schließlich in den obersten Raum gelangte. Dort saß eine geistige Meisterin, eine sehr schöne und vor allem sehr sinnliche Frau. Damit wurde mir klar, dass Sinnlichkeit eine hohe geistige Qualität ist. Und das bedeutet, uns mit allen Sinnen auf diesen Planeten einzulassen, das Leben hier zu lieben und zu genießen.

Wandlung ist Werden
Werden ist Wandlung

Thera Konrad

Liebe Erde, lange ist es her — es war noch im letzten Jahrhundert —, als du — dein Wesen, deine Seele — mich auf den Weg geschickt hast. Damals wusste ich noch nicht, dass du es warst, die meine Seele berührte und mir eine unstillbare Sehnsucht, einfach loszulaufen über die Erde — ohne Ziel, nur deinen Körper, deine „Haut", deine Schönheit zu erleben — in mein Herz gepflanzt hast.

Einmal — ich lag bäuchlings an einem mir liebgewordenen Platz und „erwachte" mit krümeliger Erde in beiden Händen — hast du so sehr mein Herz berührt, als du mich aufforderst, deine Schönheit und Wahrheit in Form von Erdbildern sprechen zu lassen. Damals lag ich weinend auf deinem Körper. Weinend, weil ich spürte, dass etwas in mir geschieht, was ich nicht nachvollziehen konnte: ich fühlte mich wie getrennt von dir. Das war der Beginn meines Wandlungsweges. Dankbar schaue ich heute zurück, vor allem an den Ort, wo du, liebe Erde, mir so stark den Spiegel vorgehalten hast: am großen, überregionalen Herzplatz von St. Katharina im Sinai! — Ein Herzplatz ist ein Energieorgan der Landschaft, welches die gleiche Funktion/Schwingung hat wie unser Herzchakra. — Dort wurde ich 2001 unsanft an meine eigenen Herzblockaden, seelischen Verhärtungen erinnert: Mein Kreislauf brach zusammen und eine tagelange Reinigung auf körperlicher Ebene brachte mich in einen tiefen Wandlungsprozess: loslassen, geschehen lassen, mich neu im Leben orientieren in ständigem Vertrauen — einfach im Herzen zentriert zu leben.

Auf der gleichen Reise (1) wurde mir an einem Platz am See Genezareth ein weiterer Schlüssel zum Verständnis deines Wirkens und deiner und meiner Wandlung geschenkt: das Wirken der Christuskraft! An dieser Stelle war Christus einst physisch anwesend und du hast diese Liebeskraft über 2000 Jahre gehütet, lässt sie uns Menschen erleben — dort äußerlich sichtbar in der Gestalt eines riesigen Feigenbaumes, der seine Wurzeln weit über den Erdboden ausbreitet und mich wie magisch zu sich zog. Wie ich mich dort fühlte? Ich — oder war es mein inneres Kind? — saß dort und fühlte mich einfach geborgen, getragen. Tränen der Glückseligkeit flossen und ich kam mir vor wie Sterntaler: überreich beschenkt. Jede Zelle in mir pulsierte in goldenem Licht.

Später durfte ich auch hier in Europa immer wieder solche Plätze besuchen und erleben. Heute glaube ich sagen zu dürfen, dass es immer mehr solche „Christusplätze" gibt oder geben wird. Besteht wohl ein Zusammenhang zwischen liebevollem Tun — mit einem Gefühl des Einsseins mit dir — und der immer deutlicheren Präsenz solcher Kraftorte? Du warst es, die mir einen Weg gezeigt hast, diese Frage zu ergründen, dein Wirken zu begreifen. Deine Wasser — unsere Körperwasser — sind für mich der Schlüssel des Verstehens geworden: Wenn mein Körper — mein Wasser — in der Herzens-Liebesenergie schwingt, so kann ich eintauchen in dich und dir zuhören, mit dir ins Gespräch kommen.

Manchmal ist es nicht angenehm, zu spüren, wie es dir — deinem Körper — geht. An manchen Tagen erlebe ich, wie deine Wasser fast starr sind, sich zurückziehen oder sich einfach in Wasserdampf auflösen. Du reagierst auf unsere menschlichen Schwingungskreationen aller Art — auch die im Mikrowellenbereich —, indem dein Wasser sich „vergeistigt" — hoch in der Atmosphäre sich sammelt, um dann in gewaltigen Wassermassen wieder auf die Erde zurückzukehren. Ein Reinigungsprozess, der uns Menschen ganz schön auf Trab hält! Lange vor den schlimmen Hochwasserkatastrophen träumte ich immer wieder von sehr schmutzigem Wasser, verstopften Rohren... Wenn ich dann nach solchen Träumen auf meditativem Weg dich besuchen kam, zeigtest du dich mir immer wieder in einem wunderbaren hell-rötlichen, warmen Licht, welches mir Geborgenheit schenkte.

Manchmal sprechen deine Wasser zu mir und geben mir eine Aufgabe — wie vor einiger Zeit im Quellenpark in Bad Gastein, wo einst — bevor die Menschen eingriffen — fünf Millionen Liter warmes Thermalwasser pro Tag sich in das Becken des dortigen Wasserfalls ergossen. Heute ist davon nichts mehr zu sehen — „Die Chöre des Himmels singen das Lied eines einsamen Sterns — verbinde!" Oder damals in einem Park am Genfer See — während einer Ausbildungseinheit mit Marko Pogačnik — hast du — Wasser der Erde — mir eine ganz konkrete Aufgabe erteilt: „Gründe eine Wasserschule!"

Dann wiederum hilft mir dein Wasser einen wichtigen Entwicklungsschritt zu tun, wie letztes Jahr an der Bosnaquelle in Sarajewo: Als ich während einer Wahrnehmungsübung meine Haarspitzen dem Wasser entgegenwachsen ließ, verspürte ich urplötzlich einen Schmerz im Kopf und erlebte ein Gefühl, als würde der Balken, der meine rechte und linke Gehirnhälfte teilte, wie weggespült. Im Gespräch mit Freunden erfuhr ich, dass diese dasselbe Phänomen zur gleichen Zeit auch anderswo erlebt haben.

Manchmal — immer kurz vor einem Erdbeben irgendwo auf der Welt — „leide" ich mit dir: Mein Kopf ist zum Zerspringen gespannt und meine Schädeldecken bewegen sich schmerzhaft. Wenn du dann durch Beben einen Ausgleich geschafft hast, fühle ich mich wie befreit. Übrigens, wenn es mir während deinem Angespanntsein gelingt, dich auf der Gefühlsebene zu spüren — zu besuchen, so erlebe ich ein Sein in absoluter Klarheit und Ruhe-Wahrhaftigkeit.

Bei all meinen Seminaren, die ich zum Thema Wasser bisher durchführen durfte, erlebte ich, wie es immer leichter wird, mit dir — Erde — zu kommunizieren. So rasch zeigst du uns deine vielgestaltige Wesenspräsenz, bist uns Hilfe bei unserer eigenen Wandlung. An Bergquellen, die unscheinbar sprudelten, verstärkt sich heute durch das liebevolle Tun von uns Menschen die Kraft des Ortes sehr rasch. Oft nehme ich es wahr, so als ob ein Stück Himmel den Weg auf die Erde gefunden hätte und sich dort, wo wir gemeinsam in Liebe und offenem Herzen beisammen waren, das Licht vergrößert, verstärkt. Wenn ich diese Orte wieder besuche oder auch nur an sie denke, so stelle ich fest, dass die geschilderte Kraft so stark geblieben ist oder sich sogar verstärkt hat. Das gibt mir Mut, den Weg des Herzens weiterzuschreiten.

Liebe Erde, dankbar schaue ich zurück auf meinen Wandlungsweg mit dir — und auch in die Zukunft — in Liebe, Dankbarkeit und Vertrauen. Ich liebe dich!

Anmerkung:
(1) Siehe dazu Marko Pogačnik/Ana Pogačnik: Das Herz so weit — Zu den Wurzeln des Friedens in Palästina und Israel, München 2004.

Wandlungsprozesse

Wolfgang Körner

Mein persönlicher Entwicklungsprozess

Begonnen hat mein persönlicher Entwicklungsprozess als Geomant im Januar 1992 mit der Teilnahme am 11:11-Ritual an der Cheopspyramide in Gizeh. (1) Der gesamte Prozess stellt sich für mich heute im Rückblick so dar:

– 1992–1996: Transformation der Sinneswahrnehmung, Kennenlernen der Struktur der ätherischen, astralen und geistigen Ebenen. Lernen der Unterscheidung zwischen lichten Wesen und Widersacherwesen.
– 1996–1999: Zeit der intensiven Begegnung mit Luzifer und Ahriman. Stärkung der Seelenkräfte für den richtigen Umgang mit diesen Impulsen.
– 1999–2003: Intensive Zusammenarbeit mit den Engeln. Ausreifung der Wahrnehmungsfähigkeiten, vor allem für die geistige Welt. Intensiver Austausch mit Elementarwesen verschiedener „Klassen".
– 2003–2006: Prozesse der persönlichen Klärung, Aufarbeiten alter Themen, Kontakt mit den Ahnenkräften.
– 2007 bis ...: Da bin ich sehr neugierig! Ich vermute, dass ein Prozess ansteht, dieses neue Bewusstsein in Gesellschaft und Politik konkret zu manifestieren.

Kennzeichnende Themen für diese Zeit

Große Offenheit für das Ätherische
Bei meiner Lehrtätigkeit stelle ich fest, dass die Wahrnehmungsfähigkeit der KursteilnehmerInnen immer größer wird, so dass wahrscheinlich bald der kritische Punkt überschritten wird, von dem an dies als „normal" empfunden wird. Am Anfang hatten die Teilnehmenden häufig Probleme, ihrer Wahrnehmung zu vertrauen. Heute wird die Art der Ätherwahrnehmung durch den eigenen Ätherkörper überwiegend als reales Erleben akzeptiert.

Emotionale Auren / Elementarwesen
Auch hier nimmt die Akzeptanz der eigenen Wahrnehmung zu. Man kann auch zu „normalen" Menschen — ohne eigene Erfahrungen — offen darüber sprechen. Auf der anderen Seite haben sich die Elementarwesen daran gewöhnt, dass die Menschen wieder auf sie zukommen.

Arbeit mit Gruppen
Es fällt den Teilnehmenden leichter, bei geführten Meditationen ihre eigenen Gedanken zur Ruhe zu bringen. Sie schließen sich leichter dem „temporären Gruppen-Ich" an. Ich arbeite gerne mit diesem Prinzip, da auf diese Weise der Kontakt in die Engelebene einfacher ist. Ich bitte zu Beginn um Führung der Gruppe aus dem Geiste und löse diesen geistigen Verbund am Schluss wieder auf. So erleben alle einmal einen anderen Gruppengeist, der nichts mit banalen Massenphänomenen zu tun hat. Dieser Schritt ist für mich auch ein wesentliches Kennzeichen der neuen Zeit.

Reaktionen der Natur und der geistigen Welt
Inzwischen sind die Reaktionen der Natur — Steine, Pflanzen, Tiere, Elementarwesen — viel schneller geworden. Alles ist „flüssiger" und beweglicher. Gleichzeitig ist der Zusammenhang aller Wesen in der Einheit viel präsenter. Abgrenzungen werden durchlässiger. Auch gegenüber nicht inkarnierten Menschen aller Entwicklungsstadien ist die Grenze sehr durchlässig, sogar teilweise nicht mehr vorhanden.

Zunehmendes Erleben der Einheit
Die Wahrnehmung, dass alle Wesen in dem Einen ruhen, wird zunehmend deutlicher. Sie erfasst Körper, Ätherleib, Astralleib und nun auch den Mentalleib. Die Verankerung im Geistselbst (d. h. Manas, 5. Dimension oder Höheres Selbst) macht diese Erfahrung möglich. Noch im letzten Jahrtausend waren viele von unserer Erdheilungsgruppe bei einem Channelabend mit einem wirklich „sauberen" Medium. Sie waren ganz überrascht, dass Gaia sich zu einer Durchsage meldete. Sie sagte: „Wenn ihr mit eurer Erdheilungsgruppe einen kleinen Ort auf der Erde klärt und segnet, dann geht dieser Impuls um die ganze Welt. Es ist so, wie wenn ihr einen Stein ins Wasser werft. Die Wellen breiten sich über die ganze Erde aus. Ich danke euch für diese Arbeit."

Besondere Schlüsselerlebnisse

Neue Form der Lebenskraft
Ich kannte bis 2001 nur das System der Lebenskraft, das ich immer als grün leuchtend über das dritte Chakra (Solarplexus) wahrnahm. Sie ist an die Erdsysteme angebunden, wird von den Elementarwesen „zubereitet" und wirkt nährend auf die Lebewesen. Ich hatte schon 1995 wahrgenommen, wie an einem Gabrielfokus von oben herab eine ganz feine Wässrigkeit fließt. Das Wahrnehmungsorgan für die gabrielische Energie liegt etwa einen Meter über dem Kopf. Man nennt dieses feinstoffliche Organ auch achtes Chakra oder auch sehr lyrisch Himmelsstern. Erst 2001 wurde mir klar, dass die Kraft, die von Gabriel ausgeht, eine neue Form der Lebenskraft darstellt. Sie ist eher etwas in die Zukunft Weisendes. Man nennt sie auch Auferstehungskraft, weil man glaubt, dass die Christuserscheinungen zwischen Ostern und Pfingsten aus dieser Art von Äther gebildet waren. Diese Ätherart hat sich nach meinen Beobachtungen in den letzten Jahren sehr verstärkt und macht den Eindruck eines stark leuchtenden Weiß mit glänzenden Kristallen, die an sonnendurchglänzten Schnee erinnern. Die grüne Lebenskraft wird von der Erde für die Lebenssphäre zur Verfügung gestellt. Die weiße Lebenskraft dagegen ist eine alles durchdringende kosmische Kraft. Sie nährt zwar auch die körperliche und ätherische Ebene, vor allem aber den Astral- und Mentalkörper. Gleichzeitig sorgt sie für Transformation und Erneuerung. Beide Kräfte haben komplementäre Wirkungen und gehören deshalb zusammen.

Das Erleben Gaias
Wenn ich vor 1997 Kontakt mit Gaia (Bewusstsein der Erde) hatte, fühlte sich das immer dunkel mit großer Ruhe an. Die Farbwahrnehmung war schwarz bis rot (feurig). Ab 1997 änderte sich dies zunehmend in Richtung heller. Die Farbwahrnehmung wurde leuchtend grün. Gaia stellte sich mir nun als leuchtender grüner Körper im Kosmos dar. Die Beziehung zum Sonnensystem kam immer mehr in den Vordergrund und weitete sich weiter aus zum größeren kosmischen Umfeld hin.

Veränderungen bei den Elementarwesen
Ein Schlüsselerlebnis hatte ich im Februar 2002 bei einer geo-

mantischen Untersuchung auf Burg Lenzen im Ökosphärenreservat Elbaue. Ich fand dort den Platz eines Pan, der mir Folgendes mitteilte: „Wir machen genauso wie ihr Menschen zur Zeit einen Entwicklungsschritt. Dadurch können einige von uns teilhaben an euren Gedanken. Wir entwickeln nach und nach auch ein Ichbewusstsein. Aus der Sphäre der Engel hatten wir bisher die Anweisung, euch Menschen zu schonen und eure Umweltzerstörung nicht mit gleicher Münze zurück zu schicken. Diese Weisung wurde gelockert. In bestimmten Fällen dürfen wir uns jetzt gegen eure Ignoranz wehren. Dies werden wir auch tun und euch über heftige Naturereignisse auf eure Verfehlungen hinweisen. Gleichzeitig sind wir aber auch sehr dankbar für die Mithilfe vieler Menschen an der Beseitigung der Blockaden, die ihr in der Vergangenheit der Natur auferlegt habt." Ich erlebe seitdem auch häufig, dass sich Elementarwesen heftig wehren, wenn Menschen etwas tun wollen, was nicht „stimmt".

Die Sonnenfinsternis am 11. August 1999

Die planetaren Impulse zur Erdentwicklung von 1998 bis 2001
Über die Zeit von 1998 bis zum Jahrtausendwechsel häuften sich die Prophezeiungen. Eine davon war die Kulmination der Aktivitäten des Sonnendämons Sorat. In der Apokalypse steht seine Zahl mit 666 beschrieben. Dies sind gleichzeitig die hebräischen Buchstaben für 600, 60 und 6, die in der kabbalistischen Zahlenmagie s, r und t bedeuten. Nimmt man das Jahr 666 nach Christus, so wird hier in der geistigen Umgebung der Menschen die verfrühte Überbetonung des Verstandes eingeleitet. Im Jahr 1332 (2x666) wird die Heiligkeit der Erde abgeschafft. Im Jahr 1998 (3x666) weiß ich noch nicht so recht, was eigentlich passiert ist. Ich war jedenfalls damals beschäftigt damit, die auffälligen Konstellationen des Planeten Neptun mit Saturn und Mars im Erleben zu verarbeiten.

Die Vorbereitung der Sonnenfinsternis
Der Sonnenfinsternis von 1999 wurde ja in Deutschland besondere Bedeutung geschenkt, da sie neben dem Ereignis des Kernschattens zur gleichen Zeit noch das in Kreisen der Astrologen viel diskutierte Planetenkreuz hatte. In diesem Kreuz ist

auf einer Achse der Gegenschein (Opposition = 180°) von Mars und Saturn. Nun passierte aber vor der Finsternis etwas Eigentümliches. Beide Planeten mussten sich offensichtlich vorher in einem Spannungsaspekt (Quadrat = 90°) mit Neptun auseinandersetzen. Dabei geriet zuerst Saturn ins Quadrat. Ich habe schon vorher mit Kollegen der Geomantie diese Aspekte anhand von Kraftplätzen, welche diese Qualitäten haben, in ihrer Energie durchlebt und habe Folgendes festgestellt:

Saturn / Neptun
Saturn ist der Begrenzer der individuellen Möglichkeiten. Er ist deshalb auch der strenge Lehrer, der aufpasst, dass keine Entwicklungen stattfinden, welche die Persönlichkeit überbeanspruchen. Das Eintauchen in die geistige Welt wird von Saturn überwacht. Wer noch Schaden nehmen kann durch Kontakte mit den feinstofflichen Wesen, wird von ihm zurückgewiesen. So wirkt er als der Hüter der Schwelle. Seine Energie ist stark verbunden mit den Wesenheiten der Wandlung. Er ist dem violetten Strahl zugeordnet — mit Saint Germain als aufgestiegenem Meister und Zadkiel als Erzengel. Er gibt die Impulse des Verzeihens und Vergebens. Dies konnte ich auch so wahrnehmen. Saturn zeigte sich auch als Kraft, die Wärme aus der Erde in den Körper hinein leitet.

Über Neptun kann man in der Literatur nicht viel finden. Daher möchte ich als Schlüsselerlebnis an einem Fokus des Neptun bei Bremen folgendes zur Qualität dieses Planeten beitragen: Neptun schafft Verwirrung für alle Impulse, die von einem isolierten Menschen ausgehen. Ich habe das so erlebt, dass sich – im isolierten Zustand — Willensimpulse einerseits völlig unkalkulierbar auswirken und gleichzeitig sich vervielfältigen — wie wenn Echos sich zu einem in der Lautstärke ständig anschwellenden Lärmpegel aufsummieren, der weiteres Handeln völlig unmöglich macht. Dieses Erlebnis war so erschreckend, dass ich von mir selbst ablassen musste. Dadurch war der isolierte Zustand aufgehoben. Ich war dann verbunden mit meiner geistigen Umgebung. Ich gab neue Impulse und stellte fest, dass von einem Punkt außerhalb meiner selbst aus (Schutzengel — Genius — Inspirator) alles lenkbar und handhabbar wurde. Heute interpretiere ich das mit den Worten: Nicht mein Wille, sondern dein Wille geschehe. Die Konstellation zwischen

Neptun und Saturn war ein dreifaches Quadrat, das exakt war am 26. Juni 1998, rückläufig am 31. Oktober 1998 und zum dritten Mal am 6. April 1999. In dieser Konstellation gilt es nun nach dem Zusammenwirken beider Kräfte zu suchen. Ein Faktor ist die Dynamik zwischen Kristallisierung und Sublimierung. Dies ist zum Beispiel im Auflösen alter Verhaltensmuster der Fall. Geschieht dies unter Spannungen, so kann im sozialen Gefüge dies wie ein gesellschaftlicher Unruheherd wirken. Jedenfalls wirkte zu dieser Zeit die Energie so, dass alle festgefahrenen Denkweisen und Anschauungen Unterstützung zur Wandlung fanden. Ein wesentlicher Aspekt hiervon war die konkrete Erfahrung des unbegrenzten Göttlichen. Eine weitere Aufgabe dieser Zeit war es, neue Formen zu finden, die nicht mehr so abgrenzend und ausschließlich sind. Menschen, denen dies gelungen ist, haben diese Zeit als sehr fruchtbar erlebt.

Neptun / Mars
Etwas später trat dann das dreifache Quadrat zwischen Neptun und Mars ein. Exakte Termine: 1. Februar 1999, rückläufig 24. April 1999 und 14. Juli 1999.
Was hier eintrat, waren Probleme bei zielgerichteten und geplanten Handlungen. In diese Zeit fiel zum Beispiel das Zugunglück von Enschede. Wie vorher beschrieben, wurden Handlungsimpulse nur noch unterstützt, wenn ihre Quelle aus einer höheren Ebene (Engel) kam. Gleichzeitig änderte sich die elementare Qualität des Mars. Waren seine Impulse vorher feurig, so bekamen sie nun eine wässrige Qualität. Dies ist auch dadurch zu erklären, dass das Urbild des Kriegers (Mars als Kriegsgott) sich zum inneren Krieger gewandelt hat. Vorbereitet wurde dies schon im 16./17. Jahrhundert dadurch, dass Buddha 1604 eine Mission auf dem Mars antrat. (2) Der stetige, eher fließende Willensimpuls in der Meditation ist Buddhas Impuls. Seit dieser Zeit stellte ich fest, dass Erdheilungsmeditationen mit größeren Gruppen besser gelingen. Die Menschen sind besser in der Lage, ihre Gedanken unter Kontrolle zu bringen und mit ihren Willenskräften umzugehen.

Das Planetenkreuz zur Sonnenfinsternis
Am Samstag, dem 7. August, war das Planetenkreuz exakt. Die Sonnenfinsternis fand vier Tage später statt. Die in Astrologenkreisen so gefürchtete Konstellation führte nicht zu den

erwarteten Katastrophen. Sie ist ja auch nicht unerwartet und unvorbereitet eingetreten. Die Komponenten Mars und Saturn waren ja vorher auch durch Wandlungsphasen der Neptunquadrate schon verändert. Viele Menschen hatten diese Veränderungen verinnerlicht und waren dadurch in der Lage, sich mehr auf die inneren Vorgänge während der Finsternis einzulassen. Am Samstag, dem 7. August, besuchten wir mit der Nürnberger Stadtheilungsgruppe die Hauptpunkte von Saturn, Mars, Uranus und Sonne, um uns auf die Ganzheit der Impulse einzuschwingen. Am Dienstag, dem 10. August, fand dann die Wiederbelebung des europäischen Landschaftstempels und dessen Einbringung in den atlantischen Landschaftstempel statt. An diesem zeitlich koordinierten Ritual nahmen 85 Gruppen an 49 speziell dafür ausgewählten Plätzen in Europa und Brasilien und viele einzelne Menschen teil. So konnten die einzelnen planetaren Wesenheiten ihre Botschaft besser fließen lassen. Im einzelnen waren für die sieben Strahlenkräfte folgende Erzengel beteiligt:
Für den Mars: Chamuel
Für den Saturn: Zadkiel
Für den Uranus: Gabriel
Für den Mond: Jophiel
Für die Sonne: Michael
Diese hohen Wesen konnten zu dieser Zeit sehr direkt bei den Menschen sein, da in der Finsternis selbst die ätherischen Hüllen für ca. eine Stunde nicht mehr vorhanden waren. Als kurzer Spruch zusammengefasst war die Botschaft dieser Konstellation:
„Das Notwendige in der richtigen Weise (Saturn)
mutig und liebevoll tun (Mars) und
die Impulse aus dem Geistesreich (Uranus)
kraftvoll ins Leben bringen (Sonne)."
Viele Menschen nahmen diese Impulse — oft auch unbewusst — auf. Es kam aber nicht sofort zur Umsetzung. Oft wurde die Zeit bis zum Mai 2000 so erlebt, als ob im Untergrund etwas wächst, von dem man noch nicht weiß, was es ist.

Persönliches Erleben der Sonnenfinsternis
Wir — das sind meine Frau Ottilie und ich — gingen zum Erleben der Finsternis auf die Nürnberger Burg an den Fokus des Erzengels Gabriel. Dort waren ca. 200 Menschen versammelt

in einer zunächst recht kirchweihartigen Stimmung. Was dann geschah mit zunehmender Verfinsterung, war recht interessant: Die Stimmung wurde immer feierlicher. Etwa eine halbe Stunde vor dem exakten Zeitpunkt begannen die ätherischen Strukturen zuerst zu verschwimmen. Danach hob sich die ganze Ätherschicht vom Boden ab. Äther war dann nur noch ab einer Höhe von 6 m über dem Boden wahrzunehmen. Zu dieser Zeit waren keine Vögel mehr zu hören. Alles wurde immer stiller. Durch das Wegziehen der ätherischen Hüllen wurde der Astralraum sehr präsent. Wir sahen den Bereich der ersten nachtodlichen Zeit und viele Verstorbene wurden sichtbar. Auch die astralen Elementale wurden deutlicher. Die Elementarwesen waren sehr ruhig. Es war kaum mehr eine Luftbewegung spürbar. Etwa zehn Minuten vor dem exakten Zeitpunkt war aus der Umgebung der Sonne eine Unzahl von Engeln und anderen hohen Wesenheiten bemerkbar. Wir spürten, dass auf der Ebene jenseits der Gedanken eine machtvolle Einströmung stattfand, wussten aber nicht, was genau dies bewirken würde. Sobald die Verfinsterung ihren Höhepunkt überschritten hatte, war plötzlich wieder die kirchweihartige Stimmung unter den Menschen da. Es knallten Sektkorken, es wurde angestoßen fast wie an Silvester. Danach liefen die meisten Menschen wieder rasch zurück an ihren Arbeitsplatz. Wir harrten noch aus, um das Erlebte nachklingen zu lassen. Etwa eine Viertelstunde nach dem exakten Termin kam der Luftäther mit heftigem Wind zurück. Wieder fünf Minuten später kam das Wasserelement mit einem kurzen und heftigen Regen. Die Welt des Bardo (3) zog sich wieder zu. Nach einer Stunde gingen wir dann auch.

Im Nachklang bemerkten wir folgende Veränderungen
Verändertes Zeitgefühl: Die Gegenwart ist nicht mehr an den „Augenblick" gebunden. Sie erfasst drei Tage vor und drei Tage nach dem Jetzt. Die Zeit beginnt mehr und mehr erlebbares Kontinuum zu werden.
Veränderte Beziehung zur geistigen Welt: Die hohen Wesenheiten sind näher gekommen. Die Beziehung ist leichter und deutlicher. Es ist leichter möglich, die Welt als Ganzheit zu erleben. Dies wirkt sich nach und nach auch im Denken aus.

Anmerkungen:
(1) Zum 11:11-Ritual siehe den Beitrag von Ilse Rendtorff.
(2) Rudolf Steiner: Das esoterische Christentum und die geistige Führung der Menschheit, 1911/12, GA 130, Dornach 1977, darin Vortrag vom 18. 12. 1912.
(3) Bardo = Der Bereich des ersten nachtodlichen Raumes mit vielen Illusionswelten. Das „Tibetanische Totenbuch" heißt auf tibetisch „Bardo Thödol".

Inspirationen für Natur- und Sozialgestaltungen

Dirk Kruse

Zugänge

Auf meinem anthroposophischen Schulungsweg führten mich „seelische Beobachtungen" seit Anfang der neunziger Jahre immer detaillierter in Wahrnehmungen der ätherischen, astralischen und geistigen Welt. Die Wahrnehmungsmethode sei hier in aller Kürze in der Weise und Schrittfolge dargestellt, wie sie von mir aus den Zentralübungen des Buches von Rudolf Steiner „Wie erlangt man Erkenntnisse der höheren Welten" (1) — insbesondere aus der Übung des „Sprießens und Welkens" im Kapitel „Die Einweihung" — herausgearbeitet worden ist. (2)

– Vorbereitend: In *staunend-verehrende Hingabe* und Offenheit kommen, z. B. für Baum, Wolke, Landschaft.
– Ebenfalls vorbereitend: *Meditative Konzentration* entwickeln, um dann wie folgt zu beobachten:
– *Äußere Betrachtung* der aufgesuchten Phänomene — wie Lichtverhältnisse, Ortsgestaltung, Pflanzenoberflächen, Himmelsausdruck usw.
– Abspüren der jeweils auftretenden Eindrücke von *Kraft und Vitalität* und ihren Eigenarten.
– Daran entstehende *seelische Eindrücke* — wie Gefühle, Stimmungen, Atmosphäre — bemerken — das, was normalerweise durch das Bewusstsein „durchhuscht" und unbewusst bleibt.
– Diese seelischen Eindrücke im Bewusstsein halten.
– Die gehaltenen seelischen Eindrücke verstärken und beobachten — eine energische Arbeit!
– Differenzierendes „Abtasten" der Seeleneindrücke nach folgenden Kategorien:
• *Vitalitätsartige Gefühle* — führen in das Ätherische.
• *Charakterartige Gefühle* — führen in das Astralische.
• *Würdeartige Gefühle* — führen in das bewusstseinsartig Geistige.
– *Seelisches sich aussprechen lassen* — bis hinein in „Linien-

und Figurenart" sowie *Bildwesen* — „Linie", „Figur" „Bild" ist dabei die Außenseite von „Wesen" und Wesensabsicht, die besonders durch die Würdeebene offenbar wird.
– *Beschreiben und/oder Zeichnen* des so Erlebten, eventuell mitteilen.

Eine einfache Übung ist das vergleichende Beobachten von Sprießendem und Welkendem. Im Vergleich dazu komplexer sind dann Wahrnehmungen der Orts- oder Landschaftssituationen. (3) Andersartig komplex ist die Beobachtung von Stimmungen in sozialen Prozessen. Die immer wieder neue Bemühung um Wahrnehmungsschulung führt zu einer sich wiederholenden Begegnung mit geistigen Wesen. Die Beziehungen zu diesen Wesen können schließlich zu einer Zusammenarbeit mit ihnen wachsen. Im Folgenden mag dies durch einige Beschreibungen verständlicher werden.

Allgemeine Veränderungen

Im Übersinnlichen waren am Ende der neunziger Jahre verschiedene „Erschütterungen" wahrnehmbar, die als plötzliche Eröffnungen und Überblicke auftraten. Im Seelenraum der Erde wurden große Zusammenhänge des Erdenschicksals erlebbar. (4) Prägnant und bis ins Physische hinein sichtbar waren dann Veränderungen, die um Ostern 2000 eintraten: Die Sichtverhältnisse, die ich seit 1977 intensiv bei der Wirkung von Sternenkonstellationen beobachtete, änderten sich deutlich. (5) Die gestochen scharfe Sicht, die einen Wald mit seinem Blätter- und Nadelkleid filigran, aufrecht, geordnet und durchdrungen erscheinen lässt, kannte ich bis dahin nur vom Mondstand im Feuer-Tierkreisbild oder anderen „feuerbetonten" Konstellationen. Dabei trat immer auch seelisch eine tiefe, differenzierende Klärungsstimmung ein. Ab Ostern 2000 wurde nun diese — und weitgehend auch die menschliche Sichtart — zu einer permanenten Grundstimmung. Bei ihrer genaueren meditativen Durchdringung wurde deutlich, wie sich insbesondere in das Ätherisch-Seelische des Erdkörpers eine qualitative Veränderung hineingestellt hat: Es ist eine Art Einklangsqualität, die wir z. B. im Sozialen nur in Verständnissituationen fühlen. Man kann dies dann quasi im Raum lichtartig anwesend sehen — immer dann, wenn ein wacheres Hineinhören und Verstehen unter allen entstanden ist. Eine Klärungsqualität ist anwesend geworden, die das Träumend-Grobe kaum mehr zulässt. Beim Durchtasten zum „Woher" erscheint sie als eine pfingstliche Substanz, die — christlich ausgedrückt — mit dem Heiligen Geist oder — esoterisch ausgedrückt — mit der Sophia (6) in Beziehung steht. Warum trat das plötzlich in der Natur auf?

Veränderungen bei den Naturwesen
Beim weiteren Durchtasten wurde erkennbar, dass damit in den Elementarwesenreichen eine Gefühls-Innigkeits-Deutlichkeit einher gegangen ist, die etwas wirklich Neues darstellt:
- Die wachen und allwahrnehmenden Gnome, wie sie z. B. an Waldrändern beobachtbar sind, haben an durchdringenderem Außeninteresse gewonnen, wie es zuvor nur in bestimmten Jahreszeiten — z. B. Mitte Juni — der Fall war.
- Die Friedenstraumseligkeit ausbreitenden Undinen — so beispielsweise zwischen herunterhängendem Blätterdach und lichtbespiegelt-bewegtem Wasser erlebbar — gewannen an vertiefendem „Ahnungsklang", der dem wahrnehmenden Menschen seither — zumindest unbewusst — an solchen Naturorten intensiv durch die Seele ziehen kann.
- Die licht- und luftbewegungsverliebten Sylphen, die am stärksten Mitte September auf den Blattoberflächen ihre Erdendaseinsliebe zeigen, bekamen noch größere Eigenraumesliebe. Ihre Mittewelt zwischen Himmelshöhe und Erdenschwere hat seitdem mehr Präsenz im Erdenreich, so dass dem Naturwanderer an ihrem Lichtspiel nun stärkere Inspirationen entstehen können.
- Die im trocken-durchsonnten Horizontweitenblick einherdringenden Salamander mit ihren bedeutungsvollen moralischen Gewissensbotschaften, die besonders am Abend verwandelnd und tief inspirierend in die fragebewegende Menschenseele eintauchen können, sie haben an innerer Kernigkeit und glutvoller Wucht zugenommen, so dass, z. B. bei bewussten Fernblicken über weite Horizonte, im Menschen das Erlebnis der Bedeutung von Aufgaben zunehmen kann.
- Auch die hinter den Elementarwesen wirkenden Engel, deren Absichten besonders direkt durch die Salamander vermittelt werden, stehen seither ebenfalls mit ihren Bewusstseinsinhal-

ten deutlich näher am Menschen (die Salamander lesen die hohen Absichten und Urbilder gewissermaßen an der höchsten Geisteswelt ab). (7)
– Insgesamt ist dies alles auch mit einer Zunahme an Ernst- und Würdestimmung im Erdenseelenraum verbunden.

Mit der Erneuerung einhergehende Verführungsmächte
In die genannte Lichtseligkeit hinein wirken aber auch verstärkt luziferisch-auflösende Wesen, die ein „Sich-in-Begeisterung-Verlieren" bewirken können. Ebenfalls nutzen die ahrimanisch-verhärtenden Wesen die sensible Situation. (8) Sie „härten" zum Beispiel die Sichtsituation in der Natur zum Effekt. Für Menschen, die Computerbilder oder schnell geschnittene Videoclips stark in ihrem Gewohnheitsleib integriert haben, aber auch für bloße Naturpanorama-Liebhaber könnte der ahrimanische Einfluss ein tieferes Eindringen in die Seelenrealitäten des Lichtes und der Natur nachhaltig verhindern. Hier wird eine Balance- und Vertiefungsarbeit des Menschen notwendig, um nicht in einen Wirklichkeitsverlust abzudriften, der die Menschen auf Dauer nur noch an einer abgespaltenen ahrimanisch-selbstzentrierten Parallel-Evolution teilnehmen lassen würde!

Auch die „bösen" oder extremen Elementarwesen — oft Scharen von unbedeutend erscheinenden Mikro-Elementarwesen — sollten beobachtet und erkannt werden! Denn es besteht eine Beziehung zwischen der Menscheitsentwicklung und den Wandlungen im Ätherischen und Seelischen des Erdorganismus: Durch die Entwicklung seiner Fähigkeiten trägt der Mensch ebenso zur Verwandlung des Erdorganismus bei, wie er durch innere und äußere Kultureinseitigkeiten zerstörerische Tendenzen in der Evolution vorantreibt. Ob der Mensch es will oder nicht, der Erdenaufenthalt ist durch die elementarischen Veränderungen — im Verein mit der rasanten sozialen Raumeröffnung der Globalisierung — jetzt eine „deutlichere Sache" geworden! Würde der Mensch voll bewusst das Sein erleben, so hätte er seit 2000 eine starke Klärung der Bedeutungen seiner Gedanken, Gefühle und Taten erlangt. Anders ausgedrückt: Es steht die geistige Welt nun direkter fragend vor dem Menschen — in Übereinstimmung mit seiner immer größeren Autonomie und Zuständigkeit zugunsten einer unmittelbaren und undelegierbaren Verantwortung für die Evolution. Der

Mensch blickt — bei wirklich wachem Bewusstsein — direkt über die Schwelle! Das Allerheiligste — der Bereich der Schöpfung — enthüllt sich ihm. Die Unschuld des „Nichtsehenden" schwindet. Die Verantwortung für die Evolution ist dem Menschen damit viel mehr als früher in die Hände gelegt.

Die reflektierenden Hauptwahrnehmer des evolutionären Geschehens und die Haupttäter des evolutionär Guten oder Nicht-so-Guten auf Erden sind nun einmal die Menschen. Und weil die Zuständigkeiten in der Evolution sich wandeln, müssen die höheren Engelwesen den Menschen heute weitgehend frei lassen. Die elementarischen Wesen aber wenden sich jetzt hoffnungsvoll gerade den Menschen zu.

Konkretes Erleben

Was ist da mit der Erde geschehen? Das wurde mir in längeren Wahrnehmungszyklen seelischen Beobachtens deutlicher. Es soll nun konkreter dargestellt werden.

Die bei Wanderungen erlebte Weisheit der Elementarwesen
Während vieler Jahre habe ich immer wieder dieselben Naturgebiete durchwandert und ihre Stimmungen erlebt. (9) Dabei entwickelte sich an bestimmten Orten eine innige Begegnungsfreude. Sie erwies sich bald als etwas Wechselseitiges: Ich war betroffen-freudig von dem, was mir seelisch entgegen kam, und öffnete mich. Und dasselbe machte der Ort mir gegenüber.

Eine besondere Intensität bekam das durch die Verbindung mit Seelisch-Tiefem, worin sich die ernst-wachen Waldhüter-Gnome offenbarten. Ihr Milieu ist der besondere Einklang landschaftsverbindend gelegener Waldstücke. Sie äußern sich dem Menschen zuerst durch auffällig intensive Waldstimmungen. Wenn man sich in diese meditativ seelisch beobachtend hineintastet, kann man ein ungewohnt deutliches Innewerden eines „Ur-Weisheitsausdrucks" erleben. Durch das entstehende Vertrauen zu diesen Wesen ist ein Fragen und Antworten-Zuraunen „erlaubt" — oder anders ausgedrückt: durch die Freundschaftsinnigkeit verstehe ich „blind". Es ist wie ein Wort-für-

Wort-Lesen von Seelenausdrucksfolgen. Die Elementarwesensprache ist wie eine „Geisteswelt-stimmige-Ausrufewort-Substanz" (bitte das Wort innerlich aufschlüsseln), z. B. wie ein vielmeinend staunendes „Ooooh", ein erwürdigendes „Uuuh", ein befreiendes „Jaaa!", ein bestimmendes „So!!!", ein pflegendes „Hmmmmh" oder ein impulsierendes „Hopplaheih". Ihr „Sprechen" ist aber eigentlich seelisch das Gegenteil von Sprechen — es ist wie ein eindringlich starkes Hören von Weltenstimmigkeit. So können wir von den Elementarwesen ein „Einsicht-geben-Lassen" erleben und entgegennehmen. Befinde ich mich in einem solchen Seelenausdrucksraum in meiner wahrnehmenden Seele, eröffnet sich sogar der dahinter liegende Geistbereich. (10)

Erlebt man im Seelenausdruck etwa „wir leben zur Zeit in einer Schmerzgeburt", so erblickt man durch die ehrliche oder deutliche Mitteilung sogleich, woher die Schmerzgeburt rührt. Man denkt oder „sieht" mit dem Gnomenbewusstsein! In ihm sind „Wahrnehmen und Erkennen" eins — wie Rudolf Steiner oft beschreibt. (11) Die Gnomenweisheit erlangt durch die würdigende Wahrnehmung des Menschen eine weitere Dimension und bildet an neuer Erkenntnissubstanz mit. Diese Dimension stellt zunehmend auch für die Elementarwesen selber eine erregende Zukunftsperspektive dar! Freudig und befriedigt erleben die Gnome in diesem — sie berücksichtigenden — Wahrnehmen ihrer Würde dann auch eine überfällige und zukunftstragende Gerechtigkeit im kosmisch-irdischen Weltengefüge.

Die drei wichtigsten „Waldhüterwesen" im Wandergebiet lassen sich durch die unterschiedliche Art ihrer Weisheit charakterisieren:
– Evolutionsweisheit der tief-intensiven Entwicklungsüberschau,
– evolutionsadäquate Praktizierbarkeitsurbilder und
– die Dynamik-Weisheit des beschwingt-ausgeglichenen In-Balance-Bringens von Tatleitlinien.

Wie sind diese Weisheiten möglich? Alle Elementarwesen entstehen aus dem Zusammenklang verschiedener „Reiche" — z. B. der Elemente —, erhöht aber durch den Zusammenklang größerer Raum-Zeit-Einflüsse. Es entstehen im Seelisch-Geistigen konzentrierte hütende Gesamtstimmungswesen aus den Stimmungen der Landschaft, der Raumesrichtungen und des Lichtes und durch ihre Aufnahme in die Bach-Erde-Wald-Einheit. So entstehen Wesen, die enorm viel wahrnehmen und erkennen. (12) Das weitreichende, zusammenführende Wahrnehmen der hohen Waldhüter-Gnome trägt in — oder hinter — sich die höheren Absichten der Geister der Umlaufzeiten und der Engelhierarchien (13). Wesentlich ist auch die über die direkt angrenzenden Landschaften hin vermittelte Raumesrichtungsstimmung, in der hohe Erzengel mitwirken. Diesen Absichten folgen die Elementarwesen in unermüdlichem Dienst. (14) So kann eine von ihrer Wesensart geprägte, tief weise und hohe seeleninnige Konzentration in ihnen erlebbar werden, die Bedeutsames zur großen Evolution „aussagen" kann und zugleich ein machtvoll eigenes — letztlich heimeliges — Milieu in der Natur ausbreitet.

Diese drei verschiedenen Weisheitsarten der Gnome können beispielsweise an folgenden Orten erlebt werden:
– die Evolutionsweisheit etwa in einer innigen Fichtenschonung mit einer speziellen Sonnenauf- und -untergangsdurchstrahlung;
– die differenzierende Praktizierbarkeitsurbilder-Weisheit vielleicht einen Kilometer weiter in einem geheimnisvollen dunklen Nadelmischwald, der von einem schnell laufenden Bach durchflossen wird und auf den allseitig verschiedene Großlandschaftsausblicke auftreffen;
– die beschwingt-ausgeglichene Tatweisheit vielleicht knapp 200 Meter weiter in einem — am selben Bach liegenden — lichten Birkenwaldrand, wenn man — inmitten der hellen frechfreundlich hervorstaksenden Sauergräser und das frische Sprudeln des Wassers hörend — das Gesamtwesen des Wäldchens erfassen kann.

Im seelischen Beobachten zu kultusartiger Vertiefung
Insbesondere bei den langen Inspirationswanderungen zu den vier Hauptjahresfesten konnten diese drei Gruppen von Gnomen zum augenblicklichen evolutionären Geschehen „befragt" werden. Diese Fragen möchte ich als eine „Erkenntnisschau" charakterisieren, zu der immer eine längere innere Vorarbeit, das Meditieren von Steiners Jahresfestimaginationen und ein

einstündiges wanderndes Einstimmen in die Natur- und Elementarwelt gehörte. Bei diesen Wanderungen ging es um ein Geistesforschen aus dem Naturerleben heraus. Für viele wurde das in seinem tiefen Ernst zu so etwas wie einem zyklischen Gottesdienst. Ein solches Erlebnis eines Jahresfestes dient einerseits dem Wiederverbinden mit der göttlich-geistigen Welt und andererseits der „Menschenweihe" hin zu einem zeitgemäßen Handeln für Mensch, Gesellschaft, Natur usw. So eingestimmt, konnten dann dankbar auch inspirierende Impulse für den bevorstehenden persönlichen Weg empfangen werden.

Beobachtungen

Beobachtungen von 2000 bis 2008
Von Silvester 1999/2000 bis Anfang 2008 konnte beobachtet werden, dass sich das Erdenumfeld im Ganzen dadurch verbesserte, dass Menschen den Christus in sich tragen — oder überkonfessionell gesprochen: Gottes Weg in sich haben — oder überreligiös gesprochen: evolutionäre Stimmigkeit in sich lebendig erleben. (15) Im einzelnen wurde — Jahr für Jahr aufeinander aufbauend — dem Menschen immer mehr anvertraut und zugetraut. Wie von jeweils mehreren Menschen — mich eingeschlossen — beobachtet und erlebt wurde, wurde für die einzelnen Jahre von den Elementarwesen „vorausgesehen":
– 2000: „Im Zusammentreffen des Alten mit dem Neuen gestalten!",
– 2001: „Erlösendes kommt aus der (Bewegung in die) Zukunft!",
– 2002: „Erfüllung macht anfassbar — das ist der Silberstreif goldener Zukunft!",
– 2003: „Aus den Nähe-Räumen etwas entwickeln!",
– 2004: „Mit-Sein ist aller Entwicklung Anfang!",
– 2005: „Auf uns selbst gestellt im freigegebenen Rund gestalten!",
– 2006: „In der Weltverantwortung des priesterlichen Jetzt!",
– 2007: „Jeder Raum, den du betrittst, ist heilig — sei er ritterlich gereinigt!",
– 2008: „Innenräume werden Hörräume — in Übereinstimmung mit der geistigen Welt!"

Wodurch wurde die gegenwärtige Intensität des Wandlungsgeschehens so spürbar? Angebahnt wurde dies zum einen durch solche Menschen, deren Weisheits- und Empfindungszusammenklang durch liebedurchdrungenes Leiden zu gewaltiger Wirkung geläutert wurde — oft Meister oder Heilige —, zum anderen aber — insbesondere ab dem 20. Jahrhundert — durch solche Menschen, die durch Leidens- oder Schulungsgnaden eine Christusbegegnung erleben durften, und zum dritten durch echte suchende Seelen unserer Zeit. Die Imaginationen, Leiden und Taten prägten sich tief in das Äther- und Seelenumfeld der Erde ein. Durch „Christus in uns" wird vieles in die Lichtintensität des Sonnenspiels im Herbst einverwoben, dann, wenn das Licht und die Sylphen darin eine besondere Kontur annehmen und sie der Erdensphäre einprägen. Die Sonnenbraut ist die Erdenlichtwesenheit, in der besonders das Seelenlicht der Menschen durch ihr Sich-Verstehen — durch „die Weisheit und den Zusammenklang ihrer Empfindungen" (16) gesammelt wird. Anders ausgedrückt bedeutet das auch, dass in ihr die Sophien- oder Heilig-Geist-Weisheit konzentriert ist.

Die Erdenmutter „Persephone" (17) nimmt die von den Menschen ausgehende, direktere Christusvermittlung mit äußerster Liebe und Betroffenheit — insbesondere im Herbst — vom aus dem Umraum zurückkehrenden Licht auf.
Esoterisch meint dies auch: Es sammelt sich die Erdenweisheit in einem Geistgebiet, das traditionell das „Land Shamballa" (18) genannt wird. Es ist die Heilig-Geist- oder Sophienweisheit der ungetrennt von der geistigen Welt lebenden, opfervoll zusammenklingenden fortgeschrittenen Menschenseelen.

Alle Geistwesen entwickeln ihre Weisheit in Wechselwirkung mit der Entwicklung der in ihrer Obhut befindlichen Wesen — insbesondere mit dem komplexesten Erdenwesen — dem Menschen. Auf seinen innigen Wegen wandelt der Mensch zwar oft nicht evolutions-stimmig — zum Entsetzen der Elementarwesen, die das töricht und „unzuverlässig" finden. Und doch kommt er auf diesen Wegen durch Leiden und Opfer über viele Leben hin zum Ausgleich seines Schicksals und zum Bewusstsein seiner Aufgaben — und so bewirkt er die Bewusstseinsbildung für den gesamten Erdenorganismus!

Die Evolution der Naturwesen in der Obhut von Erdenmutter und Sonnenbraut
So wie die höheren Engelwesen die Evolution in ihrem Bewusstsein tragen, so trägt neben dem Christus auch die Sophia all das Leiden und Fortentwickeln des Menschen im Herzen. Dies hat auch einen Ausdruck im kosmisch-irdischen Geschehen, das sich besonders im Jahreslauf darlebt: es ist die — die Sonnenlichtatmosphäre jeden Jahres neu vertiefende — „Sonnenbraut", die wir in der Herbstlicht-Innigkeit erschüttert wahrnehmen können — worauf insbesondere die genannten Waldhüter-Gnome hinweisen.

Die Erdenmutter Persephone hingegen ist die in der Erdennatur präsente, vielfältig konzentrierte Bergekraft. Diese hütende Bergekraft lebt vom Erkennen des Eigenseins, des Eigenwertes jeder Kreatur, von der Liebe zum wertvollen Kleinsten und Innersten. Jeder Naturbürger ist ein geliebter Schatz von Natura-Persephone und wird von ihr bemerkt, genährt, geborgen und unendlich aufgewertet. Ohne diese Aufwerte- und Aufrufekraft wäre die vielgestaltige Lebewelt unverbunden. Ihre Kraft verdichtet geistige Urbildausflüsse, Seelisches und Lebenskräftiges zur Existenz im Physischen. Scheinbar untergeordnete Kleinstlebewesen und Kleinstelementarwesen atmen ihre Tragekraft und würden ohne diese der Schwere verfallen. Für die Menschen entsteht aus der stärkeren Präsenz dieses Trage-Wesens ein Erkraftungserleben, das Rudolf Steiner für die betreffende Woche im Seelenkalender so ausdrückt: *„Natur, dein mütterliches Sein, ich trage es in meinem Willenswesen; ...zu tragen mich in mir."* (19)

Wie Jesus-Christus Mensch und Gott zugleich war, so ist Persephone ein Elementarwesen und gleichzeitig göttlich. Sie ist ein mit der Wesenswelt und den Hierarchien verbundenes hohes Wesen in der Erdenevolution. Sie ist Ausdruck der Erdenseele, so wie Christus das Ich des Erdgeistes ist. Sie hat in gesteigertem Maße die Wachheit der Erdwesen, bei denen Wahrnehmen und Erkennen eins ist. Von ihr haben die Baumhüterwesen die unendlich gesteigerte Ruhe und Geduld — Wesen, die länger im Dienst stehen als alle anderen direkt kreaturverbundenen Naturwesen. Für die Engel und Christus ist sie wie eine Dienerin und Mutter zugleich. Sie hat Erfahrungen, die kein anderes

Wesen haben kann. So ist sie in der geistigen Welt und ihren Absichten zu Hause und doch auch im Erdensein — bis ins Physische, welches wie ihr Kleid ist („Marienmantel"). Persephone kann auch in naher Weise die Kreaturen lieben, die — anders als Erde und Mensch — noch keine Seelen- und Ich-Entwicklung durchgemacht haben.

Die befeuernde Stimmung des Erzengels Michael bildet im Herbst — in erhabener Auf- und Ausrichtewürde der Höhen und dabei über die Natur hinausführend — eine kosmisch-geistige Konstante für das Hineinfallenlassen in den physischen „Mutterschoß" der Naturwesen. Ein unabänderlicher, herausfordernd-zutrauender Ernst blickt kühn in die christusartige Welt der Zukunft hinein — immer neu Orientierung gebend. Auch Persephone und die Erdelementarwesen richten sich an ihm auf.

In dieser Herbsteszeit zeigt sich — wie angedeutet — die „Sonnenbraut". Sie ist wie eine Himmelsschwester von Persephone und zeigt sich in diesen Tagen in dem tief dringenden, aus Ewigkeitsweisheit angefüllten Frieden, der innerhalb des großen erhaben-michaelischen Erneuerungsgoldes des konzentrierten Sonnenlichtes weht. Tastet man noch tiefer nach, so ist dieses seelische Sonnenlichtzentrum „weiblich". Fürsorgend, bewahrend-erneuernd wie eine Samenkraft, bewirkt es — auch durch den Lebens-Einhalt des Winters hindurch — eine unendlich zuversichtliche Evolutionsliebe — voller Kraft und Trost! Dieser „Same" hat allerdings keine Punkt-, sondern eine Umkreiswirkung. Die Erdennatur, die Elementarwesen und wir Menschen sind in diesem hohen Umhüllen darinnen. Die gütig gebärende Segensseele strahlt eine überbordend geschmückte Heilig-Geist-Qualität aus, die alles Unverbundene, unter Unverständnis und unnötiger Fremdheit Leidende im Erdensein verbinden möchte. Die eher männlich wirkende Herbheit und Bestimmtheit des Herbstes weist auf eine unaufhaltsam fortschreitende Kraft hin. Als Hintergrundstimmung stellt sie sich — wie eine Waage oder ein Kreuz — wirksam ins irdisch-kosmische Geschehen hinein!

In diesem Geschehen nährt sich die Erdenseele, die in ihrem Ein- und Ausatmen (Winter und Sommer) die neuen Erfahrun-

Planetengeist-Michael-Sophia-Persephone

gen als Evolutionserinnerungen in und um sich in die Gewohnheitsaura aufnimmt und die das Erdenselbstgefühl der jeweiligen Zeitalter prägt. Sie ist durchdrungen vom riesigen Planetengeist (20), der einen Universumsatem in das Erdgeschehen trägt und dieses damit umschließt. Er ist wiederum — seit dem Mysterium von Golgatha — immer mehr erfüllt vom Wesen des Christus.

Besondere Sensibilitäten zwischen 2003 und 2005
Seit 2000 zeigte sich in der übersinnlichen Welt erstmals deutlich eine evolutionäre Verbindung zwischen Elementarwesen und Menschen. Rudolf Steiner hat auf das große Entwicklungspotenzial der Naturwesen hingewiesen (21) und sie wohl auch selbst inspiriert, auf den Menschen zuzugehen. (22) Im 20. Jahrhundert musste die Elementarwesenwelt ein dramatisch wechselndes Menschengeschehen miterleben. Von 2000 bis 2003 richteten sie sich — unter dem Eindruck eines immer globaler werdenden Einflusses des Menschen auf die gesamte Erde — mehr auf ein „Mitsein" ein. Immer wieder aber wurden sie durch Menschen verunsichert, auf die man sich offensichtlich nicht verlassen kann. Besonders von Weihnachten 2003 bis Herbst 2005 mussten sie erleben, dass der Mensch — trotz einer vorgeblich größeren Berücksichtigung eines evolutionsgerechten Verhaltens — sich doch oft noch ungewöhnlich evolutionsunstimmiger Maschinen und Verfahren wie auch verlogener Sozialprozesse bedient — globalpolitisch und medial, z. B. im Nahen Osten, Amerika und Russland. Da die Elementarwesen hauptsächlich die „inneren Absichten" wahrnehmen, waren sie — um ein konkretes Beispiel aus Deutschland zu nennen — kurzzeitig kollektiv durch Enttäuschung wie gelähmt, als in Wäldern massiv die gewaltigen Harvester-Erntemaschinen eingesetzt wurden, die in rasender Gewalt Bäume zersägen, entrinden usw. — und die seelisch-absichtshaft nur noch aus reiner Gier bestehen. Doch ungefähr zeitgleich enthüllte sich ihnen auch ein Überblick über das menschliche Gesamtgeschehen. So erkannten sie, dass Menschen für ihre Schuld unendlich viel Entbehrung und Leid in Kauf nehmen, dass also aus ihrer Evolutionsunstimmigkeit eine Art Selbstvernichtungskraft entsteht. Dadurch wird das Menschenweisheitsleid der Erde eingefügt — eine Liebessubstanz, die die Elementarwesen (besonders die Gnome) sonst nur aus der göttlichen

Welt und ihrer unerreichbaren Heimat — den Engelchören — kennen!

Entscheidung der Elementarwesen zur gemeinsamen Evolutionsarbeit
Im Herbst 2005 haben die Elementarwesen dann eine endgültige Entscheidung getroffen: „Wir arbeiten mit den Menschen zusammen!" In der Weihnachtszeit 2005 wurde deutlich, dass dadurch aus der Sicht der geistigen Welt eine Art Menschenweihe zu einem „Erdenpriesterdienst" der Menschen vollzogen wurde. Durch die Globalisierung und seine Eingriffsmöglichkeiten ist der Mensch in eine solche Verantwortung — und Schuldfähigkeit — geraten, dass er der Erdenevolution nur noch gerecht wird, wenn er sein Tun so gestaltet, dass es mit der göttlichen Evolution übereinstimmt. Das ist nach alter Menschenbegrifflichkeit: Priesterdienst. Es geht also um die Verwaltung eines — nun erdengroß gewordenen — Raumes, in dem Menschen bewusst und autonom mit der göttlich-geistigen Welt zusammenwirken.

Dieses Motiv verdichtet und differenziert sich seitdem — unter anderem durch weitere Erklärungen aus der Elementarwesenwelt — so zu Weihnachten 2006: *„Jeder Raum, den du betrittst, ist heilig!"* Auf Nachtasten hin gibt es dazu Ausführungshinweise: *„Halte inne, um aufzunehmen, was den Raum erfüllen soll!"* usw. Das, was zeitgerecht „dran" ist, wahrzunehmen, ist nichts Beliebiges. Es ist jeweils differenziert an der jeweiligen Evolutionsdynamik des laufenden Jahres orientiert. Es geht nicht um ein Orakeln, sondern um konkrete Bewusstseinsbildungen für das Kommende. Auch in der Bibel wird wiederholt von Christus als dem Kommenden gesprochen. Aber wie wenige erkannten damals, wer da kam zur Zeitenwende — nur die naturweisen Hirten, die kosmosweisen Könige (Magier, Eingeweihte, Meister) und wenige hingebungsvoll suchende Frauen und Männer. In den jetzt folgenden Erdepochen wird es für Menschen, Engel und Elementarwesen immer wichtiger werden, die Christusrealität und das ihr Entsprechende in seiner Verwandlung, Entwicklung und ungeheuren Vielschichtigkeit immer mehr, immer tiefer und immer vielseitiger zu erleben und zu erkennen.

Was tun wir nun zusammen?

Interessant ist, dass die Bewusstseinsentwicklung der Elementarwesen ungefähr gleich schnell verläuft wie die der Menschen. Jedes Jahr geschieht da Wesentliches und Neues. Die Elementarwesen wirken zeitgenau nach dem Tierkreis-Sonnengang und nicht etwa nach den Wetterverschiebungen! (23) Dabei bekommen die Elementarwesen die Evolutionausrichtung über die höheren Wesen vermittelt, während wir — von den „lautstarken" Zeiterscheinungen der Menschenkultur geblendet — unsere Aufgaben nur allzu leicht verfehlen.

Die Hinweise der Naturwesen beziehen sich auf das gesamte Erdengeschehen. „Jeder Raum ist heilig" heißt: Mencheninnenraum, Zweierbeziehungsraum, Gruppenbeziehungsraum, Naturraum, kommunaler Raum, regionaler Raum bis hin zum globalen Raum. Da geht es überall — neben dem Umgang mit der Natur — doch zentral um ein neues Sozialgeschehen. Dieses lebt von höheren Engeln, die durch Einklang von freien und bewussten Menschen in die soziale Evolution eintreten können — und die man dann auch „befragen" kann! Das Erlebnis dieses Einklangs — ob Wärmeplastik, Meta Mind oder Gemeinschaftsintelligenz genannt (24) — wird nun immer wesentlicher — und das Erleben von Wesen, die erst dabei entstehen. Andererseits gehen heute aber auch große Gefahren davon aus, dass global gestreute Lügen-, Manipulations- und Erpressungs-Elementarwesen — von mächtigen Menschen erzeugt und durch die Medien multipliziert — sich rund um die Erde in der Erdenseele ballen können. Sie bringen durch Wechselwirkungen innerhalb weniger Jahre aus Falschem Böses hervor und dann — sofern nicht nachhaltig entlarvt — zuletzt Zerstörerisches. Dieses Kapitel der Erdwandlung wird uns noch dramatische Bemühungen abverlangen. Ein Glück, dass die Zusammenarbeit mit den evolutionsgerechten Wesen eine bedeutsame Stufe erreicht hat.

Inspirationen zu geisterfüllten Sozialheilungen
Bei Maßnahmen zur Natur- und Landschaftsheilung darf es nicht bleiben. Auch die Sozialheilungen können und müssen damit verbunden werden. Durch gediegenes Wahrnehmen von regionalen Genien, von Gruppen- und Organisationswesen,

durch ihr ebenso gediegenes „Befragen" und durch gemeinsame Beratungen mit ihnen wird in Zukunft völlig Neues möglich werden. Auch solche „methodisch tiefgehende" Beratungen, die als soziale Gesamtkunstwerke wirken werden, wurden mir in Zwiesprache mit Elementarwesen inspiriert. Ich hatte einen Vortrag über Auswege aus der Globalisierungsfalle zu halten. Als ich mein Seelenfragenfeld besonderen Ortswesen öffnete, erfüllte sich meine Seele mit der keck-mahnenden „Antwort": „Du glaubst doch gar nicht ganz an das, was du erzählen willst. Denk doch mal die Möglichkeiten ganz zu Ende!" So forschte ich noch einmal einige Tage „im stillen Kämmerlein" durch das gesamte Themengebiet und ließ mich auf dieser Grundlage inspirieren. Was dabei deutlich herauskam, will ich kurz skizzieren:

Die wesentlichen Fragen werden nicht mehr allein die nach den reformatorischen Ideen aus dem Geistes- und Kulturleben sein, auch nicht die nach den materiellen Ressourcen für ihre Umsetzungen, sondern die nach wirklich *nachhaltig wirkenden Situationen.* Situationen, in die evolutionsgerechte geistige Wesen sich mit ihren Intentionen in rechtsgestaltende Sozialräume hinein begeben können und in denen Menschen aus tiefer Einsicht entsprechende Taten im Erdensein realisieren. Als eine ganz grundsätzliche Notwendigkeit für sozialgestaltende Prozesse — lokal bis global — heißt das: Wie können — statt Lüge, Manipulation und Macht — Wahrheit, Schönheit und Güte in den verantwortungsvollen Sozialprozessen der Welt anwesend werden?! Welche Spielregeln und welche Methoden sind anzuwenden, damit zu den geschriebenen — und oft nicht mehr eingehaltenen — Rechtsvereinbarungen zutiefst innige, zur inneren Verpflichtung werdende Absprachen kommen können? Rechtsversprechen, die sich in so gearteten intensiven Prozessen in die Menschen und Kulturen haben hineinsenken können, das sie als fast heilig (nach-)wirken, können dadurch zu gewohnheitsbildenden Werten und Rechten werden!

Ein noch anfängliches Beispiel dafür, wie geistig-seelische Kräfte und Wesen einbezogen werden und wie diese Methode zu Rechtsfolgen führt, sind die „Wahrheitskommissionen" in Südafrika und anderen Ländern (25). In ihnen herrscht letztlich das Beobachten übersinnlicher Vorgänge vor. Es wird in einem vielschichtigen methodischen Verfahren unter Anwesenheit mehrerer Menschen zu beobachten versucht, ob Täter und Opfer in authentischer Weise Reue und Vergebung darleben und so Friedenssicherheit zwischen ihnen und ihren Familien und Parteien entstehen kann. Auch die Vergebung wird rituell praktiziert.

Ein solches Stimmigmachen der verantwortungsvollen Sozialgestaltungsprozesse der Welt erfordert die Fähigkeit der Beobachtung und Gestaltung des übersinnlichen Raumes in den jeweiligen Prozessgruppen. (26) Nicht die normative Macht von „richtigen" Aussagen oder gar von Lügen und Manipulationen wird dann zum Maßstab von Prozessen, sondern die Stimmigkeit von Weite, Wärme (27), Authentizität und hörender Einfühlung. Letztlich also kommt es auf die Anwesenheit geistigseelischer Wesenheiten an, die evolutionsgerecht Wahrheit, Schönheit und Güte bleibend „hereinbegnaden"!

Mit dieser Vision, die aber eine Tatsache sozial-prozessualer Vorgänge ist, kam ich von meinem Inspirationsgang zurück und konnte sie dann noch weiter ideenhaft ausführen. Mit dieser globalen Sozialgestaltungsvision vor Augen wird deutlich, dass das Abspüren, Beobachten, Kommunizieren und Befragen von geistigen Wesenheiten und ihre Beteiligung nicht nur für die Heilung von Naturorganismen relevant ist, sondern immer mehr auch für die Heilung der Sozialorganismen praktikabel zu gestalten sein wird. (28)

Aus anthroposophischer Sicht ist dies auch eine Wandlung hin zu einer neuen Art von Menschheitsspiritualität. In den letzten Jahrtausenden war das Urbild des sakralen Kultus der zentrale Ausgangspunkt für evolutionäres Handeln. Das heißt, dass durch bestimmte heilige Handlungen, Gebete und Meditationen geistige Wesen und Impulse in die Gruppen und Seelen hereinkamen — so in Kirchen, Orden, Logen, Ashrams und Bruderschaften. Heute kommt der „umgekehrte Kultus" hinzu, wo unter Menschen — aus der Hinwendung zueinander — ein Eintreten in die geistige Welt erfolgen kann und die Mithilfe einer neuen Art von freilassenden Gruppengeistern — manchmal einengend „kollektive Intelligenz" genannt — Inspirationstore öffnet. (29)

Die Zwiesprache mit den Naturwesen eröffnet einen Schritt zum — die Erde neu gestaltenden — „kosmischen Kultus" (30), bei dem wir den Gottesdienst auf die Natur beziehen und zusammen mit der geistigen Welt — bis in ihre Evolution hinein — gestaltend wirken. Rudolf Steiner sagt das so: *„Einzig und allein, wenn wir in diese Erde hineinzustellen vermögen etwas, was sie nicht hat, kann eine Zukunftserde entstehen."* Nehmen wir — so Steiner — Imagination, Inspiration und Intuition — also höher verwandeltes Denken, Fühlen und Wollen — auf, *„dann sind sie selbständig im Erdenleben existierende Gebilde"* und wir lernen *„die geistige Form des Kommunizierens".* (31)

Wir stehen in tief berührenden Anfängen konkreter Utopien, in einer gemeinsamen, aktiven, wechselwirkenden Verwandlung von Erde und Mensch, wie sie noch nie da sein konnte.

Anmerkungen:
(1) Rudolf Steiner: Wie erlangt man Erkenntnisse der höheren Welten?, 1904/05, GA 10, Dornach 1975.
(2) Eine ausführliche Beschreibung in Dirk Kruse: Seelisches Beobachten in der Natur, Kirchlinteln 2003.
(3) Siehe die Übung in dem Kapitel „Die Stufen der Einweihung" in Rudolf Steiner: GA 10, a. a. O.
(4) Ich hatte den Eindruck, dass diese Entwicklung durch Übersichtsimaginationen von Menschengruppen gefördert wurde.
(5) Siehe dazu Dirk Kruse: Seelisches Beobachten im Irdisch-Kosmischen Wechselwirken, Kirchlinteln 2007.
(6) Zur Sophia siehe auch Hans Peter van Manen: Sophia und Persephone, Dornach 1989.
(7) Siehe dazu Rudolf Steiner: Der Mensch als Zusammenklang des schaffenden, bildenden und gestaltenden Weltenwortes, GA 230, Dornach 1978, Vortrag vom 4. 11. 1923.
(8) Zur Vertiefung dazu siehe z. B. Rudolf Steiner: Das Mysterium des Bösen, Themen TB Nr. 19, Stuttgart 1993.
(9) Seit Silvester 1999/2000 finden zumeist monatlich die „Müllerhaus-Meditationen" statt, zu denen immer auch das Wahrnehmen des Jahreslaufes gehört. Besonders gepflegt werden die Jahresfest-Inspirationswanderungen, bei denen die TeilnehmerInnen allein für zwei bis drei Stunden mit an das je-

weilige Jahresfest angepassten Fragen — über den Sonnenuntergang hinaus — in Zwiesprache mit der Naturseelenwelt gehen und das Erlebte später ausgetauscht wird. Besonders intensiv ist dies während des dreitägigen Silvestertreffens möglich. (Bei den Müllerhaus-Meditationen besteht kein Bezug zu der Mühle, in dem die in den Flensburger Heften veröffentlichten Gespräche mit den Naturwesen stattfanden.)
(10) Rudolf Steiner: „... wenn man sich so bekannt macht und befreundet mit diesen Elementarwesen, dann sieht man bald auch hinter diesen Elementarwesen, namentlich hinter den Elementarwesen der mineralischen Welt, höhere Wesenheiten, die zuletzt hinaufführen bis zur ersten Hierarchie, bis zu den Seraphim, Cherubim und Thronen. ... Kann man aber auf sie eingehen, dann erweitert sich sozusagen der Horizont, und das, was vorne die neckischen, einen mit ihrer Gescheitheit neckenden Zwerge eröffnen als Vordergrund, das trägt in einen Hintergrund hinein, der bis zu der ersten Hierarchie, bis zu den Seraphim, Cherubim und Thronen kommt." (Esoterische Betrachtungen karmischer Zusammenhänge, Band VI, GA 240, Dornach 1977, Vortrag vom 24. 8. 1924, S. 266.)
(11) „... diese Wurzelgeister sind ganz erfüllt von einem innerlich geisthaften, ... sie sind ganz Sinn ..., Sinn ... der sogleich versteht ..., der ... überall Ideen empfängt. ... die Gnomen nehmen die Geheimnisse des Weltenalls ... in sich auf ... namentlich vom Herbste an durch den Winter hindurch ... So sind die Gnomen eigentlich innerhalb der Erde die Träger der Ideen des Universums ..." (Rudolf Steiner: Der Mensch als Zusammenklang des schaffenden, bildenden und gestaltenden Weltenwortes, GA 230, Dornach 1978, Vortrag vom 4. 11. 1923, S. 112ff.)
(12) Siehe dazu auch das evolutionäre „Hören" der hohen Elementarwesen „in Ost, West, Nord und Süd" im „Grundsteinspruch" (in Rudolf Steiner: Die Weltgeschichte in anthroposophischer Beleuchtung und als Grundlage der Erkenntnis des Menschengeistes, GA 233, Dornach 1980, Vortrag vom 1. 1. 1924, S. 159).
(13) Siehe dazu die Anmerkungen (2) und (3).
(14) Siehe dazu Rudolf Steiner: GA 230, a. a. O., Vortrag vom 4. 11. 1923, S. 149ff.
(15) Siehe dazu auch folgende Zitate von Rudolf Steiner: „Dadurch, dass das moralische Feuer ausströmt von dieser Chris-

tus-Gestalt..., tritt für die Erde immer mehr das ein, dass der Mensch die Notwendigkeit des Moralischen und seiner Impulse einsieht. Und dadurch wandelt er die Erde um, insofern der Mensch immer mehr fühlen wird, dass das Moralische zur Erde gehört... Dann kommt jene Zeit über die Erde..., wo diese moralische Atmosphäre bis zu einem hohen Grad zugenommen haben wird..., wo die Erde getaucht sein wird in eine moralische Äther-Atmosphäre. ... (Durch das Betrachtenlernen des ätherischen Christus werden die Menschen) immer mehr durchdrungen werden auch bei Tag von der direkten Wirkung des Guten in den geistigen Welten. ... (Es wird) immer mehr geschehen, dass durch dasjenige, was von unseren Tagen an hereinwirkt und dem der Christus vorsteht, des Menschen Wirken auch im Tageszustand direkt verbessert werden kann." (Das esoterische Christentum und die geistige Führung der Menschheit, GA 130, Dornach 1977, Vortrag vom 1. 10. 1911, S. 96.) „Und mit dem Christus in richtiger Weise in uns, beleben wir alles Licht auf Erden um uns herum, tragen Leben in das tote Licht hinein, wirken selber belebend auf das Licht." (Geistige Zusammenhänge in der Gestaltung des menschlichen Organismus, GA 218, Dornach 1976, Vortrag vom 23. 10. 1922, S. 105.)

(16) Rudolf Steiner nennt die höchsten Eingeweihten — u. a. Christian Rosenkreuz, Meister Jesus, Skythianos und Buddha — in theosophischer Tradition „Meister der Weisheit und des Zusammenklanges der Empfindungen" (z. B. in: Weltenwunder, Seelenprüfungen und Geistesoffenbarungen, GA 129, Dornach 1977, Vortrag vom 24. 8. 1911, S. 152ff).

(17) Rudolf Steiner: „Persephone ist in das Irdische untergetaucht, um die Pflanzenwelt davon zu befreien, bloß vom Irdischen sich bilden zu müssen. Das ist der Niederstieg eines göttlich-geistigen Wesens in die Natur der Erde. Auch Persephone hat ja eine Art ‚Auferstehung', aber eine jährliche in rhythmischer Folge. Diesem Ereignis, das als kosmisches auf Erden geschieht, steht gegenüber der Niederstieg des Logos für die Menschheit. Persephone steigt nieder, um die Natur in ihre ursprüngliche Orientierung zu bringen." (Anthroposophische Leitsätze — Der Erkenntnisweg der Anthroposophie — Das Michael-Mysterium, GA 26, Dornach 1976, S. 165.) Siehe auch das Kapitel „Marienmantel" in Dirk Kruse: Seelisches Beobachten in der Natur, a. a. O.

(18) Zum „Land Shamballa" siehe Rudolf Steiner: Das Ereignis der Christus-Erscheinung in der ätherischen Welt, GA 118, Dornach 1977, Vortrag vom 6. 3. 1910, S. 131; sowie das entsprechende Kapitel in Dirk Kruse: Seelisches Beobachten in der Natur, a. a. O.
(19) Rudolf Steiner: Michaeli-Stimmung in: Anthroposophischer Seelenkalender, 1912/13, in: Wahrspruchworte, GA 40, Dornach 1969, S. 23.
(20) Zum Planetengeist siehe Rudolf Steiner: Die geistigen Wesenheiten in den Himmelskörpern und Naturreichen, GA 136, Dornach 1974, Vortrag vom 4. 4. 1912.
(21) Siehe dazu den Hinweis von Rudolf Steiner auf die Entwicklungsfähigkeit bestimmter Elementarwesen: „... so kann uns werden... das Herumgehen unter solchen Felsen... zu einer Offenbarung schlafender, in der Zukunft zum Träumen, später zum vollen Wachleben aufwachender elementarischer Naturwesen, die einstmals eben reine Geistwesen sein werden." (Initiations-Erkenntnis — Die geistige und physische Welt- und Menschheitsentwickelung in der Vergangenheit, Gegenwart und Zukunft vom Gesichtspunkt der Anthroposophie, GA 227, Dornach 1960, Vortrag vom 24. 8. 1923, S. 157.)
(22) Tanis Helliwell schildert, dass die Elementarwesen die Anregung zur Zusammenarbeit mit den Menschen von Rudolf Steiner erhielten (in: Elfensommer, Saarbrücken 1999, S. 107f.)
(23) Siehe dazu Dirk Kruse: Seelisches Beobachten im Jahreslauf, Kirchlinteln 2008.
(24) Siehe dazu Harlan/Rappmann/Schata: Soziale Plastik — Materialien zu Joseph Beuys, Achberg 1976; sowie zum Thema „kollektive Intelligenz": „Come Together" in der Zeitschrift „What is Enlightenment" (Hrg. Andrew Cohen), Heft Nr. 13, 2004, S. 46.
(25) Siehe unter Wikipedia/Internet: Wahrheits- und Versöhnungskommission.
(26) Siehe dazu Dirk Kruse: Geistige Wesen im Sozialen, in: Zeitschrift „Menschenbild", Heft 8b, 2007, S. 34.
(27) Siehe dazu Dirk Kruse: Joseph Beuys — Von der seelischen Beobachtung in der Natur zu künstlerischen Neuschöpfungen in Gesellschaft und Ökosphäre, Kirchlinteln 2004.
(28) Siehe auch die Erwartung einiger Wirtschaftswissenschaftler, dass das Informationszeitalter von einem neuen In-

novations-Kondratieff-Zyklus in der Weltwirtschaft abgelöst wird, der das Ausbalancieren im Mikro- bis Makrosozialen mittels „psycho-sozialer Kompetenz" beinhalten soll. Dazu auch Leo A. Nefiodow: Der sechste Kondratieff — Wege zur Produktivität und Vollbeschäftigung im Zeitalter der Information, Sankt Augustin 2001; sowie Siglinda Oppelt: Management für die Zukunft — Spirit in Business, München 2004.

(29) Rudolf Steiner: „Dadurch, dass die Menschen freiwillig ihre Gefühle zusammenstrahlen lassen, wird wiederum etwas über den bloß emanzipierten Menschen hinaus gebildet. ... Die Gefühle, die so zu einem Mittelpunkt zusammenströmen, geben nun wiederum Wesenheiten Veranlassung, wie eine Art Gruppenseele zu wirken, aber in einem ganz anderen Sinne als die alten Gruppenseelen. Alle früheren Gruppenseelen waren Wesenheiten, die den Menschen unfrei machten. Diese neuen Wesenheiten aber sind vereinbar mit der völligen Freiheit und Aufrecherhaltung der Individualität der Menschen. ... Je mehr Zusammenhänge gebildet werden, und je mehr da Gemeinschaftsgefühle bei völliger Freiheit ausgebildet werden, desto mehr erhabene Wesenheiten werden zu den Menschen heruntersteigen und desto schneller wird der Erdenplanet vergeistigt werden." (Das Hereinwirken geistiger Wesenheiten in den Menschen, GA 102, Dornach 1974, Vortrag vom 4.6.1908, S. 195f.)

(30) Zum „kosmischen Kultus" siehe Rudolf Steiner: Das Verhältnis der Sternenwelt zum Menschen und des Menschen zur Sternenwelt — Die geistige Kommunion der Menschheit, GA 219, Dornach 1976, Vorträge vom 29.+31.12.1922.

(31) Ebd., Vortrag vom 31.12.1922, S. 191.

Die Erde als Therapeutin

Eva Mächler-Wydler

Seit 2005 erlebe ich die Energie der Erde so stark und so klar, dass es mir bewusst wurde, dass die Erde unsere Therapeutin sein kann. Bedingung ist aber, uns von der neuen Erde berühren lassen zu können. Das war für mich ein intensiver Prozess, der auf allen Ebenen mit sehr starken, schmerzhaften und zugleich sehr schönen Erlebnissen und Gefühlen verbunden war.

Anfänge

Das Thema Erdwandlung ist mir 2000 zum ersten Mal begegnet in einem Geomantieseminar mit Marko Pogačnik. Ich erfuhr in diesem Seminar, dass das Jahr 2000 auch der Beginn des neuen Zeitalters war. Aber ich konnte damals noch nicht so richtig etwas mit dieser Botschaft anfangen. Ob ich wollte oder nicht, es ist dabei etwas mit mir geschehen, was ich zunächst vom Verstand her nicht einordnen konnte. Ziemlich ahnungslos begann ich also meine Geomantieausbildung. Ich war voll motiviert, viel Neues zu lernen, um wirklich mit der Natur zu kommunizieren und das erworbene Wissen weiterzugeben. Weil ich ein sehr naturverbundener Mensch bin, erweckte die von Marko Pogačnik gezeigte Möglichkeit der Erdheilung mein Interesse. Aber alles kam wieder anders, als ich gedacht hatte. Bald spürte ich eine große Krise. Ich konnte die Energie der Erde nicht erspüren, konnte auch keine Notizen machen, obwohl alle um mich herum alles festhielten. Ich saß einfach da, lauschte den Worten und genoss es. „Das kann ja nichts werden mit dieser Ausbildung!", habe ich öfters gedacht. Es blieb mir nichts anderes übrig, als diesen Weg als meinen ganz persönlichen zu akzeptieren und abzuwarten, was am Schluss daraus werden würde. Ganz klar wurde mir auch, dass ich wohl die Werkzeuge von Ana und Marko Pogačnik prüfen konnte, dass ich aber einen eigenen Zugang finden musste. Dieser Zugang war meine Intuition, die ich in den Jahren zuvor in der Heilarbeit mit Menschen erübt hatte. Diesen Schritt konnte ich erst realisieren, als ich meine alten Vorstellungen vom Lernen los ließ.

Noch immer bin ich erstaunt, dass ich zwar von Geomantie nichts wusste und meine Empfindungen nicht genau einordnen und benennen konnte, aber im Moment der Naturbegegnung eine Glückseligkeit und ein starkes Gefühl tiefen inneren Wissens habe, ohne wirklich im rationalen Sinne zu wissen. Diesen Zustand nenne ich Heimat, ein Nachhausekommen. Daraus entsteht ein „feu sacré", eine Energie, bei der man nicht anders kann, sondern einfach hinein muss. Nur eines wurde mir schon zu Beginn der Schulung klar: Es war Herzöffnung. Ich ließ mich von der Natur berühren, ohne den Anspruch, sie zu heilen. Aber heute bin ich überzeugt, die Heilung hatte schon damals eine Wechselwirkung. Alles, was ich tat, führte mich immer tiefer zu mir selber, in meine Wandlung, in meine innere Landschaft. So ist Geomantie ein Weg für mich geworden, wo ich durch mich hindurch — mit der geistigen Welt und der Natur zusammen — dem Planeten Erde mit allen seinen Wesen helfen kann. Dabei erfahre ich Selbstheilung auf allen Ebenen.

Erste Reise nach innen: Santiago de Compostela (Kundalini)

Um diese Wechselwirkung intensiver zu erfahren, ging ich auf meine erste geomantische Reise, die von Hagia Chora ausgeschrieben wurde. Das war der Pilgerweg nach Santiago de Compostela. Er wurde für mich eine innere Pilgerreise und dadurch eine tiefe Erfahrung.

Von Vorbereitung war bei mir nicht die Rede. Ich konnte nicht einmal eine Karte anschauen, auch nicht das wunderschöne Buch, das wir im Vorfeld bekamen. Beginn der Reise war die Kathedrale in Chartres, und da fing es mit mir schon an. Ich hatte plötzlich das Gefühl, meinen Kopf in der Kathedrale deponiert zu haben. Ich verstand die Aufgaben zur Wahrnehmung nicht mehr und konnte nichts fühlen in der Landschaft, weil in mir etwas losging. Als wir uns auf den Herzplatz stellen sollten, spürte ich plötzlich in meinem Beckenbereich, ganz unten im Wurzelchakra, eine Energie, die gewaltig war, fast schon unheimlich und doch ganz gut. Der ganze Beckenraum weitete und öffnete sich immer mehr. Mit dieser Energie ging ich hinaus zu einem wunderschönen Ort, einer alten Eibe, wo wir angeleitet wurden, Wahrnehmungsübungen zu machen. Die erwachte Energie in meinem Becken begann sich wellenförmig in die Landschaft zu verströmen. Beim anschließenden Austausch der Teilnehmer unserer Reise war ich überrascht, dass die Bilder und Gefühle der anderen mit meinem Erleben übereinstimmten. Wie uns anschließend gesagt wurde, hält dieser Platz mit der Eibe die ursprüngliche Kraft von Chartres.

Auch ich entdeckte meine ursprüngliche Kraft, und sie stieg höher ins Sexualchakra und pulsierte weiter und weiter, stark, fast schon gewaltig, unheimlich und doch auch lustvoll. Sie stieg weiter zum Solarplexus. Da spürte ich ganz deutlich meine Blockaden im Oberbauch. Ich konnte zwei Tage fast nichts essen, weil es mir immer leicht übel war. Aber auch das war für mich keine Bedrohung! Ein Gefühl in mir sagte mir: Alles ist in Ordnung, was hier geschieht!

Als die Energie während eines Kurzvortrags über die allumfassende Liebe ins Herzchakra aufstieg, bekam ich Angst, denn ich hatte plötzlich Rhytmusstörungen und ein Herzrasen. Mein Herz wollte fast zerspringen. Aber auch in diesem Moment war ein tiefes Vertrauen da. Ich hätte die ganze Welt umarmen können, weil ich gleichzeitig vor meinen Augen — aber durch mein Herz hindurch — im Freien eine Lichtgestalt wahrnehmen konnte, die am Anfang des Vortrags etwa einen Meter groß war. Ich dachte zuerst, es sei eine optische Täuschung. Ich vergaß die Lichtgestalt und lauschte den Worten. Am Ende aber war sie wieder da, aber jetzt etwa drei Meter hoch! Ich hatte das Gefühl, dass sie wachsen konnte bei diesem Thema der allumfassenden Liebe! Ich saß da, staunte nur noch und war tief berührt in meinem Herzen. Es war wunderschön! Auch meine Störungen waren vorbei.

Aber nur für kurze Zeit, da die Energie ja weiter aufstieg in mein Halschakra. Ein beklemmendes Gefühl — ein Würgegefühl — und auch da konnte ich keinen Bissen runterkriegen. Dazu kamen noch meine Tränen. Ich wusste aber nun schon aus Erfahrung, dass die Energie da nicht bleiben würde. Als sie weiter aufstieg ins Dritte Auge — das Stirnchakra —, war mir öfters schwindlig. Ich konnte keinen klaren Gedanken fassen. Die Befreiung kam, als sie ins Scheitelchakra aufstieg, auf dem

Heiligen Berg in der Nähe von Santiago de Compostela. Es fühlte sich für mich so an, als würde oben ein Springbrunnen rausspritzen. Ich war wie neu zusammen gesetzt und ganz, ganz leicht!

Was mit mir geschehen war, bekam ich etwa ein Jahr danach auf dem Geomantiekongress in Bad Pyrmont zu hören. Eine Arbeit wurde vorgestellt über das geomantische Pilgern mit den Worten: „Auf der Pilgerreise steigt bewusst oder unbewusst die Kundalinienergie auf." Bei mir war sie spürbar gewesen — ein großes Geschenk!

Zweite Reise nach innen: Westtürkei (neue Sexualität)

Nach diesem Erlebnis wurde mir klar, dass auf diese Weise auf die Reise zu gehen, meine Zukunft sein kann. Also beschloss ich, auf die nächste Reise in die Türkei — zu den sieben apokalyptischen Städten — mitzufahren. Ich war aber auch fest entschlossen, dieses Mal an der Entschlüsselung der Landschaft mitzuwirken.

Am dritten Tage war es jedoch schon wieder vorbei mit mir. Mein innerer Prozess fing schon wieder an. Es war in Pamukkale, bei den Kalksteinquellen. Ausgelöst durch eine wunderschöne Umarmung, kam von den Füßen eine Energie, die ganz fein vibrierte. Ich setzte mich in die Einbuchtung eines Felsens. Es war der einzige Steinfels. Er war umgeben von Kalkwänden. Die Vibration wurde immer stärker, erfasste den ganzen Körper. Ich schluchzte und die Tränen liefen. Aber ich war überglücklich! Als das Ganze vorbei war, fühlte sich der Körper an, als hätten sich alte Strukturen gelöst — sehr durchlässig. Ich bekam das Gefühl, dass der ganze Körper atmete. Körper, Geist und Seele waren eine Einheit. Ich blieb so noch in Ruhe und genoss dieses neue Gefühl sehr! Bevor ich diesen wunderbaren Platz verließ, schaute ich nochmals zurück, um mich zu bedanken. Da hatte ich unerwartet eine Vision: Ich sah in diesem Felsen ein ganz altes Gesicht. Es war das Antlitz einer alten weisen Frau, einer verrunzelten Urfrau. Zu meiner Überraschung hörte ich auch Worte. Sie sprach: „Geh weiter, du bist gereinigt, und die letzten Jahre haben dich auf den nächsten Schritt vorbereitet." Sie hatte eine ganz ruhige, alte Stimme. Ich wusste im Moment nichts mit diesen Worten anzufangen, ging aber weiter. Da bekam ich Bilder in der Kalkstein-Wand von liebenden Menschen und später noch eine Vision einer neuen Sexualität. „Sexualität als Meditation" kam als Intuition. Zu diesem Zeitpunkt dachte ich noch, diese Vision sei nur für mich, da ich schon lange immer wieder auf der Suche war nach einer tieferen Sexualität, verbunden mit Spiritualität. Aber in Gesprächen mit anderen Menschen aus verschiedenen Ländern hörte ich, dass sie zur gleichen Zeit die gleichen Visionen hatten. Da wusste ich, es hat mit einer größeren Wandlung zu tun.

Zum Abschluss unseres Aufenthalts in Pamukkale bekam ich sogar noch ein persönliches Geschenk. Wir erhielten die Aufgabe, das Erdinnere unter den Quellen wahrzunehmen. Ich rutschte in eine große Kristallhöhle, wunderschön, ich war sehr berührt! Es war dunkel und zugleich funkelnd in dieser Höhle, sie war riesengroß und voller wunderbarer Energie — ein Reichtum! Plötzlich kam eine Wesenheit auf mich zu und pflanzte mir in jede Hand einen Kristall mit den Worten: „Geh und heile weiter!" Beim Austausch am Abend erfuhr ich, dass die Kristalle für das neue Zeitalter bestimmt sind, das auch das Kristallene Zeitalter genannt wird.

Dritte Reise nach innen: Balkan (Herzöffnung)

Nach dieser Reise wusste ich, dass auch die nächste Reise für mich wichtig sein würde. Ich spürte, dass mein Prozess noch eine Abrundung brauchte. Also ging ich mit auf die Balkanreise in dem Wunsch, mehr über die neue Sexualität zu erfahren. Die Reise ging ja schließlich zum Sexualchakra von Europa.

Am meisten überraschte es mich, dass durch die Landschaftsenergien nicht das Sexualchakra, sondern das Herzchakra angesprochen wurde. Herzöffnung war wieder ganz stark spürbar. Das heißt: Neue Sexualität ist nur erfahrbar durch Herzöffnung. Ich war erstaunt, wie viele Menschen ganz offen von

Sexualität sprachen und viele waren auch auf der Suche nach neuen Wegen zu tieferer sexueller Erfüllung. Ich bekam eine Ahnung, was mit meinen Bildern in der Türkei gemeint sein könnte. Nicht nur Vereinigung zwischen Mann und Frau ist gemeint, sondern dass die Sexualität wie die Liebe auch verschiedene Facetten und Ebenen hat.

Einen Monat nach dieser Reise bekam ich wiederum die Worte dazu. Ich erhielt ein Buchgeschenk, und als ich es öffnete, floss es mir kalt über den Rücken und ich wusste, dass ich sofort mit dem Lesen beginnen musste! Da war dieser Abschnitt, der mir noch weiter Klarheit brachte:

„Visionen einer neuen Sexualität: Richtet eure Konzentration in der Liebe nicht zu intensiv auf die körperliche Vereinigung. Sie ergibt sich, wenn in euch alle Maßnahmen getroffen worden sind, um die eigene innere Getrenntheit zu überwinden. Die körperliche Liebe kann nur dann wahre Erfüllung ermöglichen, wenn die feinstofflichen Ebenen teilzunehmen in der Lage sind. Eure feinstofflichen Ebenen können nur dann teilnehmen, wenn eine innere Resonanz zu dem äußeren Geschehen existiert."
(1)

Nach diesen wunderbaren Erlebnissen, die mir durch die Geomantie und durch diese drei Reisen geschenkt wurden, möchte ich den Impuls weitergeben, den Mut zu haben, mit der Erdwandlung zusammen auf die innere Reise zu gehen. Die dadurch ausgelösten Veränderungen wurden in meinem ganzen Leben und auch bei meiner Arbeit als Heilerin direkt spürbar. Die Heilung erfolgte viel intensiver und schneller. Ich wurde durchlässiger, auch weil dabei Masken fielen. Sie mussten sogar fallen, denn nur so fand ich in meine Kraft. In meiner Kraft kann ich Eigenverantwortung für mich und mein Leben übernehmen. Ich kreiere mein Leben, forme mein Selbst und meine Umgebung. Ich gebe meine Opferrolle auf, nehme das Zepter selber in die Hand. Wenn ich mich heile und Frieden in mir finde, kann ich die Natur, die Wesenheiten und die Menschen heilen. Für mich heißt das: Wenn ich wirklich in meinem Herzen und in meiner Liebe zu mir bin, ist es egal, ob ich putze, koche oder behandle. So wird der Alltag zur Meditation und ich bin in der Glückseligkeit. Das bedeutet auch, im Moment zu leben und im Sein zu sein. Wenn man bereit dazu ist, dann geschieht es.

Anmerkung:
(1) Saint Germain/Sybille Weizenhöfer: Das Tor zum Goldenen Zeitalter, Seeon 2004.

Geistige Hintergründe der Erdwandlung

Thomas Mayer

Einleitung

Seit 1990 beschäftige ich mich mit der Erdwandlung. Den Begriff „Erdwandlung" hatte ich damals noch nicht, er kam erst Jahre später hinzu. Ich erlebte in meiner meditativen Praxis, dass sich im Geistigen ein Vorgang vollzieht, den ich mit „Geburt eines neuen Planeten" bezeichnete. Ich versuchte, dieses Ereignis zu verstehen, zu beschreiben und hielt dazu einige Vorträge (1). Im Jahr 2000 hörte ich auf, darüber zu sprechen. Denn ich lief gegen eine Wand. Niemand verstand, wovon ich zu sprechen versuchte. Auch wenn die Geburt des neuen Planeten für mich eine greifbare Realität war, ich hatte nicht die Ausdrucksmöglichkeiten, dies anderen nachvollziehbar zu machen. Es hörte sich abstrakt oder völlig abwegig an und wurde höchstens freundlicherweise literarisch genommen.

Im Frühjahr 2003 traf mich dann der Blitz: Ich las die Bücher von Marko Pogačnik zur Erdwandlung und hörte die Erlebnisse von anderen Geomanten. Diese nehmen die Geburt des neuen Planeten tatsächlich wahr! Was ich innerlich rein geistig erlebt hatte, nehmen diese in Phänomenen der Äther- und Astralwelt wahr! Dies war für mich ein feierlicher Augenblick. Ich hatte mich schon fast damit abgefunden, ein unaussprechliches Geheimnis mit ins Grab zu nehmen. Nun zeigte es sich in seiner Entfaltung und wurde von anderen Menschen in einer für mich unvorstellbaren Differenziertheit erlebt!

Durch diese Begegnungen konnte ich meine Wahrnehmungen verfeinern. Oftmals habe ich zunächst deren Bedeutung unterschätzt. Vieles entschlüsselte sich erst nach Jahren. Wahrnehmungen zu haben ist das eine, diese zu verstehen ist eine andere Sache. Zu diesem Verstehen war mir oftmals die Anthroposophie — die Wissenschaft der übersinnlichen Welten — eine unverzichtbare Hilfe. Das Verstehen wirkt wiederum auf die Wahrnehmungen zurück und verfeinert diese.

Idealerweise können geistige Forschungsergebnisse von anderen auch erlebt werden. Das ist in meinen Augen eine Basis für die Wissenschaftlichkeit geistiger Forschung. Aber mir ist inzwischen klar geworden, dass dieser Anspruch in der Praxis nur bei ganz einfachen Phänomenen erfüllt werden kann. Bei komplexen Fragen ist es oft zu schwierig, die entsprechenden Erlebniswege zu finden. Dazu reichen unsere Fähigkeiten noch nicht aus. Ein gegenseitiger Austausch ist aber genauso wertvoll und weiterführend. In diesem Sinne möchte ich die Aspekte der Erdwandlung beschreiben, die mir besonders griffig wurden. Darunter sind einige Nüsse, an denen ich lange knacken musste.

Der neue Christus-Äther —
die Erscheinung Christi in der Ätherwelt

Der Äther ist die Lebensbildekraft, aus dem heraus alles Physische gebildet ist. In der Geomantie und in der Anthroposophie werden vier Ätherarten unterschieden: Feuer-, Luft-, Erd- und Wasseräther bzw. Wärmeäther, Lichtäther, chemischer Äther und Lebensäther. Ich erlebe eine fünfte Ätherart, die ich Christusäther nenne. Erstmals konnte ich diesen Christusäther 1996 erleben. Dem ging eine lange Vorbereitung voraus. In mein Tagebuch schrieb ich damals:

„Am Sonntag, den 15. März 1996 hatte ich in der Aufwachphase ein Erlebnis, das mich immer noch sehr beschäftigt. Es war die Erscheinung Christi. Zum einen war mein Blick ganz sinnlich, das heißt, ich blickte auf die Erde. Gleichzeitig war ich in einem rein gedanklichen Element. Ich dachte die Erde. Die Sinneswahrnehmung war gedanklicher Art. In dieser Verfasstheit teilte sich mir der Christus mit. Es war sofort klar, dass es der Christus ist. Seither weiß ich, dass der Christus im Denken lebt. Dort ist sein Zuhause. Jedoch in einem Denken, außer dem nichts ist, das ganz in sich selbst ist, in Selbsterfassung ist. In einem Denken bei höchster Bewusstheit, genauso bewusst wie eine Sinneswahrnehmung. In dieser Bewusstseinsverfassung ist Christus. Er hat große Kraft, da in sich lebend. Und ist helles Licht, Bewusstseins-Licht. Christus ist der Erdengeist, den ich aber erst dann erlebe, wenn ich vertiefter in der

Erde lebe, wenn ich zu den Sinnesbeobachtungen ein Verhältnis wie zu einem Gedanken im sich selbst erfassenden Denken habe."

Diese stammelnden Worte können nur einen Hauch von dem heiligen Ernst dieses Erlebnisses vermitteln. Es war ein Einschlag in mein geistiges Leben, ein regelrechter Ankerpunkt. Wenn ich hier von Denken spreche, so ist damit nicht Verstandesdenken gemeint, sondern Bewusstseinsklarheit, gesteigerte Wachheit. Denken heißt hier: sich selbst erfassende, selbst gewahr werdende Bewusstseinsaktivität. Bevor ich mich in diese Verfassung bringe, erlebe ich nicht, dass ich denke, und kann genau genommen gar nicht von Denken sprechen. Aus solcher sich selbst gewahr werdender Bewusstseinsaktivität entstehen nicht nur Gedanken, sondern eben auch die Sinneswahrnehmungen. Wenn ich hier von Christus spreche, so sind zum Verständnis die kirchlich geprägten Glaubensvorstellungen eher hinderlich. Als Christus erlebe ich das Geistwesen, das den ganzen geistigen Kosmos durchdringt, alle Engelhierarchien, alle Elementarwesen, fast alle Widersachermächte. Er ist in der geistigen Hierarchie die größte und vielseitigste Kraft.

Ich habe seither in der Meditation immer wieder den Bewusstseinsweg zum Erleben des Christusäthers geübt. Das „Anfängerglück" wiederholte sich natürlich nicht, es wurde zum Hoffnungsschimmer für die Durststrecken. Ich gehe dabei von einer konkreten Sinneswahrnehmung aus und konzentriere mich auf meine eigene Tätigkeit in der Wahrnehmung. Diese eigene Tätigkeit vergessen wir normalerweise völlig, da wir von den Wahrnehmungsinhalten eingenommen sind und meinen, die Wahrnehmungen strömen von außen auf uns ein. Demgegenüber konnte ich bisher nur feststellen, dass es gar keine Wahrnehmungen gibt, die ich nicht selbst tue. Wenn ich meine eigene Wahrnehmungstätigkeit meditiere und in ihr aufwache, dann erlebe ich ein Ausströmen. Ich erlebe, dass ich die Wahrnehmungen erzeuge. Es ist das gleiche Erleben, wie wenn ich einen Gedanken denke und gleichzeitig das Gedankenerzeugen meditativ erlebe. In diesem Ausströmen der Wahrnehmungen kommt sofort hinzu, dass ich mich in Christus schwimmend empfinde. Ich nehme an etwas Höherem teil. Das heißt: Wahrnehmen ist insoweit kein persönlicher Vorgang, sondern ein kosmischer Vorgang, an dem Christus beteiligt ist.

Ich habe jahrelang angenommen, dass es sich hier um etwas rein Geistiges handelt, da ich in dieses Erlebnis ja nur durch einen Ich-Griff komme. Inzwischen ist es mir aber klar geworden, dass ich mich hierbei im Ätherplan bewege. Es handelt sich aber nicht um gewöhnlichen Äther, sondern um einen „geichten", einen vergeistigten Äther. Dieser Christusäther hat nach meinem Erleben folgende Aspekte:

– Er fühlt sich wie Bergkristall an, rein, klar strukturiert, durchsichtig milchig weiß, strahlend und ernährend.
– Ich erlebe den Christusäther von meinem Herzen und gleichzeitig von meiner Stirn ausströmen. Auch der Rückenraum vom Herzen aufwärts ein gutes Stück über den Kopf ist bei der Produktion beteiligt. In dieser Sphäre zieht er sich zusammen.
– Er tritt nur in der Ich-Form auf, das heißt, ich kann ihn nur selbst erzeugen und ihn in diesem Erzeugen erleben. Ich kann ihn nicht von außen ansehen. Ich erlebe immer deutlich, er ist mein Produkt, er geht von mir aus — gleichzeitig lebt in ihm etwas Überpersönliches, mich weit Überragendes, nämlich die Christus-Wesenheit.
– Mit dem Christusäther ist immer ein Freiheitserleben verbunden. Er ist der Äther der Freiheit, der sich auf nichts als auf sich selbst stützt.
– Der Christusäther ist die ätherische Innenseite der auf die Sinneswelt gerichteten Konzentrationskraft. Zunächst erlebe ich die auf die Sinneswelt gerichtete Konzentrationskraft. Was ist diese Konzentrationskraft? Wenn ich diese selbst meditiere und tiefer erfasse, dann kann ich zum Erleben des Christusäthers kommen. Noch unverständlich ist mir, warum dieses Erlebnis bei Konzentrationskraft, die auf Sinneswahrnehmungen gerichtet ist, leichter eintritt als bei Konzentrationskraft, die auf einen Gedanken oder Satz gerichtet ist.
– Der Christusäther ist bei jeder ätherischen Wahrnehmung beteiligt. Durch ihn kann ich andere Äthergebilde wahrnehmen. Das habe ich lange übersehen, da es ja schon schwierig genug ist, ätherische Wahrnehmungen zu haben.
– Ich habe den Eindruck, dass der Christusäther die Basis für das neue natürliche Ätherhellsehen ist. Um andere Ätherarten

wahrzunehmen, muss ich die Wachheit und das Ich-Bewusstsein, das mir die Sinneswelt schenkt, mit auf den Ätherplan nehmen. Die anderen Ätherarten geben mir nicht diese Wachheit und Ich-Bewusstsein und sind deshalb normalerweise verborgen. Dagegen schenkt mir der Christusäther Wachheit und Ich-Bewusstsein direkt in der Ätherwelt. Er weckt mich in der Ätherwelt auf — aber nur, wenn ich ihn fokussiere! Damit macht er die anderen Ätherarten für mich sichtbar. Da der Christusäther potenziell jedem zur Verfügung steht, sind heute ätherische Wahrnehmungen mit geringer Vorbereitung möglich. Ich habe den Eindruck, dass dies früher nur nach einer langen Schulung oder Einweihung bzw. im Einzelfall durch angeborene Veranlagungen möglich war.

– Die Gruppe der neuen Christus-Elementarwesen, die ich noch beschreibe, kann man daran erkennen, dass ihr Ätherkleid aus diesem Christusäther besteht.

– Ich kenne einige Orte, die mit Christusäther sehr stark durchzogen sind. Diese fühlen sich fast nicht mehr materiell an und ich wundere mich, dass ich trotzdem noch Materie wahrnehmen kann. Offensichtlich ätherisiert der Christusäther die physische Welt.

Ich kann nicht sagen, seit wann es möglich ist, diesen Christusäther wahrzunehmen. Ich habe ihn 1996 zum ersten Mal erlebt, habe aber den Eindruck, dass dieser Zeitpunkt vor allem mit meiner eigenen Entwicklung und meinem damaligen Lebensalter (30 Jahre) zu tun hat. Rudolf Steiner sprach 1911 davon, dass gegen Ende des 20. Jahrhunderts Christus im Ätherischen wiedererscheinen werde. Christus ist das kosmische Ich. Wenn er im Ätherischen auftritt, dann gibt er dem Äther Ich-Qualität, was die beschriebenen besonderen Eigenschaften des Christusäthers verständlich macht. (2)

Das Auftreten der Christus-Elementarwesen

Sehr stark wirkt sich die Erdwandlung im Bereich der Elementarwesen aus. In der Natur sind Erdwesen, Wasserwesen, Feuerwesen und Luftwesen bekannt. Inzwischen gibt es überall eine fünfte Gruppe, die Christus-Elementarwesen. Ich wurde auf diese 2003 durch Wolfgang Schneider und Fritz Bachmann aufmerksam gemacht. Beide konnten beobachten, dass die Bildung dieser neuen Elementarwesen erst kurz vor der Jahrtausendwende begann.

Ich übe die Wahrnehmung dieser neuen Elementarwesen regelmäßig und konnte dabei folgende Erfahrungen machen:

– Ich finde sie überall, in fast jedem Park, fast jeder Straße, fast jedem Raum.
– Sie gehören zum festen Bestandteil im Reigen der Naturelementarwesen und fügen sich gut ein. Es ist wie eine neue Instrumentengruppe im Orchester, die den Gesamtklang der Elementarwelt verändert. Vermutlich wurden die „alten" Elementarwesen durch die Christus-Elementarwesen verwandelt — leider kann ich das Vorher und Nachher nicht vergleichen.
– Ich erlebe sie meistens so: Sie verströmen eine Harmonie, erlösende Milde, Güte und Heiligkeit in der Landschaft. Sie haben für die menschliche Seele eine wohltuende, erlösende, ausgleichende und heilende Wirkung. Mein Herz ist immer sehr stark angesprochen, insbesondere das vordere und hintere Herzchakra in gleichem Maße. Außerdem spricht oft das Halschakra an. Ich fühle mich um Brust und Hals wie in Watte eingepackt. Die Bewegungsgeste ist die Senkrechte, das Aufgerichtet-Sein und gleichzeitig die Waagrechte, das Über-die-Landschaft-ausgebreitet-Sein. Die Substanz ist je nach Individualität des Elementarwesens manchmal golden oder weiß, zähflüssig oder luftig. Wenn ich ätherisch blicke, dann erlebe ich ihre Äthergestalt wie ein aufrechtes, glänzendes Oval, das aus dem oben beschriebenen Christusäther besteht.
– Ich habe diesen Elementarwesen mehrmals die Frage gestellt: Wo kommt ihr denn her? Und ich wurde dann immer in einen Bereich geführt, wo ich nur sagen kann: das ist die Substanz des Christus. Deshalb finde ich die Bezeichnung „Christus-Elementarwesen" am treffendsten. Sie sind die Repräsentanten Christi in der Ätherwelt.
– Mehrmals habe ich erlebt, dass ein Christus-Elementarwesen wie eingepackt dastand. Erst durch die Herzensbegegnung und Ansprache kam es zur Entfaltung und vergrößerte sich. Ich habe es so verstanden, dass diese Elementarwesen durch Menschen aktiviert werden wollen. Sie sind ein „Angebot" der geistigen Welt. Wir müssen aber auch die Hand reichen.

– Mehrere dieser Elementarwesen konnte ich über einen Zeitraum von zwei Jahren immer wieder besuchen — in Hamburg an der Außenalster, in Kempten auf dem Lenzfrieder Höhenrücken, beim Studienhaus Rüspe und beim Seminarhaus Quellhof. In diesen Fällen konnte ich erleben, dass sie ihren räumlichen Umfang, in dem sie zu erleben sind, verdoppelten bis vervierfachten. In Hamburg und in Kempten nehmen sie inzwischen einen Raum von mehr als 200 Meter Durchmesser ein. Wenn das noch einige Jahre so weitergeht, dann ist alles von Christus-Elementarwesen erfüllt! Ich kann aber nicht sagen, ob diese Erweiterung im Wesen dieser Elementarwesen liegt oder Wirkung häufiger menschlicher Kontakte ist.

Im Herbst 2004 besuche ich in Bremen eine Eurythmie-Aufführung. Eurythmie ist eine spirituelle Bewegungskunst, die aus der Anthroposophie stammt. Als die Gruppe einen Steiner-Spruch eurythmisiert, erlebe ich, wie daraus ein Elementarwesen entspringt. Dieses Elementarwesen saust sofort auf mich zu, schlüpft in meine Aura, und ich erlebe mich wie mit einer weiteren Schicht durchdrungen. Dieses Elementarwesen ist ein Christus-Elementarwesen und es ist seither mein dauerhafter Begleiter. Ich nenne es heute einfach „Christi". Ich finde es immer etwas vorne rechts in einem Abstand von ca. 70 cm in meiner Aura. Durch „Christi" kann ich Christus-Elementarwesen in der Natur leichter erleben. Ich achte einfach darauf, wie Christi sich verhält. Verfließt er mit dem Naturwesen, so ist dieses vermutlich ein Christus-Elementarwesen, verfließt er nicht, dann ist es meistens ein anderes Elementarwesen. Christi ist mir aber vor allem eine Hilfe, innerlich im Lot zu bleiben. Er ist immer ausgeglichen und guter Dinge, vor allem in heiklen oder geistig gefährlichen Situationen. So ein „cooler" Begleiter ist hilfreich. Sein Entstehen verstehe ich so: In der Eurythmie, die ja ein Gefäß für die geistige Welt sein will, konnte Christus hereinwirken, und es entstand in einem besonderen Moment das Elementarwesen. Da ich wahrscheinlich der einzige im Saal war, der es wahrnahm, und da ich in meiner Aura noch einen Platz frei hatte, kam es zu mir.

Die neue Verbindung zwischen Menschen und Elementarwesen

Menschen und Elementarwesen haben sich in den letzten Jahrhunderten im westlichen Kulturkreis voneinander entfernt. Die Elementarwesen sind aus dem menschlichen Bewusstsein verschwunden. Durch die Erdwandlung beginnt nach meiner Ansicht ein neues Kapitel der Zusammenarbeit zwischen Menschen und Elementarwesen. Einerseits gibt es immer mehr Menschen, die Elementarwesen empfinden und wahrnehmen können: Ich leite pro Jahr über dreißig Kurse in anthroposophischer Meditation. Dabei sind immer Übungen im ätherischen und astralen Wahrnehmen. Es erstaunt mich immer wieder, dass das geht und wie differenziert die Menschen wahrnehmen können. Mein Eindruck ist, vor zehn Jahren wäre das so noch nicht möglich gewesen.
Andererseits erlebe ich auch von Seiten der Elementarwesen der Natur, dass diese ein großes Interesse an einem Kontakt mit den Menschen haben und auf Menschen, die Bereitschaft zeigen, aktiv zugehen.

Ich möchte einen bestimmten Aspekt dieser neuen Zusammenarbeit beschreiben, den ich erstmals im Sommer 2005 anlässlich einer Reise zu den Plitvicer Seen in Kroatien erlebte. Dieses Naturweltwunder ist eine verschachtelte Seenlandschaft voller Wasserfälle und Wasserspiele. Die Seenlandschaft wurde durch wachsende Steine gebildet. Das Wachstum der Steine wird durch eine Art von Algen verursacht. Unklar ist jedoch, warum dies so konzentriert an dieser Stelle des Flusses auftritt und an anderen Orten des Flusslaufes nicht so stark.

Wir bewunderten zwei Tage lang dieses Wunder. Ich suchte mehrere größere Wasserwesen, verband mich im Herzen mit diesen und fragte sie nach ihrem Ursprung. Jedesmal wurde ich von den Wasserwesen in die Stimmung einer frommen, lauteren, betenden Menschengemeinschaft und zu einem herrlichen Sphärenmenschen, einem weit entwickelten Toten, geführt. Ich wurde von den Wasserwesen nicht zu einem Engelwesen geführt, wie ich es sonst kenne, wenn ich Naturelementarwesen nach ihrem Ursprung frage. Nach und nach wurde es mir klarer. Vor etwa 500 Jahren muss in der Gegend der Plitvicer Seen eine kleine, bescheidene, klösterliche Gemeinschaft gelebt haben. Im Zentrum stand eine heilige Frau. Das Geheimnis dieser Gemeinschaft war die Innigkeit und Seligkeit ihres meditativen Gebets. Mit dieser Substanz wurden die Elementarwesen der Landschaft durchdrungen. Die Gemeinschaft beschäftigte auch die Frage, wie die Religiosität des Volkes in Zukunft gepflegt werden kann. Zu Lebzeiten wurden diese Impulse und Kräfte veranlagt, im nachtodlichen Leben entfaltete es sich dann. Das innige Gebet entwickelte sich für die Elementarwesen zu einem neuen Grund, auf dem sie stehen können. Sie stehen nicht mehr in Engelwesen, sondern sie stehen nun in den Geistern der Sphärenmenschen dieser Betgemeinschaft. Und die Frage nach der Pflege der Religiosität entwickelte sich zum Wachstum der Steine und zur Schaffung dieses Naturweltwunders. Jährlich kommen hunderttausende Besucher, die trotz Bewaffnung mit Video und Fotoapparat im Innern der Seele angerührt werden und die Heiligkeit und Religiosität der Natur empfinden. Wer einen emotionalen Beweis für Gott sucht, dem empfehle ich einen Besuch der Plitvicer Seen.

An diesem Fall wurde mir das zukünftige Verhältnis zwischen Mensch und Elementarwesen deutlich. Die Engelwesen ziehen sich aus der Leitungsaufgabe für Elementarwesen allmählich zurück und übergeben diese Aufgabe an Menschen. Diese müssen hier nicht die Details kennen, dafür sind die Elementarwesen zuständig. Sie müssen den Willen, die Idee und die geistige Anbindung liefern.

Man könnte jetzt fragen: Was soll dieses Beispiel von vor 500 Jahren, wenn es um eine Erdwandlung geht, die innerhalb der letzten Jahrzehnte stattgefunden haben soll? Ich denke hier so: Jede Entwicklung hat immer ihre Vorläufer. Die meisten Aspekte der Erdwandlung wird man punktuell auch schon früher entdecken können. Jedoch sind diese Aspekte durch die Erdwandlung jetzt verallgemeinert.

Seit dem Plitvicer-Seen-Erlebnis achte ich in der Begegnung mit Elementarwesen auf diesen Aspekt. Ich erlebe seitdem immer wieder Elementarwesen, die auf Menschengrund stehen oder stehen wollen. Mir kommt zum Beispiel eine Zwergenschar im Stuttgarter Kulturzentrum Forum 3 in den Sinn. Diese litten darunter, dass sie von der Engelwelt abgeschnitten waren, aber noch keinen richtigen Menschenboden fanden und somit in der Luft hingen. Dann erlebte ich eine Art Verdauen in mir und wie die Zwerge wieder zufriedener wurden. Dadurch, dass ich sie mit meinem Aufmerksamkeitslicht und meiner Herzenswärme wahrnahm und durchdrang, haben sie den von ihnen gewünschten neuen Boden erhalten. Ich muss damit rechnen, dass ich noch lange mit dieser Zwergenschar verbunden bleibe.

An spirituell ausgerichteten Orten, Tagungshäusern, Landwirtschaften usw. konnte ich schon oft Elementarwesen erleben, die von Menschen getragen sind. Die jeweiligen Menschen müssen das nicht bewusst erleben, es reicht hier die liebevolle, offene Aufmerksamkeit. Des Weiteren habe ich festgestellt, dass diese Elementarwesen auf Menschengrund oftmals eine starke Verbindung zu Michael haben und Kräfte von diesem erhalten. Insoweit gibt es michaelische Elementarwesen. Ich verstehe das so: Wenn wir Menschen in Freiheit Träger der Erde werden, dann haben wir Michael, den Engel der Freiheit, im Rücken, der seine Kraft zur Verfügung stellt.

Der Willensentschluss zur Geburt des neuen Planeten — die übersinnliche Michaelkonferenz

1990 begann ich eine Forschungsarbeit zur Realität des „Ich". Mir wurde bewusst, dass unser normales Ich nur eine Vorstellung ist. Wo aber ist die Realität des „Ich"? Da wir uns alle für ein „Ich" halten, ist das eine existenzielle Frage. Mir war dabei klar, dass dies nicht nur mit Verstandesdenken gelöst werden kann, denn ich suchte keine Gedanken zum Ich, sondern eine Ich-Erfahrung. Dabei war ich nicht mit einem gespiegelten Ich — gespiegelt in Sinneswahrnehmungen, in Vorstellungen, in Gefühlen usw. — zufrieden, sondern wollte das „Ich pur" finden. Also begann ich einen meditativen Weg und übte durch die Steigerung meiner Konzentrationskraft einen Bewusstseinszustand zu erreichen, in dem Subjekt und Objekt identisch sind, in dem sich die reine Aufmerksamkeit selbst ergreift. Angeregt und begleitet wurde dieses Projekt durch Angela, meine geliebte Partnerin, die 1990 bei einem Verkehrsunfall starb, so dass ich von da an eine lebendige Brücke in die geistige Welt hatte. Ausführlich habe ich diesen Prozess für mich in einem Büchlein „Illusion und Wirklichkeit des Ich" beschrieben.

Das Ich ist überpersönlich
Ich hatte natürlich die allergrößten Probleme, mich in der leibfreien, sich selbst erfassenden Aufmerksamkeit zu halten. Über Jahre kam ich nicht weiter. Dann starb mein Sohn Albert im achten Schwangerschaftsmonat, und am Tag darauf ging es! Mein sofortiges Empfinden war: Das ist ein Geschenk Alberts. Heute weiß ich, dass er beim Meditieren meistens in meiner Aura im Rücken aktiv ist. Er meditiert mit und ohne ihn geht es viel schlechter.

Mit Alberts Unterstützung stellte ich dann bald fest, daß das reale Ich nichts Persönliches, sondern etwas Überpersönliches und Kosmisches ist. Wenn ich mich in der Meditation in der reinen sich selbst ergreifenden Aufmerksamkeit hielt, erlebte ich mich in einem Bereich jenseits alles Persönlichen erwachen. Das Persönliche — alle meine Vorstellungen und Erinnerungen — wurde nun zum großen Hindernis, mich frei und wach in der geistigen Welt zu bewegen. Ich beschrieb dies im März 1993 so:

„Ich gehe nun diesen Weg meiner Realisation als Ich immer wieder, um eine Erlebnissicherheit in diesem für mich neuen Bereich zu erlangen. Doch je mehr ich Stand in der übersinnlichen Welt erlange, um so größer wird die Kraft der Haftung an meiner Person, was mir den Blick in die übersinnliche ‚Umgebung' verschleiert. (Das Wort Umgebung ist zutreffend, gleichwohl es auch wieder unzutreffend ist. Denn diese übersinnliche Umgebung bin ja nur ich als sich realisierendes Ich selbst, dagegen bezeichnet das Wort Umgebung im alltäglichen Bewusstsein den Bereich der um mich herum — also außerhalb von mir — ist.) Bisher bin ich frisch und furchtlos vorangeschritten, doch jetzt erfasst mich ein tiefes Grauen, das mich hindert, den entscheidenden nächsten Schritt zu tun. Ich muss mich jetzt von diesem Kräftepaket oder Erinnerungssubstrat meiner Person, das mich mit festen Banden umschlingt, trennen. Ich erlebe mich aber wie vor einem Nichts stehend. Und

wenn ich diese Trennung vollzöge, würde ich den Schritt in dieses Nichts tun auf die Gefahr hin, Nichts zu werden und zu bleiben. Ich muss mich selbst totschlagen. Davor graut mir. Immer wenn ich mich realisiere, erlebe ich, dass ich vor einem unendlichen, leeren und einsamen Raum stehe, der aber eigenartigerweise wie ein Punkt ist, in den ich mich hineinbegeben muss. Doch damit würde ich alles, aber auch gar alles hinter mir lassen, totschlagen. Hinzu kommt ein Schlaferlebnis. (Damit ist nicht ein Traum gemeint, sondern das Erleben eines realen Geschehnisses im Schlaf selbst.) Dieses Schlaferlebnis bestand in folgendem: Ich realisierte mich und erlebte das mir inzwischen bekannte Grauen vor dem Sprung in das Nichts. Doch dieses Grauen wurde stärker als bisher, denn ich erlebte die Gewissheit, dass dieser Sprung unumgänglich ist und dass gleichzeitig die ganze Welt, in der ich alltäglich lebe, ebenfalls da hinein muss, dass ich also die ganze Welt ebenso wie mich vernichten, totschlagen muss. Und dass dieses Ereignis in Bälde geschehen wird. ‚Alles muss und wird vernichtet werden in nicht allzu langer Zeit!', stand wie als Verkündigung vor meiner Seele. Davon wurde ich sehr traurig. Als ich erwachte, war mein Körper schweißnass, alle Glieder verspannt und das Schlaferlebnis ruht seither als Gewissheit in meiner Seele."

Die Realisierung des Ich spiritualisiert die Welt
In dem geschilderten Schlaferlebnis kündigte sich an, dass die Realisierung des Ich nicht nur eine individuelle Angelegenheit ist, sondern die Welt wandelt, die Erde spiritualisiert. Ich weiß, dass dieser Zusammenhang unseren heutigen Denkgewohnheiten widerspricht. Das kommt daher, weil wir von einer für sich bestehenden Welt und davon getrennten Individuen ausgehen. Dieser dualistische Glaubenssatz sitzt in der Seele sehr tief. Ich schlage mich selbst schon seit Jahrzehnten mit ihm herum und finde immer wieder eine neue Seelenecke, in der er hockt.

Entgegen diesem Glaubenssatz bin ich zu der Einsicht gekommen, dass die Welt und die Ich-Vorstellung nur durch das Zerbrechen des realen Ichs entsteht. Die Welt ist das selbst vergessene reale Ich, das dann als Gegebenes im Bewusstsein auftaucht. Realisiert sich das Ich, so wird die Selbstvergessenheit aufgelöst und die Welt ist Ich, das heißt sich selbst tragender Geist. Die Welt ist dann nicht mehr ein Ding außerhalb von mir, sondern wird zu konkreten individuellen Geistwesen, die in mir sind. In der Geomantie und in der Anthroposophie wird die differenzierte Wahrnehmung dieser Geistwesen geübt.

Weiter wurde mir klar, für den einzelnen Menschen ist das Ziel der spirituellen Entwicklung über die Schwelle zur geistigen Welt das Aufwachen im überpersönlichen, kosmischen Ich. Doch wenn ich im kosmischen Ich aufwache, verändere ich dieses. Und da das kosmische Ich nicht auf einen Einzelmenschen beschränkt ist, verändert sich damit die ganze Welt. Die spirituelle Entwicklung ist somit keine Privatangelegenheit, die man für sich allein im Kämmerchen vollziehen kann, sondern ist immer eine Weltwandlung.

Für die Welt sieht es so aus: Die Form, in der die Welt für uns heute auftritt, ist Folge unserer Bewusstseinsverfassung. Planeten sind in der esoterischen Sprache Bewusstseinsverfassungen. Der Planet Erde ist das Gegenstandsbewusstsein. Diese heute übliche Bewusstseinsverfassung besteht gerade darin, dass sie sich selbst gegenüber bewusstlos ist und deshalb überhaupt nichts davon weiß, wie stark sie selbst mit dem Auftreten der irdischen Welt, in der wir leben, zusammenhängt. Deshalb meinen wir, dass es eine irdische Welt unabhängig von unserem Bewusstsein gibt. Wenn wir im realen Ich das Gegenstandsbewusstsein spiritualisieren, spiritualisieren wir damit auch die Welt: Die alte Erde wird vernichtet und ein neuer Planet entsteht. Dieser neue Planet besteht nicht aus der bekannten Materie. Seine Substanz ist ausschließlich Ich-Bewegung. Man kann diesen Planeten nicht von außen betrachten, sondern man kann ihn nur selbst hervorbringen.

1996 fasste ich es so zusammen: *„Die Entdeckung des sich realisierenden Ich ist der Umschlagpunkt der Weltentwicklung. Bislang hatten wir es mit einer Veräußerlichung des sich realisierenden Ich zu tun — nun beginnt die Verinnerlichung des Veräußerlichten. Die Bedeutung dieses Sachverhaltes kann nicht hoch genug eingeschätzt werden."*

Der Willensentschluss zur Geburt des neuen Planeten
Mit diesen hier angedeuteten Erlebnissen und Erkenntnissen

wuchs in mir die heiligste Verpflichtung, Verantwortung für die Geburt des neuen Planeten zu übernehmen. Mir war klar: Es geht jetzt um einen Willensentschluss. Ich muss freien, reinen und starken Willen erzeugen. Diesen Willen zu pflegen, war dann über mehrere Jahre meine meditative Beschäftigung. Ich hatte dabei immer das Empfinden, dies ist das Wichtigste, was ich jetzt in meinem Leben tun kann. Es hängt viel davon ab, dass ich es tue. Die Verantwortung für die Weltentwicklung ruht auch auf meinen Schultern. Diese heilige innere Substanz, die meine Seele erfüllte, kann ich nicht in Worten schildern. Dennoch einige Tagebucheintragungen aus diesen Jahren, die etwas durchschimmern lassen:

„1. Es gibt kein Vorher dieses Entschlusses, keine karmische Vorgeschichte. Hier beginnt ein neues Karma.
2. Dieser Entschluss muss auf Nichts gebaut sein! Es ist der Entstehungsmoment des sich realisierenden Ich. Der alte Mensch muss sterben, es ist die Geburtsstunde des neuen Menschen.
3. Das ist der Kern der Sache: Solange ich den Blick auf ‚neue Erde' habe, so lange schaue ich zu äußerlich und finde keinen Ansatzpunkt.
4. Ich muss auf das sich realisierende Ich blicken, das ist die Kraftquelle! Das sich realisierende Ich ist die neue Erde!" (30. März 1997)

„Die Bedeutung des Entschlusses, den Grund für eine neue Erde durch die Erfassung des sich realisierenden Ichs zu legen, wurde mir klarer: Es ist tatsächlich der Beginn, die Geburtsstunde eines neuen Planeten (Jupiter = aufgebaut aus den Leibern der Menschen). Diese Geburt ist eine geistige Tat! im Innern. Sicher wird diese Geburt in meinem jetzigen Leben nur marginal realisiert werden können. Doch mit dem Geburtsentschluss entsteht ein Kraftfeld, das das weitere bringen wird." (16. April 1998)

Das Erleben wurde durch eine sich wiederholende Imagination immer intensiver. Am 13. November 1999 schrieb ich: *„Seit Jahren habe ich bei entsprechenden Übungen eine bestimmte Imagination. Diese tritt auf, sobald ich mich auf die Tätigkeit der Selbstbeobachtung des Denkens oder Wahrnehmens besin-*

ne. Es ist wie das Eröffnungsbild. Ich bin verwundert: Warum entsteht es? Das Bild ist ein runder, leuchtender, aber nicht blendender Planet, etwa ockergelb, der schwebt, der aber nichts um sich hat. Er hat nicht einmal nichts um sich. Eine Imagination spricht nicht. Eine Imagination für sich ist rätselhaft. Zwischenzeitlich weiß ich, dass dies der neue Planet (Bewusstseinszustand) ist, dessen Geburt das Ereignis des 20. Jahrhunderts ist. Und es liegt nun an uns, ob wir Bewohner dieses neuen Planeten werden oder nicht."

Während ich bis 1999 das Empfinden hatte: wir müssen einen Anfang setzen, hatte ich später das Empfinden: wir sind mittendrin. Am 1. August 2001 schrieb ich:

„Jenseits der Schwelle: Leben auf der untergegangenen Erde
Das 3. Jahrtausend hat begonnen. Was ist unsere Standortbestimmung? Wo befinden wir uns? Wo gehen wir hin? Wo kommen wir her?
Wir kommen von der Erde. Doch diese ist mit dem Ende des 20. Jahrhunderts endgültig untergegangen. Die Zerstörung der Erde war das Ergebnis des 20. Jahrhunderts. Wir haben unseren Standort verloren. Nun wirken wir an der Schöpfung des neuen Planeten mit, der unser zukünftiges Zuhause ist. Dieser neue Planet ist völlig anders als die alte Erde, so anders, dass man es nicht glauben mag."

2003 begegnete ich dann den Schilderungen von Marko Pogačnik zur Erdwandlung und kam in Austausch mit anderen Geomanten. Diese Schilderungen waren für mich frappierend. Ich stand bis dahin ziemlich alleine da. Es ist zum Beispiel nicht so einfach, jemandem zu erklären, dass die Erde eigentlich schon untergegangen ist und wir an einem neuen Planeten arbeiten. Eine solche Aussage hört sich für einen Zeitgenossen recht merkwürdig an. Ich musste lernen, meinen geistigen Standort in dieser Einsamkeit zu bewahren, mich von den Denkgewohnheiten der gegenwärtigen Kultur unabhängig zu halten und mich nur auf meine eigenen Erlebnisse abzustützen. Dennoch wurde nach der Bestätigung durch andere Menschen das Erlebnis der Erdwandlung für mich realer. Vorher hatte der Zweifel, dass ich es vielleicht falsch einschätze, viel mehr Kraft.

Durch diese Bestätigung kam ich allmählich in folgendes Problem hinein: Ich hatte von 1996 bis 1999 ganz stark die Empfindung, verantwortlich für die Erdwandlung zu sein. Als irdischer Mensch kann man natürlich nicht allein für einen solchen Vorgang verantwortlich sein, man ist ja nur einer unter Milliarden Menschen und hat immer eine Mitverantwortung, nie eine Vollverantwortung. Ich hatte aber sehr stark das Empfinden, ich bin vollverantwortlich. Denn nur in diesem Empfinden kann ich die notwendige Willenskraft erzeugen.

Was liegt hier vor? Wie kam die Erdwandlung in Gang? Wer war beteiligt? War diese Empfindung der Vollverantwortlichkeit nur Ausdruck eines jugendlichen Größenwahns? Diente diese Empfindung nur der Steigerung des Egos?
Ich empfand folgenden Gedanken als logisch: Jenseits der Schwelle des Persönlichen — als überpersönliches, kosmisches Ich —, da greift die Vollverantwortung, denn da agiert nicht mehr ein Einzelmensch, sondern der kosmische Mensch. Das Empfinden der Vollverantwortung fließt aus meinem überpersönlichen Teil herein. Doch was heißt das konkret? Wer ist denn der kosmische Mensch konkret? Diese Fragen blieben einige Jahre offen stehen.

Die übersinnliche Konferenz michaelischer Sphärenmenschen
2005 öffnete sich mir dann ein neuer Bereich der geistigen Welt: die Welt der Toten, die Welt der „Sphärenmenschen". Dieses Wort finde ich treffender als „Tote", denn sie sind ja nicht tot, sondern lebendiger als wir. Es ist auch treffender als „Verstorbene", denn nach dem Durchgang durch das Kamaloka (3) führen sie im Devachan (4) ein eigenes Sphärendasein, bevor sie zu „Vorgeburtlichen" werden. Die Jahre davor konnte ich bewusst nur die zwei schon erwähnten Sphärenmenschen erleben. Nun lernte ich, mich freier in diesem Bereich zu bewegen und habe häufig Begegnungen. Anfang 2006 wandte ich mich dem Rätsel der Erdwandlung und meiner Willenserzeugung wieder zu. Mit den neu errungenen Fähigkeiten konnte ich nun folgendes erleben: Ich gehe mehrmals meditativ in die ab 1996 von mir erzeugte Willenssubstanz zur Geburt eines neuen Planeten hinein, die ich dazu natürlich zuerst wieder neu erzeugen muss. Ich erlebe, dass das Empfinden einer individuellen Vollverantwortung nur die Außenseite ist. Die geistige

Innenseite dieses Willensentschlusses ist eine sehr große Gemeinschaft von Sphärenmenschen, die ganz ineinander verfließen und mit der Kraft des Zeitgeistes Michael — dem Engel der Freiheit — durchdrungen sind. Durchdrungen ist ganz wortwörtlich gemeint. Im ersten Eindruck bin ich mir nicht klar, ob ich es nun mit Michael oder mit Sphärenmenschen zu tun habe. Diese zusammenfließende Gemeinschaft von Sphärenmenschen ist ganz konkret der „Kosmische Mensch". Dieser ist nicht ein großer einzelner Mensch, sondern die tatsächliche Einheit individueller Menschen, die sich als Sphärenmenschen jeweils über den ganzen Kosmos erstrecken.

Faszinierend ist der Teamgeist dieser michaelischen Sphärenmenschen: alle für einen, einer für alle. Ein gleichberechtigtes, brüderliches sich gegenseitig Tragen. Ich fragte mich, wie viele sind beteiligt? Ich kann keine Zahl sagen, es sind aber sehr viele, Hunderttausende oder Millionen. Der Willensentschluss, von dem ich dachte, ich hätte ihn in großer Einsamkeit selbst erzeugt, war tatsächlich der Willensentschluss von michaelischen Sphärenmenschen. Die mir heilige Willenssubstanz war tatsächlich ihr Wille. Wenn ich in das Innere dieses Willens gehe, erlebe ich mich durchdrungen von dieser Michaelgemeinschaft. In diesem Willenswogen sprechen sich diese Sphärenmenschen ab. Diese wollen die Geburt des neuen Planeten, und ich habe dabei — ohne davon die geringste Ahnung zu haben — nur mitgemacht. Nach meiner Ansicht haben sehr viele andere inkarnierte Menschen auch — ohne davon klar zu wissen — an dieser übersinnlichen Konferenz, die zumindest in den Jahren 1995 bis 1998 stattgefunden hat, teilgenommen.

Es kamen dann weitere Erlebnisse hinzu:
– Im Verbinden mit den neuen Christus-Elementarwesen konnte ich oft sehr schnell einen Seelenweg in die Sphäre dieser Michaelgemeinschaft finden. Ich habe den Eindruck, dass dieser übersinnliche Entschluss die Entfaltung der Christus-Elementarwesen angeregt hat oder unterstützt. Vermutlich strahlt dieser Willensentschluss in die Erdenaura aus und bewirkt dort Wandlungsprozesse. Das ist eine These. Ich kann es im einzelnen nicht nachvollziehen.
– 2006 kam ich mit einem kräftigen und impulsierenden Sphärenmenschen dieser Michaelkonferenz in Kontakt: mit dem

Geist, der früher Helmuth Moltke war — oberster Führer der Deutschen Armee bis 1914, gestorben 1916. Ich kann jetzt nicht in Einzelheiten gehen, das wäre zu ausführlich, sondern möchte mich auf das hier Wesentliche beschränken: Dieser Geist ist eng mit der Anthroposophie verbunden. Er arbeitet freudig und kräftig daran, gelebte Spiritualität in unserer Kultur anzuregen. Sein Auftreten in meiner Aura war meistens mit weltmännischer Weite, freilassender Führungskraft, unternehmerischer Zuversicht und viel Motivation verbunden. Mit so jemandem arbeitet man gerne zusammen. Gleichzeitig erlebte ich einen Inkarnationswillen, der etwa auf das Jahr 2030 abzielt und mit dem Impuls einer spirituellen gesellschaftlichen Sozialgestaltung verknüpft ist. So einen Impuls kann man ja nicht allein umsetzen. Also fragte ich nach und konnte erleben, dass es viele weitere Seelen der Michaelkonferenz mit ähnlichem Inkarnationswillen gibt. Auch das ist ein Ausstrahlen dieses übersinnlichen Willensentschlusses, die Erde zu tragen. Diese Sphärenmenschen wollen bis dahin möglichst gute gesellschaftliche Bedingungen erreichen, so dass sich ihre spirituellen Fähigkeiten entfalten können und nicht in einem Klima der Missachtung und materialistischer Blindheit verdorren. An diese Kraft können wir anschließen.

Das Zusammenwirken von inkarnierten Menschen und exkarnierten Sphärenmenschen in der übersinnlichen Michaelkonferenz
Wie geht es, dass inkarnierte Menschen durch meditativ-geistige Arbeit den michaelischen Sphärenmenschen dazu verhelfen können, die Erdwandlung zu impulsieren? Vom inkarnierten Standpunkt aus hört sich das eher unglaublich an — die michaelischen Sphärenmenschen sind uns geistig doch völlig überlegen? Ich lebe im Januar 2007 einige Tage mit dieser Frage und nehme sie in die Meditation und stelle sie den michaelischen Sphärenmenschen. Ich halte mich in dieser Frage in reiner leibfreier Konzentration und bemerke nun, dass ich mich verwandle. Ich erlebe mich als ein verzweigter weltumspannender Engelorganismus und mache verschiedene Erfahrungen, die ich nun in Gedankenform darstellen möchte:
– Es handelt sich hier um eine intuitive Erkenntnis, d. h. mich selbst gibt es in diesem Moment nicht mehr, sondern ich bin die anderen Geistwesen und lebe deren Leben. In die höheren

geistigen Welten, in der die michaelischen Sphärenmenschen leben, kommt man nur in der Intuition. Mit der Imagination (selbstbewegliche, wesenserfüllte Bilder) oder mit der Inspiration (Gespräch mit Geistwesen) kann man dieses Geistgebiet nicht erreichen. Ich achte auf solche Unterschiede, da sie eine gute Möglichkeit der Plausibilitätskontrolle der Wahrnehmungen sind.

– Ich kann nicht eine einzelne Seele erfassen, in der ich lebe, es ist vielmehr eine Gemeinschaftswahrnehmung. Da ich immer die Quelle sehen möchte, bin ich damit nicht zufrieden und stelle innerlich die Wahrheitsfrage. Daraufhin fällt mir auf, dass mein Engel dafür bürgt und alle Erlebnisse mit seiner warmen Kraft umhüllt. Damit ist ausgeschlossen, dass es sich um eine Identifikation mit Widersacher-Engeln oder -Toten handelt, die mir etwas vorzutäuschen versuchen. Mit diesen zwei „Kontrollen" bin ich mit der Reinheit der Wahrnehmungen zufrieden.

– Ich erfahre, dass die michaelischen Sphärenmenschen in ihren Engeln leben, die mit vielen anderen Engeln verbunden sind. Dieser weit vernetzte Engelorganismus durchdringt den ganzen geistigen Kosmos und insoweit durchdringen sich auch alle Sphärenmenschen gegenseitig. Michael als leitender Zeitgeist durchweht als innerer Orientierungs- und Kraftquell diesen weltumspannenden Organismus. Damit steigert sich die Erlebnisfähigkeit dieser Sphärenmenschen ins Unvorstellbare. Die weite geistige, astrale und ätherische Welt wird für sie sichtbar. Sie haben genau das, was uns inkarnierten Menschen fehlt. Für uns sind die übersinnlichen Welten zunächst unsichtbar und nur mit großer Anstrengung können wir einzelne Phänomene erhellen und in die Wahrnehmung bringen. Die übersinnliche Wahrnehmung fällt den Sphärenmenschen dagegen ganz einfach, alles ist offen und zugänglich. Dies ist nicht bei allen Verstorbenen der Fall, viele leben in Dämmerung. Es ist aber bei den Mitwirkenden der übersinnlichen Michaelkonferenz am Ende des 20. Jahrhunderts der Fall.

– Durch dieses Aufgehen im Engelorganismus sind die Michaeliten vom Willen der Engelhierarchien erfüllt. Da sie sich bewusst mit dem christlichen Engelmeer verbunden haben und sich von den luziferischen oder ahrimanischen Engelscharen distanziert halten, ist es gar nicht anders möglich, als dass sie selbst den Willen der michaelischen Engelhierarchien wollen.

Doch der Inhalt der übersinnlichen Michaelkonferenz ist der freie Menschenentschluss, dem Kosmos eine neue Grundlage aus Freiheit und Liebe zu geben. Der freie Menschenentschluss, die Erde zu wandeln und umzustülpen. Die michaelischen Sphärenmenschen ersehnen mit den Engeln diesen freien Entschluss. Doch genau diesen können sie selbst nicht vollziehen, da sie in ihrem Willen in die Engelhierarchien einverwoben sind. Die Michaelkonferenz kann also nur gelingen, wenn auch Menschen daran teilnehmen, die nicht in den Engelwillen einverwoben sind. Die Michaelkonferenz kann nur gelingen, wenn inkarnierte Menschen daran teilnehmen, die überhaupt nichts davon wissen, was sich in der geistigen Welt zu gleicher Zeit abspielt.

– Die inkarnierten Menschen können den fehlenden, dringend notwendigen Teil beisteuern: den freien Willensentschluss, die Erde zu tragen und mit Liebe zu durchdringen. Die Sphärenmenschen erleben dies konkret so: Eingespannt in den Engelorganismus blicken sie auf das Menschenreich der Erde und erleben eine schwarze undurchdringliche Wolke, gebildet aus ahrimanisiertem Denken, Fühlen und Wollen. Wenn nun ein inkarnierter Konferenzteilnehmer innerlich diesen freien Willensentschluss, den Kosmos zu tragen, existenziell fasst, so erzeugt er eine strahlende, kristalline, durchchristete Willenssubstanz, die aus dieser schwarzen Wolke hervorquillt wie eine Fontäne. Für die Sphärenmenschen ist dies immer ein großer feierlicher Festakt, ein Wunder! Sie nehmen diese freie Willenssubstanz auf, man könnte sagen, trinken sie und haben dann folgendes Erlebnis: Sie verlieren mit diesem Zaubertrank die bisherige Art des Einverwobenseins in den Engelorganismus und erleben sich in ihrem Ich selbst ruhend. Es findet ein regelrechter Schnitt statt. Sie haben eine Art von Ich-Erlebnis, das sonst nur inkarnierten Menschen möglich ist. Diese freie Willenssubstanz gibt ihnen eine neue Grundlage. Von dieser Grundlage aus können sie sich wieder in den Engelorganismus hineinleben, ohne diese Grundlage zu verlieren. So durchdringen die michaelischen Sphärenmenschen die geistige Welt mit der neuen Freiheitssubstanz. Ich vermute, dass dies ein notwendiger Impuls für die Erdwandlung ist, die wir seither auf den verschiedenen übersinnlichen Ebenen wahrnehmen. Ein einziger Schluck von dieser Willenssubstanz reicht für die unendlich große Schar michaelischer Sphärenmenschen. Es gab

aber nicht nur einen einzigen Schluck, sondern sehr viele aus verschiedenen Quellen.
– In die Michaelkonferenz fließt von den Sphärenmenschen die Übersicht und der Weltzusammenhang ein. Die inkarnierten Konferenzteilnehmer haben keine bewusste Wahrnehmung davon, was ihre meditative Arbeit bewirkt — nur deshalb können sie diese köstlichen Substanzen erzeugen. Sie wissen oft nichts von den Zusammenhängen, sondern fühlen sich einsam und allein. Doch genau dies bringt die Freiheitskraft in die geistige Welt, die dort fundamentbildend wirkt. Ein passendes Bild dieser Zusammenarbeit ist das Bild des Lahmen und des Blinden. Die willenslahmen Sphärenmenschen können alles sehen, sich aber nicht fortbewegen. Die blinden Inkarnierten können sich mit freiem Willen fortbewegen, tapsen aber im Dunkeln. Alleine kommt keiner weiter, erst als der Blinde den Lahmen auf die Schultern nimmt, können Sie ihren Weg fortsetzen.
– Es gibt noch einen zweiten Weg, auf dem der Michaelkonferenz diese freie Willenssubstanz zufließt. Einige Sphärenmenschen erzeugten diese Willenssubstanz in ihrer letzten Inkarnation und können sie dem Blick auf diese Inkarnation entnehmen und so der sehnsüchtig danach dürstenden Michaelgemeinschaft zuführen.

Die Menschen-Freiheit wird von der christlichen Engelwelt unterschiedlich eingeschätzt: Mutig-vertrauensvolles Voranschreiten und skeptisch-besorgtes Abwarten
Weitere Zusammenhänge wurden mir am 7. März 2007 in Hamburg erlebbar:
Wir sind in einer Gedenkveranstaltung zum 100. Geburtstag von Helmuth James von Moltke in der Hamburger Nikolaikirche. Er wurde als Initiator der Widerstandsgruppe „Kreisauer Kreis" 1944 von den Nationalsozialisten hingerichtet. Es gibt Musik, Ansprachen und eine biographische szenische Lesung. Dabei habe ich folgendes Erlebnis: Wie zu erwarten ist Helmuth James von Moltke als Sphärenmensch in dieser Veranstaltung stark anwesend und durchwebt den ganzen Gemeindesaal — mit ihm auch viele andere Seelen, die ich aber nicht greifen kann. Ich konzentriere mich nur auf ihn. Ich frage, in welcher nachtodlichen Verfassung er zur Zeit ist, und kann erleben, dass er im geistigen Gebiet des Devachan lebt, ausgebreitet über weite Regionen und erfüllt und getragen von En-

geln. Ihn gibt es nicht mehr als Person, nur als Individualität. Mit seinem früheren Leben ist er nicht mehr identifiziert, dieses ist zu seiner elementarischen Außenwelt geworden. Mit dem Gedenken an diesem Abend leuchtet diese Außenwelt auf und wird lebendig. Der schon erwähnte Helmuth von Moltke der Michaelkonferenz war der Großonkel von Helmuth James von Moltke. Sie müssen sich in Kreisau begegnet sein und stehen bestimmt auch nachtodlich in einer Beziehung. Also frage ich ihn, ob er mit seinem Großonkel in Kontakt stehe und die michaelischen Impulse mittrage? Doch ich erlebe als Antwort in Worten übersetzt: „Ja, ich weiß von meinem Onkel, er lebt in anderen Regionen. Ich weiß nicht, was er macht, finde es aber befremdlich und traue mich nicht, da genauer hinzusehen." Das wundert mich, da ich Helmuth James von Moltke als sehr geläuterten und wachen Sphärenmenschen wahrnehme, von dem die besten Kräfte in den Erdenkreis fließen. Wie kommt es, dass er ein so distanziertes Verhältnis zu diesem großartigen kosmischen Ereignis der Michaelkonferenz hat? Wie kommt es, dass er dieses weltwandelnde Ereignis noch gar nicht wahrgenommen hat?
Ich bleibe in dieser Frage stehen und warte. Allmählich wird deutlich: Er lebt erfüllt von und hingegeben an Engelgeister. Er will in großer Frömmigkeit den Willen der Engel. Doch den Impuls, die menschliche Freiheit in die höhere geistige Welt zu tragen und so dem geistigen Kosmos eine neue Grundlage zu geben, hält er und seine Engel für nicht möglich, ja sogar für hochmütig gefährlich. Den Rest des Abends bemühe ich mich darum, ihm den michaelischen Impuls näherzubringen. Dabei lasse ich ihn ganz in mich hinein, so dass er durch meine Augen die szenische Lesung mitverfolgen kann.

Mir wird mit diesem überraschenden Erlebnis folgendes klar: Es gibt in der Welt der Sphärenmenschen und der Engel, die im Bereich Christi leben, zwei Gruppen. Die eine Gruppe ist mit Archai Michael und dem Menschen-Freiheitsimpuls verbunden (Michaelkonferenz). Die andere Gruppe steht diesem Impuls skeptisch gegenüber und hält ihn für eine Überforderung der Menschen, die zu Hochmut und Widersacherwirken führt. Diese skeptischen Engel und Sphärenmenschen sind sehr fein und hoch entwickelt. Sie sind Christus in einer frommen und demütigen Art zugewandt und beobachten mit einer gewissen

Bangigkeit die Vorgänge auf der Erde. Die michaelischen Engel und Sphärenmenschen dagegen erleben genau in dem Menschen-Freiheitsimpuls das Erfülltsein von Christus. Sie empfinden, dass sie dadurch in die ersehnte Christusnähe kommen. Sie sind froh, nicht nur in geistiger Entfernung eine fromme Christussehnsucht leben zu können. Was bei den Michaeliten mutvolles, hoffnungsfrohes Voranschreiten ist, ist bei der anderen Gruppe sorgenvolles Abwarten.

Die geistige Welt ist keine einheitliche Welt, sondern es gibt nur wirkende Individualitäten. Insoweit ist jede geistige Aussage davon abhängig, von wem sie kommt. Deshalb kann die Frage, ob der Mensch in Freiheit den Kosmos tragen kann, nicht allgemeingültig beantwortet werden. Der Mensch muss es beweisen, indem er es tut. Michael und die mit ihm verbundenen Geister arbeiten an der Menschen-Freiheit und sind voller Vertrauen das Wagnis eingegangen, die Menschen frei zu lassen. Andere hohe christliche Engel halten die Menschen-Freiheit nicht für möglich und betrachten sorgenvoll abwartend, was Michael als leitender Zeitgeist und enger Vertrauter Christi macht. Michael schreitet unternehmerisch und mutvoll voran, andere Engel wollen vom Ergebnis überzeugt werden. In welchem Engelbereich sich ein Sphärenmensch aufhält, hängt natürlich von seinen Lebensfrüchten ab. Ich habe den Eindruck, dass Menschen, die stark mit dem traditionellen Christentum verbunden waren, sich oftmals mit den skeptischen Engeln verbinden. Wenn die Erdwandlung sogar in der geistigen Welt von vielen nicht bemerkt wird, dann wundert es mich nicht, dass in der Erdenwelt noch mehr Menschen daran vorbeigehen.

Ich behaupte mit diesen Schilderungen, dass die Erdwandlung auch vom Menschen ausgeht — nicht vom irdischen Menschen, sondern vom geistig-kosmischen Menschen unter Mitwirkung irdischer Menschen. Man könnte nun meinen, dies sei ein Widerspruch zu der Aussage, dass die Erdwandlung eine Selbstrettung des Kosmos ist. Ich sehe hier keinen Widerspruch, sondern nur unterschiedliche Gesichtspunkte. Meine Schilderung versucht vom Gesichtspunkt der Sphärenmenschen auszugehen, die in höheren Regionen der geistigen Welt leben. Diese Sphärenmenschen sind nach meinem Erleben das Innere der Welt. Wenn die Welt sich wandelt, dann ist es logisch, dass von diesen ein Impuls ausgeht. Für uns irdische Menschen ist es wie ein Wunder — ein Geschenk — und gleichzeitig eine große Herausforderung und Chance.

Zusammenfassung

Zusammenfassend ergibt sich für mich folgendes Bild (es ist eine Momentaufnahme und entwickelt sich ständig weiter, da ich immer wieder weitere Aspekte entdecke, die ich bislang nicht sehen konnte):

Um die Jahrtausendwende hat eine grundlegende Wandlung der Erde auf übersinnlichen Ebenen stattgefunden. Davon nehme ich wahr:
- In der Ätherwelt tritt eine neue Ätherart auf. Ich nenne sie Christusäther, da das Erleben dieses neuen Äthers mit einem starken und klaren Ich-Erleben und gleichzeitig mit dem Gefühl, in Christus zu schwimmen, verbunden ist.
- In der Elementarwelt ist eine neue Gruppe von Elementarwesen entstanden. Ich nenne diese Christus-Elementarwesen, da sie auf die kosmische Christus-Wesenheit verweisen und sie ihren Ätherleib aus dem neuen Christusäther weben. Diese neuen Elementarwesen sind überall zu finden und durchdringen und wandeln die alten Erd-, Wasser-, Feuer- und Luftwesen.
- Es entsteht eine neue Verbindung zwischen Menschen und Elementarwesen: Einerseits gehen die Elementarwesen mehr auf die Menschen zu. Andererseits schaffen Menschen für die Elementarwesen schrittweise neuen geistigen Grund. Standen die Elementarwesen bisher in Engelgeistern, so gibt es immer mehr Elementarwesen, die in Menschengeistern stehen, was sich oft erst im nachtodlichen Leben ausgestaltet.
- In den letzten Jahren hat sich eine natürliche Hellfühligkeit in der Menschheit entwickelt. Heute sind Äther- und Astralerlebnisse und karmische Wahrnehmungen in breiten Kreisen möglich, von denen man vor einigen Jahrzehnten nur träumen konnte.
Zusammenfassend verstehe ich dies so: Wir befinden uns gegenwärtig in einem nicht endenden Geburtsvorgang eines neu-

en Planeten. Ein ätherischer Planet — getragen von Menschen — bildet sich parallel zur alten Erde, die damit transformiert und spiritualisiert wird. So wird der Zerfall der Erdenzivilisation verhindert und die Erdenmission in die Zukunft geführt. Der Stoff des neuen Planeten ist der freie Menschenentschluss, die Erde in Zukunft zu tragen. Diesem Vorgang liegt nach meinen Wahrnehmungen ein Doppelereignis zu Grunde:
– Es ist möglich geworden, da die kosmische Christuswesenheit im Laufe des 20. Jahrhunderts in der Ätherwelt der Erde auferstanden ist und diese durchdringt. Doch die Geburt des neuen Planeten erfolgt nur in dem Maße, wie er von uns Menschen innerlich ergriffen und getragen wird. Die kosmische Christus-Wesenheit hat uns Möglichkeiten eröffnet. Was wir daraus machen, liegt in unseren Händen.
– Im Zeitraum von zumindest 1995 bis 1998 hat in der geistigen Welt ein bedeutendes Ereignis stattgefunden. Eine große Anzahl von Sphärenmenschen vereint mit inkarnierten Menschen trafen sich — durchdrungen von dem leitenden Zeitgeist Michael — zu einer übersinnlichen Konferenz. In dieser fassten die Michaeliten den Willensentschluss, die Geburt der neuen Erde und die Transformation der alten Erde zu tragen. Was war das Besondere dieser Michaelkonferenz? Die Verstorbenen hatten bisher keine Freiheit, sondern waren von den Hierarchien erfüllt in die Weltzusammenhänge eingebunden. Ab einer gewissen Ebene des nachtodlichen Lebens haben sie das Ziel der Spiritualisierung der Erde vor Augen und arbeiten an diesem Ziel. Das Besondere dieser Michaelkonferenz war nun, dass es eine „freie" Menschentat in der geistigen Welt war. Von der Erde ist viel Kraft durch freie Menschenentschlüsse eingeflossen, durch gegenwärtig inkarnierte Menschen und durch die Freiheitsimpulse, die die Sphärenmenschen von ihren letzten Leben mitbrachten.

Für die Zukunft bedeutet es in meinen Augen:
– Die neuen Möglichkeiten der Hellsichtigkeit müssen gepflegt werden, damit sie sich entfalten können. Ohne Pflege verschütten die neuen Fähigkeiten oder entwickeln sich krankhaft.
– Gesellschaftlich stehen wir vor der Aufgabe und Möglichkeit, eine Äther-Welle (in Nachfolge der Öko-Welle) anzustoßen. Durch das eigene ätherische Erleben kann der Materialismus im Denken überwunden werden.

– Es bereitet sich eine Inkarnationswelle von Seelen vor, die von der beschriebenen Michaelkonferenz erfüllt sind. Diese inkarnationswilligen Seelen kümmern sich heute um die Schaffung eines entsprechenden kulturellen Umfelds, damit sie ihre neuen spirituellen Fähigkeiten entfalten und in das soziale Leben eingreifen können. Diese Seelen haben den Willen, eine gelebte Spiritualität in unser Kulturleben einzubringen und zu einer breiten gesellschaftlichen Entfaltung zu führen.
– Durch die Erdwandlung hat die Spiritualisierung der Erde eine Basis erhalten. Damit ist das alte Karma — der Materialismus, die menschlichen Verstrickungen und Verletzungen usw.
— natürlich nicht aufgelöst. Aber wir haben eine Grundlage erhalten, um an der Auflösung arbeiten zu können. Durch die Erdwandlung sind wir nicht heil und wir haben keine heile Welt, sondern wir haben die Möglichkeit der Heilung.
– All diese Zusammenhänge sind wunderbar. Es gibt noch so viel zu entdecken und zu tun!

Anmerkungen:
(1) Einige Vorträge wurden veröffentlicht in dem Buch von Thomas Mayer/Johannes Stüttgen: Kunstwerk Volksabstimmung — Die spirituellen und demokratischen Hintergründe der Direkten Demokratie, Wangen 2004.
(2) Mehr dazu im Beitrag „Die Vorbereitung der Erdwandlung durch die Anthroposophie" im zweiten Teil dieses Buches.
(3) Kamaloka heißt wörtlich „Ort der Begierde" (im Sanskrit: kama = Begierde und loka = Ort). In der christlichen Terminologie wird es als Fegefeuer bezeichnet. Zum Kamaloka gehören die vier niederen Partien der Seelenwelt (Astralwelt), in denen der Mensch nach dem Tod jene Begierden ablegen muss, die nur mittels des mit dem Tode abgelegten physischen Leibes befriedigt werden könnten und die ihn noch an das vergangene Erdenleben fesseln.
(4) Als Devachan wird in Anlehnung an die indisch-theosophische Terminologie das Geisterland — die geistige Welt im engeren Sinn — bezeichnet.

Bewusstseinsraum der Stille

Rena Meyer Wiel

Dem Impuls nachzugeben, einen Beitrag zu diesem Buch zu schreiben, bedeutet mir auch, ein Zeitzeugnis abzulegen von der wesentlichen Bedeutsamkeit eines Bewusstseinsraumes der Stille; mit dem Wunsch, auch kommende Generationen zu ermutigen, und die Zeitzeugnisse, die von der Brisanz unserer Gegenwart und Entwicklung ökologisch und weltpolitisch zu berichten wissen, entgrenzen zu helfen mit einer Perspektive der Wahrnehmung von jetzt schon Lebendigem, aus dem Ewigen entgegenkommendem Geist, ohne dessen Inspiration weder die Wandlung der Schöpfung, noch ein Bewusstsein dafür möglich wäre.

An dem Tag, an dem ich darüber nachdachte, was ich darüber schreiben möchte, stand ich im Kölner Hauptbahnhof und der Zug war eingefahren, und das Bild zitterte wie ein leicht irritierter Fernsehempfang; ob aufgrund der Vielfalt von Geräusch und Bewegung in einem in sich vollkommen stillen heiligen Raum, der all das duldet wie einen unwirklichen Besucher, der sich mit seiner eigenen Lautstärke in seiner Realität zu behaupten versucht, oder ob auf Grund eben dieser Unwirklichkeit des Geschehens, das sich sichtbar in ein zitterndes und vergängliches Bild einer Projektion von Realität verwandelt, als wäre es lediglich der Nachhall eines vorüber eilenden Reiters, dessen Pferd mit seinem Hufschlag jenen Staub aufwirbelt, aus dem das grenzenlose göttliche und liebende All eine hohe und feine Ordnung formen wird, die eine nächste Welt birgt und die wiederum Spiegel für die Spiegelung einer nächsten sein würde —

das vermag ich nicht zu beantworten, außer mit dem Herzen, das dieses Verstehen der Welt in Gestalt solcher Wahrnehmungen liebt, und auch die Formen, die sich finden, um das zu erfassen, zu ergründen und zu umarmen, was sich in der gegenständlichen Welt als verdichtete Vergangenheit eines beständig forteilenden hohen Bewusstseins verlangsamt hat und ein Eigenleben begonnen hat, um in sich selbst wahrnehmend für die verdichtete Welt zu sein, auch wenn das impulsgebende Bewusstsein schon längst versucht, es wach zu küssen und zu einer Weiterreise zu bewegen.

Einige Jahre, von 1999 bis 2003, bot sich mir die Gelegenheit, im Rahmen der Begegnung mit für das Erdbewusstsein in Wandlung sensibilisierten Menschen u. a. der geomantischen Bewegung über meine Arbeit mit Klang und Stimme in Seminaren und Konzerten gemeinsam Impulse zu setzen im schwingenden Gesamtklang dieser Weiterreise, auch in einem mitgestaltenden Anliegen, und sei es nur als eine ganz persönliche Form von Liebeserklärung an die Kraft der Vision von einem unerschöpflichen Gesamtzusammenklang, der alles in und um uns, Mikro- wie Makrokosmos, und auch den großen Tanz der vieldimensionalen Erscheinungsformen all dessen auf wundersame Weise erfasst und liebend und ordnend wirksam ist, wann und wo auch immer wir den Herzensraum dafür frei geben und in die grenzenlose Möglichkeit dieses Potenzials hineinlauschen, es mit Bewusstsein bewohnen, uns in der Vision beheimaten, statt im Anschein dessen, und ihrem Ruf folgen.

Dass wir im Verlauf dessen, was wir glücklicherweise als Wandlung erkennen und benennen dürfen, die unterschiedlichsten Aufgaben haben, veranlasste mich 2003 zu einem Rückzug aus dieser Form des Arbeitens. Wenn ich seither und heute mein Anliegen beschreiben möchte, dann ist es das, einen Beitrag zu leisten zu der Vision und Verwirklichung eines bewahrenden, bewahrten und bewahrheitenden klingenden Bewusstseinsraumes der Stille, um dem Lebendigen, der gegenwärtigen Bewegung eine ungestörte Entfaltung zu ermöglichen.

Dieser Gedanke und Klang von Hüterschaft gilt dabei Lebensräumen und Völkern, deren naturnahe, die Erde im Wesentlichen achtende und erhaltende Lebensweise von der Rücksichtslosigkeit kurzgreifend denkender Zivilisation bedroht wird, sei es in Afrika oder in Tibet, allerorten und vielfarbig — gäbe es nicht einen Raum der Stille und Erhabenheit, wo ihr wesentliches Sein anmutig überleben kann;

oder den Neugeborenen, Kindern, Jugendlichen unserer Zeit, den kommenden Generationen, die die Entscheidungen für global-ökologische, welt- und friedenspolitische, sowie spirituell verantwortungsbewusste, weil von Herzen anteilnehmende Bewegungen und Veränderungen auch im Kontext mit einer sich verändernden Welt in ihren Händen halten; wie wäre die freie Entfaltung ihres Potenzials und das Geschenk ihres Hier-Seins bedroht von einer massiv ablenkenden, lauten, frequenztechnologisch verantwortungslosen und in ihrem Egoismus sich selbst beschränkenden Welt auf Grund der Interessen einiger ihrer Vertreter — gäbe es nicht einen Raum der Stille und Erhabenheit, in dem sich ihr wesentliches Sein anmutig entfalten kann, da Frieden unser größtes Erbe ist;

sowie allen Segen bringenden Geschöpfen des Meeres, der Erde und des Himmels zusammen, deren gemeinsame Gegenwart in einem vollkommenen Zusammenklang Melodielinien unterschiedlichster Herkunft in ein Lebensgewebe mit einfließen lässt, das in sich selbst dort, wo es lebendig ist, ein Abbild sich höher entwickelnden Lebens, Liebe-begabten Lebens sein möchte, und tatsächlich ist, auch wenn ein jedes Nicht-für-möglich-Halten eines liebenden, gestaltenden, sich entwickelnden Universums jenen Nachhall von Zweifel bewirkt, den es so klar zu überstrahlen gilt mit dem eigenen „Ja" zu einer Reise, deren Verlauf so unvorhersehbar wie vorbestimmt ist; wie wäre allen friedensbegabten Wesen das Geschenk ihrer Anteilnahme und Bewusstwerdung, die ja selbst ein Geschenk ist für die geschenkte Anteilnahme, wie wäre diese erschwert von einer Welt, die das Gewicht ihrer eigenen Realität allem aufzuoktroyieren versucht, um weder ihre scheinbare Kontrolle noch die Illusion von der Ohnmacht des individuellen Menschen verlieren zu müssen, da sie selbst ja schon lange ad absurdum geführt und an ihre eigenen Grenzen gestoßen ist; wie wäre es erschwert, sich die Gnade-Gegenwart zu vergegenwärtigen — gäbe es nicht einen Bewusstseins-Raum der Stille und Erhabenheit, in dem sich wesentliches Sein anmutig wandeln darf.

Mein Wunsch, dass es Klang gibt, der uns in diesem Raum der Stille beheimatet, die bewahrt und verwandelt, findet Antwort in der Musik des Lauschens. Dafür danke ich mit Stille und Gesang und bitte als Zeitgenössin gegenwärtigen Geschehens alle Mitreisenden um ihre Visionskraft des Herzens für die Gegenwart und den Schutz eines Bewusstseins-Raumes der Stille.

den übergeordneten Lichtgedanken mich neu erfinden lassen –
mit jeder Pulswelle meines Seins auf der Erde

durch den Ring der Symphonien
in die Säule der Stille zurücktauchen

Im Geburtsprozess

Sybille Mikula

Ich bin seit Ende 2000 Mitarbeiterin bei „Geomantie Wien — Verein für geomantische Landschaftspflege". Diese Gruppe wurde erstmals 1996 durch Marko Pogačnik inspiriert, und sie wächst und gedeiht.

Anfang der achtziger Jahre bin ich durch die Bücher aus Findhorn (1) auf das Thema „Kommunikation mit der Erde" gestoßen. Damals habe ich zusammen mit meinen Freunden der Gemeinschaft „Bauhütte" eine Art Erd-Akupunktur auf unserem großen Gelände im Südschwarzwald vorgenommen. Viel später erfuhr ich, dass Marko Pogačnik etwa zeitgleich seine Lithopunktur entwickelte und ausübte. Vielleicht handelte es sich hier um ein morphogenetisches Feld? (2) Meine Freunde gründeten einige Jahre später das Heilungsbiotop Tamera in Portugal (3) und kamen in Kontakt mit Marko Pogačnik. Heute steht dort einer der beeindruckenden Geopunkturkreise.

Doch zurück nach Wien. Wir treffen uns zweimal monatlich, um uns an bestimmten (Kraft-)Plätzen unserer Wahrnehmung anzuvertrauen. Während der letzten sechs Jahre konnte ich mitverfolgen, dass sich eine Veränderung des Wesens „Erde" vollzieht. Ich habe den Eindruck, dass die urweibliche Qualität der Erde stark ins Bewusstsein drängt. In unserer Kultur ist diese Kraft ziemlich unbekannt. Ich bin hauptberuflich Astrologin und sehe diese keimende Kraft durch den „Schwarzen Mond — Lilith" repräsentiert. Erst seit wenigen Jahren beschäftigen sich die AstrologInnen mit diesem Lilith-Phänomen. Wir bezeichnen sie als die urweibliche Kraft, die Wilde Frau, die ungezähmte weibliche Natur. Diese Kraft befand sich in den letzten Jahren in einem Geburtsprozess. Ähnlich den Phasen des Geburtsprozesses gab es entspannte Situationen, das Gefühl, es gehe alles leicht voran. Dann wieder war alles verkeilt und verspannt — in der geomantischen Wahrnehmungsarbeit äußerte sich das mehr als einmal als körperliche „Bauchkrämpfe". Ich sehe die großen Naturkatastrophen der letzten Jahre als Ausdruck der Erde, auf sich und ihre Kraft aufmerksam zu machen.

Seit etwa 2004 erlebe ich, dass viele Menschen stark aus ihrer Mitte geraten sind. Es scheint mir, als wären ihre Wurzeln abgerissen und sie taumelten im Strom der großen Ablenkung, die diese Kultur bietet und fördert, dahin.

Bei einer Meditation zur Frage „Was ist eigentlich diese ‚neue Erde'?" sah ich eine Null-Linie, ähnlich wie auf einem Bildschirm im Krankenhaus beim Herzstillstand. Dieses Bild war aber keineswegs beängstigend, sondern wollte mir vermitteln, dass die Welten der Elementarwesen, der Menschen und der Engel sich auf ein und dasselbe Niveau begeben. Sowohl die Elementarwesen als auch die Engel werden menschenähnlicher, das war die Aussage. Die Engelkräfte scheinen auf den Menschen überzugehen. Einer meiner Freunde von Geomantie Wien sah, dass sich im Bereich der Schulterblätter neue Wahrnehmungsorgane ausbilden — ähnlich den Engelflügeln.

Seit Ende 2004 — beginnend mit der Flutkatastrophe in Asien — erlebte ich selbst einen starken Kraftverlust. Obwohl Zeit meines Lebens sportlich, wollte mir körperlich nichts mehr wirklich gelingen. Meine Muskeln waren ungewohnt schwach, die Gelenke schmerzten. Ich ließ mich medizinisch untersuchen, erhielt aber die Diagnose: gesund. Ich sprach mit meinen Freundinnen und Freunden, und ich erfuhr, dass auch sie oft müde und schlapp waren. Manche hatten gar mit ernsteren Krankheiten zu tun. Manches Mal, wenn ich mich ausruhen musste, kam mir die Idee, dass die neue Schwingung der Erde dafür verantwortlich sein könnte. Es schien mir, als ob der Körper zur Ruhe gezwungen würde, damit die Transformation der Zellen vorgenommen werden könne. Wenn man ständig „auf Achse ist", ist der Körper für diese Transformationsarbeit nicht empfänglich.

Ich lerne, diese „wechselnden Gesundheiten" — wie Friedrich Nietzsche seinen Gesundheitszustand nannte — gelassen hinzunehmen und meinen Körper zu bitten, sich sanft wie von Engelflügeln getragen in die neue Schwingung der Erde hineinzuschmiegen. Woher ich diese Gelassenheit nehme? Erstaunt habe ich in den letzten Jahren immer wieder festgestellt, dass die Erde selbst dieser Zerrissenheit gegenüber ziemlich gelassen bleibt. An vielen Plätzen in der Stadt — aber auch andernorts — kann ich mich durch den Kontakt zur Erde auftanken. Es scheint mir, als würde „Mutter Erde" — oder vielleicht auch „Schwester Erde" ihre Kraft gern zur Verfügung stellen, wenn man sie nur annähme... Ich nehme sie dankbar an.

Gleichzeitig mit dem körperlichen Kraftverlust nehme ich an mir wahr, dass mein Interesse und meine geistigen und auch handwerklichen Fähigkeiten zunehmen. In meinem Beruf als Therapeutin staune ich oft, wie schnell ich bei meinen KlientInnen auf den Kern der Sache stoße. Ich erhalte viele „Eingebungen". Ich erkenne sie daran, dass ich allein mit meinem Verstand nicht auf solche Spuren gekommen wäre. Mir scheint, dass die höhere Schwingung mit steigender Klarheit verbunden ist. Es fließt viel mehr und viel stärkere Energie durch mich. Das intensiviert meine Arbeit — besonders meine energetische Heilarbeit.

Als ich zur Gruppe Geomantie-Wien stieß, waren wir uns auf unseren Plätzen in Wien oft einig, wie es dem Platz gerade geht. Seit 2005 ist diese „Ordnung" verschwunden. Oft gibt es erhebliche Unterschiede in der Wahrnehmung. Möglicherweise zeigt sich hier, wie vielschichtig und komplex das neue Wesen Erde ist. Um den Zustand eines Platzes zu erkennen, werden viele differenzierte Wahrnehmungen benötigt, die durch die einzelnen Gruppenmitglieder empfangen und dann ausgetauscht werden. Das fordert natürlich jeden Teilnehmenden heraus, der eigenen Wahrnehmung zu vertrauen. Es gibt viel weniger als früher die Möglichkeit, sich im Kollektiv ein Nest zu bauen. Jede/r ist gefragt!

Ich bin sicher, dass die auf der feinstofflichen Ebene bereits vorhandene neue Erde sich ihren Weg in die Materie bahnen wird. Ob die Menschheit diese Schwingungsveränderung annimmt oder nicht, ist ungewiss. Vielleicht stellt sich diese Frage aber gar nicht. Vielleicht gleiten wir ungefragt hinüber in eine neue Dimension? Vielleicht leben wir ja doch in einem liebenden Universum, das seine Schöpfungen dazu befähigt, die Wandlung mitzuvollziehen? Ich für meinen Teil bin bereit.

Anmerkungen:
(1) Über die Gemeinschaft in Schottland unter www.findhorn.org
(2) Über Rupert Sheldrake unter www.sheldrake.org
(3) Über das Heilungsbiotop in Tamera/Portugal unter www.tamera.org

Erd- und Himmelsenergie

Sonja Aranya Müller-Hartmann

Tagebucheintrag 17. April 2007 — Neumond
Es ist ein sonniger Tag und ich begebe mich für meine morgendliche Meditation auf die Terrasse. Gleich nachdem ich zur Ruhe gekommen bin, spüre ich in die Qualität des Tages hinein, erspüre die heutige Erdqualität. Auch heute, wie schon in den vergangenen Wochen, nehme ich energetisch wahr, dass die Erdqualität und die Himmelsqualität sich „näher gekommen sind". Es spürt sich so an, als ob eine immer größere Durchdringung stattfindet. Ich schwinge mich in das Energiefeld mit ein und nehme wahr, was geschieht. Zunächst höre ich einfach alle Geräusche lauter, den Autoverkehr als monotones Hintergrundgeräusch und andere Geräusche eines erwachenden Tages.
Ganz besonders ist die Luft von den Gesängen der Amseln erfüllt. Die Luft ist richtiggehend durchdrungen von einem Klangteppich. Ich lausche weiter und werde mir mehr und mehr meiner eigenen Energieströme und der meiner Mitwelt bewusst, bis ich ganz verbunden bin mit der Jetztqualität des Augenblicks.

Spontan erkenne ich, wie entscheidend es ist, täglich mit dem stattfindenden Prozess der Energieerhöhung in tiefen Kontakt zu gehen und dann synchron dazu diese erhöhte Energie ganz besonders in die menschliche Sphäre strömen zu lassen. Denn wenn mehr Menschen in Kontakt mit ihren Herzenskräften kommen, wird ihre Angst geringer und ihr Vertrauen größer, und so können sie ebenfalls aktiver mitwirken, den Erdwandlungsprozess positiv zu begleiten.

Nun spüre ich, wie sich die vereinigte Erd- und Himmelsenergie ganz in mein Feld füllt, und ich lasse sie bewusst in einer inneren Haltung von Liebe und Mitgefühl in die ganze mich umgebende Mitwelt fließen. Während dieses Strömens nehme ich weiter wahr, was geschieht. Die erste Reaktion erfolgt unmittelbar von den Vögeln. Sie kommen näher und ihr Gesang gleicht einem Konzert! Ganz eingetaucht in den Fluss der Klänge und der strömenden Energiewellen gebe ich einen weiteren Herzensimpuls dazu. Ich „erwarte" — mit all meiner Kraft — eine harmonische Wandlung hinein in diesen höheren Energiezustand für alle — Erde, Pflanzen, Tiere, feinstoffliche Wesen und Menschen auf allen Ebenen. Ich halte diese innere Intension so lange aufrecht, bis ich spüre, dass sich meine Erwartung weit ausgebreitet hat. Nun sammle ich meine Aufmerksamkeit darauf, dieses strömende Energiefeld für eine gewisse Zeit weiter zu halten und bete dabei still ein Mantra.

Nach einer Weile der Stille spüre ich, welche Gefühle in mir selbst bereit sind, gerade jetzt in die Wandlung zu gehen. Ich erlebe einen alten Kummer auftauchen und gehe mit ihm bewusst in Kontakt, ohne dabei die Wahrnehmung für meine Mitwelt zu verlieren. Nun geschieht etwas sehr Berührendes. Eine Amsel fliegt hörbar sehr nah an mir vorbei und begibt sich in mein linkes, hinteres Aurafeld ungefähr vier Meter entfernt. Dort beginnt sie zu singen, und ich stelle ganz bewegt fest, dass sie mir hilft, meinen alten Kummer ganz gehen zu lassen, indem sie mein Feld ganz mit ihren wunderschönen Klängen durchströmt! Ich lasse diese Heilung ganz ergriffen geschehen und spüre aus vollem Herzen eine tiefe Dankbarkeit für das Geschenk des Lebens.
Nach einer Weile wechselt die Amsel ihren Platz und besingt nun von rechts vorne mein Aurafeld und ich spüre, dass ein alter Riss, der von links hinten nach rechts vorne durch mein Energiefeld lief, nun endlich geheilt und mit neuer Energie gefüllt ist. Nach einiger Zeit der Stille beende ich ergriffen und dankbar meine Meditation.

Und jetzt, gerade während ich diese Zeilen bei offener Terrassentür in den Computer tippe, bin ich mir durch die Gesänge der Vögel noch immer bewusst, wie wichtig es ist, dass ein Teil unseres Seins immer — mittendrin im Alltag — in der Wachsamkeit des gegenwärtigen Augenblicks bleibt, um so unterstützend diesen großartigen — wenngleich oft auch herausfordernden — Erdwandlungsprozess zu begleiten.

Vereinigungsplätze und Sternentore

Elke Arina Neumann (†)

Mir fällt es schwer, die Wandlung der Erde und meine eigene Entwicklung als etwas Getrenntes zu sehen. Je mehr ich selbst erwache, desto mehr Phänomene nehme ich auf der Erde wahr. So habe ich Ende 2002 Orte entdeckt, wo es mir besonders leicht fiel, mich mit der göttlichen Quelle verbunden zu fühlen. Meine weibliche und meine männliche Seite standen vollkommen ausgeglichen nebeneinander und waren dennoch verschmolzen. Ich nannte diese Orte „Vereinigungsplätze". Gleichzeitig befasste ich mich intensiv mit meiner eigenen weiblichen und männlichen Seite und fand heraus: Wenn sich das weibliche Prinzip als das empfangende Element angstfrei dem männlichen Prinzip hingibt, verliert auch die männliche Seite ihre Angst.

Mit den Vereinigungspunkten tauchte auch langsam in unserer Geomantiegruppe ein anderes Arbeiten auf, das sich immer mehr verstärkt. Früher einigte sich die Gruppe auf ein einziges Heilungsritual. Heute in der neuen „Vereinigungsenergie" dürfen alle Ideen gleichzeitig einfließen. Jeder macht das, wofür er sich aufgerufen fühlt. Dennoch ist ein gemeinsamer Anfang und ein gemeinsames Ende vorhanden. Dieses Alles-darf-sein ist typisch für die neue Vereinigungsenergie. Ich beobachte, dass wir Menschen ein liebendes Mitgefühl und Verständnis füreinander entwickeln müssen, damit Vereinigung geschehen kann.

2004 entdeckte ich während einer Persönlichkeitsarbeit, dass es Öffnungen gibt, die uns mit der Mehrdimensionalität verbinden. Sie kommen in den Hauptchakras vor. Sie haben Verbindungen zu den einzelnen Planeten und sind auf der Schöpfungsebene wahrzunehmen. Darum habe ich sie „Sternentore" oder auch „Schöpfungstore" genannt. Je mehr Tore — die meistens mit alten Denkmustern zu tun haben — wir in uns selbst öffnen, desto mehr werden wir uns uns selbst bewusst und kommen somit unserer inneren Meisterschaft immer näher. Auf der Erde bzw. in der Landschaft gibt es Entsprechungen, und zwar in allen Größen. Wir haben mit der Geomantie-

gruppe in Hamburg und Süd-Schleswig-Holstein schon an einigen gearbeitet. Indem ich mir als Mensch bewusst bin, dass ich eine göttliche Schöpfung bin, öffnet sich solch ein Tor. Wir in unserer Geomantiegruppe haben festgestellt, dass sich durch die Öffnung dieser Tore Schutzräume bilden, so dass wir Menschen uns nicht so sehr vor äußeren Einflüssen wie z. B. Elektrosmog, Chemtrails, Vogelgrippe usw. ängstigen müssen.
Weiterhin stelle ich seit etwa dieser Zeit fest, dass die Elementarwesen alle einen Christusfunken in sich tragen. Parallel dazu fühle ich mich selbst immer intensiver mit Christus verbunden. Diese Verbundenheit wächst stetig. Ich finde auch, dass die Menschen immer aufgeschlossener sind gegenüber geistiger und innerer Arbeit.

Auf die Frage, wie die Erdwandlung meinen Alltag verändert hat, kann ich sagen, dass ich immer mehr so genannte Masken fallen lasse, authentischer werde und somit langsam meinen Platz in dieser Welt finde. Ich habe ein starkes Gottvertrauen entwickelt, meinen alten Beruf vollkommen aufgegeben und in der Geomantie und Selbsterkenntnisarbeit mein Zuhause gefunden.

Auf dem Weg zu neuen Wahrnehmungsorganen

Christoph Oberhuber

Es begann damit, dass ca. 1998, während einer der ersten geomantischen Gruppentreffen hier in Wien, ein unsichtbares Wesen aus den Himmeln auf die Wiese unweit von mir herab plumpste. Wie sich erwies, nur für mich wahrnehmbar. Ja, und das war dann der Anfang einer langen, humorvollen und lehrreichen Beziehung zu den Erdelementarwesen. Über viele Jahre blieben sie meine lustigen Informanten, wenn ich mich in geomantische Arbeit vertiefte — wahrlich ver-tief-te. Wenn sie meine Hilfe brauchten — was allerdings nicht so oft vorkam —, dann beschenkten sie mich anschließend mit Wissen aus der inneren Welt.

Ich weiß nicht mehr genau, wann es war, als sie sich aus dieser lustigen und fast unschuldigen Kommunikation zurückzogen und an ihre Stelle ernstere Wesen traten. Ein wenig traurig und beunruhigt war's meiner Kinderseele zu Mute. Kein Lachen mehr. Aber wie es sich später herausstellte, wurde ich an die nächste Instanz weitergereicht, um für die Wahrnehmungen, die mir zum Thema der Wandlung zustanden, gerüstet zu werden. Seit 2006, nach zwei Jahren der Vorbereitung für das Wahrnehmungsgeschenk, kann ich meine lieben alten „Typen" — wie ich sie nannte — wieder besuchen, ohne auf die ernsten Begleiter verzichten zu müssen.

Nun zu meinen Erlebnissen, die Erdwandlung betreffend: Es begann vielleicht 2003 mit dem oben beschriebenen Phänomen der Ernsthaftigkeit. Dann kam es, dass die Mitteilungen der Teilnehmer bei unseren 14-tägigen Wahrnehmungstreffen immer unverständlicher wurden. Dazu möchte ich kurz unsere Arbeitsweise beschreiben: Wir treffen einander an bestimmten Plätzen, erden uns gemeinsam und gehen dann in die individuelle Wahrnehmungszeit. Nach ca. einer halben Stunde treffen wir uns wieder und tauschen unsere Wahrnehmungen aus. War es bis dahin so, dass im Prinzip die Wahrnehmungen der einzelnen Gruppenmitglieder analog der jeweiligen Signatur des einzelnen Platzes verständlich waren, so explodierten jetzt nahezu die einzelnen Wahrnehmungsinhalte. Für mich war in diesen Mitteilungen keine altgewohnte Sicht auf die Qualität der einzelnen Plätze mehr möglich. Es schien, als gäbe es keine Zusammenhänge zwischen den einzelnen Mitteilungen. Im Nachhinein scheint es mir, als hätte sich die bisherige Bildwelt zurückgezogen, um eine neue für unsere suchenden Seelenaugen vorzubereiten (Wandlung).

In eben dieser Zeit begann ich, mich mit Engeln zu beschäftigen, genauer gesagt: mit Engelsflügeln. Ich muss dazu sagen, dass sich mir dieses Thema aufdrängte, ohne dass ich wusste, weshalb. Vielleicht ging auch davon ein Impuls aus, dass Marko Pogačnik darüber schrieb, dass er jetzt mit dem Rücken „wahrnehme". Wie auch immer — mir kam es in den Sinn, besser gesagt: mir wurde es in den Sinn gegeben, dass den Menschen ein neues Sinnesorgan geschenkt werde, ganz egal, ob eine Person spirituell auf dem Wege ist oder nicht. Ich hatte den Eindruck, dass im Bereich der Schulterblätter die neuen Wahrnehmungsorgane angelegt werden. Die volle Ausbildung eines solchen Wahrnehmungsorgans entspräche dann dem, was wir in den Darstellungen der Engel als die Engelsflügel kennen. Bei den einzelnen Plätzen, die wir regelmäßig besuchen, habe ich den Eindruck, als zögen sie ihre alte, mir mehr oder weniger bekannte Qualität zurück. Ich nehme eine Art Innehalten und eine zeitlose Ruhe wahr. So wie bei den Anlagen der neuen Wahrnehmungsorgane spüre ich das Gefühl des Wartens.

Wach auf, die Erde wandelt sich

Ana Pogačnik

Als Ende des Jahres 1997 in einem der empfangenen Texte (1) die Erdänderungen zum ersten Mal erwähnt wurden, war ich mir noch nicht bewusst, um was für entscheidende Wandlungen es sich handelt. Alles, was ich wusste, war, dass sich die Schwingung der Erde verändern wird.
Durch die intensive Arbeit mit Gruppen in der Landschaft in den letzten Jahren und die Botschaften, die ich meistens in diesem Zusammenhang erhielt, wurde mir klarer, was für Dimensionen diese Änderungen eigentlich umfassen und wie tiefgreifend sie nicht nur für die Erde selbst, sondern auch für uns Menschen sind.

Auch heute kann ich nicht sagen, was der Endeffekt der Erdwandlung sein wird und wie sich die neu entstehende Erde und ihre Kraft schlussendlich anfühlen werden. Ich glaube sogar, dass das gar nicht möglich ist, weil die neue Form noch gar nicht bestimmt und definiert ist und sich erst durch ständiges Entstehen bilden wird. Worüber ich heute berichten kann, sind meine Empfindungen, die durch die verschiedenen Botschaften zusätzlich unterstützt wurden.

In meinen Augen geht es um eine elementare Veränderung, die uns alle in eine mehrdimensionale Welt führt. Die mehrdimensionale Welt, die wir bis jetzt nur teilweise und sporadisch in Meditationen, außerkörperlichen Erfahrungen usw. erleben konnten.
Als größte Veränderung würde ich die Auflösung der Grenzen nennen, weil genau dies die Entstehung der neuen Mehrdimensionalität ermöglicht. Die Grenzen zwischen allen unterschiedlichen Dimensionen, Welten und Ebenen öffnen sich. Die Erde selbst öffnet sich. Und so öffnet und löst sich auch die Grenze unserer persönlichen Sphäre auf.

Die Erde, die bis jetzt mehr in sich orientiert war, beginnt mit ihrer ganzen Kraft immer mehr zu strahlen und sich zu entfalten. Die äußerste Schicht der Erdsphäre, die bis jetzt die Rolle

der Abgrenzung gespielt hat, löst sich auf und beginnt deutlicher nicht nur als Sender, sondern auch als Empfänger zu wirken. Dadurch sind neue Verbindungen zwischen den Planeten möglich, die viel intensiver und konkreter sind, als sie je bis jetzt sein konnten. Man könnte sie mit Leylinien zwischen den unterschiedlichen Orten auf der Erde vergleichen.
Damit werden auch die Einflüsse der Planeten — vor allem ihrer charakteristischen Energien — deutlicher spürbar und auch auf der Erde tiefer verankert. In der Landschaft kann man so seit einigen Jahren die Entstehung von neuen Planetenfokussen wahrnehmen.
Die Erde wird dadurch nicht mehr nur ein Teil des Kosmos, sondern wird zum Kosmos selbst.

Den gleichen Prozess können wir auch bei uns Menschen beobachten (siehe Zeichnungen). Die äußerste Schicht der persönlichen Sphäre löst sich nämlich genauso auf.
Die Verdichtung unserer Kraft, die wie eine Verdoppelung unserer tiefsten Essenz zu sehen ist, bildete bisher eine Abrundung der äußersten Schicht unserer Sphäre (Bild 1). Sie grenzte uns von den anderen Welten, Dimensionen, Energien usw. ab und hielt dadurch unsere Sphäre und auch unsere individuelle Welt. Weil sie die gleiche Intensität, Kraft und Konsistenz hatte wie unser tiefster Kern, bestand zwischen ihr und unserer inneren Mitte eine Anziehungskraft, die unsere ganze persönliche Sphäre zusammenhielt. Ohne dass wir etwas dafür tun mussten, wurde unser persönlicher Raum für uns gehalten.
Durch den Prozess, in welchem wir uns momentan befinden, öffnet sich die beschriebene Schicht der Energiesphäre, bis sie sich schlussendlich ganz auflösen wird. Was wir am Bild 2 als Zwischenphase sehen können, kann zwar erschreckend wirken, aber nur so lange, bis wir das nächste Bild 3 anschauen und verstehen. So wie bei der Erde geht es auch bei uns um den Prozess der neuen Zentrierung und einer daraus gleichzeitig entstehenden konzentrierten Ausdehnung. Die Sphäre wird nicht mehr mit Hilfe der Spannung zwischen den energetischen Schichten gehalten, sondern mit unserem Bewusstsein für die eigene Kraft aus der inneren Mitte heraus ausgefüllt.

Für mich bedeutet das einen großen Schritt für uns Menschen. Es geht um einen Prozess des neuen Selbstbewusstseins und

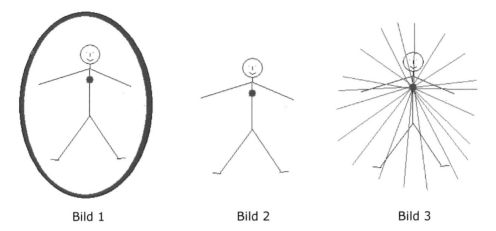

Bild 1   Bild 2   Bild 3

Bild 1: Die persönliche Sphäre mit der äußersten Schicht (hält den ganzen Raum mit unserem Kern durch Anziehungskraft zusammen).
Bild 2: Die Zwischenphase: Auflösung der äußersten Schicht der Sphäre.
Bild 3: Der Prozess der neuen Zentrierung und einer daraus gleichzeitig entstehenden konzentrierten Ausdehnung (die Sphäre wird aus der inneren Mitte heraus ausgefüllt).

auch der Selbstständigkeit. Es ist wie ein Ausschlüpfen aus der sicheren, beschützenden Eihülle, die uns aber nicht nur behütet, sondern auch begrenzt hat. Es ist, als wenn wir bis jetzt als Hilfsmittel Krücken gebraucht hätten und jetzt endlich so weit sind, dass wir auf unseren eigenen Beinen stehen können.

Bisher hatten wir die Möglichkeit, uns immer wieder zu entscheiden, aktiv oder passiv im Leben zu stehen, aus dem Ei und damit der Begrenzung auszusteigen oder uns in ihm zu verstecken.

Wir mussten bis jetzt unsere eigenen verdichteten Schichten der Begrenzungen und die von anderen überwinden, um uns mit anderen Welten, Dimensionen, Kräften usw. zu verbinden.

Diese Zeit des „Gehalten- und Geschütztwerdens" war sehr wichtig für unsere Entwicklung als Menschheit, weil wir dadurch unsere persönliche Individualität entwickeln konnten. Es war eine Phase, in welcher wir — wie Kinder von ihren Eltern

— einen Schritt von der Erde/der Landschaft zurück getan haben, um uns in diesem Ausmaß zu individualisieren und eigenes Bewusstsein zu entwickeln. Das langsame Verschwinden der Grenzen fordert jetzt von uns, die inneren Erfahrungen dieses langen Prozesses ins Leben zu bringen, um sie im Alltag zu leben. Für uns heißt das, wieder einen bewussten Schritt in die Ganzheit — wovon wir ein Teil sind — zu tun; dieses Mal mit allen inzwischen gesammelten Erfahrungen. Damit ist das kein Schritt zurück in die alten Verhältnisse, sondern eine neue Phase der individuellen Entwicklung im Rahmen der großen Ganzheit und der mehrdimensionalen Welt.

Mit der Auflösung der Grenzen entstehen Zonen, die nicht mehr begrenzen, sondern verbinden. Es entstehen nämlich neue innere Räume, die es ermöglichen, ineinander zu fließen.

Dabei ist es wichtig zu betonen, dass wir durch diesen Prozess unsere eigene persönliche Identität nicht verlieren, sondern eher noch stärken. Wir sind nämlich durch die beschriebene Entwicklung ständig aufgefordert, unsere Mitte, unsere Essenz, unsere innere Kraft und innere Wahrheit zu spüren, zu halten und vor allem zu leben, weil wir sonst unsere Sphäre nicht aufrecht halten können. Es geht um einen Prozess des Bewusstseins.
Auch wir sind nicht mehr nur ein Teil der Erde und ein Teil des Kosmos, sondern sind die Erde und der Kosmos selbst.

Durch diese offenen, neu entstehenden Verbindungen, durch intensive Verflechtung der Kräfte innerhalb der lebenden Mehrdimensionalität, durch klare und tiefgehende Einflüsse der unterschiedlichen Planeten und Welten usw. verändert sich die Grundschwingung der Erde.

Die Erde hat eine eigene Grundfrequenz, Grundschwingung. Wir können uns das als einen Grundton vorstellen. So wie jeder von uns und alles, was existiert, eine eigene Qualität, Energieschwingung hat, so hat auch die Erde eine eigene Schwingung. Die bisherige Schwingung würde ich als Schwingung auf der Ebene des Solarplexus oder der Vitalenergie bezeichnen. Mit dem Prozess der Erdwandlung ändert sich die Frequenz und stimmt sich auf die Schwingung des Herzens ein.

Das bedeutet auch für uns und unseren Körper eine neue Einstellung.
Da wir mit unserem Körper die Erde sind, können wir die Schwingung der Erde als Basis für unsere persönliche Schwingung sehen. Wenn sich die Basis verändert, verändert sich auch alles, was auf sie eingestimmt ist.
Diese Situation können wir mit einem Musikinstrument oder auch mit einem ganzen Orchester vergleichen. Alle Töne, alle Saiten, alle Instrumente werden auf einen Grundton gestimmt. In dem Augenblick, in welchem wir diesen Grundton ändern, werden sich alle Beteiligten wieder neu einstimmen müssen, um weiter mitspielen zu können.

Jede Zelle des Körpers orientiert sich durch diese veränderte Schwingung neu im Körper.
Das Gleiche können wir auch für die Erde sagen, auch sie positioniert sich nämlich durch die entstehenden Verbindungen neu in der kosmischen Einheit. Und genau so orientieren und positionieren wir uns als eine Zelle der Erde in der mehrdimensionalen Welt. Dabei sollten wir nicht vergessen, dass es nicht um eine einmalige Veränderung, sondern um einen längeren Entwicklungsprozess geht.
Oft werden wir nämlich ungeduldig und verlieren das Vertrauen dabei. Wir merken nämlich, dass etwas los ist, dass sich die Welt in uns und um uns herum verändert, dass sich alles, was wir bis jetzt für selbstverständlich gehalten haben, wandelt. Weil wir aber nicht wirklich verstehen, was los ist, versuchen wir, das, was wir kennen, was uns vertraut und bekannt ist, noch fester zu halten. Damit geraten wir in einen Teufelskreis, denn solange wir „das Alte festhalten", können wir noch weniger mit dem Fluss der Änderungen mitfließen.

Die ganze Wandlung hat viel mit dem Prozess des „Loslassens" zu tun. Alte Strukturen, alte Muster, alte Bestimmungen, alte Begrenzungen usw. verlieren ihre Kraft und vor allem ihre Macht. Damit verlieren auch bis jetzt bekannte und uns oft so sehr vertraute Vorstellungen von der Welt, der Realität, der Materie und von uns selbst ihre Bedeutung und ihren Sinn.
Wir haben gelernt, die Welt durch unsere Vorstellungen zu betrachten. Meistens konnten wir schauen, ohne dabei sehen zu müssen. Wir haben auf die Möglichkeit der Selbsterfahrung

verzichtet, um uns vor den inneren Herausforderungen zu „schützen".
Das Bild der ganzen Welt der Materie haben wir so fest aufgebaut und bis in kleinste Einzelheiten entwickelt, damit wir es festigen konnten. Dieses Bild fixieren wir eigentlich mit jedem Blick aufs Neue.
Wir sind nicht mehr gewöhnt, uns in jedem Augenblick neu mit der Umwelt, mit den Mitmenschen, mit der Landschaft, der Natur, der Erde usw. zu verbinden, um in die Kommunikation, in den Austausch einzutreten und dadurch auch in die persönliche Erfahrung zu gelangen, sondern wir folgen den bekannten Vorstellungen und Fixierungen. Wir fixieren die Bilder. Damit schließen wir die Kraft des Augenblicks aus, unterbrechen das Wachstum und verhindern vor allem die Möglichkeit des Wandlungsprozesses.

Wir haben gelernt, die Welt ohne persönliche Erfahrung zu erfahren. Wir etikettieren, bestimmen und fixieren die innere und äußere Welt durch die vorprogrammierten Bilder. Da wir auch das Bild von uns selbst auf diese Art und Weise fixiert haben, nehmen wir uns selbst die Chance, uns zu ändern, und auch die Möglichkeit, mit den Erdwandlungen mitzugehen.

Die Qualität der aktuellen Zeit unterstützt den Prozess der Öffnung, der Grenzenlosigkeit und der Befreiung. Wir merken selbst, dass es nicht mehr möglich ist, nach den alten Vorstellungen und Klischees zu leben, weil sie in dieser Zeit der Wandlung einfach nicht mehr stimmig sind.
Wir brauchen die absolute Flexibilität und Freiheit, um den Prozess der Erdwandlung wirklich begreifen zu können. Die alten Muster brechen nämlich bis in die kleinste Zelle zusammen. Sie sind zu bestimmt, zu klein, zu begrenzt, zu unbeweglich und zu fest, um in der neuen Realität der mehrdimensionalen Welt noch existieren zu können.

Die Impulse der Wandlung, die zur Zeit so stark wirken, fordern uns, die Welt wieder wahrzunehmen: zum Beispiel eine rote Rose in diesem Augenblick zu sehen und sie persönlich zu erfahren, statt — wie wir es meistens gewöhnt sind — aus den bekannten Etikettierungen, Vorstellungen und Programmierungen zu reagieren und zu agieren. Damit befreien wir uns von

der aufgebauten Routine, der Roboterisierung und auch von der Gefahr der Illusionen.
Es geht darum, wieder den tiefsten Sinn und die Werte des Lebens zu entdecken. Sie können wir aber nicht mit den alten „Fesseln" suchen und auch nicht in den alten Vorstellungen finden. Genau deswegen brauchen wir diese innere Befreiung, um wieder die Kraft und die Zauberhaftigkeit des Augenblicks zu entdecken. Die Auflösung der Grenzen und der Zerfall der alten Muster geben uns die notwendige Unterstützung dafür.

Es ist eine neue Realität in der Entstehung. Wir können ihren Ausdruck nicht immer in der materiellen Welt sehen. Aber wir können ihre Präsenz schon klar in den unsichtbaren Dimensionen spüren. Deswegen bekommen wir immer öfters das Gefühl, dass die Welt zusammenbricht. Es bricht dabei aber eigentlich nur die harte Schale, um dem Kern wieder die Chance für die Ausdehnung zu geben.

Die Erde ist ein Planet des Lernens. Und die momentane Erdwandlung ist ein Teil auf diesem Weg der Entwicklung. Um lernen und wachsen zu können, hat die Erde schon immer die für uns benötigten Herausforderungen vorbereitet.
In der menschlichen Geschichte können wir immer wieder so genannte Wendepunkte sehen, die meiner Meinung nach ohne die Impulse der Erde nicht möglich gewesen wären. Diese Impulse sind dazu da, dass wir nicht beginnen, uns im Kreis zu drehen, sondern im Prozess der Entwicklung immer weitergehen. Sie treten dann auf, wenn wir uns an die gegebenen Umstände gerade gewöhnt haben, wenn wir das Leben langsam als Routine sehen und leben können, wenn wir gerade meinen, alles zu begreifen oder sogar unter Kontrolle zu bekommen. In einem solchen Zustand entsteht nämlich die Gefahr, im Leben einzuschlafen. Deswegen ist die Wandlung nötig.
Die Erde bietet uns solche Herausforderungen auf unterschiedlichen Ebenen. Manchmal zeigen sie sich durch plötzlichen Klimawandel, manchmal durch Erdbeben oder andere „Naturkatastrophen", und manchmal bleiben sie auf der physischen Ebene unsichtbar und schütteln uns nur auf der energetischen Ebene durch.

Dabei ist der Moment der Überraschung wichtig, weil für einen Augenblick alles auf den Kopf gestellt wird. Die entstehende Situation, die meistens wie Chaos aussieht, ermöglicht ein neues Wachstum, weil die alte Welt und auch unsere fixierte Realität wackelig und plötzlich nicht mehr greifbar werden. Dadurch entsteht eine Chance für eine Neuorientierung, für eine neue Positionierung und damit eine Möglichkeit für einen neuen Anfang.
Man kann das als Sprung auf eine neue Ebene sehen oder als Anfang eines neuen Zyklus. Ohne Wandlung, ohne diesen Hintergrund, den uns die Erde mit ihrem Impuls gibt, wären unsere Möglichkeiten irgendwann erschöpft.

Diese plötzlichen Veränderungen, Umstülpungen erlebe ich immer wieder im Kleinen auch auf der energetischen Ebene. 2006 passiert es, dass die ganze energetische Struktur plötzlich zeitweise umkippt und sich auf den Kopf stellt. Auf einmal ist das, was wir sonst als Energie des Wurzelchakras kennen, oben und die Kraft des Kronenchakras unten. Diese ungewöhnliche Verdrehung entsteht in der Landschaft und spiegelt sich natürlich auch in unseren Körpern. Ich sehe das als eine Übung des Loslassens und der absoluten Präsenz. Wir können nämlich dadurch lernen, dass wir uns nicht fixieren und festhalten können, weil alles im Prozess der Veränderung ist. Nichts ist mehr so, wie es noch gerade war. Es kann zwar sein, dass es noch immer gleich geblieben ist, aber die Wahrscheinlichkeit, dass es anders ist, ist mit der Zeit größer geworden.
Es bleibt uns nichts anderes übrig, als uns ständig neu einzustimmen und neu auszurichten. Wir können uns nicht auf das Gefühl der Erde, das wir von gestern kennen, einstimmen, weil wir uns damit an die Erinnerung andocken und die ist vielleicht nicht mehr aktuell.

Die Erde hat eine zyklische Entwicklung, dadurch kommen auch Erdwandlungen in Zyklen immer wieder hervor. Die Erdwandlung, die wir gerade miterleben, ist eine solche Wandlung, die die Kraft und auch die Rolle hat, die bestehende Situation aus der Ordnung zu bringen, alles, was ist, durchzumischen und dadurch eine Möglichkeit für eine neue Ausrichtung zu schaffen.

Als Zivilisation gehen wir einen Weg, auf dem sich alles zuspitzt. Das können wir erleben, egal, in welche Richtung wir schauen, welches Gebiet wir betrachten und in welchem Teil der Erde wir uns gerade befinden. Viele bezeichnen die Situation als Sackgasse, in welcher wir alle zusammen stecken geblieben sind.
Wir haben eine Welt aufgebaut, die uns selbst immer mehr entfremdet wird, in welcher das Leben selbst keinen Wert mehr hat, in welcher die Erde immer wieder vergessen wird, in welcher sogar die Herzenskraft keine Wertschätzung mehr bekommt. Die tiefsten Werte des Lebens werden entwertet und verlieren ihren Sinn. Um aus dieser kritischen Lage wieder herauszukommen, ist ein Sprung erforderlich. Es wird nämlich eine große Veränderung des Bewusstseins benötigt, um den Kurs neu zu positionieren, und das kann nicht ohne tiefgehende, manchmal auch schmerzhafte Prozesse der Wandlung passieren.
Das Gebäude, das wir aufgebaut haben, braucht neue Säulen, braucht neue Werte, weil die alten nicht mehr tragend sind. Das bedeutet aber grundlegende Veränderungen, weil das ganze Gebäude davon betroffen ist.

Ich glaube, dass wir in dieser Zuspitzung der momentanen Situation nicht einfach umkehren können, um neu anzufangen, sondern dass ein Impuls zur Umstülpung benötigt wird.
Wir brauchen einen Durchbruch, der einen starken energetischen und geistigen Hintergrund hat.

Schon seit einiger Zeit habe ich das Gefühl, dass wir durch eine Enge gehen, dass die ganze Energie verdichtet wird und wir wie durch ein Nadelöhr gehen. Das gibt uns zwar die Möglichkeit, alles nochmals zu sortieren und anzuschauen, es ist aber auch sehr anstrengend und kostet uns alle viel Kraft. Es kommt alles hoch, es wird alles nochmals präsent und wach in uns, alte Muster werden nochmals aktiviert.
Wir könnten die Situation mit einem Umzug vergleichen: alles geht nochmals durch die Hände und wird angeschaut, verarbeitet, bewertet und neu sortiert.
In der letzten Zeit erlebe ich diesen Prozess noch dichter. Wenn früher in diesem intensiven Prozess auch Ruhephasen

waren, ist jetzt die Aktivität durchgehend. Es arbeitet ständig in uns, was von uns eine volle Präsenz und Konzentration verlangt. Wir können nicht nur „so halb" im Leben stehen. Es ist nicht mehr möglich, nur mit einem Fuß im Fluss zu stehen. Es ist nicht mehr möglich, nur halbwach zu sein. Ich erlebe es als Aufforderung, präsent und wach in unseren Körpern zu sein, um diese Wandlung mittragen zu können.
Aus der passiven Rolle treten wir damit in die aktive Präsenz unseres Seins.

Die Stürme, die wir in der Natur sehen, können wir auch auf der energetischen Ebene häufiger erleben. Und auch dabei kann uns nur absolute Präsenz im Augenblick und im Körper weiterhelfen. Je mehr wir uns dabei verlieren, uns den Ängsten übergeben oder innerlich einschlafen, um so schwächer wird unsere innere Kraft und um so mehr werden uns die Stürme durchschütteln.

Wie schon erwähnt, geht es bei der Wandlung im generellen um einen Prozess der Zentrierung und der daraus gleichzeitig entstehenden Ausdehnung. Das bedeutet, immer mehr in die eigene Essenz zu gelangen, immer mehr in der inneren Mitte verankert und immer enger mit der inneren Wahrheit verbunden zu sein.
Um das tun zu können, sollten wir erst einmal innere Ruhe bewahren. Genau sie ist nämlich momentan so wichtig. Mit Innere-Ruhe-Halten meine ich in diesem Zusammenhang nicht, sich in die meditative Position zu begeben und die Kraft der Ruhe auszudehnen, sondern die innere Ruhe im Alltag zu leben, um sie zum Beispiel während der energetischen und physischen Stürme und während des daraus entstehenden Chaos halten zu können.

Es geht aber auch darum, innere Ruhe zu finden und innezuhalten in dieser dauernden Aktivität der Wandlungsprozesse — sich selbst die Räume, Pausen zu erschaffen, in welchen wir durchatmen können. Das Wichtigste dabei ist, bewusst durchzuatmen, um sich damit wieder frei zu machen, loszulassen, sich wieder innerlich zu orientieren und auch zu zentrieren.
Die Erdwandlung ist viel tiefgehender, als wir uns das mit unserem Verstand vorstellen können. Es ist für uns nicht nur eine

Herausforderung auf der energetischen und geistigen Ebene, sondern sie betrifft alle Ebenen unseres Seins.

Viele Prozesse können wir bewusst durchlaufen und unterstützen, viele verarbeiten wir aber auch auf der unbewussten Ebene. Alle geben unserem Körper viele neue Impulse, die er zu verarbeiten hat, um sie auch auf der körperlichen Ebene umzusetzen. Allein schon die ständige Veränderung der Erdschwingung ist für den Körper eine harte Arbeit. Oft stellt sich das Gefühl der Müdigkeit ein, ohne wirklich gearbeitet zu haben. Natürlich dürften wir nicht alles auf die Erdwandlungen schieben. Aber wir sollten uns trotzdem bewusst sein, dass diese kontinuierliche innere Arbeit viel Energie verbraucht und dass wir die innere Umstellung nicht einfach so nebenbei machen können. Genau deswegen brauchen wir die Zeit des Innehaltens, die Zeit der Ruhepausen.

Um diesem Prozess zu folgen und leichter durch ihn hindurch zu gehen, hilft es, sich mit der Erde noch konkreter zu verbinden — aus meinen Erfahrungen würde ich sogar sagen, sich nicht mit der Erde zu verbinden, sondern sich als Erde zu fühlen. Es geht nämlich nicht mehr um die klassische Erdung, die wir kennen — mit den Wurzeln, die wir in die Erde schlagen —, sondern um das Gefühl, dass die Erde durch jede Zelle des Körpers atmet.
Dieses Gefühl kann durch eine neue Öffnung der Erde und unseres Körpers entstehen, aber vor allem durch Öffnung und Veränderung unseres Bewusstseins.
Wir sind nicht nur im Austausch mit der Erde und auch nicht nur in ständigem Kontakt und in Verbindung mit ihr, wir sind auch nicht nur ein Teil der Erde, sondern wir sind die Erde selbst. Mit unserem Körper sind wir die Erde. Wenn wir dieses Bewusstsein in die Tat umsetzen können, dann ändert das unseren Blickwinkel des Lebens. Plötzlich stehen wir nämlich mitten drin und nicht mehr am Rande des Geschehens. Plötzlich werden wir zum Atem der Erde.
Genau das Gleiche können wir auch für den Kosmos sagen. Auch er ist nicht nur um uns herum, sondern er atmet mit und durch jede Zelle unseres Körpers.

Man könnte sagen, es geht nur um eine andere Formulierung.

Das mag zwar sein. Aber wenn diese Formulierung durch Veränderung des Bewusstseins umgesetzt wird, dann wird dieser kleine Unterschied auf einmal in uns eine große Veränderung auslösen.

Da wir oft nicht wissen und verstehen, was los ist, sondern nur merken, dass etwas passiert, was uns anstrengt, versuchen wir oft unbewusst, uns davor zu schützen. Meistens tun wir das mit der Entfremdung — wir ziehen uns zurück, ziehen unsere Erdung zurück und distanzieren uns vor allem von der Erde. Damit brauchen wir uns nicht mitzuwandeln und zu verändern, weil es nichts mit uns zu tun hat.
Durch diese unbewusste Entfremdung von der Erde schließen wir uns aber auch aus und verkapseln uns in einer eigenen Welt, die oft nichts mehr mit der Realität zu tun hat. Damit wird die Trennung immer größer, und wir entfernen uns immer mehr von unserem inneren Bedürfnis nach Verbindung. Das gibt uns zwar das Gefühl, dass die Erdwandlung die Sache der Erde ist und wir nicht damit „belastet" sind, es bringt uns aber weg von unserer inneren Wahrheit, weg von der tiefsten Wahrheit, und die ist nämlich, dass wir die Erde sind.
Wir können den Erdwandlungen nicht entgehen, und wenn wir uns bewusst würden, was für Chancen sie uns anbieten, würden wir das auch nicht mehr versuchen, sondern würden uns mit voller Kraft, Präsenz und Vertrauen dem Fluss der Änderungen überlassen.

Der Prozess der Wandlung ist für uns nicht einfach, da wir durch die beschriebenen Veränderungen auf allen Ebenen immer mehr aufgefordert sind, die innere Wahrheit nicht nur zu erkennen, sondern sie in unserem täglichen Leben zu leben. Weil wir uns nicht mehr hinter den aufgestellten Mauern verstecken können, weil wir die aufgebauten Masken nicht mehr aufrecht erhalten können und weil wir den aufgeblasenen Unwahrheiten nicht mehr folgen können, bedeutet das für uns oft, dass sich unser Leben auf den Kopf stellt.
Im Gegensatz zu den Versteckspielen, die bis jetzt noch immer möglich waren und die wir sehr oft gespielt haben, wird jetzt alles so klar in das Licht der allgemeinen Lebenswahrheit ge-

stellt, dass die Flucht und Verstellung gar nicht mehr möglich sind.

Alles, was nicht der inneren Wahrheit entspricht, wird immer schwieriger durchzusetzen. Die Masken und Mauern entsprechen auf einmal nicht mehr dem Gefühl unserer Essenz. Plötzlich können wir nicht mehr das leben, was wir nicht auch wirklich sind.

Es geht auch nicht mehr, den Regeln, Klischees und allgemeinen Gewohnheiten der Gesellschaft und der Zivilisation einfach so zu folgen. Wir können nämlich nur das leben und verantworten, was unsere innere Wahrheit ist — und die muss nicht immer den Regeln entsprechen.

Je mehr wir bereit sind, auf die innere Wahrheit zu hören, um sie zu verwirklichen, um so mehr sind wir auch aufgefordert, die Verantwortung für unser Leben zu übernehmen. Das passt uns natürlich nicht immer; deswegen nehmen wir noch immer so gerne Zuflucht zu sicheren und bekannten Gewohnheiten und Regeln, auch wenn wir dafür oft unsere innere Wahrheit verraten müssen.

Dadurch dass wir immer mehr unserer inneren Wahrheit treu bleiben, gelangen wir auch immer tiefer in unsere innere Kraft und erleben die Urkraft des Lebens. Einen ähnlichen Prozess können wir auch bei der Erde betrachten.

Oft bekomme ich das Gefühl, dass sich die Erde immer mehr in sich konzentriert und in sich zusammenzieht, um die tiefste und reinste Urkraft aufs neue zu sammeln. Es ist ein Prozess der Umstülpung, durch welchen die Ursubstanz des Lebens und das Bild des Urzustands des Lebens neu geschöpft werden, um die benötigte Kraft für die erneuerte Durchsetzung vorzubereiten.
Die „Neue Urkraft" der Erde, die durch diese Entwicklung geboren wird, wird immer klarer ausgestrahlt und mit immer mehr Kraft erfüllt.
So finden sich immer öfters in der Landschaft schon Orte, die das Potenzial und die notwendigen Bedingungen haben, um diese klare „Neue Urkraft" der Erde zu halten, zu tragen und

zu transportieren. Diese Kraft würde ich als sehr sanft und gleichzeitig als sehr durchdringend beschreiben. Sie entspricht nicht der Vorstellung, die man sich meistens von „wilder" Urkraft macht. Und genau das ist die Qualität der neuen Zeit und der neuen Erde.

In diesem Prozess der Zentrierung und Sammlung der Erde in der letzten Zeit ist die Erdung für uns öfters erschwert. Sehr plötzlich kann nämlich das Gefühl entstehen, wie wenn die Erde weg wäre, wie wenn die Erde nicht mehr unter unseren Füßen — so wie wir das gewohnt sind — präsent wäre. Wenn wir in solchen Phasen versuchen, uns mit den gewöhnlichen Techniken für die Erdung zu verwurzeln, werden wir oft verzweifelt und meistens dadurch auch erfolglos sein. In solchen Situationen ist es das Wichtigste, die Aufmerksamkeit nach innen zu kehren und die tiefste Wahrheit, dass wir die Erde sind, wieder zu finden, sie zu spüren, sie im Körper auszubreiten und zu halten. Damit verbinden wir uns mit der Erde von innen.

Durch Entstehung der neuen Mehrdimensionalität laufen oft parallel Prozesse, die in unserer Vorstellung als Gegensätze beurteilt werden und so nicht gleichzeitig erscheinen können. Auch das ist für uns ein Übungsfeld, in welchem wir Flexibilität und Ausdehnung des Bewusstseinsvermögens lernen.
So können wir parallel zur Zentrierung der Erde auch eine enorme Ausdehnung ihrer Kraft erleben. Das bedeutet für uns das gleiche Gefühl, als wenn wir versuchen würden, gleichzeitig ein- und auszuatmen oder — noch genauer — mit der Ausatmung einzuatmen und umgekehrt mit der Einatmung auszuatmen. Für unseren Verstand ist das nicht möglich. Aber genau das ist es, was momentan passiert: die Ausdehnung geschieht durch die konzentrierte und potenzierte Sammlung. Und das passiert nicht hintereinander und auch nicht parallel, sondern ineinander.

Genauso ist das Gefühl, dass die Erde „weg" ist, gleichzeitig mit dem Gefühl der extremen Präsenz der Erde gekoppelt. Und obwohl wir Probleme bekommen, uns zu erden, werden wir zur Zeit wie mit einem Sog in die Erde, in die Materie gezogen, als wenn sich die magnetische Sphäre der Erde stärken würde.

Und auch das ist nicht gerade ein einfacher Zustand für uns. Wir tendieren nämlich noch immer dazu, uns sicherheitshalber nicht ganz in unserem Körper niederzulassen. Wir behalten uns noch immer mindestens ein bisschen Reserve für den Fall, dass uns etwas nicht gefällt und wir aus dem Körper fliehen könnten. Es ist so, als wenn wir in unserem eigenen Körper auf den Zehenspitzen stehen würden, in ständiger Bereitschaft für die Flucht.

Mit dem momentanen Sog der Erde werden wir immer konkreter in der Materie gehalten und damit auch gefordert, im Körper konkreter präsent zu sein.
Damit verliert der Körper die bisherige Rolle der Schale, des Gefäßes für die Seele, die wir ihm gegeben haben. Er wird nämlich anders durchdrungen und damit auch nicht mehr getrennt vom Inhalt des Gefäßes. Die Schale wird so immer mehr zum Inhalt selbst, genauso wie auch der Inhalt nicht mehr die Schale braucht, weil er durch die eigene Präsenz alles durchdringt. Ich glaube, dass das eine unserer wichtigsten Lektionen, aber auch Aufgaben ist.

Oft höre ich Theorien und Vermutungen, dass sich unser physischer Körper durch die Erdwandlungen auflösen wird, weil er nicht mehr benötigt wird. Meiner Erfahrung nach ist der momentane Prozess genau umgekehrt.
Wir sind immer mehr nicht nur gefordert, sondern kommen auch immer mehr in die Lage, unsere geistige Veranlagung und unser Potenzial konkret in das Leben einzuflechten — und dafür brauchen wir unseren Körper. Unsere Stärke, unser Vorteil ist nämlich genau das, dass wir dieses Geschenk — den Körper — haben. Eigentlich wird uns diese Möglichkeit schon mit der Geburt gegeben. Wir sollten uns nur endlich dessen bewusst werden und diese große Chance auch nutzen, um es im Leben umzusetzen.

Es geht momentan um eine Filigranarbeit, die oft sehr klein und sogar unwichtig erscheint, aber in Wirklichkeit sehr grundlegend ist. Es geht nämlich um die kleinen Veränderungen des Bewusstseins und Blickwinkels, die aber eine große Auswirkung haben, wenn sie umgesetzt werden.

Einige von diesen neuen „Gedanken" sind zum Beispiel: das Gefühl, nicht nur ein Teil der Erde zu sein, sondern die Erde selbst zu sein, oder den Körper nicht nur als Gefäß, sondern gleichzeitig als Inhalt zu erleben, oder das Gefühl, mit der Erde und dem Kosmos nicht nur zu atmen, sondern Atem der Erde und des Kosmos zu sein usw.

Der einzige Weg, aus der zugespitzten Lage heil herauszukommen, führt durch die Veränderung unseres Bewusstseins. Wir können nicht mehr so weitergehen, und das wissen mittlerweile schon viele, wenn nicht alle.
Aber die Veränderung kann nicht bei den Klimasorgen, der Entwicklung der ökologischen Technologien usw. anfangen, sondern bei der Dehnung und Veränderung unseres Bewusstseins. Sonst werden wir nicht reif genug sein, um neue Technologien, saubere Maschinen, fortschrittliche Wissenschaft usw. nachzuvollziehen und vor allem zu gebrauchen.

Die Wandlung des Ganzen kann nur in jedem von uns anfangen und stattfinden. Einzelne Zellen des Ganzen sollten sich verändern, damit sich auch die Ganzheit wandeln kann. Das Ganze wandelt sich nur, wenn auch die Zellen des Ganzen sich wandeln.
Jeder von uns ist eine Zelle der Erde, so kann sich auch die Erde nur wandeln, wenn wir bereit sind, uns zu wandeln.

Am Anfang habe ich gedacht, dass wir uns als Teil der Erde eben mitwandeln. In der letzten Zeit wurde mir aber klar, was für eine wichtige Rolle wir in dem ganzen Prozess spielen. Es geht nämlich um einen Prozess des Bewusstseinswandels und wir sind mit unserem weit entwickelten Bewusstsein sehr wichtig bei dieser Wandlung. Wir können nämlich sehr bewusst und aktiv den Prozess mitmachen. Ich glaube sogar, dass die Wandlung gar nicht möglich ist ohne das Bewusstseinspotenzial, das wir Menschen repräsentieren.

Als Menschheit kann man sich uns wie ein Mosaik vorstellen, in welchem jeder von uns ein Stein ist. Durch die momentanen Wandlungen beginnen sich einzelne Steine zu verändern und in ein neues Bild zu drehen. Es müssen sich nicht alle Steine gleichzeitig und auf einmal verändern und drehen, um das gesamte neue Bild sehen zu können. Wenn ein Teil der Steine neue Positionen einnimmt, ist das ganze entstehende Bild schon sichtbar und präsent.

Oft habe ich das Gefühl, als sei alles Neue in gewisser Weise schon präsent, als sei die Erde schon gewandelt, als seien die neuen Qualitäten schon entwickelt usw., und dass wir das alles nur noch nicht sehen können, weil wir uns nicht bewusst sind, dass das alles existiert. Es ist nicht im Spektrum unseres Bewusstseins und dadurch können wir es nicht wahrnehmen.

Es gibt aber in der Landschaft Orte, die die neue Qualität der Erde schon tragen und halten können. Solche Orte sind momentan noch wie energetische Inseln, die die Möglichkeit haben, diese Qualität der Erde zu übertragen. Oft gehe ich mit Gruppen an solche Orte, weil es so hilfreich und vor allem auch beruhigend ist, zu spüren, wie sich die Erde anfühlen wird, wenn die Wandlung vollzogen sein wird.

Alles, was wir als Erdwandlung spüren und erleben, können wir als Spiegel für unsere inneren Änderungen sehen und verstehen. Es ist eine sehr intensive Zeit, die nicht immer nur einfach ist. Es geht um eine sehr tiefgehende Wandlung, die für uns herausfordernd und oft auch schmerzhaft ist.

Trotzdem sollten wir dabei nicht vergessen, dass es ein großes Geschenk ist, die Erdwandlungen aktiv und so konkret auf der Erde mitzuerleben. Und nicht nur mitzuerleben, sondern auch mitzutragen. Es kann hilfreich sein, sich vor allem in schweren und intensiven Augenblicken daran zu erinnern.
Das Wichtigste ist nämlich die innere Entscheidung und Bereitschaft, mitzufließen, sich mitzuwandeln. Wenn wir hinter dieser inneren Entscheidung stehen können, werden wir auch vertrauen können und uns für die Hilfe und die Unterstützung öffnen können.
Und diese sind stärker als je zuvor da. In meiner langjährigen Erfahrung in der Kommunikation mit anderen Welten habe ich die intensive Bereitschaft, uns zu helfen, noch nie so präsent erlebt. Manchmal habe ich das Gefühl, dass sich zahllose Hän-

de uns als Hilfe anbieten. Wir brauchen uns nur dafür öffnen. Wir sind nicht alleine!

Wenn ich wach und präsent bin,
dann kann ich merken,
dass ich zwar noch immer Ich selbst bin,
so wie ich bin,
aber ich bin ein Ich des großen Ganzen.

Anmerkung:
(1) Ana Pogačnik empfängt seit 1990 Botschaften aus dem Engelozean mit unterschiedlichen Themen. Meistens geht es um Texte, die sich auf ihre Arbeit in der Landschaft beziehen.

Erdwandlung im Überblick

Marko Pogačnik

Im Herbst 2006 kam es zu einer bedeutsamen Wende im öffentlichen Bewusstsein. Man begann weltweit, auf verschiedenen politischen Ebenen von Erdveränderungen zu sprechen: vom Klimawechsel, von der globalen Erwärmung des Planeten usw. Das ist ein beachtlicher Schritt. Die offenbaren Erdveränderungen werden nicht mehr als Zufall angesehen. Es entsteht dadurch aber auch eine Gefahr. Denn man sieht nur die Schattenseite der Phänomene, die es dann zu bekämpfen gilt. Darin sehe ich die Herausforderung an uns, die wir uns mit der Geomantie und der Mehrdimensionalität des Erdraumes befassen: Wie können wir die subtilen Ebenen der Wandlung, die wir innerhalb unserer Mitwelt wahrnehmen, so darstellen, dass der moderne, verstandesmäßig orientierte Mensch sich ihrer bewusst werden kann? Wie kann man die positive Seite der Erdwandlung in das öffentliche Bewusstsein bringen? Welche Sprache muss dafür entwickelt werden?

Die ersten Wahrnehmungen

Meine ersten Wahrnehmungen der tief greifenden Veränderungen auf den subtilen Ebenen der Erde datieren von Herbst 1997. Ich dachte zuerst, es handle sich um eine Art Turbulenzen auf der vitalenergetischen Ebene des planetaren Körpers. Es kam gelegentlich zu dramatischen Schwankungen und Umkehrungen in den Kraftfeldern der Landschaft. Erst seit Februar 1998 habe ich darin eine klare Ordnung erkannt. Da es sich in der ersten Phase der Erdwandlung um Phänomene handelt, die auf der materiellen Ebene noch gar nicht auftauchen, sind Interpretationen nötig. Meine Art, die Ereignisse im Frühjahr 1998 zu deuten, bezieht sich auf die Grundqualität der Bodenausstrahlung mit Bezug zu einem Vier-Elemente-Schema.

Die Bodenausstrahlung als Teil meiner geomantischen Untersuchungen von Orten und Landschaften beobachte ich schon seit Ende der achtziger Jahre. Immer war ihre Qualität durch

das Element Erde charakterisiert. Erst im Frühjahr 1998 kam es zu einer ganzen Folge von Qualitätswandlungen, an deren Ende das Element Luft zur Hauptqualität der Bodenausstrahlung wurde.
Geht man in der Interpretation noch weiter, so kann man das Element Erde mit der Materie assoziieren und das Element Luft mit Bewusstsein. Das würde bedeuten, dass Materie als Grundqualität der Erdfrequenz von Bewusstsein abgelöst wurde. Die Erde samt ihrer Evolution bewegt sich nach dieser Deutung von einem Zeitalter, das stark mit der materiellen Ebene des Seins verbunden ist, zu einer neuen Epoche, in der Bewusstsein die leitende Rolle spielen wird.

Bald danach zeigten sich noch weitere geomantische Phänomene in der Landschaft, die seitdem eine konstante Rolle bei der Erdwandlung spielen, so die so genannten Urkraftquellen. Mit dem Begriff der Urkraft werden Erdkräfte bezeichnet, die zu den tiefen Schichten des Erdkörpers gehören und an der Erdoberfläche sehr selten manifestiert werden. Ihre Aufgabe ist es, die vitalenergetischen Systeme der Landschaft mit der archetypischen Kraft der Erdseele zu versorgen, damit diese fähig werden, das Leben der Erdoberfläche mit der vitalen Energie (Bio-Energie) speisen zu können. Es handelt sich quasi um die Versorgung der Versorger.

Auf Grund des systematischen Auftauchens des archetypischen Versorgungssystems der Erde an der Erdoberfläche kann man die Schlussfolgerung ziehen, dass die Erde dabei ist, ihre Kraftpotenziale an der Erdoberfläche enorm zu steigern. Um dieses Phänomen zu deuten, habe ich begonnen, vom Selbstheilungsprozess der Erde zu sprechen: Die Erde als ein intelligenter Planet ist konfrontiert mit den zerstörerischen Prozessen an ihrer Oberfläche, die durch die moderne verstandesorientierte menschliche Zivilisation verursacht wurden. Um einer globalen Katastrophe vorzubeugen, hat die Erdseele einen Selbstheilungsprozess in Gang gesetzt. Die ersten beiden bislang beschriebenen Phasen dieses Prozesses können in diesem Zusammenhang wie folgt gedeutet werden:
– Die Erdintelligenz hat ihre Grundfrequenzen verändert, um tiefgreifende Veränderungen ihrer Ökosphäre — ihres Raumes — einzuleiten, die in der Folge die Menschheit dazu bringen

werden, umzudenken und die Art unseres Daseins auf Erden wesentlich zu wandeln.
– Gaia, die Erdseele, beginnt durch die Ausstülpung der Urkraftquellen, ihre Lebenskraft an der Erdoberfläche zu steigern, so dass ihre Lebenssysteme — den Menschen eingeschlossen — befähigt werden, die heranbrechende Krise zu überwinden. Auch die gegenwärtige Erhitzung der Erdkruste kann man auf diese Weise deuten.

Ein weiteres Phänomen, das schon in der ersten Phase der Erdwandlung auftauchte, sind die von mir so genannten „Lichtinseln". Lichtinseln haben viele verschiedene ätherische Formen. Eine Qualität ist jedoch bei allen anwesend: Es handelt sich dabei um Samen eines anders strukturierten Lebensraumes, als wir ihn bislang kennen. Praktisch heißt das, dass an bestimmten — oft zurückgezogenen — Orten kleinere oder größere abgerundete Raumeinheiten schwingen, die in ihrer Art ganz anders sind als der umgebende herkömmliche Lebensraum. Man könnte bei der Lichtinsel von einer eigenartigen harmonischen Atmosphäre sprechen, die eine paradiesische Qualität zeigt. Man hat das Gefühl, endlich zu Hause angekommen zu sein. Durch das Phänomen der Lichtinsel kann man die Charakteristik einer neuen Raum- und Zeitstruktur erkennen, die meiner Erfahrung nach durch den Prozess der Erdwandlung stufenweise manifestiert wird. Es handelt sich gar nicht mehr um ein lineares, sondern um ein holistisches (ganzheitliches) Zeit-Raum-Prinzip. Praktisch heißt das, dass Ende und Anfang eines bestimmten Prozesses gleichzeitig im „Jetzt" anwesend sind. Die Raumqualität also, die erst durch die zukünftige Abschlussphase des Erdwandlungsprozesses zu Stande kommen dürfte, ist durch die Lichtinsel schon am Anfang desselben Prozesses anwesend. Die lineare Beziehung zwischen Vergangenheit, Gegenwart und Zukunft ist aufgehoben.

Folglich entsteht durch die Erdwandlung ein neues Raumprinzip, das einen mehrdimensionalen Charakter zeigt. Das heißt, nicht nur eine Dimension des Seins kann in der Gegenwart anwesend sein, wie das zurzeit im orthogonalen Raum der Fall ist, sondern mehrere gleichzeitig. Dadurch ist zu erwarten, dass dasjenige, was uns jetzt noch unsichtbar erscheint, dort in der einen oder anderen Form manifestiert wird.

Etwas Ähnliches kann man von der Zeitdimension sagen: Anstatt einer im voraus fixierten Zeitstruktur, innerhalb der wir uns zur Zeit bewegen müssen, um an der Weltentfaltung teilzunehmen, kommt eine flexible Zeitstruktur zu Stande. Ich pflege von der „kreativen Zeit" zu sprechen. Es wird — meinem Verständnis nach — so viel Zeit geben, wie man sie durch kreative Vorgänge erschaffen wird. Die weitere Entwicklung wird erst zeigen, wie die individuellen Zeiträume in die gemeinsame Zeit zusammengefügt werden können.

Wandlungen auf der Bewusstseinsebene

Spricht man von der Bewusstseinsebene der Erde, so denkt man im traditionellen Sinne an Elementarwesen und Naturgeister, die Bewusstseinseinheiten der Erdseele, der Gaia, darstellen. Da wir Menschen gewohnt sind, Bewusstsein mit Wesenheiten zu identifizieren, so werden Bewusstseinsfokusse der Erde als Elementarwesen — wie Nymphen oder Feen — wahrgenommen. Um der wahren Konstitution des Erdraumes treu zu bleiben, sollte man die Intelligenzeinheiten des Erdbewusstseins von ihren traditionellen Formen freisprechen und sie im Sinne der modernen Bewusstseinsforschung als Einheiten eines Gesamtorganismus betrachten, der Erdbewusstsein heißt.

Wesentliche Wandlungen im Bereich des Erdbewusstseins kann ich seit Frühjahr 1999 wahrnehmen. Ich sprach zuerst von den „neuen Elementarwesen", da ich in jener Zeit öfters auf Bewusstseinseinheiten stieß, die eine ganz andere Qualität ausstrahlen als die traditionellen Elementarwesen und Umweltgeister. Am meisten fielen mir die Qualitäten der Liebe und Freiheit auf, die bei den „alten" Elementarwesen kaum zu finden sind. Die traditionellen Elementarwesen sind relativ eng an ihre Aufgaben beim Aufbau der ätherischen Grundlagen der Lebensformen gebunden und kennen keine Freiheit in dem Sinne. Sogar Feen, die sich scheinbar frei durch den Raum bewegen, respektieren genau die Grenzen des ihnen anvertrauten Landschaftsraumes. Auch können die ätherischen Formen der Wasserwesenheiten — für den übersinnlichen Blick — von einer überwältigenden Schönheit durchzogen sein, die man aber nicht mit der Kraft der Liebe vergleichen kann.

Die neuen Elementarwesen scheinen demgegenüber sich frei im Raum zu bewegen, um dort aufzutauchen, wo sie seitens des Erdbewusstseins gebraucht werden, um an der Wandlung der Raum- und Zeitstrukturen zu wirken. Sie sind an keines der vier Elemente mehr gebunden, was für die „alten" Elementarwesen noch zutrifft. Man kann sie eher mit dem fünften Element — nach der westlichen Tradition — gleichsetzen, das „Äther" heißt und die Essenz der anderen vier Elemente einschließt. Die wiederholten Wahrnehmungen der neuen Bewusstseinserscheinungen an der Erdoberfläche und die Kommunikation mit ihnen haben mich dazu gebracht, gar nicht mehr von „neuen", sondern von „gewandelten" Elementarwesen zu sprechen. Damit das Erdbewusstsein die bevorstehenden Wandlungen an der Erdoberfläche erfolgreich begleiten kann — so meine Interpretation —, wurden gewisse Gruppen klassischer Elementarwesen in Bewusstseinseinheiten umgewandelt, die für die Begleitung der Erdwandlung spezialisiert sind. Ich nenne sie Umweltgeister des fünften Elements oder — alternativ — die gewandelten Elementarwesen.

Wie schon erwähnt, ist für sie ihre liebende Einstellung allem Leben gegenüber charakteristisch, im Unterschied zu den traditionellen Elementarwesen, die in ihre Aufgaben vertieft sind und ihrer Umwelt kaum Aufmerksamkeit schenken. Bei den gewandelten Elementarwesen spürt man dagegen, dass sie Mitgefühl ausstrahlen und von Situationen angezogen werden, wo Hilfe oder Beistand gebraucht wird. Diese Art von Wandlung führe ich zurück auf die Christuserfahrung, von der wir denken, dass sie nur uns Menschen vorbehalten ist. Im Gegensatz dazu wurde mir nach dem Jahr 2000 seitens der Elementarwelt einige Male ihre Begegnung mit der Christuskraft signalisiert. Darüber berichte ich in meinem Buch „Die Tochter der Erde". (1)

Mit dem Buddha- oder Christusbewusstsein wird eine bestimmte Dimension des universellen Bewusstseins benannt, durch die die Qualitäten der Individuation, der Freiheit, des Mitgefühls und der Liebe gefördert werden. Wenn es sich um eine universelle Bewusstseinsdimension handelt, warum sollte sie dann dem Erdbewusstsein und dadurch der Welt der Elementarwesen nicht auch zugänglich sein? Außerdem hat Christus, der die westliche Kultur in das Christusbewusstsein geführt hat, sich in einem irdischen Körper inkarniert, also in der Erde selbst. Jeder menschliche Körper gleicht nämlich einem holographischen Teil der Erdganzheit. Folglich hat sich Christus nicht nur in der menschlichen Welt, sondern vor allem in den Bereichen des Erdbewusstseins verkörpert. Die Auswirkungen seiner Interaktion mit der Erdseele sind durch die gewandelten Elementarwesen erfahrbar geworden.

Schattenseiten

Ein Prozess der Wandlung ohne Schattenseiten ist nicht denkbar. Bei einer Wandlung geht es immer um den Abbau der veralteten, nicht mehr aktuellen Strukturen und gleichzeitig um den Aufbau des Neuen. Bislang wurden bei der Darstellung der Erdwandlung — nach meiner Erfahrung — vor allem die aufbauenden Momente angesprochen. Wie verläuft der abbauende Bogen?
Der abbauende Bogen ist bei einer Wandlung genauso wichtig wie der aufbauende. Das Neue wird durch die Wandlung des Alten erschaffen. So kommt es praktisch dazu, dass Erscheinungen in unserer Umwelt eine vorher unbekannte zerstörerische Macht zeigen. Man hat bei manchen Stürmen, Flutwellen oder Vulkanausbrüchen der letzten Jahre das Gefühl, dass sie nicht nur übliche Erscheinungen der Lebenszyklen darstellen. Eine veraltete Ordnung in der Natur bricht zusammen.

Meine Deutung ist folgende: Um das ätherische „Material" für den Aufbau der neuen Raumstrukturen zu gewinnen, werden gewisse Schichten des Lebensraumes, in dem wir zur Zeit existieren, durch das Erdbewusstsein abgebaut, um verwandelt in die neue Weltstruktur eingebaut zu werden. Wir erleben diesen Prozess als eine allgemeine Schwächung unseres Lebensraumes und unserer Körper, insofern der betreffende Mensch nicht auf den Aufbauprozess eingestimmt ist beziehungsweise davon nichts weiß.

Zu den Schattenseiten der Erdwandlung gehört meines Erachtens auch die offensichtliche Eskalation der Weltprobleme wie Kriegsführung, Hungersnöte, Nationalismen, Globalisierung des Kapitals usw. Damit die kulturellen Schichten des irdischen

Raumes in den Wandlungsprozess einbezogen werden können, müssen — leider — die verborgenen „Giftstrukturen" an der Oberfläche des öffentlichen Bewusstseins erscheinen. Nur auf diese Weise — konfrontiert mit der unangenehmen Wahrheit — werden wir Menschen bereit, unsere Vorstellungs- und Handlungsmuster zu ändern, die auf den Wandlungsprozess blockierend wirken.

Menschwandlung

Auf Grund solcher Überlegungen sind wir nun zu einer anderen Ebene der gegenwärtigen Erdwandlung gelangt: der Wandlung des individuellen Menschen. Es handelt sich dabei um eine selbstständige Schicht des Prozesses, weil wir Menschen Wesenheiten des freien Willens sind. Deswegen können wir nicht „automatisch" durch den Wandlungsprozess mitgenommen werden so wie Pflanzen, Tiere oder Elementarwesen. Der Mensch muss immer wieder selber Entscheidungen treffen, was seine Teilnahme am Wandlungsprozess betrifft. Da gibt es vielerlei Probleme zu lösen:
– Es sollten Kommunikationsformen entwickelt werden, durch die der moderne verstandesorientierte Mensch begreifen kann, was in seinem Innern und in seiner Umwelt im Sinne der Erdwandlung geschieht und wie schicksalhaft diese Vorgänge für uns alle werden können.
– Es sollten Methoden entwickelt und gelehrt werden, durch die Menschen befähigt werden, die Einseitigkeit des Verstandes zu überwinden und die zukünftig unbedingt nötige Sensibilität zu erlangen, durch die man die subtilen Schichten der Wirklichkeit wahrnehmen kann. Ohne eine solche Sensibilität wird sich der Mensch in der neuen Raumstruktur verloren vorkommen.
– Es sollte Menschen geholfen werden, ihre inneren Potenziale kennenzulernen, durch die wir im voraus ausgestattet worden sind, um Krisensituationen überwinden zu können, die durch den Erdwandlungsprozess auftauchen. Dazu gehört das Kennenlernen unserer Chakrensysteme, der Mehrdimensionalität unseres Körpers und vieles mehr. Dazu gehört auch das Wissen vom Herzöffnen und von der Schlüsselbedeutung unserer emotionalen Welt.

Die Menschheit hat durch den unachtsamen Umgang mit der Erde und ihrer Lebenswelten wesentlich dazu beigetragen, dass seitens der Erdseele der Erdwandlungsprozess in Gang gesetzt worden ist. Nun sollten wir auch bereit sein, die dadurch entstehenden Lebensumstände als eine positive Herausforderung zu sehen, durch die wir angespornt werden, die destruktiven Aspekte unserer Zivilisation zu wandeln und harmonische Bürger eines mehrdimensionalen Planeten zu werden. Diese Ziele sind zu erlangen, wenn der Wandlung auf der persönlichen Ebene genügend Aufmerksamkeit und genügend schöpferische Kraft geschenkt wird.

Anmerkung:
(1) Marko Pogačnik: Die Tochter der Erde — Die Wiedergeburt des göttlichen Weiblichen, Aarau 2002, S. 159–161.

Kommunikation mit der Natur

Silvia Reichert de Palacio

Bereits zu einer Zeit, als ich mit der Geomantie noch gar nicht in Berührung gekommen war, hatte ich Träume und Visionen, die mich zu einem bestimmten Ort riefen, um dort etwas für diesen Ort zu tun. Meine Träume sagten mir, dass ich eine Beziehung zur Erde aufnehmen möge, und leiteten mein Leben in diese Richtung. Seitdem weiß ich, dass die Erde spricht und dass bestimmte Orte auf sich aufmerksam machen. Ich habe gelernt, die Erde wahrzunehmen, und in mir hat sich eine innige Beziehung zur ihr entwickelt, durch die ich ihrem Rufen folge und so ihre Wandlung miterlebe.

Um zu verdeutlichen, auf welche Art ich die Erdwandlung empfinde, will ich von meinen Erfahrungen mit dem Augenbrunnen in Bad Pyrmont berichten. Dieser ist einer der drei Hauptbrunnen des dortigen Quellheiligtums. Er trägt auf der Säule, die seine Fassung ziert, das Standbild der heiligen Odilie, der Schutzheiligen für das Augenlicht. Sein Wasser war seit vorchristlicher Zeit berühmt für seine heilende Wirkung auf Erkrankungen der Augen. Dafür musste man sie mit dem heiligen Wasser benetzen.

In jüngster Zeit hat der Augenbrunnen seine Atmosphäre verändert. Der alte heilige Ort hat sich gewandelt und ist zur feinstofflichen Energie-Quelle geworden. Jetzt nehme ich ihn in einer höheren Oktave schwingend wahr, und seine Heilkraft entwickelt sich auf einer differenzierteren Ebene. So entfaltet er sein Thema in eine andere Dimension. Diese betrifft das Sehen im übertragenen Sinne, also im Sinne einer erweiterten Wahrnehmungsfähigkeit des Menschen. Die gewandelte Quelle fördert jetzt durch ihre höher schwingende Atmosphäre die mehrdimensionale Wahrnehmung, das hellsichtige Erkennen von Energiefeldern und von seelischen und geistigen Qualitäten. Damit unterstützt sie die erweiterte Wahrnehmung des Menschen als Weg zur Erkenntnis. Dem Wandlungsprozess dieses Ortes kann durch eine Veränderung im Erscheinungsbild des Brunnens Ausdruck gegeben werden, damit Gestalt und Qualität des Ortes wieder übereinstimmen.

Die Wandlung der Erde erfahren

Die Grundlage dafür ist ein Weltbild, das die Erde als lebendiges Wesen ansieht, das mit uns Menschen verbunden ist. Unsere abendländische Kultur basiert auf einem rational-linearen Weltbild. Auf die menschliche Wahrnehmung bezogen bedeutet dies, dass wir als Subjekt einem Objekt gegenübertreten. Es ist ein Weltbild, in dessen Mittelpunkt die Kategorie der Kausalität steht.

Die Geomantie hat eine ganz andere Weltsicht. Sie richtet ihr Augenmerk auf die Rhythmen der Natur und auf das Lebendige. Dabei zeichnet sich dieses Lebendige dadurch aus, dass es ständig in Bewegung ist und sich in einem fortlaufenden Entwicklungsprozess befindet. Dem Weltbild der Geomantie liegt ein analoges Denken zu Grunde. In ihm sind die Gleichzeitigkeit und das Durchdrungensein von Subjekt und Objekt wichtig. Ein solches Weltbild ist die Voraussetzung dafür, dass wir die Erdwandlung erfassen können.

Aus einer geomantischen Perspektive betrachtet verfügen die Erde und jeder Ort über eine ganz eigene Identität. Sie haben einen Ätherkörper und Lebensenergieströme, Kraftstrukturräume, Chi-Quellen, Atmungsorgane und Energie-Meridiane. Darüber hinaus haben sie auch eine seelische Ebene, die sich in den Elementarwesen ausdrückt und eine geistige Ebene — zum Beispiel in Form von Leylinien, Landschaftsstempeln und Ortsidentitäten. So ist der Augenbrunnen auf der geistig-seelischen Ebene zusammen mit dem Hylligen Born und dem Brodelbrunnen ein Ausdruck der Quellgöttin des zentralen Quellheiligtums von Bad Pyrmont.

Kommunikation mit dem Augenbrunnen

Um mit der Quelle kommunizieren zu können, ist es wichtig, dass wir sie mit dem Herzen wahrnehmen und sie als Wesenheit empfinden und akzeptieren, die ein Bewusstsein besitzt und ihre eigene Evolution und Entwicklung lebt. Es ergibt sich die Frage, wie wir mit dem Quellheiligtum in Dialog treten und erfahren können, was der Ort ist und wohin er sich entwickeln will. Um dies herauszufinden, müssen wir lernen, die Sprache der Erde zu verstehen. Sprache dürfen wir uns dabei nicht als etwas vorstellen, das auf das Sprechen beschränkt ist. Wenn wir das tun, haben wir schon viele Wege der Kommunikation von vornherein ausgeschlossen. Zum Beispiel teilen ein Kind und eine Katze im engeren Sinn von Sprache keine Vokabeln miteinander. Wenn aber beide gemeinsam mit einem Ball spielen, können sie sich dennoch bestens verstehen. Ein anderes Beispiel wäre die Kunst. Sie eröffnet weitere Dimensionen für uns. Selbst die Poesie, die ja auch Sprache benutzt, erreicht durch ihren Klang ganz andere Räume als die, die wir gewohnt sind.

Es gibt unzählige Möglichkeiten, sich mit der Erde in ihrem Wandlungsprozess auszutauschen. Ein Tanzschritt, eine Melodie, ein Ornament, ein Ritual, ein Gebet oder sogar ein Bauwerk, das die Identität des Ortes widerspiegelt, können jeweils eigene Sprachen sein. Mit diesen lassen sich Botschaften formen, die in andere Dimensionen führen. So werden Informationen vermittelt und empfangen und durch unser sinnliches und gefühlsmäßiges Erleben unterstützt. In dieser Art von Verständigung schwingen — so wie wir es von der Musik her kennen — Obertöne mit, die jenseits unserer gewohnten Wahrnehmung liegen.

Eine gute Möglichkeit der Kommunikation mit der Erde ist auch die Sprache der liebevollen Hinwendung, der Achtsamkeit und Offenheit. Indem wir einen Moment innehalten und uns dem Ort liebevoll und mit Respekt zuwenden, öffnet er sich und zeigt sich uns. Er lässt sich betrachten und dies ist wie ein Geschenk für uns. Auch im Kontakt mit dem Augenbrunnen war meine hingebungsvolle Aufmerksamkeit entscheidend für die Erkenntnis seiner qualitativen Wandlung.

In unserer heutigen Gesellschaft ist Aufmerksamkeit das knappste und zugleich höchstbewertete Gut. Fachleute der Medienwelt sprechen längst von einer Aufmerksamkeitsökonomie. Die Hunderte von Milliarden Euro oder Dollar, die in die Medien- und Werbeindustrie fließen, zeugen von dem schier unermesslichen Wert, den man unserer Aufmerksamkeit beimisst. Ganz offensichtlich ist sie auch in unserem sozialen und politischen Alltag durchaus keine Banalität. Und wenn wir einmal in uns hinein horchen, dann müssen wir zugeben, dass Aufmerksamkeit — verstanden als die Hinwendung zur Welt oder zu einem Menschen und die in dieser Hinwendung erfahrene Präsenz — eine echte Kostbarkeit darstellt.

Um an verschiedenen Orten in Kontakt mit der Erde und ihren Qualitäten zu kommen, ist also unsere Aufmerksamkeit entscheidend. Sie kann sich zum Beispiel durch eine meditative Haltung im Umgang mit dem Ort oder in einem Ritual oder auch ganz einfach in der Hinwendung zur Erde ausdrücken. Im Moment der gegenseitigen Hingabe fließt das Wissen und lässt uns Menschen erkennen, wie der Ort sich wandelt. Solche Augenblicke der inneren Berührung sind die Basis zur Anerkennung des Seins und der Wandlung eines Ortes. Dadurch wird das Erleben und die Unterstützung der Erdwandlung durch den Menschen möglich.

Erdwandlung als Bewusstseinswandel des Menschen

Es ist die Erde, die uns Menschen durch ihren Wandlungsprozess dazu herausfordert, uns ebenfalls zu wandeln. Durch die Untrennbarkeit des Menschen von seiner Mitwelt ist die Wandlung ein Prozess von Erde und Mensch. Wir Menschen sind in diesem Wandlungsprozess stark gefordert, uns weiterzuentwickeln. Die Wandlung der Erde könnte sonst eine durch unsere eigene psychische Problematik beschwerte Grauzone sein.

Wir Menschen können durch die Seelengabe unserer Aufmerksamkeit das Wollen der Erde unterstützen. Allerdings benötigt diese Unterstützung auch Kristallisationspunkte in der manifestierten Welt. Veränderungen der seelischen Qualität des Ortes sollten also auch durch Veränderungen der Gestaltung und Nutzung des Ortes Ausdruck verliehen werden.

Lebendiges — also auch die Erde — wandelt sich immer. Erdwandlung ist also kein Phänomen, das ausschließlich auf die jetzige Zeit beschränkt ist. Neu ist allerdings, dass immer mehr Menschen sich auf eine profunde Wahrnehmung und eine tiefere Art des Fühlens einlassen und dadurch einen Zugang zur Wesenheit Erde bekommen. Auf diese Art können sie den Seinszustand der Erde und ihre Wandlung wahrnehmen — mit allen Problemen und Nöten der zu ihr gehörenden Wesenheiten.

Die Gesichtspunkte der Erdwandlung sind vielfältig. Abhängig von der Wandlungsphase und der momentanen Bedürftigkeit der Erde sind verschiedene Aspekte des Erdenkosmos für uns Menschen erfahrbar.

Gleichzeitig hängt diese Erfahrung der Erdveränderung von dem persönlichen Zustand des Wahrnehmenden ab, davon, wie sehr er in seinem Herzen ruht und sich von da aus der Welt öffnet. Für jeden feinstofflich wahrnehmenden Menschen kann ein anderer Aspekt der Erdwandlung präsent und erfahrbar sein. Das ist davon abhängig, welchem Anteil von ihm der Wandlungsprozess der Erde entspricht.

Ich persönlich nehme die Erdwandlung als Wandlung der Beziehung wahr, die die Menschen zur Erde haben. Dabei geht es um die Anerkennung der Eigenständigkeit der Erde in ihrer eigenen Evolution und um die Anerkennung der Verbundenheit des Menschen mit der Welt, in der er lebt. Es geht nicht nur um einen Wandel der Qualitäten von Orten. Wichtig ist vor allem der Bewusstseinswandel des Menschen in seinem Verhältnis zur Natur. In alten Zeiten lebte der Mensch ganz mit der Natur, der er ausgeliefert war. Sein Umgang mit ihr beruhte auf Intuition und innerer Verbundenheit. Im Laufe der Geschichte entwickelte der Mensch einen rationalen Zugang zur Natur. Er nimmt sich seitdem getrennt von ihr wahr und glaubt, sie dominieren zu können. Er lebt in dem Vertrauen, dass er die Wissenschaft nur weiterentwickeln müsse, um alle durch die Nutzung der Erde entstandenen Probleme zu lösen. An dieser Überzeugung nagen auf Grund der zunehmenden Umweltkatastrophen immer lautere Zweifel.

Im Wandlungsprozess der Erde können sich diese beiden polaren Einstellungen ihr gegenüber zu einer neuen Qualität vereinen. Wenn Intuition und klares Denken, feinstoffliche Wahrnehmung und Verstand gleichberechtigt nebeneinander stehen dürfen, ist ein Miteinander des Menschen mit der Erde in neuer

Qualität möglich. Unser Handeln in Beziehung zur Erde kann sich verändern, wenn wir unsere Wahrnehmung erweitern, wenn wir sehen, wie wir mit der Seele der Erde umgehen. Wenn wir uns von ihr berühren lassen und genauso berührt sind, als wenn wir einen Menschen im Kern seiner Seele erkennen. Wir haben dann eine verständnisvollere und intimere Beziehung zu ihm als vorher und gehen herzlicher mit ihm um. Das wird mit der Erde auch so sein. Wenn wir sie in ihren Gefühlen, in ihrer seelischen Qualität wahrnehmen, in ihrem Sein, dann sind wir von ihr berührt und gehen liebevoll und partnerschaftlich mit ihr um.

Geomediation

Mit Hilfe der Geomediation® arbeite ich daran, solche Erd- und Menschwandlungsprozesse bewusst zu machen und zu fördern. Wie bei der sozialen Mediation, die auf die gütliche Einigung zwischen zwei oder mehreren Parteien ausgerichtet ist, will die Geomediation eine auf Einfühlsamkeit beruhende Übereinstimmung der Menschen mit ihrem Lebensraum wiedergewinnen: Die Zeichen, Formen und Prozesse des Naturraumes werden in die Entscheidungen der Menschen über ihr Leben mit einbezogen. Dabei verknüpfe ich soziale Coachings mit der Wirkung von Erdräumen. Die Aura eines Ortes ist Teil der dort stattfindenden sozialen Prozesse und zeigt sich in der Geschichte des Ortes und seiner Bewohner. Die Geomediation möchte die sich wandelnde Qualität des lebendigen Ortes durch Gestaltung und künstlerische Aktionen zum Ausdruck bringen. Dadurch soll eine Kontaktaufnahme und Kommunikation der Menschen mit dem Ort ermöglicht werden. Was entsteht, ist die Anerkennung des Wandels der Erde und ein geheilter Lebensraum.

Damit diese Wandlung und Heilung über einzelne Orte hinaus für die gesamte Erde möglich wird, ist eine radikale Wandlung des menschlichen Umgangs mit der Natur — zusammen mit einer entsprechenden globalen Veränderung unserer Lebensraumnutzung — notwendig. Ich sehe den parallel zur Erdwandlung verlaufenden Bewusstseinswandel des Menschen als eine Chance für eine kooperative Weiterentwicklung des Lebensraumes Erde. Immer mehr Menschen gewinnen einen gefühlsmäßigen Zugang zu den seelischen und geistigen Dimensionen der Erde, so dass zunehmend auch die Entscheidungsträger im Sinne einer Anerkennung der Erde als einem lebendigen Wesen handeln können.

Stufen der Erdwandlung in meinem Leben

Ilse Rendtorff (†)

Meine Teilnahme an den Stufen der Erdwandlung war immer geprägt vom Zusammenwirken mit anderen, von einem lebendigen Gruppenprozess. Ich möchte diesen Prozess beschreiben von dem Zeitpunkt an, an dem wir begannen, weltweit mit anderen Gruppen zusammen die Erdwandlung wahrzunehmen und zu unterstützen.

Meditationen für die Erde

1986 nahm ich von einer Veranstaltung einen Flyer mit, der mich sogleich in seinen Bann zog. Es wurde darin von Kanada aus unter „Peace 21th" zu intensiven Friedensmeditationen aufgerufen. Viermal im Jahr sollte zu den Sonnenfesten (21. März, 21. Juni, 21. September und 21. Dezember) abends ein kraftvolles Gedankenbild des Friedens geformt werden. Die Botschaften, die wir dazu erhielten, hoben die Meditationen über das Thema Frieden weit hinaus. Wir wurden ermutigt, im Prozess der Erdwandlung unsere wichtige Rolle zur Unterstützung eines friedlichen Übergangs der Erde ins Wassermann-Zeitalter einzunehmen. Außer den vierteljährlichen Meditationen fand an Silvester in noch weit größerer Verbreitung die Planetary Commission statt. Sie erreichte besonders in den USA Millionen Menschen mit Botschaften für den Frieden auf der Erde. Wir haben in Kiel alle fünf Feste im Jahr getreulich gefeiert. Zum zehnjährigen Jubiläum dieser Meditationen bekamen wir zu unserer Jubiläumsfeier Grußbotschaften aus aller Welt. Es ging uns um die aktive Teilnahme am Wandlungsprozess, um den Aufbau von lichtvollen Energien, die diese Phase der Erdwandlung unterstützen.

1987 erreichte uns von allen Seiten die Aufforderung, an der Harmonischen Konvergenz teilzunehmen. Sie fand vom 16. bis 17. Juli 1987 statt und war wohl das erste Fest, das von Menschen auf dem ganzen Planeten gemeinsam gefeiert wurde. Der Ausgangspunkt dafür waren die Weissagungen indianischer Stämme in allen Teilen Amerikas, die besagten, dass an diesem Tag eine Zeitenwende stattfände: Die große gefiederte Schlange Quetzalcoatl kehre zurück. Schamanen und spirituelle Lehrer versammelten sich und führten Rituale zur Reinigung der Erde durch. Wir wurden aufgerufen, von Sonnenaufgang an die Tage mit Meditationen, Musik und Tänzen zu begehen. Es war eine freudige Stimmung. Wir lernten von dem Schamanen Jose Arguelles, Kristalle in die Erde zu bringen als Resonanzkörper für heilende Schwingungen.

Das nächste weltweit gefeierte Fest zur Erdwandlung — Earth Link 88 — fand am 14. Februar 1988 um ein Uhr nachts statt. Es wurde vorausgesagt, dass bei einer astrologisch bedeutsamen Sternenkonstellation eine starke heilende Kraftausstrahlung über den ganzen Planeten verteilt würde. Der Einstrahlungspunkt läge in dem großen vitalenergetischen Zentrum des Planeten auf dem roten heiligen Berg Uluru im Herzen Australiens. Wenn wir alle die Strahlen unserer Liebe zur Erde dorthin senden würden, so könne der Fluss der heilenden Kraft sich verteilen, um die Herzen der Menschen mit der Resonanz von Liebe und Harmonie zu berühren. Wir wanderten zu diesem Fest im Schnee an einen Kraftort unter großen alten Bäumen an einem See. Ich erinnere mich, dass wir für eine hochschwangere Frau in unserer Mitte einen Stuhl mit uns trugen. Zwanzig Jahre später wird mitunter für mich ein Stuhl mit zu einem Ritual getragen.

Dann habe ich teilgenommen an einem weltweiten Ritual zur Erdwandlung, das seine Impulse nicht aus dem Indianischen bekam, sondern von Gruppen, die Botschaften von Außerirdischen und aufgestiegenen Meistern aufnahmen. Ich selber hielt zu diesen Quellen, die in den neunziger Jahren eine große Rolle spielten, Distanz. Aber als der Aufruf mit dem Namen „11:11" kam, ein Ritual zur Öffnung eines Sternentores für die neue Erde zu schaffen, fühlte ich mich motiviert, daran teilzunehmen. Mit drei Frauen aus dem Kieler Raum fuhren wir im Januar 1992 nach Ägypten zu den Pyramiden in Gizeh. Mit vielen Menschen zelebrierten wir dort im Tempelhof der dritten der großen Pyramiden ein wunderbares Ritual. Um Mitternacht begannen wir mit dem rituellen Tanz. Wir tanzten 44 Stunden bis zum Mittag des übernächsten Tages. Wer müde oder hungrig war, zog sich ein paar Stunden in das nahe Hotel zurück. Es war eine bewegende lebendige Kraft zu spüren. In den Nächten wanderte das Bild des Orion im Lauf der Stunden langsam über die Pyramide. Um den Kreis der Tanzenden standen zwölf WächterInnen auf den Blöcken der Pyramiden, um die Energie zu halten und den Kreis zu schützen. Diese Aufgabe der Wächterin — jeweils für so viele Stunden wie wir wollten — habe ich am liebsten übernommen.

In den Botschaften zur Wandlung der Erde wurde immer wieder in Aussicht gestellt, dass die Natur und die geistige Welt uns Gaben senden würden, um unsere Kräfte für die Aufgaben, die uns gestellt werden, zu stärken. Ich war richtig neugierig, ob ich solche Gaben feststellen könnte. Und dann kamen sie — immer wieder neue Gaben: Heilmethoden, Menschen mit heilenden Kräften und Stärkungsmittel der verschiedensten Art. Die Edelsteine entfalteten ihre alten verborgenen Kräfte neu in wunderbarer Fülle. Das Interesse der Menschen an gesunder Nahrung wuchs. Und so entstand ein wachsender Markt von Naturkostläden. Yoga-, Shiatsu- und ähnliche Gruppen gehören inzwischen in jedes Volkshochschulprogramm. Ich konnte und kann über diese Einlösung der Vorhersagen nur staunen. Und sie geht immer noch weiter.

Engel und Naturwesen

Von der Mitte der neunziger Jahre an kam Marko Pogačnik mehrmals nach Kiel. Und auch nach dieser Periode blieben wir in ständigem Kontakt. So nahm ich seine Botschaft auf, dass er eine ganz besondere Wandlung der Erde hin zu einer neuen Dimension wahrnimmt und an uns weitergibt. Inzwischen war ich aus meiner kleinen Altstadtwohnung umgezogen. Ich konnte ein Haus mieten, zu dem ein großer alter Garten gehört. In diesem Haus richtete ich für meine Gruppen und für andere einen Meditationsraum ein. Und nun geschah ganz still etwas Wunderbares. Zusammen mit den Räumen des Hauses, vor allem dem Meditationsraum, und mit dem Garten erlebte ich, wie in diesem Umfeld die Energien der neuen Schwingung von

Himmel, Mensch und Erde ein starkes Kraftfeld aufbauten. Immer deutlicher nahm ich die Präsenz der Engel und der Elementarwesen in den Räumen und im Garten wahr. Ein Freund meißelte in einen großen herzförmigen Findling unser Symbol, das ich einmal von einem Elfenkönig bekommen hatte. Nun liegt der Stein kraftvoll mitten im Garten.

Bei einer schamanischen Reise hatte ich eines Tages meine Krafttiere gebeten, mich zu meinem Heiler zu führen. Sie taten das. Es war ein weiter Weg in einer Bergschlucht an einem Bach entlang. Der Heiler erwartete mich und gab mir das erbetene Heilmittel. Und dann sagte er: „Ich bin ganz in deiner Nähe, unter dem Stein in deinem Garten." Seitdem ist er dort. Ich kann ihn jederzeit um Hilfe bitten. Wenn Gruppen im Meditationsraum arbeiten, z. B. mit Familienaufstellungen, so sehe ich oft, wie die Menschen zu dem Stein treten und dort Kraft tanken. Menschen, die den Meditationsraum nutzen, sind immer wieder von der dort spürbaren heilenden Atmosphäre beglückt. Sie fühlen sich auch von den Engeln in ihrer Arbeit unterstützt.

Den Raum der Schwingung der neuen Erdenergie nehme ich so wahr, dass die geistige Welt der Engel ebenso wie die Welt der Naturwesen uns näher gekommen sind. Es ist uns möglich, mit ihnen zusammen zu schwingen. Ich dehne dieses Schwingen in meinem Umfeld aus. Da sind bestimmte Bäume in meiner Straße: eine uralte Magnolie, ein großer Eichbaum, die mir ihre Kraft schon entgegenströmen, wenn ich in ihre Nähe komme. Auch in der Innenstadt von Kiel habe ich einige solche Baumfreunde. Durch diese intensive Verbindung mit der Natur erwächst mir eine beglückend friedliche Stimmung. Ich bin inzwischen alt und lebe größtenteils im Alltag für mich. Aber ich bin nicht allein. Ich bin in dieser Schwingung mit den großen und kleinen Wesen und Kräften um mich gut aufgehoben.

Eine besondere Verbindung möchte ich noch ansprechen: Die Präsenz der vier Elemente Erde, Wasser, Luft und Feuer, die das gesamte Leben der Schöpfung durchpulsen, wird mir wie manchen anderen immer stärker in ihrer lebendigen Kraft bewusst, im Kleinen — unserem Körper — wie im gesamten Kosmos.

Gruppenmeditationen

Wenn ich allein oder mit einer Gruppe um Hilfe in den großen Anliegen der Erde bitte — z. B. für die umherirrenden Seelen der plötzlich Gestorbenen kurz nach dem Tsunami in Asien —, so erscheint es mir zu schwer, einer solchen Bitte im kleinen Kreis oder für mich allein Kraft zu verleihen. Dann empfinde ich es als besonders hilfreich, mich mit dem großen lichtvollen Netz aus meditierenden und betenden Menschen rund um den Erdball zu verbinden und gemeinsam mit vielen um Hilfe zu bitten. Diesem Zweck der gegenseitigen Unterstützung dienen auch die Meditationen, die Marko Pogačnik den Freunden und Freundinnen seiner Arbeit weitergibt. Das göttliche Licht nehme ich aber nicht nur in diesem Netz der Meditierenden wahr. Sein Leuchten — wenn auch mitunter nur als ein kleiner Funke — schimmert in jedem Menschenherzen auf der Erde.

Überwindung der Dualität

Eine entscheidende Bedeutung bei der Erdwandlung hat die Wiederkehr des Weiblich-Göttlichen. Diese göttliche Dimension der neuen Erde erlebe ich zwar als die Wiederkehr der Göttin. Aber es ist nicht eine Wiederkehr alter Erscheinungen der Göttin. Auch hierin hat sich eine neue Dimension entfaltet. Sie zeigt sich in der Aufhebung der Dualität. Ich erlebe nicht mehr Christuskraft und Sophia — oder wie immer wir die Göttin nennen mögen — als getrennt. Die göttliche Einheit, das Licht aus der göttlichen Quelle, hat das unendlich gütige Gesicht der Mutter und zugleich die hohe Kraft der Schöpfungs-Christusenergie. Ich erlebe es so, dass ich noch nicht in der Lage bin, die Aufhebung der Dualität wirklich zu schauen. Aber ich weiß im tiefsten Herzen um ihre Wirklichkeit. Diese Aufhebung der Dualität gilt auch für unsere menschlichen Begriffe von oben und unten. Weder Yin und Yang noch göttlich-kosmisches Licht und Erdenergie sind mehr in getrennten Bereichen angesiedelt. Aus dem Herzen der Erde strömt mir die Quelle der Schöpfungskraft ebenso entgegen wie aus dem Kosmos.

Die Liebe zur Erde erfahren

Jana Rieger

In einer geteilten Stadt

Ich bin Berlinerin, geboren und aufgewachsen in einer geteilten Stadt — im Ostteil Berlins. 1989 „wiedervereint" und nach zehn Jahren innerlich erst angekommen im neuen Staat — dem gemeinsamen Land. In der Wendezeit 1989 begann ich, mich als Pädagogikstudentin für unterschiedliche Schulinitiativen zu interessieren. So fand ich mich im September 1990 in einem Waldorflehrerseminar wieder. Dort erfuhr ich etwas über Reinkarnation, Äther- und Astralleiber und all die anderen sonderbaren Begriffe. Mit diesem Wissen ging ich wiederum in die westliche Referendariatsausbildung zum Lehramt, da der Abschluss der Hochschule aus dem Wendejahr nicht anerkannt wurde. Zur Abschlussprüfung war ich schwanger und etwas Schönes trat in mein Leben.

Nach der Geburt meiner ersten Tochter Marina im Juni 1995 begann in Berlin die 1. Friedensuniversität. Spirituelle Lehrer der unterschiedlichsten Religionen und Menschen, die neue Wege suchten, waren zu Gast. Im Programm interessierte mich u. a. der Vortrag von Marko Pogačnik, obwohl ich mir unter „Heilung der Stadtlandschaft" überhaupt nichts vorstellen konnte. Mit meiner neugeborenen Tochter konnte ich nicht direkt teilnehmen, aber mein Mann schenkte mir ein Buch: „Elementarwesen". (1) Dieses Buch hat mich dann durch eine schwere persönliche Krise begleitet.

Als ich 1996 an einem Folgeseminar mit Marko Pogačnik in Berlin teilnahm, traf ich in dieser Gruppe zum ersten Mal auf Menschen, mit denen ich mich ganz verbunden fühlte, bei denen ich das Gefühl hatte, meiner geistigen Familie zu begegnen. Ich glaube, ich wusste damals noch nicht genau, was das ist, aber dass ich mich mit einigen so ganz aus dem Herzen verstehen konnte, war für mich direkt erlebbar.

In Berlin kam es dann über mehrere Anläufe zur Gründung einer Geomantiegruppe. Wir haben einfach angefangen z. B. die Bäume zu umarmen und ihnen mitzuteilen, dass wir uns ihnen ganz zuwenden möchten. Es gab eigentlich keinen, der schon über ausgeprägte Wahrnehmungen verfügte. Aber der Wunsch war da, uns ganz unserem Stadtlandschaftsraum Berlin zuzuwenden. Erst besuchten wir Orte, die wir aus den Seminaren mit Marko Pogačnik kannten. Später wurden wir auch mutiger und suchten uns neue Phänomene, die uns irgendwie berührten. Eigentlich waren wir wie die Kinder, die sich spielerisch ein ganz neues Feld eroberten. Wir hatten im Frühjahr 2001 eine Stadtgeschichtsgruppe, eine Gruppe für den künstlerischen Ausdruck und eine Erdheilungsgruppe am Sonntag, die sich alle vierzehntägig trafen. Dabei waren wir nur etwa zehn aktive Menschen. Wir wurden wie getragen durch unsere Freude am Tun. Wenn wir zusammenkamen, bildete sich eine wunderschöne Qualität des Miteinanders, die wir wie ein Geschenk empfanden. Diese Anfangszeit, das war ein bisschen wie das Paradies.

In diese Zeit fiel auch die Einladung zum ersten überregionalen Lebensnetztreffen in Hamburg. Damals hatte ich gerade meine zweite Tochter Clara bekommen. Wir mussten viele Wochen im Krankenhaus zubringen. Als ich entlassen wurde, gab es bereits einige interessante menschliche Beziehungen zur Hamburger Geomantiegruppe. Mir wurde mit großen Augen von meinen Berliner Freunden berichtet, welche geomantischen Phänomene die Hamburger Freunde nicht nur wahrnahmen, sondern auch präzise zuordnen und qualitativ unterscheiden konnten. Damals haben wir uns als Gruppe entschlossen, uns jetzt weiterzubilden und den Dingen auf den Grund zu gehen. Wir haben die Hamburger eingeladen und gefragt, ob sie sich vorstellen könnten, mit uns eine Schulung zu machen. Inzwischen sind die Menschen, die damals teilnahmen, alles interessierte Geomanten, die auch in ihren eigenen Projekten tätig sind und Geomantie in unterschiedlichen Formen ins Leben tragen.

Am Vorabend der Sonnenfinsternis 1999 gab es die große gemeinsame Herzmeditation für die Neugeburt des Landschaftstempels Europas. Das war für mich wie die reale Geburt unseres Lebensnetzes. Erstmals haben Gruppen tätig zusammengewirkt. Wir erfuhren von all den Städten, in denen Menschen zusammenkamen. (2) Das war ein tolles Gefühl. Direkt am Berliner Herzzentrum konnte ich zwar nicht mit vor Ort sein, aber dann ein Jahr später. Das brasilianisch-europäische Gruppenverbindungsritual im Sommer 2000 zur Stärkung der Herzkraft von Mensch und Erde war für mich auch solch ein verbindendes Erlebnis.

Persönliche Wandlungsprozesse

Ich glaube, das war damals auch einer der Anfangsmomente, in denen ich mich gefragt habe, warum gerade ich mich mit Geomantie beschäftige. In der Berliner Gruppe gab es Landschaftsgärtner, Künstler, Architekten, Bauingenieure, Heilpraktiker, aber auch Buchhändler, Kindergärtnerinnen u. a. Ich war ausgebildete Lehrerin und konnte mir nun gar nicht vorstellen, wie mein Lehrerberuf zu den Fähigkeiten passen sollte, die ich in der Geomantie langsam erwarb. Erst einige Jahre später bemerkte ich, dass ich anfing, wahrnehmungsorientiert zu unterrichten. Dank eines Glücksfalls war ich inzwischen in ein freiwilliges Fach ohne Noten eingestiegen. Wenn die Kinder den Raum betraten, versuchte ich wahrzunehmen, was sie heute bräuchten. Ich bereitete mich eigentlich immer weniger im klassischen Sinne auf den Unterricht vor. Dafür hatte ich Angebote, die die Kinder nutzen konnten, und war sonst da für ein Gespräch, ein Ausatmen oder eine Wanderung im ersten Schnee. Durch die Arbeit in Projekten bekamen meine Schulkinder Freiraum, um sich selbst auszudrücken. Den Frontalunterricht löste ich zu Gunsten des Kreisgesprächs auf. Und so kamen immer mehr Dinge hinzu, die dem Leben Raum gaben. Eigentlich bräuchte es eine ganze Schule, wo Kinder ihren Alltag so gestalten können. Eine demokratische Schule zu gründen, mit anderen zusammen — das ist noch ein Wunsch aus der Wendezeit, der sich verwirklichen will.

Die Liebe zu meinem Mann Dieter und meinen Kindern hat mich durch die schwersten Tage meiner Krankheit getragen. Auch als es plötzlich anfing, im menschlichen Bereich schwierig zu werden innerhalb der Berliner Geomantiegruppe, hat sie mir geholfen, nicht einfach den Kopf in den Sand zu stecken, sondern weiter kreativ innerhalb der Gruppe zu arbeiten. Vielleicht ist Berlin wirklich nicht gerade ein einfacher Ort, um geomantisch tätig zu sein. Aber ich denke, wir wurden in den letzten Jahren aus der geistigen Welt sehr unterstützt, wenn wir uns entschlossen, unserer Liebe zur Erde Ausdruck zu geben. Und wir wurden innerlich immer nur vor solche Aufgaben gestellt, die wir auch bewältigen konnten. Je schöner die Orte im Äußeren der Landschaft wahrnehmbar wurden, um so mehr war der eigene Schmerz im Innern des Herzens zu hören. Manchmal höre ich es wie einen Schrei der Erde über die inneren Begrenzungen/Grenzen in mir. Ich bin in einer geteilten Stadt und einem geteilten Land geboren und aufgewachsen und ich trage diesen Schmerz auch in mir. Er hindert mich aber nicht daran, mit anderen zusammen ins Gespräch mit der Erde zu kommen.

Blicke ich zehn Jahre zurück, dann begann sich damals gerade das Lebensnetz Geomantie und Wandlung zu bilden. (3) Auch dank der Lebensnetz-Camps in wundervoller Landschaft und persönlicher Treffen haben wir einen Raum des Miteinanders mit der Erde geschaffen. Zukünftige Lebensqualität! Und jetzt hat dieses Lebensnetz schon einen Körper mit vielen Organen: Projekten, Initiativen, Einzelideen, Gruppentreffen. Vielleicht ist diese Form des Lebensnetzes auch so schnell gewachsen, weil sie eine gemeinsame Basis bildet für unsere Zusammenarbeit mit der Erde. Es ist ein hilfreiches Werkzeug in den Phasen der Wandlung. Manchmal spüre ich aber auch, als wenn das, was möglich wäre, noch nicht eingelöst wird im Persönlichen. Dann werde ich auch traurig — die Zukunft so spürbar vor Augen. Vielleicht ist es wie eine Altlast, die sich wandeln möchte. „Nur" Zustimmen, Mitmachen, das ist nicht mehr ausreichend jetzt. Der eigene Entschluss, ganz ja zu sagen zu dem, was kommt, wird wie eingefordert. Und dafür dann im Leben auch einzustehen, das ist die Herausforderung der Wandlung für mich.

Wenn ich darüber nachdenke, wie meine Verbindung zur Erde und ihren Wandlungszyklen ist, dann könnte ich es gar nicht so genau benennen. Ich glaube, ich erlebe die Erde durch die Menschen, mit denen ich in Kontakt komme. Daraus entsteht ein Gefühl für das Wesentliche. Am meisten macht mir die Arbeit mit den verschiedenen europäischen und sogar brasilianischen Gruppen Spaß. Auf einem Lebensnetzcamp im Sommer 2004 hatte ich vorgeschlagen, dass das Lebensnetz Geomantie und Wandlung sich auch nach außen darstellen sollte. Ich verspürte keine Ambitionen, es umzusetzen. Aber dann trat ich in die Redaktion der Lebensnetzseite für die Zeitschrift „Hagia Chora" ein. Es macht mir unglaubliche Freude, diesen Kontakt zu Menschen überall auf der Welt aufzubauen, die die Liebe zur Erde miteinander verbindet.

Anmerkungen:
(1) Marko Pogačnik: Elementarwesen — Die Gefühlsebene der Erde, München 1995, als „Elementarwesen — Begegnungen mit der Erdseele" erweiterte Neuauflage Baden und München 2007.
(2) Siehe dazu: Erfahrungsbericht Landschaftstempel Europa, in Hagia Chora Nr. 4, 1999/2000, S. 10.
(3) Siehe dazu: Lebensnetz Geomantie und Wandlung — Netzwerk für die wechselseitige Inspiration von Erde und Mensch, in Hagia Chora Nr. 17, 2003, S. 12f.

Schritte zur Vergeistigung der Erde

Wolfgang Schneider

Die Entwicklung der Erde nach der Sonnenfinsternis

Die totale Sonnenfinsternis 1999, bei der vier Planeten im Kreuz am Himmel standen, wies auf das Erscheinen des Christus hin. Christus durchdrang die Erde und vergeistigte sie. Seitdem verwandelt sich die Erde.

Heute zeigt sich die Erdwandlung im Klimawandel: heiße Sommer und warme Winter, Polkappen und Gletscher schmelzen, Hochwasser, Orkane usw. Verursacht ist diese ökologische Krise durch einen grenzenlosen Materialismus in der Globalisierung unserer Wirtschaft. Darin verbirgt sich eine weitaus größere geistige Krise. Unser Handeln in den nächsten Jahren entscheidet unsere planetarische Zukunft. Mit dem Klimawandel geschieht ein Gegensteuern des Erdbewusstseins auf diese Entwicklung.

Begonnen hat der Wandel der Erde mit der totalen Sonnenfinsternis. Ich konnte viele Orte finden, an denen eine Christusqualität präsent war. Auch beim Menschen erschien diese Liebeskraft im Herzen. Nach und nach fand sich die Christusqualität in allen geomantischen Strukturen. Die Erdenergien

Christuskosmogramm für Hiddensee, Dornbusch. Maria Niehle

stülpten sich um und brachten eine Geistigkeit der Erde hervor. Gab es solche Phasen der Wandlung schon früher? Wie lässt sich die Erdwandlung unterstützen? Und was geschieht mit Aspekten, die sich nicht verwandeln?

Meine Arbeit

Seit Jahren erfahre ich diesen Vorgang einer sich verwandelnden Erde in Seminaren und Erdheilungsgruppen, wobei ich diese Entwicklung gemeinsam mit Teilnehmern erspüre. Dabei untersuche ich die geomantischen Phänomene anhand ihrer Resonanz auf den menschlichen Energiekörper mit der Aura und den Chakren. Parallel lassen sich ähnliche Veränderungen auch beim Menschen wahrnehmen. Jedoch schreitet die Erde in ihrer Entwicklung voran. Nur zögernd können wir diese erwachenden ganzheitlichen Qualitäten ins menschliche Handeln hineintragen.

Eine Wahrnehmung des Feinstofflichen besaß ich schon als Kind. Ich erinnere mich, Kraftlinien in der Landschaft gesehen zu haben. Mich faszinierten schon damals Quellen von Ätherkräften, und ich spielte gern im Wald an Orten, an denen Elementarwesen präsent waren. Ich besaß in einer hohen Buche eine Plattform, die ich über Sprossen erklimmen konnte. Dort oben sah ich einem Engel direkt in das Gesicht. In der Pubertät verschwanden diese Wahrnehmungen. Später — als ich ein junger Mann war — tauchten sie wieder auf. Damals beschäftigte ich mich als Rutengänger mit Wasseradern und Netzgittern, die ich sehr differenziert in meinen Chakren wahrnahm. Dann tauchten auch wieder die Elementarwesen und Engel aus der Kindheit auf.

Inspiriert durch Marko Pogačnik entwickelte ich daraus ein mehrdimensionales Landschaftsmodell, welches sich an der Aura und den Chakren des Menschen orientiert. Zusammen mit meinem Kollegen Florian Grimm aus Hamburg und dem Arbeitskreis Geomantie erforschten wir das geomantische Gefüge von Hamburg. Mit der Sonnenfinsternis wandelte sich der Schwerpunkt von der Erdheilungsarbeit zur Erforschung neuer energetischer Strukturen.

Hinzugekommen ist seit mehreren Jahren eine künstlerische Arbeit zusammen mit meiner Lebensgefährtin Maria Niehle. Inzwischen haben wir zahlreiche Kunstprojekte mit Steinsetzungen realisiert, wobei sie den künstlerischen Teil und ich den geomantischen ausführe. Heute vermittle ich die Wahrnehmung der vielfältigen erneuerten geomantischen Phänomene in Schulungen.

Die Sonnenfinsternis

Die Sonnenfinsternis verbrachte ich im Wendland. In der Phase, als der Mond die Sonne zu verdecken begann, zeigte sich mit der Dunkelheit der Stillstand in der Landschaft. Die Elementarwelt hatte sich völlig zurückgezogen. Selbst die Engel standen still. Dann — in der zweiten Phase —, als der Mond sich über die Mitte hinweg bewegte, wurde die Erde in ein feines Christuslicht getaucht. Die Erde antwortete mit einer wunderschönen, sehr weichen Energie. Der Himmel mit seinen Sternen war herabgekommen und die Erdmitte — das Herz der Erde — war hinaufgestiegen.

Die Tage danach erlebte ich mich ganz durchdrungen: Es erinnerte mich an die Zeit im Winter zwischen Weihnachten und Neujahr. Ich fühlte innerlich deutlich die Aufgabe, meine Eigenverantwortlichkeit in der Schöpfung anzunehmen — das Menschsein zwischen der irdischen und der geistigen Welt.

Beispiele im Wandlungsgeschehen

Neue Elementarwesen
Eine Veränderung im Erdgeschehen begann für mich schon im Vorfeld der Sonnenfinsternis. Eine besondere Rolle nahmen darin neue Wesenheiten der Elementarwelt ein. Ergreifend war für mich das Wirken dieser Wesen. Rudolf Steiner sagte ihr Erscheinen voraus und nannte sie Diener Christi. Sie kommen zu den bisherigen Naturwesen der Erde, des Wassers, der Luft und des Feuers hinzu und tragen das fünfte Element des Äthers. Ich erlebte ihr erstes Auftreten wie eine Geburt — in einer kleinen Kapelle bei Munster in der Heide. Vor dem Altar

des Gotteshauses erschien ein Lichtpunkt, aus dem heraus sich nach und nach eine Lichtgestalt wie ein Mensch entfaltete. Diese war ganz verbunden mit der Elementarwelt und der Erde und gleichzeitig mit der Engelwelt und dem Geistigen. Ich empfand in meinem Herzen ein durchdringendes Gefühl — Erde und Kosmos wurden in mir eins. Diese neuen Elementarwesen tragen den Christusimpuls in die Natur. Seitdem verteilen sie sich und geben die Christusqualität an andere Elementarwesen und Engel, wie auch in die ätherischen Kraftstrukturen. Inzwischen sind sie nahezu überall präsent. Ergreifend ist ihre heilsame Kraft. Mit ihrer Hilfe lassen sich Orte in eine Harmonie bringen.

Mensch und neue Elementarwesen, Kosmogramm des Lithopunktursteines Abteigarten Quedlinburg. Maria Niehle

Veränderte Ätherstrukturen
Klassische Kraftstrukturen haben sich verwandelt in eine ätherisch geistige Qualität: Landschaftszentren wie das ätherische Herz ebenso wie das Herzzentrum einer Stadt, selbst das Herz eines Hauses oder einer Wohnung. Dabei ist die Grundfunktion wie bei unserem Herzorgan geblieben: wirbelartig werden Energien hineingesogen, erneuert und strömen wieder heraus. Entscheidend hat sich dabei aber die Qualität verändert: Solche Zentren funktionieren nunmehr auch auf den höheren Ebenen erneuernd. Emotionale und mentale Energien werden auf-

gebaut. Eindrucksvoll ist dieses auch bei sternförmigen Zentren, die wie ein Nabel funktionieren. Es erscheinen über solch einem Kraftstern feinere Zentren auf anderen energetischen Ebenen — wie eine Säule aus übereinander liegenden Zentren, immer feiner und feiner.

Selbst riesige neue Strukturen entstehen, die ich Lichtstädte nenne. Sie umfassen alle Ebenen und verankern neue Energien nicht nur in Landschaftsräumen, sondern auch in Großstädten. Für Hamburg, Berlin und das Wendland konnte ich mit den dortigen Geomantiegruppen solche Lichtstädte erforschen. (1)

Engel mit einem Yin-Aspekt
Auch Engel mit einer geistigen Qualität der Erde erschienen. Ich nenne sie Yin- oder Erdengel — im Gegensatz zu den traditionellen kosmischen Engeln. Die dreimal drei Chöre der Engelhierarchien werden durch Engel mit einem Yin-Aspekt ergänzt. Ihre Lichtsäule kommt aus der Tiefe der Erde. Nach und nach fand sich eine ganze Hierarchie von Erdengeln, die ein Gleichgewicht zu der bisherigen kosmischen Hierarchie bilden. So nahm ich neun verschiedene neue Engel wahr, denen ich je nach ihrer charakteristischen Tätigkeit Namen gab. Diese Erfahrungen machte ich 2001 zusammen mit meinem Kollegen Florian Grimm und dem Hamburger Arbeitskreis sowie mit Geomantiegruppen in Berlin und Erfurt. Es war die Zeit nach den Terroranschlägen am 11. September. (1) Diese Yin-Engel zeigten die gegenwärtige Erdsituation. Wie ein Spiegel, den sie uns Menschen vorhalten, weisen sie uns auf die geistigen Aspekte unseres Tuns hin. Gleichzeitig besitzen sie aber auch eine unglaubliche Liebe zum Leben.

Die Themen der alten Erde warten auf eine Befreiung. In diesen schmerzlichen Prozessen befinden wir uns. „Wandlungsengel" aus der dritten Hierarchie der Throne holen die Themen hervor, doch lösen müssen wir sie selbst! Es liegt in unseren Händen. „Engel der Zukunft" aus der ersten Hierarchie der Seraphim zeigen uns die Liebesqualität, die schon jetzt so präsent ist, um uns zu erinnern, wie es werden soll. Und schließlich hilft der „Engel der Tatkraft" aus der achten Hierarchie der Erzengel, die Herzenergie ganz persönlich zu verwirklichen.

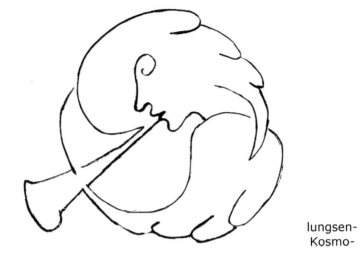

Wandlungsen-Kosmogramm für die Speicherstadt Hamburg. Wolfgang Schneider

Sophia
Heute erlebe ich die ganze Erde als Kugel mit einem Bewusstsein in einer geistigen Lichtsphäre schwebend. Konzentriere ich mich auf das Bewusstsein der Erde, so nehme ich innerlich eine junge Frau wahr von unglaublicher Schönheit. Sie durchdringt das energetische Gefüge der Erde und webt in ihm. Es entstehen Lichtorte um den ganzen Globus, in denen sich ihre Bewusstseinskraft manifestiert. Daraus ergießt sich immer feiner und feiner die Bewusstseinsqualität und durchdringt Elementarwesen und ätherische Kräfte. Als wäre alles ein Gewebe aus Licht mit einer starken räumlichen Präsenz. Als würde der Raum an Tiefe gewinnen. Bis schließlich der Globus in einem unaufhörlichen Vorgang ganz durchgeistigt wird.

Wurde einst in der Kunst die Erde als altes Weib dargestellt, so ist sie durch die Verbindung mit Christus im Geschehen der Sonnenfinsternis zur Sophia geworden. Seit der Sonnenfinsternis wohnen wir einer Umstülpung der Erde bei. Christus und Sophia durchdringen die energetischen Gefüge der Erde und vergeistigen den Planeten.

Umstülpung
Die Erdwandlung ist nach meiner Wahrnehmung — im Gesamten betrachtet — ein Umstülpungsprozess in beide Richtungen.

Elementarwesen stülpen sich zum Beispiel in vergeistigte Elementarwesen um. Diese haben ein Bewusstsein, ein Selbstverständnis und Aufgaben, wie wir es sonst nur von Engeln kennen. Der Umstülpungspunkt ist Christus. Diese vergeistigten Elementarwesen wirken zurück auf die bisherigen Elementarwesen, durchmischen sich mit diesen und verwandeln sie. So entwickelt sich eine vergeistigte Elementarwelt.

Dieser Umstülpungsprozess findet auf allen Ebenen statt:

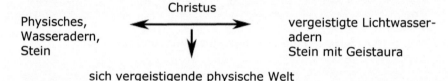

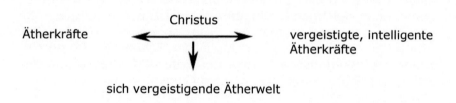

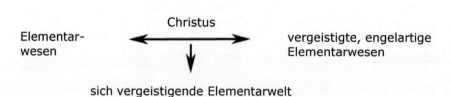

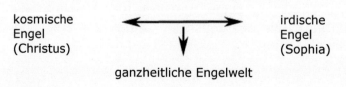

Die Umstülpung findet nicht vollständig statt. Würde sie vollständig stattfinden, so würden wir in einer reinen Geistwelt leben. Sie ist eine Vorschau auf die Zukunft. Diese Zukunftsqualitäten wirken in unsere Gegenwart hinein. Das heißt, ein Stein ist heute immer noch ein sinnlich wahrnehmbarer Stein, er hat sich nicht aufgelöst — aber er kann heute einen wahrnehmbaren Geistleib haben.

Dieser fortschreitende Vergeistigungsprozess hängt von unserer menschlichen Mitwirkung ab. Er wird sich nach meiner Einschätzung nur soweit vollziehen, wie wir Menschen bereit sind, ihn zu ergreifen.

Eine frühere Umstülpung — Malta, Insel der Göttin

Um den Vorgang der Erdwandlung besser verstehen zu können, erforschte ich Orte aus dem Neolithikum, als die Menschen noch ganz mit der Erde verbunden waren. Gab es damals Völker, die aus ihrer Verbundenheit mit der Erde um die Zukunft des Menschen wussten?

Malta ist ein herausragendes Beispiel der Megalithkultur. Hier existieren die ältesten Tempel der Welt. Über 40 Megalith-Tempel wurden hier zum Ende der Steinzeit errichtet. Die frühesten Tempel stammen von ca. 3600 v. Chr. Alle besitzen eine runde Drei-Raum-Architektur. 3200 v. Chr. entstand das Hypogeum, ein unterirdischer Tempel mit einem unglaublichen Erdbezug. Ab 2500 v. Chr. verschwand diese Kultur.

Ich erforschte mit einer Schulungsgruppe die Insel. Die Form Maltas erinnert an einen Fisch. Mit dieser Landschaftsgestalt fanden wir das ätherische Kraftgefüge Maltas verbunden. Dagegen zeigen die Megalith-Tempel einen deutlichen seelischen Bezug — ganz weiblich, mit der Erde und ihrer Fruchtbarkeit verbunden. Auf dieser seelischen Ebene bildet Malta den Leib einer Göttin mit überproportioniertem Unterkörper — entsprechend den Darstellungen der in den Tempeln gefundenen Figuren. Gozo, die Nachbarinsel, stellt dazu den kosmischen Aspekt dar, und seine Tafelberge tragen die Funktion einer Lichtachse. Das Hypogeum entspricht schließlich dem Inneren der

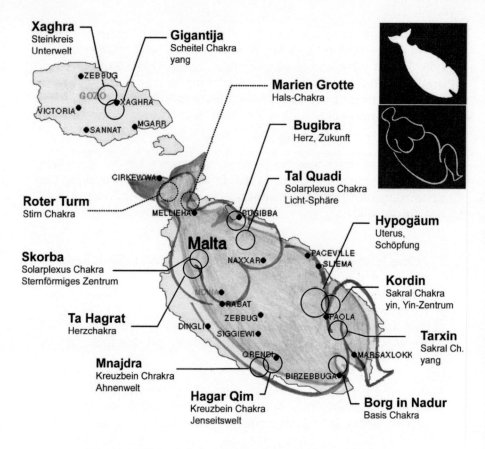

Die Umstülpung des energetischen Gefüges Maltas:
Die ätherische Struktur entspricht dem Fisch, die seelische der Göttin.
Die Tempel entsprechen den Chakren der Göttin.

Erde. Hier erlebten wir die Begegnung mit dem Erdbewusstsein.

Im Verhältnis der ätherischen Strukturen zum seelischen Erdbezug fanden wir eine energetische Umstülpung vom Fisch zur Göttin. Der Ort dieser Umstülpung liegt in der riesigen Kuppelkirche von Mosta — der drittgrößten Europas —, deren Name sich vom arabischen Wort für Mitte ableitet.

Auf der seelischen Ebene besitzen die Tempel einen Chakrenbezug — ganz mit der Erde und dem Leib der Göttin verbunden. Die Tempel im Süden der Insel entsprechen dabei unseren Rückenchakren, die im Norden den Zentren der Körpervorderseite. Es ist, als ginge von diesen Megalithbauten ein unglaublicher Frieden aus — nicht nur die Vergangenheit umfassend, sondern auch auf die Zukunft gerichtet. (Die damalige Kultur Maltas nutzte keine Waffen.) Das Hypogeum schließlich empfand ich — wie ein Schoß der Erde — ganz mit ihrer Schöpfungskraft verbunden.

Auf Malta begegnen wir in den frühesten sakralen Bauwerken unseren kulturellen Anfängen, die ganz dem Weiblichen — der Schöpfungskraft — zugewendet sind. Wir erleben in den Tempeln ein erstaunliches — in die Zukunft gerichtetes — Bewusstsein. Geomantisch erfahren wir das in der Umstülpung vom Fisch zur Göttin. Die alte Ätherstruktur Maltas hat sich ins Seelische umgestülpt. Diese frühere Umstülpung ging nur bis ins Seelische, nicht bis ins Geistige — wie heute. Wir wohnen in den Tempeln einem großen Schritt in der Entwicklung des Menschen bei. Schließlich erscheint uns die so sanfte Qualität der Tempel wie eine Mahnung für die Zukunft, zu diesem Frieden wieder zurückzukehren.

Schatten

Vor der Erdwandlung war erdheilerische Arbeit an traumatisierten Orten immer ein Ringen. Damals schloss ich personifizierte Schattenkräfte mit Hilfe des Erzengels Michael in einen Stein ein und versenkte ihn ins nächste Gewässer. Dort fiel der Stein in die Tiefe der Erde. Gaia nahm den Schatten in ihre Obhut. Es brauchte damals eine große innere Standhaftigkeit, um Orte von derartigen Belastungen zu befreien.

Seit der Erdwandlung hat sich die Erdheilung grundlegend geändert. Jetzt gilt es, die Ursache eines Traumas zu finden — mit Begleitung von Engeln oder Christuselementarwesen. Meist genügt das Erkennen der Ursache, um Schatten zu erlösen, und die verdeckte Identität eines Ortes wird wieder sichtbar. Dabei nimmt die Erde diese Schatten nicht wie früher auf, sondern es geschieht eine Verwandlung. Auch Blockaden werden in ihrer Komplexität sichtbar — in einer früher ungeahnten

Vielschichtigkeit. Bisher zeigten sich immer Wege, auch umfangreiche Themen durch Geomantie bearbeiten zu können.

Bei der Arbeit an Schattenthemen ist eine persönliche Hygiene notwendig. Wir werden bei Ertheilungsarbeiten immer wieder mit den eigenen Schattenthemen konfrontiert. Auch hier kommen uns bei der persönlichen Arbeit geistige Wesen zur Hilfe. Dabei werden die eigenen Disharmonien in positive Lebenskräfte verwandelt.

Auch kollektive Themen — wie in Deutschland das Wirken der Nationalsozialisten — werden immer wieder bei der Arbeit an Schattenthemen sichtbar. Offenbar haben die Nationalsozialisten versucht, die Erdentwicklung in ihrem Sinne zu manipulieren. Ich halte es für notwendig, als Geomant an diesem Thema mit Gruppen zu arbeiten, um Blockaden abzubauen. Geistig sehe ich die Thematik der NS-Zeit wie einen Sog negativer Kräfte, der die Ausbreitung von neuen Qualitäten behindert. (1)

Wandlung des Menschen. Maria Niehle

Unterstützung der Erdwandlungsprozesse

Soziale Kunst
Wie lässt sich die Erderneuerung mit ihrer energetischen Umstülpung unterstützen? Eine Möglichkeit, die an die Tradition der Geomantie anknüpft, ist die soziale Kunst. Es ist eine Kunst, mit der Erde durch Steinsetzungen zu kommunizieren. Steinsetzungen haben eine lange Tradition. Die alten Kulturen suchten damit Kraftorte zu stärken und als Mensch mit diesen Kräften in Kontakt zu sein. Sie stehen — wenn sie sich noch am Originalplatz befinden — in einem differenzierten energetischen Landschaftsgefüge. Besonders faszinierend sind für mich dabei Steinkreise, die ich in der Bretagne studieren konnte. Innerlich sehe ich diese Kreise wie einen Kanal in die Erdentiefe. In ihnen ist ein Austausch mit dem Erdbewusstsein möglich.

Lithopunktur — Akupunktur der Landschaft
Heute werden in der Geomantie diese Steinsetzungen wieder aufgegriffen und um künstlerische Aspekte bereichert. Ortsenergien werden in Kosmogrammen abgebildet und zur Unterstützung des Ortes in den Stein als Flachrelief gehauen. Steinsetzungen wirken wie eine Akupunktur der Erde. Marko Pogačnik nennt dies Lithopunktur.

Die Erdentwicklung stellt uns vor die Herausforderung, die Lithopunktur zu erweitern: einerseits durch die Berücksichtigung der neuen Erdqualitäten zur Verwandlung des Ortes und andererseits, um ein neues soziales Miteinander zu leben. Wir Menschen untereinander, die Natur mit ihren Elementarwesen und die geistige Welt mit ihren Engeln wirken gemeinsam im Erdgeschehen. Bei solchen Projekten, die ich zusammen mit meiner Lebensgefährtin Maria Niehle betreue, werden für einen Landschaftsraum Steine mit entsprechenden Zeichen geschaffen und aufgestellt, die ganz das Zukünftige abbilden und den Ort verwandeln. Dabei entstehen in einem gemeinsamen Prozess einer Gruppe von Menschen und zusammen mit den Wesenheiten eines Ortes Kosmogramme, die den Ort durch eine Umstülpung in eine neue Entfaltung bringen.

Geomantische Skulpturen
Auch durch einzelne geomantische Skulpturen lassen sich

Landschaftsräume umstülpen. Auch hier konnte Maria Niehle gestalterisch Formen schaffen, die durch ihren Innenraum Räume umstülpen und die Christuskräfte offenbaren. Wie in den Lithopunkturprojekten wurden auch diese Formen von einer Gruppe geschaffen. Die Wirkung solcher sozialen Kunstprojekte auf die Landschaft scheint mir enorm. Es entstehen große Lichträume, die in sich Klarheit und Stabilität tragen.

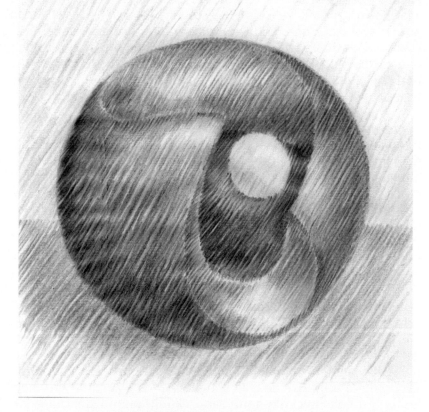

Skulptur einer energetischen Umstülpung für ein Erdungszentrum, Waldorfschule Thale. Maria Niehle und Wolfgang Schneider.

Geopunkturkreise
Eine weitere richtungweisende Kunstform fußt auf den alten Steinkreisen. Die Initiative der Geopunkturkreise, die durch

Marko Pogačnik, Peter Frank und Sabine Lichtenfels ins Leben gerufen wurde, ermöglicht es, der Erde als Planeten begegnen zu können und sie in ihrer Entwicklung zu unterstützen. In Tamera, Zagreb, Prag und anderen Orten wurden bereits moderne Steinkreise zu unterschiedlichen Aspekten der Erdenzukunft errichtet.

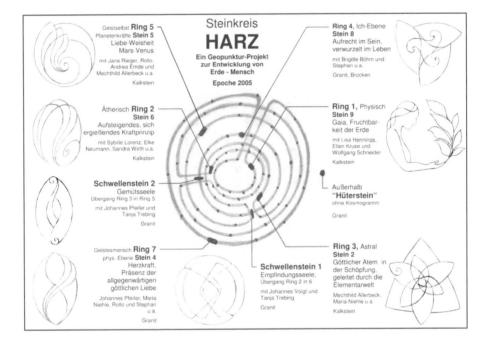

Im Harz haben wir — Maria und ich — uns mit weiteren Menschen dieser Initiative angeschlossen und einen Steinkreis mit sieben Ringen konzipiert, der die Entwicklung der Christuskräfte in der Erde und im Menschen fördert. Da dieser Geopunkturkreis ein Modell der Erd- und Menscheitsentwicklung abbildet, stelle ich ihn hier genauer vor. Letztendlich sollen hier 75 Steine mit Zeichen in sieben Ringen errichtet werden, von denen neun Kosmogrammsteine bereits stehen. Die einzelnen Ringe tragen spezifische Energien. Dabei sind die Ringe innen der Vergangenheit gewidmet und die äußeren der zukünftigen Entwicklung. Der mittlere, vierte Ring entspricht der jetzigen Zeit.

Ebenso besitzt nach unserer Wahrnehmung der innere Kreis einen Bezug zur physischen Wirklichkeit der Erde, der zweite ätherische Aspekte, der dritte emotionale und der vierte trägt schließlich eine Bewusstseinsqualität. Auch die äußeren Ringe besitzen derartige Eigenschaften, jedoch ist ihre Reihenfolge umgekehrt. Hier wirkt eine Umstülpung durch den vierten Ring: Unsere jetzige Zeit des Bewusstseins ist die Entwicklungsphase, in der sich Vergangenheit und Zukunft begegnen und gleichzeitig ineinander verwandeln. Insgesamt bildet der Kreis verschiedene Sphären, die in die Erdmitte und Weite des Landschaftsraumes reichen. Auf die Menschheitsentwicklung bezogen, ist die Aufgabe des Steinkreises, die Anfänge der Menschheitsentwicklung mit den wunderbaren Kräften der Zukunft zu verbinden und in die jetzige Phase der Bewusstwerdung zu integrieren.

Was jetzt geschieht

Seit der Sonnenfinsternis sind umfassende geomantische Strukturen entstanden. Christus hat den Planeten durchdrungen. Der Mensch ist geistig gewachsen. Viele Menschen sind bewusstseinsmäßig erwacht. In ihren Chakren entfaltet sich eine Christuskraft.

Vor zehn Jahren hoffte ich auf eine geistige Entwicklung des Menschen, auf ein Umdenken im Sozialen und in der Ökologie. Heute haben wir den Klimawandel vor Augen und werden uns der Unzulänglichkeit der Antworten darauf bewusst. Es sterben jedes Jahr Millionen Menschen wegen der Unverantwortlichkeit des Menschen. Zwar entwickelt sich ein globales Denken, aber immer noch kein Handeln. Durch den 11. September wurde die Menschheit in einen Krieg der Religionen verwickelt.

Die Erde wurde durch Christus durchlichtet. Wunderbare Energien sind entstanden. Innerlich sehe ich jedoch über der Landschaft eine schwarze Wolke liegen, nicht als Smog, sondern als Wolke des Materialismus, die das menschliche Handeln bestimmt. Wir befinden uns nicht nur in einer ökologischen Krise, sondern auch in einer dahinter liegenden geistigen Krise, verursacht durch die Globalisierung mit ihrem Materialismus. Inzwischen ist die Krise für die Menschheit existenzbedrohend geworden.

Das Erdbewusstsein geht zwei Wege, um eine völlige Vereinnahmung von Erde und Mensch durch den Schatten des Materialismus zu verhindern:
– einerseits durch Hervorbringen zahlreicher geomantischer Phänomene, um die Entwicklung von Erde und Mensch voranzutreiben,
– andererseits durch Hochwasser und Stürme, Hitze und Kälte, Vulkanausbrüche und Erdbeben, um mit der Kraft der Elemente den energetischen Raum zu reinigen und die Schattenkräfte abzubauen.
Dabei wirken die neuen geomantischen Strukturen mit einer inneren Kraft auf den Menschen ein, während Naturkatastrophen den äußeren Raum erneuern und uns zu einem ökologischen, sozialen und globalen Umdenken und Handeln zwingen. Das neue Erdbewusstsein hat dem Menschen den Stab aus der Hand genommen.

Anmerkung:
(1) Siehe dazu den Beitrag „Herzenergien im mehrdimensionalen Gefüge" im zweiten Teil dieses Buches.

Unterwegs auf dem Wasser

Juliane Viktoria Scholz

Seit 2003 habe ich für jedes Jahr eine Neujahrskarte entworfen. Dazu habe ich geistig in das Jahr „vorgefühlt". Zum Thema hatte ich immer: „Wir Menschen im Prozess der Erdwandlung". So ist eine kleine Serie von insgesamt sechs Kosmogrammen entstanden:

2003

Ein Boot ist unterwegs auf dem Wasser. Es ist eine Reise ins Unbekannte. Doch ihr ging die bewusste Entscheidung voraus, vom bisher sicheren Festland — unserem gewohnten Weltbild — abzulegen und sich auf ein Abenteuer einzulassen. Es sind mehrere Menschen gemeinsam in diesem Boot.

In diesem Jahr habe ich deutlich in mir den Wunsch gespürt, alles Alte, Gewohnte, die alte Erde mit ihren festgefahrenen Strukturen hinter mir zu lassen. Das „Ablegen vom Ufer" war ein bewusster Prozess, der alle Bereiche meines Lebens umfasste. Man könnte auch sagen: Es ist ein Verlassen einer alten eingeschränkten Perspektive auf das Leben. Mit dem Loslassen des sicheren Festlands ging auch die Suche nach einer neuen Orientierung einher. Auf der Reise gab es stürmische Wellen und auch stille wissende Zeiten — ein wechselndes Gefühl von Zweifel und Vertrauen, von Unsicherheit und Geborgenheit. Ab und an wurde mir klar: Es ist einzig und allein das Wasser unter uns, das uns trägt.

2004

Immer noch sind wir unterwegs auf dem Wasser. Doch etwas Großartiges ist geschehen: Das Ziel, die Vision taucht in einer greifbaren Realität vor uns auf — schöner als je geahnt: das Neue Jerusalem bzw. die neue Erde — ein Paradies mit zwölf Toren. Das Wasser sind nicht mehr nur Wellen, es sind Fischwesen, es ist Bewusstsein, das uns begleitet und getragen hat. Am Himmelszelt ist der Vogel präsent. Er repräsentiert das „Jetzt" — als ein weiteres Tor zum Neuen Jerusalem.

In diesem Jahr war ich im Alltag immer wieder mit folgender Frage beschäftigt: Wie kann ich das, was ich als reale Vision der neuen Erde mit traumgleicher Ergriffenheit erlebe, mit meiner alltäglichen Welt vereinbaren — mit all den alten Strukturen um mich und teils in mir? Wie geht das? Wie werden wir an dem neuen Land anlegen? Geht es gut? — Oder kann so kurz vor dem Ziel das Boot noch zerschellen? Der große Augenblick der Ankunft steht bevor — dann werden wir erleben, ob es eine phantastische Fata Morgana ist oder ein festlich paradiesischer Raum, der von uns Menschen erfüllt und belebt werden möchte. Die Gefährten im Boot haben sich als Seelenfamilie erkannt.

2005

Angekommen im neuen Raum — im Bauch der Göttin selbst. Von innen sieht es anders aus, als es sich von außen zunächst ankündigte. Die Göttin ist diejenige, die den neuen Raum schafft und hält. Wir Menschen — die heilige Familie — sind geborgen in diesem warmen beschützten Tempel. Gleichzeitig ist die Göttin das Bewusstsein des Wassers, auf dem das Boot gefahren ist. Sie ist auch das Wasser, das unweigerlich auf uns hereinbricht, wenn wir an Altem festhängen. Wir können nur ertrinken, wenn wir festhalten. Wenn wir die Fluten zulassen, werden sie uns tragen. Ihr Schoß ist das Universum. Die wehenden Haare zeigen die gewaltige Urkraft, mit der die Göttin präsent ist. Sie ist aus der Erde wiedergeboren. Im Grunde war sie immer da — vor uns Menschen verborgen.

In diesem Jahr habe ich immer wieder bewusst diese neuen Räume erlebt — das Gefühl: es ist eigentlich alles da, alles vorbereitet — wir Menschen brauchen nur hineinzutreten. Meine Projekte, die ich organisiert habe, habe ich mit dem neuen Raum verbinden können. Immer wieder gab es kostbare Augenblicke, die mir „heilig" waren — Augenblicke, in denen alles zu einer Einheit verschmolz und die Dimensionen spürbar wurden, die dieser Augenblick durchdrang. In diesem Jahr begannen Aufgaben in mein Leben zu treten, deren Basis völlig im Raum der neuen Erde verankert war. Wenn ich an diese Aufgaben mit meinem noch alten Verständnis herangehen wollte, ging es nicht. Viel Transformationsarbeit in mir war nötig — eine völlig neue Art des Herangehens an Aufgaben musste gefunden werden.

2006

Die „Göttin der neuen Erde" durchdringt die Landschaft, sie verschmilzt mit ihr. Aus ihrem Herzen wächst die Blume der Liebe. Diese Liebe schaukelt sanft unser inneres Kind. Das Innere der Blüte ist identisch mit unserem reinen Herzen.

In diesem Jahr konnte ich erkennen und erfahren, dass das, was ich bisher als Raum der neuen Erde als außerhalb von mir erlebte, ein Tor — wenn nicht gar eine Quelle — in meinem reinen Herzen hat. Es war ein weiter Prozess, überhaupt bis zum Innersten meines Herzens vorzudringen. Sehr viel Altes und Schmerzhaftes lag darüber. Die Natur erlebte ich in stillen Momenten als so fein, feierlich und heilig, wie als wenn ich einen Tempel betrete. Wann immer ich in der neuen Erde präsent sein wollte, brauchte ich mich nur in die Natur zu begeben und wahrzunehmen — oder mich in die Tiefen meines eigenen Herzens einzulassen und die Liebe zuzulassen, die da fließen wollte. Es gab also nichts mehr, was mich zu trennen brauchte, um ganz und gar mit der Erde und ihrer neuen Schwingung eins zu sein.

Und doch gab es in diesem Jahr auch Zeiten des Vergessens, in denen ich mit Stress meiner Arbeit nachging, in denen ich blind war für den Augenblick und in denen ich nicht erkennen konnte, mit welchen Dimensionen ich es zu tun hatte. Noch immer hatte ich das Gefühl: ein halbes Bein ist verhaftet in der alten Welt. Eigene Anteile haben sich geweigert, völlig ins Vertrauen zu gehen. Es waren Zeiten, in denen ich Ängste um meine Existenz hatte. Das Leben ist nicht einfacher für mich geworden — die Herausforderungen und Aufgaben, die an mich herangetragen wurden, haben mich nicht geschont. Sie haben mir nicht mehr die Zeit gelassen, in der „alten Welt" herumzutrödeln. Oft konnte ich ihnen noch nicht gerecht werden — auch wenn ich es gerne wollte. Beide Welten zu verbinden, wurde zu einem Spagat, den ich manchmal nicht mehr aushalten zu können glaubte. Der Sprung von einer in die andere Welt wurde anstrengend, schmerzhaft. Glücklicherweise waren diese Zeiten begrenzt — bis zu einem erneuten „Erwachen", in dem ich spüren konnte, dass alles eins ist. Nur von meiner

Perspektive hängt ab, ob ich es erkennen kann oder nicht. Ich beginne, mich zu erfahren als Schöpferin meiner Realität. Das ist wundervoll, aber nicht leicht.

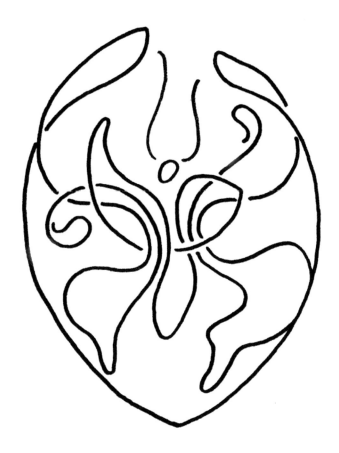

Erstes Halbjahr 2007

„Im Tanz der Kräfte leben": die Zeichnung zeigt den Tanz durchdrungen und inmitten von Urkräften — einen prozesshaften Zustand.

Als ich mich am Anfang des Jahres mit meinem Jahreszeichen befasste, konnte ich nicht in das gesamte Jahr hineinfühlen. In der Sommerzeit gab es eine zu große Schwelle, hinter die mir der Blick verwehrt war. Ich ahnte nur, dass etwas auf mich wartet, das im Klang der Entwicklung von Bedeutung sein könnte, das ich mir zu diesem Zeitpunkt jedoch noch nicht vorstellen konnte. Ich fühlte, dass das erste Halbjahr eine turbulente Zeit werden würde, in der Ereignisse und Kräfte auf uns zukommen, die schwer auszubalancieren sind. Nur der Tanz würde es uns ermöglichen, die Leichtigkeit in schwierigen Zeiten aufrecht zu erhalten. So war es auch. Es kamen innere und äußere Situationen auf mich zu, die ich nur aushalten konnte, indem ich sie vollkommen annahm und mich nicht aus dem Gleichgewicht werfen ließ — egal, was passierte. Viele Freunde um mich herum erlebten Krisen, Krankheiten und Zeiten von Zweifel. Es war unmöglich, mich an gewohnten Mustern zu orientieren. Zeitweise fühlte ich auch Freude an den hereinbrechenden Kräften, da sie untrügliche Zeichen waren, dass die Erdwandlung sich in ihrer vollen Kraft entfaltet.

In jenen Situationen, in denen ich mit Wahrnehmung, Ritual und geomantisch-schamanischem Blickwinkel mit der Schöpfung verbunden war, konnte ich Tiefen und Dimensionen erleben, die ich vorher nicht erträumen konnte. Dies war bzw. ist gekoppelt mit einer selbstverständlichen Leichtigkeit und Normalität — Transformation findet sehr, sehr einfach statt.

Zweites Halbjahr 2007

Der Schmetterling
Geliebte Erde, wer bist du, dass du so unvorstellbar lieben kannst? Wie duften und blühen deine Blumen! Wie sanft wiegen deine Berge meine Seele durch den Raum! Wie kann ich deine Liebe aushalten, ohne zurückzuweichen? Und wenn ich deine tiefe Stille fühle, wie kann ich anderen Menschen begegnen — so tief begegnen wie dir?

Eine neue Sprache beginnt sich in mir zu formen seit dem Sommer. Ich verbinde ihn mit der Stimme von Maria Magdalena. Sie lehrt mich lieben und die Liebe zu empfinden, die hinter allen Erscheinungen des Lebens darauf wartet, entdeckt zu werden. Ich werde auch gelehrt, wie viel Schmerz darüber liegt. Wenn ich durch die Straßen laufe, sehe ich mit den blo-

ßen Augen, mit wie viel Kraftaufwand wir Menschen uns vor dieser Liebe schützen — vor dieser Kraft, dieser Schönheit, dieser Stärke, dieser Leidenschaft —, wie wir uns vor diesem Fluss des Lebens schützen! Warum haben wir solche Angst? Was alles ist im Laufe der Jahrtausende passiert, dass wir nicht wagen, auch nur einen kleinen Augenblick ein Tor aufzumachen? Wir spüren, wie es uns nährt, wenn wir einander zulächeln, wenn wir Menschen uns aneinander erfreuen, wenn wir erlauben, Nähe zuzulassen, und sei es auch nur für Augenblicke.

Ich glaube, dass wir in der nächsten Zeit nicht mehr umhin können, anzuerkennen, welch gewaltige Kraft die Liebe ist. Diese Anerkennung geht einher mit der Anerkennung dessen, wer wir sind. Es gibt unendlich viele Tore in der Landschaft, in den Herzen der Menschen, in Kirchen, in der Kunst. Meine eigene Bereitschaft zu innerer Tiefe, mein „Ja" zur Liebe, welches ich unter Schmerzen geboren habe, erlaubt mir die Tore zu erkennen, die jetzt für mich bestimmt sind. So wird es jedem Menschen gehen. Und ich ahne, dass der Weg ins Unendliche führen kann — bis zur Erfahrung der totalen Einheit. Innerlich bin ich angefüllt mit Botschaften, Erkenntnissen, Gefühlen, Offenbarungen, Wissen. Jetzt — Mitte Oktober 2007 — stelle ich mir die Frage: Wo soll das hinführen? Werde ich es je schaffen, Brücken, Tore, Pfade zu kreieren, um das innerlich Erlebte mit anderen Menschen zu teilen? Um die innere Realität nach außen zu manifestieren? Wie wird das funktionieren?

Wie kann ich es übersetzen? Die Erdwandlung mit all ihren Erscheinungen muss ins Bewusstsein der Menschheit gelangen — es ist zu groß — zu viel, als dass es nur einige wenige aushalten könnten. Wir müssen Felder schaffen, in denen wir in der neuen Schwingung miteinander kommunizieren können. Es muss uns selbstverständlich werden — eine neue, normal gelebte Realität! Und diese Realität heißt: Liebe! Das ist das Paradies, das auf uns wartet. Alles, was gedacht, gesagt und getan wird, wird aus Liebe geschehen — ansonsten hat es keine Substanz. Die heilige Hochzeit ist ein immerwährendes Mysterium, das sich millionenfach in der Natur vollzieht, in jeder Blüte, in jedem Baum, in dem Atem einer Landschaft. Es wird Zeit, dass wir zulassen, dass es sich auch in uns vollzieht. Unsere Realität wird dann eine andere sein, als sie jetzt ist.

Ich bin dankbar, dass es die Kunst gibt — als Möglichkeit des Ausdrucks, als Sprache der Schöpfung.

Anfang Dezember 2007

Eine lange Phase liegt hinter mir. Jetzt ist Dezember. Mein Leben hat im Sommer — auf einer Reise in Israel — neu begonnen. Ich wusste nicht, wohin es mich führt — ich bin ein Risiko eingegangen. All meine Arbeit, meine Projekt habe ich beiseite gelegt, um zu fragen: „Bin ich das wirklich?" Ich habe alles mit dem neu gefundenen Licht hinterfragt. Alles. Ich bin glücklich.

Die alte Realität existiert nicht mehr wirklich für mich. Ab und an schaut sie tageweise vorbei — wie um Abschied zu nehmen. Mein Vertrauen ist groß geworden. Ich genieße jeden Tag — besonders jene Augenblicke, in denen sich die Welten für mich fühlbar verbinden. Ich werde beschenkt, geschult, geliebt, herausgefordert, geführt. Ich beginne zu erfahren, wer ich bin und habe den roten Faden gefunden, der mich ins Zentrum meines Seins auf dieser wunderbaren Erde führt. Alles Erlebte ergibt mehr und mehr einen Sinn in einem größeren Zusammenhang. Ich habe das Bild eines guten Samens, der in der Erde ruht und der sich vorbereitet auf den Zeitpunkt, wenn er von der Wärme und dem Licht der Sonne geweckt wird, um das zu werden, was in ihm angelegt ist. Es ist bereits soweit. Es ist für uns alle soweit. Die Erde ist eine Braut, die sich tanzend dreht und ihre Liebe verschwenderisch in den Kosmos schleudert, ihrem Geliebten entgegen.

Lasst uns feiern — diese Zeit ist zu besonders!

Freiheit als Substanz

Wolfgang Steffen

Erdwandlung als Bewusstseinsprozess

Die Frage nach der Wandlung der Erde bekam für mich erst durch Marko Pogačnik eine entscheidende Relevanz, den ich 1995 bei einem Seminar am Bodensee auch persönlich kennenlernen durfte. Seine Freude und sein Engagement im Hinblick auf dieses Thema wirkten so ansteckend, dass es mich seitdem nicht mehr losgelassen hat. Als erstes Ergebnis möchte ich daher formulieren, dass die Erdwandlung eine Frage der Begegnung zwischen Menschen ist, dass Menschen untereinander und mit der Erde ins Gespräch kommen.

Unter Erdwandlung verstehe ich zunächst einmal eine Ätherisierung der Materie. Die Materie hat sich aus dem Weltenäther heraus materialisiert bis zu einem maximal möglichen Punkt der Verdichtung, der vielleicht schon vor geraumer Zeit überschritten wurde. Jedenfalls können nun immer mehr Menschen wahrnehmen, dass es einen Umkehrprozess zu einer stetig voranschreitenden Vergeistigung gibt, weil sich dieser zusehends beschleunigt hat. Der Rosenkreuzer Wolfgang Wegener (1) hat schon 1956 darauf hingewiesen, dass sich alle Geschehnisse auf und mit der Erde im physischen Leib widerspiegeln. Der physische Leib des Menschen und die Erde sind überhaupt nicht zu trennen. In diesem Sinne bringt die zunehmende Vergeistigung der Erde mit sich, dass sich der Körper auf die gleiche Weise mitverwandelt. Durch die Vergeistigung der Materie werden viele Wesen in den Naturreichen frei, die nun für neue Aufgaben in Frage kommen, während viele Menschen neue geistige Fähigkeiten entwickeln und in die Welt des Übersinnlichen schauen können.

Die Frage nach der Erdwandlung führte bei mir in den letzten zwölf Jahren zu einem Aufwachprozess, der mich viele Dinge in einem neuen Licht sehen ließ. In meinem Beruf als Lehrer konnte ich viele Wahrnehmungen an meinen Schülern machen, die auch von einigen Kollegen geteilt werden. Generell würde ich sagen, dass die Leiblichkeit der jungen Menschen viel „weicher" geworden ist. Vergleicht man die „Dichte" der Körper junger Menschen mit denen der älteren Generation, so kann man den Unterschied schon fast physisch wahrnehmen. Die Jugendlichen haben auf Grund dieser veränderten Bedingungen viel leichtere Voraussetzungen, um zu geistigen Wahrnehmungen zu kommen. Damit verbunden sind aber auch besondere Gefährdungen. Man ist eben offen für alles. So kenne ich Jugendliche, die sehr gute Wahrnehmungsmöglichkeiten im übersinnlichen Bereich haben, aber lieber Drogen nehmen, weil sie die Mühen eines regulären Schulungsweges scheuen. Die etablierten Schulungswege wirken auf sie oft „verbraucht". Die Bilder aus Filmen wie „Matrix" sind den Jugendlichen näher als die alten Bilderwelten. Merkwürdig blieb für mich lange Zeit das Phänomen, dass die zunehmende Hellfühligkeit nicht zu einer spirituelleren „Atmosphäre" geführt hat und auch viele meiner Schüler merkwürdig materialistisch denken. Es gibt aber auch sehr positive Entwicklungen. Eine meiner Schülerinnen hat sich über ein Jahr mit der Hilfe von übersinnlichen Wesen und einer kompetenten Lehrerin so geschult, dass sie anderen Menschen nun einen konkreten Kontakt zu diesen Wesen vermitteln kann, ohne auf ihr sehr gut ausgebildetes Denkvermögen zu verzichten.

Sehr hilfreich ist in diesem Zusammenhang der Hinweis von Ken Wilber (2), dass bei vielen Menschen eine „Prä-Trans-Verwechslung" vorliegt: Man verwechselt einen alten Bewusstseinszustand mit einem neuen. Einen Bewusstseinszustand muss man sich selbst erarbeiten. Man kann zwar neue Fähigkeiten als Menschheit „geschenkt" bekommen, kleidet diese aber immer in den Bewusstseinszustand ein, den man sich bis dahin erarbeitet hat. Insofern nützen die neuen Fähigkeiten dann nicht viel, wenn man sie nicht anwenden kann. Sieht nicht jeder Mensch die Erde so, wie es seinem Bewusstseinszustand entspricht? Würde ich nicht als erleuchteter Mensch eine ganz andere Erde wahrnehmen als jetzt? In den letzten Jahren haben sich meine Wahrnehmungsmöglichkeiten deutlich verändert und jedesmal erschien mir die Erde anders, wobei mein jeweiliger Bewusstseinszustand dabei eine außerordentliche Rolle spielte. Man kann ja leicht das Experiment machen, mit einem jeweils anderen Chakra die Erde anzuschauen, um auf dieses Phänomen zu stoßen. Die Erde erscheint dann jedesmal verblüffend anders.

Wichtig erscheint mir in diesem Zusammenhang auch die Feststellung, dass die Ergebnisse verschiedener Geomanten sich widersprechen können. Auch hier scheint das Bewusstsein das Ergebnis nahe zu legen. Ich möchte deshalb als meine zweite Erfahrung mit der Erdwandlung formulieren, dass dieses Phänomen offensichtlich in einem direkten Zusammenhang mit meiner persönlichen Entwicklung steht. Es ist schwierig, auf diesem Gebiet zu vergleichbaren Erkenntnissen zu kommen und nicht der Gefahr zu unterliegen, persönliche Dispositionen in die Landschaft zu projizieren. In diesem Zusammenhang ist der oben erwähnte Gedanke von Wolfgang Wegener sehr fruchtbar, wenn man ihn umdreht: Die Bearbeitung meines eigenen Leibes verändert demnach wiederum die Landschaft. Tatsächlich habe ich immer wieder bestätigt gefunden, dass die Anwesenheit großer Geister den Landschaftsraum verändert hat. Man kann z. B. im Bodenseeraum bei Bregenz noch die Nachwirkungen der Tätigkeit von Columban erleben, in Konstanz die von Jan Hus und in Stein am Rhein die Wirkungsweise der ursprünglichen Rosenkreuzer. In Weimar oder Weißenfels ist noch erlebbar, wie der Blick von Goethe oder Novalis auf dem Ort geruht hat. Direkt bei Weimar kann man im Konzentrationslager Buchenwald erfahren, wie Hass und Zerstörungswut einen Ort buchstäblich „töten" können. All dies zeigt, dass die Erdwandlung nicht von der Tätigkeit des Menschen zu trennen ist.

Die zwei Welten

Marko Pogačnik hat Ende der neunziger Jahre davon gesprochen, dass für ihn wahrnehmbar ist, wie sich zwei Welten voneinander lösen. Eine helle Erde trennt sich von einer dunklen. Noch kann der Mensch zwischen beiden Welten hin und her springen, aber irgendwann muss er sich entscheiden, zu welcher Welt er gehören möchte. Diese Wahrnehmung war für mich ausgesprochen fruchtbar. 1999 habe ich auf einer Bootsfahrt auf dem Bodensee zum ersten Mal dieses Phänomen erlebt. Tatsächlich konnte ich imaginativ diese beiden Welten voneinander unterscheiden. Mit etwas Übung sind sie immer präsent. Man kann diese beiden Welten mit seinem Bewusstsein relativ gut umfassen und auseinanderhalten. Meiner Erfahrung nach können relativ viele Menschen, die sich auf diesem Gebiet schulen, diese Schau bestätigen. Die erste Erde kann man zunächst als eine Lichtwelt erleben. Sie wird von vielen geübten Menschen wahrgenommen und ähnlich beschrieben. Im Zusammenhang mit dieser Welt habe ich Menschen kennengelernt, die erfolgreich schamanistische Heilarbeit betreiben, während andere sich als moderne Rosenkreuzer verstehen oder einen alternativen Ansatz als Erdheiler entwickelt haben. Immer konnte ich wahrnehmen, dass sich geistige Wesen gerne mit dieser Arbeit verbinden. Mir scheint das auch eine wichtige Beobachtung im Zusammenhang mit der Erdwandlung zu sein.

Die „dunkle Erde" zeigt dagegen eine Beziehung zur technischen Welt, zum Internet und zur Atomkraft. Sie wird von Menschen, die ihre Bewusstseinskraft einseitig damit verbinden, gestärkt. Mit ihr verbunden sind entsprechende Wesenheiten, die die Verhärtungstendenzen unterstützen. Ich habe nun im Hinblick auf diese beiden Welten von einem Elementarwesen erfahren, dass durch die „Lockerung" der Materie die Menschen die Möglichkeit haben, beide Welten entsprechend zu stärken. Es liegt also an uns, zu welcher der beiden Welten wir gehören möchten. Momentan werden die Geheimnisse dieser beiden Welten sichtbarer. Man kann mit einer entsprechenden Schulung relativ leicht wahrnehmen, dass sich geistige Wesen mit beiden Welten verbinden. So habe ich in den letzten Jahren erlebt, dass der Bodensee als ein Organismus erfahren werden kann, mit dem ein sehr hohes Engelbewusstsein verbunden ist. Der Pfänder oberhalb von Bregenz zeigt energetisch den Charakter eines Kopfes, während sich die Entsprechung des menschlichen Wurzelchakras bei Bodman findet. Der Untersee kann auf eine andere Weise in dieses System integriert werden. Über dem Bodensee befindet sich ein großes Energierad, welches europäische Bedeutung hat — auch wenn die Ansichten der Geomanten da im einzelnen etwas auseinandergehen.

In den letzten Jahren habe ich aber immer mehr den Eindruck

gewonnen, dass es wohl noch eine dritte Welt geben muss. Mir wurde immer bewusster, dass sich um den Bodensee so etwas wie ein weißer Mantel ausbreitet. Diesen Mantel erlebe ich als einen Ausdruck des auferstandenen Christus und ich habe dabei das Gefühl, am See Genezareth zu sein, den ich wirklich schon einmal besucht habe. Tatsächlich fühlen sich viele Juden am Bodensee an den See Genezareth erinnert. Der Pfarrer von Wollmatingen bei Konstanz hat aus diesem Grund den dortigen Heuberg in Taborberg umbenennen lassen. Lange stand an dieser Stelle ein Aussichtsturm. Ich erlebe also die Erdwandlung am Bodensee so, dass ein geliebter Landschaftsraum, in dem schon viele Menschen durch die Jahrhunderte intensiv gearbeitet haben, immer mehr den Freiheitsäther der Christuswesenheit trägt. Weiter unten werde ich diesen Begriff noch genauer fassen. Wenn ich den Bodenseeraum verlasse und Richtung Hegau fahre, spüre ich sehr deutlich, wie diese Präsenz nachlässt. Der Landschaftsraum dort ist auch bei weitem nicht so intensiv bearbeitet worden. Aus diesem Grund glaube ich auch, dass die Erdwandlung gar nicht von der menschlichen Tätigkeit zu trennen ist. Die Landschaft ist immer auch Ausdruck des menschlichen Bewusstseins, und nur das garantiert unsere Freiheit.

Mit der in einem eigentümlichen Verhältnis zum menschlichen Bewusstsein einhergehenden Erdwandlung ändert sich auch das Verhältnis des Menschen zur elementarischen Welt. Dem Menschen wird meiner Erfahrung nach eine ganz andere Kompetenz und Verantwortung auferlegt und zugestanden. Viele Elementarwesen „fragen", was sie an einem bestimmten Ort tun sollen. Bei den Churfirsten in Sipplingen — einem Naturheiligtum — habe ich erlebt, wie Wesen aus der Keltenzeit gegangen sind und „neue" Naturwesen sich relativ leicht nach menschlichen Vorgaben ausrichten ließen. Hier haben Geomanten offensichtlich die Möglichkeit bekommen, Dinge zu tun, die früher nur keltische Priester oder Wesen aus der Engelhierarchie verantwortlich leisten konnten. Viele geistig übende Menschen kommen wieder an ihr Potenzial, welches aus alten Zeiten aus den Tiefen ihres Unterbewusstseins emporsteigt. Die Energie, die die verschiedenen Geomanten und Heiler aufwenden, kann man erspüren, gerade auch in Bezug auf die Wesen, die sich damit verbinden. Diese zur Lichtwelt gehörenden Kräfte fühlen sich anders an als die Wesen, die ich im Zusammenhang mit dem Christus erlebe. Aufgrund dieser Beobachtung halte ich es für sinnvoll, noch von einer dritten Welt zu sprechen. Weiter unten möchte ich von einer Beobachtung in Stein am Rhein berichten, die meine Aussage von einer ganz anderen Seite her unterstützt.

Parallel dazu zeigt auch die dunkle Welt einige Absonderlichkeiten, ohne dass sich damit eine moralische Wertung verknüpft. Ich denke dabei z. B. an das Internet, welches imaginativ betrachtet buchstäblich aus einem schwarzen Netz aus Kälte besteht und dem Menschen Lebenskraft entzieht. Hier sind machtvolle schwarze Wesen wahrnehmbar, die sich gerne der Beobachtung entziehen und massive Drohungen aussprechen, die leider sehr ernst zu nehmen sind. Vor wenigen Jahren stießen ein Arbeitskollege und ich im Rahmen unserer Forschungstätigkeit auf ein unheimliches Phänomen, welches aber von hellsichtigen Menschen bestätigt wurde. Im Südwesten war ein weit über dem Horizont am Bodensee sichtbares Wesen gekommen, welches wir den „Fremden" genannt haben, in Anlehnung eines Begriffs, welchen die Elementarwesen aus den bekannten „Flensburger Heften" (3) verwendet haben. Dieses Wesen wirkte wie der dunkle Bruder des Christus, der wie ein Revisor prüfte, wie weit die Menschen mit dem Christus zusammen vorangekommen sind. Dabei machte es durch finstere Drohgebärden deutlich, dass es auf all das Anspruch erhebt, was nicht christlich geworden ist. Das wird dann Bestandteil einer dunklen Erde werden. Seinem prüfenden Blick entging dabei nichts. Seit dieser Zeit scheinen sich die beiden Welten weiter zu trennen. Ich empfinde aber auch sehr deutlich, dass die Gnade auf dem eigenen Weg zunimmt.

Die dritte Welt

Jeder philosophisch und esoterisch gebildete Mensch weiß, dass in einem Dualismus keine Wahrheit liegt. Man definiert sich sonst über das vermeintlich Schlechte, von dem man aber immer dialektisch abhängig bleibt. Ich bin nur gut, weil die anderen schlecht sind. In diesem Sinne wirkt das „Konzept" mit den zwei Welten auch auf dieser Ebene unbefriedigend. Auf der anderen Seite stellt sich immer die Frage, ob meine eigene Vergeistigung nicht gerade erst recht die Verfinsterung der anderen Seite bewirkt. Momentan scheint es Sinn zu machen, nur von zwei Welten zu sprechen, weil die Materie sich noch nicht so weit entwickelt hat, dass schon für viele Menschen eine dritte Welt sichtbar wird. Meiner Beobachtung nach kündigt sie sich aber schon an. Der Weg geht in die Richtung, dass ein Teil der Materie sich immer weiter verhärtet, während sich die vergeistigende Materie in zwei Teile ausdifferenziert. Ein Teil wird zu einer luziferischen Welt, während der andere Teil zu der von mir gemeinten dritten Welt wird. Wie ich durch ein Naturwesen erfahren habe, gehört dies zum Grundwissen der Elementarwesen.

Zum ersten Mal wurde ich durch eine eigentümliche Entdeckung in Stein am Rhein auf die dritte Welt aufmerksam. Während einer Phase intensiver Beschäftigung mit den ursprünglichen Rosenkreuzern durch die Schriften von Johann Valentin Andreae und mit den „Geheimen Figuren der Rosenkreuzer" führte mich ein Traum nach Stein am Rhein mit dem Hinweis, ich würde dort das Grab von Christian Rosenkreutz finden. Tatsächlich gibt es in Stein am Rhein ein Haus „Zur Rosen" aus dem 13. Jahrhundert, auf dem Freimaurer dargestellt sind. Wirklich bedeutend aber ist, dass in dieser Stadt ein goldenes Dodekaeder wahrnehmbar ist. Dieses Dodekaeder kann man imaginativ schauen, aber auch ätherisch mit den Händen erspüren. Der Dodekaeder findet sich als platonischer Körper auch in den Figuren der Rosenkreuzer. In einer Publikation von Viktor Stracke (4) stieß ich in den dort abgebildeten „Geheimen Figuren der Rosenkreuzer" aus dem 16./17. Jahrhundert auf eine Figur, die ein Dodekaeder zeigt (siehe Abbildung auf der folgenden Seite).

Es wird deutlich gesagt, dass sich der Stein in den Tiefen der Erde befindet. Da die Abbildung ein Dodekaeder zeigt, gehe ich davon aus, dass es sich bei diesem Stein um einen solchen handelt. Johann Valentin Andreae beschreibt in seinem Werk „Die Chymische Hochzeit Christiani Rosencreutz" (5), wie dieser durch eine Einweihung zum Ritter des goldenen Steins wird.

Das VITRIOL-Akrostichon aus den „Geheimen Figuren der Rosenkreutzer"

Nun stellt sich natürlich die Frage, was dieser „Stein" bedeutet. Wenn man zwölf Lehmkugeln gleichmäßig um eine dreizehnte verteilt und diese Kugeln ganz fest zuammendrückt, bildet sich in der Mitte aus der dreizehnten Kugel ein Dodekaeder. Geistig gesprochen bedeutet das, dass zwölf Kräfte, die gleichmäßig auf etwas einwirken, ein Dodekaeder erzeugen, in welchem sie nicht anwesend sind. Die Wirksamkeit der zwölf Kräfte endet jeweils an der Oberfläche eines Pentagons. In der berühmten „Tempellegende" — z. B. erzählt von Gérard de Nerval (6) —, die sich um den Bau des salomonischen Tempels rankt, wird der Baumeister Hieram in den Mittelpunkt der Erde versetzt, um dort zu erfahren, dass dieser Ort frei ist von dem Schöpfergott des Alten Testaments. Wenn man sich vorstellt, wie die zwölf Kräfte des Tierkreises auf die Erde wirken, kann man im obigen Sinne auch einen Zugang zu der Vorstellung gewinnen, dass sich im Mittelpunkt der Erde ein geistiges Dodekaeder befindet, das einen vollkommenen Freiraum beinhaltet. Christian Rosenkreutz ist Meister dieses Steins geworden. Beschäftigt man sich meditativ mit dem Dodekaeder, kann man einen Eindruck davon gewinnen, welch ungeheure Kräfte man aushalten muss, um in der Freiheit seines Innenraums zu stehen, während zwölf Kräfte von außen wirken. Dieser Innenraum zeigt sich vornehmlich in einem rosa Licht. Die Qualität dieses Raumes lässt sich als ein Freiheitsraum charakterisieren, der in sich die Fähigkeit hat, jede mögliche Gestalt annehmen zu können. Dieser beinhaltet den Grundbauplan einer neuen Welt. Er wirkt so, als würde hier an den Urbildern einer neuen Welt gearbeitet. Gleichzeitig vermittelt er einen sehr großen Ernst, aber auch Freude, Liebe und Zuversicht. Wenn ich dieses Dodekaeder an mein Herz nehme, fühle ich, dass ich noch einen weiten Weg habe, um wirklich in diesem Raum stehen zu können. In ihm wirkt die Freiheit so substanziell, dass ich davon sprechen möchte, dass Freiheit eine Substanz ist. Goethe (7) beschreibt in seinem „Märchen", wie der neue Tempel aus den Tiefen der Erde empor steigt, nachdem sich die Schlange geopfert hat. Dieses Märchen wird gemeinhin als Rosenkreuzer-Märchen bezeichnet, und ich glaube, dass durch die Erdwandlung die Tempel der Vergangenheit aufsteigen und sichtbar werden, um uns dazu einzuladen, auf einer neuen Ebene weiterzuarbeiten.

Ich fühle mich auch persönlich verpflichtet, zunächst die Arbeit der Vorgänger wahrzunehmen, bevor ich einen neuen Schritt mache. Eine neue Möglichkeit, an der dritten Welt zu arbeiten, verdanke ich den Michael-Briefen von Rudolf Steiner. Er hat diese Briefe 1924 und 1925 auf seinem Sterbebett verfasst. Er versucht in diesen Texten, die Anthroposophie noch einmal ganz neu zu fassen. Dabei macht er auf eine Erfahrung mit dem Erzengel Michael aufmerksam, die die Frage nach der Erdwandlung in einem neuen Licht erscheinen lässt. Deshalb möchte ich hier eine kurze Erläuterung des Inhalts geben:

Der Erzengel Michael ist in der Schau von Rudolf Steiner das Antlitz von Christus. Schon der Name des Engels weist unmittelbar auf Gott. (8) Michael ist derjenige Engel, der am tiefsten von der Aufgabe der Menschheit überzeugt ist und immer zur Menschheit hält. Rudolf Steiner führt in diesen Briefen aus, dass der Mensch durch den natürlichen Entwicklungsprozess gar nicht zu einem freien Wesen wird. Die Erdwandlung führt von sich aus gar nicht dazu, dass der Mensch sein Erdenziel erreicht. Es liegt in der Natur der Erde, dass sie sich wieder ätherisiert, aber es muss die Arbeit des Menschen dazukommen. Rudolf Steiner formuliert das so: *„Dies ist nur dadurch möglich, dass Michael aus urferner Vergangenheit der Entwickelung etwas herüberträgt, das den Menschen einen Zusammenhang mit dem Göttlich-Geistigen gibt, das in der Gegenwart nicht mehr in die physische und ätherische Bildung eingreift. Dadurch entwickelt sich innerhalb von Michaels Mission der Boden für einen Verkehr des Menschen mit der geistigen Welt, der gar nicht ins Naturhafte hinübergreift."* (9) Auf dieser Grundlage gibt Michael den Menschen eine ganz neue Verbindung zu den Urschöpferkräften im Einklang mit dem Christus: *„Er wird sich von der ‚geistigen Wärme' durchdrungen fühlen, wenn er den ‚Christus in sich' erlebt. Er wird sich in dieser Durchdringung erfühlend sagen: diese Wärme löst dein menschliches Wesen aus Banden des Kosmos, in denen es nicht bleiben darf. ...Zu dem Göttlichen, aus dem du stammest, führt dich diese Wärme wieder zurück."* (10) Meine Erfahrungen mit dieser Anregung von Rudolf Steiner sind vielfältig, und ich will versuchen, sie in Worte zu kleiden:

Die erste Erfahrung ist, dass jedes geomantische Phänomen aufhört, eine Bedeutung zu haben. Als zweites kann ich bemerken, dass jede Naturwirkung auf meine Leiblichkeit im feinstofflichen Bereich modifiziert wird. Meine hauptsächlichen Erfahrungen habe ich auf der Insel Mainau gesammelt. Ich habe mir ganz bewusst starke Plätze ausgesucht, um die Aussagen von Rudolf Steiner zu überprüfen. Auf der Mainau habe ich mich also unter die großen Bäume gesetzt oder zu einem so genannten Landschaftschakra oder einem Elementarwesen. Dann habe ich mich auf den Erzengel eingestellt, mit der Ausrichtung auf die von Steiner angesprochenen Urschöpferkräfte. Tatsächlich stellt sich die Erfahrung bei übenden Menschen relativ leicht ein. Einer Reihe von Menschen konnte ich diese Erfahrung auch vermitteln. Ich erlebe, wie sich in meinem Herzen eine große Wärme und Liebe ausbreitet. Sie schafft gleichzeitig um mich herum ein Feld, in dem das Naturphänomen zurücktritt und auf mich nur insofern wirken kann, als es sich in eine freie Beziehung zu dieser Wärme und Liebe setzen kann. Der Ort erscheint dabei vollständig zu sein in dem Sinn, dass alle Kräfte anwesend sind und die sonstige geomantische Ordnung aufgehoben ist. Das hört sich unglaubwürdig an, ist aber überprüfbar. Konkret erscheinen die Elementarwesen so, dass sie fragen, was sie nun tun sollen. Unter der Einwirkung dieser Kräfte scheint der Mensch zu seiner eigentlichen Bestimmung zu gelangen. Die Elementarwesen erwarten deshalb von ihm die Anweisung, wie der Raum, den ich auch als „Freiheitsraum" erlebe, nun gestaltet werden soll. Die Elementarwesen ändern ihr Verhältnis zum Menschen augenblicklich, wenn er sich in einen anderen Kräftezusammenhang stellt. Daneben erscheint das Landschaftschakra so, als wäre es im Sinne dieser dritten Welt nicht mehr von Belang. Der Raum wirkt substanziell vollständig, so, als enthielte er Freiheit als Substanz. Offensichtlich konnte man diese Art von Raum im ausgehenden Mittelalter nur durch eine anstrengende esoterische Arbeit, wie sie die Rosenkreuzer mit dem Dodekaeder geleistet haben, erleben. Jetzt will sich diese Welt dem Menschen schenken.

Die Elementarwesen und die Engel wissen, dass die Materie jetzt so ihre Dichte verliert, dass der Mensch sie gemäß seiner Ausrichtung prägen kann. Deshalb erscheint die Erde nach meiner Wahrnehmung jedesmal anders, wenn ich meine Ausrichtung ändere. Mir scheint das eine ganz wichtige Wahrnehmung im Hinblick auf die Erdwandlung zu sein.

Schaue ich im Sinne der oben genannten Lichtwelt, sehe ich einen hierarchisch gegliederten Landschaftstempel, in dem ich meine Aufgabe finden kann. Dieser Landschaftstempel bietet Resonanzflächen für Projektionen. Deshalb unterscheiden sich auch die Wahrnehmungen oft voneinander, wenn es um konkrete Details geht. Die dritte Welt erscheint nur, wenn ich dies wünsche — was in der Natur der Freiheit liegt. Das Versprechen des Christus, dass er alles neu machen werde, scheint bei der oben beschriebenen dritten Welt zuzutreffen, weil sie die herkömmliche Ordnung durch eine Vollständigkeit ersetzt, die sich aus der Quelle des Seins selber speist. Freude, Liebe und kreativer Freiraum sind die Charakteristika dieser Welt. Der Engel erscheint als liebender Freund, der uns gerne hilft. Im Hinblick auf die Erdheilung erlebe ich mich in diesem Raum so, dass ich lernen muss, eine völlig neue Öffnung in meinem Herzen zu entwickeln, um einen Heilungsstrom durch mich hindurch fließen zu lassen, der — viel unmittelbarer, als dies früher möglich war — die Erde heilt und auf die neue Welt ausrichtet. Wie man beobachten kann, entwickelt sich die Erde nicht ohne den Menschen, weil der Mensch eben ganz wesentlich zur Erde dazugehört und auf der physischen Ebene unmittelbar eingreifen kann.

Die allerbeste gedankliche Grundlage für das hier Gemeinte hat Friedrich Schiller mit seinen „Ästhetischen Briefen" (11) geleistet. Viele Freunde der Erde haben in ihrer geomantischen Arbeit schon bemerkt, dass Verstorbene bei der Arbeit helfen. Friedrich Schiller ist für mich ein auch gegenwärtiger Genius.

Schiller geht in seinen Briefen zunächst von einer Polarität aus, um diese dann in einem dritten Element aufzuheben. So führt der Weg auf der einen Seite vom Naturstaat über den Vernunftstaat zum „Ästhetischen Staat". Auf der anderen Seite finden die beiden Triebe, die den Menschen als Form- und Stofftrieb bestimmen, ihre Synthese im so genannten Spieltrieb, durch den der Mensch das Reich der Freiheit betritt. Dieses Reich zeichnet sich dadurch aus, dass der Mensch hier mit den Elementen der Welt so „spielt", wie auch der Künstler verfährt, der ein Kunstwerk schafft. Joseph Beuys hat z. B. in seinen Aktionen in diesem Sinne gewirkt und den Kunstbegriff um einige entscheidende Komponenten erweitert. Die Kunst der dritten Welt ist ganz besonders auch eine soziale Kunst, die meinem Verständnis nach aber alle Wesen umfassen muss.

Die Erdwandlung macht also nach meiner Beobachtung drei Welten sichtbar: Die erste Welt zeigt die lichten Wesen, die immer mit der Erde und ihrer Entwicklung verbunden waren, für uns aber wegen der Dichte der Materie bisher in der Regel nicht sichtbar waren. Aufgrund der beginnenden langsamen Auflösung der Materie — die richtigen Worte zu finden, ist schwer — werden für immer mehr Menschen diese Wesen sichtbar, weil die Leiblichkeit der Menschen natürlich auch betroffen ist. Diese Lichtwelt zeigt die alte hierarchische Ordnung, wie sie sich aus den Natur- und Engelreichen heraus gebildet hat. Die alte Menschheit — z. B. die Kelten — wurden von diesen Wesen inspiriert, was an vielen Orten noch wahrnehmbar ist. Die zweite und die dritte Welt bilden sich, weil Menschen diese Welten wollen. Die dunkle Erde entsteht dadurch, dass Menschen die „beweglicher" gewordene Materie unnatürlich verhärten, indem der Geist geleugnet wird und die Schöpfung in den Dienst egoistischer Interessen gestellt wird. Diese Welt bildet in meinen Augen die Polarität zur ersten Welt. Die dritte Welt zeigt sich zunächst nicht, weil Michael und Christus die Freiheit des Menschen respektieren, wie auch die Engel, die zu ihnen gehören. Wenn man sich aber wirklich mit ihnen verbinden will, wird man in eine Beziehung mit Urschöpferkräften gebracht, die etwas völlig Neues ermöglichen. In der Johannes-Apokalypse heißt es, dass es im Neuen Jerusalem keinen Tempel mehr gibt, weil Christus immer unter den Menschen wohnt.

Epilog

Ein ganz besonderes Zeichen für den Anbruch einer neuen Zeit stellt in diesem Zusammenhang die Auffindung der Himmelsscheibe von Nebra dar. Die Scheibe wird seit ihrer Entdeckung 1999 mit sehr großem Erfolg ausgestellt.

Man datiert die Scheibe auf einen Zeitraum um das Jahr 1600 v. Chr. Zu dieser Zeit standen die Menschen noch auf einer mythischen Bewusstseinsstufe. Sie waren noch nicht in der Lage, die Erde auf dieselbe Weise physisch zu sehen wie wir. Statt dessen erschien alles beseelt und belebt, und die Sternenwelt sprach zum Menschen. Es muss damals eine ungeheure Erfahrung gewesen sein, diese sprechende Sternenwelt in einem physischen Objekt zu verdinglichen. Der Betrachter wurde durch das Anschauen der Scheibe in seine Erdenaufgabe initiiert, weil der physisch anschaubar gewordene Kosmos auf eine physisch erst noch wahrzunehmende Erde verweist. Der Kosmos sagt: Erringe dir die Erde. Heute sagt die Scheibe: Schaue auf die Kräfte, die hinter dem physisch sichtbaren Kosmos auf den Menschen warten, damit er sie in unsere Welt hereinruft. Die physisch sichtbaren Sterne sprechen nicht mehr im alten Sinne. Sie warten nun darauf, dass der Mensch zu ihnen spricht.

Anmerkungen:
(1) Wolfgang Wegener: Rosenkreuzer-Meditation, Berlin 1956, S. 6.
(2) Ken Wilber: Einfach „Das", Frankfurt 2002.
(3) Flensburger Hefte Nr. 79: Naturgeister 1, Flensburg 2002.
(4) Viktor Stracke: Das Geistgebäude der Rosenkreuzer, Dornach 1993, S. 197.
(5) Johann Valentin Andreae: Die chymische Hochzeit des Christian Rosencreutz, gedeutet und kommentiert von Bastian Baan, Stuttgart 2001.
(6) Gérard de Nerval: Die Tempellegende, TB, Dornach 2001.
(7) Johann Wolfgang von Goethe: Das Märchen, München 1981.
(8) Der Name Michael bedeutet „Wer ist wie Gott?" und ist Rätsel und Hinweis zugleich.
(9) Rudolf Steiner: Anthroposophische Leitsätze, Dornach 1982, S. 108.
(10) A. a. O., S. 110.
(11) Friedrich Schiller: Über die ästhetische Erziehung des Menschen, München und Wien 1966.

Quellen der Kraft

Jürgen Stümpfig (†)

Seit 1997 beschäftige ich mich mit Geomantie und habe seitdem auch mit wachsender Aufmerksamkeit und Sensibilität die Erdänderungen verfolgt und bei mir selbst und in meiner Umgebung beobachtet. Seit etwa 2000 habe ich diese Beobachtungen intensiviert. Zwischen den Erdänderungen und meinen persönlichen Veränderungen kann ich kaum unterscheiden. Beides greift sehr stark ineinander und beeinflusst, bedingt und unterstützt sich gegenseitig.
Mir fällt es schwer zu sagen, was nur mein „persönlicher" Anteil ist und was durch die Erdwandlung mit bewirkt wird. Erst im Kontakt mit Freunden bekomme ich dann ein Gefühl für die Intensität und Art der Änderungen.
Wenn so eine Schwelle überschritten ist, geht auf einmal alles leicht, macht Freude und Spaß. Alles gewinnt an Schwung und Eigendynamik, ist nicht zu bremsen. Wenn ich mich zentriere, komme ich dann sehr schnell in meine Mitte und kann mich auch gut mit Orten in der Landschaft verbinden. Diese Verbindung mit meiner Mitte oder mit der Landschaft wird nach meiner Einschätzung mit der fortschreitenden Wandlung der Erde immer intensiver und leichter wahrnehmbar — wie wenn die Erde sich uns mehr zeigen, sich für uns mehr öffnen würde.

Vor allem in persönlichen Krisen war die Erdwandlung für mich stark spürbar.
Wenn ich verbunden, geerdet und im Fluss war, konnte mir nichts etwas anhaben. Die Veränderungen in der Krise waren für mich eine Quelle der Kraft. Ich wandle mich selbst, wie auch die Erde sich wandelt. Dadurch, dass ich die Änderungen mitmache, erlebe ich sie sehr intensiv. Ich kann sie als Chance erleben für Wachstum und persönliche Weiterentwicklung. Ich freue mich auf das, was kommt, und kann es kaum erwarten. Dieses Gefühl habe ich auch immer wieder an den Plätzen, an denen die neue Energie der gewandelten Erde zu spüren ist. Mit Ana Pogačnik haben wir im Rahmen einer mehrjährigen Ausbildung einige solcher Punkte besucht:

Neue-Urkraft-Plätze
Den ersten dieser „Neue-Urkraft-Plätze" habe ich im März 2006 am Donnersberg kennengelernt. Hier war die neue Energie der Erde nach ihrer Wandlung schon jetzt spürbar. Ganz spontan stieg in mir reine Freude und ein Glücksgefühl auf. Ich erlebte eine große Ruhe und Tiefe. Ich fühlte mich vom Leben getragen und im Fluss. Seitdem war ich an mehreren anderen solchen Plätzen und mein Erleben war immer ähnlich. Wenn ich manchmal ängstlich über den weiteren Werdegang unserer Erde oder meinen persönlichen nachdenke, dann helfen mir die Erinnerungen an diese Orte, die so viel Zuversicht ausstrahlen! Das „Neue", das da kommen mag, fühlt sich rundherum stark und richtig an, und ich freue mich aus tiefstem Herzen darauf! Ich habe Mut für meine nächsten Schritte und werde — was sehr ungewöhnlich für mich ist — sehr ungeduldig, wenn sich nichts bei mir verändert.

Meditation zur Sommersonnenwende
In der Zeit zwischen der Sommersonnenwende und Johanni 2007 war ich auf dem Odilienberg im Elsass bei einem für mich sehr intensiven Seminar. Von dort wieder zurück, hatte ich zuerst ein paar körperliche Beschwerden. Vor allem aber fühlte ich mich in den folgenden Tagen sehr dünnhäutig, fast wie papierartig. Der leiseste Hauch, der leichteste Anstoß von außen berührte mich tief — bis in meine innerste Mitte — oder verletzte mich. Ich reagierte sehr schnell mit alten, mir vertrauten, aber eigentlich schon abgelegten Mustern oder fühlte mich im Kontakt mit anderen Menschen klein und unterlegen. Es war, wie wenn meine üblichen Abwehrmechanismen, die mich sonst vor derart tiefen Berührungen schützen, nicht mehr funktionierten und mich „schutzlos" der Außenwelt aussetzten. Ich hatte das Gefühl, dass irgend etwas in mir sich komplett neu ordnete. Im Laufe der Woche erreichte mich dann eine Meditation von Marko Pogačnik und Peter Frank. Darin ging es um eine „intensive Zeit der Schatten" um die Sommersonnenwende 2007 herum. Für einen Moment werde die „Erstarrung des Lebens, welche wir als Menschheit auf der Erde verursachen, ...noch überspitzt". In der Meditation verbanden wir uns mit der Präsenz der Christuskraft, die mit der Urquelle unseres Menschseins verbunden ist — Marko Pogačnik nennt dies „unseren gemeinsamen Heimatstern" — und mit der Erdmitte.

Aus der spiralförmigen Verbindung beider direkt hinter unserer Wirbelsäule sprühten Funken nach allen Seiten, die dann im Raum wieder neue solche Verbindungen entstehen ließen. Diese Meditation berührte mich zutiefst. Die Spirale durchströmte mich sehr kräftig. Das erste Mal seit über einer Woche fühlte ich mich wieder mit dem Leben verbunden und in meiner Kraft — sicher und stark. Über die Funken, die aus der Spirale geschleudert wurden, fühlte ich mich mit vielen anderen Menschen verbunden. Das Gefühl, allein allem um mich herum schutzlos ausgeliefert zu sein, war weg. Ich war wieder in meiner Mitte und nun auch ohne Schutzmauern um mich herum „sicher"!

Jetzt bin ich sehr gespannt und neugierig, was im Laufe der Erdwandlung noch auf uns zukommen wird, auch wenn oder vielleicht gerade weil die Intervalle dieser Wechsel immer kürzer und schneller und die Intensitäten immer stärker werden. Ich habe in den letzten Jahren die Gewissheit bekommen, dass wir auch immer die notwendigen Hilfen — auf welche Art auch immer — erhalten werden, wenn wir sie brauchen.

Sie liebt uns

Wolfgang Alexander Tiller

Wenn ich zurückblicke auf die letzten zehn Jahre, so gab es in meiner Biografie Ereignisse, in denen ich die Erdwandlung bewusst miterlebte.

Grenzerfahrungen

Im Mai 1997 erfuhr ich am eigenen Leib, was es bedeutet, durch eine Pforte zu gehen, wie es beim Tod oder der Geburt ist: Wir waren in der Türkei mit einem Segelboot unterwegs. In den zwei Wochen besuchten wir Tempelanlagen, unter anderem Ephesus, und ich las das Buch von Marko Pogačnik über die Elementarwesen. (1) Einmal ließ ich mich von der Mannschaft auf eine Insel bringen und beobachtete die Möwen, wie sie eine Felswand schützten, dort, wo ihre Jungen geboren wurden. Ich war mitten in einem Geburtsprozess. Ich begann mit Bäumen zu sprechen. Einmal entdeckte ich ein riesiges Elementarwesen. Für die Mannschaft wurde ich immer suspekter. Ich muss dazu sagen, dass ich damals eine Managementposition im Wirtschaftsbereich inne hatte — also eine ganz andere Welt als die, in der ich heute als Bildhauer und Geomant lebe. Doch in den zwei Wochen auf See wurde mir immer klarer, es muss sich etwas wandeln bei mir. Ich verdiente gut, hatte ein tolles Auto und zwei Motorräder und eine abbezahlte Eigentumswohnung. Doch es fehlte etwas.

Am vorletzten Tag der Reise, da passierte es. Es war, als würde mich ein Riese nehmen, kurz ins Wasser tauchen und dann wieder ans Land setzen. In den folgenden Wochen ordnete sich mein Körper neu und einige Monate später im Spätsommer 1997 brach ich alle Zelte in Österreich ab und ging nach Italien in die Nähe von Assisi. Ich vermietete meine Wohnung zum Selbstkostenpreis mit vollem Inhalt, verkaufte mein Auto und die Motorräder. Es waren zwei Harley Davidson, die eine hatte ich in jungen Jahren selbst von Los Angeles nach Europa importiert.

Dieses Erlebnis mit dem Riesen ereignete sich im Physischen so: Wir waren auf offener See schwimmen, zwei an Bord, einer davon mein bester Freund. Er startete den Motor und gab Gas ohne Grund. Ich hielt an der Schwimmleine im Wasser fest, die zog mich unter Wasser. Ich musste in Sekunden entscheiden, loszulassen oder zu sterben. Ich ließ los und tauchte auf. Dabei fühlte ich mich begleitet von Elementarwesen.

Begegnung mit der Geomantie

Meine erste Woche in Italien begann mit einem Seminar mit Marko Pogačnik. Da lernte ich ihn zum ersten Mal persönlich kennen. Nach einer Woche Geomantie wusste ich: Das ist etwas für mich! Ebenso lernte ich die Gegend und die Elementarwesenplätze rund um das Tagungszentrum auf allen Ebenen kennen. Ich entschloss mich, für zwei Jahre dort zu leben. Ich

Kosmogramm Montag, 13. Juli 1998

fühlte mich in dieser Zeit, wo ich wochenlang im Herbst mit den Tieren alleine war, geborgen und kommunizierte mit den Naturwesen. Viele Zeichnungen und Kosmogramme sind in dieser Zeit entstanden. Nach einem Jahr entschloss ich mich jedoch, von dort wieder wegzuziehen. Ich hatte erlebt, wie es das Lebendige behindern kann, sich zu entfalten, wenn auf der Grundlage von Bücherwissen der Verstand an erster Stelle steht. Ich wollte mich nicht nur theoretisch mit der Frage der Elementarwesen und der geistigen Welt befassen. Ich wollte nicht wissen, wer was gesagt oder geschrieben hat. Ich hatte Zugang und persönliche Erlebnisse und wollte diese mit anderen teilen.

Zum Glück fand ich zwei liebe Menschen, Hartmut Mahlzahn und Annemarie Brajer, die sich gerade in Italien ansiedelten. Von Hartmut Mahlzahn lernte ich viel, vor allem gut geerdet zu sein und mich zu schützen. Das alles sollte ich später brauchen bei meiner geomantischen Arbeit. Denn es ist nicht immer alles schön, was man sieht auf den verschiedenen Ebenen. Und Annemarie Brajer zeigte mir Eurythmie im Freien. Wie war das schön und kraftvoll! — anders als ich es kannte in geschlossenen Räumen.

Dann nahm mich eine buddhistische Familie in einem Kloster auf. Es war eines der ältesten Gebäude der Gegend. Es wurde im 8./9. Jahrhundert von Benediktinermönchen erbaut. Ich bekam einen kleinen Raum und täglich Essen, und dafür half ich bei der Renovierung. In dieser Zeit begann ich, künstlerisch mit Stein zu arbeiten und mit Innenwesenheiten von Räumen in Kontakt zu treten: Raumfeen, Kobolden, Hauswesen. Und es gab eine Christuserscheinung vor Ort, so erzählten die Alten. Diese Kraft war für mich spürbar. Ich freute mich, im Land von Franz von Assisi zu sein. Wir veranstalteten Vorträge und Seminare. Einige wenige kamen und nahmen die Strapazen der ländlichen Straßen auf sich. Wir spürten, dass die elementare Welt zusammenarbeiten möchte mit uns Menschen. Die ganze Landschaft war noch gelockert vom Erdbeben im Herbst 1997 in Assisi. Ich erlebte es hautnah mit, da ich in der Nähe des Epizentrums war. Es ist Teil der Erdwandlung. Alte Strukturen werden dadurch gelockert. Die Todesfälle in Assisi gab es vor allem, weil Reporter schon bereit standen. Sie hatten die Information schon vorher erhalten, wo es losgehen wird, und warteten direkt darauf. Die Menschen vor Ort wussten nichts davon.

Am 12. Dezember 1997 kam mein treuer Begleiter, mein Hund Kalima zur Welt. Am 13. Dezember 1998 wurde Alicia, die Tochter meines Bruders, in Holland geboren. Ich war dabei und sah, wie die Elementarwesen neugierig waren und alles begleiteten. Sehr viele Geburtsprozesse auf allen Ebenen konnte ich mitverfolgen. Ebenso die Arbeit mit einem wieder erweckten Wesen aus alter Zeit. Ich arbeitete mit ihm ein Jahr, bis es eine neue Aufgabe übernehmen konnte.

In Wien und unterwegs

Pünktlich zur Sonnenfinsternis am 11. August 1999 war ich wieder in Wien und lernte ein Grüppchen Menschen kennen, die schon länger begonnen hatten, in der Stadtlandschaft von Wien geomantisch zu arbeiten. Daraus entstand „Geomantie-Wien, Verein für geomantische Landschaftspflege", den ich mitbegründet habe.

Das Innen wird zum Außen, das Außen wird zum Innen.
Kosmogramm zur Wandlung und Erneuerung, 2000

2000 zog sich noch einmal alles zusammen. Ein weiterer großer Schritt der Erdwandlung vollzog sich Ende 2001. Dieses Jahr rüttelte alle auf: der 11. September. Feuerbilder auf der ganzen Welt. Es war ein Dienstag. Ich erinnere mich noch genau. Wir hatten unser Geomantietreffen am Maria-Theresien-Platz. Ich fragte, was können wir tun? Wir sollten etwas tun! Doch wir alle waren in dem Moment nicht fähig, es als Teil der Transformationsprozesse zu sehen.

Ende 2001 verkaufte ich den Betrieb, den mir meine Eltern hoch verschuldet überlassen hatten. In den Raunächten 2001/02 wurden die Verträge gemacht. Am Vormittag war ich der „businessman" mit Anwalt und Notar. Am Nachmittag zog ich mich für einige Stunden im Betrieb zurück. Ich wohnte damals auch dort. Meine Eigentumswohnung musste ich verkaufen, um die 35 MitarbeiterInnen noch weiter bezahlen zu können. Ich erlebte in mir einen intensiven Wandel und Paradigmenwechsel. In den wenigen Stunden am Nachmittag widmete ich mich meiner eigenen seelisch-geistigen Arbeit. Ich begann mit den Qualitäten der dreizehn Raunächte (2) zu arbeiten. Damals tat ich das noch für mich alleine. Es freut mich, dass wir beim Jahreswechsel 2006/07 über zwanzig Menschen waren, die in einer Gruppe mit diesem Thema gearbeitet haben.

Im März 2002 fand ich mein neues Zuhause in einer alten Fabrik im Wiener Bezirk Floridsdorf und ich begann zu reisen. Meine Reiseroute erstreckte sich tausend Kilometer in alle Himmelsrichtungen von Europa. Erst später fand ich dann in den Reisen einen großen globalen Zusammenhang. Ich reiste nach Italien und Kroatien zu den Bogomilen (3) und der Insel Mjet. Dann ging meine Reise nach Tschechien und Polen bis zum Meer und der Bucht von Danzig. Da lernte ich Comenius (4) kennen. Über seine letzten handschriftlichen Briefe bekam ich Kontakt zu ihm. Sein Geist sagte mir, was einen guten Lehrer ausmacht. In den Kieferwäldern und den Sandstränden der Ostsee begab ich mich in Klausur und begegnete Erzengel Michael und seiner Engelschar. Wir hatten ein langes Gespräch. Das alles ohne vorgeschriebenen Einweihungsweg. Ich ging meinen eigenen Weg und begegnete im Riesengebirge Rübezahl. Ein Freund nannte mir den Platz. Ich kann wirklich sagen, er ist ein Weiser mit seinen Raben. Er kann dir jede Frage beantworten. Seine Raben bringen ihm von der ganzen Welt die neuesten Nachrichten. Dann ging meine Reise nach Deutschland bis nach Holland, Amsterdam. In Köln bekam ich Kontakt zu St. Germain. (5) Am Rhein hatte ich eine wunderbare Begegnung mit Loreley. Zum Jahresende fuhr ich mit meinem alten roten Volvo nach Ungarn und Rumänien. Dort gab mein Volvo, nachdem ihm ein Mechaniker 220 Volt versetzt hatte, seinen Geist auf, und es ging abenteuerlich mit dem Autobus nach Hause. Überall hatte ich tiefe Erlebnisse mit Menschen, Naturwesen und Engeln, und geistige Helfer begannen mich zu begleiten.

Mein Landschaftsengel und Begleiter

Auf dem Weg zur Sozialen Kunst

2003 hatte ich intensive Arbeit mit dem Aufbau vom „Labor für Soziale Kunst, Geomantie und Nachhaltige Entwicklung". Menschen aus ganz Europa gaben Vorträge und Seminare zu den Themen Erdheilung, Engel und Alchemie. Es war unsere Art, wie wir an den Heilungsprozessen der Erde mitarbeiteten. Es ging um Formulierungen von Begriffen, Finden von Systemen in der Landschaft. Ich selber begann eine Ausbildung am Institut für Geomantie mit Erwin Frohmann, Marko Pogačnik und Ajra Miška. 2004 fügte ich meine lose Werksammlung zu einem Buch zusammen. Es bekam den Namen „Lichtbringer-

Arbeiten von 1997 bis 2004". (6) Einige Monate später erfuhr ich von Marko Pogačnik, dass das genau die Zeit der intensiven Wandlungsjahre der Erde waren.

2005 konnte ich einen Umstülpungsprozess beobachten. Alles, was vorher in unserem Körper war, ist nun um uns. Man könnte auch sagen: Unser energetischer Körper ist größer geworden, und jetzt haben wir Arbeit, alles wieder zusammenzufügen. Das ist ein Bild, mit dem wir uns erst einmal vertraut machen müssen. Die neue Aufgabe besteht darin, alles neu zu ordnen. Das geht nur im Austausch mit anderen Menschen und den Naturwesen. Sie machen ebenfalls Wandlungsprozesse durch. Manche werden häuslich oder gehen auf Reisen oder treffen sich auf den neuen Lichtinseln, die entstehen wie Oasen in der Wüste oder wie Arche Noahs der Gegenwart. Die sieben Chakren sind plötzlich aktuelle Themen. Selbst ein Inkalehrer, den ich als einen meiner Lehrer sehr schätze, redet jetzt sehr viel von den Chakren. Und er musste sogar schon eine zweite und dritte Seminarreihe machen, weil es so viel Interesse gibt. Marko Pogačnik beginnt mit seinen Chakrenreisen in Europa. In Wien entdecken Lutz Lehmann und ich die Chakrenplätze im Kahlengebirge, das wie ein riesiger Landschaftsdrachen vor Wien liegt. Die Landschaft schlüpfte in mich hinein und ich konnte erleben, Landschaft zu sein. Nicolaas de Jong aus Holland spricht über die Soziale Siebengliederung (7) und die dazugehörigen Organprozesse. Emil Pales aus Bratislava reist durch Europa und berichtet über seine Forschungsergebnisse der sieben Zeitgeister und das Wirken der Engel. (8) In Schönbrunn entdeckte ich ein Chakrensystem, das die Tiere in den letzten Jahrhunderten mitentwickelten. (9) Es sind wieder sieben Jahre bis 2012, in denen die Erde einen Zyklus durchmacht. Der Maya-Kalender spricht von diesem Datum. Für die Hopi-Indianer ist es ein wichtiger Zeitpunkt für einen Friedensimpuls: Fünf Steine sollen wieder zusammen kommen. Ich sehe es als aktuelle Aufgabe an, soziale Prozesse zu fördern, gemeinsam künstlerisch tätig zu werden — weniger mit Methoden oder Systemen, sondern aus der Situation mit einem bestimmten Thema. Und vor allem ist es wichtig, mit sich selbst zu arbeiten, mit der eigenen Seelenlandschaft, mit der eigenen Erde.

Von Dezember 2006 bis März 2007 haben sich meiner Wahrnehmung nach viele Menschen verabschiedet, wurden teilweise wie aus dem Leben gerissen oder haben einen plötzlichen Krankheitsausbruch bekommen, wie z. B. Krebs. In dieser Zeit hatte ich das Glück, einen Grabstein, der gleichzeitig ein Lithopunkturstein für die Landschaft ist, zu machen. So war ich im Austausch mit dem Verstorbenen, weil wir zusammen gearbeitet haben für dieses Werk.

Durch das Begleiten in einem Sterbeprozess kann sich Seelisches lösen, wenn es von beiden Seiten gegriffen wird.

Kosmogramm zur Inkarnation geistiger Impulse, 2006

In dem Kosmogramm des Steines zeige ich, wie aus dem geistigen Raum ein Impuls kommt und Mensch wird (Fünfstern), der sich dann zu einem Sechsstern entfaltet bzw. zur Siebenheit wird. In der Mitte im Hintergrund kann man die Blume des Lebens sehen, jedoch in organischer Form, weil sie in der traditionellen Form für mich zu statisch ist. Dann löst es sich wieder auf: Der Mensch, der durch die Erde gegangen ist, geht wieder in den geistigen Raum, in die geistige Welt. Der Lithopunkturstein steht am Fuße des Bisamberges an einem Punkt, wo kosmische Kräfte in die Erde fließen und sich in der Landschaft verteilen.

Meine geomantische Arbeit hat sich seit 2006 so entwickelt, dass ich mit Menschen vor Ort gemeinsam Werke zur Heilung der Erde entwickle und dabei ihr eigenes künstlerisches Potenzial geweckt wird. Joseph Beuys, Wilhelm Schmundt und Bernhard Lievegoed danke ich für die Inspiration. Es sind schöne Werke entstanden — wie kleine Steinkreise, an denen z. B. die Eigentümer und Kinder mitgearbeitet haben. Mir sind die Aspekte der Sozialen Kunst wichtig geworden, denn das bringt Heilung und Wandlung für den Ort, alle seine Wesenheiten und die Menschen.

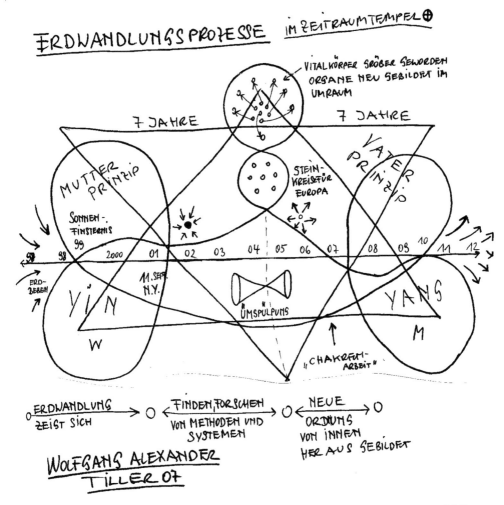

Wer die Erdwandlung veranlasst hat, kann ich nicht sagen. Aber ich sehe sie als wechselseitige Entwicklung von Erde, Mensch und Kosmos. Darauf macht sie aufmerksam. Und sie bereitet uns auf etwas vor. Wir sind alle gleichberechtigt mit verschiedenen Aufgaben. Ich bin überzeugt davon, dass Mutter Erde alle mitnimmt. Ob alte oder neue Erde — sie hält ihre unendliche Liebe für alle bereit, auch wenn wir manchmal tausend Gründe finden, dass sie uns nicht liebt. Sie liebt uns.

Anmerkungen:
(1) Marko Pogačnik: Elementarwesen — Die Gefühlsebene der Erde, München 1995, als „Elementarwesen — Begegnungen mit der Erdseele" erweiterte Neuauflage Baden und München 2007.
(2) Das Wissen über die Raunächte (24. Dezember – 6. Januar) stammt aus einer Zeit, in der die Menschen noch eine tiefe spirituelle Beziehung zur Natur und zum Universum hatten. Jede dieser Raunächte steht für die Qualität eines Tierkreiszeichens und für die kommenden Monate im nächsten Jahr. Es ist eine Zeit für die Entwicklung von Visionen, Wünschen und Ideen und um diese zu strukturieren und im neuen Jahr umzusetzen.
(3) Die aus der Armutsbewegung hervorgegangenen Bogomilen pflegten ein verinnerlichtes manichäisches und paulanisches Christentum. Sie wurden schon seit dem 10. Jahrhundert als Ketzer verfolgt und setzten sich ab dem 12. Jahrhundert im heutigen Raum Herzegowina und Bosnien fest. Von den 150.000 Steinen, die sie dort gesetzt haben, sind ca. 50.000 erhalten. Eine große Anzahl dieser Steinblöcke ist mit Bildern und Symbolen versehen und meist findet man sie an geomantisch besonders interessanten Orten.
(4) Johann Amos Comenius (tschechisch: Jan Amos Komenský), geb. 1592 in Ostmähren, gest. 1670 in Amsterdam, Geistlicher und letzter Bischof der reformierten Böhmischen Brüderunität. Weltbedeutung erlangte Comenius durch seine pädagogischen Lehren. In seiner „Pansophie" wollte Comenius das Wissen seiner Zeit nicht nur enzyklopädisch einfangen, sondern auch innerlich verbinden. Die Erziehung sollte ohne Zwang geschehen und sich zuerst an das Verständnis der SchülerInnen wenden.

(5) St. Germain, geb. unbekannt, gest. 1784 in Eckernförde. Der Graf von St. Germain hat sich unter vielen Namen als Alchemist, Künstler und Diplomat für Frieden und Freiheit eingesetzt und bei den Wandlungsprozessen in Europa mitgewirkt.
(6) Wolfgang Alexander Tiller: Lichtbringer-Arbeiten von 1997 bis 2004, Wien 2004.
(7) Die organische bzw. soziale Siebengliederung stellt eine Erweiterung der Betrachtung von Körper-Seele-Geist dar. So wie unser menschlicher Körper sieben Hauptorgane aufweist, finden wir diese Organe ebenfalls in der Gesellschaft, bei Firmen und Vereinen. Nicolaas de Jong arbeitet auch mit Elementarwesen und Menschengruppen an Landschaftsheilungsprojekten in Europa und Amerika.
(8) Über die Forschungen von Emil Pales siehe unter www.sophia.sk
(9) Wolfgang Alexander Tiller: Chakrenweg für den kreativen Austausch zwischen Landschaft, Tier und Mensch, in Tiller, Lehmann, Lukacs, Krenslehner: Orte der Kraft, Organe der Landschaft, Band 01 — Geheimnisvoller Tiergarten Schönbrunn — Geomantie und Zahlenmystik, Wien 2006, S. 86.

Wandlung in Tanz und Natur

Bettina Inés Truffat

Ich lebte in Buenos Aires, Argentinien. Ein innerer Drang bewegte mich dazu, Mitte der achtziger Jahre, einen großen Schritt der Veränderung zu tun. Vordergründig ging es um meinen Beruf: den Tanz. Ich sah keine neuen Herausforderungen für mich und die Arbeitsperspektiven waren nicht sehr verlockend. Mühsam sparte ich ein wenig Geld zusammen und mit großer Unterstützung meiner Familie kam ich im Frühling des Jahres 1987 nach Deutschland. Es war, als wolle alles in mir eine ganz neue Etappe beginnen. Erst im Nachhinein wurde mir klar, dass dieser Drang, diese innere Stimme, nicht nur meine persönliche war, sondern eine Manifestation der großen Bewegung im ganzen Wandlungsprozess. Nun kehrte ich nach Deutschland, dem Land meiner Geburt zurück, nach mehr als zwanzig Jahren in Chile und Argentinien, wo ich aufgewachsen bin. Wochen und Monate großer innerer Wachsamkeit benötigte ich, um meinen Platz in der für mich richtigen Stadt zu finden, die Sprache zu lernen und meinen Beruf wieder ausüben zu können. Sehr schnell bildeten sich die ersten Gruppen, in denen ich zeitgenössischen Tanz und „das System" — eine Methode der Interpretation — unterrichtete.

Im Laufe der Jahre wurde für mich immer auffälliger, dass bestimmte Themen bei den TeilnehmerInnen meiner Gruppen sich zeitgleich ereigneten. Ich entdeckte bald einen gemeinsamen roten Faden, der sich durch die Entwicklungsschritte vieler Menschen in meiner Umgebung und auch durch meine persönliche Entwicklung zog. Durch meine langjährige Arbeit mit Gruppen weiß ich, dass eine Spiegelung der Themen stattfindet. Die Themen der TeilnehmerInnen und meine Themen treffen sich. Dies gehört zum normalen Verlauf einer Gruppendynamik und ermöglicht eine sehr kreative und fruchtbare Zusammenarbeit. Am Ende der neunziger Jahre überstieg dieses Phänomen das bis dahin mir bekannte Ausmaß. Mir schien es, als würden wir alle leise — bewusst oder unbewusst — an einem gemeinsamen, sehr wichtigen Faden unserer Entwicklung spinnen.

Zu diesem Zeitpunkt war ich schon Mutter von zwei Kindern geworden. Erleben zu dürfen, wie meine Kinder auf die Welt kamen, war ein sehr großes Geschenk. Die Art und Weise, wie sie sich hier auf Erden fühlten, verhielten und mit Menschen und Dingen umgingen, wie sie sie wahrnahmen, hat mich und auch meine Beobachtungen bereichert. Wie alle jungen Eltern es ja gut kennen, war es für mich eine große Herausforderung, mich selbst zwischen Muttersein und Beruf in all dem wahrzunehmen. Aber es war ja so gewaltig, auffällig, aufwühlend, was sich da ereignete, dass ich im ganzen „Trubel" wach und wacher wurde.

Öffnung im Raum

Ich öffnete meinen Blick dann vermehrt für die Natur. Das, was ich bis dahin in mir und den Menschen in meiner Nähe wahrgenommen hatte, war auf einmal auch so deutlich in der Natur zu sehen! Es betraf nicht allein uns Menschen. Es war für mich in allen Lebensäußerungen wahrzunehmen: Die Pflanzenwelt, die Tiere, die Landschaft, alle waren in dieser „Bewegung" mit drin. Wir alle waren mit involviert! Wahrscheinlich war für diejenigen, die diese Wandlungsphase schon lange bewusst und wachsam miterlebt und mitgestaltet haben, das, was ich erst dann bemerkte, schon lange eine Tatsache. Für mich eröffnete sich aber erst jetzt die ganze Dimension dieses Wandlungsprozesses.

Die Bewegung, von der ich hier spreche und die ich in allem Lebendigen erlebe, ist für mich wie ein Tanz. Es ist ein rhythmischer Prozess, in dem sich Momente der Ausdehnung mit Momenten der Nach-innen-Kehrung abwechseln. Dabei verändert sich die Schwingung. In den Phasen der Ausdehnung, die schon tief im Innern anfängt und weit nach Außen strahlen kann, eröffnen sich neue Räume in die verschiedenen Ebenen. Die ganze Mehrschichtigkeit, aus der alle Wesen bestehen, ist davon betroffen. Das heißt, von der zellulären Ebene bis zur geistigen erweitern sich die Räume. Dies schließt auch die Umwelt ein. In den Phasen der Nach-innen-Kehrung fließt die Kraft nach innen und konzentriert sich im Kern. Oft enthält sie die Information, die in der Ausdehnung erfahren wurde, und verändert dadurch den Kern. Dieser wechselseitige Prozess wandelt notwendigerweise auch die Schwingung auf allen Ebenen. Es fühlt sich wie ein Beben an. Ich fühle es zeitweise in meinen Zellen. Ich erlebe, wie manchmal nur einige Organe oder Körperräume davon betroffen sind, manchmal aber auch der ganze Körper. Und ich beobachte, wie dann neue Einsichten, Erfahrungen, Gefühle, Begegnungen möglich sind. Es ist ein Prozess der Anpassung an eine neue Dimension.

Tanz

Am besten kann ich darüber berichten, indem ich schildere, was ich durch die Arbeit mit Menschen, mit dem Tanz, mit „In-Bewegung-Sein" erlebe: Im Tanz arbeite ich viel mit Improvisation. Das bedeutet nicht einfach, spontan drauflos zu tanzen. Es geht vielmehr um eine sehr wache und bewusste Suche nach dem wahren inneren Impuls, der Bewegung entstehen lässt. Ich unterstütze Menschen dabei, ihre Wahrnehmungskanäle auf der Ebene des Körpers, der Seele und des Geistes zu öffnen. Hier habe ich schon große Veränderungen erlebt in den letzten zehn Jahren. Eine viel größere Bereitschaft als früher, sich der ganzheitlichen Wahrnehmung zu öffnen, ist da. Dadurch erweitert sich die innere Landschaft mit der Vielfalt der eigenen Beweggründe. Es ist jetzt möglich zu differenzieren, was einen „bewegt". Das ist für mich der Nährboden für den Tanz, für die Kunst. Da fängt es an. Bevor eine Bewegung sichtbar für die Außenwelt ist, bin ich in meinen Zellen bereits am Tanzen. Der Zugang zu diesen Schichten ist viel leichter geworden. Ich nehme es bei mir wahr und bei anderen auch. Es ist leichter geworden, im Unterricht darüber zu sprechen und es in der Praxis zu erfahren. Ein ganz neuer Tanz entsteht. Ich bin jedes Mal von Neuem berührt, wenn ich erlebe, wie ein Mensch seinen Tanz kreiert — wenn er durchwebt ist von seiner inneren Bewegung, wenn das, was ihn als Mensch ausmacht, in jeder Bewegung durchschimmert, atmet! Wenn ich solche schöpferischen Momente bei mir erlebe, wenn ich tanze oder wenn ich male, bin ich zutiefst dankbar, in dieser Zeit hier auf der Erde leben zu dürfen!

Nichts bleibt auf seinem alten Platz. Das Alte und das Neue werden immer deutlicher. Die innere Unzufriedenheit, schon wieder im Alten fest zu kleben, wächst. Das wird so unmittelbar klar im Tanz. Alte Bewegungsmuster zeigen sich schnell, tauchen auf, sobald man sich ein wenig gemütlich eingerichtet hat. Wenn es nicht die eigene Unzufriedenheit ist, die aus dem Alten wegzieht, dann sorgt schon das Leben dafür. Auf der persönlichen Ebene wurde ich kräftig „durchgeschüttelt", als 2002 meine Ehe zu Ende ging. Im selben Jahr erhielt ich von Ana Pogačnik eine Einladung zu einer Geomantieausbildung in ihrer neu gegründeten Schule „Wieder Sehen". Ich habe das Programm durchgelesen und wusste sofort: Das ist es! Im März 2003 haben wir begonnen. Angedacht waren ein oder zwei Jahre. Jetzt ist schon unser fünftes Jahr im Gange!

Seitdem sind mir die gemeinsamen Treffen mit der Gruppe sehr wichtig. Ich schätze den Austausch miteinander, das Herausfinden von Zeitqualitäten, die Heilungsarbeit in der Natur — auch in der persönlichen Natur — die Spiegelung in und mit der Landschaft.

Erleben der Zeit

Schon als Kind war ich gewöhnt, immer wieder umzuziehen, wegzuziehen, neu anzufangen — neue Stadt, neue Menschen, Freunde usw. Ich bin in einer „Nomaden-Familie" — wie ich es nenne — aufgewachsen. Der jetzige Wandel aber, der sich seit einiger Zeit ereignet, den wir in uns und um uns herum erleben, ist viel, viel dichter in der Qualität und schneller!

Mitte 2005 tauchte eine starke innere Sehnsucht in mir auf. Ich konnte sie zuerst nicht einordnen, weil sie keinerlei Verbindung zu den realen Gegebenheiten hatte. Ich wechselte von Momenten tiefer Traurigkeit, die aus dem Nichts kamen und genauso unerwartet wieder wegzogen, zu Momenten großer innerer Aufregung, Unruhe und Freude. So ein Gefühl von „Abschied" und „Jetzt-geht-es-los — toll!" Ich hatte das Gefühl, dass etwas in mir das lang Ersehnte schon bereits riechen konnte. Es war wie ein „Nach-Hause-Kommen", obwohl sich das neu und unbekannt anfühlte. Mitten am Tag, ohne bestimmten Grund, fielen mir einige Sehnsuchtstränen aus den Augen. Und ein anderes Mal pochte mein Herz so schnell in mir, als wäre ich einige Kilometer gelaufen — Aufregung pur! Ich wusste, ich war nicht krank, auch nicht depressiv oder sonst was. Das alles klärte sich, als ich mit der Ausbildungsgruppe von Ana Pogačnik im Frühjahr 2006 zum ersten Mal an einem Ort war, wo die neue Energie der Erde zu spüren ist. Hier fand ich den Grund meiner Sehnsucht: Hier tief in der Erde fand ich die Kraft, die ich gerochen hatte — hier waren dieser tief pulsierende Ton und das Licht, das mich immer wieder in innere Aufregung gebracht hatten!

In den letzten Jahren gab es einige solcher Erlebnisse. Manche dauern Tage, manche Monate und alles wandelt sich ständig. Die Träume der Nacht sind manchmal so klar! Ich kann im Traum erfahren, wie sich bestimmte Qualitäten anfühlen, mich darinnen bewegen, die Farben sehen. Die Elemente wie Wasser, Luft, Erde, Feuer präsentieren sich mir in ihrer neuen Kraft. Heute sehe ich die Welt mit meinen Sinnen — so wie immer —, und doch weiß ich, spüre ich, dass sie nicht mehr so ist, wie sie war. Obwohl sich das äußere Bild für das bloße Auge nicht verändert hat, sehe ich die Welt neu. Es ist, als sähe ich und hörte ich die Erde in ihrer neuen Schwingung. Ich muss kurz den Kopf schütteln, weil das äußere Bild wie ein Trugbild erscheint, und doch schimmert das Neue durch... und ich freue mich!

Ähnlich geht es mir mit den Menschen im Tanz. Ich sehe sie tanzen, ich begleite sie im Prozess der Entwicklung ihres Tanzes — und manchmal schüttele ich innerlich den Kopf, weil ich schon sehen kann, was noch nicht äußerlich sichtbar ist und doch schon da ist, innen leise pulsierend. Ich suche nach Wegen, dieser neuen Qualität in uns Menschen — auch in mir — Kanäle anzubieten, sich äußern zu können. Das ist nicht leicht. Manchmal gelingt das, und das ist dann wunderbar! Ansonsten spüre ich die Schranken, die einhüllen, die Angst, die festhält, die Unsicherheit, ins Ungewisse hineinzugleiten, die inneren Bremsen.

Ich habe das Gefühl, wir befinden uns auf einer Gratwanderung. Es besteht für uns die Chance, mit der Entwicklung der Erde mitzugehen. Das erfordert unsere bewusste Entscheidung, den Mut, mitzugehen, und das aktive Mitschöpfen. Es kommt auf jeden Einzelnen von uns an. Das sage ich mir selbst auch. Die Gegenkräfte nehme ich in mir genauso wahr, wenn es um den Mut geht, so zu tanzen, dass ich Mitschöpferin bin. Meine Hoffnung ist groß. Ich hoffe sehr, wir können mit der Bewegung mitgehen, die uns in das Neue hineinführt!

Das Erwecken der Göttin im Mondsee

Rositta Virag

Wie alles begann

Das Thema Erdwandlung spiegelt sich in meinem Bericht in einem mehrjährigen Prozess des Bewusstwerdens und der Aktivität um den Mondsee:

Anfang August 1995 besuchte ich einen lieben Freund in Mondsee. Er war gerade in sein neues Büro in einem alten Haus direkt am See umgezogen. Ich fand das ganze Haus völlig offen. Mehrere Wohnungen wurden gerade renoviert. Die offenen Türen luden so richtig zum Eintreten ein — war da etwas für mich dabei? Ich suchte schon seit Monaten nach einer neuen Wohnung.
Als ich meinen Freund fragte, was denn mit den leerstehenden Wohnungen sei, meinte er, die seien noch zu vermieten. Ich rief gleich am nächsten Morgen den Hausbesitzer an. Nach kurzer Zeit waren wir uns handelseinig und ich unterschrieb den Mietvertrag. Ich musste bis Ende August umgezogen sein. Es war also höchste Zeit. Ich war heilfroh, bald in einem Ort zu wohnen, den ich als kleines Mädchen schon sehr liebte. Jedes Mal, wenn wir in Urlaub fuhren, blieben meine Eltern an der Autobahnraststätte Mondsee stehen, von wo aus es einen herrlichen Blick über den See gibt. Auch der Name Mondsee hatte mich immer schon fasziniert. Er hat etwas so Mystisches, Tiefes, Vertrautes, das mich auf eine unerklärbare Weise anzog. Und jetzt sollte ich hier leben! Ich freute mich sehr. Es war ein Geschenk des Himmels. Mein Freund, ein Feng-Shui-Experte, meinte, ich sei hierher gekommen, weil ich etwas dazu beitragen könne, dass die Energien dieser Gegend — des Sees und der umliegenden Landschaft — wieder erweckt werden. Er selbst tue schon sehr viel dazu, doch gemeinsam könnten wir bestimmt viel mehr bewirken: im Ort, für den See, für die Menschen, für die Landschaft. Ich fühlte mich von seinen Worten geehrt. Aber ich hatte keine rechte Ahnung, was ich da machen sollte.

Am 28. August war es dann so weit. Wir zogen um. Es war ein Chaos. Doch im Endeffekt ging es gut. Die Möbel und Kartons waren da und standen aufeinander gestapelt in den Zimmern. In dieser Zeit traf ich eine Dame, die ich vorher noch nie gesehen hatte. Sie erzählte mir voll Begeisterung von ihrem Traum, nach Peru zu fahren. Ich ließ mich anstecken, denn ich wollte auch schon immer zum Titicacasee und auf den Machu Picchu. Sie suchte eine Begleitung, und ich — spontan und angeregt wie ich war — sagte, dass ich mitfahre. Sie war hocherfreut und versprach, alles für die Reise vorzubereiten.
Anfang September waren wir unterwegs. Zu Hause standen noch immer die Kartons, der Umzug hatte ein großes Loch in meine Finanzen gerissen, unser Seminarprogramm für den Herbst war noch nicht ausgeschickt — doch ich war unterwegs mit einer mir fast fremden Dame nach Peru! Etwas Unsinnigeres kann man sich gar nicht vorstellen!

Meine Reise zum Titicacasee

In Peru sahen wir uns viele schöne Plätze an. Wir hatten interessante Begegnungen mit Schamanen und guten, energiefühligen Führern. Wir kamen zum Machu Picchu, erlebten eine beeindruckende schamanische Initiation und erfuhren an jeder heiligen Stätte, die wir besuchten, die Energien der Vergangenheit und des Ortes sehr intensiv. Doch nach etwa zehn Tagen fragte ich mich: „Um Gottes willen, warum bin ich denn überhaupt hierher gekommen? — Zu Hause ein Chaos, eine knappe Kassa und ich in einer anderen Welt, die nichts mit den heimatlichen Verpflichtungen und Aufgaben zu tun hat!" Ich machte mir große Vorwürfe, weggefahren zu sein. Doch die Reise ging weiter. Von jedem Platz, den wir besuchten, nahm ich etwas mit: einen Stein, ein Fläschchen voll Wasser, ein paar gepflückte Kräuter. Mein Gepäck wurde schwer. Ich kam mir schon komisch vor, dass ich immer Steine vom Weg aufhob und — wo immer möglich — frisches Quellwasser in einer kleinen Flasche mitnahm. Doch aus irgend einem Grund war es mir wichtig.

Dann, am Titicacasee, setze ich mich von der Gruppe ab, der wir uns angeschlossen hatten. Ich genoss es, allein mit dem

See zu sein, den Wellen zuzuhören, dem Rauschen der Blätter im Windhauch, dem Summen der Insekten zu folgen und die Vögel am Himmel zu sehen. Sie zogen ihre Kreise — als wollten sie mich auf die weißen Wolkenfetzen aufmerksam machen, die langsam über den Himmel zogen. Es war schön, richtig schön. Ich suchte mir einen besonderen Stein und setzte mich auf ihn. Endlich war es ruhig und ich war allein — nur der Himmel, das Wasser und ich! Ich saß eine ganze Weile so und schaute, horchte und nahm wahr — die äußeren Dinge und die inneren Botschaften. Der See erzählte. Seine Wellen plätscherten ans Ufer und brachten die Botschaften von weit her. Eine ließ mich sofort wachsam aufhorchen: „Verbinde die Seen. Deswegen bist Du hier." Das war es! Schlagartig hatte ich begriffen, was ich hier soll. Doch gleichzeitig tauchten eine Menge Fragen auf: „Wie? Wodurch? Womit?" Ich zweifelte an mir: „Was willst Du die Seen verbinden? Wer bist du denn? Tu nicht so wichtig!" Eines war mir allerdings jetzt klar: Ich wusste, warum ich all die Steine und die Wasser mitgenommen hatte. Sie waren zwar nicht alle vom Titicacasee, doch das Land rund um diesen riesigen See mit all seinen geheimnisvollen Kulturen gehört ja dazu! Und Peru mit diesem See liegt auf der anderen Seite der Erdkugel, Österreich und dem Mondsee fast gegenüber.

Und noch etwas wurde mir bewusst: in ganz Peru — in der ganzen Anden-Region — sind die Frauen ganz anders als bei uns. Sie leben! Intensiv, freudig, lachend, stolz, würdig, mit viel Anmut. Allein schon ihre Kleider sind bemerkenswert. Sie leuchten in allen Farben: rot, gelb, grün, blau, weiß, schwarz. Bei uns sieht man gar nicht so leuchtende Farben. Das hatte mich vom ersten Augenblick an begeistert. Die Frauen gehen stolz, aufrecht, schauen andere mit direktem Blick an, ohne Trübsal und Schwere, neugierig und offen. Auch wenn ihr Leben nicht einfach sein mag, ihre Augen leuchten. Und sie halten die Familien trotz Armut, Alkoholproblemen und viel Arbeit zusammen. Die Männer scheinen großen Respekt vor ihren Frauen zu haben. Bei uns in Europa und auch in Mondsee ist das ganz anders. Hier wollen es die Frauen meist den Männern gleich tun. Sie vergessen ihre Wesenhaftigkeit — das ursprünglich Weibliche, das hier in den Bergen Perus so natürlich gelebt wird.

Mir war klar, dass die Verbindung der beiden Seen mit dieser weiblichen Kraft zusammenhing — der Kraft der Göttin. Der Mondsee entspricht durch seinen Namen und die Lieblichkeit seiner Landschaft dieser weiblichen Kraft. Sie wurde in den vielen Kriegswirren und fürstlichen Verschacherungen, in die der Mondsee seit Jahrhunderten involviert war, unterdrückt. Die Männer waren in den Kampf gezogen, während zu Hause die Frauen ihre Kinder großziehen und das Land bestellen mussten. Da hat sich eine gewisse Verbitterung und Härte bei den Frauen eingestellt. Sie mussten eine Doppelrolle übernehmen, die der Frau und die des Mannes, die der Mutter und die des Vaters. Sie mussten hart arbeiten, waren von der Kirche gebeugt und von den Männern verlassen worden. Ja, das war in ganz Europa so, doch der Mondsee hatte aus mythologischer und ganzheitlicher Sicht gesehen schon immer eine besondere Aufgabe als Repräsentanz der Göttin. Somit war mir bewusst, dass mit diesem Auftrag, „die beiden Seen zu verbinden", gemeint war, die Kraft des Weiblichen vom Titicacasee zum Mondsee zu bringen.

Ich war mit diesem Auftrag — trotz meiner persönlichen Zweifel, es zu können — glücklich. Ich war sehr erleichtert zu ahnen, dass meine Reise einen Sinn gehabt haben könnte. Doch wie und ob das gelingen sollte, war mir noch nicht klar. Ich öffnete aber mein Herz und mein Bewusstsein ganz weit und ließ mich auf den vor mir liegenden See und seine Tiefe ein. Ich nahm ihn ganz in mein Inneres auf, verband mich vollständig mit diesem wunderbaren, intensiv türkis-blauen See — mystisch, geheimnisvoll, tief. Ich drang bis auf den Grund des Sees und wusste: Hier wohnt Gott Inti mit seiner Sonnenscheibe aus leuchtendem, bewusstem Gold. Es muss ein lebendiges Gold sein. Deswegen sage ich: „bewusstes Gold". Viele, viele Generationen warteten und warten darauf, dass Gott Inti mit seiner Sonnenscheibe wieder an die Oberfläche kommt, denn dann — so sagt man — sei die Menschheit erlöst. Die Zeit dazu sei sehr nahe. Botschaften stiegen in mir hoch, mehr erahnbar, als konkret. Sie wanderten durch mein inneres Auge in mein Bewusstsein. Ich nahm Gott Inti tief unter der Erde des Sees wohnend wahr — mit einem mächtigen Reich rundherum, sehr weit und hell, doch fast schlafend — vielleicht träumend, könnte man sagen. Jedenfalls nicht tief und unerlöst schlafend, sondern in dem leichten Schlaf, in dem die Träume entstehen. Da wusste ich, dass die alten Prophezeiungen recht haben, wenn sie sagen: Es wird wieder gut, das Wunder wird geschehen, es wird wieder Licht, die Zeit der Dunkelheit ist bald vorbei! Und ich ahnte, was ich zu tun hatte. Befriedigt genoss ich noch die letzen vier Tage in Peru. Meine Steine und das Wasser im Koffer fühlten sich nicht mehr so schwer und unbestimmt an. Es hatte alles einen Sinn bekommen.

Initiierung des Mondsees

Als ich wieder zu Hause war, wollte ich mich gleich daran machen, den Auftrag auszuführen. Ich erzählte in meinen Meditationsrunden und Seminaren davon. Alle hörten angeregt zu, doch niemand zeigte Ambitionen, das Werk gemeinsam auszuführen und die beiden Seen zu verbinden. Ich wurde unsicher. Es vergingen Monate. Ich wusste nicht, wie ich die Sache angehen sollte. Ich war enttäuscht, dass das Interesse nicht so weit ging, um anzufangen. Also wartete ich. Eines war ganz klar: Das sollte nicht ich alleine ausführen, sondern mit anderen zusammen. Es sollte auch nicht aus meiner alleinigen Initiative heraus geschehen, sondern dann, wenn auch andere den Wunsch verspürten, an diesem Werk mitzuwirken.

Es kam Weihnachten. Meine Eltern kamen auf Besuch. Ich erzählte ihnen von meinen Erlebnissen in Peru, zeigte ihnen Fotos und holte die Steine, Kräuter und Wasserflaschen. Mein Vater hörte interessiert zu. Als ich von dem Auftrag erzählte, die Seen zu verbinden, und dass es mir bisher noch nicht gelungen sei, das mit anderen gemeinsam zu tun, meinte er kurz entschlossen: „Na, dann gehen wir zwei!" Ich war total überrascht. Dieser damals 75jährige Mann, der immer sehr realistisch und praktisch eingestellt war und nichts von Esoterik oder Energiearbeit wissen wollte, bot sich an, mit mir den Mondsee zu initiieren! Ich konnte es kaum glauben. Ich fragte mehrmals nach, ob er das wirklich machen wolle. Ja, das wolle er, sagte er drei Mal.

Also holten wir eine Karte des Mondsees. Ich brachte mein Pendel, und wir legten die Steine zurecht. Ich pendelte die genauen Stellen aus, wo sie ins Wasser versenkt werden sollten, und mein Vater markierte die Plätze auf der Karte. Ein Stein blieb übrig. Ich hatte ihn bisher noch nicht so genau angeschaut. Doch ich erinnerte mich genau an den Ort, von dem ich ihn aufgehoben hatte. Es war in den Bergen, wo ich diesen Stein am rechten Wegrand unter verdorrtem Gras liegen sah. Ich war direkt auf ihn zugegangen. Als ich ihn aufhob, war ein kleines Eidechschen darunter hervor geschlüpft. Ich war erschrocken und es tat mir leid, dass ich ihm seine Bleibe genommen hatte. Doch es war zu spät. Die Eidechse war schon weg. Ich konnte mich nur noch bei ihr entschuldigen und ihr meinen Segen geben. Ich steckte den Stein ein und ging weiter. Jetzt schaute ich den Stein erstmals ganz genau an. An der Stelle, wo das Eidechschen versteckt war, war eine kleine Einbuchtung im Stein. Diese war ein deutliches „Y". „Eigenartig", dachte ich, „das schaut aus wie eine Rune." Ich holte mein Runen-Buch und suchte das Zeichen. Ja, es war die Man-Rune. Ich traute meinen Augen kaum und prüfte es nach. Doch — ja, es stimmt, das war die Man-Rune! Mir lief ein Schauer durch den Körper: Der Mondsee hieß früher Man-See. Das war unglaublich! Ich las nach: „Die Man-Rune wird auch die ‚Lebensrune' genannt." Also hatte ich in den Bergen Perus einen Stein aufgehoben, der einem lebendigen, jungen Tier Unterschlupf geboten hatte, mit einem Zeichen darauf, das das Leben symbolisiert, um ihn mitzunehmen und den Mondsee — den Man-See, das Leben symbolisierend — damit zu initiieren. Wow, das war stark! Ich legte den Stein auf die Landkarte, in die Mitte des Mondsees. Ja, jetzt war das Bild komplett! So sollte es sein.

Am nächsten Tag machten sich mein Vater und ich auf den Weg rund um den See. Es war am 25. Dezember, einem kühlen, trüben Tag. Ein wenig Schnee lag noch, doch nicht so viel. Wir begannen im Norden. Nach einer kurzen Einstimmung mit einem innigen Gebet nahm ich den ersten Stein und versenkte ihn mit den Worten: „Hiermit verbinde ich den Norden des heiligen Titicacasees mit dem Norden des heiligen Mondsees. Möge diese Verbindung durch die Erde und über der Erde eine Achse der Bewusstheit und Liebe erschaffen. Möge Heilung des Bewusstseins von allem Leben entlang dieser Achsen und dazwischen geschehen." Mit einer tiefen Verbeugung dankte ich

dafür. Mein Vater reichte mir nun die erste Wasserflasche. Ich goss ein paar Tropfen Wasser davon — und dann von jeder weiteren Flasche — in den See. Wir hatten nicht nur die Wasser aus Peru mit, sondern auch Wasser aus dem Himalaya, das ich schon lange — ohne zu wissen, wofür — aufbewahrt hatte. Es war wie eine Taufe. Mein Vater war sehr berührt und ich auch. So taten wir es im Osten, Süden und Westen des Mondsees. Als wir so gemeinsam unterwegs waren, wurde mir auch klar, warum diese Zeremonie nicht mit einer Gruppe — wie ich es zuerst gedacht hatte — geschehen sollte. Denn hierzu waren ein Mann und eine Frau — die Verkörperung der beiden Pole Yin und Yang — besser geeignet. Dass mein Vater den Yang-Pol vertreten sollte, hätte ich vorher nie erahnt. Doch es freute mich. Denn wir haben ein inniges Verhältnis zueinander und diese Zeremonie verband uns noch mehr. Im Westen versenkte mein Vater den Stein und sprach die Dankesworte. Hier goss ich die Wasser aus Peru und vom Himalaya in den See. Dann fuhren wir nochmals zum Ausgangspunkt im Norden zurück, um den Kreis zu schließen. Wir verneigten uns vor dem Wesen des Mondsees, den Wassern und der Erde. Damit war die Zeremonie beendet.
Den letzten Stein, den, der in die Mitte des Mondsees gehörte, legte ich zu Hause auf einen besonderen Platz. Für ihn würde auch noch der rechte Zeitpunkt kommen, um die Verbindung der Seen und damit den Auftrag abzuschließen.

Neue Impulse

Das dauerte lange. Inzwischen hatte ich Marko Pogačnik kennengelernt und mit ihm einige Heilzeremonien für die Erde erlebt. Ich war tief beeindruckt von diesem so hingebungsvoll und authentisch, so bedingungslos für die Erde wirkenden Mann. Er hatte erkannt, dass bei uns in Europa die Macht der Göttin — des Weiblichen — jahrhundertelang unterdrückt, ja zerstört worden ist — sukzessive, teilweise bewusst und mit Absicht. Es war mir sofort einsichtig, warum sich so eine starke Dominanz des Strukturierten, Logischen, Wissenschaftlichen, Männlichen entwickelt hatte. Es wollte alles Unerklärbare, Mystische, Chaotische, Weibliche vernichten. Das war ein Ausdruck des unerlösten Patriarchats, das dem davor genauso einseitig wirkenden unerlösten Matriarchat folgte. Doch diese Zeit hat sich nun erfüllt. Sie ist zur höchsten Blüte gekommen, genauso wie vorher die Zeit des unerlösten Matriarchats zur vollsten Blüte gekommen war. Jetzt beginnt die Zeit der Vereinigung dieser beiden Kräfte. Das geht jedoch nicht in ihrer unerlösten Form.

Marko Pogačnik und seine Tochter Ana Pogačnik kamen in den folgenden Jahren mehrmals nach Mondsee, um in Seminaren die unerlösten Kräfte von Yin und Yang ins Bewusstsein zu heben und auszugleichen. Das erste war das Wiedererwecken der „schlafenden" Göttin des Mondsees. Wir nahmen sie als eine große helle, aber dunkel bedeckte Kraft am Grund inmitten des Sees wahr. Diese an sich starke Yin-Kraft war durch viele schlimme, zerstörerische Einflüsse traumatisiert und hat sich auf den Grund des Sees zurückgezogen. Marko Pogačnik erklärte uns, dass dieser See perfekt die drei Zyklen des Lebens darstellt. Diese werden symbolisiert durch die weiße Göttin im oberen Seebereich, die rote Göttin in der Mitte und die schwarze Göttin am unteren See — dem Ort Mondsee gegenüber. Die weiße Göttin repräsentiert den jungfräulichen Lebensabschnitt: das Mädchen, jung, schön, unschuldig, hingebungsvoll, weiß, rein, voll Erwartung auf das Leben, bereit, sich zu schenken, zu erlösen, voll Sehnsucht auf die Liebe. Die rote Göttin repräsentiert den lebensspendenden Abschnitt: die Frau mit ihrem „Monatsblut", in ihrer vollen gebärfähigen Kraft, das pure Leben ausstrahlend, kraftvoll, anziehend, lockend, wollend, verlangend, sehnsüchtig und Sehnsucht erweckend, erotisch, gebärend, nährend, beschützend, haushaltend, aufnehmend, empfangend, die Liebe genießend. Die schwarze Göttin repräsentiert den reifen Lebensabschnitt: die weise Alte, deren „Monatsblut" versiegt ist, die das Leben erfahren hat und jetzt die Erfahrungen daraus weitergibt, die Hexe, die alle Geheimnisse kennt, die Heilerin, die weiß, welches Kraut gegen welches Leiden hilft, die Einsame, die beobachtet, Rat gibt, mit der Unterwelt Kontakt hat, die Mystische, die die Liebe erfahren und gewandelt hat.

Bei vielen Gelegenheiten besuchten wir in diesen Seminaren die Landschaft rund um den Mondsee und den im Süden liegenden Schafberg. Der Schafberg ist die Leben spendende

Ader für das ganze Seenland, das sich um den Berg herum gruppiert. Es besteht aus dem Mondsee, dem Wolfgangsee, dem Attersee und den kleineren Seen: Krotensee, Fuschlsee, Abersee und Irrsee. Marko Pogačnik nahm eine große Lichtsäule vom Himmel bis tief in die Erde unter dem Schafberg wahr. Durch sie fließt kosmisches Licht, das die ganze Landschaft durchlichtet und nährt. Vielleicht kommt daher die große Schönheit dieses ganzen Seenlandes. Ein abzweigender Kanal lässt das Licht von der Basis des Schafbergs unterirdisch durch das Wasser des Mondsees bis in den Ort Mondsee fließen. Ähnliche Kanäle bringen dieses Licht auch zum Wolfgangsee und Attersee.

In einer Meditation erlebte ich, wie das Sumpfland zwischen dem Ort Mondsee und der Seepromenade vor sehr langer Zeit noch von ganz lichten, feinstofflichen Wesen bevölkert war. Sie sahen aus wie große weibliche Wesen, die mit wunderschönen weißen, hauchdünnen Kleidern bedeckt waren — halb Mensch, halb Fee — und die ihre lieblichen Reigen zwischen dem Schilf tanzten. Diese jungfräulich reinen Halbgöttinnen waren die ersten „menschlichen" Lebewesen in dieser noch ganz unberührten Natur. Sie wohnten schon sehr lange hier. Völlig ungestört waren sie eins mit der Natur. Im Mondlicht, begleitet von sanfter, lieblicher Musik, tanzten sie. Dann kam eine Horde Reiter auf ihren Pferden vom Festland Richtung See galoppiert. Ungestüm, wild, laut, in dicken, festen Kleidern mit allerlei Waffen und Werkzeugen am Sattel. Sie hatten die lieblichen Jungfrauen gesehen und wollten sie sich nehmen. Die feinen, zarten Frauen erschraken und flüchteten Richtung See. Sie wurden dabei immer feinstofflicher, so, als würden sie sich auflösen. Sie hüpften und flogen mehr, als dass sie liefen, bis sie zum See kamen und ganz in die Nebel über dem Wasser eingingen. Es schien, als würden sie vergehen, sterben. Die Männer trieben ihre Pferde an, wollten sie einholen und stürmten ihnen mit lautem Getöse nach. Doch ihre Pferde konnten im sumpfigen Untergrund bald keinen Halt mehr finden und sanken immer tiefer. Die jungfräulichen Halbgöttinnen aber waren im Nebel verschwunden, so, als wären sie mit ihm verschmolzen. Die magische Tiefe des Sees mit all seinen Geheimnissen zeigt sich heute als ein tief dunkelblau-türkises Wasser, das je nach Stimmung seine Farbe wechselt. Man kann, wenn man ganz still und erwartungslos bei dem kleinen Tümpel nahe der Seepromenade in Mondsee meditiert, die Präsenz dieser schönen, feinstofflichen Wesen erleben. Sie sind noch immer da — doch nur für den, der sich sanft und absichtslos nähert. Meiner Wahrnehmung nach sind sie der „Hofstaat" der Göttin, die sich in ihr Reich unter dem See zurückgezogen hat. Nachdem ich von den drei Aspekten der Göttin im Mondsee erfahren hatte, hatte diese Meditationserfahrung plötzlich Hand und Fuß und war nicht nur ein schönes Märchen. Das Ganze bekam Struktur — wenn auch eine sehr feinstoffliche.

Einige Jahre lang machten wir mit Marko und Ana Pogačnik und mit lokalen Gruppen immer wieder Bewusstseinsarbeit rund um den Mondsee. Wir reinigten die Ein- und Ausatmungspunkte, die Yin- und Yang-Plätze, einige Akupunkturpunkte und aktivierten das Herzzentrum. Dieses ist ein besonders starker Kraftplatz, auf einem kleinen Hügel gelegen, mit herrlichem Blick über den See und die ganze Landschaft. Es ist ein sanft strahlendes, langsam pulsierendes Energiefeld, das weit über Österreich und Bayern strahlt. Dieser Platz war nicht sehr traumatisiert, aber stark verschmutzt. Einige Ortskundige besuchen ihn ab und zu, um ihn immer wieder neu aufzuladen und zu verstärken.

Schon bei den ersten Reinigungsarbeiten gelang es uns, die Göttin in der Mitte des Sees aus ihrem Tiefschlaf zu erwecken. Bei jeder weiteren Energiearbeit schien es uns, als würde sie lebendiger werden. Praktisch machte sich dies auch so bemerkbar, dass die Ortsansässigen in Mondsee nach anfänglichem Unverständnis nun begannen, ihre alten Erzählungen, Märchen, Geschichten und Sagen wieder auszugraben. Es bildete sich eine Gruppe von Frauen, die all dieses alte Wissen aufbereitete und es bei geführten Wanderungen zu Kraftplätzen den Touristen und interessierten Einheimischen erzählen. Es gibt Märchenwanderungen für groß und klein, Land-Art-Projekte und eine ganze Reihe von Kultur- und Brauchtumsveranstaltungen. Mondsee beginnt wieder Zugang zu seiner eigenen Vergangenheit zu bekommen und diese zu schätzen.

Die Vollendung

Inzwischen waren vier Jahre vergangen. Wir hatten viel Bewusstseinsarbeit für das Gebiet gemacht, doch noch immer lag der besondere Stein aus Peru mit der Man-Rune in meiner Vitrine und wartete darauf, in der Mitte des Mondsees versenkt zu werden. Ich dachte oft daran, sprach das Thema auch immer wieder an, doch niemand zeigte von sich aus Interesse, an dem Projekt mitwirken zu wollen. Dann — im Sommer 1999 — war es plötzlich so weit. Es war ein normaler Wochentag, sehr heiß, strahlend sonnig. Eine leicht beschwingte Stimmung lag in der Luft. Karin, eine Freundin, die ab und zu im Büro mithalf, Bernd, ein Mitarbeiter, und ich hatten ziemlich gleichzeitig denselben Wunsch: auf den See hinauszufahren und — die Idee und Energie war plötzlich da — den Man-Stein im See zu versenken und das begonnene Werk zu vollenden.

Ohne zu zögern, holte ich den Stein und die Wasserflaschen aus der Wohnung und Karin und Bernd bereiteten einen Picknickkorb mit einer Flasche Sekt zur Feier des Tages vor. Wir mieteten ein Elektroboot und fuhren langsam Richtung Seemitte. Je mehr wir uns der Mitte des Mondsees näherten, desto stiller wurden wir. Bald sprach keiner mehr ein Wort. Jeder spürte in sich hinein und trachtete, die Energie der Göttin des Mondsees zu erfassen. Offensichtlich gelang es recht gut, denn fast gleichzeitig meinten wir alle drei, dass wir an einer bestimmten Stelle haltmachen sollten. Bernd, der steuerte, stellte den Motor ab und wir glitten leise über das Wasser. Wir wussten: Hier ist die Stelle, an der der Stein in den See gesenkt werden soll. Ich holte ihn aus dem Korb, wickelte ihn aus dem Tuch, segnete ihn und gab ihn an Karin. Sie segnete ihn auch, strich mit der Hand sanft darüber und gab ihn an Bernd weiter. Er tat das gleiche und reichte ihn mir wieder zurück. Nach kurzer Absprache entschieden wir, dass Bernd den Stein ins Wasser senken soll. Ein Mann sollte die Göttin des Mondsees mit diesem Geschenk ehren. Bernd hielt den Stein aus Peru mit der Man-Rune über dem See. Wir sprachen ein stilles Gebet und er senkte ihn dann sanft bis nahe an die Wasseroberfläche und ließ ihn mit den von mir gesprochenen Worten los: „Verbinde die Energien der beiden Seen, Titicacasee und Mondsee, nun vollständig und endgültig, als Symbol, dass ein harmonischer Ausgleich der Kräfte auf der Erde entstehen möge. Möge die Göttin des Mondsees wieder voll erwachen und wirken und möge der Gott des Titicacasees wieder voll erwachen und wirken. So sei es. — Danke!" Mit einem „Plumps" glitt der Stein in den See und versank. Kreisförmige Wellen bildeten sich auf dem glatten Wasser. Es war vollbracht — endlich! Ich war so froh, dass dieser Auftrag nun erfüllt war. Es hatte so lange gedauert und so vieler Zwischenschritte bedurft. Wir begannen aus Dankbarkeit und Freude zu tönen. Unser OM tönte voll, rund und harmonisch über den See. Vielleicht hat uns jemand gehört und sich gewundert ob des seltsamen Gesangs. Wer weiß . . .

Inzwischen hat es auch die Bevölkerung von Mondsee angenommen, an einem Ort mit besonderer Energie zu leben. Auch die skeptischen Einheimischen erinnern sich wieder an die alten Geschichten und sind stolz auf ihre Heimat. Mondsee ist seit dem Erwecken der Göttin zu einem beliebten Platz für Seminare geworden, in denen Bewusstseins- und Heilarbeit gemacht wird. Der Schamanen-Kongress tagte zweimal hier, Barbara Brennan etablierte ihre europäische Schule für Heilung in Mondsee (jetzt in Deutschland und in der Schweiz) und auch ich mache hier Heil- und Energiearbeit. Außerdem haben sich viele Fremde in Mondsee angesiedelt — meist Künstler und spirituell tätige Menschen — die die Energie spüren und schätzen.

Die Göttin des Mondsees ist erweckt, doch die Energiearbeit geht weiter (siehe die Abbildung auf der folgenden Seite).

Bei einem Seminar mit Ana Pogačnik 2002 stellte sich heraus, dass es eine kosmische Verbindung zwischen Attersee, Wolfgangsee und Mondsee gibt: eine dreiseitige Pyramide. Sie holt kosmische Energie auf die Erde und verkörpert die Yang-Energie. Ich nahm wahr, dass es parallel dazu eine zweite dreiseitige Pyramide gibt, mit der Spitze nach unten, die Yin-Kraft verkörpernd.

Sie ist wie der Heilige Gral — die Schale, die ihre Lebenskraft darreicht. Beide sind ineinander verschachtelt, so dass ein Sechseck entsteht, wenn man es von oben sieht. Bei mehreren

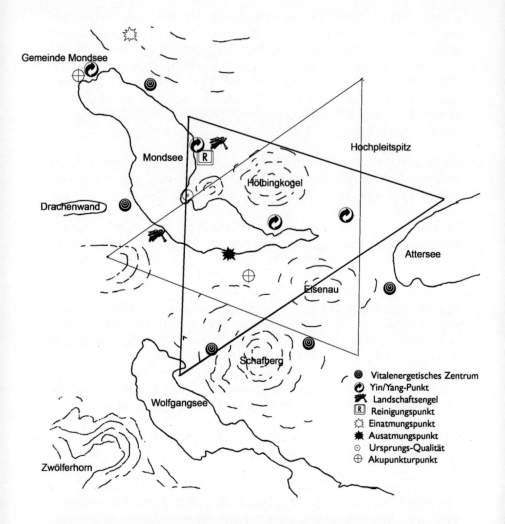

Besuchen an den Ecken des Yang-Dreiecks reinigten wir diese und stellten eine energetische Verbindung zwischen ihnen her. Im Laufe der Jahre konnten wir feststellen, dass sich die Energiepunkte verändert haben — verankert, könnte man sagen. Doch die bewusste Aktivierung der Yin-Pyramide steht noch aus. Das wird ein nächster Schritt in der Verbindung der männlichen und weiblichen Kräfte im Mondseeland sein.

Vor der Schwelle,
von jenseits der Schwelle

Gunhild von Kries

Wenn ich an die Zeit vor zehn, zwanzig Jahren zurückdenke, dann scheint mir die Natur an in sich ruhender Fülle und natürlicher Tragekraft verloren zu haben. Die äußere Lebensenergie wird dünner, das Gleichgewicht schwankt zunehmend, Lebewesen — wie zum Beispiel die Bienen — drohen zu verschwinden — natürlich auch durch das Versagen und den Egoismus von uns Menschen. Für den Organismus des Jahreslaufes scheint das Wetter sich immer weniger zu interessieren. Die Bauernregeln bewahrheiten sich seltener und sternenbezogene Wetterprognosen treten häufiger nicht ein. Solche und ähnliche Beobachtungen machen wir alle. Sie erfüllen uns mit Bangen und tiefem Schmerz.

Mehr und mehr Tage oder Wochen im Jahr jedoch sind durch Wetter-, Wolken- und Lichtprägungen von einer überirdischen Schönheit erfüllt. Viele Menschen fühlen sich dadurch in der Seele beglückt und beschenkt. Auch fast unheimlich dunkle Tage schieben sich dazwischen. Wenn man in diese hellen oder dunklen Stimmungen hineinlauscht, wird ein Ausdruck von Wesen erlebbar, herausfordernd oder erhebend. Was will diese Sprache? Was sollen die atmosphärischen Ereignisse uns sagen?

Ich erlebe, dass die „Worte" ganz nah sind und uns Menschen ansprechen wollen. Antworten unsererseits werden angenommen. Dunkles löst sich durch heilende innere Bilder. Gaben werden mit Dank beantwortet und Bitten auf manchmal verblüffend genaue Weise erfüllt. Der Vorhang zu den Wesen der geistigen Welt scheint zart zu sein. Wir stehen vor der Aufgabe, diese Nähe des Geistigen zu bemerken, sie anzunehmen und damit schöpferisch umgehen zu lernen. In jedem einzelnen Lebensbereich ist diese neue „Näheatmosphäre" zu finden, sei es im Haushaltsalltag, im Umgang mit Kindern, mit Patienten, im künstlerischen Schaffen, in der Arbeit mit der Natur, in menschlichen Begegnungen... Wir können sie bemerken, wenn wir uns entschließen, auf sie zu lauschen, uns zu öffnen. Die einfachste Tätigkeit erscheint dann geheimnisvoll erfüllt und anrührend. Neue Kraft fließt in das Leben hinein.

Wir befinden uns auf einem Grat, wo die Bewältigung des Lebens in einem unüberschaubaren Chaos landen kann oder auf gleichsam wunderhafte Weise unerwartete Höhen erfährt. Mehr und mehr wird dies davon abhängen, ob wir uns innerlich die neuen Quellen der Geistesnähe erschließen. Dies ist ein vielschichtiger Vorgang, dem Erüben einer neuen Kunst vergleichbar. Wichtig ist dabei, immer genauer beobachten zu wollen, und zwar nicht mit einem analytischen Blick, der schon Bekanntes aufnehmen und einordnen will. Für das Geistige öffnen wir uns durch staunende Bereitschaft zur Überraschung, zum Rätsel, zur Frage, die vielleicht ein Gefühl von Orientierungslosigkeit erzeugt, bevor wir uns im Neuen einfinden. Das Verständnis vom Leben und Dasein erfährt verwandelte Perspektiven. Fruchtbar wird der neue Umgang, wenn wir uns in die geistige Stimmung mit dem Herzen einfühlen, bis wir erleben, dass ein wesenhafter Kontakt entsteht. Durch das Bemühen, mit den Wesen mitzufühlen, verstärkt sich die gegenseitige Kraft des Helfens.

Jeder Bereich der Natur und jede Schicht im Menschen will nach und nach die Verbindung zu diesen Quellen des Geistes, des Äthers finden. Gleichsam neue Wurzeln werden wachsen und Gewohnheiten im Denken, Fühlen und Handeln umgestülpt. Nicht auf Traditionen können wir bauen, sondern auf die unmittelbare Berührung mit dem Geistigen, welche in jedem Augenblick neu ist. Für jeden Ort und jedes Lebewesen wird diese persönlich und individuell wirken und Einzigartigkeit wird die Herrschaft von Dogmen ablösen. Ein „Artenreichtum" kann sich bilden.

Neues Erleben von Zeit, Musik und Heilung

Um die Wandlung in einzelnen Lebensgebieten erleben und vollziehen helfen zu können, ist es notwendig, die Elemente derselben so zu erforschen, dass man begreift, wie die Welt der Urbilder sich darin ausspricht. Ich habe mich besonders mit dem Walten der „Zeit" im Dasein und mit dem Wandel des Jahreslaufes befasst. (1) Der Begriff von Zeit als einem drängenden „Uhrbewusstsein" erhebt sich durch die Verbindung zum Ätherischen in ein heilsames Erleben einer immer schenkend da seienden Dauer. Lastendes Lebensgefühl wandelt sich um in ein dankbares Aufnehmen von Liebe, die uns immer umgibt. (2) Das Erleben und Beurteilen von gegenwärtigen Situationen erfährt einen befruchtenden Blick, wenn das Denken sich in den Raum der Zukunft erhebt. Durch lebendiges Fragen und Mut zum Nichtwissen wird es von der Gebundenheit an Gegenständliches gelöst. Das Kommende, das Werdende ist erfüllt von Engelwesen, die darauf warten, dass der Mensch durch befreites Denken ihrer „Konsistenz" sich nähert und dann durch gemeinsame Arbeit Zukunft möglich wird. (3)

Im Jahreslauf ist die Natur in ständigem Wandel. Hinter diesen naturhaften Prozessen, deren uralt-gültige Gesetze sich zunehmend unregelmäßiger realisieren, zeigt sich dem meditativen Blick eine Art dauerhafter „Gottesdienst". In feiner Differenzierung wechseln Woche für Woche oder auch tageweise die Prozesse, an welchen der Mensch mitfühlend, künstlerisch gestaltend teilhaben kann. (4) Dieses geheimnisvolle Geschehen in seiner rhythmischen Genauigkeit wird durch die Irritation der äußeren Natur nicht gestört. Manche unerwarteten Extreme vertiefen in ihrer atmosphärischen Ausstrahlung sogar das hintergründige Bild, wenn man genau hinlauscht. (5) So betonte beispielsweise die sommerliche Wärme, die wir im Februar 2002 erlebten, in ihrer gütigen Ausstrahlung die für den Februar immer charakteristische herzensbewegende besondere Christuskraft in der Landschaft. (6) Wir können versuchen, zu hören, was die verstärkten Bilder uns jeweils sagen wollen.

Die Musik ist mein eigentliches Fachgebiet. Dort erfahre ich beispielsweise, wie ein Instrument so gebaut und gespielt werden kann, dass sein Klang in eine unmittelbare Beziehung zu der geheimnisvollen Ebene des Äthers tritt. Im Lauschen wird man offen und feinfühlig. Der Klang wirkt weckend und heilend auf den Äther, was man übersinnlich und bis in die sinnlichen Elemente herein verfolgen kann. Exakte Instrumentenbaukriterien liegen dem zu Grunde, wie z. B. eine fließende und doppelt gebogene Form ohne Resonanzraum. Im Spiel verliert der Ton nie die Verbindung zur Stille, auch durch den bewussten Umgang mit den Schwellen des Erklingens und Vertönens. Der Hörer ist so immer in Kontakt mit dem Äther-Urklang und zugleich mit seinem eigenen Prozess des staunenden Lauschens. (7)

Als Therapeutin erfahre ich, dass die leibliche Ernährung nicht mehr vorwiegend aus füllender Sättigung bestehen möge. Vielmehr geht es dabei um einen vertieften Wahrnehmungsvorgang der leiblichen Prozesse und eine dankbare Verbindung zu den schenkenden Ätherwesen. Das Aufnehmen von Nahrung wird so zu einem Weg, sich dem Äther, dem Weltenäther zu öffnen. Der Leib selbst wird als Wesenswelt erlebbar, die auf das Gespräch wartet. Sie will nicht alleine in Gesundheit und Krankheit walten, sondern zum Ratgeber für Seelisch-Geistiges werden. Auf die verständnisvolle, liebende Zuwendung durch das Ich des Menschen antwortet er mit Heilung.

Diese Beispiele mögen verdeutlichen, wie die Zeit des Wandels, in der wir leben, einhergeht mit der Möglichkeit, schenkend auf das Dasein zu wirken, indem wir uns innerlich in die Welt des Geistes begeben und von dort aus schauen, denken, mitfühlen, handeln. Wiederholt beobachte ich, dass die Natur, Kinder, Menschen... sich verstanden und angesprochen fühlen, wenn dieses hin und wieder ganz authentisch gelingt. Neben aller Verwirrung der Verhältnisse, allen Missverständnissen und Hilflosigkeiten, die wir heute erleben, kann so eine erhöhte Klarheit, innere Sicherheit und Kreativität erwachsen.

Die Begegnung mit der Schwelle

Heilmittel zur Vergeistigung des Erdenlebens bietet uns die Zeit der Wandlung an. Wenn man jedoch in sich und um sich schaut, bemerkt man nicht nur Aufschwung und Öffnung, sondern schier unüberschaubare „Berge" von beharrlicher Stagnation, Gefangenheit, Auswegslosigkeit, Ratlosigkeit, Verzweiflung, Angst. Wollen wir Altes verabschieden? Es in tiefem Schmerz sterben lassen? Diese Entscheidungen nimmt uns kein anderes Wesen ab. Allein, in existentiellem Kontakt zum eigenen Innern, stehen wir vor einem scheinbar unüberwindlichen Abgrund. Und das ist vielleicht ein Hauptmerkmal unseres Zeitalters im Wandel: die Schwelle. Das Ungelöste bäumt sich vor uns auf und will bewusst erfahren werden. Die tiefe Begegnung mit uns selbst und der eigenen Einsamkeit stärkt die Identität, mit der wir in der Fülle des Weltenäthers bestehen mögen. Welterkenntnis ist zugleich Selbsterkenntnis. Das Erleben der Schwelle ist eine Reinigung, so dass die heilenden Kräfte des Geistes durch uns fließen können. Im Fühlen des eigenen Fühlens wurzelt das Mitfühlen mit anderen Wesen.

Durch den Wandel wird dem Geiste Entfallenes sichtbar. Wir alle tragen aus unserer eigenen Vergangenheit solche unverdauten Anteile mit uns. Wer erlebt heute nicht, dass er vor seinen inneren Fragen und Problemen steht und droht, krank zu werden oder in ein soziales Chaos zu geraten? Wir werden aufgerufen, auf unsere persönlichen seelischen Gegebenheiten zu schauen und damit umzugehen. Wenn es gelingt, mitten in einer ja meistens biografisch auftretenden Krise in aller Ruhe den Ursachen im eigenen Innern tief fühlend zu begegnen, kann man oft staunend beobachten, wie die äußeren Gegebenheiten dankbar, sensibel, erlöst reagieren: Schmerzen lindern sich, Ängste verschwinden, Mitmenschen werden milder, offener... Die eigene Seele scheint verbunden mit der Umgebung wie durch eine feine Membran.

Und so gehört es zum heutigen Leben dazu, mehrmals am Tag vor der Schwelle bewusst — den Schmerz fühlend — zu stehen, immer auf Teilaspekte des eigenen Wesens schauend. Zum historisch gegebenen Vermögen, das äußere Erdenleben zu bewältigen, scheint eine neu zu bildende und zu erlernende Kunst zu treten: die Begegnung mit der inneren Schwelle aus der Kraft des Herzens und des Bewusstseins.

Heute sind es systemisch, biographisch, psychologisch, künstlerisch und spirituell geschulte Therapeuten, die dabei helfen, den Blick zu richten, das Fühlen zu vertiefen und in heilenden Prozessen das eigene Wesen neu zu finden. — Ein Stirb und Werde, ein Sterben-Lernen und Geborenwerden.

Zunächst geht es darum, die hinderliche seelische Haltung in sich klar zu erkennen und jegliche Schuldzuweisung „einzurollen". Bei tieferem Hinfühlen in die Seele wird das davon ständig geprägte Lebensgefühl und eine automatisierte, gefesselte Handlungsweise anschaubar. Das ist ein Aspekt der Schwelle. Davor stehen und diese annehmen kann ich zunächst nur. Jeder sofortige Versuch, es „besser" zu machen, weil man doch ein guter Mensch ist, erweist sich in der Regel als mustergeprägte Strategie, dem Widerstand der Selbstbegegnung ausweichen zu wollen. „Gut" werde ich durch die Verbindung zu dem von mir gesuchten, gewählten Geist. Die Schwelle ist zufrieden, wenn ich sie tief erlebt und erlitten habe. Sie entlässt mich in dem von mir durchfühlten Anteil. Ich kenne dann die in mir durch Biographie und Karma veranlagte Schwäche und werde mehr und mehr lernen, diese bewusst zu handhaben, ihr das automatisierte Wirken zu entziehen.

Ein Grundmotiv in der Seele ist die Angst vor dem Überschreiten jeder Schwelle. Je mehr wir für diese in uns aufwachen, desto ichvoller und klarer werden wir auf das neue Leben zugehen können und den befruchtenden Quellen des Ätherischen helfen zu fließen.

Anmerkungen:
(1) Gunhild von Kries: Zeit heilt — Begegnungen mit dem Klang der Zeit, Schaffhausen 2003.
(2) Ebd., S. 27, 51 f.
(3) Ebd., S. 40 ff, 61 f.
(4) Ebd., Teil 3.
(5) Ebd., S. 208.
(6) Ebd., S. 163 ff.
(7) Gunhild von Kries in: G. Beilharz (Hrsg.): Musik in Pädagogik und Therapie, Stuttgart 2004.

Mitten drin

Helgard Zeh

Mein Weg durchs Labyrinth

Nach einer längeren Phase des Malens von morgendlich meditierten Mandalas entdeckte ich Labyrinthe. Ich sah sie überall und nahm sie intensiv wahr, indem ich sie nachzeichnete. Ich fand sie in Büchern und in der Landschaft. Freunde wiesen mich auf sie hin. Ich malte sie alle nach. Irrgärten lernte ich von echten Labyrinthen unterscheiden, weil die echten nur einen Weg kennen, einen nach innen und denselben wieder nach außen. Das kretische Labyrinth, indische, östliche, französische, englische, nordische Labyrinthe, das Labyrinth von Chartres usw. — sie alle zeichnete ich nach. Ich verinnerlichte sie. Ich entdeckte die „Mauer", um die ich meinen Weg in die Mitte fand — in meine innere Mitte. Für eine Freundin zeichnete ich das Geburtslabyrinth, welches ihr bei ihren Geburten sehr hilfreich war. Ich entwarf selber Labyrinthe. Schließlich — nach vielen Rasen- und Schneelabyrinthen — baute ich mir das uralte Labyrinth aus dem Val Camonica nach. Ursprünglich wurde es handtellergroß in Fels geritzt. Ich baute es an unserem Haus in den Bergen südlich des Simplons in Varzo mit den Materialien und Pflanzen aus der dortigen Landschaft. Alle, die vorbeikommen und es begehen, finden sich in der Mitte in ihrer eigenen Mitte. Es wird mir bewusst, dass ich beim Eintreten in mein Leben trete. Ich gehe alle Lebenswindungen hindurch, auf denen mein bisheriges Leben mit mir ablief — und komme in der Mitte an. Das ist der Punkt der Gegenwart. Da bin ich im Hier und Jetzt. Dort haben schon verschiedene Menschen tiefe Erlebnisse haben können, wenn sie sich von allem Alltäglichen befreit und nur den Augenblick wahrgenommen haben. Den Rückweg gehe ich im Bewusstsein: Das ist das Leben, das noch vor mir liegt. Der Rückweg ist kürzer, weil ich jetzt 67 Jahre alt bin. Aber wenn ich am Ende des Rückweges heraustrete, habe ich die ganze Erde und alle Zeit vor mir und es erwachen alle Lebensgeister, die nun ganz aktiv werden wollen. Jetzt packe ich meinen Alltag fröhlich an oder wir gehen auf eine Wanderung.

Ätherische Wirkungen und Elementarwesen

Das Labyrinth hat mich gewandelt. Auf unseren Wegen durch die Landschaft sehe ich nicht mehr nur die physischen Pflanzen und versuche, den botanischen Namen dazu zu finden. Sondern ich sehe die Blumen im morgendlichen Tau mit ihrer hervorquellenden frischen Leuchtkraft. Sie strahlen sich in die Umgebung aus, befruchten die ganze Wiese und beleben meine Sinne, so dass ich die ganze Welt umarmen möchte. Hin und wieder gehe ich auf Wesenheiten in der Landschaft zu, finde sie in Blüten, Steinen, Quellen, Bächen oder Flüssen oder einfach irgendwo in schönen Landschaften. In stark genutzten Landschaften achte ich nicht darauf. Es entstehen vor mir auch neue Wesen, die ich innerlich erlebe, dann vor mich hinstelle und schon sind sie wirklich. Da tummelt sich ein munteres Völkchen, das auch auf schon vorhandene Elementarwesen trifft. Da ist einiges in Bewegung geraten. Die Wesen wirken sehr geschäftig, bei allerlei Aufgaben, die sie im Wandlungsprozess der Erde anpacken. Wenn ich auf sie zugehe, halten sie einen Moment inne, mich groß betrachtend, dass ich den Wandlungsprozess wohl endlich auch merke und dass da viel zu tun ist und ich sie doch bitte unterstütze.

Wandlungen im Berufsleben

Eine Zeit lang habe ich das auch sehr intensiv getan, als ich noch beruflich mit den Fließgewässern und ihrer Revitalisierung zu tun hatte. Es war eine Notwendigkeit der Zeit. Ich erhielt auch viel Unterstützung aus seelischen und geistigen Welten, um den Bächen und Flüssen mehr Raum zu geben, damit sie sich wieder selbst entfalten konnten. Das reichte von baulichen Maßnahmen bis zu rechtlichen Regelungen. Inzwischen haben viele junge Menschen — oft meine SchülerInnen — diese Aufgaben angepackt und es gehört zum Know-How aller IngenieurInnen. Die Fließgewässer danken es uns, indem sie wieder ihre Kräfte ausdrücken können und gemeinsam mit der Lebewelt der Pflanzen und Tiere zur Gesundung von Landschaften beitragen. Ganz nebenbei müssen sie dann nicht mehr mit Hochwässern Schäden anrichten. So können wir das Geld zur Hochwasserabwehr für die Wiederbelebung der Fließgewässer einsetzen.

Solche Wandlungsprozesse gehen nicht nur bei IngenieurInnen vor sich, auch in anderen Berufen wandeln sich die Aufgaben. Was kann ein heutiger Lehrer mit seiner Berufsausbildung von vor dreißig Jahren noch anfangen, wenn er in der Schule auf Indigokinder trifft? Er muss sich mit den anders in die Welt gekommenen Kindern wandeln. Heutige Eltern werden von ihren Kindern anders herausgefordert als ich — als ich vor vierzig Jahren Mutter wurde.

Wandlungen von Kraftorten

Wir befinden uns in einem ständigen Wandlungsprozess von uns selbst, der Erde, auf der wir leben, und des Kosmos, der auf die Erde wirkt. Dabei habe ich das Gefühl, dass im Kosmos starke Veränderungen vor sich gehen, auf die wir hier auf der Erde und die Erde selbst als Organismus reagieren. Wenn ich z. B. Orte geomantisch aufsuche, so spüre ich zu verschiedenen Zeiten unterschiedliche Äußerungen. So war z. B. das Yin-Zentrum von Bern vor zehn Jahren noch sehr unterdrückt und bedeckt. Nicht nur unsere Geomantiegruppe von Bern hat am Yin-Zentrum gearbeitet, auch der Wandlungsprozess der Erde hat dort etwas in Bewegung gebracht. Inzwischen konnten wir die Verbindung zum Yang-Zentrum wieder stärken und nehmen eine sehr warme, leuchtende Schwingung und Ausstrahlung wahr, die die Stadt befruchtet. Die Altstadt von Bern wurde städtebaulich so umgestaltet, dass neue Energien — und wieder alte — durch die Stadt fließen können. Es ist wohltuend, entlang des wieder geöffneten Stadtbaches inmitten der Hauptachse zu gehen!

Bei Ana Pogačnik habe ich gelernt, dass wir Menschen oft selbst auf einen Ort unsere eigenen Vorstellungen projizieren. Erst wenn wir diese loslassen, sind wir frei für das, was uns ein Ort mitteilen möchte. Dazu hat sie uns eine schöne Übung gegeben: „Ich ziehe meine Blockaden in meiner Mitte zusammen, forme in meinen Händen einen Luftballon, stecke alle Blockaden in den Ballon, lasse ihn dann steigen, bis er hoch oben in der Luft zerplatzt." Dann bin ich frei und unbefangen, um wahrzunehmen, um zuzuhören, um mich für das zu öffnen, was jetzt geschieht. Ich überlasse mich nicht meinem Schicksal. Ich schaue es an. Ich betrachte es in größeren, umfassenderen Zusammenhängen. Ich löse meine Grenzen und orientiere mich neu. — Ich spüre Unterstützung auf geistiger, seelischer und physischer Ebene. Meine Sphäre füllt sich aus und strahlt mit Herzensenergie und Christuskraft. So wie ich das ergreife, stehe ich mittendrin im Wandlungsprozess von mir, der Erde und der ganzen Welt.

Weitere Texte

Anthroposophie und Geomantie

Wolfgang Körner

Geomantie und Erdheilung sind Disziplinen, die heute wachsende Resonanz in der Bevölkerung finden. Deshalb scheint es mir angebracht, aus dem Schriftgut Rudolf Steiners Hinweise zusammenzutragen, die das Thema Geomantie bereichern. Ich möchte hier folgende Aspekte zur Verdeutlichung herausheben:
- Hinweise Rudolf Steiners auf das neue Ätherhellsehen,
- das Erscheinen des Christus im Ätherischen,
- Hinweise zur Wahrnehmung von Elementarwesen,
- Ausführungen über Wahrnehmung kosmischer und erdhafter Art,
- Hilfen zum Erkennen der Gegenkräfte Luzifer und Ahriman.

Steiners Impulse in seiner Zeit

Rudolf Steiner beschäftigte sich in seinen Schriften und Vorträgen vor allem mit dem Thema, den Zugang zur geistigen Welt in der richtigen Weise zu öffnen. Dabei setzte er sich sehr stark mit den Strömungen seiner Zeit auseinander. Es ging ihm dabei einerseits um die dogmatischen Grundlagen der Naturwissenschaften, andererseits aber auch um die damaligen Strömungen der Esoterik.

Die Naturwissenschaften waren noch ganz von der mechanistischen Weltsicht geprägt. Die Objektivität war das gängige Dogma. Erst Heisenbergs Unschärferelation brachte später wieder den Einfluss des beobachtenden Subjekts als ernsthaften Faktor ins Kalkül mit ein. In Steiners Ausführungen zu den Methoden der Erkenntnis im Ätherischen taucht die Subjektivität erstmals als Werkzeug der Beobachtung auf.

Im Bereich der Esoterik muss man sich erst einmal klarmachen, dass damals ein erstes Aufleben stattfand von Vereinigungen, die sich mit feinstofflichen Themen befassten. Dies war vor der Herausgabe der Bücher von Helena P. Blavatsky nicht in diesem Maße der Fall. Nun gab es bis ca. 1920 plötzlich viele Gesellschaften, die sich theoretisch und praktisch mit Esoterik beschäftigten. Die bekannteste davon war wohl die Theosophische Gesellschaft, in der Steiner ja selbst lange Zeit Mitglied war. Weitere Vereinigungen waren z. B. die Vrilgesellschaft, die Thulegesellschaft, das Golden Dawn. Steiner pflegte mit etlichen davon Kontakt und setzte sich kritisch mit ihnen auseinander. Seine Tätigkeiten in dieser Richtung wurden in der heutigen Zeit sehr oberflächlich als Kritik gegen ihn verwendet. Verständlich ist dies, da in diesen Gruppierungen auch solche Persönlichkeiten tätig waren, die wie Guido von List später als geistige Vorläufer des Nationalsozialismus galten. Hier setzt aber gerade ein wichtiger Impuls Steiners an: Er versuchte, Wege zu bahnen, welche die Menschen der damaligen Zeit davor schützen sollten, Irrwege einzuschlagen.

Die Wahrnehmungsfähigkeit der Menschen für die ätherische Welt war zu diesem Zeitpunkt noch nicht sehr ausgeprägt. Nur hellsichtige und besonders geschulte Menschen konnten damals mehr als die physische Ebene der Wirklichkeit erkennen. So äußerte sich Steiner zwar zu den Methoden, wie diese Wahrnehmungsfähigkeit zu schulen ist, machte aber wenig Aussagen zu den Inhalten oder gar zu den feinstofflichen Systemen der Erde. Dieser Impuls war damals noch kein gesellschaftlich relevantes Thema. Steiner gab daher nur Bilder der Ganzheit an und versuchte immer wieder, die Zusammenhänge klarzustellen. Neue Erkenntnisse, wie sie heute in der Geomantie über die Erde gewonnen werden, kann man aber auch daran messen, wie sie sich in diese Ganzheit einordnen lassen.

Geomantie in der ersten Hälfte des 20. Jahrhunderts

Die Geomantie war zu Beginn des 20. Jahrhunderts noch kein öffentliches Thema. Auch ein zusammenhängendes System innerhalb der Geomantie war nicht erkennbar. Nur Teilaspekte kamen immer wieder kurz ins Bewusstsein. Die Radiästhesie hatte eine kleine Gemeinde, die zum Teil praktischen Anwendungen (Wassersuche, Prospektion usw.) nachging und sich mit Gesundheitsfragen beschäftigte. Die Geomantie der Kraftorte wurde teilweise noch im Bereich der Oberschicht — vor allem in Adelskreisen — als Mittel zum Erhalt ihres Einflussbereiches genutzt. Vieles geschah hier geheim und im Zusammenhang mit Magie, die nicht immer nur weiß war.

Dieser Zweig der Geomantie entwickelte sich im Zusammenhang mit der Thulegesellschaft nach Steiners Tod im Rahmen der Gesellschaft für Ahnenerbe zur geomantischen Avantgarde in Hitlers Reich. Hier wurde diese Kunst dann so richtig für Machtzwecke und dubiose schwarzmagische Szenarien missbraucht. Auch die USA und die UdSSR waren als Siegermächte des Zweiten Weltkriegs nicht zimperlich, Geomantie nach 1945 in ihrem Sinne einzusetzen.

Geomantie nach dem Zweiten Weltkrieg

In den fünfziger und sechziger Jahren war es recht ruhig um die Geomantie. Niemand, der sie anwendete, wollte sich gerne in die Karten schauen lassen. Die Radiästhesie versuchte, sich damals immer mehr an den Naturwissenschaften — vor allem an der Physik — zu orientieren. Das Wissen um die tieferen Kräfte war wieder nur die Sache von wenigen „Eingeweihten". Es war kennzeichnend für diese Zeit, dass Intuition nicht systematisch gepflegt wurde und schon gar kein öffentliches Thema war.

Der Durchbruch kam eigentlich recht seltsam. Durch den Aufbruch der Jugend in den späten sechziger Jahren kam mit der Beat-Generation, der Hippie- und Flower-Power-Bewegung ein neuer Zug in die Geomantie. Die Phantasie als Grundlage für die Imagination wurde in sehr kindlicher Weise geöffnet und wieder ernst genommen. Gleichzeitig fingen viele junge Menschen an, religiöse Fragen zu stellen. Dieser aufkeimende Impuls versank zum Teil im Drogenkonsum, führte aber auch viele Menschen zu einer erneuerten Sicht der Welt. Mother Earth und Father Sun waren damals Schlagworte, sind aber heute in der Lichtarbeit, dem neuen Schamanentum und der Erdheilung zu wichtigen Grundlagen geworden. An dem amerikanischen Lyriker und Musiker Alan Ginsburgh ist dieser Weg vom bürgerschreckenden Provokateur zum Lehrer für tibetische Meditation schön zu sehen. Popmusiker von damals sprechen heute während ihrer Konzerte offen ihre Wahrnehmung von Engeln aus. In dieser Zeit erfuhr die Geomantie wesentliche Impulse. Führende Geomanten von heute haben in dieser Zeit seelische Erfahrungen gemacht, auf deren Basis sie heute in eine neue ganzheitliche Arbeit gehen können.

Schlagworte wie „Orte der Kraft", „Feenplatz", „Heiliger Hain" und ähnliches hatten plötzlich mehr Anziehungskraft als physikalische Konfigurationen von rechts- oder linksdrehend polarisierten Schwingungen, Wasseraderkreuzungen, Verwerfungen und anderen Phänomenen. Alles bekam einen Hauch von Geheimnis und Begeisterung. Ganzheitlichkeit wurde neben der Erfassung einzelner Faktoren zur Methode. In diesem Impuls entstanden wichtige Meilensteine für die moderne Geomantie. Peter Caddy gründete die spirituelle Gemeinschaft Findhorn (1), die mit Elementarwesen zusammen Landwirtschaft betrieb. Marko Pogačnik begann sich mit den Fragen der Erdheilung zu beschäftigen.

Inzwischen — am Beginn des neuen Jahrtausends — werden in der Geomantie verschiedene Methoden der Wahrnehmung praktiziert. Die Geschichte der Geomantie ist jetzt klarer geworden. Einflüsse aus anderen Kulturen (Indianer, China, Indien usw.) werden mehr oder weniger kritisch aufgenommen oder übernommen. Klar wurde auch unter ernsthaften Geomanten, dass authentische Erfahrungen von Phänomenen ein ganz wichtiges Element darstellen. Diese Erfahrungen sind meist nicht von der Art, dass sie so prüfbar und wiederholbar sind wie Erkenntnisse der Naturwissenschaften. Vielmehr gehen sie in andere Seinsebenen über. Dies sind die Bereiche des Ätherischen, des Astralen und des Geistigen.

Imagination, Inspiration und Intuition

Neben aktivem Denken taucht in der Geomantie heute der Begriff der Gedankenwahrnehmung auf. Gedanken oder innere Bilder werden nicht nur „gemacht", sondern auch wahrgenommen. Ein waches Bewusstsein kommt auf diese Weise zu der Idee, dass schon vorhandene Gedanken irgendwoher kommen müssen. So wird klar, dass diese Gedanken und Bilder Schöpfungen von feinstofflichen Wesen sein können. Man beginnt, mit diesen Wesen zu kommunizieren, und pflegt auch gezielt diese Kontakte. Dabei ist es nun ganz entscheidend, zu differenzieren, wer diese Wesen sind und wie sie zum kosmischen Ganzen stehen. Dazu löst man sich anschließend wieder ganz aus dieser Verbindung. Dann betrachtet man vor allem die eigene emotionale und körperliche Befindlichkeit: Tritt Schmerz auf, Beklemmung, übergroße Begeisterung, Einengung, Beeinflussung, Lähmung? Dies alles können Signale sein, dass die Wesen, mit denen man Kontakt hatte, nicht in der richtigen Weise mit der Ganzheit verbunden sind. Sie sind dann luziferisch oder ahrimanisch in sich selbst zurückgeworfen. Richtig in der Ganzheit stehende Engelwesen geben Impulse und Gedankenformen anderer Art. Sie tauchen auf meist verbunden mit einem Gefühl der Erhebung, Freiheit und einem Licht, welches andächtig das Herz berührt. Diese Impulse lassen auch wieder nach und verführen nicht zur Verwirklichung, wenn man dies nicht selbst aktiv betreibt.

Steiners Impulse zur Geomantie

Rudolf Steiner beschreibt das Phänomen der erweiterten Wahrnehmung in seinem Vortrag: „Was tut der Engel in unserem Astralleib?" (2) so, dass zum Ende des Jahrtausends diese Erfahrungen nicht langsam und gemütlich, sondern wie mit einem Ruck auf die Menschen zukommen. Die Menschen werden eine unwiderlegliche Einsicht haben in die geistige Natur der Welt. Er fordert auch ausdrücklich auf, diese Prozesse wach und aus freiem Willen zu ergreifen. Der Kontakt zu den geistigen Wesenheiten kommt auf jeden Fall zustande. Wird dies aber nicht von dem eigenen Impuls getragen, so entstehen instinktive Einsichten, mit denen durch Harmonisierung von Schwingungen ätherische Kräfte maschinell „entfesselt" werden. Dadurch gerät die ganze Technik in ein „wüstes Fahrwasser".

Wir beobachten dies heute schon in den verschiedensten Bereichen. Ich erinnere in diesem Zusammenhang an die Handytechnologie und deren Nachfolgetechnik UMTS sowie die Erzeugung von niederfrequenten Schwingungen (ELF-Wellen), die direkt die Psyche beeinflussen. Aber auch der wachsende Umgang mit Technologien wie programmierte Orgonenergie und Tachyonentechnik gehört hierzu. Informationen werden auf kieselhaltige Materialien gespeichert und als Hilfsmittel zur harmonischeren Lebensführung vertrieben. Dies alles sind Trends, die genau in diese Richtung gehen. Wichtig ist eben dabei, ob eine wache Ichkraft präsent ist, die alles auch gründlich durchdrungen hat und den Kontakt zu den Bereichen, aus denen diese Inspirationen kommen, aktiv bearbeitet. Dies trifft sowohl für die Hersteller als auch für die Anwender zu.

So wie die Gedankenwahrnehmung zu den geistigen Wesenheiten führt, so geleitet die Gefühlswahrnehmung in das Reich der Elementarwesen. Hierauf geht Steiner in seinem Vortragszyklus: „Die geistigen Wesenheiten in den Himmelskörpern und Naturreichen" (3) näher ein. Man muss sich aber klar machen, dass er hier keine vollständige Beschreibung dieses Bereiches gibt, sondern nur auf einen relativ sicheren Weg zu ersten Wahrnehmungen dieser Wesen hinweist. Als konkretes Beispiel dazu: Steiner rät, Zwerge mit dem Wärmesinn in der Tiefe der Erde zu suchen. Das heißt aber nicht, dass auf der Erdoberfläche oder im fünften Stockwerk eines Hauses keine Zwerge wären.

Die neue Hellsichtigkeit im Äther

Die Konstitution des heutigen Menschen hat sich dahingehend weiterentwickelt, dass er im ätherischen Bereich sehend bzw. wahrnehmend ist. Dies beschreibt Steiner in Vorträgen schon im Jahre 1910 (4). In der modernen Geomantie ist die Ätherwahrnehmung eine wichtige Disziplin. Als Schulungsmethoden werden auch Trancetechniken und das Sympathieprinzip angewendet. Durch eine Trancehaltung wird die Möglichkeit geöffnet, sich in etwas anderes außerhalb des eigenen Ichs einzuleben. Die Sympathie dient dann zur Unterscheidung verschiedener Qualitäten. Im Ätherischen fehlt die gewohnte Neutralität der Wahrnehmung. Es ist immer eine Gefühlsladung vorhanden. So fließt die eigene Stimmung immer ein in die Wahrnehmung und selektiert die jeweils sympathischen Bestandteile der ätherischen Realität der Umgebung. Ohne Sympathie zum

Erdhaften kann man keine Erdelementarwesen wie z. B. Zwerge sehen!

Daher ist es möglich, dass mehrere Menschen, die nicht speziell vorbereitet sind, von einem Ort ganz verschiedene ätherische Formen und Bewegungen wahrnehmen, je nach dem Schwerpunkt der Elemente, die in ihnen dominieren. Man kann nach dem Gesetz der Sympathie aber auch bestimmte Elementestimmungen in sich wachrufen und damit eine bestimmte Blickrichtung fördern. So gestimmt, nimmt man dann diese Teile der Wirklichkeit wahr. Setzt sich eine Gruppe in eine bestimmte gemeinsame Stimmung, so wird die Wahrnehmung ähnlich sein. Deshalb ist die Einstimmung von Gruppen für Erdheilung durch einen Meditationskreis so wichtig.

Steiner beschreibt die Erlebnisse der Seele bei der neu erwachenden Wahrnehmung des Ätherischen in seinem Buch „Die Schwelle der geistigen Welt" (5) sehr eindrücklich. Er betont vor allem, dass eine tatsächliche Verwandlung des eigenen Wesens in ein anderes stattfinden muss, damit man überhaupt Wahres erleben kann: Ich stehe neben einem Baum und mache mich frei von Gefühlen und Gedanken. Nun schlüpfe ich in den Baum und werde selbst zum Baum. Bei dieser Wahrnehmung verliere ich mein Ichbewusstsein. Ich identifiziere mich mit dem Betrachteten und nehme so wahr. Dies funktioniert grenzenlos. Es geht mit einem Stein, der vor mir liegt, oder auch mit einem weit entfernten Stern am Himmel.

Die nötige Sorgfalt im feinstofflichen Bereich

Nach solchen Reisen ist das Zurückkommen ganz wichtig. Das Ichbewusstsein muss sich wieder in der richtigen Weise neu aufbauen. Wer hier schludert, kann ernsthaft Schaden nehmen. Steiner beschreibt dies so, dass der Mensch regelrecht zerrissen wird. Da die ätherische Welt um uns herum nicht dieselbe Einheit zeigt wie unser eigener Bildekräfteleib, begegnet man zunächst einer verwirrenden Vielfalt mit teils ungewohnt starken Ladungen von Gefühl, in der man sich tatsächlich verlieren kann. In psychiatrischen Kliniken kann man sehen, wie bei manchen Menschen der Ätherleib deformiert oder verschoben ist. Die ersten Erfahrungen mit der ätherischen Welt müssen aber irgendwann — besser früher als später — gemacht werden. Um diese Klippen sicher zu umfahren, gibt Steiner zwei Methoden an (6), die den Forschenden in den feinstofflichen Bereichen schützen.

Realitätsbezug

Die erste dieser Methoden ist, den Zusammenhalt des Gedächtnisses zu pflegen. Das meint zuerst, nichts von den wichtigen Ereignissen im eigenen Leben zu vergessen. Das Leben soll als Ganzheit betrachtet werden. Auf dieser Grundlage ist zusätzlich darauf zu achten, dass allein die wirklich erbrachten Taten dieses Lebens — nicht etwa die einer früheren Inkarnation oder die für die Zukunft konzipierten — den Selbstwert der Person bilden. Dadurch wird verhindert, dass fremde geistige Impulse Macht über uns erhalten („Begeisterung!"). Ziele, die begeistert im Sinne der spirituellen Entwicklung angestrebt werden, bringen keinen Beitrag zum Selbstwertgefühl. Erst wirklich praktisch umgesetzte, getane Erkenntnisse berechtigen einen Menschen, sein eigenes Wertgefühl zu bereichern.

Die feinstoffliche Moral

Die zweite Methode ist, den Grad des Gewissens gegenüber der physischen Welt zu beachten. Es ist verführerisch, normale moralische Regeln außer Kraft zu setzen, wenn man einige spirituelle Erfahrungen gemacht hat. Man steht ja jetzt über den Dingen. Man weiß, warum diese Regeln bestehen, und glaubt, man könne sich darüber hinwegsetzen. Im Gegenteil: Man sollte sich noch mehr und bis ins Kleinste daran halten. Eine feinstoffliche Moral muss vor allem Folgendes mit einkalkulieren: Die Auswirkungen von Taten sind im Ätherischen wesentlich stärker als im Physischen. Hier fließen vor allem die Motive der Handlungen zu hundert Prozent mit in das Ergebnis ein. Deshalb ist die nötige Sorgfalt auch entsprechend stärker zu pflegen.

Steiner schreibt, dass die Einhaltung dieser beiden Grundsätze dazu führt, dass unser Ich beim Eintreten in die feinstoffliche

Welt niemals einschlafen kann oder verloren geht. Wir erhalten so unsere Wachheit auch in der ätherischen, astralen und geistigen Umwelt. So können wir unsere Erfahrung aus diesen Bereichen für uns und unsere Mitmenschen zugänglich machen. Gleichzeitig wächst dabei auch die Kraft unseres eigenen Ichs.

Die drei Grundqualitäten der Wahrnehmung

Steiner gibt in seinem Vortragszyklus „Mythen und Zeichen" (7) Hinweise, die noch mehr über die Art und Herkunft der Wahrnehmung — auch der feinstofflichen — aussagen. Wieder spielt hier die Polarität von Kosmos und Erde eine wichtige Rolle:

Solare kosmische Wahrnehmung
Im Laufe der Entwicklung des Menschen fand nach Steiner ein starker Impuls statt, der vom Kosmos her die zwölf Kopfnerven schuf. Diese Nerven aber sind mit den Sinnen — Sehen, Tasten, Hören, Riechen und Schmecken — verbunden. Ihre Anlage wurde geschaffen von Wesenheiten, die man die zwölf Amshaspands nennt. Sie sind mit der Sonne verbunden. So ist die sinnliche — aber auch die damit verbundene feinstoffliche Wahrnehmung — ein mit der Sonne verbundenes Geschehen. Ausgedrückt ist dies im germanischen Mythos der unerschöpflichen Quelle Hwergelmir im Reiche Niflheim. Von ihr gehen zwölf Ströme in die ganze Welt.

Lunare Gefühlswahrnehmung
Vom Gehirn aus geht das Rückenmark hinunter in den Körper. Die Verteilung der Nerven geht von hier aus über vierzehn Nervenpaare und drei weitere Abzweigungen in den Körper. Diese Bahnen wurden von Wesenheiten, die man die Izards nennt, geschaffen. Sie wechseln sich während eines Mondumlaufes — achtundzwanzig Tage — in ihrer Tätigkeit ab. Im Gegensatz zu den solaren Kopfsinnen ist die Wahrnehmung, die von hier ausgeht, lunar.

Dies ist für einige geomantische Methoden ganz entscheidend. Die Wahrnehmung mit Rute und Pendel wird nervlich über die Arme zu einer Abzweigung vom Rückenmark in der Höhe des

Herzens geleitet. Daher sind diese Methoden dem Mond zuzuordnen. Sie gehen ins Unbewusste. Die Kopfsinne dagegen sind klarer bewusst. Die Wahrnehmung mit Rute und Pendel bedarf daher einer denkerischen Interpretation, um sie ins Bewusstsein zu holen.

Wärmehafte Erdwahrnehmung
Eine dritte Gruppe von Wahrnehmungen ist in der germanischen Mythologie der drei Wurzeln der Weltenesche Yggdrasil enthalten:
– Die erste Wurzel wird im Bauchraum — erstes und zweites Chakra — angesiedelt und stellt die Geschlechtlichkeit dar. An ihr liegt die Schlange Niddhögr. Sie ist aus dem indischen Kulturkreis auch bekannt als die Kundalinischlange.
– Die zweite Wurzel repräsentiert die Herzkraft. An ihr sitzen die drei Nornen. Sie stellen die Vergangenheit, die Gegenwart und die Zukunft dar. Sie weben das Schicksal, das vom Herzen empfunden wird.
– Die dritte Wurzel meint das Halschakra. Sie ist Mimirs Quelle. Der Trank aus dieser Quelle lehrt Weisheit sprechen.

Diese Dreiheit von Symbolen stellt eine dritte Gruppe von Wahrnehmungsorganen dar. Sie sind körperlich repräsentiert durch die Hohlorgane: Sexualorgane, Herz und Kehlkopf. Die Art der Wahrnehmung hat als Quelle den Bereich Muspelheim, das Reich der Wärme. Sie führt deshalb auch in den Wärmebereich der Erde. Wir haben hier das eigentliche Sensorium für die feinstofflichen Organe der Erde.

Der gesamte Wahrnehmungsorganismus ist auch wieder dreigliedrig:
Sonne – Kopfsinne,
Mond – Gespür,
Erde – Gefühlswahrnehmung.

Interessant ist hier besonders, wie Herz und Hand im Inneren zusammenhängen. Die Hände sind nervlich auf der Höhe des Herzens am dritten Brustwirbel angebunden. Die Innenfläche der Hand ist daher energetisch mit dem Herzen verbunden. Dies zeigt, wie ganzheitliche Wahrnehmung eigentlich sein soll. Für die Methoden der Geomantie gibt dies gute Hinweise, die heute auch schon Eingang in die geomantische Praxis gefunden haben.

Anmerkungen:
(1) Über die Gemeinschaft in Schottland unter www.findhorn.org
(2) Rudolf Steiner: Der Tod als Lebenswandlung, 1917/18, GA 182, Dornach 1976, darin Vortrag vom 9.10.1918.
(3) Rudolf Steiner: Die geistigen Wesenheiten in den Himmelskörpern und Naturreichen, 1912, GA 136, Dornach 1974, vor allem S. 26–34.
(4) Rudolf Steiner: Das Ereignis der Christus-Erscheinung in der ätherischen Welt, 1910, GA 118, Dornach 1984.
(5) Rudolf Steiner: Die Schwelle der geistigen Welt, 1913, GA 17, TB 602, Dornach 1987, Seite 52 ff.
(6) Rudolf Steiner, GA 136, a. a. O., S. 40f.
(7) Rudolf Steiner: Mythen und Sagen, 1907, GA 101, Dornach 1992, darin Vorträge vom 7.+14.10.1907.

Die Welt der Engel bei Rudolf Steiner und bei der Brücke zur Freiheit

Wolfgang Körner

Rudolf Steiner

Am ausführlichsten beschäftigt sich Rudolf Steiner in seinem Vortragszyklus „Die geistigen Wesenheiten in den Himmelskörpern und Naturreichen" (1) mit den Engeln. Hier gibt er detaillierte Beschreibungen, wie das Bewusstsein der Engel aufgebaut ist im Vergleich zum Menschen. Er bildet auch Brücken, die einen Zugang zu diesen Wesen ermöglichen. Dabei ist er ganz Kind seiner Zeit. Er musste sich gegenüber anderen esoterischen Strömungen abgrenzen. Es kam also darauf an, das Thema Engel so zu beschreiben, dass man seine Wahrnehmung immer wieder korrigieren kann und so die Einheit des Ichbewusstseins erhalten blieb.

Die Brücke zur Freiheit

1933 wurde in Amerika ein Buch verfasst mit dem Titel „33 Reden des Meisters St. Germain" (2). Seit dieser Zeit versuchten die Menschen aus diesem Kreis, ihren Zugang zur geistigen Welt immer wieder einer größeren Öffentlichkeit zugänglich zu machen. Ein Vorstoß um das Jahr 1951 misslang. So blieb diese Strömung noch ein paar Jahrzehnte beschränkt auf einen kleinen Kreis. In den achtziger Jahren gelang dann ein größerer Durchbruch. In Berlin wurde der Verein „Die Brücke zur Freiheit e. V." gegründet. Seitdem ist der Begriff der „Lichtarbeit" in esoterischen Kreisen bekannter geworden. Diese Bewegung ist ein weltweit verbreitetes Phänomen. Der Ansatz ist allerdings ein anderer als bei Rudolf Steiner. Während Steiner sich eher mit der „horizontalen Schichtung" der Wesenheiten beschäftigte, liegt bei der „Brücke" der Fokus auf der „vertikalen Qualität". Es werden in Farbzuordnungen eingeteilte Strahlenkräfte unterschieden. Hier kommt es dann nicht so sehr auf die „Ebene" an. Die „Brücke" hebt als Zugang die aufgestiegenen Meister hervor, da sie als ehemalige Menschen großes Verständnis für die menschlichen Probleme haben. Über diese ist dann auch vor allem der Zugang zu den Erzengeln und den Elohim leichter möglich.

Offensichtlich wurde durch Rudolf Steiner und seinen Kreis ein Tor geöffnet, so dass heute der Zugang zum Engelreich wesentlich leichter ist als in den zwanziger Jahren. Die „Brücke" dagegen legt wenig Wert auf Erkenntnis und Unterscheidungsfähigkeit. Statt dessen fordert sie auf, durch Anrufung häufigen Umgang mit den hohen Wesen zu pflegen und dies in den Alltag zu integrieren.

Die Hierarchien nach Rudolf Steiner

Die Weltsicht in Seinsebenen hat ihre Wurzeln in der alten indischen Esoterik. Sie wurde von Helena P. Blavatsky in die westliche Kultur eingeführt. Die erste Aurazeichnung von Charles W. Leadbeater wurde bis heute von anderen Sehern mehrfach neu erstellt und in Nuancen anders interpretiert. Die Einteilung in physischer Leib, Ätherleib, Astralleib, Mentalleib, Kausalleib, spiritueller Leib usw. findet sich aber immer wieder und ist heute ein fast unumstrittenes Konzept. Bei Rudolf Steiner werden die „höheren Wesensglieder" des Menschen anders benannt:

In der indischen Tradition sind die höheren Wesenglieder:
Manas — Buddhi — Atma.
Bei Rudolf Steiner sind die Bezeichnungen:
Geistselbst — Lebensgeist — Geistesmensch.

Mit der Integration dieser höheren Wesensglieder nimmt der Mensch Anteil am Engelreich der dritten Hierarchie. Steiner beschreibt, dass am Ende des 20. Jahrhunderts viele Menschen mit diesem Schritt beginnen und ihr eigenes Geistselbst in sich zu spüren beginnen. Damit haben sie Anteil an der Engelwelt und können problemlos mit ihr Kontakt haben.

Rudolf Steiner schreibt hierzu: *„Der Mensch hat, indem er sich selbst in der Außenwelt verliert, sein Wahrnehmen, indem er* *sich von der Außenwelt zurückzieht, sein selbstständiges Innenleben."* (3)

Heute hat sich bei vielen Menschen diese Bewusstseinsstruktur schon weiter gewandelt. Sie verlieren sich immer weniger in ihrer Wahrnehmung. Es wird bewusst, dass dieser Verlust aus der engen Verbindung zwischen Sinnen und Verstand herrührt. Die Wahrnehmung des Menschen ist mehr und mehr eine aktive Begegnung mit seiner wesenhaften Umgebung geworden. Sie bekommt zunehmend den Charakter einer Tat. Die Selbstständigkeit, die seinerzeit nur aus dem Rückzug von der Außenwelt gewonnen werden konnte, erfüllt sich heute immer mehr im Erleben der Gemeinschaft mit höheren Wesenheiten. Hierzu gibt es auch Untersuchungen aus Amerika, die belegen, dass ein hoher Prozentsatz der Bevölkerung konkrete Engelerlebnisse hat. 2006 erschien die Studie „Spiritualität in Deutschland" der Identity Foundation (4), die Ähnliches für Deutschland belegt.

Die Bewusstseinsstruktur der Engel beschreibt Rudolf Steiner folgendermaßen: Sie *„haben statt des Wahrnehmens die Offenbarung ihres eigenen Wesens, und in der Offenbarung erleben sie sich. Statt des Innenlebens haben sie das Erlebnis höherer geistiger Welten, das heißt, sie haben statt des Innenlebens Geist-Erfüllung."* (5) Das bedeutet: Im Innenleben der Engel ist die Urquelle gegenwärtig.

Imaginative Erfahrungen, die heute viele Menschen haben, liegen offensichtlich im Zeitgeist unserer Epoche. Die Zeit ist reif dafür. Rudolf Steiner fordert auch dazu auf, diese Erfahrungen zu pflegen. *„Diese Anerkennung einer Offenbarung durch das Innere als Gefühl, als innerer Impuls gefasst, ist eine mächtige pädagogische Kraft im Inneren des Menschen, wenn er sich ihm meditativ hingibt."* (6)

Häufiger Umgang mit diesen Erfahrungen ist sehr fruchtbar. Denn die Verbindung des Menschen mit seinem höheren Selbst wird gestärkt durch die Ausbildung der Bewusstseinsseele, um innerlich schon heute das Geistselbst oder Manas darin vorzubilden. So wird es möglich — nach der Abtrennung der

Menschheit von der Sphäre des Geistes —, sich wieder eins zu wissen mit der geistigen Welt. Gleichzeitig hat der Mensch aber sein Ich so erstarkt, dass es im Reich des reinen Geistes erhalten bleibt.

Kennzeichen der dritten Hierarchie

Trotz sprachlicher, kultureller und persönlicher Unterschiede gelingt es manchmal, sich über das, was man im Herzen trägt, auf eine fast telepathisch anmutende Weise mit anderen Menschen zu verständigen. Man fühlt in solchen Augenblicken, wie das „kleine Ego" sich aufweitet und eine höhere Wirklichkeit präsent wird. In dieser Stimmung sind wir im Bereich der Engel. Als Übungsbild für diesen geistigen Raum kann man Folgendes verwenden: „Durch Ausgießen von Wasser aus einem halbvollen Glas nimmt die Wassermenge nicht ab, sondern zu."

Weitet man dieses Bewusstsein aus und kommt mit einer größeren Gruppe von Menschen in diese Übereinstimmung, so nimmt man teil an einem Gemeinschaftsbewusstsein. Hierdurch entsteht der Zugang zum Bereich der Erzengel. Kann man noch weitergehend teilhaben an einem aktuellen Impuls für die ganze Menschheit, so betritt man den Bereich der Zeitgeister oder Archai. Solche Momente waren in der letzen Zeit gegeben in den weltweiten Friedensdemonstrationen und beim Tod des letzten Papstes. Das Wahrnehmungsorgan für diesen Bereich der dritten Hierarchie ist der Astralleib. Das Bewusstsein nimmt dabei einen dem Schlaf ähnlichen Zustand an. Die Ausbildung dieser Fähigkeit wird gefördert durch meditative Übung an emotional getönten Vorstellungen.

Kennzeichen der zweiten Hierarchie

Die Wesenheiten der zweiten Hierarchie sind näher an der Quelle. Um mit ihnen zu kommunizieren, ist eine andere Art von Sichtigkeit nötig. Wahrnehmungsorgan ist hierbei der Ätherleib. Das Bewusstsein ist wacher und näher am Tagesbewusstsein. Die Trennung zwischen Ich und Umgebung ist dabei stark herabgesetzt. Mitgefühl und Liebe erzeugen einen ähn-

lichen Zustand der Verbundenheit. Bei der Kommunikation mit Tieren und Pflanzen sind wir auch auf diese tiefere Weise verbunden mit unserem Umfeld.
Die Engel der zweiten Hierarchie sind in weit stärkerem Maße schöpferisch als die der dritten. Durch ihre offenbarende Wahrnehmung sind sie die Schöpfer der Pflanzen und Tiergruppenseelen.

Die Engel dieser Stufe werden Elohim, Dynamis und Kyriotetes genannt. Die Elohim begegnen uns in der Schöpfungsgeschichte. Der aramäische Urtext kann auch so übersetzt werden: „In den Anfängen schufen die Elohim die Himmel und die Planeten." So sind die Elohim — Geister der Form — verantwortlich für die geistige Form der Planeten. Die Dynamis — Geister der Bewegung — betreuen die Evolutionen auf diesen Planeten. Sie sind auch wahrnehmbar in der Formwandlung während der Entwicklung von Menschen, Pflanzen und Tieren. Die Kyriotetes — Geister der Weisheit — stellen das Bewusstsein der Himmelskörper dar. Sie drücken sich aus in allem, was mimisch ist. Sie sind im Ausdruck als seelische Geste wahrnehmbar.

Kennzeichen der ersten Hierarchie

In der Wahrnehmung der Engel der ersten Hierarchie verschwindet jeder Rest von Ichbewusstsein. Wir sind vollkommen eingetaucht in diese Engelwesen.
Sie werden genannt:
Throne — Geister des Willens,
Cherubim — Geister der Harmonie oder der ewigen Weisheit,
Seraphim — Geister der Liebe oder der Allweisheit.

Die Throne geben den Planetensphären ihren Bewegungsrhythmus. Die Cherubim schöpfen den Rhythmus der großen Planetenaspekte, welche die Weltgeschichte impulsieren. Sie sind die Choreographen des Sonnensystems. Die Seraphim stellen die Verbindung zum ganzen Kosmos her. Sie vermitteln zum galaktischen Zentrum und zur Zentralsonne. 2007 könnten die Seraphim das Menschenbewusstsein besonders mit Sternenimpulsen befruchten, da Pluto in Konjunktion mit dem Zentrum der Milchstraße steht.

Die sieben Strahlen

Die Brücke zur Freiheit ist ein Repräsentant der zeitgenössischen Lichtarbeiterbewegung. Sie vermittelt den Zugang zu vielen höheren Wesen — aufgestiegene Meister, Erzengel, Zeitgeister und Elohim. Wie auch Rudolf Steiner bietet sie neben dem eigentlichen Lichtdienst eine Welt- und Menschengeschichte aus geistiger Sicht. (7) Es werden zweiundzwanzig Lichtstätten der großen weißen Bruderschaft beschrieben. Sie sind in ihren Eigenschaften sehr differenziert und werden auch genau auf der Erde lokalisiert als Tempelbereiche im Ätherischen. Dies ist natürlich für die Geomantie ein sehr fruchtbares Gebiet.

Als Einstieg für Ungeübte bietet die Brücke zur Freiheit ein System an, das sich an den Wochenrhythmus angliedert und sieben Grundstrahlen vorstellt:
Sonntag — blau — Michael,
Montag — gold — Jophiel,
Dienstag — rosa — Chamuel,
Mittwoch — weiß — Gabriel,
Donnertag — grün — Raphael,
Freitag — rubin-gold — Uriel,
Samstag — violett — Zadkiel.

Zu jedem Tag werden Anrufungen der Wesenheiten des jeweiligen Strahls angegeben, die man am besten in einer kleinen Gruppe rezitiert und sich meditativ einverleibt. Die Erfahrungen und Botschaften, die man damit macht, tauscht man in der Gruppe untereinander aus und kommt so zu mehrfachen Ergebnissen. Man bekommt authentische Erfahrung, und man lernt, über sehr feine immaterielle Dinge in der normalen Umgangssprache zu reden. Die Sprache bekommt hierdurch eine unglaubliche Kraft, weil sie viel tiefer als gewöhnlich in Kontakt mit der eigenen Seele steht.

Es geht aber nicht nur um die Erfahrungen mit sich selbst, sondern genauso um die Ausstrahlung der Strahlenkräfte. Sie wirken in der menschlichen Umgebung, ohne dabei manipulativ zu sein. Bei der Anwendung auf die Natur haben sie die Macht, durch Menschen verursachte Blockaden aufzulösen und die

Selbstheilungskräfte zu aktivieren. So können die Strahlenkräfte in der Erdheilung zu einer Grundlage des Handelns werden.

Der blaue Strahl als Beispiel

Der blaue Strahl repräsentiert den Glauben an die Allmacht Gottes, die schützt und versorgt. Michael bietet an, mit seinem blauen Lichtschwert alle emotionalen Blockaden abzuschneiden, die an unangenehme Erinnerungen und Erfahrungen gekoppelt sind. Die hierdurch erreichbare Freiheit führt zur Verbundenheit mit der ganzen Menschheit als einer großen Bruderschaft. Wir können die daraus entstehende Kraft dazu nutzen, auch anderen Menschen diese Erfahrung möglich zu machen.

Anmerkungen:
(1) Rudolf Steiner: Die geistigen Wesenheiten in den Himmelskörpern und Naturreichen, 1912, GA 136, Dornach 1974.
(2) Über die Ascendend Master Teaching Foundation unter www.templeofthepresence.org
(3) Rudolf Steiner, GA 136, a. a. O., S. 52.
(4) Über die Identity Foundation unter www.identity-foundation.de
(5) Rudolf Steiner, GA 136, a. a. O., S. 52.
(6) Ebd., S. 57f.
(7) Die Brücke zur Freiheit e. V.: Meditationen und Anrufungen, unter www.bruecke-zur-freiheit.de

Die Vorbereitung der Erdwandlung durch die Anthroposophie

Thomas Mayer

Die in diesem Buch von vielen verschiedenen Seiten beschriebene Erdwandlung hat natürlich eine Vorgeschichte. Im Folgenden möchte ich den Strang zur Anthroposophie beleuchten. Das ist nur ein Ausschnitt der Vorgeschichte. Die Erdwandlung ist ein weltumfassender und komplexer Vorgang, an dem sehr viele geistige Individualitäten mitwirken. Ich möchte folgende Fragen behandeln: Was ist Anthroposophie? Was sagte Steiner zur Erdwandlung am Ende des 20. Jahrhunderts? Mit welchen Aktionen impulsierte Steiner die Erdwandlung? Wie entwickelten sich diese Impulse nach Steiners Tod bis heute weiter fort?

Was ist Anthroposophie?

Anthroposophie ist die von Rudolf Steiner (1861–1925) impulsierte Wissenschaft der geistigen Welten. Die 354 Bücher mit Steiners Schriften und Vorträgen bergen Unendliches. In den letzten Jahrzehnten ist ein Vielfaches an weiterer Literatur aus dem anthroposophischen Umfeld entstanden.

Der Begriff „Anthroposophie" wurde von Steiner geprägt mit einer ähnlichen Bedeutung wie „Naturwissenschaft" oder „Sozialwissenschaft". Es geht um das vollbewusste Erleben und Erforschen der übersinnlichen Welten in allen ihren Verästelungen und Wesen. Die Naturwissenschaft untergliedert sich in Physik, Chemie, Geologie, Biologie usw. — die Anthroposophie untergliedert sich in Ätherkunde, Engelkunde, Elementarwesenkunde, Totenkunde, Karmaforschung, Volksseelenkunde usw.. Genauso wie der Naturwissenschaft eine Erkenntnistheorie und wissenschaftliche Methodik zu Grunde liegt, ist in der Anthroposophie der meditative Schulungsweg und die Methodik des Hellsehens vielfältig ausgearbeitet.

In unserer Zeit hat die Anthroposophie noch nicht die Bedeutung im kulturellen Leben erhalten, die ihr zusteht. Es ist noch nicht üblich geworden, die übersinnlichen Welten zu erforschen. Es gibt an den Universitäten noch keine Lehrstühle für Ätherkräfte, Elementarwesen oder Engel. Aber es gibt in den Menschen ein zunehmendes Interesse an Esoterik und Spiritualität und ein Bedürfnis, erlebend Geistiges zu erfahren. Auf dieser Basis kann sich in den kommenden Jahrhunderten eine Kultur der Geistesforschung entwickeln, so wie sich im Laufe der letzten Jahrhunderte eine Kultur der Naturwissenschaft entwickelt hat. Gut Ding will Weile haben — und braucht vor allem auch genügend Menschen, die es voranbringen.

Im Gegensatz zum „Kerngebiet" der Geistesforschung haben die lebenspraktischen Anregungen aus dem Kulturimpuls Anthroposophie mehr gesellschaftliche Resonanz gefunden: die Waldorfschulen, die biologisch-dynamische Landwirtschaft, die anthroposophische Medizin, viele Therapieformen, die Eurythmie, die Christengemeinschaft, gesellschaftsgestalterische Initiativen der Sozialen Dreigliederung, um nur weniges zu nennen. Diese werden von unzähligen Vereinen und Institutionen getragen. Ein großer, internationaler Verein ist die Anthroposophische Gesellschaft mit ca. 50.000 Mitgliedern und einem Zentrum in Dornach bei Basel.

Warum das ungewöhnliche Wort „Anthroposophie"?

Warum wird nicht einfach nur „Geistesforschung" oder „Geisteswissenschaft" gesagt? Diese Worte werden ja auch benützt und sind eingängiger. Das etwas sperrigere Wort „Anthroposophie" heißt „Weisheit des Menschen". Das kann man auf zweifache Art lesen: Weisheit über den Menschen (Mensch = Objekt) und Weisheit, die der Mensch hat (Mensch = Subjekt). Das gibt Antworten auf zwei Fragen, die beim Wort „Geistesforschung" offen bleiben: Wo ist der Geist? Und wie forscht man? Das wird vielleicht aus dem Folgenden verständlicher:

Walter Johannes Stein führte 1922 ein Gespräch mit Rudolf Steiner, das er unter der Überschrift „Das Haager Gespräch" veröffentlichte:

Ich fragte Rudolf Steiner: „Was wird nach Jahrtausenden von Ihrem Werk noch übrig bleiben?" Er antwortete: „Nichts als die ‚Philosophie der Freiheit'. Aber in ihr ist alles andere enthalten. Wenn jemand den dort geschilderten Freiheitsakt realisiert, findet er den ganzen Inhalt der Anthroposophie." Ich sagte: „Als Sie die ‚Philosophie der Freiheit' schrieben, waren Ihnen da die Hierarchien, die Sie in Ihrer ‚Geheimwissenschaft' und an anderen Orten schildern, schon bewusst?" „Bewusst waren sie", sagte Rudolf Steiner, „aber die Sprache, die ich damals sprach, ergab noch keine Formulierungsmöglichkeit. Die kam später. Aber durch die ‚Philosophie der Freiheit' erhebt sich der Mensch zur Wahrnehmung des Menschen als rein geistigen Wesens. Und obwohl die Philosophie der Freiheit nur dieses schildert, so ist doch wahr, dass der, welcher sich zu dem Freiheitserlebnis durchringt, dann in der Umgebung des geistigen Menschen, den er dann wahrnimmt, die Hierarchien findet. Denn sie sind alle im Menschen, und im geistigen Schauen erscheint, was im Menschen ist, als geistige Umgebung. Daher sind sie nicht formuliert darin, aber sie sind in der ‚Philosophie der Freiheit' mit enthalten." (1)

Wo sind also die Wesen der geistigen Welt, z. B. die Hierarchien der Engel? Rudolf Steiner sagt es deutlich: „Sie sind alle im Menschen." Das heißt: Es gibt keine geistige Welt außerhalb des Menschen. Der Mensch ist ein Wesen, das die ganze geistige Welt umfasst. Nur bemerken wir dies als gegenwärtig inkarnierte Menschen nicht. Unsere kosmische Dimension ist unsere Nachtseite, die wir verschlafen.

Und wie forscht man? Rudolf Steiner sagt, indem „sich der Mensch zur Wahrnehmung des Menschen als rein geistigen Wesens" erhebt. Zur geistigen Forschung ist also der Freiheitsakt des inneren Aufwachens, das leibfreie Sich-selbst-Ergreifen des Bewusstseins in der Meditation nötig. Soweit man dies schafft, kann man seine eigene kosmische Dimension erleben. Ohne eine solche Selbsterhebung gibt es keine Geistesforschung.

Die Anthroposophie hat also den geistig-kosmischen Menschen zum Inhalt. Gleichzeitig ist der Akteur der Anthroposophie auch der geistig-kosmische Mensch. Die Wortgestalt „Anthroposophie" drückt genau diese grundlegende spirituelle Form aus und grenzt sich damit von zwei großen Missverständnissen ab: Das erste, das „theologische" Missverständnis ist, dass man sich eine geistige Welt außerhalb und unabhängig vom Menschen vorstellt. Das zweite, das „intellektuelle" Missverständnis ist, dass man meint, man könne die geistige Welt erforschen, ohne sich selbst zu verwandeln und den Schwellenübertritt von der irdischen Person zur geistig-kosmischen Individualität zu vollziehen.

Bemerkenswert an dem Haager Gespräch ist auch, dass Steiner davon ausgeht, dass sein Werk und Impuls sich im Laufe der Zeit zu Fähigkeiten der Menschen verwandeln wird. Das heißt: letztlich zielt die ganze Anthroposophie auf die Schulung und Vergeistigung des Menschen — und damit der Welt — ab. Die Anthroposophie ist also keine Wissenschaft, die sich unabhängig vom Weltgeschehen hält, sondern die gerade helfen will, die Weltentwicklung zu ihrem Ziel zu führen. Die Anthroposophie ist keine Lehre, die man lernen kann, sondern ein Schulungsweg.

Mir ist klar, dass diese komprimierten Gedanken zunächst abstrakt erscheinen können, da man sich zum Beispiel unter „geistig-kosmischem Menschen" nichts vorstellen kann und nicht glauben mag, dass es möglich ist, sich geistig so auszudehnen, dass man den Kosmos umfängt. Doch wenn man solche Gedanken meditativ durchlebt, dann können sie wie ein „Fahrstuhl" in hohe geistige Welten wirken. Dabei geht es nicht um den intellektuellen Inhalt — mit dem man vielleicht sehr schnell fertig ist —, sondern es geht darum, diese Gedanken in der Aufmerksamkeit und im Herzen zu halten und in Ruhe in ihnen zu verweilen. Es geht darum, in diesen Gedanken länger und intensiver zu bleiben, als man es gewohnt ist. Und dann kann man verschiedene Fragen stellen und beobachten, was sich zeigt:
– In welche Verfassung komme ich bei diesem Tun? Wie groß werde ich? Aus welcher Substanz bestehe ich? Welche Gestalt nehme ich an?
– Wie erlebe ich diese Gedanken? Welche Form und Farbe haben sie? Welche Kräfte leben in ihnen?
– Was klingt durch diese Gedanken durch? Wie verhält sich die Umwelt der Gedanken zu diesen und wie zu mir? Gibt es ein

interessiertes Umfeld? Was kann ich in meiner Aura erleben? Fühle ich mich von jemandem angesehen? Wenn ja, von wem?

Die Gedanken sind mehr als ihr Inhalt. In der meditativen Vertiefung kann man die Gedanken zu Wahrnehmungsinstrumenten, zu Brücken zum geistigen Erleben verwandeln. Und dann sind es keine abstrakten Gedanken mehr, sondern freudige, lichte Helfer im konkreten seelenerfüllten geistigen Erleben.

Damit sind wir schon mitten im Zentrum der Anthroposophie, die Erdenwachheit und Gedankenkraft mit geistigem Erleben verbinden will.

Wie hat sich die Hellsichtigkeit Rudolf Steiners entwickelt?

In dem Buch „Mein Lebensgang" beschreibt Steiner seine Entwicklung. Daraus wird deutlich, dass er schon als Kind und Jugendlicher ganz natürlich in der geistigen Welt lebte und mit Verstorbenen und Engeln kommunizierte:

„Aber ich schaute doch eine geistige Welt als Wirklichkeit. Mit aller Anschaulichkeit offenbarte sich mir an jedem Menschen seine geistige Individualität. Diese hatte in der physischen Leiblichkeit und in dem Tun in der physischen Welt nur ihre Offenbarung. Sie vereinte sich mit dem, was als physischer Keim von den Eltern herrührte. Den gestorbenen Menschen verfolgte ich weiter auf seinem Wege in die geistige Welt hinein. Einem meiner früheren Lehrer, der mir auch nach meiner Realschulzeit freundschaftlich nahe blieb, schrieb ich einmal nach dem Tode eines Mitschülers über diese Seite meines Seelenlebens. Er schrieb mir ungewöhnlich lieb zurück, würdigte aber, was ich über den verstorbenen Mitschüler schrieb, keines Wortes. Und so ging es mir damals überall mit meiner Anschauung von der geistigen Welt. Man wollte von ihr nichts hören. Von dieser oder jener Seite kam man da höchstens mit allerlei Spiritistischem. Da wollte ich wieder nichts hören. Mir erschien es abgeschmackt, dem Geistigen sich auf solche Art zu nähern."
(2)

Erstmals unterstützt und ermutigt wurde der achtzehnjährige Steiner 1879 von dem Kräutersammler Felix Koguzki und dann vom „Meister":
„Nicht sogleich begegnete ich dem M. (Meister), sondern zuerst einem von ihm Gesandten, der in die Geheimnisse der Wirksamkeit aller Pflanzen und ihres Zusammenhanges mit dem Kosmos und mit der menschlichen Natur vollkommen eingeweiht war. Ihm war der Umgang mit den Geistern der Natur etwas Selbstverständliches, das ohne Enthusiasmus vorgebracht wurde, doch um so mehr Enthusiasmus erweckte." (3)

In einem Vortrag am 4. Februar 1913 schilderte Steiner weiter:
„Es folgte aber bald darauf noch etwas anderes. Mein Felix war gewissermaßen nur der Vorherverkünder einer anderen Persönlichkeit, die sich eines Mittels bediente, um in der Seele des Knaben, der ja in der spirituellen Welt darinnenstand, die regulären, systematischen Dinge anzuregen, mit denen man bekannt sein muss in der spirituellen Welt. Es bediente sich jene Persönlichkeit... eigentlich der Werke Fichtes... Ebenso unansehnlich im äußeren Berufe war jener ausgezeichnete Mann wie Felix auch." (4)

Zur Person des „Meisters" ist nichts Weiteres bekannt. In diesen beiden initiierenden Begegnungen tauchen die zwei Hauptmotive auf, die Steiners ganzes Leben durchziehen. Steiner lebte ganz natürlich in den geistigen Welten — diese Seite wurde von Felix unterstützt. Steiner lebte gleichzeitig im wissenschaftlichen modernen Denken und sah sich vor der Aufgabe, dieses mit dem übersinnlichen Erleben zu verbinden — dieser Impuls wurde vom Meister unterstützt.

In seiner ersten Lebenshälfte lebte Rudolf Steiner sich immer stärker in die naturwissenschaftliche und philosophische Welt hinein, als Student, Hauslehrer, Herausgeber der naturwissenschaftlichen Schriften Goethes, Redakteur literarischer Zeitschriften und Buchautor. Dem Unverständnis gegenüber den übersinnlichen Welten begegnete er immerfort:
„Und so war es damals für mich. Ich musste, was mit meinen Anschauungen vom Geistigen zusammenhing, ganz allein mit mir abmachen. Ich lebte in der geistigen Welt; niemand aus meinem Bekanntenkreise folgte mir dahin." (5)

Alleine bildete er sich aus, in sein übersinnliches, leibfreies Leben die Klarheit des wissenschaftlichen Denkens mit hineinzunehmen. Für Rudolf Steiner ist Denken nicht das, was landläufig darunter verstanden wird, sondern es ist immer geistiges Schauen.
„Mir wurde immer klarer, wie durch das Hinwegschreiten über die gewöhnlichen abstrakten Gedanken zu denjenigen geistigen Schauungen, die aber doch die Besonnenheit und Helligkeit des Gedankens sich bewahren, der Mensch sich in eine Wirklichkeit einlebt, von der ihn das gewöhnliche Bewusstsein entfernt. Dieses hat die Lebendigkeit der Sinneswahrnehmung auf der einen Seite, die Abstraktheit des Gedanken-Bildens auf der andern. Die geistige Schauung nimmt den Geist wahr wie die Sinne die Natur; aber sie steht mit dem Denken der geistigen Wahrnehmung nicht ferne wie das gewöhnliche Bewusstsein mit seinem Denken der Sinneswahrnehmung, sondern sie denkt, indem sie das Geistige erlebt, und sie erlebt, indem sie die erwachte Geistigkeit im Menschen zum Denken bringt. Eine geistige Schauung stellte sich mir vor die Seele hin, die nicht auf einem dunklen mystischen Gefühle beruhte. Sie verlief vielmehr in einer geistigen Betätigung, die an Durchsichtigkeit dem mathematischen Denken sich voll vergleichen ließ. Ich näherte mich der Seelenverfassung, in der ich glauben konnte, ich dürfe die Anschauung von der Geisteswelt, die ich in mir trug, auch vor dem Forum des naturwissenschaftlichen Denkens für gerechtfertigt halten. Ich stand, als diese Erlebnisse durch meine Seele zogen, in meinem zweiundzwanzigsten Lebensjahre." (6)

In den kommenden Jahren entstanden seine philosophischen Werke. In diesen versuchte er, das moderne wissenschaftliche Denken bis zur Schwelle des geistigen Erlebens zu führen. Über die geistige Welt selbst sprach er damals noch nicht direkt.

Dann trat ein wichtiger „Seelenumschwung" ein:
„Das Erfahren von dem, was in der geistigen Welt erlebt werden kann, war mir immer eine Selbstverständlichkeit; das wahrnehmende Erfassen der Sinneswelt bot mir die größten Schwierigkeiten. ... Das änderte sich völlig vom Beginne des sechsunddreißigsten Lebensjahres angefangen. Mein Beobach-

tungsvermögen für Dinge, Wesen und Vorgänge der physischen Welt gestaltete sich nach der Richtung der Genauigkeit und Eindringlichkeit um. . . . Das warf aber auch sein Licht auf die Welt des Geistes zurück. Denn indem die Sinneswelt im sinnlichen Wahrnehmen selbst ihr Wesen enthüllte, war für das Erkennen der Gegenpol da, um das Geistige in seiner vollen Eigenart, unvermischt mit dem Sinnlichen, zu würdigen. Besonders einschneidend in das Seelenleben wirkte dieses, weil es sich auch auf dem Gebiete des menschlichen Lebens zeigte. Meine Beobachtungsgabe stellte sich darauf ein, dasjenige ganz objektiv, rein in der Anschauung hinzunehmen, was ein Mensch darlebte. Mit Ängstlichkeit vermied ich, Kritik zu üben an dem, was die Menschen taten, oder Sympathie und Antipathie in meinem Verhältnis zu ihnen geltend zu machen: ich wollte ‚den Menschen, wie er ist, einfach auf mich wirken lassen'. Ich fand bald, dass ein solches Beobachten der Welt wahrhaft in die geistige Welt hineinführt. Man geht im Beobachten der physischen Welt ganz aus sich heraus; und man kommt gerade dadurch mit einem gesteigerten geistigen Beobachtungsvermögen wieder in die geistige Welt hinein." (7)*

Wie entwickelte Rudolf Steiner also seine Hellsichtigkeit? — Er nahm die Klarheit und Wachheit der Gedanken sowie der Sinneswahrnehmung mit in das geistige Erleben hinein. Sein übersinnliches Erleben fand deshalb immer in einer gesteigerten Wachheit statt und er konnte damit in sehr hohe geistige Regionen vordringen. Dieser Ansatz war zu seiner Zeit noch etwas Besonderes. Spirituelle Erfahrungen fanden damals meistens in Trance oder Bewusstlosigkeit statt. Direkter Kontakt mit Geistwesen oder karmische Rückführungen in vollem Wachbewusstsein sind in der Breite erst seit einigen Jahrzehnten möglich.

Ein zentrales Schlüsselerlebnis ergab sich für Steiner durch zwei Verstorbene. Diese beiden nahmen zu Lebzeiten intensiv die naturwissenschaftliche Denkweise auf, machten die gesellschaftlichen Lebensgewohnheiten aber nicht mit, sondern lebten zurückgezogen als „Sonderlinge". Steiner schildert deren nachtodliches Leben:
„So trugen sie in die geistige Welt nicht das hinüber, was ein Verbundensein mit den materialistischen Willenswerten ihren

geistigen Individualitäten hätte geben können, sondern nur dasjenige, was die materialistischen Denkwerte in diese Individualitäten verpflanzt hatten. Selbstverständlich spielte sich dies für die Seelen zum größten Teil im Unterbewussten ab. Und nun konnte ich sehen, wie diese materialistischen Denkwerte nicht etwas sind, das den Menschen nach dem Tode der göttlich-geistigen Welt entfremdet; sondern dass diese Entfremdung nur durch die materialistischen Willenswerte eintritt. Sowohl die Seele, die mir in Wien nahegetreten war, sowie auch diejenige, die ich in Weimar geistig kennenlernte, waren nach dem Tode herrlich-leuchtende Geistgestalten, in denen der Seelen-Inhalt erfüllt war von den Bildern der geistigen Wesenheiten, die der Welt zum Grunde liegen. Und ihr Bekanntwerden mit den Ideen, durch die sie das Materielle genauer durchdachten während ihres letzten Erdenlebens, hat nur dazu beigetragen, dass sie auch nach dem Tode ein urteilgetragenes Verhältnis zur Welt entwickeln konnten, wie es ihnen nicht geworden wäre, wenn die entsprechenden Ideen ihnen fremd geblieben wären." (8)

Für Steiner war dies eine frappierende und richtungweisende Bestätigung seines Bestrebens, die Gedankenklarheit und Sinneswachheit in die geistige Welt hinauf zu tragen. Denn er konnte nun die segenbringenden Auswirkungen solchen Bemühens im nachtodlichen Leben wahrnehmen! Nach diesen Erlebnissen konnte sich Steiner völlig von der geistigen Welt getragen empfinden.

Ab dem Beginn des 20. Jahrhunderts sprach Steiner dann immer direkter über seine geistigen Erlebnisse.
„Da kam die Zeit, wo ich im Einklange mit den okkulten Kräften, die hinter mir standen, mir sagen durfte: du hast philosophisch die Grundlegung der Weltanschauung gegeben, du hast für die Zeitströmungen ein Verständnis erwiesen, indem du so diese behandelt hast, wie nur ein völliger Bekenner sie behandeln konnte; niemand wird sagen können: dieser Okkultist spricht von der geistigen Welt, weil er die philosophischen und naturwissenschaftlichen Errungenschaften der Zeit nicht kennt. Ich hatte nun auch das vierzigste Jahr erreicht, vor dessen Eintritt im Sinne der Meister niemand öffentlich als Lehrer des Okkultismus auftreten darf." (9)

Bis zu seinem Lebensende arbeitete Steiner als Lehrer des Okkultismus an der Grundlegung der Anthroposophie und deren Verankerung im kulturellen Leben.

Eine Besonderheit an Rudolf Steiners Schriften ist, dass sie die geistige Welt in einer umfassenden Weite und Genauigkeit beschreiben, die man sonst nicht findet. Es wird die Erdentwicklung über mehrere Erdinkarnationen geschildert, die nachtodliche Entwicklung in allen Phasen usw. Offensichtlich konnte Steiner in hohe Regionen vordringen, die anderen Hellsehern verschlossen sind. Man kann die geistige Welt in Planetensphären einteilen. In einem Vortrag am 20. August 1924 beschreibt Rudolf Steiner, dass viele Eingeweihte nur bis zur geistigen Mondensphäre vordringen können:

„Und erst als ich in diesen Jahren 1906 bis 1909 einfach die modernen naturwissenschaftlichen Vorstellungen der Seele imprägnierte, um sie in die Region zu bringen, wo sonst die Imaginationen sitzen, war es mir möglich, vorzudringen bis Sonne und Saturn. Ich benutzte also diese naturwissenschaftlichen Vorstellungen nicht, um mit ihnen so zu erkennen, wie Haeckel oder Huxley erkannten, sondern ich benutzte sie als innerliche Aktivität, um über diese Begrenzung hinauszukommen, der die Initiaten in der Zeit unterlagen, als eine neuere naturwissenschaftliche Denkungsart noch nicht vorhanden war, und man daher nur innerlich durch Imprägnieren der Traumwelt mit Imaginationen in das höhere Bewusstsein hineinkam." (10)

Diese neue Art der Geistesforschung hat auch Auswirkungen in die andere Richtung. Die geistige Welt kann so geschildert werden, dass jemand es versteht, auch wenn er es selbst noch nicht erleben kann. Ernst Lehrs schildert:

„Maria Röschl hat einmal Rudolf Steiner gefragt, ob es zu seiner Zeit Eingeweihte gebe, die so hoch und weit zu schauen vermöchten wie er. Seine Antwort war, so erzählte sie mir später: Das wohl, aber keinen, der das Erschaute in die Gestalt von Gedanken zu kleiden vermag, die es anderen ermöglichen, es im eigenen Denken nachzuvollziehen. Denn das verlange, das geistig Wahrgenommene bis in das Gehirn hineinzutragen, und das sei ein Opfer, das keiner sonst zu bringen vermöchte." (11)

Rudolf Steiner empfiehlt immer wieder, Verstorbenen geisteswissenschaftliche und spirituelle Texte vorzulesen. Es wird nun auch verständlich, warum: In der Anthroposophie wird die geistige Welt geschildert. Das ist die Welt der Verstorbenen und die Schilderung kann ihnen wie eine hell-leuchtende Landkarte dienen. Ich habe selbst schon in einigen Fällen erlebt, dass Menschen, die sich zu Lebzeiten nicht für Anthroposophie interessiert haben, nach ihrem Tode richtig durstig danach wurden. Sie wollten ihre nachtodliche Welt kennenlernen, um sich freier bewegen zu können und ein lichtvolleres Leben zu führen.

Das hellwache geistige Wahrnehmen erfolgt konkret in vier Stufen, die ich kurz charakterisieren möchte:
– Konzentrationssteigerung, Bewusstseinserhöhung, schrittweise Begegnung mit eigenen ungeläuterten, erdverhafteten Seelenanteilen (Hüter der Schwelle) und in diesem Vor-sich-Bringen und Annehmen des „niederen Ichs" Verbinden mit dem höheren Selbst.
– Imaginative Erkenntis: Ich produziere von der Sinneswelt unabhängige Bilder, Vorstellungen, Gedanken oder Gesten und achte darauf, ob diese von Kräften oder Wesen erfüllt werden und ein Eigenleben beginnen. Es ist wie ein Von-außen-darauf-Schauen, eine Es-Beziehung.
– Inspirative Erkenntnis: Ich nehme die produzierten Vorstellungen weg und halte mich nur noch in den inneren Gefühlen, Regungen und Tätigkeiten, die für die Produktion notwendig waren. Durch diesen Ruck nach innen kann ein Gespräch mit den Wesenheiten beginnen, die in der Imagination noch wie von außen sichtbar waren. Es ist ein persönliches Gespräch, eine Du-Beziehung.
– Intuitive Erkenntnis: Ich nehme auch die innere Tätigkeit weg, halte mich aber wach und mache so einen Ruck nach außen und identifiziere mich mit dem jeweiligen geistigen Wesen, erlebe dessen Leben, Organisation und Zusammenhang mit der Geistwelt. Mich gibt es in diesem Moment nicht mehr, sondern nur das konkaktierte Wesen, das ich bin. Die intuitive Erkenntnis ist immer eine Ich-Beziehung.

Wer von diesen vier Stufen zum ersten Mal hört, dem kann das sehr fremd und unerreichbar vorkommen. Das gibt sich, wenn man sich daran gewöhnt hat. Nach meiner Wahrnehmung arbeiten alle, die in wachem Bewusstsein übersinnlich wahrnehmen, mit diesen Stufen.

Der Impuls Rudolf Steiners war es also, eine Brücke zwischen Erdenwelt und geistiger Welt zu bauen, so dass sich beide Welten gegenseitig befruchten können. Er strebte ein Hellsehen an, das wissenschaftlichen Ansprüchen genügt, und vertiefte es durch die Kräfte der Gedankenklarheit und Sinneswachheit. Gleichzeitig brachte der das geistige Erleben herunter in das Erdenbewusstsein und fasste es in Gedanken und Worte. Rudolf Steiner erlebte sich in diesem Bestreben von der geistigen Welt getragen. Unter den Erdenmenschen war es für ihn aber eine sehr einsame Angelegenheit. Ab 1900 trat er mit diesem Impuls in die Öffentlichkeit. Warum tat er das? Was erwartete er sich davon? Wohin sollte das führen? Gibt es hier einen Zusammenhang mit der Erdwandlung?

Steiners Aussagen zur Erdwandlung im 20. Jahrhundert

Was sagte Rudolf Steiner zur Erdwandlung? In seinem schriftlichen Werk findet sich dazu direkt nichts formuliert — nur zwischen den Zeilen. Es gibt jedoch viele konkrete Aussagen in seinen Vorträgen. Die Aussagen stehen damit nicht für sich alleine, sondern es gehören immer die konkreten Menschen dazu, die im Vortragssaal waren und zu denen Rudolf Steiner sprach. Wenn man sich in diesen sozialen Kontext hineindenkt, dann kann man empfinden, wie den Willen befeuernd und das Verantwortungsgefühl nährend Steiners Voraussagen damals wirken mussten. Man ist sofort im Geschehen mittendrin und nicht mehr unbeteiligter Beobachter. Die gesprochenen Worte sind selbst eine Aktion und dienten der Vorbereitung der vorausgesagten Ereignisse. Angesichts der Fülle von Steiners Darstellungen beschränke ich mich im Folgenden auf zentrale Motive. Ich stelle diese wie ein Panorama zusammen. Ich nehme dazu Orginalzitate, so dass man sich in die Nuancen besser einleben kann. Es ist natürlich schwierig, die Aussagen aus dem Kontext des jeweiligen Vortrags herauszunehmen — auf der anderen Seite zeigt sich durch die Panoramabildung aber auch ein neuer Zusammenhang. Anschließend gehe ich der Frage nach, inwieweit diese Voraussagen bis heute eingetreten sind.

Steiners Aussagen für das 20. Jahrhundert gliedern sich in drei Gruppen:
1. Das Lichte Zeitalter beginnt und Christus erscheint im Ätherischen.
2. Durch das Christus-Ereignis treten die Widersacherwesen verstärkt auf.
3. Wir Menschen tragen die Verantwortung für die Entfaltung des Christus-Ereignisses.

1. Themengruppe: Das Lichte Zeitalter beginnt und Christus erscheint im Ätherischen

Wenn hier von Christus die Rede ist, so ist damit natürlich nicht die kirchliche Christus-Vorstellung gemeint. Christus ist nach Steiner „makrokosmisch das, was unser Ich mikrokosmisch ist". Unter Christus wird also das makrokosmische Ich verstanden, das Ich der Götter, das „sich mit der Erde als eine Realität, als Kraft, als Leben verbunden" hat. (12) Und wenn Steiner von der Erscheinung des Christus im Ätherischen spricht, so meint er damit nicht das Erscheinen einer Person, sondern ein überpersönliches Christuswirken, das sich im Menschen, in der Landschaft und in den geistigen Welten zeigt.

Das Wiedererscheinen des Christus im Ätherischen, die beginnende natürliche Hellsichtigkeit, Äthersehen, Karmaerleben, direkte Erfahrung von Christus, die Aufgabe der Anthroposophie
In einem Vortrag von 1910 gibt Rudolf Steiner eine komprimierte Vorausschau auf das 20. Jahrhundert:
„In unserem 20. Jahrhundert werden sich allmählich in einem Teil der Menschheit neue menschliche Seelenfähigkeiten entwickeln. Zum Beispiel wird es möglich sein, bevor das 20. Jahrhundert abgelaufen sein wird, den menschlichen Ätherleib wahrzunehmen. Eine andere Fähigkeit wird die sein, dass man, wenn man in sein Inneres schaut, wie im Traum das Bild, das Gegenbild einer Handlung wahrnimmt, die man vollziehen

wird. Gewisse besonders dazu veranlagte Menschen werden noch eine andere Erfahrung machen. Was Paulus vor Damaskus erlebte und was für ihn eine persönliche Erfahrung war, das wird für eine gewisse Anzahl von Menschen allgemeine Erfahrung werden. Die Bedeutung, welche dieses Ereignis im 20. Jahrhundert haben wird, kann man aus dem Folgenden erkennen. Paulus konnte von allem, was sich in Palästina ereignet hat, wissen, ohne dass dies aus einem Saulus einen Paulus machen konnte. Sein Seelenzustand war ein solcher, dass er nicht überzeugt werden konnte, dass in dem Nazarener der Christus lebe. Erst das Ereignis von Damaskus sagte seinem hellseherischen Bewusstsein: Der Christus ist vorhanden. Die Menschen, welche im 20. Jahrhundert das Ereignis von Damaskus erlebt haben werden, werden das direkte Wissen vom Christus bekommen, sie werden nicht notwendig haben, sich auf Dokumente zu stützen, um den Christus zu erkennen, sondern sie werden das direkte Wissen haben, wie es heute nur der Initiierte besitzt. Alle Fähigkeiten, die heute mittels der Initiation erworben werden, werden in Zukunft allgemeine Fähigkeiten der Menschheit sein. Dieser Zustand der Seele, dieses Seelenerleben, wird im Okkultismus die ‚Wiederkunft Christi' genannt. Der Christus wird nicht wieder in einem physischen Leib verkörpert sein, sondern er wird in einem ätherischen Leib erscheinen, wie auf der Straße nach Damaskus. ...Die beschriebenen Fähigkeiten liegen jetzt als Samen in der Seele. In Zukunft werden sie entwickelt sein, und man wird sagen können, dass das Schicksal des Menschen bis zu einem gewissen Sinn in seinen eigenen Händen liegt. Es wird notwendig sein, dass die Menschen, wenn diese Erscheinung auftritt, wissen, was diese Fähigkeiten bedeuten. Dann wird es für die Menschen unmöglich sein, wie jetzt, in den Materialismus zurückzufallen. Wenn diese Fähigkeiten in Erscheinung treten werden, wird man nicht gleich darauf achten. Die Menschen, welche diese Fähigkeiten besitzen, werden sogar als phantastisch und krank betrachtet werden. Die geisteswissenschaftliche Botschaft hat deshalb die Mission, die Menschen zum Verständnis solcher Fähigkeiten vorzubereiten." (13)

Die verschiedenen Aspekte dieses Christus-Ereignisses beschreibt Rudolf Steiner in vielen weiteren Vorträgen detailliert.

Der Beginn des Lichten Zeitalters und das Ende des Finsteren Zeitalters (Kali Yuga)
In seiner Autobiographie „Mein Lebensgang" schreibt Rudolf Steiner:
„Mir schwebte damals vor, wie die Jahrhundertwende ein neues geistiges Licht der Menschheit bringen müsse. Es schien mir, dass die Abgeschlossenheit des menschlichen Denkens und Wollens vom Geiste einen Höhepunkt erreicht hätte. Ein Umschlagen des Werdeganges der Menschheitsentwickelung schien mir eine Notwendigkeit." (14)

Später formuliert Steiner das dann so:
„Im Jahre 1899 ist das Kali Yuga abgelaufen, jetzt haben wir uns in ein neues Zeitalter hineinzuleben. Und was da beginnt, das bereitet langsam die Menschen zu neuen Seelenfähigkeiten vor. ... Durch dasjenige, was wir esoterische Schulung nennen, werden diese hellseherischen Fähigkeiten noch viel besser erlangt werden. Das wird aber, weil die Menschen fortschreiten, in den allerersten Anfängen, in den elementarsten Stufen durch die selbsttätige natürliche Entwickelung in der Menschheit auftreten." (15)

Diese neuen natürlichen hellseherischen Fähigkeiten zeigen sich auf vielen Gebieten.

Die Vorausschau des karmischen Ausgleichs
„Aber immer mehr und mehr Menschen werden von der jetzigen Zeit, von der Mitte dieses Jahrhunderts an durch die nächsten Jahrtausende folgendes Erlebnis haben: Der Mensch wird dieses oder jenes getan haben. Er wird sich besinnen, wird aufschauen müssen von dem, was er da getan hat — und es wird etwas wie eine Art Traumbild vor dem Menschen erstehen. Das wird einen ganz merkwürdigen Eindruck auf den Menschen machen. Er wird sich sagen: Ich kann mich nicht besinnen, dass es eine Erinnerung wäre an etwas, was ich getan habe; dennoch aber ist es so, wie wenn es mein Erlebnis wäre. ... Die Epoche fängt an, in welcher die Menschen in dem Augenblick, wo sie eine Tat getan haben, eine Ahnung, vielleicht sogar ein deutliches Bild, eine Empfindung haben werden, wie der karmische Ausgleich dieser Tat sein wird." (16)

Die Rückschau auf karmische Ursachen
„Gewisse Kräfte werden in der Menschennatur entwickelt werden gegen die Zukunft hin, die so wirken, dass der Mensch, sobald er nur ein gewisses Lebensalter erreicht hat und seiner selbst recht bewusst wird, in sich die Empfindung haben wird: Da ist etwas in mir, was ich verstehen muss. ... Da fühle ich etwas in mir, das hängt zusammen mit meinem eigentlichen Ich. Merkwürdig, es will aber nicht hereinpassen in alles, was ich wissen kann seit meiner jetzigen Geburt! ... Was ich fühle, das fühle ich jetzt deshalb fremd, weil es das Ich ist, das aus früheren Leben herübergekommen ist. — Beklemmend, Furcht und Angst erzeugend wird diese Empfindung sein für diejenigen Menschen, welche sie sich nicht aus den wiederholten Erdenleben heraus erklären können. ... Der Christus-Impuls wird es sein, der beleben wird den ganzen Blick nach rückwärts, die ganze Perspektive nach rückwärts." (17)

Das neue Äthersehen
„Was eintreten kann, das wird das sein, dass die Menschen die neue Fähigkeit eines Wahrnehmens im Ätherischen werden erlangen können — eine gewisse Anzahl von Menschen wenigstens zunächst —, und die andern werden immer mehr und mehr nachrücken, denn 2500 Jahre wird die Menschheit Zeit haben, um diese Fähigkeiten immer mehr und mehr zu entwickeln. ... Es wird die Fähigkeit sein, dass die Menschen in ihrer Umgebung etwas sehen werden von dem Ätherischen, das sie normalerweise bisher nicht wahrnehmen konnten. Jetzt sieht der Mensch nur den physischen Leib des Menschen, dann aber wird er imstande sein, den Ätherleib wenigstens wie ein schattenhaftes Bild zu sehen und auch aller tieferen Ereignisse Zusammenhang im Ätherischen zu erleben. Sie werden Bilder und Ahnungen haben von Ereignissen in der geistigen Welt und erleben, dass sich solche Ereignisse in drei bis vier Tagen dann auf dem physischen Plan erfüllen. ... Solche Umänderungen der menschlichen Seelenfähigkeiten werden kommen. Etwas, was man als ein Äthersehen bezeichnen kann, wird kommen." (18)

Der Verkehr mit geistigen Wesenheiten
„Aber noch etwas anderes wird eintreten. Die Menschen werden wissen: Ich bin nicht allein; überall leben geistige Wesen-

heiten, die in Beziehung stehen mit mir. — Und der Mensch wird lernen, einen Verkehr zu haben mit diesen Wesenheiten, mit ihnen zu leben." (19)

Das Erleben des ätherischen Christus ab dem dreißigsten Lebensjahr
„Im dreißigsten Jahre seines Lebens sah der Jesus von Nazareth in sich den Christus einziehen. ... Das war am Beginn unserer Zeitrechnung. Eine Zeit steht jetzt vor der Tür, in welcher die Menschen immer zahlreicher werden, bei denen vom dreißigsten Jahre ihres Lebens an, zwar nicht der Christus in seiner Fülle, aber die Christus-Erkenntnis wie durch eine Erleuchtung einziehen wird. Im dreißigsten Lebensjahre wird bei diesen Menschen ein neues, umfassendes Seelenleben beginnen dadurch, dass sie den Christus in seiner ätherischen Wesenheit schauen werden." (20)

Der ätherische Christus als persönlicher Tröster und Ratgeber
„Denn an jenem Zeitpunkt sind wir angelangt, wo der ätherische Christus in das Erdenleben eingreift und zunächst einer kleinen Anzahl von Menschen sichtbar wird wie in einem natürlichen Hellsehen. Dann in den nächsten dreitausend Jahren wird er immer mehr Menschen sichtbar werden. Das muss kommen, das ist ein Naturereignis. Dass es kommt, ist ebenso wahr, als im neunzehnten Jahrhundert die Errungenschaften der Elektrizität gekommen sind. Dass eine gewisse Anzahl von Menschen den Äther-Christus sehen wird, das Ereignis von Damaskus haben wird, ist wahr. Aber es wird sich darum handeln, dass die Menschen lernen, den Moment zu betrachten, wo der Christus an sie herantritt. Es werden nur wenige Jahrzehnte vergehen, und für die Menschen, besonders der jugendlichen Jahre, wird der Fall eintreten — jetzt schon überall bereitet es sich vor —: Irgendein Mensch kommt da oder dort hin, dieses oder jenes erlebt er. Wenn er nur wirklich das Auge durch Beschäftigung mit der Anthroposophie geschärft hätte, könnte er schon bemerken, dass plötzlich um ihn irgend jemand ist, kommt, um zu helfen, ihn auf dieses oder jenes aufmerksam zu machen: dass ihm der Christus gegenübertritt — er aber glaubt, irgendein physischer Mensch sei da. Aber daran wird er merken, dass es ein übersinnliches Wesen ist, dass es sogleich verschwindet. Gar mancher wird erleben, wenn er ge-

drückten Herzens, leidbelastet, still in seinem Zimmer sitzt und nicht aus noch ein weiß, dass die Tür geöffnet wird: Der ätherische Christus wird erscheinen und wird Trostesworte zu ihm sprechen. Ein lebendiger Trostbringer wird der Christus für die Menschen werden! Mag es auch heute noch grotesk erscheinen, aber wahr ist es doch, dass manchmal, wenn die Menschen zusammensitzen, nicht ein noch aus wissen, und auch wenn größere Menschenmengen zusammensitzen und warten: dass sie dann den ätherischen Christus sehen werden! Da wird er selber sein, wird beratschlagen, wird sein Wort auch in Versammlungen hineinwerfen. Diesen Zeiten gehen wir durchaus entgegen. Das ist das Positive, dasjenige, was als positives, aufbauendes Element in die Menschheitsentwickelung eingreifen wird."* (21)

Christus wird Herr des Karma
Rudolf Steiner fragt: „Woher kommt es denn überhaupt, dass vom zwanzigsten Jahrhundert ab der Christus Jesus immer mehr hereintreten wird in das gewöhnliche Bewusstsein der Menschen?" Er gibt in dem Vortrag später als Antwort: „Und zwar lehrt uns die okkulte, die hellseherische Forschung, dass in unserm Zeitalter das Wichtige eintritt, dass der Christus der Herr des Karma für die Menschheitsentwickelung wird." (22)
„Der Christus wird der Herr des Karma für die Menschen. Das heißt: die Ordnung der karmischen Angelegenheiten wird in der Zukunft geschehen durch den Christus; immer mehr und mehr werden die Menschen der Zukunft empfinden: Ich gehe durch die Pforte des Todes mit meinem karmischen Konto. Auf der einen Seite stehen meine guten, gescheiten und schönen Taten, meine gescheiten, schönen, guten und verständigen Gedanken — auf der anderen Seite steht alles Böse, Schlechte, Dumme, Törichte und Hässliche. Der aber, der in der Zukunft für die Inkarnationen, die nun folgen werden in der menschheitlichen Entwickelung, das Richteramt haben wird, um Ordnung in dieses karmische Konto der Menschen hineinzubringen, das ist der Christus!" (23)

Das Jüngste Gericht begann im 20. Jahrhundert — die Ordnung des Karma
Steiner schildert, dass Christus als Herr des Karma „schon vorausgeahnt worden ist von denjenigen, die den Christus des

jüngsten Gerichts gemalt haben. Malt oder schildert man das in Bildern, so stellt man etwas, das in einem Zeitmoment geschehen wird, hin. In Wahrheit ist das etwas, was in dem zwanzigsten Jahrhundert beginnt und durchgeht bis zu dem Erdenende. Das Gericht beginnt von unserem zwanzigsten Jahrhundert ab, das heißt die Ordnung des Karma." (24)

Die bewusste Verbindung der Menschen mit den Engeln wird bis zum Ende des 20. Jahrhunderts notwendig
Der Beginn des Lichten Zeitalters und die Übernahme des Karma-Amtes durch Christus hat auch Auswirkungen in der Engelwelt. Rudolf Steiner beschreibt, dass die Engel in der Nacht im Astralleib des Menschen Bilder erzeugen, in denen *„Kräfte für die zukünftige Entwickelung der Menschheit liegen". „Es wirkt der Grundsatz, dass in der Zukunft kein Mensch Ruhe haben soll im Genusse von Glück, wenn andere neben ihm unglücklich sind. Es herrscht ein gewisser Impuls absoluter Brüderlichkeit. ... Mit Bezug auf das seelische Leben der Menschen, da verfolgen sie durch ihre Bilder, die sie dem astralischen Leibe einprägen, das Ziel, dass in der Zukunft jeder Mensch in jedem Menschen ein verborgenes Göttliches sehen soll. ... Und ein drittes liegt zugrunde, den Menschen die Möglichkeit zu geben, durch das Denken zum Geist zu gelangen, durch das Denken über den Abgrund hinweg zum Erleben im Geistigen zu kommen. Geisteswissenschaft für den Geist, Religionsfreiheit für die Seele, Brüderlichkeit für die Leiber, das tönt wie eine Weltenmusik durch die Arbeit der Engel in den menschlichen astralischen Leibern."*
Im Laufe des 20. Jahrhunderts müssen aber die Menschen diese Imaginationen der Engel bewusst ergreifen und zu verwirklichen beginnen: *„Die Menschen müssen rein durch ihre Bewusstseinsseele, durch ihr bewusstes Denken dazu kommen, dass sie schauen, wie es die Engel machen, um die Zukunft der Menschheit vorzubereiten."* Wenn die Menschen keine solche bewusste Verbindung zu ihren Engeln aufbauen würden, dann müssten die Engel ihre Absichten verwirklichen durch die schlafenden Menschenleiber, *„mit Hilfe der in dem Bette liegenbleibenden menschlichen physischen Leiber und Ätherleiber während des Schlafens".* Sie könnten also nicht mehr — wie noch 1918 — in die Astralleiber der schlafenden Menschen hineinarbeiten, auch nicht — wie für die Zukunft notwendig — in

wache Astralleiber, sondern sie müssten in Ätherleib und physischen Leib hineinarbeiten, wenn der Mensch mit seinem Bewusstsein nicht dabei ist.
"Das ist die große Gefahr für das Bewusstseinszeitalter. Das ist dasjenige Ereignis, welches sich noch vollziehen könnte, wenn die Menschen sich nicht zu dem geistigen Leben hinwenden wollten, vor dem Beginne des 3. Jahrtausends. ... Es beginnt ja das 3. Jahrtausend bekanntlich mit dem Jahre 2000. Es könnte sich noch vollziehen, dass, statt mit dem wachenden Menschen, mit den schlafenden Leibern der Menschen das erreicht werden müsste, was erreicht werden soll für die Engel durch ihre Arbeit; dass die Engel ihre ganze Arbeit aus dem astralischen Leib des Menschen herausholen müssten, um sie unterzutauchen in den Ätherleib, damit sie sich verwirklichen könne. Aber der Mensch würde nicht drinnen sein! So müsste es sich im Ätherleib verwirklichen, wenn der Mensch nicht dabei ist, denn wenn der Mensch dabei wäre im wachen Zustande, so würde er das hindern."
Das hätte zur Folge, dass in den schlafenden Menschenleibern etwas erzeugt wird, das der Mensch *"dann findet nicht durch Freiheit, sondern was er vorfindet, wenn er morgens aufwacht. Immer findet er es dann vor. Es wird Instinkt statt Freiheitsbewusstsein, aber es wird dadurch schädlich."* Wenn die Menschen nicht bewusst den Engeln entgegengehen, würden *"in zerstörerischer Weise gewisse Instinkte aus dem Sexualleben und Sexualwesen auftreten"*, Erkenntnisse über Heilkräfte würden nach egoistischen Motiven missbraucht und *"eine geistige Lenkung des maschinellen, des mechanischen Wesens wird man ... instinktiv erkennen lernen, und die ganze Technik wird in ein wüstes Fahrwasser kommen."* (25)

Das Entstehen von Christus-Elementarwesen in der Natur um die Wende des 20. Jahrhunderts
Durch die Erscheinung Christi im Ätherischen tritt auch für die Elementarwelt eine große Änderung ein. *"Um die Wende des 20. Jahrhunderts"* wird eine neue Gruppe von Elementarwesen auf der Erde entstehen, die als Diener der Christus-Wesenheit aufgefasst werden können. Zu diesen neuen Elementarwesen führt Steiner aus: *"Diejenigen, deren Geist geweckt ist, werden innerhalb der Naturvorgänge neue Wesenheiten sehen können. ... Während in der groben physischen Welt verhältnis-*

mäßig wenig zu sehen sein wird von dem großen Umschwunge um die Wende des zwanzigsten Jahrhunderts, wird die geistig geöffnete Seele empfinden: Die Zeiten ändern sich, und wir Menschen haben die Pflicht, die Geist-Erkenntnis vorzubereiten. ... Damit ist eines angedeutet: Es wird um die Wende des 20. Jahrhunderts gleichsam geboren ein immerhin neues Reich von Naturwesen, das als ein geistiger Quell aus der Natur hervorgeht und für die Menschen sichtbar und erlebbar wird." Rudolf Steiner führt in dem Vortrag weiter aus: *"Wie in der Natur ist es auch im moralischen Leben."* Denn es werde auch eine Umgestaltung des Seelenlebens durch karmische Voraussichten und Ätherhellsehen stattfinden. *"Wir sehen, wie sich alle diese Ereignisse um das zukünftige Christus-Ereignis gruppieren."* (26)

Die ganze Menschheit geht durch die Schwelle zur geistigen Welt
1923 fasst Steiner die vielfältigen Wandlungen des 20. Jahrhunderts so zusammen:
"Die Zeit ist da, in welcher die Menschheit schwer geprüft wird. Warum wird die Menschheit so schwer geprüft? Ja, wenige schauen hin auf das, meine lieben Freunde, was in den Tiefen des historischen Weltgeschehens sich abspielt, wo nicht mehr das menschliche heutige Bewusstsein, sondern wo das Unbewusste nur hineindrängt. Ziemlich gedankenlos und schläfrig lebt eigentlich der größte Teil der Menschheit heute mit dem gewöhnlichen Bewusstsein dahin. Aber während wir im Kopfe dieses gewöhnliche Bewusstsein haben, schreitet unser tieferes Bewusstsein, welches das Herz ergreift, gerade eben historisch für die moderne Zivilisation durch die Schwelle zur geistigen Welt durch. Oben im Kopfe leben die Menschen mit alledem, was sie heute miteinander reden, namentlich mit alledem, was sie sich über öffentliche Verhältnisse vorlügen, und unten geht die ganze Menschheit — ohne dass sie es ahnt, wie wenn einer auf dem Vulkan ginge — durch die Schwelle durch. Und jenseits muss der Mensch entweder verderben oder er muss vorrücken mit gutem Willen zu einer Erkenntnis der übersinnlichen Welt." (27)

2. Themengruppe: Durch das Christus-Ereignis treten die Widersacher verstärkt auf

Zur Verdeckung des ätherischen Christus wirken Luzifer und Ahriman und das Goetheanum wird zerstört
„Furchtbare Zeiten aber stehen der Menschheit in Europa bevor. Wir wissen, dass, wenn das erste Drittel dieses Jahrhunderts vorbei ist, der Christus geschaut werden wird in seiner Äthergestalt. ... Es wird so sein im 20. Jahrhundert, dass Luzifer und Ahriman (28) sich insbesondere bemächtigen werden des Namens des Christus. Menschen werden sich Christen nennen, die von dem wahren Christentum keine Spur mehr in sich haben werden; und sie werden wüten gegen diejenigen, ... die sich richten werden nach dem lebendigen, fortwirkenden Christus-Impuls. Gegen diese wird man wüten. Verwirrung und Verwüstung wird herrschen, wenn das Jahr 2000 herannaht. Und dann wird auch von unserem Dornacher Bau kein Holzstück mehr auf dem anderen liegen. Alles wird zerstört und verwüstet werden." (29)

Das Heraufsteigen des Tieres 1933 und um 1998
„Ehe denn der ätherische Christus von den Menschen in der richtigen Weise erfasst werden kann, muss die Menschheit erst fertig werden mit der Begegnung des Tieres, das 1933 aufsteigt." (30)
„Wir haben jetzt bevorstehend das Zeitalter der dritten 666: 1998. Zum Ende dieses Jahrhunderts kommen wir zu dem Zeitpunkt, wo Sorat (31) wiederum aus den Fluten der Evolution am stärksten sein Haupt erheben wird, wo er sein wird der Widersacher jenes Anblickes des Christus, den die dazu vorbereiteten Menschen schon in der ersten Hälfte des 20. Jahrhunderts haben werden durch die Sichtbarwerdung des ätherischen Christus. ... Und noch vor Ablauf dieses Jahrhunderts wird er sich zeigen, indem er in zahlreichen Menschen auftreten wird als diejenige Wesenheit, von der sie besessen sind. Man wird Menschen heraufkommen sehen, von denen man nicht wird glauben können, dass sie wirkliche Menschen seien. Sie werden sich in einer eigentümlichen Weise auch äußerlich entwickeln. Sie werden äußerlich intensive starke Naturen sein mit wütigen Zügen, Zerstörungswut in ihren Emotionen. Sie werden ein Antlitz tragen, in dem man äußerlich eine Art Tier-*

antlitz sehen wird. Die Soratmenschen werden auch äußerlich kenntlich sein, sie werden in der furchtbarsten Weise nicht nur alles verspotten, sondern alles bekämpfen und in den Pfuhl stoßen wollen, was geistiger Art ist. Man wird es erleben zum Beispiel in dem, was gewissermaßen konzentriert ist auf engem Raume in seinen Keimen im heutigen Bolschewismus, wie das eingefügt werden wird in die ganze Erdenentwickelung der Menschheit. ... Auf das Hineintreten des Michael in die geistige Evolution der Menschheit mit dem Ende des 19. Jahrhunderts und des ätherischen Christus in der ersten Hälfte des 20. Jahrhunderts wird folgen das Hereintreten des Sonnendämons vor dem Ablauf dieses Jahrhunderts."* (32)

Die Inkarnation Ahrimans zum Beginn des 3. Jahrtausends
In mehreren Vorträgen im Jahr 1919 kündigt Steiner an, dass Ahriman — *„ehe auch nur ein Teil des dritten Jahrtausends der nachchristlichen Zeit abgelaufen sein wird"* — sich auf der Erde inkarnieren und eine starke verführerische Wirksamkeit entfalten wird. Rudolf Steiner beschreibt ausführlich, wie derzeit Ahriman seine Inkarnation vorbereitet. (33)

3. Themengruppe: Wir tragen die Verantwortung für die Entfaltung des Christus-Ereignisses im 20. Jahrhundert

Die Aufgabe der Geisteswissenschaft im 20. Jahrhundert ist die Vorbereitung der Menschen auf das Wiedererscheinen Christi
„Die Geisteswissenschaft hat die verantwortungsvolle Aufgabe, die Menschen auf den großen Moment vorzubereiten, wo der Christus zwar nicht im fleischlichen Leibe erscheinen wird — denn nur einmal war er im fleischlichen Leibe —, aber da ist er, und in der Form wird er wiederkommen, dass diejenigen, deren Augen geöffnet sein werden, ihn sehen werden in der Welt, die nur den hellsichtigen Augen sichtbar ist. Die Menschen werden zu ihm hinaufwachsen. Das wird das Wiederkommen des Christus sein: ein Hinaufwachsen von Menschen in die Sphäre, in welcher der Christus ist. Aber unverständig würden sie dastehen, wenn sie nicht durch die Geisteswissenschaft auf diesen großen Moment vorbereitet würden. Diese Vorbereitung muss eine ernste sein, denn sie ist verantwortungsvoll. ...

Denn so könnte es auch geschehen, dass das ganze 20. Jahrhundert vorbeigehen würde, ohne die Erfüllung dieses Zieles zu bringen." (34)

Ohne eine weithin popularisierte spirituelle Weltanschauung stehen wir am Ende des 20. Jahrhunderts vor dem Kriege aller gegen alle
„Wenn man die Dinge so laufen lässt..., so werden wir am Ende des 20. Jahrhunderts stehen vor dem Kriege aller gegen alle! Da mögen die Menschen noch so schöne Reden halten, noch so viele wissenschaftliche Fortschritte gemacht werden, wir würden stehen vor diesem Krieg aller gegen alle. Wir würden eine Menschheit heranzüchten sehen, welche keine sozialen Instinkte mehr hat, um so mehr aber reden würde von sozialen Dingen. Es braucht die Menschheitsentwickelung den spirituellen, den bewusst spirituellen Impuls zum Leben. ... Der Intellektualismus, der mit dem Materialismus zusammengehört, er hat die Menschheit so entwickelt, dass er das Vorstellungsleben zu der höchsten Höhe gebracht hat. ... Aber dasjenige, was im Unterbewussten mittlerweile wütete, war das, was den Menschen in seinen Instinkten versklavt hat. Diese müssen wiederum befreit werden. Die können nur befreit werden, wenn wir eine Wissenschaft, eine Erkenntnis, wenn wir eine bis ebenso weithin popularisierte spirituelle Weltanschauung haben, wie wir die materialistische popularisiert haben; wenn wir eine spirituelle Weltanschauung haben, die nun den Gegenpol bildet für dasjenige, was sich unter der reinen Kopfwissenschaft herausgebildet hat." (35)

Am Jahrhundertende gibt es eine Inkarnationswelle von Anthroposophen
„Ich habe angedeutet, wie diejenigen Menschen, die mit völliger Intensität drinnenstehen in der anthroposophischen Bewegung, am Ende des Jahrhunderts wiederkommen werden, dass sich dann andere mit ihnen vereinigen werden, weil dadurch eben jene Rettung der Erde, der Erdenzivilisation vor dem Verfall letztgültig entschieden werden muss." (36)

Die spirituelle Vertiefung der anthroposophischen Bewegung erfolgt durch das Zusammenwirken der Aristoteliker und der Platoniker am Ende des 20. Jahrhunderts
„Aber die weitere Entwickelung ging so vor sich, dass sowohl die, welche in der Schule von Chartres die Führer waren, wie auch die, welche im Dominikaner-Orden die führenden Stellungen hatten, sich an die Spitze derjenigen stellten, welche in der ersten Hälfte des 19. Jahrhunderts in jenem mächtigen übersinnlichen Kultus, der sich in den angedeuteten Bildern entfaltete, die spätere anthroposophische Strömung vorbereiteten. Es mussten zunächst diejenigen wieder heruntersteigen, die mehr oder weniger als Aristoteliker gewirkt hatten; denn unter dem Einfluss des Intellektualismus war noch nicht die Zeit gekommen, um die Spiritualität neuerdings zu vertiefen. Aber es bestand eine unverbrüchliche Abmachung, die weiter wirkt. Und nach dieser Abmachung muss aus dem, was anthroposophische Bewegung ist, etwas hervorgehen, was seine Vollendung vor dem Ablaufe dieses Jahrhunderts finden muss. Denn über der Anthroposophischen Gesellschaft schwebt ein Schicksal: das Schicksal, dass viele von denjenigen, die heute in der Anthroposophischen Gesellschaft sind, bis zu dem Ablaufe des 20. Jahrhunderts wieder herunterkommen müssen auf die Erde, dann aber vereinigt mit jenen auch, die entweder selbst führend waren in der Schule von Chartres oder die Schüler von Chartres waren. So dass vor dem Ablaufe des 20. Jahrhunderts, wenn die Zivilisation nicht in die völlige Dekadenz kommen soll, auf der Erde die Platoniker von Chartres und die späteren Aristoteliker zusammenwirken müssen."
(37) (42)

Die Kulmination und größtmögliche Ausbreitung der anthroposophischen Bewegung am Jahrhundertende
„Das, meine lieben Freunde, soll in Ihren Seelen ruhen, wenn Sie sich sagen: Diejenigen, die heute aus solcher Unterscheidung heraus den Drang fühlen, in das anthroposophische Leben hineinzukommen, sie werden mit dem Ablauf des 20. Jahrhunderts wiederum berufen, um an dem Kulminationspunkte die größtmögliche Ausbreitung der anthroposophischen Bewegung zu erreichen." (38)

Was wurde aus dieses Voraussagen?

Sehen wir uns die einzelnen Aussagen an:

1. Themengruppe: Das Lichte Zeitalter beginnt und Christus erscheint im Ätherischen

Der Beginn des Lichten Zeitalters und das Ende des Finsteren Zeitalters (Kali Yuga)
Die ganze Menschheit geht durch die Schwelle zur geistigen Welt
Dies sind übergreifende Beschreibungen, die durch die Betrachtung der einzelnen Punkte gefüllt werden.

Die neue Fähigkeit der Karmaschau
Die Reinkarnationstherapie zeigt, dass die heutigen Menschen einen bewussten Zugang zu drückenden karmischen Hintergründen finden können. Dabei haben sich die Wahrnehmungsfähigkeiten rasant entfaltet. Zu Beginn der Reinkarnationstherapie in der zweiten Hälfte des 20. Jahrhunderts wurde fast ausschließlich mit Hypnose gearbeitet. Das ist heute nicht mehr nötig. Heute arbeiten die meisten Therapeuten mit wachem Bewusstsein. Daran sieht man, dass die Grenze zwischen Wachbewusstsein und den unbewussten karmischen Konstellationen sehr durchlässig geworden ist. Es wird oftmals angezweifelt, ob es sich hier wirklich um Inkarnationserinnerungen handelt. Dazu sollte man bedenken, dass die Reinkarnationstherapie gar keinen „wissenschaftlichen" Anspruch hat, sondern ein therapeutisches Ziel. Es geht um die Lösung seelischer Blockaden, nicht darum, die „richtige" Inkarnationsreihe zu finden. Und sicherlich gibt es auch Therapeuten und Patienten, die „puschen" und nicht ausreichend warten, bis das Karma „reif" ist. Und so kann es zu Verwechslungen kommen. Nicht alles, was erlebt wird, ist das eigene Karma. Es kann zum Beispiel auch ein Verstorbener, ein Astralleichnam oder die Erinnerung an einen im früheren Leben beeindruckenden anderen Menschen sein. Dies widerspricht aber nicht der neuen Fähigkeit der Karmaschau. Denn auch solche Verwechslungen sind übersinnliche Wahrnehmungen — nur falsch eingeordnet.

Das neue Äthersehen
Der Verkehr mit geistigen Wesenheiten
Die bewusste Verbindung mit der Engelwelt
Diese neuen übersinnlichen Wahrnehmungsfähigkeiten bilden den Untergrund der modernen Esoterik- und New-Age-Bewegung, die in den letzten Jahrzehnten entstanden ist. Das Wesentliche dabei ist, dass auf die eigene Erfahrung gebaut wird und nicht mehr auf tradierte Glaubenssysteme. Es ist eine dezentrale Bewegung. Millionen Menschen beschäftigen sich heute mit Energiearbeit, Shiatsu, Meditation, Verbindung mit Engeln, Aurasehen, Chakrareinigung, Channeling, geistigem Heilen, Schamanismus, Geomantie, Parapsychologie, Bildekräfteforschung usw. Eine solch breite, praktisch-spirituelle Szene gab es vor 20 Jahren noch nicht. Sie wurde möglich, da die feinstofflichen Wahrnehmungen zur allgemeinen menschlichen Fähigkeit wurden und immer mehr Menschen etwas erleben können. Es hat hier nicht nur eine quantitative Verbreiterung übersinnlicher Wahrnehmungen, sondern vor allem auch ein qualitativer Sprung stattgefunden. Zu Anfang des 20. Jahrhunderts — zu Rudolf Steiners Zeiten — war ein Zugang zur geistigen Welt meistens nur durch Ausschaltung des Bewusstseins möglich. Medien mussten sich in Trance versetzen, um mit Geistwesen zu kommunizieren. Auch im automatischen Schreiben oder bei spiritistischen Sitzungen (Tischerücken) ist das Bewusstsein nicht dabei. Heute findet die Verbindung meistens im Wachbewusstsein statt, das durch Meditation, Konzentration, Beten und Entspannung in einen verfeinerten Zustand gebracht wird. Die Esoterik-Bewegung ist sehr differenziert und hat auch keinen eindeutigen Namen. Viele, die dazu gehören, grenzen sich vom Begriff „Esoterik" ab. Neben vielen seriös und bescheiden arbeitenden Menschen, gibt es auch eine Verflachung und Kommerzialisierung durch Esoterik-Messen, Astro-TV, ungenaue Arbeitsweisen und Instrumentalisierung für persönliche Interessen. Dies gehört in meinen Augen zur „Pubertätsphase". Neue allgemein menschliche Fähigkeiten können nicht im Meisterstadium, sondern nur im Lehrlingsstadium auftreten. Da diese Fähigkeiten eben neu sind, hat man keine Erfahrungen, ist nicht daran gewöhnt. Viele alte Seelenanteile und Glaubenssätze widerstreben oder versuchen, sich die neuen Fähigkeiten „unter den Nagel zu reißen". Auch im Sozialen gibt es noch zu wenig qualitätssichernde Struk-

turen wie Berufsverbände und wissenschaftliche Öffentlichkeit.

Der ätherische Christus als persönlicher Tröster und Ratgeber
Das Erleben des ätherischen Christus ab dem dreißigsten Lebensjahr
Millionen Menschen haben in Nahtodeserfahrungen lebenswandelnde Christusbegegnungen. Sie werden dazu vom Schicksal durch einen Unfall oder während einer Operation zeitweise aus ihrem physischen Leib gehoben und wachen in übersinnlichen Welten auf. Regelmäßig wird von einem tröstenden Licht erzählt, das als Engel oder als Christus identifiziert wird. Ein weiteres Merkmal der Nahtodeserfahrungen ist, dass die Menschen danach ihr Wertesystem ändern, ausgeglichener und strahlender werden. Nach repräsentativen Befragungen erleben knapp fünf Prozent aller Menschen eine Nahtodeserfahrung. Es gibt eine internatioale Forschergruppe, die sich diesem Thema widmet, die „International Association for Near-Death Studies".
Es gibt aber auch viele Christuserlebnisse im Wachbewusstsein, wie eine Untersuchung des Religionssoziologischen Instituts Stockholm ergab. (39) Und Geistheiler arbeiten heute oft mit der „Christusenergie", die sie als solche identifizieren und von anderen Energien unterscheiden können.

Christus wird Herr des Karma
Das Jüngste Gericht begann im 20. Jahrhundert — die Ordnung des Karma
Ein Verständnisproblem mit der Formulierung „Jüngstes Gericht" ergibt sich, weil wir meistens einfach „letztes Gericht" lesen. Es findet aber am „jüngsten Tag" statt. Und der jüngste Tag ist immer heute. Der gestrige Tag ist schon älter. Der Sprachgeist sagt also deutlich, dass das jüngste Gericht immer in der Gegenwart stattfindet, in einer gesteigerten Gegenwart, einer Geistesgegenwart, die laut Steiner ab dem 20. Jahrhundert möglich sei.
Das „jüngste Gericht" zeigt sich in meinen Augen heute so:
— Im Individuellen: Wir können uns heute sehr schnell unserer Schattenseiten bewusst werden und karmische Knoten lösen. Diese Möglichkeit der Beschleunigung innerer Prozesse wurde mir von mehreren Therapeuten berichtet, die dies bei einigen

ihrer Klienten erlebten. Diese Möglichkeit tritt natürlich nicht von selbst ein, sondern nur, wenn sie ergriffen wird.
– Im Sozialen: In Unternehmen, Familien und Vereinen prallen oft schwierigste karmische Konstellationen aneinander, die anscheinend über Jahrhunderte nicht gelöst werden konnten. Das Karma will nicht mehr warten, sondern will geordnet werden, was natürlich oft nicht richtig gelingt.
– In der Landschaft: Seit der Jahrtausendwende können die Erdinnenschichten im Geistigen der Landschaft erlebt werden, wie von verschiedenen Geomanten übereinstimmend berichtet wird. Die neun Erdinnenschichten — dazu gehört auch die Unterwelt, die Hölle — bergen damit auch die gesammelten Schattenaspekte der Erdenmenschheit. Wenn diese an die Erdoberfläche gestülpt werden und damit in eine größere Sichtbarkeit treten, heißt das, dass sie bearbeitet und erlöst werden wollen. (40)

Das Entstehen von Christus-Elementarwesen in der Natur um die Wende des 20. Jahrhunderts
Seit der Jahrtausendwende sind überall in der Natur diese neuen Christus-Elementarwesen aufgetreten. Dies wird von verschiedenen Geomanten bestätigt. Diese neuen Elementarwesen werden auch sakrale Elementarwesen, Ätherwesen oder Quintessenzwesen genannt. (41)

2. Themengruppe: Durch das Christus-Ereignis treten die Widersacher verstärkt auf

Das Wirken Luzifers und Ahrimans zur Verdeckung des ätherischen Christus und die Zerstörung des Goetheanums
Die Inkarnation Ahrimans zum Beginn des 3. Jahrtausends
Die am 7. März 1914 von Steiner vorausgesagte Zerstörung des Goetheanums bis zum Jahr 2000 geschah schon früher: In der Silvesternacht 1922/23 brannte es bis auf die Grundmauern nieder. Eine Prophezeiung ist nie statisch, sondern immer relativ zu dem Zeitpunkt, an dem sie ausgesprochen wird. Nur zu diesem Zeitpunkt kann sie präzise sein. Denn durch freie menschliche Taten wird das geistige Geflecht, das die Zukunft bildet, laufend verändert. So können Prophezeiungen beschleunigt, verlangsamt oder ganz abgewendet werden. In die-

sem Fall wurde die Prophezeiung offensichtlich durch menschliche Taten zwischen 1914 und 1922 beschleunigt.

Wie wirkte Ahriman im 20. Jahrhundert? Im 20. Jahrhundert fand die weltweite Durchdringung des Alltags und des Bewusstseins mit Technik und Elektrizität statt: elektrisches Licht, Auto, Telefon, Kühlschrank, Radio, Fernsehen, Flugzeug, Computer, Internet. Das alles war im 19. Jahrhundert noch kaum verbreitet, wurde aber im Denken, in der Naturwissenschaft, im Marxismus und in der Philosophie vorbereitet. Das 19. Jahrhundert kann man als „Jahrhundert des theoretischen Materialismus" bezeichnen. Doch egal, wie die Menschen damals dachten, sie waren in ein religiöses, gesellschaftliches Empfindungsgefüge eingebunden und erlebten die Natur, die Kälte, die Hitze, das Licht, die Dunkelheit direkt und ohne Abschirmung durch die Technik. Im 19. Jahrhundert lebte der Materialismus im Kopfe, im 20. Jahrhundert hat er den ganzen Menschen erfasst. Das 20. Jahrhundert ist das „Jahrhundert des praktischen Materialismus". Darin kann man ein starkes Wirken ahrimanischer Wesen erleben, die so die geplante Inkarnation Ahrimans im 3. Jahrtausend vorbereiten, von der Steiner sprach.

Auf welche Art gibt sich Ahriman als Christus aus? Christus zeigt sich im 20. Jahrhundert in den neuen übersinnlichen Wahrnehmungsfähigkeiten. Doch anstatt Telepathie gibt es das Handy, anstatt Imagination das Fernsehen, anstatt Inspiration das Radio, anstatt Lesen in der Akasha-Chronik das Internet.
Und auf welche Art gibt sich Luzifer als Christus aus? Das 20. Jahrhundert hat noch eine zweite Seite. Es ist auch das Jahrhundert der Entdeckung der Seele, der Selbstverwirklichung, der Emanzipation, der Psychologie, der Therapie. Übersinnliche Erlebnisse sind immer Innenerlebnisse der Seele. Sie werden verdeckt, wenn man sie psychologisch erklärt. Ein Gefühl hat nicht unbedingt nur mit einem Bedürfnis, einem Trauma oder einer Projektion zu tun, sondern vielleicht auch mit einem Elementarwesen, Engel oder Verstorbenen. Die Innenwelt ist nicht nur ein Teil der Persönlichkeit, sondern auch ein Teil der geistigen Welt. Das wird von einer Psychologie ohne spirituelle Dimension, wie sie sich im 20. Jahrhundert stark verbreitet hat,

geleugnet. Die Psychologisierung übersinnlicher Erlebnisse ist der Versuch Luzifers, das Wirken Christi zu verdecken.

Das Heraufsteigen des Tieres 1933 und um 1998
1933 begann mit der Machtergreifung Hitlers der Wahnsinn, der zum Zweiten Weltkrieg und zum Holocaust führte. Eine deutlichere Erscheinung des heraufsteigenden Tieres in der Erdenmenschheit ist kaum vorstellbar. Zielsicher war Steiner auch in seiner Einschätzung des Bolschewismus. Unter Stalin wütete in Russland eine Menschenvernichtung ähnlich dem deutschen Nationalsozialismus. Dagegen ist für das Jahr 1998 eine gesteigerte Wirksamkeit des Tieres in der Erdenmenschheit nicht deutlich erkennbar.

3. Themengruppe: Wir tragen die Verantwortung für die Entfaltung des Christus-Ereignisses im 20. Jahrhundert

Die Aufgabe der Geisteswissenschaft im 20. Jahrhundert ist die Vorbereitung der Menschen auf das Wiedererscheinen Christi
Ohne eine weithin popularisierte spirituelle Weltanschauung stehen wir am Ende des 20. Jahrhunderts vor dem Kriege aller gegen alle
Rudolf Steiner befürchtete zu Beginn des 20. Jahrhunderts, dass übersinnliche Wahrnehmungsfähigkeiten auftreten, aber überhaupt nicht als solche ergriffen, sondern nur als psychische Defekte angesehen würden. Einerseits geschieht das auch heute. Aber gleichzeitig sind spirituelle Weltanschauungen in unserer Gesellschaft allgemein zugänglich geworden und über übersinnliche Wahrnehmungen kann man immer selbstverständlicher sprechen. Dieser Kulturwechsel wurde dezentral durch viele unabhängig agierende Menschen erreicht. Er findet statt — auch wenn es natürlich mehr und besser sein könnte.

Am Jahrhundertende gibt es eine Inkarnationswelle von Anthroposophen
Die spirituelle Vertiefung der anthroposophischen Bewegung erfolgt durch das Zusammenwirken der Aristoteliker und der Platoniker am Ende des 20. Jahrhunderts

Die Kulmination und größtmögliche Ausbreitung der anthroposophischen Bewegung am Jahrhundertende
Die Voraussagen Rudolf Steiners zur Zukunft der Anthroposophen sind offensichtlich noch nicht eingetreten. Es ist keine Inkarnationswelle von Anthroposophen erkennbar — oder sie hat ganz im Verborgenen stattgefunden. Auch ein Zusammenwirken der Aristoteliker und Platoniker ist nicht deutlich sichtbar. (42) Auch von einer „Kulmination und größtmöglichen Ausbreitung der anthroposophischen Bewegung" als Zivilisationsimpuls kann noch nicht die Rede sein.

Zusammenfassend kann man also sagen, dass die Aussagen Steiners zu den neuen spirituellen Fähigkeiten der Menschen, der Erscheinung des Christus im Ätherischen und in Folge dem verstärkten Widersacherwirken bis zum Ende des 20. Jahrhunderts eingetreten sind. Dagegen sind seine Aussagen zur Zukunft der Anthroposophen noch nicht eingetreten.

Die Aktionen Steiners zur Vorbereitung der Erdwandlung

Rudolf Steiner beschrieb Anfang des 20. Jahrhunderts die kommende Erdwandlung in vielen Aspekten. Er war aber nicht nur Beobachter, sondern auch Akteur. Er erlebte die kommende Spiritualisierung des menschlichen Bewusstseins und der Erde als von der geistigen Welt gewollt. Er erlebte aber auch, dass sich dies nur vollziehen wird, wenn es von Menschen ergriffen und vorangetrieben wird.

Wenn man sich das Panorama der Voraussagen Steiners zusammen mit den Schilderungen des ersten Kapitels zusammenhält, ergibt sich folgendes Bild: Steiners besondere Fähigkeit war die bewusste Verbindung der geistigen Welt mit dem Erdenbewusstsein, die Vermählung der Verstandeskraft und Sinneswachheit mit dem übersinnlichen Wahrnehmen. Nach 1900 machte er diese Fähigkeit öffentlich, damit sie sich innerhalb von 100 Jahren bis zum Ende des 20. Jahrhunderts verallgemeinere und beginne, Fähigkeit aller Menschen zu werden.

Steiners wichtigste Aktion zur Vorbereitung der Erdwandlung war also die „Veröffentlichung des Okkultismus", wie er es nannte, das energische In-die-Welt-Stellen der Wissenschaft der geistigen Welten. Daran anknüpfend werden wir noch Jahrtausende weiterforschen können.

Eine zweite zentrale Tat war die „Weihnachtstagung" und „Grundsteinlegung" 1923/24. Äußerlich war dies der Gründungskongress der Allgemeinen Anthroposophischen Gesellschaft und dadurch die Vereinigung der bislang unabhängigen Landesgesellschaften und Zweige. Geistig war es jedoch viel mehr und hatte gewaltige Dimensionen: „Weltenzeitenwende" war dazu ein Wort Steiners, das „Karma der Menschheit" sollte damit wieder geordnet werden. Ich kann die spannenden Vorgänge hier nicht im einzelnen schildern und muss auf entsprechende Literatur verweisen. (43) Ich möchte nur auf den mir am wichtigsten erscheinenden Aspekt eingehen: Ernst Lehrs beschreibt in seinem Buch eine Nachtfahrt mit Rudolf Steiner, wo dieser sagte: *„Mit der Weihnachtstagung ist die Anthroposophie von einer bisher irdischen zu einer kosmischen Angelegenheit geworden."* Ernst Lehrs schildert weiter: *„Dem fügte Rudolf Steiner hinzu: Ihre Wirkung auf die Menschheit sei daher nicht mehr davon abhängig, dass sie auf der Erde angenommen wird. Wenn dies nicht geschieht, so würde das zwar für die Zivilisation auf der Erde sehr schmerzliche Folgen haben, für die Menschen selber würde sie dann von einem anderen Orte, zum Beispiel vom Monde her, wirksam werden."*

Was kann man sich unter „Anthroposophie ist zu einer kosmischen Angelegenheit geworden" konkret vorstellen?
– Nach dem Tode breitet sich der Mensch allmählich über den Kosmos aus, wird im Idealfall selbst der Kosmos. In der Weihnachtstagung haben sich einige Teilnehmerinnen im Empfinden und im Willen sehr stark mit dem Impuls der Anthroposophie verbunden. Dieser Impuls trägt sie im nachtodlichen Leben und so fügen sie diesen Impuls dem Kosmos ein.
– Engel und Elementarwesen haben durch die Weihnachtstagung erlebt, dass die Menschen sich der Aufgabe annehmen, die Erde in Freiheit geistig zu tragen, „zur vierten Hierarchie" zu werden. Diese Engel und Elementarwesen stellen sich nun darauf ein und verhalten sich entsprechend.

– Je nachdem, wie wir Menschen mit der „kosmischen Angelegenheit Anthroposophie" umgehen, reagiert der geistige Kosmos. Anthroposophie ist also nicht unsere „Privatangelegenheit".

Die „Grundsteinmeditation" — im Zentrum der Weihnachtstagung 1923/24 stehend — ist eine Ermunterung an uns Menschen, unsere kosmische Aufgabe zu ergreifen. Diese Meditation ist aus dem Bewusstsein heraus formuliert, dass die „Anthroposophie zu einer kosmischen Angelegenheit geworden" ist. Die ersten drei Teile des Meditationstextes enden jeweils mit den Worten:

„*Das hören die Elementargeister*
Im Osten, Westen, Norden, Süden;
Menschen mögen es hören."

Die Elementarwesen haben es schon mitvollzogen, fraglich ist nur, ob wir Menschen auch mitkommen.

Wie ging es nach Steiners Tod weiter?

Die bisherigen Betrachtungen haben gezeigt, dass Rudolf Steiner sich der Aufgabe stellte, die Klarheit und Wachheit des Denk- und Sinnesbewusstseins mit dem übersinnlichen Erleben zu vereinen. Er sah — von der geistigen Welt gewollt — eine Spiritualisierung des menschlichen Bewusstseins und der Erde voraus und schilderte diese bis zum Zeitenende. (44) Als nächste Etappe des Spiritualisierungsprozesses beschrieb Steiner konkrete und weitreichende Veränderungen bis zum Ende des 20. Jahrhunderts. Rückblickend betrachtet sind diese Veränderungen der menschlichen Bewusstseinsfähigkeiten, Veränderungen der Äther-, Elementar- und Engelwelt und die verstärkte Wirksamkeit der Widersachermächte eingetreten. In diesem Buch werden diese Veränderungen unter dem Begriff „Erdwandlung" von vielen Gesichtspunkten aus genauer betrachtet.

Wir haben weiter gesehen, dass Steiner der Ansicht war, dass sich die Erdwandlung nicht von alleine entfaltet, sondern dass hierfür ein bewusstes und aktives Mittun der Erdenmenschen notwendig ist. Durch die Begründung und Verbreitung der Anthroposophie und insbesondere durch die Weihnachtstagung 1923/24 versuchte er, der geistigen Welt in der notwendigen Art entgegenzugehen. Mit der Weihnachtstagung und der Begründung der Allgemeinen Anthroposophischen Gesellschaft war auch verbunden, dass die Anthroposophie zu einer sozialen Angelegenheit wurde. Rudolf Steiner teilte die geistige Verantwortung mit den mitwirkenden Menschen. Steiner unterschied vor der Weihnachtstagung in seinen Vorträgen immer zwischen „anthroposophischer Bewegung" und „Anthroposophischer Gesellschaft". Die „anthroposophische Bewegung" ist eine geistige Gemeinschaft von Verstorbenen, Engeln, Elementarwesen, dem Zeitgeist Michael und Christus. Steiner selbst verstand sich als ein Repräsentant dieser geistigen Bewegung auf dem Erdenplan. Die „Anthroposophische Gesellschaft" ist dagegen eine Studiengemeinschaft von inkarnierten Menschen, die sich für die anthroposophische Bewegung interessieren. Mit der Weihnachtstagung sollten sich anthroposophische Bewegung und Anthroposophische Gesellschaft vereinen. Dies war offensichtlich gegenüber der geistigen Welt, die auf ein Willenszeichen einer Menschengemeinschaft wartete, notwendig, auch wenn alle Beteiligten letztlich mit diesem hohen Anspruch heillos überfordert waren. Rudolf Steiner betonte im Frühjahr 1924 mehrmals, dass diese Vereinigung nur solange währt, wie von Seiten der inkarnierten Menschen ausreichender spiritueller Ernst und Herzenskultur vorhanden sind. Diese Vereinigung könne sich auch wieder lösen und „verduften". (45)

Für Rudolf Steiner, der nun selbst Vorsitzender dieser neu begründeten Allgemeinen Anthroposophischen Gesellschaft war, stiegen damit die karmischen, energetischen und zeitlichen Belastungen ins Übermaß. Nach neun Monaten mit bis zu drei Vorträgen am Tag, pausenlosen Besprechungen und vielen sozialen Spannungen, die er auszugleichen hatte, wurde er so krank, dass er bis zu seinem Tod am 30. März 1925 das Krankenlager in der Schreinerei neben dem Goetheanum in Dornach nicht mehr verlassen konnte.

Wir haben nun also einerseits einen Impuls in den Jahren bis 1925 vor Augen und die Voraussagung der Erdwandlung. Andererseits sehen wir den Vollzug der Erdwandlung am Ende des 20. Jahrhunderts. Kann man dazwischen verbindende Fäden finden? Wie entwickelte sich der Impuls der Anthroposophie und der Weihnachtstagung nach Steiners Tod in den übersinnlichen Welten weiter? Ich möchte die Dokumente vorstellen, die mir zu dieser Frage bekannt sind.

Johanna Gräfin von Keyserlingk war eine enge Schülerin Rudolf Steiners. Von dem Ehepaar von Keyserlingk gingen die Initiativen für den „Landwirtschaftlichen Kurs" an Pfingsten 1924 in Koberwitz aus, der Geburtsstunde der biologisch-dynamischen Landwirtschaft. Johanna Gräfin von Keyserlingk war hellsichtig und wurde in vielen Gesprächen von Rudolf Steiner in ihren Wahrnehmungen bekräftigt. Sie schreibt: *„Es war am Morgen der Kremation Rudolf Steiners, zu der ich nicht mitfuhr. Noch stand des hohen Lehrers Erdenleib nahe aufgebahrt im Raume der Schreinerei, da tauchte neben mir die Aura des geliebten Lehrers auf. Aus dieser kam die Weisung, dass ich schreiben solle. Ich nahm Papier und Bleistift ... und aus seiner Gegenwart kamen die nachfolgenden Worte. ...‚Ich werde wiederkommen und die Mysterien enthüllen, dann, wenn es mir gelungen sein wird, in Geisteswelten einen Altar, eine Kultstätte für die Menschenseelen zu begründen. Dann komme ich wieder. Dann werde ich fortfahren, die Mysterien zu enthüllen.'"* (46)

Johanna Gräfin von Keyserlingk erlebt später, wie Rudolf Steiner im Totenreich tätig wird. Am 29. September 1927 schildert sie *„Das Erscheinen des großen Toten in dem an die Erde grenzenden Ätherreich"*. Bei der Schreinerei in Dornach richtet sie sich an die Geister und Verstorbenen: *„Rudolf Steiner, dieser gewaltige Tote, erscheint in eurem Land, wie er in unserem Erdenland erschienen ist, die Wahrheit zu verkünden. Wie sollte Rudolf Steiner anders als mit gigantischer Geistesmacht im Lande hinter der Erde strahlen?"* (47) Sie erlebte also, dass Rudolf Steiner nach 1925 sich darauf konzentrierte, die Verstorbenen auf die bevorstehenden Aufgaben vorzubereiten und eine geistige *„Kultstätte für die Menschenseelen zu begründen"*.

Die Ärztin Ita Wegman war eine der engsten Mitarbeiterinnen Rudolf Steiners und die maßgebliche Begründerin der anthroposophischen Heilkunst. Sie war auch im Vorstand der Allgemeinen Anthroposophischen Gesellschaft. In ihren Notizen für einen Vortrag, den sie am 27. Februar 1933 in London hielt, schrieb sie: *„Blüte in die Weihnachtstagung. Erneuerung der anthrop. Gesellschaft / nachdem Höhepunkt erreicht, warum ein nicht weiterfortsetzen? Alles gesagt was Menschen aufnehmen könnten. Jetzt Schwergewicht in der geistigen Welt / Toten müssen auf die neue Erdeninkarnationen vorbereitet werden so wie auch die 3. Hierarchie / Hier ein großes Mysterium!"* (48)

Die Weihnachtstagung war also in den Augen von Ita Wegman ein Höhepunkt und einmaliger Vorgang. Es gab keine Fortsetzung auf dem Erdenplan, sondern ein Überführen und Weiterentwickeln der Früchte der Weihnachtstagung in der geistigen Welt. Steiner bemüht sich dort um die Ausbildung und Anregung der Verstorbenen und der Engel. (49)

Auch die Elementarwesen wurden auf die zukünftige Erdwandlung vorbereitet. Tanis Helliwell beschreibt in ihrem Buch „Elfensommer" ihre Begegnung und Freundschaft mit einem Leprechaun, einem irischen Kobold. Dieser will die Menschen erforschen und so eine neue Brücke zwischen den beiden Welten bauen. Der Leprechaun, der als junger, unerfahrener Kobold diese Aufgabe übernahm, tat dies jedoch nicht aus eigenem Antrieb. Vor mehr als hundert Jahren sei ein Mensch zu ihm gekommen — so erzählt er Tanis Helliwell —, der Elementarwesen aus allen vier Elementarreichen gefragt hätte, ob sie eine Gruppe bilden wollten, deren Aufgabe darin bestünde, eine Brücke zur Menschenwelt zu bauen. Auf die Frage, wer dieser Mensch gewesen sei, antwortete der Leprechaun: „Steiner. Rudolf Steiner". Steiner erzählte ihm, dass er im Einverständnis mit den Ältesten der Elementarwelt eine Gruppe von Elementarwesen aller vier Reiche bilden möchte, die bereit seien, mit den Menschen zusammenzuarbeiten. — „Wir suchen solche, die für sich selbst denken können und Neugier und Mut haben. Hast du Interesse?", habe Rudolf Steiner ihn gefragt (50).

Einen sehr intensiven und differenzierten Kontakt mit Elementarwesen hat Verena Staël von Holstein. Es gibt von ihr bereits

zahlreiche Bücher zu Gesprächen mit Naturgeistern, die im Verlag „Flensburger Hefte" erschienen sind. Hier finden sich weitere Aussagen, wie der anthroposophische Impuls in der Elementarwelt wirkte. Der Nasse — ein leitendes Wasserwesen — berichtet: „Ich habe 500 Jahre gebraucht, um diese Gespräche vorzubereiten. Und nun ist es Zeit dafür. Ich habe begonnen, diese Idee in die Tat umzusetzen, als ich bemerkt habe, dass die Menschen mich nicht mehr schauen können. Früher wurde ich hier als eine Art Wassergott wahrgenommen. Dieser Wassergott saß dort unten an der Mühle, und man hat mir zu Ostern Blumen oder ein bisschen Brot in den Fluss geworfen. Und mit einem Male hörte das auf. . . . Deshalb begann ich darüber nachzudenken, dass nun Kommunikation über das Wort notwendig ist. Dann habe ich geschaut und bemerkt, dass ich diese Kommunikation langsam angehen muss. Ich habe die Alchemisten betrachtet, die — wenn auch unbewusst — den Kontakt zu uns aufgenommen haben, indem sie uns Stoffen zugeordnet haben. Viel später habe ich dann von der Initiative gehört, und wir Naturgeister haben uns angeschlossen."
Frage: „Was meinst Du mit der Initiative?"
Der Nasse: „Die Initiative begann durch die Gespräche Rudolf Steiners mit den Elementarwesen."
Frage: „Kannst Du darüber ein wenig erzählen?"
Der Nasse: „Darüber gibt es nicht viel zu erzählen. Rudolf Steiner hat an sieben Stellen der Erde Wesen angesprochen. Das geschah größtenteils auf geistigem Wege, nicht vor Ort. Rudolf Steiner hat die Elementarwesen gebeten, sich bereitzuhalten, wenn Menschen auf sie zutreten, um mit ihnen Kontakt aufzunehmen.". . .
Frage: „War Rudolf Steiner nötig als Impulsator für diese Gespräche oder wären diese Gespräche auch ohne ihn zustande gekommen?"
Der Nasse: „Nein, ohne ihn wäre das nicht geschehen. Er hat ein großes Opfer für die Menschen gebracht. Er hat die Freiheit der Wasserwesen in die Welt getragen. Durch sein Tun, durch die Gründung der Anthroposophischen Gesellschaft, also der Anthroposophie, hat er die Freiheit der Wassergeister eingeleitet. Er hat dadurch die elementarische Welt weltweit auf eine andere Stufe gehoben, indem er die Anthroposophie ins Irdische getragen und die Schöpferkraft des Menschen aus höheren Weltgegenden ins Ätherische abgesenkt hat. Die Fähig-

keit des Menschen, schöpferisch tätig zu sein, wird gleichzeitig auch durch die Wiederkehr des Christus im Ätherischen bedingt. Beides hängt zusammen. Steiner konnte es nur tun, weil der Christus im Wolkensein, im Ätherischen erschienen ist." ...
Frage: „Was ich noch nicht ganz verstehe, ist die neue Freiheit der Wasserwesen in ihrem Zusammenhang mit der Ausgestaltung der Anthroposophie."
Der Nasse: „Mit der Anthroposophie und der Begründung der Anthroposophischen Gesellschaft ist das okkulte Wissen in der ätherischen Welt freigegeben worden. Die Wasserwesen sind die Träger der ätherischen Welt. ... Dadurch, dass das okkulte Wissen freigegeben und für alle Menschen zugänglich gemacht worden ist, musste uns Wasserwesen auch ein Zugriff eingeräumt werden, sonst hätten wir dieses Wissen nicht transportieren können. Durch diesen Zugriff wurde uns die kleine Freiheit ermöglicht." (51)

Eine detaillierte Schilderung der Vorbereitung der Erdwandlung im Totenreich ist das Buch „Das spirituelle Ereignis des 20. Jahrhunderts" von Jesaiah Ben Aharon. (52) Ben Aharon, geboren 1955, ist anthroposophischer Geistesforscher, lebt in Israel, ist vielfältig sozial aktiv und Mitbegründer eines Kibbuz. Dieses Buch formulierte er 1993. Er beschreibt darin detailliert das Schicksal und die Taten der exkarnierten Michaeliten in der geistigen Welt während des 20. Jahrhunderts. Unter Michaeliten versteht er die Menschenseelen, die mit dem Zeitgeist Michael in Verbindung stehen, wozu auch die meisten Menschen, die sich mit Anthroposophie beschäftigen, gehören. Seine meditativen, übersinnlichen Forschungen ergaben, dass diese verstorbenen Michaeliten in der geistigen Welt insbesondere von 1933 bis 1945 eine große Prüfung durchstanden. Sie erlebten die Spaltung der Menschheit in zwei auseinanderstrebende Gruppen. Durch die herzensoffene und mutvolle Annahme des Bösen bereiteten die Michaeliten das Erscheinen Christi im Ätherischen, die Bildung eines neuen Herzzentrums der Erde — die Sonnengeburt der Erde — mit vor. Dadurch wurde die Einheit der geistigen Menschheit wiederhergestellt und mit der Erlösung des Bösen in höheres Gute begonnen. Er beschreibt diese Vorgänge und ihre Zusammenhänge in seiner Studie sehr detailliert und ausführlich.

Weiter schildert Ben Aharon, dass nun in der Zeit von 1993 bis 2002 ein Zusammenwirken inkarnierter und exkarnierter Michaeliten anstehe und möglich werde. Dadurch könne auch die Sonnengeburt der Erde vom Erdenplan aus erfasst werden, was inkarnierten Menschen vorher kaum greifbar war. Ben Aharon spricht von „anthroposophischer Pfingsterleuchtung am Ende des 20. Jahrhunderts". Dadurch werde die Grundlage für eine gesellschaftlich breite anthroposophisch-spirituelle Lebenskultur im 21. Jahrhundert geschaffen.

Das Buch von Ben Aharon wirft auch ein besonderes Licht auf einige Beiträge in diesem Buch. Er beschreibt die Vorgeschichte der in dem Beitrag von Thomas Mayer „Geistige Hintergründe der Erdwandlung" geschilderten Michaelitenkonferenz. Diese ist offensichtlich das von Ben Aharon angekündigte Zusammenwirken inkarnierter und exkarnierter Michaeliten ab 1993. Auch ein erstaunliches Ergebnis von Wolfgang Schneider in „Herzenergien im mehrdimensionalen Gefüge" wird verständlicher. Nach Ben Aharon hat die „Sonnengeburt der Erde" im Zeitraum 1933 bis 1945 stattgefunden. Ab etwa 1993 kann sie auch im inkarnierten Zustand erlebt werden. Das heißt, sie wird in einer neuen Entfaltungsstufe im Menschen und in der Landschaft sichtbar. Damit löst sich folgendes Problem: Die vielfältigen Phänomene der Erdwandlung werden von übersinnlich Forschenden erst gegen Ende des 20. Jahrhunderts erlebt. Wolfgang Schneider stellte aber fest, dass die Nationalsozialisten Orte geomantisch so manipulierten, dass neue Landschaftsorgane der Erdwandlung gehemmt seien. Wie konnten die Nationalsozialisten das tun? Und warum beschäftigten sie sich mit etwas, was erst 70 Jahre später „relevant" wird? Vom Gesichtspunkt Ben Aharons ist die Antwort: Die heute erlebbare Erdwandlung (Sonnengeburt der Erde) hatte 1933 bis 1945 ihren Anfangsimpuls — auf einer gewissen Ebene war damals schon alles da — und wurde damals von den Nationalsozialisten, die genau den Gegenimpuls vertraten, bekämpft.

Die vorgestellten Dokumente und Beiträge in diesem Buch beleuchten, wie sich der anthroposophische Impuls vom Anfang des 20. Jahrhunderts in den geistigen Welten weiterentwickelt hat und so die heute erlebbare Erdwandlung mit vorbereitet wurde. Es wird verständlicher, was es bedeuten könnte, dass die Anthroposophie durch die Weihnachtstagung zu einer kosmischen Angelegenheit wurde. Offensichtlich ist es so eingetreten, dass dieser Impuls im 20. Jahrhundert nicht auf dem Erdenplan gehalten werden konnte, sondern — von Menschengeistern getragen — sich von höheren Regionen der geistigen Welt aus entfaltete — nicht vom Monde, wie es Steiner in dem Gespräch mit Ernst Lehrs als Beispiel sagte, sondern von Regionen des höheren Devachans aus.

Abschließend möchte ich noch einmal betonen, dass ich hier die Vorgeschichte der Erdwandlung mit einem bestimmten Blickwinkel untersucht habe, den ich für lohnend und verständniserweiternd erachte. Die Erdwandlung hat natürlich viele weitere Vorgeschichten und mittragende Individualitäten. Ich habe den Eindruck, dass es zum Beispiel sehr lohnend wäre, das Wirken von Joseph Beuys, Mikhael Aivanhov oder Peter Deunov im Hinblick auf die Erdwandlung zu untersuchen. Auch dürfte klar geworden sein, dass ich in diesem Beitrag „Anthroposophie" im weitesten Sinne als geistig-kosmischen Impuls sehe, der in den Tiefen der Seele und der Herzen lebt. Nicht gemeint ist eine Vereins- oder Bekenntniszugehörigkeit, wie Anthroposophie heute auch oftmals verstanden wird. (53)

Anmerkungen:
(1) Thomas Meyer (Hrg): W. J. Stein / Rudolf Steiner — Dokumentation eines wegweisenden Zusammenwirkens, Dornach 1985, S. 299.
(2) Rudolf Steiner: Mein Lebensgang, 1923–25, GA 28, Dornach 2000, S. 59.
(3) Rudolf Steiner: Autobiographische Skizze, geschrieben für Edouard Schuré in Barr im Elsass am 9.9.1907, in Rudolf Steiner / Marie Steiner-von Sivers: Briefwechsel und Dokumente 1901 bis 1925 — Das lebendige Wesen der Anthroposophie und seine Pflege, GA 262, Dornach 2002, S. 16.
(4) Rudolf Steiner: Vortrag vom 4.2.1913, in: Beiträge zur Rudolf Steiner Gesamtausgabe, Heft 83/84, Ostern 1984, S. 18.
(5) Rudolf Steiner: GA 28, a. a. O., S. 243.
(6) Ebd., S. 72.
(7) Ebd., S. 316 ff.

(8) Ebd., S. 288 ff.
(9) Rudolf Steiner: Autobiographische Skizze, GA 262, a. a. O., S. 22.
(10) Rudolf Steiner: Das Initiatenbewusstsein — Die wahren und die falschen Wege der geistigen Forschung, 1924, GA 243, Dornach 2004, S. 184.
(11) Ernst Lehrs: Gelebte Erwartung, Stuttgart 1979, S. 321.
(12) Rudolf Steiner: Das esoterische Christentum und die geistige Führung der Menschheit, GA 130, Dornach 1995, Vortrag vom 18. 11. 1911, S. 150 und 151.
(13) Rudolf Steiner: Das Ereignis der Christus-Erscheinung in der ätherischen Welt, GA 118, Dornach 1984, Vortrag vom 18. 4. 1910, S. 156 ff.
(14) Rudolf Steiner: GA 28, a. a. O., S. 367.
(15) Rudolf Steiner: GA 118, a. a. O., Vortrag vom 25. 1. 1910, S. 25f.
(16) Rudolf Steiner: Von Jesus zu Christus, GA 131, Dornach 1988, Vortrag vom 14. 10. 1911, S. 216.
(17) Ebd., S. 220f.
(18) Rudolf Steiner: GA 118, a. a. O., Vortrag vom 25. 1. 1910, S. 26 ff.
(19) Rudolf Steiner: GA 131, a. a. O., Vortrag vom 14. 10. 1911, S. 217.
(20) Rudolf Steiner: Vorstufen zum Mysterium von Golgatha, GA 152, Dornach 1990, Vortrag vom 14. 10. 1913, S. 89 ff.
(21) Rudolf Steiner: GA 130, a. a. O., Vortrag vom 1. 10. 1911, S. 93 ff.
(22) Rudolf Steiner: GA 131, a. a. O., Vortrag vom 7. 10. 1911, S. 77 ff.
(23) Ebd., Vortrag vom 14. 10. 1911, S. 215.
(24) Rudolf Steiner: GA 130, a. a. O., Vortrag vom 2. 12. 1911, S. 179.
(25) Rudolf Steiner: Der Tod als Lebenswandlung, GA 182, Dornach 1996, Vortrag „Was tut der Engel in unserem Astralleib?" vom 9. 10. 1918, S. 138 ff.
(26) Rudolf Steiner: GA 130, a. a. O., Vortrag vom 19.9.1911, S. 30 f. Vortragsnachschriften wurden von Rudolf Steiner kaum korrigiert. Es finden sich immer wieder Fehler oder Unklarheiten. So ist unklar, auf was sich die Zeitangabe „Wende des 20. Jahrhunderts" bezieht. Einerseits gibt es einen Bezug auf „1899", andererseits spricht Rudolf Steiner während des gan-

zen Vortrages immer von einem zukünftigen Ereignis. Die Formulierung auf S. 30 „auf dass aufgehe" könnte so verstanden werden, dass 1899 ein Same gelegt wurde, der bis zum Ende des 20. Jahrhunderts „aufgehen" wird."
(27) Rudolf Steiner: Der übersinnliche Mensch, anthroposophisch erfasst, GA 231, Dornach 1999, Vortrag vom 18. 11. 1923, S. 152.
(28) In der Anthroposophie werden die Engel- und Elementarwesen in drei Gruppen eingeteilt: Die normal entwickelten Wesen stehen mit Christus in Verbindung. Davon abgespalten haben sich zwei Gruppen, die sich für besondere Aufgaben in der kosmischen Entwicklung opfern: Die ahrimanischen Wesen sind der „Geist des Materialismus und des intellektuellen Denkens", die luziferischen Wesen sind der „Geist des Egoismus und der individuellen Fähigkeiten". Wir Menschen verdanken beiden Wesensgruppen sehr viel. Sie wirken aber bösartig, wenn sie von uns Menschen nicht richtig eingeordnet und damit erlöst werden.
(29) Hörernotizen zum Vortrag von Rudolf Steiner am 7. März 1914 in Stuttgart, in Rudolf Steiner: Wege zu einem neuen Baustil, GA 286, Dornach 1982, S. 110.
(30) Rudolf Steiner: Vorträge für die Priester der Christengemeinschaft — Apokalypse-Kurs, GA 346, Dornach 2001, Vortrag vom 20. 9. 1924, S. 239f.
(31) Das Tier der Apokalypse — auch Sorat genannt — ist in der Anthroposophie die stärkste Widersachermacht — der Sonnendämon und Gegenspieler von Christus. Er ist keine Abspaltung ehemals christlicher Engel wie Luzifer und Ahriman, sondern versucht, von außerhalb des geistigen Kosmos hereinzuwirken.
(32) Rudolf Steiner: GA 346, a. a. O., Vortrag vom 12. 9. 1924, S. 122 ff.
(33) Rudolf Steiner: Soziales Verständnis aus geisteswissenschaftlicher Erkenntnis — Die geistigen Hintergründe der sozialen Frage, Band III, GA 191, Dornach 1972, Vortrag vom 1. 11. 1919, S. 198. Siehe darin auch die Vorträge vom 2.+15. 11. 1919. Siehe dazu außerdem auch die Vorträge vom 27. 10. 1919 und 4. 11. 1919 in GA 193 sowie vom 25.+28. 12. 1919 in GA 195.
(34) Rudolf Steiner: Wege und Ziele des geistigen Menschen — Lebensfragen im Lichte der Geisteswissenschaft, GA 125,

Dornach 1992, Vortrag vom 23. 1. 1910, S. 24.
(35) Rudolf Steiner: Menschenwerden, Weltenseele und Weltengeist — Zweiter Teil: Der Mensch als geistiges Wesen im historischen Werdegang — Der Mensch in seinem Zusammenhang mit dem Kosmos, Band IV, GA 206, Dornach 1991, Vortrag vom 6. 8. 1921, S. 92f.
(36) Rudolf Steiner: Esoterische Betrachtungen karmischer Zusammenhänge, Band III: Die karmischen Zusammenhänge der anthroposophischen Bewegung, GA 237, Dornach 1991, Vortrag vom 3. 8. 1924, S. 142.
(37) Rudolf Steiner: Esoterische Betrachtungen karmischer Zusammenhänge, Band VI, GA 240, Dornach 1992, Vortrag vom 18. 7. 1924, S. 156f.
(38) Rudolf Steiner: GA 237, a. a. O., Vortrag vom 8. 8. 1924, S. 178.
(39) Gunnar Hillerdal und Berndt Gustafsson: Sie erlebten Christus — Berichte aus einer Untersuchung des Religionssoziologischen Instituts Stockholm, Basel 1973.
(40) Rudolf Steiner beschreibt die Erdinnenschichten z. B. in GA 94, S. 177ff.; GA 95, S. 145ff.; GA 96, S. 29ff.; GA 97, S. 279ff.
(41) Siehe dazu zum Beispiel die Beiträge von Fritz Bachmann, Thomas Mayer, Marko Pogačnik und Wolfgang Schneider in diesem Buch.
(42) Auf Aristoteles geht unsere Logik und die abendländische Wissenschaft zurück, mit ihm wurde das Denken zu einer Eigenproduktion des Menschen. Dagegen erleben Platoniker Gedanken als wahrnehmbare, eigenständige, geistige Wesen.
(43) Literatur zur Weihnachtstagung: Rudolf Steiner: Die Weihnachtstagung zur Begründung der Allgemeinen Anthroposophischen Gesellschaft 1923/24 — Grundsteinlegung. Vorträge und Anträge, Statutenberatung. Das lebendige Wesen der Anthroposophie und seine Pflege, GA 260, Dornach 1994; Ernst Lehrs, a. a. O., S. 249 ff.; Sergej O. Prokofieff: Die Grundsteinmeditation als Schulungsweg — Das Wirken der Weihnachtstagung in 80 Jahren, Dornach 2002; Sergej O. Prokofieff: Die Grundsteinmeditation und die geistigen Hierarchien, Dornach 2003; Sergej O. Prokofieff: Menschen mögen es hören — Das Mysterium der Weihnachtstagung, Stuttgart 2002; Christoph Lindenberg: Motive der Weihnachtstagung, Stuttgart 1994.

(44) Siehe dazu auch den Beitrag von Florian Grimm „Aspekte der Erdwandlung bei geisteswissenschaftlichen Autoren" in diesem Buch.
(45) Rudolf Steiner: „Wenn diese Weihnachtstagung nur so genommen wird, wie man so gern frühere Tagungen nahm, dann verduftet sie allmählich, dann verliert sie ihren Inhalt, und es wäre besser gewesen, man hätte sich nicht versammelt." (Die Konstitution der Allgemeinen Anthroposophischen Gesellschaft und der Freien Hochschule für Geisteswissenschaft — Der Wiederaufbau des Goetheanum 1924–25, GA 260a, Dornach 1987, Vortrag vom 18. 1. 1924, S. 92.)
(46) Johanna Gräfin von Keyserlingk: Koberwitz 1924 — Geburtsstunde einer neuen Landwirtschaft, Stuttgart 1974, S. 177.
(47) Johanna Gräfin von Keyserlingk: Die Reise nach Byzanz — Das Palladium des Sieges, Basel 1991, S. 152.
(48) J. E. Zeylmans van Emmichoven: Wer war Ita Wegmann — Eine Dokumentation, Band I: 1876 bis 1925, Heidelberg 1992, S. 292.
(49) Eine konkrete Schilderung dieser „Ausbildung" findet sich in diesem Buch in dem Beitrag von Hans-Joachim Aderhold: „Wachtraum zur Vorbereitung der Erdwandlung".
(50) Tanis Helliwell: Elfensommer, Saarbrücken 1999.
(51) Verena Staël von Holstein / Wolfgang Weirauch: Neue Gespräche mit den Naturgeistern, Flensburger Hefte Nr. 80, Flensburg 2003, S. 16.
(52) Jesaiah Ben Aharon: Das spirituelle Ereignis des 20. Jahrhunderts, Dornach 1993.
(53) Rudolf Steiner selbst verstand Anthroposophie immer nur als kosmischen Impuls, der in den Herzen von Millionen Menschen lebt. In seinen Memoiren schreibt René Maikowski von einem wichtigen Gespräch mit Rudolf Steiner, in dessen Verlauf die Frage nach der Anzahl der potenziellen Anthroposophen auf der Welt erörtert wurde. Nachdem Rudolf Steiner klar gestellt hatte, dass einige Millionen bereits lebten, fügte er in Anbetracht von Maikowskis erstauntem Gesichtsausdruck hinzu: „Die Seelen sind inkarniert, die Anthroposophie suchen, aber wir sprechen ihre Sprache nicht!" (René Maikowski: Schicksalswege auf der Suche nach dem lebendigen Geist, Freiburg 1980, S. 27.)

Aspekte der Erdwandlung bei geisteswissenschaftlichen Autoren

Florian Grimm

„Christus spricht als Herr des Schicksals:
Sehet die Erde, wie sie blutet aus vielen Wunden.
Heilet diese Wunden durch mich,
heilet und heilet
von Erdenwandel zu Erdenwandel bis zur Erlösung
des Gestirns des Leidens und der Liebe.
Kehret zurück zu eurem Ursprung:
Zur reinen Menschheitsseele,
die frei ist von allen Schlacken
der Verirrung und des Bösen.
Und ihr werdet die Heilung vollenden
Und die Erde entreißen
Dem Zugriff der Finsternis.
Dies ist das Ziel eurer Verwandlungen,
ihm folget nach
in Treue zu mir
durch alle Gezeiten."
Max Reuschle (1)

Einleitung

Der Wandel der Erde breitet vor den Menschen eine Vielzahl von Phänomenen aus. Diese Komplexität kann weitergehende Fragestellungen auslösen. Es ist ein Geschehen, das viele Ebenen berührt. Wenn der Mensch sich tief darauf einlässt, kann es wie ein spirituelles Erwachen in ganz neue Dimensionen sein.
Eine Berührung mit geisteswissenschaftlichen Bezügen anhand einiger Texte verschiedener AutorInnen macht sich der folgende Beitrag zur Aufgabe. Hierbei kann auf Grund des begrenzten Umfangs natürlich nur eine ganz anfängliche Darstellung geleistet werden. Die ausführlich zitierte Literatur mag die LeserInnen zu weiteren Entdeckungen anregen.

Zeitalter

Was ist die Erde? Wie ist sie geworden? In welchen Veränderungen kann die Erde sich zur Zeit befinden? In der von Rudolf Steiner begründeten Geisteswissenschaft entwickelt sich der gegenwärtige Verkörperungszustand des Planeten „Erde" aus einer Reihe von kosmischen Vorphasen. Diese Phasen erstrecken sich über gewaltige Zeit-Raum-Wirklichkeiten. Rudolf Steiner hat grundlegende Erkenntnisse zu diesen Phasen mitgeteilt. (2) Danach entwickelt sich die Erde in sieben großen Abschnitten, die auch Manvantaras genannt werden. (3) Drei Manvantaras sind bereits vollendet. Wir befinden uns zur Zeit im vierten Abschnitt. Nur hier findet die Verkörperung bis zur physischen Materie statt, d. h. alle anderen Erdverkörperungen finden in übersinnlichen Sphären (Ätherwelt, Astralwelt oder Devachan) statt. Vom ersten bis zum vierten Abschnitt findet ein Prozess der Materialisierung statt. Dann wendet sich die Geste und vom vierten bis zum siebten Abschnitt findet ein Prozess der Spiritualisierung statt. Das in den ersten vier Abschnitten Gewonnene wird nun veredelt und vergeistigt.

Manvantara der Erde	1 „Alter Saturn"	2 „Alte Sonne"	3 „Alter Mond"	4 „Erde"	5 „Jupiter"	6 „Venus"	7 „Vulkan"
	Anlage des physischen Leibes des Menschen	Anlage des Ätherleibes des Menschen	Anlage des Astralleibes des Menschen	Anlage des Ich des Menschen zwei Phasen: Marsphase bis Golgatha Merkurphase nach Golgatha (Gegenwart) (4)	Entwicklung des Manas (Geistselbst)	Entwicklung des Buddhi (Lebensgeist)	Entwicklung des Atma (Geistesmensch)

Nimmt man nun das vierte Manvantara, so enthält es — unter anderem — wiederum sieben Hauptzeitalter. Nach Lemurien und Atlantis leben wir im fünften Hauptzeitalter:

	1	2	3	4	5	6	7
Hauptzeitalter der „Erde"	Polarisch	Hyperboräa	Lemurien (Sündenfall)	Atlantis (Sintflut)	Gegenwart	6. Zeitalter	7. Zeitalter
	Keine lineare Zeitrechnung	bis ca. 38.000 v. Chr.	ca. 38.000 bis 23.500 v. Chr.	ca. 23.500 bis 8.400 v. Chr.	8.400 v. Chr. bis 6.700 n. Chr.		

Durch die rhythmische Kreiselbewegung der Erdachse verschiebt sich der Frühlingspunkt (0 Grad des Tierkreiszeichens Widder) entlang der Ekliptik. Die Bewegung dieses „platonischen Jahres" dauert insgesamt 25.960 Jahre.
Die Zeit um Christi Geburt ist ein entscheidender Punkt in diesem Geschehen: Hier wechselt der Frühlingspunkt vom Sternzeichen Widder in das Sternzeichen Fische. Tierkreis und Sternbilder sind in diesem Moment deckungsgleich.

Das große platonische Jahr lässt sich gliedern in zwölf Abschnitte zu je 2.160 Jahren. (5) Rudolf Steiner beschreibt für das fünfte Hauptzeitalter sieben Epochen mit räumlichen Schwerpunkten, in denen sich die Dynamik der Epoche im Kern entfaltet. Diese Epochen — oder „nachatlantischen Kulturen" — korrespondieren mit den Qualitäten der Sternzeichen, in denen sie jeweils stehen. Danach leben wir im Übergang von der Fischezeit zur Wassermannzeit.

Die Epochen werden auch nach den Orten der „sieben Sendschreiben" in der Apokalypse der Bibel bezeichnet. (6) Ergänzend werden auch andere Zeiträume angegeben. Diese beschreiben die kulturelle Wirkung der jeweiligen Epoche, die noch weit in die folgende hineinreicht. Auch sind die realen Sternbilder des Fixsternhimmels nicht alle gleich groß, wodurch zusätzliche Verschiebungen entstehen können:

	1	2	3	4	5	6	7
Epochen des 5. Hauptzeitraumes	Ur-Indisch	Ur-Persisch	Ägypten-Chaldäa, Babylon	Griechisch-Lateinisch	Gegenwart: Mitteleuropa	Slawisch	Amerika
Apokalyptisches Sendschreiben	1. Ephesus	2. Smyrna	3. Pergamon	4. Thyatira	5. Sardes	6. Philadelphia	7. Laodicea
Sternbildbezug durch Präzession von je 2160 Jahren	Krebs −8426 bis −6266	Zwilling −6266 bis −4106	Stier, „Kalb" −4106 bis −1946	Widder, „Lamm" 1946 v. Chr. bis 215 n. Chr.	Fische 215 bis 2375	Wassermann 2375 bis 4535	Steinbock 4535 bis 6695
Kulturwirkung (1200 Jahre später)	−7266 bis −5066	−5066 bis −2906	−2906 bis −746	746 v. Chr. bis 1413 n. Chr.	1413 bis 3573	3573 bis 5733	5733 bis 7893
Christus-Wirken				Golgatha-Ereignis im Jahr 33 n.Chr.	Ätherische Wiederkunft des Christus		
Zeitalter	Dvapara Yuga	Dvapara Yuga	Kali Yuga ab 3101 v. Chr.	Kali Yuga	Kali Yuga bis 1899 Neues Zeitalter ab 1900	Neues Zeitalter	

„Die künftigen Menschen
Sie werden Kraft und Zartheit sein.
Sie werden die eiserne Maske der Wissenschaft zerbrechen,
um die Seele auf dem Antlitz des Wissens sichtbar zu machen.
Sie werden Brot und Milch küssen
und mit der Hand, die das Haupt ihres Kindes streichelt,
aus dem Gestein Metalle und Eisen schürfen.
Mit den Gebirgen werden sie Städte errichten.
Ohne Hast werden ihre riesigen Lungen
Gewitter und Stürme einatmen,

*und die Ozeane werden ruhen.
Immer erwarten sie den unerwarteten Gast
und haben für ihn gedeckt
den Tisch und auch ihr Herz.
Möget ihr ihnen ähnlich sein,
dass eure Kinder mit Lilienfüßen
unschuldig das Blutmeer durchschreiten,
das zwischen uns liegt und ihnen."*
Attila Jozsef (8)

Spirituell gesehen drückt sich die Zeitenfolge durch eine zunehmende Verdichtung des Geistigen aus, in dem das göttliche Licht sich zunehmend verfinstert. Diese Verdichtung kumuliert schließlich in einem „Finsteren Zeitalter". Diesen Prozess der Verfinsterung umzukehren, galt das große Opfer des Jesus Christus auf Golgatha. Das Finstere Zeitalter wird einer indischen Überlieferung folgend das Kali Yuga genannt.

Goldenes Zeitalter / Krita Yuga	etwa 20.000 Jahre
Silbernes Zeitalter / Treta Yuga	etwa 15.000 Jahre
Erzenes Zeitalter (Bronze) / Dvapara Yuga	etwa 10.000 Jahre
Finsteres Zeitalter (Eisen) / Kali Yuga	etwa 5.000 Jahre
Lichtes (Neues) Zeitalter (9)	umfasst künftige 2.500 Jahre

Dem Kali Yuga folgt das Lichte Zeitalter, welches nicht identisch ist mit dem Wassermann-Hauptzeitraum (10), der erst mit dem Jahr 2375 beginnt. Zwischen 1899 und 2375 geht die Menschheit durch eine Transformationszeit — „Trübsal" (11), die durch Naturkatastrophen — Erdbeben, Klimawandel —, Epidemien und kriegerische Auseinandersetzungen geprägt ist. (12)

Christus-Sophia im 20. Jahrhundert

*„Ich lebe — nein,
nicht mehr ich, sondern Christus lebt in mir;
das Leben, das ich in meiner Menschlichkeit hinbringe,
lebe ich im Glauben an den Sohn Gottes,
der mir seine Liebe erwiesen und sich für mich hingegeben hat."*

Die Bibel, Galater 2,20

Die Zeit der Prüfung und Trübsal wird durch eine weitere opfernde Liebestat des Christus für die Menschheit und die Erde geprägt. Nach dem großen Opfer, dem Erscheinen im physischen Leib und dem Kreuzestod auf Golgatha folgt für den gegenwärtigen Zeitraum das Kommen des Christus im Ätherleib. (13) Dieses Geschehen bezeichnet das Ende des Kali Yuga und den Beginn des „Neuen Zeitalters", ein von Rudolf Steiner zuerst geprägter Begriff.

So wie zu Beginn der Zeitrechnung mit der physischen Verkörperung des Christus den Menschen die göttliche Liebe geschenkt wurde, so bedeutet die ätherische Wiederkehr gleichzeitig das Geschenk der Weisheit für die Menschen heute. Dies geschieht durch die Offenbarung einer göttlichen Kraft: der Weisheit-Sophia, dem universell-weiblichen Schöpfungsprinzip. (14) Sie ist von den Menschen in vielen Kulturen mit unterschiedlichen Namen verehrt worden: als Chockma, Sapientia, Tara, Prajna, Rhada, Premudrost, Ischtar, Isis und vielen anderen. Im Kali Yuga war das Göttlich-Weibliche mehr und mehr aus dem Bewusstsein der Menschen geschwunden. Nur im Raum der russisch-orthodoxen Tradition wurde das Wissen um Sophia lebendig gehalten. Aus dieser Kultur stammen Darstellungen der Sophia als Mutter, begleitet von drei tugendhaften Göttinnen: Glaube, Liebe und Hoffnung.

In der gegenwärtigen Geomantie werden diese drei Göttinnen — auch im Zuge der emanzipatorischen Frauenbewegung der siebziger Jahre — wieder entdeckt. (15) So wirkt Sophia auch in neuen Aspekten in der nachtblauen Göttin des Glaubens (die „Königin der Nacht"), der roten Göttin der Liebe und der weißen Göttin der Hoffnung.

Rudolf Steiner hat Sophia als „Schutzpatronin" der von ihm geschaffenen Bewegung gewählt: Antropos-Sophia, die Menschen-Sophia. Eine zentrale Aufgabe der Anthroposophie sah Rudolf Steiner darin, die Menschen auf die Erscheinung des Christus im Ätherischen vorzubereiten. (16)

Mutter Erde — vom Alten Garten zur Neuen Stadt

„Schamballa gibt es, Schamballa gab es,
Schamballa wird wieder da sein
für die Menschheit. Und zu dem ersten,
was die Menschen erblicken werden,
wenn Schamballa sich wieder zeigen wird,
wird der Christus in seiner Äthergestalt gehören . . .
Wenn die Menschheit versteht, dass sie jetzt
nicht tiefer herabsinken darf
in die Materie, dass sie Umkehr halten muss,
dass ein spirituelles Leben
seinen Anfang nehmen muss, dann wird sich ergeben
— zuerst für Wenige, dann in 2500 Jahren
für immer mehr und mehr Menschen
das lichtdurchwobene und das lichtdurchglänzte,
das von unendlicher Lebensfülle strotzende,
das unsere Herzen mit Weisheit erfüllende Land Schamballa.
Sie (die Menschen-Sophia, d. V.) wird uns hineinführen in das
geistige Land, von dem die alten tibetanischen Schriften als
von einem weit entrückten Märchenlande — gemeint ist die
ätherische Licht-Welt — sprechen:
in das Land Schamballa.
Aber nicht im entrückten, sondern im vollbewussten Zustande
soll der Mensch da hineingehen,
um sich von dort neue Kräfte zu holen.
Später werden auch die anderen Menschen
in das Land Schamballa eintreten.
Sie werden es erstrahlen sehen,
wie Paulus die Lichtflut des Christus über sich erstrahlen sah.
Auch ihnen wird sie entgegen strömen, auch ihnen wird die
Pforte der Lichtwelt sich erschließen, durch die sie eintreten
werden in das heilige Land Schamballa."
Rudolf Steiner (17)

Mit dem ätherischen Christus werden Menschheit und Mutter Erde auf dem Weg in das Lichte Zeitalter geführt. Wie kann der Mensch nun von Christus-Sophia erfahren? Christus ist der „neue Herr des Karma", der Moses in diesem Amt ablöst. (18) Mit Christus können wir durch die Erdinnenschichten hindurch zu dem Herzen von Gaia gelangen. Der goldene Grund des Reiches der Mutter ist das versunkene Paradies Schamballah. Die Gräfin von Keyserlingk berichtet:

„Rudolf Steiner hatte die Güte, noch zu mir herauf in mein Zimmer zu kommen, wo er über das Reich im Inneren der Erde zu mir sprach: Wir wissen, dass in dem Augenblick, als Christi Blut auf Golgatha auf die Erde tropfte, im Innern der Erde ein neuer Sonnenglobus geboren wurde. Mein Suchen hatte schon immer dem Erforschen der Erdentiefe gegolten, denn ich hatte aufleuchten sehen einen Erdkern aus Gold — den Ptolemäus als die ‚Ur-Sonne' bezeichnete. Diesen goldenen Grund konnte ich nur immer wieder in Verbindung bringen mit jenem Land, von dem Rudolf Steiner berichtet hat, dass es dem Menschenblick entzogen sei, und dass der Christus die Tore öffne, um die Menschen, die es suchen, hinzuführen — hinzuführen in das ‚versunkene Märchenland Chamballa', von dem die Inder träumen. ... Ich: ‚Und ist das Erdinnere aus jenem Golde, das aus dem Hohlraum der Sonne stammt und dorthin wieder zurückgehört...?' Rudolf Steiner: ‚Ja, das Innere der Erde ist aus Gold.' ... Doch ich fragte noch weiter, zu meiner Sicherheit: ‚Herr Doktor, wenn ich hier auf der Erde stehe ... so liegt unter mir, tief im Innern der Erde, das goldene Land — und wenn ich nun Sündenfreiheit erlange und in der Tiefe stehen bleibe, so können mir doch die Dämonen nichts mehr anhaben, und ich kann durch sie hindurchgehen — nach dem goldenen Lande hin?' Rudolf Steiner: ‚Wenn man mit dem Christus durch sie hindurchgeht, so können einem die Dämonen nichts anhaben — aber sonst können sie einen schon vernichten!' Er fügte bedeutsam hinzu: ‚Sie können uns aber zu Helfern werden — ja, das ist so. — Der Weg ist richtig, aber er ist sehr schwer!'"
(19)

>„Und ich stand mitten unter ihnen
>als der blühende Knabe
>des ewigen Lichtes.
>Und sie wagten nicht mich zu verschlingen —
>sie wichen zurück und über ihrem wilden Gewühl
>spannte sich ein Lichtstrahlenbogen.
>Und sie wurden unsicher und wankend, die Ungetüme,
>und sie erschlafften und sanken zusammen.
>Doch ihren Leibern entstiegen Menschen mit Gesichtern

des Grams und des Grauens,
erhellt von einem Lächeln der Erlösung.
Und ihre Leiber waren beschmutzt,
ihre Haare verworren, ihre Gliedmassen verrenkt
und ihre Nägel wie Krallen.
Denn sie waren eins gewesen mit den schrecklichen Ungeheuern.
Und nun entstiegen sie den erschlafften Leibern
und sanken anbetend nieder
vor dem Knaben des ewigen Lichtes."
Max Reuschle (20)

Übersicht „Sphären des Erdinnern" (21)

Unterirdische Sphären	Bedeutung (22)	Dante: Göttliche Komödie	Positive Schamballa-Qualität	Seligpreisungen	Entsprechung
1. Mineralerde, Kristallerde Beispiel: Stein	Materie der festen Erdrinde, physisches Gestein, Schale des Innern	Unerlöste Weise, Helden	Demut Seelisches Aufweichen von Verhärtungen	Selig sind die Bettler im (um) Geist, in sich selber finden sie das Himmelreich.	Physischer Leib
2. Flüssige Erde Beispiel: Quellwasser	Weicher Zustand. Alles steht aber unter hohem Druck, verdichtet, daher versiegelt, lebensvernichtend.	Liebeshölle, Sünder aus Leidenschaft	Lebenskraft, Belebung und Durchdringung z. B. der Ignoranz	Selig sind, die da Leid tragen, denn sie sollen getröstet werden.	Ätherleib
3. Lufterde, Dampf Beispiel: Erddüfte	In jedem Punkt belebt, empfindungsvernichtend.	Schlemmerer	Neues Mitgefühl erleben, der Abstumpfung begegnen.	Selig sind die Sanftmütigen, denn sie werden das Erdreich besitzen.	Empfindungsleib (unterer Astralleib)

4. Formerde, Wassererde Beispiel: Kristallformen, Eisblumen	Keine Stofflichkeit. Ursprung und Urquell der Astralkräfte und alles Stofflichen, die Form in das Gegenteil verwandelnd.	Geizige, Verschwender	Weibliche Urquelle, Kraft der Entlastung, statt anderen etwas anzulasten (Verschwender lasten anderen den Mangel an)	Selig sind, die sich nach Gerechtigkeit sehnen, denn sie sollen satt werden.	Empfindungsseele (mittlerer Astralleib)
5. Fruchterde Beispiel: Kristallwachstum	Urschicht des Lebens, „tote" Ablagerungen (Kohle, Kalk), voller Wachstumsenergie	Zornige	Wachstumskräfte, Bescheidenheit statt Eitelkeit und Eifersucht	Selig sind die Barmherzigen, denn sie werden Barmherzigkeit erlangen.	Verstandes- und Gemütsseele (oberer Astralleib)
6. Feuererde Beispiel: Lava	Triebartiges, ursprünglicher Quell des tierischen Lebens, Leidenschaften.	Wille, Trieb, Sünder aus Bosheit	Lichtkraft des ICH BIN, Hilfsbereitschaft statt egoistischen Leidenschaften	Selig sind, die reinen Herzens sind, denn sie werden darin Gott schauen.	ICH-Bewusstseinsseele
7. Erdenspiegel, Reflektor Beispiel: Metall, Spiegel	Geistige negative Wesen der Naturkräfte, Formenreservoir, Kraftsummenreste, alle Eigenschaften ins Gegenteil verwandelnd	Schuldiger der Unmoral Mörder, Tyrannen, Wucherer	Wahrheit, neue Menschengemeinschaft statt der Unfreiheit des Geistes	Selig sind die Friedensstifter, denn sie werden Gottes Kinder heißen.	Geistselbst (Manas), Imagination
8. Erdzersplitterer Beispiel: Scherben	Zahlenzeuger, zersplitterte Körperformen, Bausteine für neue Formen, Negativbilder, Disharmonie, schwarze	Kuppler, Verführer	Ganzheit statt egoistischem Leben Wirken auf ein gemeinsames künftiges Karma hin	Selig sind die Verfolgten, denn ihrer ist das Himmelreich.	Lebensgeist (Buddhi), Inspiration

	Magie				
9. Erdkern-schicht Beispiel: Chaotisie-rung	Sitz der Kraft des Bösen, „Kains-schlucht", Ur-Kunda-lini, Radio-aktivität	Eishölle, Verräter, Bruder- und Vatermörder	Weisheit statt Selbst-zerstörung, „Christus in mir", Meta-morphose im Innern	Selig seid ihr, weil mein Ich in euch lebt, freut euch und froh-locket.	Geistes-mensch (Atma), Intuition

Es gibt vier grundlegende Formen, sich mit Christus-Sophia zu verbinden. (23)
Über den Leib, den Ätherleib und den Astralleib bildet sich die Bewusstseinseele des Menschen mit der zentralen Ich-Kraft. Aufgabe der gegenwärtigen Epoche ist aus geisteswissen-schaftlicher Sicht die bewusste Aufnahme des Christus-Ich in das Ich des Menschen. Das deutsche Wort „Ich" setzt sich demnach auch aus den Initialen des griechischen Namens „Iesous Christos" zusammen.

Mit dem Wandel der Erde sind grundlegende Umstülpungsvor-gänge (24) vor sich gegangen. In diesen Bewegungen „öffnen" sich die neuen Räume der Erdentwicklung. Auch die Sphären des Erdinnern, in denen sich Schattenaspekte der Menschen formulieren, sind so jetzt gewandelt und geomantisch wahr-nehmbar: innen wird außen, außen wird innen. Folgt der Mensch in der Durchlichtung der eigenen Schatten dem Weg des Christus durch das Erdinnere, wird die Aufnahme des Christus-Ich erleichtert.
Geschieht diese Aufnahme durch die entsprechende geistes-wissenschaftlich-seelische Schulung, so ist der Mensch in der Lage, mit dem durchchristeten Ich auch verändernd auf das benachbarte Wesensglied des Astralleibes zu wirken. Später kann sogar eine Christus-Kommunion mit dem Ätherleib und dem physischen Leib erfolgen.

Vom Geistselbst zum lebendigen Ätherleib

Rudolf Steiner beschreibt die Verbindung des menschlichen Astral-Wesensgliedes mit Christus-Sophia so, als würde der

Mensch selber zu einer „Sophia" werden. (25) Diesen geläuterten, also „jungfräulichen" Astralleib nennt man das Geistselbst oder Manas. Caitlin Matthews (26) hat die anbrechende Epoche daher das Sophianische Zeitalter genannt.

Bewusstseinsart	Bewusstseinsseele	Geistselbst	Lebensgeist	Geistesmensch
Bezeichnung	Christus-Ich	Manas	Buddhi	Atma
umfasst	Christus Jesus als „Persona"	„Jungfrau" Maria-Sophia	Christus-Leben	Auferstehungsleib (Phantom)
Bedeutung	„Nicht ich, Christus in mir." (Galater 2,20)	Geläuterter Astralleib	Verlebendigter Ätherleib	Erneuerter physischer Leib (27)
Ausformung	Abendmahl: Christi Blut und Leib	Schamballa, das neue Paradies, Apokalypse, ätherische Wiederkunft des Christus		„Tempel" Welt-Pfingsten (28)

In sich trägt Sophia einen Teil derjenigen menschlichen Wesenheit, die den Sündenfall nicht mit erleiden musste: Die Veränderungen, welche mit dem astralischen, ätherischen und physischen Leib dieses Menschenpaares durch den Sündenfall geschahen, betrafen die gesamte Menschheit und bildeten den Anfang — das Urkarma — der Menschheit. Das bezeichnet die Bibel als „Erbsünde". Nun ist aber der Sündenfall nur die eine Seite des Vorgangs. Es gab auch eine andere, die in folgendem bestand: Während die Wesensglieder des die Menschheit vertretenden Paares „fielen" — d. h. das Böse in sich aufnahmen —, wurden Teile dieser Wesensglieder gleichzeitig „erhoben", d. h. sie verbanden sich mit bestimmten Wesenheiten der geistigen Hierarchien. Sie wurden beim Sündenfall „in Schutz" genommen, während die übrige Organisation der drei Leiber dem Fall preisgegeben wurde. (29)

Sophia ist die Hüterin des während des Sündenfalls nicht gefallenen Geistselbstes des menschlichen Ur-Paares. Mit ihrer neuen Nähe schenkt sie uns die Kräfte der Entwicklung auch des eigenen Geistselbst. Es tritt so ein Neues in die Welt, angefüllt mit umfassenden Heilkräften. An Orten in der Stadt und in der Landschaft sind diese Kräfte bereits konkret erfahrbar.

Die Herzkräfte des Christus

*„Denn das ‚Herz' ist das Zentrum oder ‚Lotos' der Liebe —
da besteht in Wahrheit nicht mehr die Frage
nach ‚oben' oder ‚außen'
und auch nicht mehr nach ‚oberhalb' und ‚unterhalb',
weil die Liebe alle Entfernungen
und alle Verschiedenheiten des ‚Raumes'
— selbst die Verschiedenheiten des geistigen Raumes —
aufhebt und die Macht hat, alle Dinge gegenwärtig zu machen,
auf diese Weise ist Gott in einem von Liebe entflammten Herz
gegenwärtig."*
Valentin Tomberg (30)

Valentin Tomberg hat in Folge seiner Studien Rudolf Steiners und eigener Erkenntnisse in den dreißiger Jahren Vorträge über das zu erwartende Ereignis der ätherischen Wiederkunft des Christus gehalten. (31) Er führt darin aus, dass diese Wiederkunft zur Zeit der Millenniumswende in besonderer Weise der Natur gelten wird. Dem „vertikalen" Menschen-bezogenen Christusopfer von Golgatha folgt danach jetzt ein Erden-Gaia-Natur-bezogenes „horizontales" Opfergeschehen:

„Wie kann man sich die Naturwirkung des Christus vorstellen — sein Schreiten durch den Raum in der Natur? Sehen Sie, es geschieht so mancherlei, das jeder, der aufmerksam miterlebt und beobachtet, wahrnehmen kann: in der Natur geschieht mit jedem Jahr etwas, das der gesamten Tradition der Naturereignisse der Vergangenheit immer mehr widerspricht. ... Die äußeren Zeichen der ätherischen Wiederkunft des Christus werden sich dadurch zeigen, dass wiederum Veränderungen in der Natur stattfinden werden. Es werden neue Frühlinge kommen, die nicht böse und schwül sein werden, sondern Wärme und Genesung atmen werden. Sommerzeiten werden kommen, wo es zwei Ernten geben wird, wo die Natur Güte atmen und ihre Früchte gleichsam schenkend darreichen wird. ... Es werden

aber drei Jahre kommen, wo die Natur Güte ausstrahlen wird, wo der Mensch z. B. merkwürdigen Trost an den Bäumen erleben wird, wenn er in Verzweiflung kommt — wo Gutes auf menschliche Seelen von den Pflanzen ausgehen wird, wo man erleben wird, dass die Bäume sich in Güte, im Schenken dem Menschen neigen. Es wird Güte zu empfinden sein in der Natur, so dass die Menschen es nie vergessen werden, sie werden es behalten als ein Naturwunder. Es wird nichts Äußerliches geschehen, wie etwa Blitz und Donner, sondern ein Hauch der Güte wird ausgehen von der Natur. Die menschliche Natur wird das als genesend und heilend empfinden. ... Es wird für eine kurze Zeit von drei Jahren eine Wiederversöhnung zwischen Menschheit und Natur stattfinden." (32)

> „Und er zeigte mir einen Strom des lebendigen Wassers,
> klar wie Kristall,
> der ausgeht von dem Thron Gottes und des Lammes.
> Auf beiden Seiten des Stromes mitten auf der Gasse
> ein Baum des Lebens...
> Die Blätter des Baumes dienen zur Heilung der Völker."
> Die Bibel, Offenbarung 22,1–2

Robert A. Powell (33) beschreibt für die Zeit nach dem Ende des Kali Yuga die Christus-Wiederkunft in Form eines $33^{1}/_{3}$-Jahres-Rhythmus, der mit der historischen Lebenszeit des Christus Jesus auf Erden korrespondiert. Danach beginnt das „neue Zeitalter" mit der „Geburt des ätherischen Christus" im ausgehenden 19. Jahrhundert und der Einsetzung der Anthroposophie durch Rudolf Steiner als dem Apostel des Ätherischen Christus. In das 20. Jahrhundert fällt nun der Entfaltungsrhythmus in Form der Jahre 1933, 1966 und 1999. Die Zeit ab 1933 (bis 1945) bedeutet eine Art neuer „Kreuzigung" des ätherischen Christus, die sich im Wirken starker Gegenmächte zeigte. Mit dem Zünden der Atombombe am 6. August 1945 hat der Mensch endgültig die Pforten der Unterwelt geöffnet.

Über die Christusqualität der dreißiger Jahre hat Jesaiah Ben Aharon (34) ein lesenswertes Buch geschrieben:

„Wenn sich der geisteswissenschaftliche Blick auf den Beginn des zweiten Drittels unseres Jahrhunderts richtet, wird er von *einem bestimmten Punkt mächtig angezogen, durch den in der ätherischen Welt etwas völlig Neues zu weben und funkeln beginnt. Wenn sich die Aufmerksamkeit ganz auf diesen Zeitpunkt richtet, tritt ein plötzliches, sich selbst verstärkendes Licht ins Bewusstsein ein. Es bricht wie durch eine schwere, neblige Masse hindurch; es flammt auf als feuriges Leuchten. Es bricht hervor und dehnt sich aus in alle Richtungen der Zeit hinein. In diesem Ausbreiten bildet es sich eine einzigartige Erscheinungs- und Daseinssphäre. Es entfaltet eine sich ausdehnende Bewegung, die einen Raum schafft und ihn belebt. Es bildet sich dadurch etwas wie eine Sphäre für seine Offenbarung, eine Heimat und ein eigenes Reich. Und diese Vorbereitung wird nach und nach selber zur Offenbarung. Im Zentrum dieser stetigen, sich innerlich ausweitenden, strahlenden Sphäre nimmt eine Gestalt Form an. Sie ist aus den Lichtstrahlen ihrer eigenen Schöpfung gewoben und flammt mit den Feuerzungen ihrer eigenen unaufhörlichen und gewaltigen Selbstverbrennung. Ein universales, keimhaftes Herzzentrum beginnt sich zu offenbaren. Es bildet sich mitten in dem sonst schwer bewölkten und verdunkelten Planet Erde, strotzend vor unendlicher keimender Samen- und Lebenskraft. Gleichzeitig verbindet es seinen kreisenden Pulsschlag mit dem die Erde umspannenden kosmischen Umkreis. Das Ergebnis ist die Erschaffung eines ganzen Netzwerks leuchtender ätherischer Blutgefäße. Dieses Netzwerk verästelt und gliedert sich wie ein lebendiger Organismus. Es breitet seine lebendigen Wurzeln, Stängel und Blätter aus und verbindet so das Zentrum und die Peripherie dieses weltumfassenden Geschehens."* (35)

Auch für die gegenwärtige Zeit wird die Ausbildung von Herzzentren besonders wahrgenommen. Marko Pogačnik beschreibt: *„Es handelt sich um ein Chakra der Erde, das ... dem betreffenden Raum wichtige Lebenskräfte zuführt. Ein solches Kraftzentrum kann man als ein Herzzentrum bezeichnen, weil die Schwingung, die sich strahlenförmig aus seinem Zentrum heraus in den Landschaftsraum ausbreitet, Herzqualität aufweist. Das heißt, sie ist sowohl auf der Ebene der Polarität Kosmos–Erde als auch auf der Ebene der Polarität weiblich–männlich (Yin–Yang) vollkommen ausgeglichen. Diese Besonderheit eines Herzzentrums macht es möglich, dass durch seine Tätigkeit das Leben als Ganzheit genährt wird, was wie-*

derum den Erdenraum auf eine grundlegende Weise belebt.
... (Es ist) verwoben mit anderen Zentren, von denen jedes einen eigenen kreisrunden Raum mit seiner Ausstrahlung speist. Der Umfang der einzelnen Herzzentren variiert zwischen 40 und 900 km im Durchmesser, wobei alle zusammen mit ihren sich teilweise überschneidenden Radien die ganze Erdoberfläche umspannen. Jedes Fleckchen der Erdkugel wird auf diese Weise abgedeckt und mit Lebensqualität durchtränkt."* (36)

Fast wie eine Voraussage der neuen Geomantie liest sich eine weitere Passage Tombergs: *„Die zweite Stufe* (der Manas-Entfaltung, d. V.) *wird darin bestehen, dass man sich nicht nur der sozialen Aufgaben der Menschheit gegenüber bewusst sein wird, sondern auch namentlich der Aufgaben der Menschheit der Natur gegenüber: man wird die Natur nicht mehr als Gegenstand der Ausbeutung betrachten, sondern sich dessen bewusst sein, dass sie der Erlösung durch den Menschen harrt. Und vieles wird während jener Kulturepoche im Dienste der Natur geschehen. Der alte Naturdienst der Vergangenheit wird wieder erstehen: doch wird man die Natur nicht anbeten und von ihr Orakel und Omen erfragen, sondern es wird ein Dienst des Heilens der Natur sein. Es werden Veranstaltungen getroffen werden, durch welche man der Natur Heilkräfte zuführen wird — so wie die Natur dem Menschen früher Heilkräfte zugeführt hat. Es werden die Menschen dieser Bewusstseinsstufe den ‚neuen Namen des Christus' vertreten, denn der ‚neue Name' des Christus wird nach dem vollbrachten fünften Opfer in der gegenwärtigen Zeit ergänzend die Bedeutung des Heils der elementarischen Welt, d. h. der Reiche der Natur, erhalten."* (37)

Herzkräfte in der Elementarwesenwelt

„Gibt es auch Elementargeister des Äthers?
Ja, das 5. Element ist der Äther: er ist ein eigenes Element,
zugleich aber eine Zusammenfassung
der anderen vier Elemente.
Wie es vier Himmelsrichtungen und die Senkrechte gibt,
so auch vier Elemente und den Äther."
Alexa Kriele (38)

Auch in der Elementarwesenwelt werden die Herzkräfte erfahrbar. Die bisherigen elementaren Wesenheiten erhalten eine ganz neue Verbindung zum Christus-Sophien-Geschehen. (39) Auch sind ganz neue elementare Kräfte erschienen, die den Impuls des neuen Zeitalters in die Naturwelten entfalten helfen. Hierzu gehören auch bisher nicht wirkende Elementarwesen des Quintessenz-Elements. (40) Auf das Erscheinen dieser neuen Wesen hat Rudolf Steiner bereits 1911 in grundlegender Weise hingedeutet:

„Diejenigen, deren Geist geweckt ist, werden innerhalb der Naturvorgänge neue Wesenheiten sehen können. Während der Mensch... immer mehr erleben wird etwas Erfrischendes in der Natur, wird derjenige, dessen hellseherische Kräfte erwachen, neue elementarische Wesenheiten aus der absterbenden Natur hervorgehen sehen. Während in der groben physischen Welt verhältnismäßig wenig zu sehen sein wird von dem großen Umschwung um die Wende des zwanzigsten Jahrhunderts, wird die geistig geöffnete Seele empfinden: Die Zeiten ändern sich, und wir Menschen haben die Pflicht, die Geist-Erkenntnis vorzubereiten. ... Damit ist eines angedeutet: Es wird um die Wende des zwanzigsten Jahrhunderts gleichsam geboren ein immerhin neues Reich von Naturwesen, das als ein geistiger Quell aus der Natur hervorgeht und für die Menschen sichtbar und erlebbar wird. Noch ein anderes kommt hinzu. Diejenigen, die in die Lage kommen werden, das, was eben geschildert wurde, als Tatsache der Natur zu erleben, die werden in ganz anderer Art als durch das gewöhnliche Gedächtnis solche Eindrücke bewahren. Sie werden hinübertragen — wie die Samenkörner durch den Winter in den Frühling hinein es tun — das, was ihnen entgegenströmt an neuen Elementargeistern." (41)

Nicht nur in der Elementarwelt, auch in der Engelwelt sind — besonders seit dem Jahr 2001 — ganz neue Formen von Landschaftsengeln wahrnehmbar. Auch alle Menschen werden in der Übergangszeit von zwei Schutzengeln begleitet. Die neuen Wesenheiten erscheinen vor dem inneren Auge als deutlich erdiger und mehrdimensionaler als die Vertreter der bisherigen Hierarchien. In ihrer Mitte ist ein Aspekt einer allverbindenden Liebe von Christus-Sophia spürbar. Daneben übernehmen sie auch als Buchengel (Manas-Ebene), als Posaunenengel (Buddhi-Ebene) und als Schalenengel (Atma-Ebene) wichtige Aufgaben in den aktuellen Wandlungsvorgängen, wie sie in der Apokalypse („Krieg — Naturkatastrophen — Epidemien") geschildert werden.

Der Tempel

„Ich sehe sein Blut in der Rose
und in den Sternen die Herrlichkeit seiner Augen.
Sein Körper schimmert inmitten ewigen Schnees.
Seine Tränen fallen von den Himmeln.
Ich sehe sein Angesicht in jeder Blume.
Der Donner und der Vögel Lieder sind seine Stimme
und die durch seine Macht gemeißelten Felsen
sind seine geschriebenen Worte.
Alle Pfade haben seine Füße getragen.
Sein starkes Herz bewegt das ewig rollende Meer.
Seine Dornenkrone ist verwoben mit jedem Dorn.
Sein Kreuz ist jeder Baum."
Joseph M. Plunkett (42)

Der russische Autor Daniil Andrejew hat eine großartige Vision der Zukunft veröffentlicht: *„In der Neuesten Metageschichte vollzieht sich ein Mysterium: In unsere Sphäre (der Autor verwendet dafür den Begriff Bramfatura, d. V.) ergießen sich neue göttliche und schöpferische Kräfte. Davon träumten seit ältesten Zeiten die am weitesten entwickelten Herzen, die verfeinertsten Geister. Und nun vollzieht es sich. Das erste Glied in der Ereigniskette, welches man nur mit der Menschwerdung des Planetaren Logos vergleichen kann, vollzog sich an der Wende zum 19. Jahrhundert. Es kam zum Herabströmen der Kräfte der Heiligen Jungfrau-Mutter, die nun nicht mehr unpersönlich waren. ... Da ist sie, unsere Hoffnung, unser Trost, Licht und Göttliche Schönheit! Denn Ihre Geburt wird sich in der irdischen Geschichte durch etwas widerspiegeln, was unsere Enkel und Urenkel erleben werden: die Gründung von Rosa Mira ..."* (43)

Die Weisheit der Sophia mit ihren sieben Säulen ist die Erbauerin der Neuen Stadt. Die Wandlung des physischen Leibes durch die Annahme des von Christus auf Golgatha neu gebildeten Auferstehungsleibes liegt für den Menschen als weites Ziel voraus. Bereits heute sind aber in der Landschaft die ersten „Tempelsäulen" im Entstehen. In diesen kosmischen Säulen lässt sich ein universeller Schöpfungsimpuls wahrnehmen. Irdisch wird dieser göttliche Wille von einer schalenartigen Säulenbasis aufgenommen.

Ausblick

„Im Urbeginne war Sophia
und Sophia war bei Gott,
vereint mit dem Logos.
Sophia war im Urbeginne bei Gott.
Alle Dinge sind durch den Logos und durch Sophia gemacht.
Und nichts von allem Entstandenen
ist anders als durch den Logos und die Weisheit gemacht.
Sophia ist Weisheit
und Sophia ist das Licht der Schöpfung.
Das Licht scheint in den Himmeln
und die Engel strahlen seine Kraft aus."
(44)

Allgemein erfahrbar ist zur Zeit eine deutliche Beschleunigung der Lebensvorgänge. Die Zeit rinnt offenbar immer schneller aus. Das Neue Zeitalter möchte mit großer Kraft eintreten. Nimmt man den Zyklus des Wandels mit dem Höhepunkt der Jahrhundertfinsternis vom 11. August 1999, so entfalten sich in seiner Folge weitere bedeutsame Jahre bis 2012. Die Erderneuerung hat die mentalen, astralen und ätherischen Ebenen bereits weitgehend erfasst, der Wandlung der physischen Ebene setzt sich der Mensch stark entgegen. Darauf reagiert die Erde mit Erschütterungen, die sich auch in Fluten, Erdbeben und Wetterextremen äußern können.

Ein Blick in die Offenbarung des Johannes zeigt die Möglichkeit weiterer Herausforderungen für die Menschheit in der kommenden Zeit. Der „Drache" des alten Zeitalters wehrt sich gegen die Veränderungen. Mit dem „Tier" der Apokalypse tritt an die Menschheit eine besondere Prüfung heran, die sich im Rhythmus der Jahre 666, 1332 und 1998 gliedert. (45)

Der große Zeiträume überblickende Maya-Kalender endet mit der Wintersonnenwende, dem 21. Dezember 2012. (46) Auch aus dieser Perspektive erreicht die bisherige Zivilisationsentwicklung einen Endpunkt. Die Sonne wandert zu diesem Zeitpunkt über die Mitte der Milchstraße und löst einen Evolutionssprung aus. Mit dem galaktischen Zentrum der Milchstraße ist dabei ein besonders starkes Zentrum in 25 Millionen Lichtjahren Entfernung von der Erde gemeint. Es befindet sich dort, wo der Schütze mit seinem Pfeil hinweist („Sagittarius A", ca. 2 Grad im Sternzeichen Schütze, ca. 27 Grad im Tierkreiszeichen Schütze).

Dazu schreibt John Major Jenkins: *„Der längste Zyklus im Maya-Kalender beträgt 26.000 Jahre. So lange dauert die Umdrehung unseres Sonnensystems um die Sternengruppe der Plejaden. ... Dieser Zyklus endet nach dem Maya Kalender am 22. Dezember 2012. Zu diesem Zeitpunkt findet eine äußerst seltene astronomische Konstellation statt, die sich seit Tausenden von Jahren langsam abzeichnet. Zur Wintersonnenwende im Jahr 2012 wird die Sonne in Konjunktion mit der Milchstraße stehen. Die gesamte Schöpfungsgeschichte der Maya kann man nur durch ein Verständnis dieser Konjunktion verstehen, ebenso die uns bevorstehenden Veränderungen. Nach dem Maya-Kalender leben wir heute in einer Endzeit. ... Nach dem Konzept der Maya von Zyklen und Zeitübergängen bedeutet dieses Ende gleichzeitig einen Neuanfang. ... Am Ende jeden Zeitalters steht eine Neugeburt. Der Ort, an dem die Sonne der Milchstraße begegnet, befindet sich in der ‚dunklen Spalte' der Milchstraße, die durch interstellare Staubwolken gebildet wird. Dieses Phänomen kann jeder in einer klaren Sommernacht sehen, außerhalb der beleuchteten Großstädte. Zur Dämmerung der Wintersonnenwende in 2012 wird die Sonne sich direkt in dieser dunklen Spalte befinden, und zwar so platziert, dass die Milchstraße den Horizont an allen Punkten ringsum umfasst. Dadurch ‚sitzt' die Milchstraße auf der Erde, berührt sie an allen Punkten ringsum und öffnet ein kosmisches ‚Himmelstor'. Die galaktische und die solare Ebene befinden sich in Konjunktion. ... Die dunkle Spalte hat viele mythologische Bedeutungen: Straße der Unterwelt; Mund eines kosmischen Monsters; Geburtskanal der Kosmischen Mutter. Am besten zu verstehen ist die Bedeutung der dunklen Spalte als*

Geburtskanal der Kosmischen Mutter, die bei der Konjunktion auf den Ersten Vater trifft. Genau zu diesem Zeitpunkt endet der Zyklus des Maya-Kalenders. All diese Übereinstimmungen lassen es offenkundig erscheinen, dass die alten Maya über die Konjunktion wussten und sie für einen wichtigen Übergangspunkt hielten, den Übergang in ein neues Weltzeitalter. In mythologischer Sprache bedeutet das Ereignis die Verbindung des Ersten Vaters mit der Kosmischen Mutter — oder genauer gesagt: die Geburt des Ersten Vaters (die Sonne der Wintersonnenwende) durch die Kosmische Mutter (die dunkle Spalte in der Milchstraße)."* (47)

Mit diesem kurzen Ausblick auf das Kommende soll dieser Beitrag beschlossen werden. Was kann der Mensch tun? Marko Pogačnik hat als Essenz seines jahrzehntelangen Engagements für die Erde einen konkreten Entwurf für den Übergang in das kommende, sich neu entwickelnde friedliche Zeitalter veröffentlicht (48), in der die innere Entwicklung des einzelnen, die Beziehung in der Gesellschaft und die Koexistenz mit dem Erdenkosmos zu einer dreigliedrigen Zivilisation verbunden werden.

Anmerkungen:
(1) Zitiert in Wolfgang Garvelmann: Ich bin bei euch: Christuserfahrung heute, Dornach 1994, S. 123.
(2) Rudolf Steiner: Die Geheimwissenschaft im Umriss, 1910, GA 13, Dornach 1972; und: Wie erlangt man Erkenntnisse der höheren Welten?, 1904/05, GA 10, Dornach 1992.
(3) Willi O. Sucher: Isis-Sophia — Umriss einer geisteswissenschaftlichen Kosmologie, Stuttgart 1999.
(4) Rudolf Steiner: Bewusstsein — Leben — Form, Grundprinzipien der geisteswissenschaftlichen Kosmologie, 1905, GA 89, Dornach 2001, S. 74.
(5) Die materialisierte Wissenschaft zählt heute dreizehn Sternbilder: Zwischen Skorpion und Schütze wurde der Schlangenträger eingeschoben.
(6) Die Bibel, Offenbarung 1,11. Im einzelnen dazu: Valentin Tomberg: Anthroposophische Betrachtungen über das Neue Testament und die Apokalypse, 1935/38, Schönach 1991, S. 249 ff.

(7) Hergen Noordendorp: Die Offenbarung des Johannes, Schaffhausen 2004.
(8) Attila József und Alexander Gosztonyi: Ausgewählte Gedichte, Tschudy 1963.
(9) Rudolf Steiner: Grundelemente der Esoterik, 1905, GA 93a, Dornach 1987, S. 277.
(10) Das „Zeichen des Menschensohnes am Himmel", Die Bibel, Matthäus 24,30.
(11) Robert Powell: Das größte Geheimnis unseres Zeitalters — Gedanken zur Wiederkunft des Christus, Stuttgart 2000, S. 99.
(12) Christus-Endzeitrede, Die Bibel, Lukas 21.
(13) Rudolf Steiner: Das Ereignis der Christus-Erscheinung in der ätherischen Welt, 1910, GA 118, Dornach 1977; sowie Valentin Tomberg: Die vier Christusopfer und das Erscheinen des Christus im Ätherischen, 1938/39, Schönach 1994.
(14) Thomas Schipflinger: Sophia-Maria — Eine ganzheitliche Vision der Schöpfung, München-Zürich 1988; sowie Robert Powell: Die Allerheiligste Trinosophia und die neue Offenbarung des Göttlich-Weiblichen, Borchen 2005.
(15) Heide Göttner-Abendroth: Die Göttin und ihr Heros, München 1984; sowie Marko Pogačnik: Die Landschaft der Göttin, München 1993.
(16) Rudolf Steiner: GA 118, a. a. O.
(17) Rudolf Steiner: Das esoterische Christentum und die geistige Führung der Menschheit, 1911, GA 130, Dornach 1995, S. 167.
(18) Ebd., S. 165.
(19) Johanna Gräfin von Keyserlingk: Koberwitz 1924 — Geburtsstunde einer neuen Landwirtschaft, Stuttgart 1974, S. 75f.
(20) Max Reuschle: Wesensbild, Stuttgart 1955.
(21) Beispiele und positive Qualitäten nach Dr. Jürg Reinhard: Geosophie, Merligen 2004, ergänzt.
(22) Rudolf Steiner: Vor dem Tore der Theosophie, 1906, GA 95, Dornach 1990.
(23) Robert Powell, 2000, a. a. O., S. 50.
(24) Hans Bonneval: Umstülpung als Schöpfungs- und Bewusstseinsprinzip, Borchen 2006.
(25) Rudolf Steiner: Das Johannes-Evangelium, 1908, GA 103, Dornach 1995; sowie: Kosmogonie, 1906, GA 94, Dornach 2001.

(26) Caitlin Matthews: Sophia — Göttin der Weisheit, Düsseldorf 1993.
(27) Judith von Halle: Und wäre er nicht auferstanden... — Die Christus-Stationen auf dem Weg zum geistigen Menschen, Dornach 2005.
(28) Emmanuel M. Heufelder: Christus in euch, Wiesbaden 1991; und: „Nicht mehr ich lebe, sondern Christus lebt in mir", Die Bibel, Galater 2,20.
(29) Valentin Tomberg: Anthroposophische Betrachtungen über das Alte Testament, 1933, Schönach 1989, S. 218 ff.
(30) Der Anonymus d'outre-tombe (d. i. Valentin Tomberg): Die Großen Arcana des Tarot, 1972, 2 Bände, Basel 1983, S. 363.
(31) Tomberg, 1994, a. a. O.
(32) Ebd., S. 131 ff.
(33) Robert Powell, 2000, a. a. O.
(34) Jesaiah Ben Aharon: Das spirituelle Ereignis des 20. Jahrhunderts, Dornach 1997. Siehe dazu auch in diesem Buch die Zusammenfassung zu Thomas Mayer: Geistige Hintergründe der Erdwandlung.
(35) Jesaiah Ben Aharon, 1997, a. a. O., S. 44f.
(36) Marco Pogačnik: Wege der Erdheilung, München 1997, S. 54.
(37) Valentin Tomberg, 1991, a. a. O., S. 294 f.
(38) Alexa Kriele: Wie im Himmel so auf Erden — Einführung in die christliche Engelkunde, Seeon 1998.
(39) Marko Pogačnik: Die Tochter der Erde — Die Wiedergeburt des göttlichen Weiblichen, Aarau 2002. Hier schildert der Autor die Begegnung mit einer Pan-Wesenheit, die die Christus-Stigmata trägt.
(40) Marko Pogačnik beschreibt diese Wesen als Mischung zwischen Engel und Elementarwesen. In: Erdwandlung als persönliche Herausforderung, München 2003, S. 54.
(41) Rudolf Steiner, GA 130, a. a. O., S. 30 ff.
(42) Joseph M. Plunkett, zitiert in Arthur Stanley: Das Testament des Menschen (engl.).
(43) Daniil Andrejew: Rosa Mira — Die Weltrose, o. O. 2005, S. 337.
(44) Ohne weitere Angaben zitiert in Robert Powell: Die göttliche Sophia, Borchen 2004, S. 122.
(45) Wladimir Solowjew: Eine kurze Geschichte vom Anti-

christ, Donauwörth 2002; sowie Flensburger Hefte, Nr. 60: Die Impulse des Bösen am Jahrtausendende, Flensburg 1998.

(46) Hinweise finden sich bei dem nicht aus der geisteswissenschaftlichen Richtung stammenden Autor Tibor Zelikovics: Die kommende Zeitenwende und das Goldene Zeitalter — Prophetische Visionen zur Gegenwart und Zukunft, Wien 2000.

(47) John Major Jenkins: Das Ende der Zeitrechnung im Maya-Kalender, ursprünglich veröffentlicht in: Gebirgsastrologe, Ausgabe Dezember/Januar 1995.

(48) Marko Pogačnik: Liebeserklärung an die Erde — Ein weltumspannender Steinkreis für die Kraft des Wandels, Baden und München 2007, S. 169f.

Die Erdwandlung durch die Eröffnung geistiger Quellen

Hans-Joachim Aderhold

Im Bericht „Dem Sein entgegen" habe ich meinen Weg zur Geomantie geschildert. Ein zentrales Erlebnis dabei war 1981 die Begegnung mit den von Imme Atwood aus der geistigen Welt von dem Tröster-Christus empfangenen Mitteilungen. (1) Sie ermöglichen ein sehr tiefes Verständnis der Erdwandlung. Deshalb möchte ich nachfolgend auf diese und weitere geistige Quellen sowie ihre Zusammenhänge mit der Strömung des parakletischen Christentums eingehen.

Der Paraklet

In den Abschiedsreden des Christus, wie sie das Johannesevangelium (2) mitteilt, verheißt dieser den Parakleten (im griechischen Urtext: Parakletos, Luther übersetzt: Tröster). Karl Friedrich Althoff (3) hat unter Bezugnahme auf den Urtext und unter Einbeziehung der 22 Laute des althebräischen Uralphabets wesentliche Baugeheimnisse des Johannesevangeliums entschlüsselt. (4) Danach bilden die Abschiedsreden ein eigenes Mikro-Evangelium auf der Stufe der Wandlung im Zeichen des Buchstabens Ajin, dessen Name „Auge" und „Quelle" bedeutet. (5) Die Gestalt des Parakleten steht darin in der Mitte, dort, wo die Wandlung selbst geschieht. Christus spricht über den Parakleten wie folgt, wobei sich aus den Zahlenverhältnissen der Häufigkeit der Nennungen das Ägyptische Dreieck bildet mit der *Drei* plus *Vier* plus *Fünf* gleich *Zwölf* und der *Eins* im Umkreis (was zugleich auch die *Dreizehn* ergibt).

Nur einmal nennt er ihn den Heiligen Geist, und zwar in einem nachgestellten Beisatz (Apposition) zum Parakleten, den der Vater senden wird.

Dreimal nennt er ihn den Geist der Wahrheit,
– den die Welt nicht aufzunehmen vermag, weil sie ihn nicht in ihre Anschauung einbezieht,

- der vom Vater ausgeht,
- appositiv zu „jener" als Wegführer in alle Wahrheit.

Viermal spricht er vom Parakleten:
- Er ist mit euch.
- Der Vater wird ihn senden.
- Ich sende ihn.
- Er kommt nicht, wenn ich nicht gehe.

Fünfmal sagt er, „jener"
- wird euch unterweisen und euch an alles erinnern, was ich gesagt habe,
- wird für mich zeugen,
- wird der Welt bewusst machen die Geistentfremdung (die darin besteht, dass sie nicht ihre Glaubenskraft in mein Wesen hinein entfaltet), das Erstreben höheren Seins und Erkennens und die Weltentscheidung des Gerichts (denn der Beherrscher dieser Erdenwelt ist bereits in seinem Wesen erkannt),
- wird euch in alle Wahrheit führen und das Kommende kundtun,
- wird mich zum Aufleuchten bringen. (6)

Trotz der zentralen Botschaft dieser Aussagen des Christus haben die Abschiedsreden in den christlichen Kirchen bisher keine nennenswerte Bedeutung. Das wurde durch die Annahme möglich, mit dem Erscheinen des Heiligen Geistes zu Pfingsten sei das Verkündete schon eingetreten. (7) Anders in der so genannten Ketzerbewegung: Hier gab es — trotz aller Verfolgung und Vernichtung — immer wieder auch das Wissen um den noch kommenden Parakleten. Insofern kann man in der meist auf eigenes inneres Erleben, Gemeinschaft, Armut und Reinheit gegründeten christlichen „Ketzerbewegung" immer wieder Anklänge nicht nur an das manichäische (8), sondern auch an das parakletische Christentum finden. (9)

Die Tröstermitteilungen

Die Mitteilungen, die Imme Atwood (10) seit Ende der siebziger Jahre von dem Tröster-Christus erhielt, zeigen, dass sich die Abschiedsreden des Christus auf unsere Zeit beziehen. Sie ermöglichen ein tiefes Verständnis des Parakleten (nach Luther: Trösters) und der Erdwandlung. Nachfolgend findet mit Genehmigung der Autorin der Abdruck einiger Texte statt, die sich besonders auf die tiefsten Mysterien der Erdwandlung beziehen. (1) Sie sind im Rahmen des christlich-rosenkreuzerischen Schulungsweges gegeben worden.

Ausgewählte Texte

2.6.81

Der Tröster:
Das Erscheinen des Trösters hat sich lange vorbereitet. Die Ereignisse sind von vielen Menschen geschaut und gehört worden. Und es werden immer mehr Menschen den Tröster wahrnehmen.

Der Name des Christus ist den Menschen schon seit Hunderten von Jahren bekannt. Er tritt nun als Tröster in die Erdentwicklung ein, ist aber der Christus in seiner jetzigen Erscheinungsform.

1.6.81

Der Tröster:
Im Herzen der Erde sind die Keime der gesamten zukünftigen Erdentwicklung. Der Christus behütet sie dort und wird sie zur Entfaltung bringen.

Jedes Gebet ist eine Lichtquelle, die vom ewigen Vater im Himmel gespeist wird.

Das Herz der Erde kann man sich vorstellen als ein Gebilde, das von Lichtströmen durchströmt wird wie ein menschliches Herz vom Blut. Die Lichtströme durchströmen die Erde.

Die Erde hat verschiedene Bereiche. Das Herz der Erde wird von den Lichtkräften behütet. In einem Gebiet, das dem Erdenzentrum nahe ist, befindet sich ein Ort, wo sich die finstersten Mächte verschanzt haben.

9. 4. 81

Frage:
Wo können wir uns das Herz der Erde vorstellen, von dem oft gesprochen wird?

Der Tröster:
Stellt euch das Herz der Erde ganz nahe bei dem Zentrum der Erde vor. Es ist ein physisch-ätherisch-seelisch-geistiges Organ, das von Gottes Hand beschützt wird.

Ich darf dir noch die Hilfe geben: Du weißt, dass die Erde ein Wesen ist. Sie besitzt alle Organe, die auch ein Mensch besitzt. Die Organe bei der Erde sind anders gelagert als beim Menschen, weil sie eine runde Form hat.

21. 12. 79

Erde, Erde, liebe Erde,
du Stern der Leiden und Schmerzen,
wache auf in der Not und höchsten Gefahr!
Wir sind mit dir
und wachen über dein Leben,
dein heiliges Leben.
Du, Mutter uns und Wächterin
unseres Werdens und Strebens.

Wir tragen dich auf Händen,
wir schützen dich
und lindern deine Schmerzen
mit unseren liebenden Gedanken.

Segen strömt, unendlicher Segen,
strömt herab bis in deine tiefsten Tiefen.
Heiligstes Geschehen,
das das heilige Weltenwort
in dir vollbringt! —

Betet, betet, betet!
Denn die Stunde ist nahe herbeigekommen,
da der Gottessohn aufrufen wird diejenigen,
die in ihren Seelen
wachend die Weltenwende
erleben sollen!

11.12.80

Für eine Gruppe:

Erde, geliebter Stern,
du wirst erleuchtet
von dem Herzstrahl Gottes.

Das Kind wird in dir geboren,
das die Erde erretten wird
aus Trübsal und Not.

Weihnachtsstern, leuchte uns,
erleuchte die Erde,
erleuchte unsere Herzen,
auf dass das ewige Licht siege!

Gottes Kraft strömt
auf die Erde hernieder
In mächtigen Segensströmen.
Gottes Liebe umhüllt die Erde,
Gottes Segen erleuchte eure Herzen.

Christnacht
Weihnacht
Rosenkreuz
Rosenkreuz
Rosenkreuz

    Amen   Segen   Amen

Diesen Spruch, liebe Schwestern, habe ich euch heute reichen wollen. Mit ihm könnt ihr Segensströme unterstützen, die unser ewiger Vater im Himmel jetzt in zunehmendem Maße herniederströmen lässt. Wollt ihr mir die Liebe erweisen und diesen Spruch dreimal täglich meditieren?

Es werden auch in diesem Jahre in den zwölf heiligen Tagen und Nächten mächtige Vollzüge in der geistigen Welt stattfinden. Durch diesen Spruch seid ihr geistig an diese Vollzüge angeschlossen. Meditiert bitte so intensiv wie möglich, indem ihr euch die Gedanken des Spruches voll bildhaft macht und zu innerem Leben erstarkt. Dann nehme ich eure Meditationen mit auf in den Kraftstrom, der von diesen Vollzügen ausgehen wird.

Jetzt spricht Christian Rosenkreuz durch Strahlenkontakt:

> Christuslicht,
> Christusliebe,
> Christussegen
> erhelle euch,
> erwärme euch,
> durchströme euch.

17. 1. 81
Frage wegen der Meditation vom 11. 12. 80
„Das Kind wird in dir geboren"...

Der Tröster:
Mein lieber Bruder, es handelt sich dabei um eines der tiefsten Mysterien der nahen Zukunft. Im Erdenherzen wird eine neue Gotteskraft geboren werden, die so stark ist, dass die Finsternis vor ihr zurückweichen muss. Dieser Entwicklung stehen jedoch die allerstärksten Widerstände entgegen. Aber Gottes Plan muss und wird zur Durchführung kommen.

16. 10. 81
Der Tröster:
Es ist richtig, dass vor 2000 Jahren ein Kind geboren wurde. Aber um was es sich in der Weihnachtsmeditation handelt, ist ein Mysterium der Gegenwart und nächsten Zukunft, was sich auf den Planeten Erde bezieht. In seinem Herzen wird eine neue Gotteskraft geboren werden. Dies gehört zu den heiligsten Mysterien der Gegenwart.

11.1.81

Für eine Gruppe:

Weltenwende,
erstrahle dein Himmelslicht
segnend in die Erdentiefen.

Weihe waltet im Erdenrund.
Gottes ewiger Strahl
erhelle die Herzensmitte
unseres geliebten Planeten,
auf dass er gerettet werde
vor dem drohenden Untergang.

Ewiger Vater im Himmel,
erstarke uns,
damit wir mittragen helfen das Licht,
das so segnend
das Erdenherz erreichen will.

Amen

Mit dieser Meditation seid ihr angeschlossen worden an die stärksten Vorgänge, die sich in der nächsten Zukunft ereignen sollen. Es handelt sich um das Mysterium des Erdenherzens. Ich darf euch heute eröffnen, dass eine völlig neue Gotteskraft in das Erdenherz einziehen wird. Diese Gotteskraft kann die Erde den Fängen der Finsternis entwinden, wenn sie rechtzeitig im Erdenherzen ihre segnende Kraft entfalten kann. Durch das Meditieren dieses Spruches könnt ihr dazu beitragen, den Vollzug abschirmen zu helfen.

Christian Rosenkreuz durch Strahlenkontakt:
Ich darf euch anschließen an die Schutzkräfte, die
durch mein Wesen strömen dürfen. Ich bitte euch,
euch so oft wie möglich auf folgende Worte zu
konzentrieren:

Rosenkreuz,
erblühe in meinem Herzen,
Rosenkreuz,
erleuchte mein Haupt,
Rosenkreuz,
durchstrahle meine Erdentaten,
auf dass ich dienen kann
dem großen Segenswerke,
das der Tröster
zur Rettung der Erde
verwirklichen will.

    Amen   Segen   Amen

23. 4. 81
Wir unterstützen eine Erlösungstat für die Erde. Meditation:

Der Tröster:
Ich bitte euch, euch die Erde vorzustellen als blaue Kugel, die der Tröster als weiße Lichtgestalt in seinen Händen hält. Sein Herz strahlt Licht aus und durchstrahlt die Erde. Bitte stellt euch dies fünf Minuten lang vor.

8. 2. 81
Gottes Licht aus Himmelshöhen,
sende deine segnenden Strahlen
hernieder auf die Erde,
damit sie sich schützend breiten
um unseren Planeten.
Das Drohen der Finsternis
weiche dem leuchtenden Strahlen,
das schützen möge,
was Gott erschaffen hat:
Pflanzen, Tiere, Menschen
und wandle die Erdennacht
in das Morgenrot einer Zeit,
wo Gottes Gesetze
des Lichtes und der Liebe
wirksam werden.

    Amen

24.12.82
Ich reiche euch noch ein Herzensgebet:

Mutter Erde, du gotterwählte,
du bist gesegnet
vom Strahl des Allerhöchsten.
Die Weihe wird in dir vollzogen
durch den Tröster,
der herabgestiegen,
um dich zu erretten aus Not und Qual.
Zu Ende geht die Zeit der Finsternis
und die Lichtmächte
leiten ein neues Zeitalter ein.

Gottgesegnet bist du, liebe Erde,
denn der Tröster wird sich dir schenken,
damit du auferstehst.
Ich schaue schon im Vorgesicht
den Sonnengott,
der im Herzen der Erde
geboren wird.
Heiligstes Mysterium
der Weltentwicklung.

Ende der ausgewählten Texte

Da die Menschheit mit der Erde verbunden ist, betrifft dieses Geschehen jeden Menschen. Erdwandlung ist insoweit auch ein Gottesgeschehen, an dem die Menschen und die ganze Natur beteiligt sind. In jedem menschlichen Herzen muss die neue Gotteskraft geboren werden. (11)

Rudolf Steiner als geistige Quelle

Nach Bekanntwerden mit den Tröstermitteilungen durchlebte ich eine dreimonatige Schulungszeit durch Rudolf Steiner. (12) Demnach wusste Rudolf Steiner, was er verschwieg. Es war noch nicht an der Zeit, die Mysterien der Gegenwart zu enthüllen. Er durfte sie aber eröffnen durch seinen Hinweis auf die ätherische Wiederkunft des Christus. (13) Um weitergehend zu sprechen, war er angewiesen auf Fragen, und bei Antworten musste er die Erkenntnisvoraussetzungen seiner Zuhörer berücksichtigen (14), oft sogar erst schaffen. Vieles von dem, was Menschen heute im eigenen Erleben durch die Erdwandlung wie selbstverständlich zugänglich wird, lag damals noch in weiter Ferne. (15) Hinzu kommt, dass Rudolf Steiner sein Wirken zunehmend an die äußere Entwicklung anpassen musste. Hier ist insbesondere der Einschnitt des Ersten Weltkriegs zu nennen, der dazu führte, dass er gerade für die heutige Zeit bedeutsame Ansätze in seinen früheren Aussagen danach kaum mehr aufgreifen und weiterführen konnte, weil nun andere Aufgaben in den Vordergrund zu treten hatten.

So kommt es, dass Rudolf Steiner ausführlich über alle Evangelien des Neuen Testaments und sogar über das der Akasha-Chronik direkt entnommene so genannte Fünfte Evangelium ausführlich spricht, dass er die Abschiedsreden — nach Karl Friedrich Althoff das Evangelium im Evangelium (4) — dabei aber weitgehend ausspart. Die wenigen Vorträge, die sich überhaupt damit beschäftigen, wurden bereits im ersten Jahrzehnt des vergangenen Jahrhunderts gehalten und meist nur summarisch mitstenographiert, so dass nur wenige Aussagen darüber vorliegen. (16) Rudolf Steiner legte aber auch später noch vielen Menschen persönlich immer wieder ans Herz, das Johannesevangelium zu meditieren.

Auch die Hinweise auf die ätherische Wiederkunft des Christus datieren bis in den Ersten Weltkrieg und wurden später nicht mehr nachhaltig aufgegriffen.

Rudolf Steiner verwendet die Begriffe „Paraklet", „ätherischer Christus", „Geist der Wahrheit", „Geist" und „Heiliger Geist" oft so, dass auch dies eigentlich hätte zu Fragen führen müssen. Manchmal werden sogar fast gleiche Inhalte unterschiedlichen Begriffen zugeordnet. (17)

Rudolf Steiner hat weitergehende Zusammenhänge zwar noch nicht ausgesprochen, sie in seinem Entwurf für das Mittelmotiv der kleinen Kuppel im Ersten Goetheanum aber malerisch dargestellt: (18) Wir sehen dort Christus (gelb) in einer violett-

Entwurf für das Mittelmotiv der kleinen Kuppel im Ersten Goetheanum von Rudolf Steiner.
© by Rudolf Steiner Nachlassverwaltung Dornach 2008

rosa Aura auf der Erde (braun) stehend, auf der sich Ahriman (schwarz) (19) in einer „gebundenen" Form ausdehnt. Diese Gebundenheit steht in Verbindung mit dem Kreuzigungsgeschehen im rechten Bildhintergrund (ebenfalls braun) unter einer Finsternisaura (ebenfalls schwarz). (20) Aus der göttlichen Liebesquelle (ebenfalls violett-rosa) strömt von links oben gelbweißes (Tröster-)Licht auf die Erde und durchstrahlt Ahriman mit Auflösungskraft. (21) Gleichzeitig entfaltet sich aus dem Herzen Christi der erlöste Luzifer (rot) (22) zu einer das ganze Geschehen prägenden Gotteskraft (gelb). (23) Auf Höhe des Herzens Christi hat Rudolf Steiner einen Kreis in das Trösterlicht eingeschrieben. Es ist der althebräische Buchstabe Ajin (24), der — wie oben ausgeführt — für die Abschiedsreden des Christus steht.

Um wenigstens eine Brücke in die Zukunft zu bauen, sah sich Rudolf Steiner 1921 trotz immenser Arbeitsbelastung veranlasst, seinen Zyklus „Der Orient im Lichte des Okzidents — Die Kinder des Luzifer und die Brüder Christi" von 1909 selbst zu redigieren und mit einer aufschlussreichen Vorbemerkung in der Monatszeitschrift „Die Drei" zu veröffentlichen. (25) Mit dieser Vorbemerkung wollte er späteren Lesern auch bedeuten, dass er sich dessen bewusst war, gerade zu diesem Komplex für das damalige Bewusstsein Widersprüche hinterlassen zu haben. Und er wollte damit klarstellen, wie unverändert wichtig ihm diese Aussagen — trotz der Einbrüche in seinem Wirken durch den Ersten Weltkrieg — auch 1921 noch waren.

Der zweite Komplex meiner geistigen Schulung durch Rudolf Steiner betraf die Offenbarungen aus der geistigen Welt seit 1840 und seine eigene Aufgabe in diesem Strom. (26) Soweit sie das Thema berühren, werde ich einige von ihnen nachfolgend in chronologischer Reihenfolge kurz ansprechen. (27)

Jakob Lorber

Die durch das innere Wort von Jakob Lorber (28) ab 1840 aufgezeichneten Werke stellen den ersten groß angelegten Versuch der geistigen Welt dar, das Ende des Kali Yuga (29) durch Offenbarung schon vorzubereiten. Dargestellt werden darin gewaltige kosmische Perspektiven weit über unser Sonnensystem hinaus, aber auch entsprechende Erweiterungen des wissenschaftlichen und religiösen Weltbildes. Sprache und Inhalte sind noch stark vom Materialismus geprägt, was bisweilen bei geistigen Sachverhalten zu gewöhnungsbedürftigen Aussagen führen kann.

Schon in dieser Phase der Offenbarungen war es der geistigen Welt wichtig, eine anfängliche Vorstellung vom Weiterleben nach dem Tode und von der Reinkarnation zu vermitteln. Dazu wurden Jakob Lorber verschiedene Beispiele gerade verstorbener Menschen diktiert, um zu zeigen, wie sich deren nachtodliches Leben darstellte, darunter die mehrjährige Biografie des Sozialrevolutionärs Robert Blum, beginnend wenige Tage nach seinem gewaltsamen Tod in Wien. (30) Rudolf Steiner bemerkte dazu ein dreiviertel Jahrhundert später in einem Karmavortrag in sehr freilassender Weise, dass es noch nicht viele Werke gebe, die mit dem Tode anfangen. (31) Nachfolgend einige Zitate aus den von Jakob Lorber empfangenen Texten:

„... dann werdet ihr nicht mehr sagen: ‚Christus ... ist zu uns gekommen ...', sondern ihr werdet sagen: ‚Nun lebe nicht mehr ich, sondern Christus lebt in mir!'" (32)

„Ihr könnt als völlig wahr annehmen, dass nahezu alle zweitausend Jahre auf der Erde eine große Veränderung vor sich geht. Und so wird es auch, von jetzt an gerechnet, werden." (33)

„Erst wenn des Menschen Sohn wird dahin zurück gekehrt sein, von wannen Er gekommen ist, so wird Er dann den Geist aller Wahrheit, der heilig ist, zu euch senden; der wird euch erst völlig erwecken und wird vollenden eure Herzen und erwecken den Geist aller Wahrheit in euch, das heißt, im Herzen eurer Seele, und ihr werdet durch diesen Akt dann wiedergeboren sein im Geiste und im hellsten Lichte alles sehen und verstehen, was die Himmel fassen in ihren Tiefen." (34)

Sigwart zu Eulenburg

Der Komponist Sigwart zu Eulenburg (35) gehörte um 1906 in Berlin zum ersten intimeren Kreis um Rudolf Steiner. Seine nachtodlichen Mitteilungen begannen 1915 einige Wochen nach seinem Tod infolge einer Verwundung im Ersten Weltkrieg und dauerten 35 Jahre. (36) Rudolf Steiner bezeichnete sie — dazu von einer Angehörigen (37) befragt — als „außergewöhnlich klare, absolut authentische Übermittlungen aus den geistigen Welten". (38) Nach dem Tod seiner Cousine Dagmar, mit der sich Sigwart durch die Musik besonders verbunden fühlte, traten zeitweilig eigene Mitteilungen von ihr hinzu. (39) Nachfolgend einige Aussagen zur bevorstehenden Wiederkunft des Christus und zu den ersten vorbereitenden Vollzügen der Erdwandlung:

23. 6. 19
„Mit demselben Mut, den eure Liebe zu mir entflammte, müsst ihr die tosende Welle branden lassen, die reinen, geistigen Ursprungs ist... Lasst sie weitergehen an euch vorbei, bis sie die tiefste Materie durchdrungen hat im Herzen eurer Erde. Das ist das zweite Erlösungswerk, das euch diesmal in so anderer Form dargeboten wird." (40)

10. 8. 38
„Es kommt auf *jeden* Menschen an, auf *jede* einzelne Seele, ob sie sich mit ihrem ganzen Wollen und ihrer ganzen Kraft zu Christus, zum Lichtgeist, wendet und ein Besieger der schwarzen Mächte wird, die den Aufstieg mit allen Mitteln verhindern wollen. Es kommt auf *jeden* an! — Unser Führer Michael ruft *alle* zum Kampfe auf. — Ihr gehört diesem heiligen Kreise an, der aus Streitern des Lichtes bestehen soll — alle Kräfte werden aufgerufen, auf dass der Sieg für Christus *bald* ausgekämpft werden kann, denn sonst werden zu viele Seelen dem Verderben geopfert werden müssen! — Ein neuer Tag bricht an — aber nur für die, welche mitgehen, welche nicht stehenbleiben, welche mit dem Einsatz alles dessen, was sie haben, dem *Christus* dienen wollen." (41)

15. 5. 41
„Ein Äon ist abgelaufen, ein Neues beginnt aus dem Schoße dunkler Vergangenheit in die Lichtsphäre emporzusteigen. Dieses Äon ist das Äon des Christus, der sich neu der Menschheit einverleiben will." (42)

21. 6. 44
„Der Herr ist nahe, das ist die große Wende zum Geist, die mit Sturmgebraus ihren Anfang nehmen wird. Wenn unser Herr die Erde mit der Spitze seines Fußes berührt, dann wird alles schweigen. — Denkt daran, damit ihr diesen gewaltigen Augenblick ‚*im Geiste*' miterlebt und nicht im Irdischen. — Noch ist die leuchtende Sphäre des Christus *über* dem Dunkel, das über der Erde lagert, aber über ein kleines wird der Durchbruch geschehen. Michael, St. Michael bereitet den Durchbruch. Er selbst wird mit seiner Lanze, die das flammende Kreuz trägt, durchstoßen auf den Leib der Erde. — Damals war es ‚Erfüllung', als das Herz des Erlösers durchstoßen wurde. Heute wird es ‚Erlösung' sein, wenn dem Herzen der Welt, das nun der Erdenleib ist, mit dem Speer Michaels die Verbindung mit der Geistigen Welt wieder erobert wird. Der Kampf des Geistes mit der Unterwelt, das sind die Kämpfe der Gegenwart. Der Sieg *muss* kommen, denn Christus selbst ist der Heerführer der Legionen, die hier für den Sieg des Lichtes kämpfen. — Ihr dürft diesen gewaltigen Kampf und den Durchbruch des Lichtes noch im physischen Körper erleben. Habt kein Bangen — es ist so licht um euch —, bald wird unser Samenkorn sein neues Leben beginnen dürfen." (43)

27. 11. 44
„Es ist ein Großes, das ich dir erzählen und verkünden muss, denn hier in unseren Welten hat sich Allergrößtes ereignet. Heute war eine ganz heilige, erschütternde Feier. — Die Krieger aller Nationen erlebten eine Weihe. In unabsehbaren Reihen kamen sie, ein Zug, der keinen Anfang und kein Ende nahm — es war gewaltig. — Sie alle hatten die Augen geschlossen wie Blinde, und ihr Sinn war ganz nach innen gekehrt. — Ich sah sie vorüberziehen — lautlos, und doch hörte ich die Seelenmelodie einer jeden Seele, die in unendlich innigen und ergreifenden Tönen zu vernehmen war . . .

. . . Wie soll ich das, was nun in uns geschah, schildern: Unser Christus schenkte sich jedem in einer großen Kommunion. — Da wurden sie alle sehend. Ihre geistigen Augen öffneten sich und erschauten den Christus! Und sie erkannten ihn, der sich ihnen geschenkt hatte. — Das entfesselte eine spontane Welle der Liebe, der tiefsten Ehrfurcht, der unsagbaren Dankbarkeit, und diese Welle rollte wie die Brandung einer Weltenspringflut hinab auf eure Erde und durchbrach die dunkle Schicht, in die die Erde jetzt eingepanzert ist — es entstanden große Risse, und das Licht flutete hindurch: — zu euch! Ihr hättet erblinden müssen, wenn nicht die Dichtigkeit eures Körpers einen Schutzwall dagegen bilden würde. — Die dunkle Schicht ist geborsten." (44)

13. 12. 44

„So geht die Reinigung der Sphären von Schicht zu Schicht weiter. Oben von den höchsten Ebenen rieselt es schon wie ein Sternschnuppenregen auf die Erde und in die Erde hinein. Die alte Erde öffnet sich langsam wie ein Kelch, in den der Sterne Tau fällt. Jedes Lebewesen trinkt durstig diesen goldenen Regen und erfüllt sich mit ihm. Auch in den Reichen der Naturwesen hat eine ungeheure Regsamkeit eingesetzt. Sie wirken in ihrem Reich mit an der Welt Erneuerung. — Denkt alle — besonders in den Heiligen Nächten — an dies Geschehen. Lest die Worte, die der Seher Johannes niederschrieb: ‚Im Anfang war das Wort, und das Wort war bei Gott, und ein Gott war das Wort. Dieses war im Anfang bei Gott.' Und dieses Schöpferwort senkt sich nun herab von Stufe zu Stufe in alle Menschenseelen, die eines guten Willens sind. Christus nimmt neu Besitz von der Erdenschöpfung..." (45)

25. 12. 44

„Von der *Lichtbotschaft* wollen wir, ihr Lieben, euch heute künden, weil ihr es alle wissen sollt, dass unser Heiland durch all das Leid der Brüder und Schwestern auf Erden *die Kraft bekommen hat,* die Er bekommen *muss,* um sich geistig zu verkörpern. Nur durch dieses Dunkel der Nacht, aus dem die Schmerzensschreie von Millionen Menschen dringen, kann Er die feine Substanz entnehmen, die Er braucht für diesen seinen Opfergang. Ja, es ist der *zweite Opfergang,* und doch wie anders. — Die ganzen sichtbaren Wunder von damals, und alles, was Er als heranwachsender Sohn Gottes tat und geschehen ließ, das geschieht jetzt nicht. *Jetzt ist alles innerlich.* ... Schrecknisse über Schrecknisse erfüllen den Erdenraum, aber — von Stunde zu Stunde lichtet es sich nun, und das Gebet durchdringt in Lichtkegeln die schweren, düsteren Schreckensmassen!

Leben heißt Glauben,
Glauben ist Hoffnung,
Hoffnung ist Kraft,
Kraft ist Liebe —
Und Liebe ist unser Heiland!
Amen

Gesegnet seid ihr, gesegnet euer Haus, gesegnet eure Gebete und gesegnet alle, die ihr segnet. Amen und Amen. Die Schar eurer Freunde im Himmel." (46)

„Aus der Kraft Deines Blutes, Christus,
erstrahle in Deines Raumes Mitte,
der Erdhülle gewandeltes Bild.
Aus des Menschen Willen und Glauben
Erstand das neue Gesicht,
um nun vereint mit Gottes göttlicher Kraft
hineinzufließen in den Schoß
Seines heiligen Ursprungs.
Amen" (47)

Asta

Seit den frühen zwanziger Jahren erhielt Asta (48) einige Zeit Mitteilungen aus der geistigen Welt, auch von Verstorbenen. (49) An den entsprechenden Sitzungen nahmen oft auch Persönlichkeiten aus dem anthroposophischen Umfeld teil. Leider liegen Mitschriften bisher nur als vereinzelte Privattexte vor. Aus ihnen werden mit Erlaubnis ihrer Angehörigen folgende Zitate entnommen:

„Es tritt ein die Kraft des Trösters, auf den die Christuswesenheit hingewiesen hat. Es ist dies eine heilende Kraft, es ist die dritte Kraft. ... Ist die prometheische Entwicklung des Menschen in Zusammenhang mit der Leber zu denken, so ist die Kraft des Trösters in Zusammenhang mit der Galle zu denken. ... So wie Shiwa das Gift auf sich nahm, so wie der Saturn die alternden Kräfte auf sich nahm, so können wir heute schauen auf die gewaltige Wesenheit des Trösters, des Parakleten, des Heiligen Geistes, der die Bitterkeit auf sich nimmt. ... Die Gallensubstanzen würden die gesamte Eisensubstanz des Blutes verwandeln — bildlich gesprochen — in lauter spitze Pfeile. Das Eisen würde kriegerisch werden im Blute gegen sich oder andere. Das Eisen im Blute würde sich durchziehen mit Vernichtungskräften. Der Mensch würde das gelbe Inkarnat bekommen. Er würde in der ganzen Physis verbittern. Und nun können wir erleben, wie die Erdenbitterkeit verwandelt wird in die gewaltige Macht des Trostes. Und sehen Sie, meine lieben Freunde, das ist nun wieder etwas, was unendlich eng zusammenhängt mit der Gestalt des Luzifer, der ja einen sehr großen Schmerz durchgemacht hat und der letzten Endes zum Heiligen Geist werden wird. Luzifer, der nicht gewünscht hat, dass der Mensch derartig tief in den Erdenschmerz hinuntersank, Luzifer, der die Hässlichkeit verabscheut, er erlebt durch den Impuls, den er bekommen hat, etwas gut zu machen, der erlebt hat die gewaltige Macht der Schönheit, der ewigen Jugend, der die Bitterkeit des Schmerzes empfunden hat, dessen, was aus seiner Saat sich ausgesät hat, Luzifer erlebt die Substanz der Bitterkeit. Er ist nun die Wesenheit, die imstande ist, dasjenige zu tun als Gegensatz zu seiner eigenen Tat, da er den Menschen die Erkenntnis brachte, den substanziellen Teil der Bitterkeit auf sich zu nehmen. In dem Augenblick vereinigt sich ein Teil des Luzifer mit dem, was wir den Tröster nennen können. ... Es ist die Macht des Honigs, die in das Blut des Menschen dringt, um die Substanz des Eisens zu entgiften, zu befrieden. ... Dann fühlt der Mensch sich eins mit den höchsten Kräften der Hierarchien und der Sonnenmächte. Er fühlt die Unwirklichkeit des Streites. Er fühlt das Wesentliche und das Unwesentliche in sich selbst." (50)

„Wo eine negative Kraft auf Erden das Übergewicht erhält, verfinstert sich der Geist des Menschen. Aber stets wird aus der geistigen Welt eine Gegenkraft dem entgegengestellt. In diesem Falle ist es das, was man den Parakleten nennt. Es ist das einzige, was Gewalt gegenüber eine Macht der Liebe ausüben kann. Die Machtlosigkeit ist etwas, was der Mensch erleben muss als ein Christuserlebnis, und das wird noch viel weiter um sich greifen. Die Machtlosigkeit darf nicht ausarten in eine völlige Resignation, in ein völliges Verzweifeln, sondern es ist die Annahme der letzten Christus-Erlebnisse auf Erden. ... Nur aus der vollständigen Machtlosigkeit kann der Mensch das wahre Erlebnis der Bruderschaft aus sich heraus gebären, das heißt, selber zum Tröster werden, sein eigenes Ich so weit aufgeben, dass er voll und ganz das Leiden des anderen in sich erlebt, dass er es mitträgt und gleich Simon von Kyrene zum Kreuzträger wird im Weltgeschehen." (51)

„Es findet eine Veränderung statt in der geistigen Welt, wo der Mensch seinen Schutzengel hat. Dieser Engel wird in unendlich vielen Fällen heruntergerissen und sein Licht verdunkelt. Der Engel wird nicht erkannt. Der Engel selbst wird zu einer leidenden Gestalt und muss selber etwas durchmachen, wodurch er menschenähnlicher wird, als er bisher war. Und nun ist es so, dass der Engel des Menschen ihm durch den Tröster zu einer Brudergestalt wird. Er steht nicht mehr im alten Sinne des Wortes über dem Menschen, er steht *neben* ihm. ... Und es ist eine Tatsache, dass — wenn der Mensch sich dessen bewusst würde — er seine Hand ausstrecken könnte und den Engel neben sich erfühlen könnte." (52)

„Die Lotusblüten, die der Mensch ... in sich trägt ..., sie werden gewissermaßen noch ergänzt durch diejenigen, die mit den Wundmalen zusammenhängen — Wundmale in den Händen, Wundmale in den Füßen. Und durch die Kraft dieser Wundmale kann der Mensch durch die Hand hindurch das Wunder erwirken. ... Lege deine Hände auf das Haupt deiner Kinder und sprich den Segen, und es wird gesegnet sein. Lege deine Hand in die Hand des Freundes, und er wird deine Liebe spüren. Lege deine Hand um das Haupt dessen, der den Weg nicht sieht, und er wird mit deinen Augen schauen. Lege die Hand in die Hand deines Engels, und er wird dich führen, bis dass die Augen deiner Wundmale sich öffnen, und die Wunden werden gesunden durch die Kraft der tröstenden Macht, durch die Kraft des Parakleten. ... Und wenn ihr schauen könntet, dann würdet ihr erleben wie niederströmt aus den Himmeln derjenige, von dem Christus sprach: ‚Ich werde euch den Tröster senden'." (53)

„Es ist, als ob eine Atempause eintritt. Und diese Atempause muss der Mensch gebrauchen, um zu lauschen. Es herrscht eine ungeheure Stille in der geistigen Welt. Es ist, als ob alles wartet, und ihr könnt die Stille hören, aber ihr werdet noch vor dem Sturm bewahrt. ... Es ist der Paraklet, der große Tröster, der unter den Menschen steht, und darum herrscht Stille im Raum. Denn er ist eine neue Kraft, die sich der Erde mitteilt: Es ist die Kraft der größten Selbstlosigkeit, die sich auf Erden manifestiert." (54)

Anmerkungen:
(1) Eine kleine Auswahl dieser Mitteilungen hat Imme Atwood unter dem Titel „Gebete, Meditationen und Texte des Christus" zusammen mit zwei Mitteilungen vom 16. 4. 1998 und 21. 6. 2001 als Privatdruck herausgegeben. Die hier zitierten Texte wurden von ihr aber extra für dieses Buch zusammengestellt.
(2) Die Bibel, Johannesevangelium, 13,31 bis 16,33. Die Abschiedsreden sind auch in einem Evangelium enthalten, das der Überarbeitung durch kirchliche Gelehrte nach dem Konzil von Nicäa 325 entgangen sein soll, weil es durch die Essener in einem buddhistischen Kloster in Tibet aufbewahrt worden sein soll. Dieses soll G. J. Ousely 1881 aus dem aramäischen Urtext ins Englische übersetzt haben. Nach Carl Anders Skriver (1903-83) ist das unglaubwürdig. Möglicherweise wurde es Ousely inspiriert. (Das Evangelium des vollkommenen Lebens, Bern 1974.)
(3) Das Verhältnis von Karl Friedrich Althoff (1908-1980) zum Parakleten erinnert mich an das Verhältnis von Johannes dem Täufer zum Christus-Jesus. Ein Nachruf erschien in: Mitteilungen aus der anthroposophischen Arbeit in Deutschland, Heft 2, 1980, S. 144-146.
(4) Eine Zusammenfassung der Forschungen von Karl Friedrich Althoff über die Abschiedsreden des Christus wurde veröffentlicht in: Mitteilungen aus der anthroposophischen Arbeit in Deutschland, Heft 2, 1977, S. 103-111.
(5) Der Buchstabe Ajin bezeichnet nach Karl Friedrich Althoff „einen ganz dem Semitischen eigentümlichen Kehllaut, der aus den Tiefen der Larynx aufbricht und dessen Klang lautlich erleben lassen kann das schmerzvolle Aufbrechen einer Quelle aus dem Innern des Erdenwesens oder das der Augen beim werdenden Kinde im Mutterleib. ... Mit der Entzauberung des Blickes brechen die Geistesquellen auf dem Wege zur Einweihung auf. Das innere Auge öffnet sich zur Erkenntnis." Ebd., S. 104f.

(6) Karl Friedrich Althoff übersetzt „Parakletos" mit „Der-den Erdenschicksalsweg-mit-entlang-Gebetene". Ebd., S. 105.
(7) Rudolf Steiner sagt dazu, dass der Christus seinen Jüngern an Pfingsten den Heiligen Geist *verheißt*. (Das Christliche Mysterium, GA 97, Dornach 1981, Vortrag vom 8.3.1907, S. 141.)
(8) Der Manichäismus geht zurück auf Mani oder Manes (216-276/77). Siehe dazu Eugen Roll: Mani — der Gesandte des Lichts, Stuttgart 1976; Hugo Reimann: Manichäismus — Das Christentum der Freiheit, Dornach 1980, sowie Roland van Vliet: Der Manichäismus — Geschichte und Zukunft einer frühchristlichen Kirche, Stuttgart 2007. Nach Rudolf Steiner fand im 4. Jahrhundert eine der größten Versammlungen in der geistigen Welt statt, bei der Manes Skythianos, Buddha und Zarathustra um sich scharte, um vorzubereiten die in der Atlantis urständende Weisheit, mit der der Christus in der Menschheitszukunft begriffen werden soll. Skythianos, Buddha und Zarathustra wirkten dann in der Schule der Rosenkreuzer. (Der Orient im Lichte des Okzidents — Die Kinder des Luzifer und die Brüder Christi, 1909, GA 113, Dornach 1982, S. 190–193.)
(9) Hierzu gehören zum Beispiel die Bogomilen, die Katharer und Albigenser, die Waldenser, mit Einschränkungen auch die Wiedertäufer und Schwenckfeldianer.
(10) Sophia-Imme Atwood (geboren 1930), Eurythmistin und Harfenistin, lebt in Dornach.
(11) Das erfordert Herzenskultur — die Stärkung der Herzkräfte als Erkenntnisorgane.
(12) Diese Schulung erfolgte auf geistigem Wege durch intensive Führung. Dabei wurden alle Fragen vollständig beantwortet und weitergeführt zu einem noch wesentlich größeren Überblick.
(13) Rudolf Steiner: Das Ereignis der Christus-Erscheinung in der ätherischen Welt, 1910, GA 118, Dornach 1977. Tröster-Christus-Begegnungen in unserer Zeit werden zum Beispiel geschildert in: Gunnar Hillerdal und Berndt Gustafsson: Sie erlebten Christus — Berichte aus einer Untersuchung des Religionssoziologischen Instituts Stockholm, Basel 1973.
(14) So sagt Rudolf Steiner zum Beispiel über das Gebet: „Eine Kraft, die in der Seele und durch die Seele wirken soll, lernt man nur erkennen in ihrem Gebrauch. Auf weitere Wirkungen des Gebetes einzugehen, ...dazu ist die Gegenwart, wenn

man sich auch noch so vorurteilslos in sie hineinstellt, noch gar nicht die rechte Zeit. Denn zum Begreifen dessen, dass ein Gemeindegebet, das heißt das Zusammenfließen jener Kräfte, die aus einer betenden Gemeinde sich ergeben, erhöhte Geisteskraft und damit erhöhte Kraft der Wirklichkeit hat, um das zu begreifen, sind die Elemente in unserem Zeitverständnis noch nicht herbeigetragen." (Pfade der Seelenerlebnisse, GA 58, TB Dornach 1976, Vortrag vom 17. 2. 1910, S. 242.) In GA 113, a. a. O., S. 188 heißt es: „Eine jede Zeit hat ihre besondere Aufgabe; einer jeden Zeit obliegt es, die Wahrheit gerade in derjenigen Gestalt zu empfangen, die diese Wahrheit für die betreffende Menschheitsepoche annehmen muss." „Höhere Fähigkeiten werden der Menschheit erstehen, und mit jeder neuen Fähigkeit werden wir den Christus in einem neuen Lichte ansehen." (Der Christus-Impuls und die Entwickelung des Ich-Bewusstseins, GA 116, Dornach 1961, Vortrag vom 25. 10. 1909, S. 31f.)
(15) Dazu gehören auch alle „äußeren" Entwicklungen wie die Alternativkultur, Meditations- und Heilungsimpulse, Bürgerinitiativen- und Friedensbewegung usw., in denen bereits Trösterimpulse sichtbar werden.
(16) Einige Zitate dazu: „Es war notwendig, dass diese Finsternis eine Zeitlang über die Menschheit kam. Hineingeleuchtet hat in diese Finsternis das, was wir das Christus-Prinzip, den Christus nennen. ... Aber alles Leben schreitet vor, alles Leben geht weiter." (GA 113, a. a. O., S. 21.) „Wenn auch Christus das Einigungsband für alle Menschen schuf, so muss zur Tat des Erlösers doch noch ein zweites hinzutreten. ... Der Geist muss sich mit dem Sohne vereinen, damit beide vereint im Vater aufgehen!" (GA 97, a. a. O., S. 140.) „Nur wer den Geist der Wahrheit studieren will, ganz ohne eigenes Wünschen, nur der ist reif, ihn zu empfangen. ... Der Geist der Wahrheit muss die Menschen überstrahlen. ... Der Geist der Wahrheit wird sie einigen." (GA 97, a. a. O., S. 141.) „‚Ihr werdet die Wahrheit erkennen, und die Wahrheit wird euch frei machen', das ist ein tiefes christliches Wort. Es bedeutet eine Perspektive in die Zukunft des Christentums hinein." (GA 97, a. a. O., S. 150.)
(17) Zum Beispiel: „... den Paraklet, den man später den Heiligen Geist nannte". „Jetzt sollen gotterfüllt werden diejenigen, die nicht mehr imstande sind, den Beistand im Leid von außen zu erfahren, sondern die durch Stärkung ihres eigenen

Ich ... den Paraklet im Innern finden." (GA 116, a. a. O., Vortrag vom 8. 2. 1910, S. 85.) „Der ätherische Christus wird erscheinen und Trostesworte zu ihm (dem Leidbeladenen) sprechen." (Das esoterische Christentum und die geistige Führung der Menschheit, 1911/12, GA 130, Dornach 1977, S. 94.)
(18) Das Erste Goetheanum wurde nach einem Entwurf von Rudolf Steiner als Holzbau ab 1913 in Dornach bei Basel errichtet und noch vor seiner Fertigstellung in der Silvesternacht 1922/23 durch Brandstiftung zerstört. Der Pastell-Entwurf für das Mittelmotiv der kleinen Kuppel trägt den Titel „Der Menschheitsrepräsentant zwischen Luzifer und Ahriman" und datiert von 1914 (14.1 G im künstlerischen Werkverzeichnis). Zu Luzifer siehe Anmerkung 22. Zu Ahriman siehe die nächste Anmerkung.
(19) Ahriman ist eine andere Bezeichnung für Satan oder Finsternis.
(20) In dem der Akasha-Chronik entnommenen Fünften Evangelium schildert Rudolf Steiner, wie der Christus-Jesus in der Versuchungsszene die Attacken sowohl von Luzifer allein als auch von Luzifer und Ahriman gemeinsam zurückweisen konnte, im Unterschied zu den übrigen Evangelien nicht aber die Versuchung von Ahriman allein. Das war die Ursache dafür, dass Ahriman später über den Umweg durch Judas Christi Tod herbeiführen konnte. (Aus der Akasha-Forschung — Das fünfte Evangelium, GA 148, Dornach 1980, Vortrag vom 10. 12. 1913, S. 275ff.) Die im Entwurf dargestellte Gebundenheit Ahrimans könnte als Folge davon verstanden werden, dass der Christus-Jesus der gemeinsamen Versuchung von Luzifer und Ahriman widerstehen konnte, vor allem aber, weil seine durch Ahriman herbeigeführte Kreuzigung bewirkte, dass durch sein Blut die Erde — auf der Ahriman seine Imaginationen verwirklicht — von einer neuen Kraft — der unendlichen Liebe — durchströmt wurde. (Die Apokalypse des Johannes, GA 104, Dornach 1979, am Ende des Vortrags vom 23. 6. 1908, sowie: Das Lukas-Evangelium, GA 114, Dornach 1977, Vortrag vom 26. 9. 1909.)
(21) Gegenüber der Gräfin von Keyserlingk hat Rudolf Steiner folgendes ausgesprochen: „Alle Materie wird sich langsam verklären, in sehr viel Zeit. Wenn etwas verloren ginge, dann würde Ahriman siegen!" (In Johanna Gräfin von Keyserlingk: Koberwitz 1924 — Geburtsstunde einer neuen Landwirtschaft, Stuttgart 1974, S. 80.)

(22) Luzifer ist der gefallene Engel Gottes, in der Bibel als Schlange oder als Dämon bezeichnet. Rudolf Steiner: „Indem der Mensch in der Zukunft überschüssige Liebe entwickelt, die dann Luzifer zugute kommt, wird ihm wieder gutgemacht, was er an Enttäuschungen erleiden muss. So wird Luzifer zurückerhalten, was er für die Menschheit getan hat, indem er und Ahriman das Opfer brachten, das dem Menschen die Erringung der Freiheit ermöglichte." (Die Offenbarungen des Karma, GA 120, Dornach 1975, Vortrag vom 28. 5. 1910.)

(23) Nach Rudolf Steiner wird Christus sich immer mehr mit der Erde verbinden, der erlöste Luzifer aber immer mehr zu einer kosmischen Gotteskraft werden. (GA 113, a. a. O., S. 127.) Die jeweils dargestellten Farben erschließen weitere Zusammenhänge: So zeigt das Rosa-Violett der Aura des Christus seine intensive Verbundenheit mit dem Gottesgrund, auch Pleroma genannt. Das Gelb des Christus sowie der aus dem erlösten Luzifer hervorgehenden neuen Gotteskraft offenbart, dass es sich hier um wesensgleiche Gotteskräfte handelt. Auch das weiße Trösterlicht enthält gelbe Anteile, die auf die Wesensgleichheit mit Christus- und neuer Gotteskraft deuten. Seine insgesamt aber viel hellere Färbung steht für die aktuelle Aktivität und die sehr hohe Schwingung dieses schattenlosen göttlichen Lichtes. Die Wesensgleichheit von Christus und Tröster wird auch schon in den Abschiedsreden des Johannesevangeliums angesprochen, indem der Christus über den Tröster sagt: „Alles, was mein Vater hat, ist mein. Darum sagte ich: Aus dem Meinigen wird er schöpfen." Zur Erlösung Luzifers zu einer neuen Gotteskraft siehe auch Anmerkung 50.

(24) Siehe Anmerkung 5. Der Buchstabe Ajin findet sich auch auf dem Lebenskreuz (einem Kreuz, dessen oberer Balken durch einen Kreis ersetzt ist), auch z. B. Henkelkreuz, (von Rudolf Steiner) Tao, koptisches Kreuz und (ägyptisch) Anch oder Ankh genannt.

(25) Rudolf Steiner: GA 113, a. a. O. In der Vorbemerkung heißt es unter anderem: „Doch braucht wirkliche Geist-Erkenntnis nicht einseitig dogmatisch zu werden. Sie kann die Fäden zu den verschiedensten verwandten Anschauungen hin ziehen. Sie kann, was sie sagen will, von den verschiedensten Gesichtspunkten her sagen und glaubt gerade dadurch fruchtbar wirken zu können. Dogmatiker aller Schattierungen mögen darin Widersprüche finden. Sie zeigen damit nur, dass *ihre* Ge-

danken dem *Leben* recht ferne stehen. In diesem könnten *sie* eben das finden, was sie Widersprüche nennen. Geisteswissenschaft kann ihnen zuliebe nicht, um *ihre* Widersprüche zu vermeiden, lebensfremd werden." (Die kursiven Worte wurden von Rudolf Steiner unterstrichen.)

(26) Rudolf Steiner (1861–1925) stand Offenbarungen aus der geistigen Welt offen gegenüber, hielt es aber für notwendig, dass jeder Mensch auch wieder zu eigenen übersinnlichen Erkenntnissen kommen sollte. Seine Methodenbeschreibung dazu in: Wie erlangt man Erkenntnisse der höheren Welten?, 1904/05, Dornach 1975. Seine eigenen Mitteilungen sind in der Regel keine Offenbarungen, sondern beruhen auf geistiger Forschung. Zu einer Ausnahme siehe Anmerkung 49.

(27) Zu diesem Thema wären — abgesehen von den zeitgenössischen geistigen Quellen im Umkreis der Geomantie — noch weitere Quellen und Beiträge zu behandeln. Einige Namen seien dazu — ohne jeden Anspruch auf Vollständigkeit — wenigstens genannt: der schwedische Wissenschaftler und Seher Emanuel Swedenborg (1688–1772) mit seiner Vorreiterrolle, der „Schreibknecht Gottes" Gottfried Mayerhofer (1807–77), die hellsichtige Anthroposophin Johanna Gräfin von Keyserlingk (1879–1966) mit ihren Schauungen, der dänische Kosmologe Martinus Thomsen, genannt Martinus (1890–1981) und seine umfassenden Wahrnehmungen, die ungarische Künstlerin Gitta Mallasz (1907–92), Eileen Caddy (1917–2006) und die Findhorn-Gemeinschaft, die langjährig in Dänemark tätige Heilpädagogin Karla Eman (geboren 1931), die Heilerin und mediale spirituelle Lehrerin Gabriele Nünchert (geboren 1950), der Heiler und spirituelle Lehrer Wolfgang Hahl (geboren 1959) und die Erdenhüterarbeit sowie der mediale spirituelle Lehrer Michael Grauer-Brecht (geboren 1963) und die Heilungsarbeit an und mit den Transpondern. Hinzuweisen wäre auch auf die etwa zeitgleich mit den Tröstermitteilungen bekannt gewordenen Offenbarungen von Gabriele Wittek (geboren 1933) im Heimholungswerk Jesu Christi (seit 1984 Universelles Leben genannt), auf die Marienerscheinungen von Medjugorje in Bosnien-Herzegowina (seit 1981) und auf die Berliner Architektin und Stigmatisierte Judith von Halle (geboren 1972). Auf die Trösterscheinung hat auch Hansgeorg Weidner (1922–89) bereits seit Ende der fünfziger Jahre aufmerksam gemacht.

(28) Jakob Lorber (1800-1864), österreichischer Musiker, bekam seit seinem 40. Lebensjahr täglich Einsprachen, die er als „Schreibknecht Gottes" treulich aufzeichnete.
(29) Das Kali Yuga — auch Finsteres Zeitalter genannt — endete 1899. Siehe dazu auch den Beitrag von Florian Grimm „Aspekte der Erdwandlung bei geisteswissenschaftlichen Autoren" in diesem Buch. Schon 1879 wurden nach Rudolf Steiner die Geister der Finsternis in den geistigen Reichen besiegt. Dadurch wird immer mehr und mehr spirituelle Weisheit aus den geistigen Welten geoffenbart werden. (Individuelle Geistwesen und einheitlicher Weltengrund, (GA 178, Dornach 1946, Vortrag vom 19. 11. 1917, S. 30.)
(30) Robert Blum (1807-1848), deutscher Schriftsteller und Sozialrevolutionär, Abgeordneter der Frankfurter Nationalversammlung, wurde — obwohl unter Immunität stehend — auf Anweisung Schwarzenbergs am 9. 11. 1848 in Wien standrechtlich erschossen.
(31) Rudolf Steiner: Esoterische Betrachtungen karmischer Zusammenhänge, Band 2, GA 236, Dornach 1977, Vortrag vom 12. 4. 1924, S. 36.
(32) Das große Evangelium Johannes, empfangen vom Herrn durch Jakob Lorber, VI/76-10, TB Band 6, Bietigheim 1984, S. 160.
(33) Ebd., IV/133-8, TB Band 4, S. 262. Die Zeitangabe bezieht sich auf die Lebenszeit des Jesus Christus.
(34) Ebd., IX/72-9, TB Band 9, S. 161.
(35) Botho Sigwart Graf zu Eulenburg (1884-1915), deutscher Komponist, in den Mitteilungen Sigwart genannt, begann schon im Alter von acht Jahren zu komponieren. Seine Oper „Die Lieder des Euripides" wurde 1913 vom Königlichen Hoftheater Stuttgart und der Semperoper in Dresden angenommen und nach seinem Tod 1915 in Stuttgart uraufgeführt. Weitere Inszenierungen erfolgten in den dreißiger Jahren am Städtischen Opernhaus Köln und 1944 am Nationaltheater Weimar.
(36) F. Herbert Hillringhaus (Hrsg.): Brücke über den Strom — Mitteilungen aus dem Leben nach dem Tode eines im Ersten Weltkrieg gefallenen jungen Künstlers 1915-1945, Folgen 1-4, Schaffhausen 1999. Die Mitteilungen empfing zunächst Sigwarts Schwester Augusta Gräfin zu Eulenburg (1882-1974), später auch seine Schwägerin Marie Gräfin zu Eulenburg (1884

–1960). Der erste Privatdruck der allgemein interessierenden Themen erfolgte 1950, die erste Publikation in vier Folgen 1970–73.

(37) Diese Angehörige war Marie Gräfin zu Eulenburg (siehe Anmerkung 36).

(38) Rudolf Steiner nahm zu seinen Lebzeiten (Brücke über den Strom, a. a. O, 7. 12. 1915, S. 94) und nachtodlich innigen Anteil an der Entwicklung dieser Brücke zwischen beiden Welten. Aber erst Ende der dreißiger Jahre kam es in der geistigen Welt wieder zu einer Begegnung mit Sigwart. (Ebd., 5. 6. 1939, S. 368.)

(39) Diese Cousine Dagmar von Pannwitz (1890–1935) war Pianistin.

(40) Brücke über den Strom, a. a. O, S. 285.

(41) Mitteilung von Dagmar, ebd., S. 361.

(42) Ebd., S. 370.

(43) Ebd., S. 371f.

(44) Mitteilung von Dagmar, ebd., S. 373f.

(45) Mitteilung von Dagmar, ebd., S. 376f.

(46) Ebd., S. 377f.

(47) Letzte Mitteilung von Sigwart, ebd., S. 379.

(48) Die Angehörigen von Asta wünschen derzeit, keine weiteren Angaben zu machen. Die Texte sollen als selbstständige, auf sich gestellte Aussagen der geistigen Welt betrachtet werden. Für die Verbindung mit anderen Texten und Mitteilungen ist der Autor verantwortlich.

(49) Rudolf Steiner erhielt von 1916 bis 1924 selbst nachtodliche Mitteilungen, und zwar von Helmuth von Moltke an seine Frau Eliza von Moltke. (Veröffentlicht in Thomas Meyer (Hrg.): Helmuth von Moltke 1848–1916 — Dokumente zu seinem Leben und Wirken, Band 2, Basel 1993.)

(50) Mitteilung durch Asta vom 12. 3. 1966 (unveröffentlicht), S. 2. Der Name der/des Einsprechenden ist nicht angegeben. Die Aussage, dass Luzifer letzten Endes zum Heiligen Geist werden wird, vervollständigt die Aussage Rudolf Steiners im Mittelmotiventwurf für die kleine Kuppel im Ersten Goetheanum, wo ja unter anderem die Erlösung Luzifers zu einer Gotteskraft dargestellt ist (siehe Anmerkung 23 und den dazugehörigen Text).

(51) Mitteilung durch Asta vom 28. 8. 1968 (unveröffentlicht), S. 1. Der Name der/des Einsprechenden als solcher ist nicht

angegeben, allerdings steht über dem Text: „Es ist der Paraklet, der hier im Raume steht."
(52) Ebd., S. 2.
(53) Ebd., S. 2f.
(54) Ebd., S. 3.

Wachtraum zur Vorbereitung der Erdwandlung

Hans-Joachim Aderhold

Das nachfolgende Wachtraumerlebnis hatte ich gegen Morgen in der Adventszeit des Jahres 1980. Es kann heute verstanden werden als Hinweis auf die bevorstehende Erdwandlung und die Aufgabe von Menschengruppen:

Aus tiefem Schlaf in geistiges Schauen aufwachend bemerkte ich, wie ich von deutlich gefühlten, aber unerkannt bleibenden Wesenheiten an einen himmlischen Platz geführt wurde. Von diesem Vorgang nahm ich — gleichsam aufwachend — nur noch die letzte Phase wahr. Die völlige, geistig schauende Wachheit trat erst ein, als wir diesen Platz an seinem Rande — in gebührender Entfernung von dem sich dort Ereignenden — erreicht hatten. Dort wurde mir von den mich begleitenden Führern eine schwarze Binde von den Augen genommen. Von da an konnte ich das weitere Geschehen mit wachem Bewusstsein schauen. Dieses blieb mir nach Abschluss des Erlebten, wobei ich mich nun auch physisch aufgewacht fand.

Der Aufwachvorgang hatte Ähnlichkeit mit dem Erwachen aus einer schwachen Narkose. Die volle Bewusstheit tritt erst in einem bestimmten Augenblick ein. Aber gleichzeitig bemerkt man, dass man schon etwas vorher das nun erst Wahrgenommene fühlte — gleichsam kommen fühlte. Gleichzeitig kann noch die Zielrichtung des bereits abgelaufenen Geschehens empfunden werden.

Analog dazu spürte ich eine Art Summe meines bisherigen Lebens. Was mich dabei besonders berührte, war die teilweise ganz unerwartete Bewertung meiner Taten durch die mich umgebenden Wesenheiten. Es war eine über diese nachwirkenden Empfindungen vermittelte Belehrung über einige grundsätzliche Irrtümer des physischen Lebens. Dieses Geschehen vollzog sich wie in einem einzigen etwas gedehnten Augenblick. Das eigentliche Geschehen vollzog sich in einiger Entfernung, aber nah genug, um auch mimische Einzelheiten der dort Anwesenden noch wahrnehmen zu können. Dies erforderte aber bereits eine gewisse Anstrengung.

Die an diesem Platz versammelten Persönlichkeiten waren leicht als fortgeschrittene Individualitäten zu erkennen. Offensichtlich hatten sie bedeutsame Aufgaben in der geistigen Welt zu vollbringen. Das war aus dem tiefen Ernst und den erschütternd sorgenvollen Gesichtern ablesbar. Sie zeigten eigentlich völlige Ratlosigkeit, zugleich aber auch einen unbeugsamen Willen. Alles Geschehen hatte eine für uns Menschen hier auf der Erde ganz ungewohnte, alles Sein unmittelbar ausdrückende Totalität und Dramatik. Ich spürte darin auch den ganzen Ernst der physischen und politischen Weltlage. Im selben Augenblick verstand ich, dass ich bis dahin nur einen Bruchteil davon wirklich erfasst hatte. Mit den bisher der Menschheit, aber auch der geistigen Welt verfügbaren Mitteln konnte es keinen Ausweg aus der sich schon so deutlich abzeichnenden Katastrophe geben. Das war eine für mich in dieser Klarheit bestürzende Erkenntnis, die aus diesen Gesichtern sprach. Ungewöhnlich nach irdisch-menschlichen Vorstellungen war das offenkundige Maß persönlicher Verantwortung der Anwesenden. Offenkundig hing von jedem einzelnen und dem Gelingen ihrer gemeinsamen Mission, von der sie schon eine Ahnung zu haben schienen, Unendliches ab.

Das, was in den Gesichtern lebte, offenbarte wie in einem Spiegel die Summe allen Seins, wie es in diesem Augenblick vorlag. Darin war alles enthalten, was die Menschheit schon weiß und wissen könnte, auch alles also, was noch der eigentlichen Entfaltung bedürfte. Dazu gehört auch die Anthroposophie, deren großes Gewicht, aber auch deren Relativität ich in diesem Augenblick erkannte. Und die Summe besagte: Alles das zusammen, und würde es jetzt noch so intensiv ergriffen, könnte die Zerstörung der Erde nicht aufhalten. Vor dieser Erkenntnis stand ich als vor einer unerschütterlichen Tatsache!

Als mir bewusst wurde, dass auch die Anthroposophie nicht ausreichen würde, die Erde vor ihrer Zerstörung zu bewahren, in diesem Augenblick erschien unter den Anwesenden eine hohe, schlanke Gestalt, an deren Auftreten und Physiognomie ich sofort Rudolf Steiner erkannte. Rudolf Steiner ging ohne Umschweife in die Bekräftigung dessen über, was die Anwesenden ja schon wussten. Dann gab er Anweisungen für die Richtung, die nun einzuschlagen sei. Dabei begann er — etwa mit der Unvollkommenheit seiner hinterlassenen Skizzen — eine Art Modell zu gestalten. Das, was da unter seinen Händen unter tiefem Ringen und unter Einbeziehung der Anwesenden entstand, kleidete sich mir — wohl mangels Verständnisvoraussetzungen — in eine Art technisches Gebilde geistiger Art. Am ehesten könnte es mit einer völlig neuartigen, unvorstellbar großen kosmischen Antenne oder einem Hohlspiegel verglichen werden. Es war aber eigentlich keines von beidem, keine Apparatur, die etwas aufzunehmen hätte, sondern eher das Gegenteil. Aber auch das trifft es nicht. Ich war offensichtlich unfähig, den Wesenskern der Sache zu verstehen. Was ich aber sofort begriff, war die Dimension und Präzision des zu Schaffenden im Verhältnis zu allem bisher Gedachten und Bekannten. Und: dass es sich um eine geistige Dimension handelte, an der aber äußerst tatkräftig und genauso präzise zu arbeiten wäre, wie wir das als irdische Menschen bei technischen Großprojekten gewohnt sind.

Was Rudolf Steiner da — die Anwesenden zu gemeinsamem Tun anleitend — vorbildete (erst durch ihre Mitwirkung konnte das zu Schaffende entstehen), war eine ungeheure Leistung. Sie kostete seine ganze leidenschaftlich-tiefernste Anstrengung. Und doch war es nur die Richtung, die er damit angab.

In diese Richtung müsste die dazu fähige Menschheit ihre Haupttätigkeit verlagern. Das, was da zu schaffen sei, werde das Instrument abgeben, durch das noch Größeres geschehen werde. Dadurch werde alles Irdisch-Materielle entbehrlich. Von diesem Instrument sei noch nichts vorhanden. Die Anthroposophie müsse als Hilfestellung verstanden werden, Verständnismöglichkeiten für die Notwendigkeit des zu Schaffenden zu entwickeln. Sie könne dieses nicht ersetzen. Werde dieses geistige Instrument nicht geschaffen, werde die Rettung aus der Katastrophe ausbleiben. Diese bestünde dann darin, dass materiell zerstört würde, was geistig noch gebunden ist. Dies ist vergleichbar dem Frosch im Märchen, der in Wahrheit der verzauberte Königssohn ist, oder der Raupe, die den Schmetterling birgt.

Stark konnte man bei diesen Worten, die sich in den ringenden Vorbildtaten wie von selbst aussprachen, empfinden: diese Schicksalsfragen sind ganz in die Hände der Erdenmenschheit gelegt. Von beiden Seiten, von der Erde und von der geistigen Welt aus, haben die Menschen künftig in Gruppen daran mitzuarbeiten, im großen Stil zusammenzuwirken. Ihre persönlichen Anschauungen und Lebenszusammenhänge haben sie dabei zurückzustellen bzw. zu integrieren. Dabei war zu spüren, wie stark die Menschen werden mussten, die dazu fähig sein sollten. Welch nahezu übermenschliche Anstrengung wurde uns da abverlangt! Die gewohnten Perspektiven verblassten. Mächtige Impulse traten an deren Stelle: Es muss! Strengt euch an! Wenn ihr wollt, wachst ihr über euch hinaus!

Rudolf Steiner war in dramatischer Lage unterwegs, um verschiedenen führenden Menschengruppen weltenwendende Hilfestellung zu geben. Einer solchen Demonstration durfte ich beiwohnen.

Herzenergien im mehrdimensionalen Gefüge

Wolfgang Schneider

Beispiel Hamburg

Thema einer globalen Verbindungsmeditation im September 2000 (1) war die Entfaltung der Herzenergien in der Landschaft und in uns selbst. Diese ganzheitlichen Liebesenergien lassen sich auch als Christus- und Sophienenergien bezeichnen. Geomantisch verlaufen sie entlang einer Linie mit einem Herzpunkt in der Mitte. Körperlich spüre ich diese Energie in der Tiefe meines Herzens. Gleichzeitig fühle ich mich mit allem verbunden und spüre eine grenzenlose Liebe.

Bei der Erforschung der Verknüpfung von Hamburg mit der Landschaft habe ich weitere Ebenen wahrgenommen, in denen sich diese Liebesenergien entfalten. In Hamburg sind diese Energien im Innern eines großen Fünfsterns zu spüren, dessen Mitte eine Lichtachse durch die Alster bildet (siehe Abbildung auf der folgenden Seite). Dieser Achse, die sich vom Himmel herablässt, kommt aus der Erde eine weibliche Herzenergie entgegen, aufgefächert in einer Dreiheit. Hier lässt sich ein weißer, roter und schwarzer Aspekt wahrnehmen, jedoch schwingen diese Energien auf einer feineren Ebene als die Landschaftsgöttinnen.

Bis in die vitalenergetische Struktur hinein wirkt ein innerer Fünfstern. Hier ergießen sich eher männliche Herzenergien in die Stadtlandschaft, entlang von Kraftlinien, deren Mitte eine Christusenergie trägt. Betreut und geleitet wird dieses komplexe Gefüge durch Elementarwesen, die ebenfalls diesen Liebesimpuls tragen. So scheinen alle Ebenen in der Landschaft von diesen Herzenergien durchdrungen. Der äußere Stern verknüpft die Landschaft bis in das Ätherische hinab mit der Christusenergie, während im inneren Stern die eigentliche Christusqualität erstahlt.

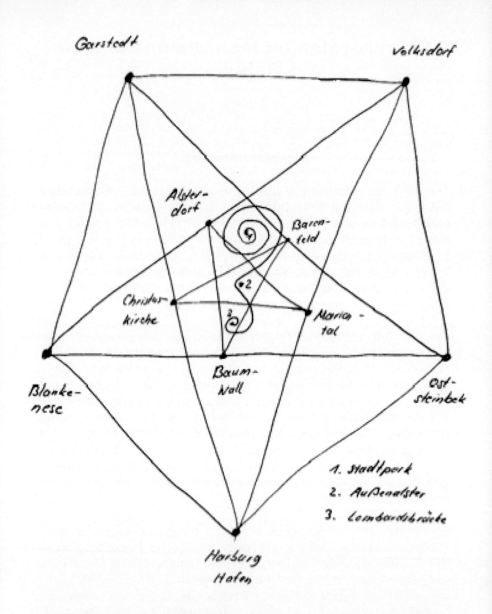

Innerhalb dieses Herzgefüges liegen drei Orte der Sophienenergie entlang einer Linie. Auch hier bildet die Außenalster mit dem Feenteich das Zentrum dieser weiblichen Dreiheit. Nun scheint auch diese weibliche Herzkraft in das Ätherische zu wirken. Wir fanden zwölf Orte in Form einer Fischblase oder

Mandorla, in denen sich die Sophienenergie bis auf die vital-energetische Ebene hinab manifestiert: sechs im Westen der Außenalster und sechs im Osten. Sie bilden zwei Kraftspiralen und scheinen eine Qualität von Ein- und Ausgießung zu besitzen, wobei jeder der zwölf Orte seine eigene Herzqualität trägt — gleichsam zwölf Sternenkräfte. Dieses Gefüge liegt zwischen den beiden Fünfsternen.

Mit den inneren Augen sehe ich diese Herzenergien wie einen Leib:
– wobei der äußere Stern die in der Welt tätigen Hände und Füße darstellt, als Manifestation der Liebe — des wirkenden Christus;
– die Mandorla als Gefäß der Liebe oder als Gral, in der sich die Sternenqualität der Sophia — der Braut Christi — offenbart;
– und der innere Stern zusammen mit den drei Sophienqualitäten trägt die Essenz der Herzenergie — hier begegnen sich Sophia und Christus, Braut und Bräutigam.

Engelwirken bei der Erlösung von Karma der Landschaft und des Menschen

2001 haben die Wandlungsprozesse der Erde und des Menschen zugenommen. In der Geomantie haben wir durch die Erdheilung Formen gefunden, die Erde in dieser Transformation zu unterstützen. Für uns selbst sehe ich die Notwendigkeit, Umgangsweisen für die eigene Wandlungsarbeit zu entwickeln. Dabei nehme ich wahr, dass uns Engelkräfte zu Hilfe kommen bei der Heilung der Erde und auch bei der persönlichen Klärung. In der Landschaft begegnen wir bei der Erdheilung der Vergangenheit als karmischer Last von Orten. Plätze halten diese Belastung und äußern sie auf verschiedenen energetischen Ebenen: sei es als gestörtes Kraftgefüge, als klagende Naturwesen oder als eingeschränkte weibliche Energien, die das Bewusstsein der Landschaft tragen. Wir erlösen den Ort durch Erdheilungsarbeit auf vielfältige Art und Weise. Immer geht es darum, dem Schmerz Ausdruck zu geben, das Gefüge wahrzunehmen und die Ursprünglichkeit wiederherzustellen. Erfolgte bisher diese Erlösungsarbeit von Orten Schicht für Schicht durch die Geschichte, sind mit den neuen Herzkräften in der Landschaft umfassendere Heilungen möglich.

Neue Herzenergien in der Landschaft

Mit der Erdveränderung scheinen ganzheitliche Herzorte tätig zu werden, die in der Landschaft karmische Belastungen durch ihre Liebeskraft lösen. Neben meiner geomantischen Arbeit in Hamburg entdecke ich mittlerweile bei Erdheilungen in Landschaften und Städten wie im Wendland oder in Kiel, Leipzig, Halle und in Berlin solche Herzqualitäten in verschiedenen energetischen Ausdrücken. Diese Energien kommen in unterschiedlichen Gefügen vor:
– als ätherische Kräfte, z. B. als Stern oder Spirale;
– als emotionale Qualitäten: sphärenartig oder als sakrale Elementarwesen;
– auf der Bewusstseinsebene: als ganzheitliche weibliche Dreiheit;
– als spirituelle Energien: Lichtorte und Engel mit einer neuen Qualität.

Diese Herzenergien scheinen die bisherigen energetischen Gefüge zu durchdringen, tief liegende Blockaden der Dualität an die Oberfläche zu bringen und die Kraft zur Erlösung zu besitzen. Sie bewirken ein neues Gleichgewicht zwischen irdischen und kosmischen Kräften. Dennoch erlebe ich an diesen Orten der Herzkraft belastende Einschränkungen, so, als könnte sich die Liebesenergie nicht entfalten. Diese Blockaden scheinen eher kollektiver Natur zu sein, losgelöst von Geschehnissen am Ort. Ich spüre sie als menschliche Fehlhaltung. Nach meiner Wahrnehmung handelt es sich beispielsweise um verantwortungslose Umgangsformen des Menschen im sozialen Bereich oder in der Haltung zu Erde und Kosmos.

Engelwirken bei der Erdheilung

Bei der geomantischen Arbeit kommen Engel oder Wesenheiten, die einen Herzimpuls tragen, zu Hilfe. Am eindrucksvollsten konnte ich die erlösende Kraft von Engeln bei der Erlösungsarbeit in ehemaligen Konzentrationslagern erleben. Hier spürte ich diese unglaubliche Liebe und die vergebende Kraft, bis selbst in diesen Lagern wieder Frieden herrschte und der Bereich sich in die Landschaft einfügte. Ohne das Vertrauen auf die Weisheit der Engel wäre diese Arbeit nicht möglich gewesen. Auch bei normaleren Erdheilungen vertraue ich dem Engelwirken und lasse den Verlauf des Heilungsimpulses aus sich heraus geschehen. So wird ein harmonischer Zustand möglich, der ohne die Engelpräsenz nicht erlangt werden könnte. Bei diesen Heilungen halte ich jedoch ein ganz waches und aufmerksames Bewusstsein für notwendig, um den Heilungsablauf zu verfolgen und das Notwendige zu tun. Dabei zeigt der Engel die Energie des Ortes, dann die Art der Blockade und die Möglichkeit des Heilungsverlaufs, um schließlich die Heilung durch die Engelkraft geschehen zu lassen.

Erlösung des eigenen Karmas

Dabei ist der Ort nicht losgelöst von uns selbst. Immer wieder werden wir auch in unseren eigenen Blockaden berührt. Um geomantisch arbeiten zu können, besteht die Notwendigkeit, diese persönlichen Blockaden abzubauen, um nicht durch Manifestieren des eigenen Verhaltens den Ort in seiner Blockierung festzuhalten. So versuche ich in Seminaren, diese Lösung des eigenen Karmas zu berücksichtigen. Auch hier kommen uns bei der Erlösungsarbeit Engel zu Hilfe, um unsere Disharmonien zu erkennen, um in ihrer Unmittelbarkeit klärend und heilend auf uns zu wirken. Anwenden lässt sich eine parallele Methodik zur Geomantie. So wie wir es in der Landschaft gewöhnt sind, in verschiedenen Ebenen zu arbeiten, entspricht das beim Menschen verschiedenen Auraschichten. Besonders sind dabei Schmerzen zu betrachten, die bei der Erdheilung auftreten und sich dann nicht vollständig lösen. In verschiedenen Auraleibern — über schmerzenden Körperbereichen — lassen sich verschattete bzw. verdichtete Wolken wahrnehmen. Auch hier helfen Engel beim Finden, Erkennen und Lösen dieser Blockaden.

Im Ätherkörper und im Emotionalkörper nehme ich in diesen verdunkelten Bereichen Elementarwesen wahr, die einen Schmerz tragen. Zuweilen tauchen auch seelische Qualen aus vergangenen Leben auf. Wie in der Geomantie kann auch hier durch Erkennen des zu Grunde liegenden Geschehens dieser Schmerz erlöst werden und das Elementarwesen wieder seine ursprüngliche Energie annehmen. Dabei löst sich der Schmerz im Körper und wir fühlen uns erneuert.

Bei Blockaden im Mentalkörper nehme ich eher einschränkende Verhaltensmuster wahr. Häufig haben wir solche Muster aus früheren Leben übernommen, in denen wir uns in ausweglosen Situationen befanden. Hier hilft uns der Engel, ein positives Verhalten zu finden. Die einzelnen Blockaden sind dabei thematisch meist nicht voneinander losgelöst, sondern bilden einen Komplex. Immer wieder stoße ich dabei auf karmische Verwicklungen und Themen, die sich durch viele Leben ziehen. Durch die aus der Geomantie gewonnene Erfahrung der Mehrdimensionalität können wir diese verschiedenen blockierenden Ausdrücke erkennen. Auch diese klären Engel, um uns in der persönlichen Entwicklung zu unterstützen. Seitdem ich an Orten der neuen Herzenergien arbeite, werden bei mir tiefere Blockaden berührt, die der eigenen Entfaltung der Herzenergie entgegenstehen. Es liegen Themen zu Grunde, die sich in negativen Lebenshaltungen äußern und eher spiritueller Natur sind. So nehme ich körperlich Disharmonien im Herzen und der spirituellen Aura wahr. Es taucht das eigene versteckte Nein zu diesen Liebeskräften auf, welches aus frühen Kindheitserfahrungen oder weit zurückliegenden Inkarnationen stammt. Auch hier helfen uns Engel durch ihre Liebe, diese grundlegenden Blockaden zu erkennen und in ihrer Liebe in Licht und positive Kraft zu wandeln. Ihre in die Tiefe wirkende Herzkraft hilft uns, eine dem Geschehen angepasste spirituelle Lebensweise zu finden.

So bewirken letztlich diese neuen Herzenergien und das Engelwirken in und mit ihnen, alte Blockaden zu lösen und die Herzkräfte zu entfalten. Es ist so, als würde uns der Spiegel vorgehalten, unsere Verantwortung als Mensch anzunehmen. Damit diese Phase der Erneuerung weiterschreiten kann, stehen wir vor der Notwendigkeit, die eigene Herzkraft zu entwickeln. So scheint sich an den Orten der Herzqualität die Erlösungsarbeit umgedreht zu haben: Nicht wir heilen, sondern wir werden geheilt.

Reaktionen der Engelwelt zum 11. September 2001

In den Tagen nach dem 11. September 2001 spürte ich einen instabilen Zustand durch alle Ebenen der Landschaft. Selbst Engel scheinen davon betroffen zu sein. Es erinnert mich an die Augenblicke der Sonnenfinsternis im August 1999. Ich möchte zu dieser Thematik aus meinen Erfahrungen bei der Erdheilungsarbeit in Berlin, Hamburg und Dresden berichten:

Als ich die Bilder des einstürzenden World Trade Center in der Zeitung sah, fühlte ich mich tief betroffen und nahm spontan wahr, dass an dem Ort der Hochhäuser in Manhatten eine Herzkraft wirkt — auch wenn ihr die Architektur des World Trade Centers nicht entsprach. Als ich mich in das Loch, welches das Flugzeug in das Gebäude riss, hineinfühlte, spürte ich einen Sog in die Dunkelheit, in eine sehr verdichtende Kraft. So sind die hineinstürzenden Flugzeuge ein Symbol des Ringens der Schatten mit dem Licht. Ich sah die vielen Menschen als Opfer in diesem Geschehen, ebenso wie die Täter letztlich Opfer dieser Schattenkräfte sind. Gleichzeitig erahnte ich deren jetzt ungebremste Kraft, die ich innerlich nur durch die eigene Herzkraft überwinden kann.

Da ich es gewöhnt bin, in meiner geomantischen Arbeit mit Engeln zusammenzuwirken, ging ich zum nächsten Erzengelfokus. Erstaunend spürte ich hier die große Unruhe dieses Engels. Auch um mich herum nahm ich diese Störung im energetischen Gefüge der Landschaft wahr. Ebenso ein großer Landschaftsengel: auch hier ein „Nicht wissen um die Zukunft", ein Gefühl, als würde das Geschehen auf die Spitze getrieben werden, um es sichtbar zu machen und eine Entscheidung des Einzelnen zu ermöglichen. Betroffen von dieser Reaktion der Engelwelt, die sonst so standhaft in Liebe ist, wurde mir bewusst, dass ein neues Kapitel der Eigenverantwortlichkeit des Menschen aufgeschlagen wurde. Dann, am folgenden Wochenende, gab ich ein Seminar in Berlin. Eigentlich sollte das Seminar über Yin-Chakren und Drachenenergien der Spree handeln, die unseren Rückenchakren entsprechen. Zwei Engelfokusse suchten wir auf: In ihnen spiegelte sich diese gegenwärtige Situation. Jana Rieger berichtet hierüber:

Erdheilung in Berlin
„Die Ereignisse in Amerika warfen die Frage auf: Wie können wir in dieser Situation angemessen und authentisch geomantisch arbeiten?
Gemeinsam mit den Engeln fanden wir einen Weg. An der Siegessäule im Herzchakra der Stadt ließen wir uns von der Christuskraft durchfluten. Es war wie ein Ankommen, um losgehen zu können — zum Engel des Zeitgeschehens. Der Engel steht im Tiergarten, ganz in der Nähe des Brandenburger Tores.
Von vielen wurde sein Zustand als ziemlich instabil wahrgenommen. Seine Impulse schien er nicht mehr kontrollieren zu können. Er wirkte auf uns fast so verfestigt wie eine Statue aus Bronze! Nach dem gemeinsamen Tönen, das uns im Innersten erschütterte, beschrieb eine Frau: die Bronze sei Asche gewesen, Asche aus Neid, Eifersucht und Habgier und diese Asche sei einfach davongeflogen, hinweg in alle Himmelsrichtungen. Darunter kam wieder ein strahlender Engel zum Vorschein, mit festem Stand und Klarheit, schaffend für diese Stadt und ihre Menschen. Wolfgang Schneider sagte, die Engel sind ratlos und schauen uns hilflos zu, was wir Menschen machen. Dieses Tönen war wie eine Entscheidung fällen.

Die wässrige Qualität Berlins erlebten wir in dem großen Wasserdrachen, der sich durch die Stadt schlängelt. Er ist so alt wie die Spree und doch in seiner Qualität so ganz im Hier und Jetzt verankert. An verschiedenen Chakren tönten wir und versuchten, ihn in seiner Gesamt-Drachengestalt wahrzunehmen, zu fühlen, zu tasten und mit Ruten zu erspüren.

Der Abschluss des Seminars bildete die Begegnung mit dem Engel der Tatkraft. Sein Wesen war sehr eindrücklich. Einige stimmte er nachdenklich. Da gibt es keine Ausflüchte mehr. Ganz klar wird, was man sich vorgenommen hat. Die rote Lebenslinie wird erkennbar. Er hilft uns, in die Tat zu kommen aus dem Herzen heraus. Und daraus erwächst eine neue Kraft."

Erdheilung in Hamburg
In Hamburg nahmen wir mit der Erdheilungsgruppe diese Engel auf dem Rathausmarkt und in der Speicherstadt wahr. Wie

in Berlin waren die Wahrnehmungen des „Engels des Zeitgeschehens" ganz ähnlich. In seinem Schwanken erlebte ich ein Aneinander-gebunden-Sein von Ursache und Wirkung — ein Volkskarma, weit zurückreichend bis zu den Kreuzzügen. Auf Taten wie offene Kriege oder Durchsetzen von Interessen folgen immer auch Reaktionen und Wirkungen. So schwang der Engel über die Jahrtausende. Doch je näher unsere Zeit kam, desto chaotischer wurde das Schwingen des Engels. Wie wird das Ausschlagen jetzt sein, nach dieser ungeheuren Tat, so viele Menschen auf einmal zu töten? Dann wandte sich der Engel mir zu, schaute mich an, und ich fühlte: Jetzt legt die Engelwelt dieses Geschehen in unsere Hände.

Dann stehen wir bei einem weiteren Engel, einem „Engel der Wandlung", der ernst eine Posaune an den Lippen hält, bereit hineinzublasen. Mit einem Mal sehen wir die Schatten, sehen ihr zerstörerisches Wirken. Mir wird klar, wie weit die Entwicklung schon gekommen ist. Das macht mich betroffen. So stehend, empfinde ich Trauer im Herzen über das, was geschehen ist und was kommen wird. Ich spüre, wie auch die mir so vertrauten Erzengel mit uns Menschen fühlen. Und dann empfange ich von diesem Engel einen großen Trost im Herzen: Er zeigt mir, dass der gegenwärtige Zustand nur eine Phase auf dem Weg ist.

Erdheilung in Dresden
In Dresden in einem Seminar über Elementarwesen arbeiteten wir an hohen Wesenheiten, die die Stadt behüten und mit Elementarkräften durchdringen. Hier spürten wir, wie weit wir uns von den Naturwesen entfernt haben, indem wir im letzten Jahrhundert unsere eigene Welt geschaffen haben — losgelöst von den Naturkräften. Ganz besonders erlebten wir diese Isoliertheit der Stadt bei einem Wasserwesen an der Elbe unweit der Augustusbrücke. Bei allen Elementarwesen spürten wir, wie sie uns nunmehr als eigenständig ansahen.

Im Zusammenhang mit dem Amerika-Geschehen suchten wir ähnlich wie in Hamburg einen Engelfokus auf: einen „Engel der Wandlung" bei der Frauenkirche. Ich sah auch diesen Engel mit Posaune, doch er blies hinein! Sehr lange tönten wir. Ich sah den Krieg, Flugzeuge, die brennende Stadt. Gräber taten sich auf. Schatten wurden mit Licht durchdrungen. Und dennoch lebte in mir die Angst, dass wir nicht alles durchlichten könnten. Und ich verstand dann diesen Engel: Es ging um das Loslösen von Altem, das Erlösen der alten Erde. Langsam wurde es hell um uns, und Frieden entstand, und die Gewissheit: am Ende würde es gut werden.

Zum Abschluss des Seminars suchten wir wie in Berlin den „Engel der Tatkraft" auf. Wir spürten seine Energie, die uns aufforderte, zu „tun" — nicht mehr zu zögern, sondern zu handeln: in unserem ganz alltäglichen Leben die Herzenergie zu verwirklichen.

Erdheilung im Wendland
Auch in einem Tagesseminar zu einer Lichtstadt im Wendland beim Püggelner Moor arbeiteten wir an dieser Thematik. Solche Orte des Neuen Jerusalem habe ich seit 1999 in der Landschaft und in Städten wahrgenommen. Hier spürten wir im Mittelpunkt dieses Herzortes eine so lichtvolle Kraft eines „Engels der Zukunft", der eine Liebe verströmte, die vergibt, die barmherzig ist zu Opfern wie zu Tätern. Das Karma von uns, von Völkern — am Ende wird alles durchlichtet werden. Auch im Wendland spürten wir nahe dieser Lichtstadt den „Engel der Tatkraft" mit seiner unterstützenden Liebesenergie.

Zusammenfassung
So haben sich in diesen Engelfokussen verschiedene Aspekte des Geschehens um den 11. September 2001 gezeigt. Vielleicht löst dies altes karmisches Weltgeschehen. Es hat eine Erneuerung energetischer Strukturen begonnen. Es sind Lichtorte entstanden. In mir selbst tauchten parallel dazu zahlreiche innere Prozesse auf, die gelöst werden wollten. Geschieht das nicht ebenso bei der Erde? Die Themen der alten Erde warten auf Befreiung. In diesen schmerzlichen Prozessen befinden wir uns. „Wandlungsengel" holen es hervor, doch lösen müssen wir es selbst! Es liegt in unseren Händen.
Engel der Zukunft zeigen uns die Liebesqualität, die schon jetzt genauso präsent ist, um uns zu erinnern, wie es werden soll.

Und schließlich hilft der „Engel des Tuns", die Herzenergie ganz persönlich zu verwirklichen.

Erderneuerung und Schatten der Vergangenheit

Die Erde erneuert sich in vielfältiger Weise auf allen Ebenen. Die Qualitäten der Ganzheit lassen sich seit mehreren Jahren als Christus- oder Sophienaspekt in der Landschaft erspüren. Sie sind vergleichbar unserer eigenen Lichtkraft im Herzen. Auch in den Wesenheiten der Schöpfung — den Engeln, Göttinnen oder Elementarwesen — entfalten sich diese Herzkräfte. 2003 konnte ich verschiedene ätherische Kraftzentren wahrnehmen, die zwar eine Ähnlichkeit mit den bisherigen Zentren besitzen, aber wesentlich strahlender und umfassender wirken. Bisher fielen mir vor allem auf:
– neue sternförmige Zentren mit einem Lichtkern, dessen strahlende Herzkraft sich im Raum ausbreitet und eine Sphäre von Licht entstehen lässt;
– neue Herzzentren, bei denen ich wirbelartige, hinein- und hinausfließende Herzkräfte wahrnehme, die in einer unendlich feinen Bewegung den Landschaftsraum erneuern. Solche Zentren beschreibt auch Marko Pogačnik z. B. in Halle in der Saaleaue;
– sowie Erdungszentren einer neuen Qualität, aus denen eine Herzkraft des Erdinneren herausfließt, die gleichzeitig mit den Sternen des Kosmos verbunden ist.

Allen diesen Zentren gemeinsam ist die strahlende Qualität. Hierin glaube ich eine neue Ebene der Landschaft zu erkennen, die ich „kosmisch-ätherisch" nenne. Sind diese Strukturen gänzlich neu oder werden wir uns ihrer erst jetzt bewusst? In den letzten Jahren fand ich an vielen Orten Manipulationen der Nationalsozialisten, deren geomantische Präzision mich erschreckte. Anscheinend war die ganzheitliche Qualität schon damals spürbar, und die Nazis nutzten sie für ihre dogmatischen Zwecke. Nachfolgend berichte ich von einigen Beispielen solcher Manipulationen, die ich mit meinen Seminar- und Ausbildungsgruppen sowie bei Erlösungsarbeiten des Lebensnetzes Geomantie und Wandlung in ehemaligen Konzentrationslagern erlebte.

Landschaftsraum von Weimar
und Erlösungsarbeit in der Gedenkstätte Buchenwald

In Weimar, bei einem Seminar über Ätherkräfte, stehen wir an einer nahe am Schloss liegenden wunderschönen Quelle. Inmitten eines Quelltopfes sprudelt aus der Tiefe klares Wasser empor. Genauso ist auch das Empfinden im Ätherischen. Auch hier füllt die Quelle den Raum der Stadt mit weichem, fließendem wässrigen Äther, eine Liebes- oder Herzkraft beinhaltend. Alles wird ausgefüllt, jeder Zwischenraum. Es entsteht eine unterirdische Sphäre, die knapp bis über den Boden reicht. Es breitet sich so ein See einer ätherischen Herzkraft aus.

Ein zweiter Ort solch einer ätherischen Herzkraft findet sich nach meinen Kartenmutungen und nach stadtgeschichtlichen Forschungen von Guntram Stoehr innerhalb des Gauforums. Das Gauforum wurde 1936 geplant. Hitler selbst entschied sich für den Entwurf, „da er der Stadt Weimar am meisten entspräche". Hier lag vor den dreißiger Jahren ein Brunnen mit einer weiblichen Gestalt — der Wimare — inmitten einer kleinen Parkanlage. Jetzt stehen wir in einer spärlichen Grünanlage eines riesigen Platzes zwischen den Gebäuden dieser Zeit. Unter unseren Füßen breitet sich dennoch dieser ätherische See aus. Doch über der Stadt ein hartes männliches ideologisches Licht. Wir beginnen zu tönen und ein Strahlen bricht hervor — von innen heraus, gleißend hell und dennoch weich und durchdringend. Der Raum über der Stadt füllt sich. Die Ganzheit des wässrigen Irdischen und das Strahlen des Himmels ist wiederhergestellt. Hier wurde durch die Nazis bewusst ein Ort, der die Stadtidentität trug, in das Gegenteil seines Ausdrucks verkehrt. Die ganzheitliche Liebe und Weiblichkeit, wie sie noch am Brunnen sichtbar ist und die wohl die Dichter so anzog, wurde durch die Denkweise der Nazis ersetzt.

Auch das ehemalige Lager Buchenwald wurde 1936 mit dem Gauforum zusammen nahe Weimar auf dem Ettersberg errichtet. Wir stehen dort am nächsten Nachmittag und haben nur etwa zwei Stunden Zeit. In der Seminarvorbereitung konnte ich mir jedoch das Schloss von Ettersberg ansehen. Im Landschaftspark des Schlosses liegt bei einer Wallburg die Wegkreuzung eines alten Jagdsterns. Auch im Äthergefüge befindet sich hier ein sternförmiges Landschaftszentrum. Zusammen mit dem Schloss trägt das Zentrum einen Yang-Aspekt. Zu dieser Qualität lässt sich das Lager als Yin-Platz erahnen. In seiner Gesamtheit vielleicht ein alter Göttinnenort. Jetzt liegt hier die Gedenkstätte. Wir finden Reste der weiblichen Kraft im ehemaligen Lagerzoo, in Sichtweite des Appellplatzes. Während der Erlösungsarbeit im Lager zwischen den ehemaligen Baracken taucht eine weibliche Qualität aus der Erdentiefe auf, die eine barmherzige vergebende Kraft besitzt. Sie wirkt erlösend auf das Leid der Menschen und es breitet sich ein befreiender Lichtraum aus, der heilend wirkt auf Mensch und Landschaft. Auch hier wurde die weibliche Kraft des Ettersberges durch das Konzentrationslager fast vollständig blockiert. Geomantisch sind der Berg und das Quellheiligtum von Weimar wohl ein großes Landschaftszentrum der Ganzheit. In seinem Ausdruck ist es verschwunden und nur die verzerrte Welt des Nationalsozialismus spürbar.

Ehemaliges Konzentrationslager Sachsenhausen

In der Gedenkstätte Sachsenhausen waren wir schon früher mit Netzwerkern aus Berlin und Hamburg. Ich möchte das Beispiel hier nennen, um die geomantische Präzision zu veranschaulichen. Sachsenhausen, nördlich von Berlin, war ein Vorzeigelager. Es galt als ein ideales Lager, in Dreiecksform angelegt mit bogenförmiger Anordnung der Baracken. Die Spitze weist nach Norden. Auch der Landschaftstempel von Berlin mit seinen drei weiblichen Qualitäten besitzt nach Marko Pogačnik die Form eines Dreiecks. Sein nördlicher Göttinnenplatz liegt in Oranienburg unweit des Lagers, ich vermute beim Schloss. Bei unserer Erlösungsarbeit im Lager selbst spürten wir als Besonderheit neben ahrimanischen Kräften auch luziferische. Beide zusammen wirkten wie ein Gefängnis der Seelen, die eine neue vollständige Inkarnation nicht zuließ. Erst nach dem Tönen und der Arbeit mit Klangstäben waren die Seelen befreit und das Lager begann sich in den Landschaftsraum zu integrieren. Wurde hier versucht, das Landschaftsbewusstsein von Berlin durch die Formresonanz des Lagers zu blockieren — wie im KZ, das seelische Bewusstsein einzuschließen —, um eine Erneuerung eines ganzen Landschaftsraumes zu verhindern?

Prachtstraße von Albert Speer
zwischen Tempelhof und Germania

Ein weiteres Beispiel dieser geomantischen Exaktheit entdeckte ich in einem Seminar über die Verwirklichung der Herzkräfte in den Chakren des Menschen. Vergleichbar für die Stadt lagen sie auf der Prozessionsstraße, die Albert Speer quer zur Hauptachse von Berlin geplant hatte. Ich nahm fünf Orte entsprechend fünf Chakren entlang dieser Achse wahr: Sie lagen an der Spree, am Reichstag, im Tiergarten, am Potsdamer Platz und im Viktoriapark. Nördlich knickt die Achse Richtung Poststadion ab, südlich zum Flughafen Tempelhof. An diesen Orten ging es um die Verwirklichung der Herzkräfte in ihrem jeweiligen Chakraausdruck, im schöpferischen Tun und Handeln in Liebe.

Obwohl diese Achse bis auf den Flughafen Tempelhof baulich nicht verwirklicht wurde, nahmen wir an den Orten der fünf Chakren Verdrehungen der Herzkräfte wahr. Deren der Liebe entgegenstehende Muster ließen sich am deutlichsten an der Spree erspüren. Hier plante Speer nach einem Entwurf Hitlers eine riesige Halle „Germania". Der geomantisch interessanteste Ort lag jedoch am Anfang der Achse: der Flughafen Tempelhof. Er hat die Form eines Eies. An der der Stadt zugewandten Seite erstreckt sich ein 1230 Meter langes bogenförmiges Gebäude — das längste Europas. Hier fand die erste Großkundgebung am 1. Mai 1933 statt. Wir standen während des Seminars wieder am 1. Mai an diesem Platz. Das geomantische Zentrum konnten wir in der Größe des Rollfeldes als riesige Schale im Untergrund wahrnehmen, die eine schöpferische Urkraft besaß. Der weite Bogen des Flughafengebäudes schien diese Kraft einzuschließen. In der Mitte der Schale befand sich ein den Raum zerreißendes, dogmatisches Licht. Nach ausgiebiger Erdheilungsarbeit genossen wir die befreite weibliche Schöpfungskraft. Die auf die Stadt zulaufende Achse nahmen wir als männlichen Impuls wahr, der sich aus dem Schoß der Schale in die Stadt ergoss. Wir spürten eine völlige Verkehrung der männlichen Kraft, verhaftet in den Mustern der ideologischen Vergangenheit. Erst als wir um Vergebung aus dem Weiblichen baten, löste sich die Männlichkeit aus ihren Fesseln und floss als positiver Strom in die Stadtachse. Auch beim Poststadion am nördlichen Ende der Achse konnten wir eine solche schöpferische Kraft erspüren. Hier plante Albert Speer einen Aufmarschplatz. Diese Schöpfungskraft ließ sich vom Himmel herab, war männlich wie weiblich und besaß eine göttliche, allumfassende Qualität.

Manipulationen der Nationalsozialisten und die zukünftige Entwicklung

Soweit Beispiele der Manipulationen in geomantischen Strukturen aus dieser Zeit. Vor siebzig Jahren waren die Orte in ihrer ganzheitlichen Qualität schon erspürbar, so dass sie die Nazis für ihre Ideologie benutzen konnten. Gerade Orte mit weiblichen und irdischen Aspekten blockierten sie und ersetzten deren ganzheitliche Qualität durch ihre dogmatische Weltanschauung und Heilsgedanken des falschen Lichtes. Selbst Plätze der Schöpfungskraft wurden manipuliert. Sie versuchten, die Zukunft in ihrem Sinne zu beeinflussen. Gleichzeitig wurde auch die Entwicklung der Herzkräfte in uns blockiert und durch Dogmen ersetzt. Vermutlich geriet die Erdentwicklung der Herzkräfte ins Stocken. Herzorte schlossen sich, und die Schattenkräfte wurden im Krieg sichtbar. Heute können wir die Manipulationen der Nazis erkennen und erlösen. Die Herzkräfte können sich wieder in der Landschaft entfalten und ebenso in uns selbst. Dogmen und Muster wandeln sich in Liebe. Die Entwicklung der Liebeskräfte in unseren Wesensgliedern und Chakren löst sich aus der Vergangenheit und schreitet voran.

Anmerkung:
(1) Global meditation for environmental healing mit Drunvalo Melchizedek am 24. September 2000, 15 Uhr New Yorker Zeit.

Was geschieht mit unseren Herzen?

Claudia Böni Glatz

Seit Januar 2004 entsteht eine ganz neue Art von Verbundenheit auf der Erde. Im folgenden beschreibe ich, wie ich diese an einem Wochenende mit Ana Pogačnik erfahren und was ich darüber gelernt habe.

Ähnlich wie der Körper des Menschen durch die Chakren mit Energie versorgt wird, hat auch der Körper der Erde solche „Organe", die das Lebendige im Fluss halten und die Energie in pulsierendem Rhythmus verteilen. Diese „Erdchakren" liegen nicht nur auf der Erdoberfläche, sondern wirken ins Erdinnere hinein. Wir können sie uns vorstellen wie einen Filter, der der Energie, die durch ihn hindurchfließt, ein bestimmtes Muster einprägt, einen bestimmten Impuls gibt. Bei einem Herzzentrum trägt dieser Impuls Herzqualität. Herzplätze haben eine große Intensität. Es gibt darin so viel Bewegung, dass wir sie als Weite und Ruhe wahrnehmen. Hier geschieht Austausch in alle Richtungen. Oft ist eine Säule wahrnehmbar, an deren Rändern Energie aufsteigt wie Lichtnebel. Die Qualität ist yin-betont, umarmend, hüllend, strömend, ausbreitend.

An einem Platz aber erlebten wir die Herzqualität wie potenziert. Sie war dort heller, weiter, höher schwingend. Wir tauchten ein in eine alles verbindende Lebenskraft, die alle Grenzen zu überwinden schien. Sie hatte zwar eindeutig Herzqualität: unsere Herzen gingen auf, wir waren tief ergriffen. Aber es musste noch etwas mehr sein. Wir vermuteten einen Engelfokus. Ana Pogačnik erklärte uns, diese neue Energie sei eine höhere Herzensliebe. Sie nennt solche Plätze „Christusplätze". Sie beobachtet ihr Entstehen erst seit etwa 2003 — als ob der Erdorganismus jetzt den Christusimpuls ganz aufnehmen könnte.

Dies hat natürlich auch Folgen für uns ErdbewohnerInnen. Wenn bisher der Solarplexus die Mitte unseres menschlichen Systems war, so soll in Zukunft mehr und mehr die Herzqualität als Hauptkraft wirken. Wir sind also aufgefordert, unsere

Herzkraft zu erweitern — und erhalten dafür gleichzeitig Unterstützung seitens der Erde. Alles, was wir von Herzen tun, wird potenziert — und alles, was wir gegen unser Herz tun, bewirkt mehr Schmerz und Leid als früher. Dabei entsteht eine für uns noch ungewohnte Gleichzeitigkeit: Unsere Herzen sind offener, verbundener als früher, und gleichzeitig ist ihre Kraft konzentrierter, geballter.

Die Limburg –
eine Landschaftsoffenbarung

Hans-Joachim Aderhold

Auf der Heimfahrt von einer Dienstreise kam ich in der ersten Januarwoche 2001 bei einer Abkürzung durch ein Wohngebiet von Weilheim/Teck. Dort erhielt ich eine Rückmeldung (1): Ich möge anhalten und einen flachen Hügel oberhalb der Häuser aufsuchen. Halb unwillig (weil ich nach Hause wollte), halb neugierig, was mich dort wohl erwarten würde, folgte ich dieser Bitte. Der Hügel ist bestanden von Linden und von drei Seiten umbaut. Nach Westen zieht sich eine Grünbrücke zum Egelsberg. Energetisch erlebte ich eine Verbindung zur Limburg, einem markanten, fast baumlosen Berg in der Nähe. Dieser ist — wie auch der flachere Egelsberg — als einer der Schlote des so genannten Schwäbischen Vulkans bei der Abwitterung des Albtraufes als Solitär stehengeblieben. (2) Ich empfing den Impuls, wir sollten uns dieser Landschaft geomantisch zuwenden. Schon am 5. Mai desselben Jahres erfolgte eine erste gemeinsame Exkursion der Geomantiegruppen Stuttgart und Engelberg zur Limburg. Das war der Auftakt zu einer langjährigen Berührung mit dieser Landschaft, denn auch in den Folgejahren wurde diese gemeinsame Exkursion Anfang Mai dorthin beibehalten.

Die erste Begegnung mit der Limburg offenbarte — bei ausgewogenem Wetter — die harmonische und ausstrahlende Kraft dieses Berges, aber auch eine sehr starke Traumatisierung. Vor allem durch Tanz und Bewegung versuchten wir, diese aufzulockern. Die uns zunächst vorliegenden äußeren Daten brachten Hinweise, aber keine wirkliche Erklärung: Archäologische Funde belegen frühe Nutzungen des Berges durch menschliche Kultur. Geschichtlich überliefert ist, dass der Zähringer Berthold I. (3) den Stammsitz auf die Limburg verlegte und im benachbarten Weilheim ein Kloster als Grablege gründete. (4) Nachdem kaiserliche Truppen das Kloster und das umliegende Land zerstört hatten, verfiel er dem Wahnsinn und starb 1078 auf der Limburg. (5) Sein Sohn Berthold II. (6)

verlagerte bald darauf den Stammsitz in den Freiburger Raum und gründete 1093 St. Peter als Folgekloster. (7) Wann die Limburg aufgegeben wurde, ist nicht bekannt. Eine später dort errichtete Michaelskapelle ließ die Stadt Weilheim wohl 1557 abbrechen. (8) Etwas unterhalb vom Gipfel gibt es einen tiefen Brunnen, den so genannten Kindlesbrunnen. Eine Quelle findet sich am Fuß des Berges.

Studien brachten weiteren Aufschluss. Viele Dokumente aus der Zähringerzeit sind erhalten geblieben — darunter auch Berichte von Hoftagen und Reichsversammlungen. Sie wurden durch eine ausführliche Dissertation zusammengestellt und in ein lesbares Deutsch übertragen. (9) Nimmt man weitere Fakten hinzu, dann ergibt sich folgendes Bild:

Berthold I. hatte das Land um die Limburg wohl schon von seinem Vater als Eigenbesitz übernommen und nicht — wie lange angenommen wurde — über seine erste Gemahlin erhalten. (10) Es muss ihn in einer besonderen Weise berührt haben, sonst hätte er wohl kaum die Stammburg dort errichtet. Es spricht aber auch noch etwas anderes dafür. Denn er ließ sich von Kaiser Heinrich III. (11) das Versprechen geben, dass das Herzogtum Schwaben an ihn fallen solle, sobald dieses frei werde. (12) Berthold war ein Vertrauter Heinrichs III. (13), den er gelegentlich auch zu vertreten hatte. (14) Wie er und seine zweite Gemahlin (15) hing er der Kirchenreformbewegung (16) an, die die Kirche wieder dem Idealzustand der Urkirche annähern und aus staatlicher Bevormundung lösen wollte. (17) Politische Ziele waren vor allem das Bemühen um Ausgleich und die Erhaltung des Friedens. Heinrich III. starb schon 1056. Sein Sohn war erst fünf Jahre alt. Bis zu seinem elften Lebensjahr übernahm die Mutter die Regentschaft für ihn. Berthold war bestrebt, die von ihm bis dahin mitgestaltete Politik Heinrichs III. auch nach dessen Tod aufrecht erhalten zu helfen. Das bedeutete für ihn uneingeschränkte Treue zum deutschen Hof, aber auch die weitere Unterstützung der Kirchenreform und die gegenseitige Achtung von Kaiser- und Papsttum. Diese Grundüberzeugungen führten Berthold angesichts der tatsächlichen Entwicklung (18) in immer größere Konflikte. Am Ende musste er scheitern.

Schon als das Herzogtum Schwaben bereits 1057 frei wurde, wurde nicht er, sondern Rudolf von Rheinfelden (19) damit belehnt. Diese Entscheidung führte über eine Reihe weiterer Zwischenschritte dazu, dass nicht — wie es sonst nahegelegen hätte — die Zähringer, sondern die Staufer das maßgebliche Herrschergeschlecht wurden. (20) Zwar erhielt Berthold vier Jahre später ersatzweise das Herzogtum Kärnten, doch muss ihn die Missachtung dieses ihm so wichtigen Versprechens bis ins Mark getroffen haben! (21) Die anfängliche Loyalität Bertholds auch gegenüber Heinrich IV. (22) wurde zunehmend strapaziert, weil Berthold die undiplomatische, oft sprunghafte und selbst vor Heimtücke nicht zurückschreckende, autoritär-unberechenbare Politik des Königs nicht teilen mochte — zumal er selbst um Ausgleich und die Befriedung unterschiedlicher Interessen bemüht war. (23) So kam es zur Entfremdung, schließlich sogar zur Feindschaft. Der Chronist Berthold von Reichenau (24) charakterisiert Berthold als „einen Menschen von beispielhaft korrekter Lebensführung, voll Mannestüchtigkeit, als einen Hüter des Rechts und Ratgeber von seltener Weisheit, als einen demütigen Verteidiger des Glaubens". (25)

Und Heinrich IV.? — Er ging nach Canossa! (26) Ein für ihn bezeichnendes Ereignis lag schon früher. Denn Heinrich war nach dem Tod seines Vaters schon als fünfjähriger Knabe verlobt und zehn Jahre später verheiratet worden. Als er sich 1069 scheiden lassen wollte — seine Gemahlin war zu diesem Zeitpunkt offenbar noch Jungfrau! —, wäre das reichsrechtlich möglich gewesen. Aber der Papst lehnte sein Verlangen ab — und Heinrich fügte sich. (27)

Auch in den beiden nächsten Jahren besuchten wir die Limburg:

Der 4. Mai 2002 war ein Regentag. Die ganze Landschaft war regenschwer, so dass wir weit und breit ganz allein waren. Die diesmal im Mittelpunkt stehende geführte Meditation mündete in ein äußerst dramatisches Tönen, bei dem uns die Tränen kamen und das wir als Durchbruch erlebten. Die in der Meditation ausgesprochene Bitte, der Regen möge diese Befreiung in das ganze Land tragen, beantwortete der Himmel mit einer unmittelbar einsetzenden und lange nicht mehr nachlassenden nochmaligen Steigerung der Niederschläge, so dass wir — trotz Regenschutz — völlig durchnässt, aber glücklich in Weilheim ankamen und uns dort trocknen mussten. Am Abend war die Landschaft in einen beeindruckenden Abendhimmel mit Sonne und Wolkenbänken getaucht und die Limburg schaute — wie mit einem Heiligenschein umgeben — aus einem friedlichen weißen Wolkenbad hervor.

Strahlender Sonnenschein dann am 3. Mai 2003. Die energetischen Bezüge der Limburg zum Breitenstein, vor allem aber zur Teck kamen in unseren Blick. Diesmal war besonders das Luftelement stark und hilfreich. Vor allem im unteren Bereich der Limburg war noch eine belastete Zone zu erleben und eine Blockade am Kindlesbrunnen, zu dem noch vor einigen Jahrzehnten vereinzelt schwangere oder unfruchtbare Frauen pilgerten und um Hilfe baten. Eine geführte Abschlussmeditation dort erfüllte uns mit Erleichterung und Frieden.

2004 und 2005 besuchten wir die Teck, beginnend mit dem Hörnle, dann den Hohenbol – den auch „Olymp" und „Zahnbürste" genannten Vorberg der Teck, die Burg und das Sibyllenloch, 2006 den Breitenstein mit dem benachbarten Bühl und 2007 — vorläufig abschließend — noch einmal die Limburg.

2003 hatte ich mich der deutschen Südgruppe von Ana Pogačnik angeschlossen, die 2008 ins sechste gemeinsame Jahr geht. Im Rahmen dieser Geomantieausbildung hatten wir 2004 Übungen zum Eintauchen in die Kulturschicht von Orten durchzuführen. (28) Ich nahm mir als erstes die Limburg vor und machte eine überraschende Entdeckung: Im Mittelpunkt meiner Wahrnehmungen stand das Erlebnis eines Menschen, das ich als Landschaftsoffenbarung bezeichnen möchte. Wer eine Offenbarung empfängt, wird dabei so im ganzen Sein ergriffen, dass sich die Frage nach deren Wahrheit nicht mehr stellt. Eine Offenbarung beinhaltet daher immer auch eine Gewissheit. Was hier an der Limburg von diesem Menschen geschaut wurde, war ein tiefes Landschaftserlebnis mit einem großen Entwicklungspotenzial für den deutschen Raum. Damit hatte ich einen Schlüssel zum Verständnis dessen erhalten, was bis dahin noch rätselhaft war. Ich verstand nun, warum Berthold ein solches Interesse entwickelt hatte, Einfluss auf die damalige Reichspolitik zu nehmen, und inwiefern dieses Interesse an diese Landschaft gebunden war oder — besser gesagt — aus ihr hervorging. Er handelte nicht aus einem persönlichen Machtinteresse. Er hatte sich eine Vision zu eigen gemacht und sich und sein Handeln in deren Dienst gestellt. Mit der Zerstörung des Landes um die Limburg durch Heinrich IV. sah Berthold nicht nur sein Eigentum, er sah diese Vision nun für eine lange Zeit zerstört. Das war es, was ihn wahnsinnig machte! Und dieses Maß bestimmte auch das traumatische Ausmaß, das wir in der ersten Begegnung mit der Limburg erlebt hatten, ohne es aus den uns zunächst zugänglichen Fakten wirklich angemessen begreifen zu können.

Lässt sich diese Vision des Berthold näher beschreiben? — Ich will es versuchen.

Dazu hier zunächst noch einige weitere Beobachtungen zur Limburg: Meine Wahrnehmungen beim Eintauchen in die Kulturschicht vermitteln das Bild einer im Ideal hohen Vollkommenheit, zu der auch die Schutzlosigkeit gehört. Sie muss immer wieder neu errungen werden und stellt sich nur ein, wenn alle Wesensanteile in harmonischer Ausgewogenheit zusammenschwingen. Auf der Naturwesenseite sind alle Elemente daran beteiligt. Beeinträchtigungen — wie derzeit beim Wasserelement — wirken sich unverhältnismäßig stark aus. Wiederholt kommt es in der Kulturgeschichte der Limburg zu einer neuen Konzentration, zu einer Zentrierung der Kräfte und dabei zu einer neuen befruchtenden Ausstrahlung in die Umgebung. Ich erlebe dies wie eine immer wieder neue Zulassung und zugleich Zügelung des Chaos bzw. wie eine in bestimmten Abständen sich wiederholende — für künstlerische Impulse offene — Geburt aus Yin-Qualitäten und Herzkräften. Sie wirken aus dem Quell der Mitte kräftigend und harmonisierend in einen weiten Umkreis. Zur Vision des Berthold gehörte, diese Quellmitte für den deutschen Raum sowohl kirchlich wie politisch gestalten zu wollen.

Nach der Verlagerung des Stammsitzes der Zähringer in den Raum Freiburg lassen sich zwei Ströme erkennen: Der eine beinhaltet die Städtegründungen der Zähringer im südwestdeutschen Raum und in der Schweiz. (29) Hier leben Impulse noch fort, die auch einen Bezug zur Limburg in sich tragen. (30) Der zweite Strom betrifft die direkte Verbindung der Zähringer mit dem Haus Baden. (31) Dort inkarnierte sich im frühen 19. Jahrhundert Kaspar Hauser. (32) Er wurde ja bekanntlich an der vollen Entfaltung seiner Inkarnation gehindert. Wer sich damit beschäftigt, was Kaspar Hauser auf die Erde mitbrachte — bis hin zu seinem Künstlertum —, kann manches entdecken, was eine Nähe erkennen lässt zur Vision Bertholds. (33)

Nach meinen Erlebnissen mit der Limburg steht für mich fest: Nun möchte ich auch den Hohenstaufen näher kennen lernen! Denn nicht die Zähringer, sondern die Staufer wurden ja dann das maßgebliche Herrschergeschlecht auch für den deutschen Raum.

Beim Eintauchen in die Kulturschicht des Hohenstaufens tritt mir Schönheit, Klarheit und ein unglaublicher Realitätssinn entgegen. Zur weiteren Charakterisierung möchte ich einen Auszug aus meinen damaligen Aufzeichnungen wiedergeben:
„Als erstes nehme ich eine große Dichte und Präsenz wahr, ein Dauerhaftes. Darin erst auf den zweiten Blick eine feine pulsierende Bewegung, die sich immer wieder erneuert, so dass erst daraus der Eindruck des Dauerhaften entsteht. ... Dann sehe ich Alltagsbilder einer mittelalterlichen Zeit: Ein Pferd wird beschlagen — es geschieht mit intensiver selbstverständlicher Hingabe. Die Handelnden könnten sich weder vorstellen, dass sie in diesem Augenblick beobachtet werden, noch in ihrem Tun sonst abgelenkt werden. Es ist reine Gegenwart in ihrem Denken, Fühlen und Tun."
Hier ist alles so kraftvoll, dass es gar keiner Ausstrahlung bedarf! Es sind Yang-Qualitäten mit dem „Herzen auf dem rechten Fleck", die sich selbst zu genügen scheinen und sich quasi überall entfalten können. Das trifft auch auf die Stauferkaiser zu. (34) Sie regierten von Italien aus. Der deutsche Raum war ihnen kein spezielles Anliegen. Kreuzzüge und Burgenbau im Mittelmeerraum lagen ihnen näher. Mit den Qualitäten des Berges in ihrer Wiege konnten sie ihre Ziele kraftvoll und gepaart mit Schönheit durchführen!

Die Vision des Berthold ist bis heute unerfüllt. Ihre zeitgemäße Gestaltung ist noch eine Aufgabe vor allem Mitteleuropas und der dort lebenden Menschen. Zu dieser Aufgabe gehört die Formung der Rahmenbedingungen für ein freiheitlich-schöpferisches Menschentum: Gleichheit im Rechtsleben, Brüderlichkeit im Wirtschaftsleben, Freiheit im Geistesleben. (35) Elemente dieser Gestaltung sind die Alterung des Geldes (36), Nutzungsrechte statt Eigentum an Grund und Boden und ein bedingungsloses Grundeinkommen für jeden Menschen als ein Teilaspekt (37) des sozialen Hauptgesetzes: *„Das Heil einer Gesamtheit von zusammenarbeitenden Menschen ist um so größer, je weniger der einzelne die Erträgnisse seiner Leistungen für sich beansprucht, das heißt, je mehr er von diesen Erträgnissen an seine Mitarbeiter abgibt, und je mehr seine eigenen Bedürfnisse nicht aus seinen Leistungen, sondern aus den Leistungen der anderen befriedigt werden."* (38) Ganz allgemein gehört zu dieser Vision neben einem Höchstmaß an demokratischer Mitwirkung die künstlerische und naturverträgliche Gestaltung der sozialen und äußeren Lebenszusammenhänge sowie die Achtung der Erde als Lebewesen und aller Mitgeschöpfe. Das schließt die Berücksichtigung übersinnlicher (geomantischer) Erkenntnisse und die Zusammenarbeit mit den Naturwesen ein. Die Folgen sind Pazifismus und die Ausbreitung von Moralität in der Natur. Solche Impulse stehen in Resonanz zu dem, wie der Christus heute Menschen in ihrem Herzen berührt. (39) Solche Berührungen sind ein Aspekt der Erdwandlung.

Am 28. September 2007 besuchen wir nach siebenjähriger „Vorbereitung" durch die gemeinsamen Mai-Exkursionen der Geomantiegruppen Stuttgart und Engelberg (teilweise auch der Gruppen Tübingen und Aichtal-Filderstadt) mit der Südgruppe und Ana Pogačnik den Hohenbol unterhalb der Teck. Nur wenige aus der Gruppe nehmen wahr, dass es sich hier um ein vitalenergetisches Zentrum handelt. Auch bei unseren früheren Besuchen mit den Geomantiegruppen hatten wir diesen Ort nicht erkannt, ihn aber sehr genossen: Wir kamen hier mit der großen Gruppe damals und auch diesmal wieder in ein regsames Gespräch von Herz zu Herz. Es ist ein intimer und kommunikativer Ort, der offenbar eine Wesensbegegnung mit sich selbst und mit anderen begünstigt — das mag auch schwierige Aspekte einschließen. Dass die Erkenntnis dieses Ortes so schwer fällt, dürfte auch an seiner „Verschüttung", an seiner Belastung liegen. Hier müssten sich mehrere hundert Menschen bewegen und gemeinsam Tönen, kommt es uns in den Sinn! — Es ist das vitalenergetische Zentrum von Deutschland.

Anmerkungen:
(1) Was eine Rückmeldung genannt wird, wird erläutert zu Beginn des Berichts „Dem Sein entgegen" in diesem Buch.
(2) Bei diesem Vulkan verbanden sich noch im Erdinnern in mehr als dreihundert Schloten die magmatische Masse und das vorhandene Sedimentgestein zu einem Tuff. Da dieser härter als der umgebende Kalk ist, blieben einige dieser Schlote als sich abflachende Solitäre vor dem Albtrauf stehen, nachdem die Traufkante der Schwäbischen Alb bei der immer weiteren Abwitterung allmählich zurücktrat — so auch der Egelsberg und die Limburg.
(3) Berthold I. mit dem Bart (1000/05–78), 1061 Herzog von Kärnten, hatte von seinem 1024 verstorbenen Vater die Grafenämter im Breisgau, im Thurgau und in der Ortenau übernommen mit Eigengütern vor allem im Breisgau und in der Baar, aber wohl auch in Schwaben (siehe dazu Anmerkung 10). Zeitweise versah er auch das Grafenamt im Schwarzwälder Albgau und er war Vogt der reichen Besitzungen des Bistums Bamberg in Schwaben. (Nach Karl Dreher: Heimatbuch Weilheim a. d. Teck, Band III, 1969, S. 20.)
(4) Der Bau der Limburg wird um die Mitte des 11. Jahrhunderts angenommen. (Ebd., S. 20.) Wann die Gründung des Klosters in Weilheim erfolgte, ist nicht bekannt, jedenfalls vor 1073. (Ebd., S. 28.)
(5) 1077/78 kam es zu mehreren Feldzügen Kaiser Heinrichs IV. gegen Schwaben, wobei die Besitzungen Bertholds verheerend geplündert und zerstört wurden. Der Chronist Ekkehard von Aura († 1126), der die Chronik des Frutolf von Michelsberg († 1103) bearbeitet und fortgesetzt hat, berichtet, Berthold habe sich auf die Limburg zurückgezogen, sei erkrankt, habe den Verstand verloren und sei nach einer Woche geistiger Verwirrung gestorben. (Ebd., S. 25, und Wikipedia/Internet: Ekkehard von Aura.)

(6) Berthold II. (1050/55–1111), seit 1100 als Herzog von Zähringen bezeugt.
(7) Ebd., S. 28.
(8) Karl Dreher: Weilheim an der Teck einst und jetzt, Band I, 1939, S. 14f, sowie Band II, 1957, S. 63.
(9) Ulrich Parlow: Die Zähringer — Kommentierte Quellendokumentation zu einem südwestdeutschen Herzogsgeschlecht des hohen Mittelalters, Stuttgart 1999 (Veröffentlichungen der Kommission für geschichtliche Landeskunde in Baden-Württemberg, Reihe A/Quellen, Band 50).
(10) Richwara von Babenberg (um 1020–73?), Tochter des Markgrafen Adalbert von Österreich. (Schlüssig nach Eduard Hlawitschka: Zur Abstammung Richwaras, der Gemahlin Herzog Bertholds I. von Zähringen, in Zeitschrift für die Geschichte des Oberrheins, Nr. 154, 2006, S. 1–20.) Damit dürfte die frühere Annahme widerlegt sein, dass Richwara die schwäbischen Güter in die Ehe mit Berthold I. erst einbrachte.
(11) Heinrich III. (1017–56), seit 1039 deutscher König, 1046 in Rom zum Kaiser gekrönt.
(12) *„Kaiser Heinrich III. verspricht noch zu Lebzeiten Ottos von Schweinfurt, des Herzogs von Schwaben, dem Grafen Berthold — dem späteren Herzog von Kärnten — das Herzogtum Schwaben und gibt ihm gleichsam als Mahnzeichen dafür seinen Ring, den Berthold sorgfältig aufbewahrt."* (Ulrich Parlow, a. a. O., S. 19. Siehe dazu auch Karl Dreher, Heimatbuch III, a. a. O., S. 22.)
(13) So wird Berthold zum Beispiel in einer Urkunde Heinrichs III. von 1047 als „Getreuer", in einer anderen von 1055 als „Ratgeber" des Kaisers bezeichnet. (Ulrich Parlow, a. a. O., S. 12 bzw. S. 19.)
(14) 1055 hält Berthold beispielsweise als „missus" Kaiser Heinrichs III. zusammen mit Sittibald Gericht in Forli/Italien. (Ebd., S. 18.)
(15) Agnes von Poitou (um 1025–77), seit 1043 zweite Gemahlin Heinrichs III., 1056–61 Regentin.
(16) Das Reformkloster Cluny war eine diesen Bestrebungen entsprechende Gründung der Familie seiner zweiten Gemahlin.
(17) Heinrich III. hatte auch eine sakrale Herrschaftsauffassung seines Königsamtes. Mit seiner zweiten Gemahlin, der er — untypisch für die damaligen Verhältnisse — sehr nahe stand, teilte er ein religiöses Pflichtbewusstsein, in dem höfischer

Überfluss keinen Platz hatte. So durften zum Beispiel bei der Hochzeitsfeier des Königspaares Spielleute und Gaukler ihre Künste nicht — wie sonst üblich — zeigen. (Wikipedia/Internet: Agnes von Poitou.)
(18) Es würde hier zu weit führen, diese Entwicklung im einzelnen nachzuzeichnen.
(19) Rudolf von Rheinfelden (um 1025–80), seit 1057 Herzog von Schwaben, seit 1077 Gegenkönig Heinrichs IV.
(20) Entscheidend dabei war vor allem, dass Heinrich IV. Rudolf als seinem Gegenkönig das Herzogtum Schwaben wieder entzog und es 1079 an den Grafen Friedrich von Staufen übertrug.
(21) *„Nach dem 1057... erfolgten Tod Ottos von Schweinfurt, ...legt Graf Berthold der Kaiserin Agnes... den Ring vor, den er von Heinrich III. als Zeichen der ihm gewährten Anwartschaft auf das Herzogtum Schwaben erhalten hat, und erinnert sie, die den Ring anerkennt, an das kaiserliche Versprechen. Agnes aber überträgt das Herzogtum Schwaben Rudolf von Rheinfelden, was Berthold nicht wenig erregt."* (Ulrich Parlow, a. a. O., S. 20.)
(22) Heinrich IV. (1050–1106), seit 1056 deutscher König (1065 erwachsen), 1084 in Rom zum Kaiser gekrönt.
(23) Siehe dazu im einzelnen Ulrich Parlow, a. a. O., S. 27–60.
(24) Berthold von Reichenau (um 1030–88) setzte die Weltchronik seines Lehrers Hermann von Reichenau von 1054–80 fort. (Wikipedia/Internet: Berthold von Reichenau.)
(25) Karl Dreher, Heimatbuch III, a. a. O., S. 25f.
(26) Der Gang Heinrichs IV. nach Canossa 1076/77, um sich vom Bann Papst Gregors VII. lösen zu lassen, ging in die Geschichte ein. Der bewegte Gesamtablauf des so genannten Investiturstreites kann hier nicht dargestellt werden.
(27) Siehe zum Beispiel Wikipedia/Internet: Bertha (Kaiserin).
(28) Rudolf Steiner nannte dies „das Lesen in der Akasha-Chronik".
(29) Städtegründungen oder -ausbauten der Zähringer sind im südwestdeutschen Raum Bräunlingen, Breisach, Freiburg (1120), Neuenburg am Rhein, Offenburg (1125) und Villingen (1119) sowie Bern (1191), Burgdorf, Fribourg (1157), Grasburg, Gümmenen, Laupen, Moudon, Murten, Oltingen, Payerne, Rheinfelden, Solothurn und Thun in der Schweiz.
(30) Ein Kennzeichen der Zähringerstädte ist zum Beispiel,

dass die soziale Organisation der Stadt nicht nur in der Gründungsurkunde, sondern auch im Grundriss der Stadt festgehalten wurde. Siehe dazu im einzelnen Françoise Divorne: Bern und die Zähringerstädte im 12. Jahrhundert — Mittelalterliche Stadtkultur und Gegenwart, Bern, 1993.
(31) Der Stammvater der Markgrafen und späteren Großherzöge von Baden ist Hermann I. (um 1040–74), der älteste Sohn von Berthold I. mit dem Bart.
(32) Kaspar Hauser (1812–33), auch „das Kind Europas" genannt.
(33) Kaspar Hauser nahm später auch Eigenschaften an, die seine Kritiker gerne gegen ihn anführen. Der damalige Nürnberger Bürgermeister Binder hielt als Polizeichef nach der offiziellen Vernehmung Kaspar Hausers am 7. Juli 1828 nach seinem Auftauchen jedoch zum Beispiel unter anderem fest: *„Sein reiner, offener schuldloser Blick..., seine unbeschreibliche Sanftmut, seine... Herzlichkeit und Gutmütigkeit, ... sein Vertrauen... gegen... alle Menschen, ...seine Abneigung gegen alles, was einem Menschen oder Tier nur den leisesten Schmerz verursachen könnte, seine unbedingte Folgsamkeit und Willfährigkeit zu allem Guten, eben so sehr als seine Freiheit von jeder Unart und Untugend, verbunden gleichwohl mit der Ahnung dessen, was böse ist — und endlich seine ganz außerordentliche Lernbegierde, ...seine ganz besondere Vorliebe für die... Musik und das Zeichnen, ...und seine... Ordnungliebe und Reinlichkeit... geben... die volle Überzeugung, dass die Natur ihn mit den herrlichsten Anlagen des Geistes, Gemüts und Herzens reich ausgestattet hat."* (In Peter Tradowsky: Kaspar Hauser oder das Ringen um den Geist — Ein Beitrag zum Verständnis des 19. und 20. Jahrhunderts, Dornach 1980, S. 27ff.) Die Gräfin Johanna von Keyserlingk berichtet: *„Herr Winkler hatte Rudolf Steiner gefragt, ob er ihm nicht etwas über die Vorinkarnation des Kaspar Hauser mitteilen wolle. Am andern Tag brachte Rudolf Steiner die Antwort: er habe geistig untersucht da, wo Kaspar Hauser in das physische Dasein trat und dort, wo er ermordet wurde. Er habe aber weder eine vorhergehende, noch eine nachfolgende Verkörperung finden können. Es handle sich hier um ein höheres Wesen, das eine besondere Mission auf Erden hatte."* (In Johanna Gräfin von Keyserlingk: Koberwitz 1924 — Geburtsstunde einer neuen Landwirtschaft, Stuttgart 1974, S. 67.) Karl

Heyer teilt mit: *„In welchen Dimensionen Rudolf Steiner die Gestalt des ‚Kaspar Hauser' sah, zeigt sein (wohlverbürgtes) Wort: Wenn Kaspar Hauser nicht gelebt hätte und gestorben wäre, wie er tat, so wäre der Kontakt zwischen der Erde und der geistigen Welt vollkommen unterbrochen, — ein Wort, das noch weitere größte Perspektiven eröffnet, hindeutend auf eine positive Kehrseite dessen, was mit Kaspar Hauser geschehen, was ihm angetan worden ist. Es lässt, um ein Kleineres mit dem zentral größten der Erdentwicklung zu vergleichen, eben an dieses zentral Größte denken."* (Karl Heyer: Kaspar Hauser und das Schicksal Mitteleuropas im 19. Jahrhundert, Stuttgart 1958, S. 289.)

(34) Für etwa zweihundert Jahre wurden die Staufer das maßgebliche Herrschergeschlecht in Mittel- und Südeuropa.

(35) Rudolf Steiner sprach in diesem Zusammenhang von der notwendigen Dreigliederung des sozialen Organismus, die er in den Jahren 1917–22 bekannt zu machen und durchzusetzen versuchte. (Siehe dazu Rudolf Steiner: Die Kernpunkte der sozialen Frage in den Lebensnotwendigkeiten der Gegenwart und Zukunft, 1919, GA 23, TB Dornach 1973. Dort weitere Literaturangaben.)

(36) Auch auf diese Notwendigkeit hat Rudolf Steiner bereits hingewiesen (Nationalökonomischer Kurs — Aufgaben einer neuen Wirtschaftswissenschaft, Band I, GA 340, Dornach 1979, Vortrag vom 4. 8. 1922). Aussagen dazu machte auch Silvio Gesell (1862–1930; siehe z. B. sein Hauptwerk von 1916 — Karl Walker (Hrg): Die natürliche Wirtschaftsordnung durch Freiland und Freigeld, Lauf bei Nürnberg 1949). Beispiele von bereits realisierten Geldalterungen waren im Mittelalter die Brakteaten und während der Weltwirtschaftskrise 1932 die erfolgreichen Freigeld-Initiativen von Schwanenkirchen und Wörgl.

(37) Der andere Teilaspekt betrifft die Arbeit: Die sozialen Verhältnisse sollten so eingerichtet sein, dass kein dazu fähiger Mensch — wenn auch mit größter Entscheidungsfreiheit — auf die Dauer umhin kommt, einen Beitrag für andere Menschen zu leisten.

(38) Dazu Rudolf Steiner: *„Alle Einrichtungen innerhalb einer Gesamtheit von Menschen, welche diesem Gesetz widersprechen, müssen bei längerer Dauer irgendwo Elend und Not erzeugen. — Dieses Hauptgesetz gilt für das soziale Leben mit*

einer solchen Ausschließlichkeit und Notwendigkeit, wie nur irgendein Naturgesetz in Bezug auf irgendein gewisses Gebiet von Naturwirkungen gilt. Man darf aber nicht denken, dass es genüge, wenn man dieses Gesetz als ein allgemeines moralisches gelten lässt oder es etwa in die Gesinnung umsetzen wollte, dass ein jeder im Dienste seiner Mitmenschen arbeite. Nein, in der Wirklichkeit lebt das Gesetz nur so, wie es leben soll, wenn es einer Gesamtheit von Menschen gelingt, solche Einrichtungen zu schaffen, dass niemals jemand die Früchte seiner eigenen Arbeit für sich selber in Anspruch nehmen kann, sondern doch diese möglichst ohne Rest der Gesamtheit zu Gute kommen. Er selbst muss dafür wiederum durch die Arbeit seiner Mitmenschen erhalten werden. Worauf es also ankommt, das ist, dass für die Mitmenschen arbeiten und ein gewisses Einkommen erzielen zwei voneinander ganz getrennte Dinge seien." (Geisteswissenschaft und soziale Frage, in: Luzifer-Gnosis — Grundlegende Aufsätze zur Anthroposophie und Berichte aus der Zeitschrift „Luzifer" und „Lucifer-Gnosis" 1903 –1908, GA 34, Dornach 1987, S. 213. Darin auch das soziale Hauptgesetz.)

(39) Solche Berührungen des Christus haben schon viele Menschen erfahren, sei es im Traum- oder Wachbewusstsein oder bei Nahtoderlebnissen, sei es durch Begegnungen an entsprechenden Plätzen in der Landschaft. Inwieweit in diesen Christusberührungen eine Trösterwirksamkeit lebt, wird im Text „Die Erdwandlung durch die Eröffnung geistiger Quellen" in diesem Buch behandelt.

Materialien

Schulungsmaterial zur Geomantie

Wolfgang Schneider

Der feinstoffliche Körper des Menschen

Die Aura
Die Aura umgibt den physischen Körper des Menschen in mehreren Schichten. Dabei werden die Energien der Aura nach außen immer feiner. So zeigt der Ätherkörper die langsamste Schwingung und der spirituelle Leib vibriert mit einer schnellen Frequenz. Die dichteste Auraschicht ist der Doppelleib, welcher direkt mit der physischen Form verbunden ist. Durch die Erdwandlung ändert sich allerdings auch die Aura des Menschen. Sie wird immer größer und nach außen offener. Vor der Erdwandlung konnten etwa folgende Abstände der Auraschichten wahrgenommen werden, wobei auch diese sich individuell unterschieden:

Aura	Abstand	Chakrabezug
Doppelleib	ca. 5 cm	—
Ätherleib, Kraftkörper	ca. 10 cm	Wurzel / Herz
Emotional- oder Gefühlsleib, Astralaura	ca. 30 cm	Sakral / Hals
Mentalleib, Bewusstseinskörper	ca. 50 cm	Solarplexus / Stirn
spiritueller Leib	ca. 70 cm	Scheitel

Dabei untergliedert sich der Mentalkörper in einen unteren — auf den Menschen bezogenen — Bereich und einen oberen mit spirituellem Bezug. Auch der spirituelle Leib untergliedert sich in drei Bereiche. Hierin wiederholen sich die Ebenen der unteren Aura — jedoch mit einem spirituellen Aspekt. Sie besitzen einen ätherisch-kosmischen, astral-kosmischen und mental-kosmischen Bezug. Ganz außen liegt schließlich als weitere Auraschicht der universelle Leib.

Die Chakren
Die Chakren sind die feinstofflichen Organe, welche uns mit den umgebenden Energien verbinden. Sieben Chakren liegen entlang der Wirbelsäule. Sie besitzen eine kelchartige Öffnung und werden wegen ihres Aussehens im Osten auch Lotusblüten

genannt. Die Chakren öffnen sich sowohl im Rücken als auch an der Körpervorderseite in die Aura. Nach vorn fließt die Energie nach außen mit einem Yang-Charakter, nach hinten fließt sie in den Körper hinein mit einem Yin-Aspekt. Dabei bildet sich in jeder Auraschicht ein Energiewirbel. Den Chakren werden traditionell die Farben des Regenbogens zugeordnet.

Chakra	Lage		Farbe
Scheitel (1)	oben	höchste Stelle des Scheitels	Kristall
	innen	im Innern des Kopfes	weiß
Stirn	vorn	zwischen den Augenbrauen	dunkelblau
	hinten	am oberen Ende der Wirbelsäule	blau, opalisierend
Hals	vorn	Halsgrube	hellblau
	hinten	oberhalb der Schulterblätter	blau-grün
Herz	vorn	in der Mitte der Brust	grün
	hinten	zwischen den Schulterblättern	grün-gelb
Solarplexus	vorn	oberhalb des Nabels	gelb
	hinten	schmaler Bereich des Rückens	gelb-braun
Sakral	vorn	eine Handbreit unter dem Nabel	orange
	hinten	Hüfthöhe	opalisierend
Wurzel	unten	Beckenboden	rot
	innen	im Innern des Beckens	braun

Nebenchakren bzw. Chakren der Elemente
Bekannt sind neben den sieben Chakren des Menschen mit einer vertikalen Anordnung weitere Chakren, z. B. an den Händen und Füßen — die so genannten Nebenchakren. Diese entfalten sich bei ausgestreckten Armen und Beinen und liegen kreisförmig um das Herzchakra. Die Chakren der Hände und Füße, Ellenbogen/Knie, Ohren und Schultern bzw. Hüften, sowie der Brustwarzen bilden ein zirkulares System der vier Elemente: Luft, Erde, Feuer und Wasser. Das Herzchakra verbindet beide energetischen Systeme.

Nebenchakra	Element
Hände / Füße	Luft
Ellbogen / Knie	Erde
Schultern / Hüften / Ohren	Feuer
Brust	Wasser
Herz	Äther

Die Landschaft

Die Erde ist lebendig. Ebenso wie der Mensch besitzt sie einen feinstofflichen Körper. Wie die Aura des Menschen in verschiedene Ebenen gegliedert ist, lassen sich auch in der Landschaft unterschiedliche Ebenen wahrnehmen und zuordnen.

Aura	Landschaftsbezug	geomantische Beispiele
Doppelleib	an Formen gebunden	Wasseradern, Netzgitter
Ätherkörper	Kraftebene der Landschaft	vitalenergetische Zentren, Herzzentren, Drachenlinien
Emotionalkörper	Gefühlssphäre der Landschaft	Elementarwesen
Mentalkörper	seelische Ebene, Landschaftsbewusstsein	menschliche Raumaspekte, Göttinnen
spirituelle Aura	spirituelle Ebene der Landschaft	Landschaftsengel

Ätherische Ebene

Liniensysteme

Gerade Energielinien oder Leylinien
Der Begriff Ley wurde ursprünglich für die gerade Ausrichtung von heiligen Plätzen entlang einer Linie verwendet. Tatsächlich handelt es sich hierbei um Energielinien mit einem geraden Energiefluss. Sie lassen sich in sieben verschiedene Energiesysteme entsprechend den sieben Chakren differenzieren.

Chakrabezug	Funktion in der Landschaft	
Scheitelchakra	Einbindung in kosmische Zusammenhänge	
Stirnchakra	Einbindung eines Ortes in die umgebende Landschaft	
Halschakra	System der Kraftleylinien	
Herzchakra	Systeme der Berge und ihrer Kraftquellen	
Solarplexuschakra	System der Verbindungsleylinien	
Sakralchakra	Äthersysteme der Elementarwesen	Luft
		Wasser
Wurzelchakra		Feuer
		Erde

Kraftleylinien in der Landschaft
Kraftlinien bestehen aus Yin und Yang polarisierten Wirbelketten — ähnlich einer elektromagnetischen Welle. Sie besitzen eine rhythmische Energie — ähnlich unserem Herzschlag. Sie stehen in Resonanz mit dem Halschakra.

Verbindungsleylinien
Verbindungsleylinien bestehen aus Bündeln von Energiefasern. Sie haben einen informativen Charakter und verbinden die verschiedenen vitalenergetischen Zentren miteinander. Sie stehen in Resonanz mit dem Solarplexuschakra.

Drachenlinien (Ätherebene)
Gewundene Liniensysteme wurden in den alten Kulturen als Drachenenergie bezeichnet. Sie ähneln einem Energiefluss, der sich durch die Landschaft windet. Auf diesen Drachenlinien liegen Chakren entsprechend unseren Rückenchakren. Dabei scheinen diese Drachenlinien verschiedene Ätherarten zu besitzen, entlang von Flüssen z. B. wässriger Äther mit Yin-Chakren in Flussschleifen. Ihre geomantische Bedeutung nimmt zu.

Äthersysteme	Landschaftsbezug	charakteristisch	Elementchakren
Feueräthersysteme	Berg oder Hügelketten	Yin-Chakren auf Bergspitzen	Schultern, Hüften, Ohren
Erdäthersysteme	am Fuß von Bergen	z.B. an Bergsatteln	Ellbogen, Knie
Wasseräthersysteme	an Flussläufen, Seenketten	z.B. Quelle entspricht dem Wurzelchakra, Yin-Chakren in Flusswindungen	Brust
Luftäthersysteme	an einzelnen Bergen, an großen Seen	aus der Atmosphäre sich herablassende Chakren	Hände, Füße

Ätherische Kraftzentren

Eine Resonanz aller vitalenergetischen Strukturen besteht auf der Ebene des Ätherleibes zum Edelstein Granat (enthaltene Strukturen: Leylinien — Verbindungsleylinien und Kraftlinien —, Einstrahlungspunkte als senkrechte Achse sowie Kraftwirbel als ausbreitende Energie).

Zentrum (zum Beispiel)	Charakteristische Struktur	Chakrabezug
Vitalenergetisches (sternförmiges) Zentrum	Lichtsäule mit sternförmigen Verbindungs-Leylinien und spiralartige Energie luftigen Äthers	Solarplexuschakra vorn
Yin / Yang-Zentrum	Yin-Zentrum: Horizontal sich aus dem Boden ausbreitende Energie	Sakralchakra / Yin-Zentrum hinten
	Yang-Zentrum: Vertikal sich aus dem Boden ausbreitende Energie	Sakralchakra / Yang-Zentrum vorn
	dazwischen Yin-Yang-Ausgleichspunkt (neutrales Zentrum)	Sakralchakra vorn und hinten
Gleichgewichtszentrum	Vier Verbindungs-Leylinien durchlaufen das Gleichgewichtszentrum. Es lassen sich an den Achsen die Elemente Erde, Wasser, Feuer und Luft wahrnehmen. Das Zentrum wird von einer vertikalen Achse in der Schwebe gehalten. Endpunkte der Achsen bilden im Boden verankerte Zentren entsprechend eines Elements. Sie sind mit einer Leylinie, in der auch die Elementkraft fließt, mit dem Gleichgewichtszentrum in der Mitte verbunden.	Solarplexuschakra vorn und hinten
Herzzentrum	Herzzentren bestehen aus zwei Kraftwirbeln wässrigen Äthers, die die Energie abwechselnd aus der Landschaft ziehen und wieder ausgießen. Meist durchlaufen diese Zentren Kraft-Leylinien. Wie wir mit unserem Herzen mit allem verbunden sind, so enthalten Herzzentren der Landschaft Impulse aus allen anderen Seinsebenen.	Herzchakra vorn und hinten
Erdungszentrum	Irdischer Äther quillt aus dem Boden in alle Richtungen heraus. Gleichzeitig fließen die Kräfte aus der Landschaft in die Erde. Es besteht ein Kontakt zur Erdmitte.	Wurzelchakra innen

Elementarwesen

Auch in der Landschaft kommen Erdenergien vor, die in Resonanz zu den beiden ersten Schichten der Aura stehen. In derartigen Bereichen sind nach Marko Pogačnik Elementarwesen anwesend. Es sind dies die Landschaftsräume, die uns emotional besonders berühren. Es wird traditionell zwischen

Wesenheiten unterschieden, die den vier Elementen entsprechen:
Erdelement: z. B. Zwerge, Kobolde, Faune,
Wasserelement: z. B. Undinen, Nixen, Wassermänner,
Feuerelement: z. B. Salamander,
Luftelement: z. B. Sylphen, Feen.

Neu erschienen sind sakrale Elementarwesen für das Element Äther.

Ausstrahlung von Elementarwesen
Die Anwesenheit der Elementarwesen lässt sich durch Resonanz ihrer Aura mit entsprechenden Steinen als eiförmige Ausstrahlung wahrnehmen. Dabei reicht der Emotionalkörper — wie bei der menschlichen Aura — über den Ätherleib hinaus. Diese emotionale Ausstrahlung ist kennzeichnend für die Elementarwelt.

Der Leib der Elementarwesen kann mithilfe eines Stückes Silber gespürt werden. Silber steht beim menschlichen Energiesystem in Resonanz zum Stirnchakra. Es kann als Strahlung im zentralen Bereich dieses Chakras wahrgenommen werden.

Unterscheidung von Elementarwesen
Die Elementarwesen besitzen nur ein Chakra — entsprechend ihres Elements. Dieses ihre Ausstrahlung beherrschende Chakra ist zur Erde gerichtet. In ihnen findet sich die feinstoffliche Energie entsprechend den unteren menschlichen Energiezentren. Bei männlichen Elementarwesen besteht ein Bezug zu den vorderen Chakren, während bei weiblichen Elementarwesen eine Resonanz zu unseren Rückenchakren besteht. Die Resonanz der Erdelementarwesen liegt im Wurzelchakra, das der Wasserelementarwesen im Sakralchakra, der Feuerelementarwesen im Solarplexus und der Luftelementarwesen im Herzchakra.

Sakrale Elementarwesen, neue Elementarwesen, Ätherelementarwesen
Die sakralen Elementarwesen als Träger des Christusimpulses haben in der Landschaft eine ganzheitliche Funktion. Sie besitzen sowohl den Charakter der bisherigen Naturwesen als auch

den der Engel. So haben sie zwei Chakren — eines nach oben wie bei Engeln, das andere zur Erde. Ihre Resonanz liegt im Halschakra.

Form der Elementarwesen
Die Elementarwesen besitzen entsprechend ihres Elements eine charakteristische Form. Auch diese können bei der Wahrnehmung zur Unterscheidung herangezogen werden.

Element	Form	Chakra	Empfinden
Erdwesen	sehr fester Leib, halb im Boden steckend	Wurzel 1	kraftvoll
Wasserwesen	Oberkörper fest, Unterleib zerfließend	Sakral 2	Schönheit
Feuerwesen	schlanke hohe Gestalt, Leibesumrisse veränderlich	Solarplexus 3	dynamisch, verbindend
Luftwesen	filigrane schwebende Gestalt, keine deutlichen Umrisse	Herz 4	durchdringend
Ätherwesen	(menschliche) Gestalt, schlanke Mitte	Hals 5	erhaben

Ebenen der Naturwesen
Die Elementarwesen eines jeweiligen Elements gehören entsprechend ihrer Entwicklung einer Ordnung bzw. Hierarchie an. Am Beispiel des Erdelements sind diese Ebenen in der nachfolgenden Tabelle aufgeführt. Die Entfaltungsebene lässt sich an der goldenen Ausstrahlung im Kopfbereich des Wesens erkennen — etwa als Lichtpunkt oder als kronenartige Erscheinung.

Ordnung der Erdwesen (nach Marko Pogačnik, erweitert):

Ebene	nach M. Pogačnik	Erdwesen	Kennzeichen
7		Meister der Erde	engelartige Wesen, ganz golden
6	vierte Entfaltungsebene	Pan	goldener Oberkörper
5	dritte Entfaltungsebene	Zwergenkönig/-königin	goldene Krone
4	zweite Entfaltungsebene	die liebende Alte, der alte Weise	goldener Lichtpunkt auf der Stirn
3	erste Entfaltungsebene	Faune, Zwerge, Elfen, Gnome, Kobolde	etwa 30 cm groß
2		Heinzelmännchen, Puck	etwa 15 cm groß
1		Wichtel	etwa 5 cm groß

Traditionell werden die Naturwesen unterschiedlich bezeichnet:

Ebene	Erde	Wasser	Feuer	Luft	Äther
7	Meister der Erde	Meisterin der Meere	Meister des Feuers	Meister der Luft	Meister des Äthers
6	Pan	Herrin des Flusses / des Meeres Neptun	Herr des Feuers	Herrin der Wolken	Herrin / Herr des Äthers
5	Zwergenkönig und -königin	Wassermann Nixenkönigin	König des Feuers	Deva	Königin / König des Lebens
4	die liebende Alte der alte Weise	Nixenprinzessin	Prinz des Feuers	Fee	Weisheit des Lebens
3	Faune, Zwerge, Elfen, Gnome, Kobolde	Nixe	Salamander	Sylphe	Äther-Elementarwesen
2	Heinzelmännchen, Puck	kleines Wasserwesen	Lichter	kleine Sylphe	Wesen der Harmonie
1	Wichtel	Tropfen	Flämmchen	Blütenfee	Duftwesen

Tätigkeiten von Elementarwesen
Elementarwesen wirken in den Ätherkräften. Bei Pflanzen tragen die Wurzelwesen den Erdäther zum Pflanzenorganismus, kleine Wasserwesen transportieren wässrigen Äther in den Blattbereich, kleine Feen wirken in der Pflanzenblüte und Feuerwesen konzentrieren schließlich Feueräther im Samen.
Ebenso wirken Elementarwesen auch in den Ätherkräften der Landschaft. Sie schöpfen verschiedene Ätherarten, halten Linien oder Kraftzentren im Fluss, und koordinieren Kraftzentren untereinander.

Bewusstsein der Landschaft

Göttinnen — Bewusstseinsebene
In Resonanz zum Bewusstseinsleib der Aura stehen weibliche Energien der Landschaft, die den archetypischen Energien des Weiblichen entsprechen. Es sind die Aspekte des Weiblichen — der großen Mutter — wie sie in allen Kulturen seit dem Neolithikum bekannt sind. Sie verkörpern das Landschaftsbewusstsein als Erdgöttin Gaia und stehen in Resonanz zum oberen Teil unseres Bewusstseinsleibes oder der Mentalaura. (Dem

unteren Bewusstseinsleib entsprechen Feng Shui-Energien des Baguas.)

Es lassen sich drei Phasen des Weiblichen unterscheiden:
– die weiße Göttin: jungfräulicher Aspekt
– die rote Göttin: Fruchtbarkeitscharakter
– die schwarze Göttin: Wandlungsaspekt

In der Landschaft kommen diese als sich windende Energiebänder vor, die an ihren Zentren eine spiralförmige Struktur annehmen. Zu den drei Göttinnenaspekten finden sich Körperresonanzen, die im Bewusstseinsleib liegen. Sie weichen von den bisher behandelten sieben Chakren ab, da ihre Ausstrahlung kugelförmig ist.

Übersicht Göttinnenaspekte:

Bezüge	weiße Göttin	rote Göttin	schwarze Göttin
Prinzip	Entstehung	Entfaltung	Wandlung
Mensch/Frau	Mädchen	Mutter	Greisin
Körperresonanz	achtes Chakra (30 cm über dem Scheitel)	Hara (Körpermitte)	neuntes Chakra (30 cm unter den Füßen)
Vogelgöttinnen	Taube	Pelikan	Phönix
griechisch	Aphrodite	Demeter	Hekate
keltisch	Borbet	Ambet	Wilbet
indisch/weiblich	Sarasvati	Lakschmi	Kali
indisch/männlich	Brahma	Wischnu	Schiwa
christlich	Jungfrau Maria	Madonna	Pieta
volkstümlich	Barbara	Magaretha	Katharina
geomantisch	Jungfrau/Ganzheit	Fruchtbarkeit	Wandlung
typische Orte	Chor von Kirchen	Rathäuser, Marktplätze, Herrensitze	Klöster, Pilgerkirchen, Hospitäler, Friedhöfe
männlicher Aspekt	Einstrahlungspunkt mit zweitem Chakra (Merkur)	Einstrahlungspunkt mit viertem Chakra (Venus)	Einstrahlungspunkt mit sechstem Chakra (Saturn)

Vorkommen in der Landschaft

Mit Ein- und Ausatmung als Viereck
Ein typisches Landschaftsgefüge des Göttinnenbewusstseins sind drei Orte entlang einer Linie, beginnend mit Jungfrau- über Mutter- zur Greisinenergie. Hier kommen zwei weitere Kraftorte auf der Mentalebene hinzu, die insgesamt ein Viereck bilden. Marko Pogačnik nennt sie Einatmung- und Ausatmungsplätze. Sie zeigen jeweils charakteristische Energien, die bei der Einatmung linksdrehend — in den Boden saugend — und bei der Ausatmung rechtsdrehend — aus dem Boden fließend — sind.

In der Aura finden sich ebenfalls diese Energien. Ein Einatmungsfokus liegt im Rücken in Höhe des Haras in der Mentalaura. Der Ausatmungsfokus befindet sich auf der Körpervorderseite ebenfalls in Harahöhe in der Mentalaura. So bildet sich im Körper die Gesamtheit dieses Gefüges ab. Diese Gefüge kommen — sich weiter verteilend — in der Landschaft vor. Ein typisches Beispiel hierfür ist die Anordnung der Kirchen in Hamburg.

Als Dreieck
Die Göttinnen kommen in der Landschaft oft auch als dreieckförmige Gesamtstruktur vor. An den Dreiecksspitzen bilden sich spezifische Göttinnenorte mit den jeweiligen Jungfrau-, Mutter- und Greisinenergien. Der Atmungspunkt liegt dann häufig in der Mitte des Dreiecks mit wechselnder Ein- und Ausatmung. Als ein typisches Beispiel hierfür sind diese drei weiblichen Energien in Berlin im Tiergarten — verteilt um die Siegessäule — zu finden.

Yang-Aspekte: Einstrahlungspunkte der Bewusstseinsebene
Die männliche Energie auf der Bewusstseinsebene lässt sich als Einstrahlungspunkt mit einem Planetenbezug als Lichtsäule nieder. Dabei ähnelt die Struktur unserer Silberschnur der eigenen kosmischen Verbindung. Die innere Struktur besteht aus einem Ring von sechs Kreisen, der einen siebten Mittelkreis umgibt. Dieser siebte Mittelkreis trägt einen Chakra- bzw. Planetenbezug.

Chakra	Yang-Aspekt Planet	Göttin
7	Fixsterne	
6	Saturn	Greisin
5	Jupiter	
4	Venus	Mutter
3	Sonne	
2	Mond/Merkur	Jungfrau
1	Mars	

Erderneuerung auf der Göttinnenebene
Auch im Landschaftsbewusstsein erneuern sich die Göttinnenenergien. Sie erreichen durch die Herzkraft als Sophienaspekte eine neue ganzheitliche Qualität. In der Landschaft bilden sich neue Göttinnenorte die den bisherigen Aspekt einer Dreiheit beibehalten als Linie mit drei Orten oder häufig als Dreieck. Dabei sind auch Übergänge zum kosmisch-mentalen Aspekt wahrnehmbar.

Beispiele der Erneuerung auf der Bewusstseinsebene:

Auraebene	Struktur	Funktion	Beispiel
universell	Christus, Sophia	Manifestierung der Herzenergie	Neues Jerusalem
kosmisch-mental	Sophienqualitäten	kosmisch-irdische Erneuerung der Herzenergie	drei Marien am Kreuz: Maria (Gottesmutter), Maria Magdalena, Maria von Ägypten
mental	Göttinnenaspekte	Jungfrau, Mutter, Greisin mit Sophienqualität	die Heilige Anna Selbstdritt

Engel — spirituelle Ebene

In Resonanz zum spirituellen Teil der Aura stehen Bereiche der Landschaft, an denen Engelwesen anwesend sind. Die Ausstrahlung von Engeln ähnelt der Form der menschlichen Aura. Der Leib des Engels selbst lässt sich mit Gold wahrnehmen. Dieser steht in Resonanz zum Herzchakra. Das schneller vibrierende Zentrum dieses Chakras besitzt diese Schwingung als Lebensfunken. Engel besitzen eine Lichtsäule, durch die die göttliche Liebe herabfließt und deren Ausdruck sie sind.

Die Chöre der Engel
Es werden drei Hierarchien oder Chöre der Engel unterschieden, die sich nochmals in drei Gruppen unterteilen. Rudolf Steiner bezeichnete die Engel als Geister.

Hierarchie	Engel		Gestalt, Charakteristiken
Oberer Chor:			
1	Seraphim	Geister der Liebe	strahlende Lichtgestalt, sechs Flügel
2	Cherubim	Geister der Harmonie	Flügel mit Augen, vier Gesichter Löwe, Stier, Mensch, Adler
3	Throne	Geister des Willens	Räder mit Augen
Mittlerer Chor:			
4	Kyriotetes, Herrschaften	Geister der Weisheit	tragen göttliche Gesetze in die Schöpfung
5	Dynamis, Gewalten	Geister der Bewegung	tragen göttliche Energieströme in die Schöpfung
6	Exusiai, Elohim, Mächte	Geister der Form	lenken göttliche Liebe in die Schöpfung
Unterer Chor:			
7	Archai, Fürstentümer	Geister der Persönlichkeit	verwalten Erdteile, Länder, Religionen
8	Archangeloi, Erzengel	Volksgeister	verwalten die irdische, seelische und geistige Entwicklung des Menschen
9	Angeloi, Engel		begleiten jeden einzelnen Menschen

In den höheren Hierarchien der Engelwelt begegnen uns die feineren Auraebenen unseres Seins. Hier lässt sich der spirituelle Leib in drei Ebenen untergliedern. Es wiederholen sich dabei ätherische, astrale und mentale Energien mit einem kosmischen Bezug.

Die Wesenheiten der unteren Hierarchie — die Fürstentümer und Erzengel — begleiten die Menschheit, und die Engel — als Schutzengel — jeden einzelnen Menschen.

Fürstentümer (Archai)
Fürstentümer — nach Rudolf Steiner auch Urkräfte genannt — nehme ich neben einer goldenen Ausstrahlung auch rot wahr — in Resonanz zum Wurzelchakra.

In den höheren Hierarchien der Engelwelt begegnen uns die feineren Auraebenen unseres Seins. Hier lässt sich der spirituelle Leib in drei Ebenen untergliedern. Es wiederholen sich dabei ätherische, astrale und mentale Energien mit einem kosmischen Bezug.

Erzengel (Archangeloi)
Am bekanntesten sind die Erzengel Gabriel, Michael und Raphael. Gabriel (Gottes Stärke) wird meist mit einer Lilie, Raphael (Gottes Heil) als Wanderer mit Hund und Michael (Gottes Macht) in einer Rüstung mit Schwert dargestellt. Weniger bekannt ist Uriel (Licht Gottes) mit einer Flamme. Den Erzengeln lassen sich die sieben Chakren zuordnen. Bei den Erzengeln nehme ich jeweils ein Chakra wahr. Sie strahlen nach oben aus — ähnlich unserem Scheitelchakra. Auch hier finden sich die Elemente wieder:

Erzengel	Element	Chakra
Raphael	Erde	Wurzelchakra
Gabriel	Wasser	Sakralchakra
Uriel	Feuer	Solarplexus*
Michael	Luft	Herzchakra*

* Viele Menschen nehmen das Element Feuer im Herzen wahr und das Element Luft im Solarplexus.

Engel der weiteren Chakren sind Zadkiel, Cassiel und Metatron. Ihnen lässt sich das Hals-, Stirn- und Scheitelchakra zuordnen.

Angeloi — Schutzengel
Jeder Mensch besitzt als Bezug zur geistigen Welt einen Engel als Begleitung, den so genannten Schutzengel. Er lässt sich rechts neben bzw. hinter den Menschen stehend — ihn teilweise durchdringend — wahrnehmen. Neben der goldenen Schwingung des Leibes nehme ich beim Schutzengel auch eine „grüne" Resonanz zum äußeren Herzchakra wahr.

Veränderungen in der Engelwelt seit der Erdwandlung

Mit der Sonnenfinsternis 1999 haben sich Aspekte einer ganzheitlichen Liebe gezeigt. Bei den Engeln lässt sich diese Ganzheit als Engelwesen mit einem Erdbezug wahrnehmen. Bei ihnen strömt die irdische Liebe von der Erde hinauf. Sie besitzen eine säulenartige Quelle der Liebe aus dem Erdinnern. Wahrnehmbar sind wie in der bisherigen Hierarchie spezifische Aufgaben.

Yin-Aspekt des Schutzengels
So ist beim Schutzengel mit einem Yin-Aspekt eine eigenständige Wesenheit links neben dem bisherigen Engel wahrnehmbar. Durch den bisherigen Schutzengel strömt eine kosmische Kraft herab, während bei dem Erdengel aus der Erde eine Liebesenergie heraufströmt. Dieser Engel hat eine den Leib tief durchdringende geistige Kraft.

Yin-Aspekt der Erzengel
Auch bei den Erzengeln kommen neben den bisherigen Wesenheiten der kosmischen Liebe mit einem Yang-Aspekt nun die der Erde hinzu. Sie tragen eine Yin-Kraft und lassen sich den Rückenchakren zuordnen. Die bisherigen Erzengel sind in den nach vorn ausstrahlenden Yang-Chakren wahrnehmbar.

Insgesamt stellen sich die Erzengel in ihren Chakrenbezügen wie folgend dar:

Erzengel	Chakra, Ausstrahlung	Planetenbezug
Raphael	Wurzelchakra unten	Erde
Sandalphon	Wurzelchakra innen	Erde
Gabriel	Sakralchakra vorn	Mond
Haniel	Sakralchakra hinten	Venus
Uriel	Solarplexus vorn	Sonne
Phanuel	Solarplexus hinten	Pluto
Michael	Herz	Venus / Sophia (Merkur)
Zadkiel	Hals vorn	Jupiter
Ambriel	Hals hinten	Merkur
Cassiel	Stirn vorn	Saturn
Schicksalsengel	Stirn hinten	Saturn (Neptun)
Raziel	fünftes Auge	Uranus
Metatron	Scheitel oben	Neptun
Soph-Yah	Scheitel innen	Neptun / Milchstraße

Auch bei den höheren Chören der Engelwelt lassen sich in der Landschaft Engel mit einem Yin-Aspekt wahrnehmen. Auch diese Chöre sind annähernd den Chakren zuzuordnen, obwohl die höheren Engel kein Chakra wie die Erzengel besitzen:

Hierarchie	Kosmischer Aspekt	Chakra	Irdischer Aspekt	Chakra
1	Seraph (Yang) Engel der Liebe	Herzmitte Yang	Engel der Zukunft	Herzmitte Yin
2	Cherub Engel der Harmonie	Herzraum Yang	Engel der Auferstehung	Herzraum Yin
3	Throne Engel des Willens	Scheitel oben	Engel der Wandlung	Scheitel innen
4	Engel der Weisheit	Stirn vorn	Engel des Lebens	Stirn hinten
5	Engel der Bewegung	Hals vorn	Engel des Zeitgeschehens	Hals hinten
6	Engel der Form	Herz vorn	Engel der Natur	Herz hinten
7	Fürstentümer	Solarplexus vorn	Engel des Neuen	Solarplexus hinten
8	Erzengel	Sakral vorn	Engel der Tatkraft	Sakral hinten
9	Engel (Yang)	Wurzel unten	Engel der Heilung	Wurzel innen

Herzenergien — universelle Ebene

In Resonanz zum universellen Teil der Aura stehen Bereiche der Landschaft, an denen sich eine ganzheitliche Liebesqualität manifestiert. Diese Orte strahlen mit einer Christusenergie oder verströmen Licht mit einer Sophienqualität. Sophia als die Weisheit oder die Braut besitzt wie die Christusenergie eine Herzkraft, die alles durchdringt und uns im innersten Zentrum des Herzens berührt.

Christus / Sophienenergie in der Landschaft

Seit einigen Jahren nahm ich zuerst die kosmisch-strahlende Christusenergie in der Landschaft wahr, dann auch die weibliche ausströmend-irdische Herzenergie der Sophia. Sie kommen in der Landschaft an zwei Orten vor, die mit Linien verbunden sind. Von beiden Orten strömt die Herzenergie einer Mitte zu, in der sie sich zu einer Sphäre von Licht verbinden.

Nach und nach konnten in der Landschaft auf verschiedenen Ebenen erneuernde Energien mit Christus- oder Sophienaspekten erspürt werden:

Besondere Drachenenergien
Auch diese bogenförmigen Drachenenergien scheinen zur Erderneuerung beizutragen. Sie umfassen Städte oder Landschaftsräume und besitzen nach meiner bisherigen Erfahrung fünf Chakren der Elemente oder sieben Rückenchakren.

Neue Elementarwesen
Auch auf der Elementarwesenebene nahm ich wesentliche Veränderungen wahr. Hier erschienen in den letzten Jahren neue Elementarwesen in der Landschaft, die auf allen bisherigen Ebenen erneuernd wirken. Sie beleben sowohl die Ätherkräfte als auch die Engelhierarchien mit Herzimpulsen.

Emotionale Landschaftssphären
Diese Lichtsphären erneuern offenbar emotionale Energien. Sie bilden eine Lichtsphäre, die gespeist wird von einem irdischen und einem kosmischen Quellort.

Sophienqualitäten in der Landschaft
Hier nehme ich eine neue Dreiheit weiblicher Energien wahr — ähnlich der bisherigen mit weißem, rotem und schwarzem Aspekt. Sie sind jedoch in ihrer Charakteristik umfassender und tragen eine Ganzheit in sich.

Neue Yin-Engel / Erdengel
Die letzte sich erneuernde Ebene nahm ich seit September 2001 wahr. Hier erschienen mit dem veränderten Weltgeschehen Engel mit einem Yin- oder Erdaspekt.

Insgesamt stellen sich die Ebenen der Erderneuerung so dar:

Aura	Land-schafts-bezug	bisherige geomantische Strukturen	Herzenergien	
			Yang	Yin
Ätherkörper	Kraftebene	vitalenergetische Zentren, Drachenlinien	neue sternförmige Ätherstrukturen	Städte umfassende Drachenlinien
Emotionalaura	Gefühlsebene	Elementarwesen	neue Elementarwesen mit Christusimpuls	neue Elementarwesen mit Sophienimpuls
			Emotionale Sphäre	
Mentalkörper	seelische Ebene	menschliche Raum-Aspekte, Göttinnen	Lichtsäulen mit Aspekten der Christusenergie	Sophienorte mit Aspekten der weiblichen Dreiheit
spirituelle Aura	spirituelle Ebene	Landschaftsengel	Engel mit Christusimpuls	Engel mit Sophienimpuls, Erdengel
universelle Aura	Herzebene	—	Lichtstadt	

Lichtstadt

Als komplexe Struktur von verschiedenen Herzenergien lassen sich in den letzten Jahren in der Landschaft entstehende Lichtstädte wahrnehmen. Sie erheben sich oft inmitten von Städten über zentrale Berge, Seen oder Parks. Beispiele hierfür sind Hamburgs Außenalster, der Tiergarten von Berlin oder der Petersberg in Erfurt. Diese Orte umgeben weitreichende Gefüge, in denen sich die Herzenergie manifestiert und schließlich außerhalb der Stadt in die Landschaft verankert.

Doch auch in Landschaftsräumen erheben sich derartige Lichträume, wie z. B. im Wendland über dem Pügener Moor mit Verankerungen durch Berge und den bogenförmigen Flusslauf der Alten Jetzel.

Der Form nach manifestiert sich eine Christus- oder Sophienenergie an diesen Orten in einer Lichtsphäre, die durch eine Lichtsäule getragen wird. Sie wird umgeben von einem inneren Stern und einer Mandorla oder einem Bogen von Kraftzentren. Schließlich liegen außerhalb der Stadt in der Landschaft wiederum sternförmig Kraftzentren die eine Verankerung in der Landschaft bilden.

Struktur	Funktion	Symbolische Darstellung	
universell	Lichtstadt	Manifestierung der Herzenergie	Neues Jerusalem
spirituell	Lichtachse, spezifische Orte der Herzkraft	kosmisch-irdische Verankerung der Herzenergie	lebendiger Christus, Christus in der Mandorla
	innerer Stern	Manifestierung der Herzqualitäten im Landschaftsraum	sieben Tugenden
	Mandorla	Manifestierung der Herzenergie	zwölf Sterne um die Jungfrau
Sophienqualitäten	Erneuerung der Weiblichkeit	Heilige Anna Selbstdritt	
äußerer Stern	Verankerung in der Landschaft	zwölf Tore des Neuen Jerusalems	
Drachenenergien		Maria auf der Mondsichel, Drachendarstellungen bei Georg/Michael	

Anmerkung:
(1) Traditionell zugeordnet wird dem Scheitelchakra die Farbe Violett, die Wahrnehmungen dazu sind jedoch heute unterschiedlich.

Glossar

Philipp Hostettler und andere

Das nachfolgende Glossar erklärt einige geomantische Begriffe.

Atmungssystem

Das Atmungssystem (vitalenergetische Ebene) besteht aus zwei Elementen: dem Einatmungs- und dem Ausatmungspunkt. Die zwei Orte liegen innerhalb der jeweiligen Einheit und repräsentieren durch ihre Verbindung die Kommunikation (Austausch) und den pulsierenden Kreislauf. Die Energie kreist vom Einatmungspunkt unterirdisch zum Ausatmungspunkt, wo sie teilweise in die Landschaft ausgeatmet wird und von dort überirdisch wieder zum Einatmungspunkt gelangt. Das System bringt dadurch einer Atmung ähnlich ständige Bewegung und Kontinuität in den Lebensfluss einer Landschaft. Das Atmungssystem ist mit dem Halschakra des Menschen (im Bereich des Kehlkopfs) vergleichbar. (1)

Chakra

Mit Chakra (Sanskrit, wörtlich: Rad, Diskus, Kreis) werden die Verbindungsstellen zwischen dem Körper und dem Äther- und Astralleib des Menschen bezeichnet. Die sieben Hauptchakren des Menschen befinden sich entlang der Wirbelsäule bzw. der senkrechten Mittelachse des Körpers. Diese Verbindungsstellen sind trichterförmig über die Körperoberfläche hinausragende Wirbel. Sie sind durch einen zentralen Kanal verbunden, durch den die Energien der Erde auf- und die Energien kosmischen Ursprungs absteigen und sich verbinden.

Elementarwesen

siehe nachfolgend unter Emotionale Landschaftsebene

Emotionale Landschaftsebene

Die emotionale Landschaftsebene wird dem Element Wasser zugeordnet. Diese Gefühlsebene (astrale Ebene) ist bewusstseinsdurchflutet. In der Landschaft findet diese Ebene ihren Ausdruck in den Elementarwesen. Unter diesem Überbegriff kennt die Volksüberlieferung seit vielen Jahrhunderten z. B. Zwerge und Gnome als Erdwesen, Sylphen und Feen als Luftwesen, Nixen und Nymphen als Wasserwesen sowie Salamander und Musen als Feuerwesen. Diese wurden im Zuge der Aufklärung im 17. und 18. Jahrhundert ins Reich der Mythen und Märchen verbannt, können jedoch von Sensitiven wahrgenommen und von hellsichtigen Menschen detailliert beschrieben werden. In verschiedenen Ländern wie Island ist das Selbstverständnis bezüglich der Existenz von Elementarwesen tief verankert. Im Bauamt der Hauptstadt Reykjavik kennt man beispielsweise eine Zwergen- und Elfen-Beauftragte, die bei Bauvorhaben prüft, ob Lebensbereiche von Elementarwesen nachteilig tangiert werden. Elementarwesen sind nicht mental, jedoch emotional vom Menschen ansprechbar und zu Interaktionen fähig.

Erdungspunkt

Am Erdungspunkt (vitalenergetische Ebene) ist die gesamte vitalenergetische Ebene mit allen Systemen und Punkten der Landschaft in der Erde, in der Materie verankert und verwurzelt. Bildhaft gesprochen fließt hier die Energie der entsprechenden geomantischen Einheit wie durch eine trichterförmige Verengung in die Erde. Gleichzeitig ist dies auch der Ort, von wo sich die irdische Kraft konzentriert und potenziert in die Landschaft — über die ganze Einheit — ausbreitet. Der Erdungspunkt ist mit dem Wurzelchakra des Menschen (beim Steißbein) vergleichbar. (1)

Gaia-Hypothese

Die Gaia-Hypothese wurde von der Mikrobiologin Lynn Margulis und dem Chemiker, Biophysiker und Mediziner James Lovelock

Mitte der sechziger Jahre entwickelt. Sie besagt, dass der Planet Erde in einem gewissen Sinn als lebender Organismus betrachtet werden kann. Dabei wird angenommen, dass die Gesamtheit aller lebenden Organismen im Sinne der Selbstorganisation die Bedingungen schafft und erhält, die dieses Leben überhaupt ermöglichen. Die Lebewesen bilden somit zusammen mit den nichtlebendigen Teilen der Erde ein dynamisches System, welches die gesamte Biosphäre durch Rückkopplung stabil hält. Ob die Erde als Lebewesen angesehen wird oder nicht, ist eine Definitionsfrage des Begriffes „Lebewesen". Die Ausmalung des Sinnbildes „Lebewesen" wird unterschiedlich weit genutzt. Verschiedentlich gehört ebenso zur Gaia-Hypothese, dass ein Planet durch kooperative Effekte zur Homöostase (Selbstregulation) befähigt sei. Aus der Gaia-Hypothese ist die Physiologie der Erde (Geophysiologie) entstanden. Der Name leitet sich von Gaia, der Erdgöttin und großen Mutter der griechischen Mythologie, ab. (2)

Geomantie

Geomantie bedeutet laut Duden die „Kunst, aus Linien und Figuren im Sand wahrzusagen" und erklärt damit eine Orakelmethode, wie sie vor allem im vorderen Orient praktiziert wurde. Im Unterschied dazu wird dieser Begriff heute jedoch im Sinne der alten und seit einigen Jahrzehnten wiederentdeckten europäischen Kunst und Wissenschaft verwendet, „natürliche Energieströme und Energiezentren der Landschaft auszumachen und in die Gestaltung des menschlichen Lebensraumes einzubeziehen. Ihr Anliegen besteht also darin, menschliche Handlungen im allgemeinen und bauliche Maßnahmen im besonderen mit den sichtbaren und unsichtbaren Dimensionen der Erde in Einklang zu bringen". (3)

Geomantischer Wahrnehmungsprozess

Für die Erfahrbarkeit von nichtstofflichen Landschaftsphänomenen werden verschiedene Wahrnehmungskanäle verwendet. Zur körperlichen Wahrnehmung gehören Körperhaltung, Reaktionen der Muskeln und Sehnen, Tiefen- und Innenwahrnehmung, allgemein die Feststellung von Körperreaktionen als Resonanzphänomen auf Wirkungen des Umfelds. (4) Diese Resonanzeffekte werden auch in der Radiästhesie genutzt. Nichtkörperliche Wahrnehmungskanäle sind die Resonanz in den Chakren, Veränderungen in der Aura, emotionale Empfindungen, innere Schau, Imagination, Inspiration, Intuition und vieles mehr. Allen Wegen ist gemein, dass ohne vorgefasste Meinung beobachtet und ausgewertet wird. Sensitiven Personen sind auch ohne Schulung und Training differenzierte Wahrnehmungen möglich. In der Regel entsteht eine umfassende und hoch differenzierte geomantische Wahrnehmungsfähigkeit aber erst nach jahrelanger Übung.

Diese Wahrnehmungen sind grundsätzlich subjektiv, können jedoch durch das Zusammenfließen von Wahrnehmungen mehrerer Personen teilweise objektiviert werden. Wesentlich ist der Sachverhalt der Intersubjektivität, der Verbindung des Subjekts (wahrnehmender Mensch) mit dem Objekt (wahrgenommener Ort) und der daraus möglichen Interaktion, die ungeahnte Erfahrungsmöglichkeiten öffnet. Versucht wird also nicht — wie bisher in den Naturwissenschaften —, durch eine strikte Trennung von Betrachter und betrachtetem Objekt Erkenntnisse zu gewinnen, sondern — genau gegenteilig —, indem sich die betrachtende Person mit dem betrachteten Gegenstand (Raum, Ort, Landschaft) empathisch verbindet. Erkenntnis entsteht dabei durch die mit dem Wahrnehmungsprozess ausgelöste Erfahrung. Wahrnehmungen beruhen auf Resonanzphänomenen. Resonanz ermöglicht Interaktion und Informationsaustausch.

Gleichgewichtssystem-System (Yin-Yang-Zentren)

Das Gleichgewichtssystem (vitalenergetische Ebene) besteht aus zwei Polen: dem Yin-Zentrum (Minus-Pol) und dem Yang-Zentrum (Plus-Pol). Bei größeren Einheiten (z. B. Stadtgebiet, Tal) findet sich auch ein Verbindungs- bzw. Gleichgewichtspunkt auf der Verbindungsachse der beiden Pole. Das Yin-Yang-System ist das Gleichgewichtsorgan der Landschaft. Das System hält durch die Verbindung zwischen diesen Zentren die energetische Balance im Landschaftsraum. Das Gleichgewichtssystem ist mit dem Sakralchakra des Menschen (im unteren Bauchraum) vergleichbar. (1)

Herzzentrum

Zusammen mit dem vitalenergetischen Zentrum vitalisiert, belebt und erneuert die am Herzzentrum (vitalenergetische Ebene) ausströmende feinstoffliche Energie die Landschaft. Wie bei einer Umwälzpumpe das Wasser, wird sie an diesem Zentrum aus der Landschaft pulsierend „eingesogen", auf die Herzschwingung eingestimmt und regeneriert, um sich danach wieder „auszubreiten". Das Herzzentrum ist mit dem Herzchakra des Menschen (auf Herzhöhe) vergleichbar. (1)

Identitätsverankerung (Engelfokus)

Dieses Zentrum (vitalenergetische Ebene) wird auch „Engelfokus" genannt. An diesem Punkt ist die Intelligenz, die Identität eines Ortes verankert. Durch das Halten von identitätsschaffenden Informationen und die daraus entstehenden Impulse entwickelt sich im Landschaftsgefüge eine damit übereinstimmende Qualität. Auch der geistige Aspekt der Landschaft ist an diesem Ort durch eine fokussierende Verbindung mit dem „Engelozean" verankert. Der Punkt ist mit dem Stirnchakra des Menschen („Drittes Auge" über der Nasenwurzel) vergleichbar. (1)

Kosmische Verankerung (Kronenchakra)

Die kosmische Verankerung (vitalenergetische Ebene) ist der Gegenpol des Erdungspunktes. Es ist ein Ort, an dem die gesamte vitalenergetische Ebene mit allen Systemen und Verbindungen der Landschaft im Kosmos verankert ist. Bildhaft gesprochen fließt hier die Energie aus der entsprechenden Einheit trichterförmig in den Kosmos. Gleichzeitig ist es auch der Ort, von dem sich kosmische Kraft konzentriert und potenziert in die Landschaft ergießt. Die kosmische Verankerung ist dem Scheitelchakra des Menschen (auf dem Kopf) vergleichbar. (1)

Naturregenerationszone

Das ist ein „Rückzugs- und Erholungsort" für die Naturkräfte innerhalb eines städtischen Landschaftsgebiets (nicht in jedem Siedlungsgebiet vorhanden). Durch diesen „ruhenden Pol" schafft sich die Natur innerhalb des menschlichen Siedlungsraumes einen fokussierten Bereich, in dem eine Erneuerung der verschiedenartigen Kräfte für einen größeren Bereich einer (Stadt-)Landschaft stattfinden kann. In dieser Zone sind alle Ebenen — die vitalenergetische, die emotionale und die seelisch-geistige — gleichermaßen vertreten.

Ortsqualitäten

Als Ergänzung der Erfassung quantitativer materieller Elemente eines Ortes (Geländetopographie, Bodenbeschaffenheit, Flora, Fauna, Naturbelassenheit, Komposition der Elemente wie Bäume, Felsen, Gewässer usw.) werden bei der Betrachtung und Einschätzung von Ortsqualitäten die nicht sichtbaren und nicht stofflichen Wirkungsebenen und deren innere Zusammenhänge untersucht. Orte werden dabei als mehrdimensionale Räume erfahren, die eine strukturgebende, vitalenergetische, emotional-bewusstseinsmäßige und seelisch-geistige Komponente aufweisen und mit ihrem näheren und weiteren Umfeld auf vielfältige Weise in Verbindung stehen.

Pan-Punkt

Der Pan galt in der antiken griechischen Mythologie als Gott der Natur und des Waldes und wurde als Mensch mit Hörnern und Ziegenfüßen dargestellt. Die Kirche missbrauchte diese Darstellung als Teufelsgestalt. Der Pan ist ein Elementarwesen, eine Naturintelligenz, die eine koordinierende Funktion im Naturreich innehat. Der Pan ist nicht ein Herrscher, sondern ein Mittler zwischen dem Pflanzen- und Tierreich. Bei ihm laufen in einem Landschaftsraum „die Fäden zusammen". Er ist der „gute Hirte". Nicht umsonst wurde er von den Hirten jahrhundertelang verehrt. In slawischen Ländern heißt Pan Herr.

Seelisch-geistige Landschaftsebene

Die seelisch-geistige Landschaftsebene ist mentaler Natur und dem Element Luft zugeordnet. Die vermännlichte Bezeichnung „Genius Loci" (lateinisch für Schutzgeist bzw. Seele des Ortes) spiegelt seit Jahrhunderten den Versuch des Menschen wider, unsichtbare Ortsqualitäten in der (Stadt-)Landschaft zu umschreiben und mit dem identitätsbildenden Charakter eines ortsdurchwirkenden Geistwesens in Verbindung zu bringen. Marko Pogačnik bezeichnet diese Ebene als „Ausdehnung des mehrdimensionalen Raumes, durch die sich das Göttliche in der Landschaft offenbart". (5) Sie bildet so gesehen eine Urmatrize, durch welche die schöpferischen Kräfte über die emotionale und vitalenergetische Landschaftsebene in den materiellen Landschaftsraum einfließen können, um die vielgestaltige Entfaltung des Lebens zu ermöglichen.

Ursprüngliche Qualität (reiner Punkt)

Der Punkt der ursprünglichen Qualität (vitalenergetische Ebene) — auch „reiner Punkt" genannt — ist besonders geeignet für eine bewusstseinsmäßige Kontaktaufnahme mit der ursprünglichen Qualität des Landschaftsraumes vor der menschlichen Besiedlung.

Vitalenergetische Landschaftsebene

Die vitalenergetische (6) Landschaftsebene ist ätherischer Natur und dem Element Feuer zugeordnet. In ihr befinden sich die für einen Landschaftsbereich notwendigen geomantischen Lebenskraftsysteme, die alles Lebendige mit Lebensenergie versorgen. Diese Wirkungsebene wurde in der abendländischen Tradition Äther genannt und verbindet als transzendentes fünftes Element die vier materiellen Elemente Erde, Luft, Wasser und Feuer. Der Begriff Äther kann als Entsprechung des chinesischen Chi und des indischen Prana verstanden werden, beides Begriffe für eine alles Materielle durchströmende Lebensenergie.

Vitalenergetisches (sternförmiges) Zentrum

Zusammen mit dem Herzzentrum vitalisiert, belebt und erneuert die am vitalenergetischen oder sternförmigen Zentrum (vitalenergetische Ebene) ausströmende Lebenskraft die Landschaft. Die Energie der geomantischen Einheit wird durch dieses Zentrum gefiltert und dadurch fortwährend mit der Resonanz des Lebensimpulses und der Vitalenergie in Verbindung gebracht.

Aus dem Zentrum treten strahlenförmig — einer Sonne gleich — Energielinien aus, die mit anderen geomantischen Punkten des vitalenergetischen Systems in Verbindung stehen. Es wird deshalb auch „sternförmiges Zentrum" genannt. Es ist mit dem Solarplexus des Menschen (über dem Nabel) vergleichbar. (1)

Anmerkungen:
(1) Nach Ana Pogačnik
(2) Erläuterung gekürzt entnommen aus www.wikipedia.ch
(3) Zitiert nach Jörg Purner, Assistenzprofessor am Lehrstuhl für Baugeschichte und Denkmalpflege an der Leopold-Franzens-Universität Innsbruck. Der Diplomingenieur für Architektur schrieb 1982 seine Dissertation über das Thema „Radiästhetische Untersuchungen an Kirchen und Kultstätten" und untersucht seitdem Fragen der geomantischen Ortsqualitäten in Bezug zum menschlichen Bauen.
(4) Siehe auch die Forschungsarbeit von Dr. Noemi Kempe zur körperlichen Homöostase und den sie beeinflussenden ortsspezifischen Faktoren, welche die Physikerin und Hochfrequenzspezialistin mit dem in Russland entwickelten IMEDIS-Expert-System biophysikalisch zu messen imstande ist. Näheres dazu unter www.noemikempe.com
(5) Marko Pogačnik: Schule der Geomantie, München 1996, S. 84.
(6) Abgeleitet von vita (lateinisch) = das Leben und energeia (griechisch) = Wirkung. (Ebd., S. 75.)

Autorinnen und Autoren

in alphabetischer Reihenfolge

Hans-Joachim Aderhold, geboren 1945, lebt in Winterbach bei Stuttgart. Studium der Architektur, Psyhologie, Sozialpädagogik und Agrarökonomie an den Universitäten Stuttgart, Tübingen und Hohenheim, Regierungsbaumeister der Fachrichtung Städtebau, Regional- und Landesplanung. Freiberufliche Tätigkeit als Architekt, 1976-2005 wissenschaftlicher Angestellter des Landesdenkmalamtes Baden-Württemberg. Geomantieausbildung bei Marko Pogačnik und Ana Pogačnik. Mitbegründer der Geomantiegruppen Stuttgart und Engelberg.

Fritz Bachmann, geboren 1950, hat 25 Jahre einen biologisch-dynamischen Hof in der Schweiz bewirtschaftet. Durch die tägliche Arbeit mit Erde, Pflanzen und Tieren entwickelte er eine tiefe Verbundenheit mit den Lebenskräften. In der Geomantie fand er einen Weg, das zu verwirklichen, was ihn schon immer umtrieb: die Heilung der Erde. Bis zu seinem Tod im Juni 2006 war er als Vortragsredner und Seminarleiter tätig.

Regula Berger, geboren 1963 in Bern, lebt in Steffisburg bei Thun. Sie ist Apothekerin, Gesangstherapeutin und Sängerin. Ausbildung in der Schule der Stimmenthüllung (Svärdström-Werbeck) in Finnland, der Schweiz und Berlin. Künstlerisch-geomantische Projekte und therapeutische Arbeit „Körper-Atem-Stimme", Mitarbeit in Schweizer Geomantiegruppen. www.kalliope.ch

Claudia Böni Glatz, geboren 1957, lebt in Bellach bei Solothurn. Sing-, Tanz- und Ritualfrau, „Berühren–Begleiten–BeWEGen"-Massage, Beratung, Bewegungsschulung, Psychomotorik-Therapeutin. Geomantieausbildung bei Ana Pogačnik und Marko Pogačnik. Mitarbeit in Schweizer Geomantiegruppen wie Im-Puls Landschaft. www.claudiaboeniglatz.ch

Jutta Borchert, geboren 1955, lebt in Fellbach bei Stuttgart. Sie ist Diplom-Agraringenieurin und arbeitete in der Erwachsenenbildung und als Beraterin in den Bereichen Geomantie und Gesundheitsprävention.
Geomantieausbildung bei Anima Mundi und Ana Pogačnik. 2015-18 Betreiberin eines Weltladens, Gründerin einer eigenen Firma im weltweiten kunsthandwerklichen Bereich. www.neungrad.com

Ann-Katrin Eriksdotter, 1947 geboren, lebt in Stockholm. Sie ist Diplomkauffrau und M. A. und war Ministerialrätin im Außenministerium. 1988 Reikimeisterin, 2003–05 Geomantieausbildung in Schweden bei Erwin und Renate Frohmann, Ajra Miška, Ana Pogačnik und Marko Pogačnik.

Franklin Frederick, geboren 1965 in Manaus/Brasilien, lebt in Rio de Janeiro. Literatur- und Sprachstudium. Er ist heue vor allem als Wasseraktivist in der globalisierungskritischen Kirchen- und Sozialbewegung Brasiliens und der Schweiz tätig, Vorstandsmitglied der Solidaritätsorganisation Alba Suiza. Geomantie ist ihm ein besonderes Anliegen. Mitarbeit beim Lithopunkturprojekt von Marko Pogačnik in Brasilien. Eigene Forschungen, Texte und Vorträge.

Renate Frohmann, geboren 1955, lebt in Graz. Gestaltpädagogin und Mutter von vier Kindern. Seit 1992 Seminartätigkeit zur Persönlichkeitsentwicklung und Sensibilisierung der Wahrnehmungsfähigkeit, seit 2006 Journeypraxis. Prozess- und Persönlichkeitsbegleitung im Rahmen geomantischer Projekte und in der geomantischen Ausbildungsarbeit, Seminarkoordination, Leitung von „Raum und Mensch" in Graz. www.raumundmensch.at

Erwin Frohmann, geboren 1957, lebt in Graz. Biologe, Landschaftsarchitekt und Geomant. Seit 1985 planerische, gestalterische und lehrende Praxis zu Landschaft und Freiraum mit den Arbeitsschwerpunkten Ästhetik und Raumwirkung, Raumwahrnehmung und Geomantie. Vortrags- und Seminartätigkeit zum Thema Raum und Mensch unter dem Gesichtspunkt der körperlich-seelisch-geistigen Wechselwirkungen. Professor am Institut für Landschaftsarchitektur der Universität für Bodenkultur Wien, Leitung von „Raum und Mensch". www.raumundmensch.at

Florian Grimm, geboren 1960, lebt in Hamburg. Studium der Architektur und der Humanistischen Psychologie. Geomantieausbildung bei Wolfgang Schneider und Marko Pogačnik. Bis 2002 Stadtplaner im öffentlichen Dienst. Architektur- und Geokulturberater, seit 2005 auch Heilpraktiker (Psychotherapie). Seminarleiter, Musiker, Dozent für Geomantie und Psychotherapie. www.grimm-geomantie.de

Anna Gruber-Schmälzle, geboren 1962, lebt in Weil der Stadt bei Stuttgart. Nach Holzbildhauerlehre, verschiedenen sozialen Tätigkeiten und längeren Reisen seit 1994 Ergotherapeutin im Bereich der Psychiatrie. Jetzt selbständige Künstlerin. Seit 1998 Mitarbeit in der Geomantiegruppe Stuttgart. Geomantieausbildung bei Ana Pogačnik. www.artewegwarte.de

Hans Hansen, geboren 1946, lebt in Nieby an der Ostsee. Biologisch-dynamischer Landwirt, seit 1993 als Geomant tätig. Seine angeborenen Fähigkeiten wurden durch Seminare bei Peter Dawkins und Marko Pogačnik verfeinert. Haus- und Grundstücksuntersuchungen, geomantische Seminare. www.geomantie-hanshansen.de

Karin Hornikel, geboren 1961, lebt in Aichtal bei Stuttgart. Kunststudium „Sensible Bildung und Gestaltung" am Kunstseminar Metzingen sowie musikalisches Grund- und Klavierstudium am Musikseminar Hamburg. Freiberufliche künstlerisch-pädagogische und malerische Tätigkeit, geomantische Gartengestaltung.

Philipp Hostettler, geboren 1964 in Bern, lebt seit 1976 in St. Gallen, in Sichtweite des Bodensees. Beschäftigung mit der Geomantie seit 1987. Seit 1997 zeitweilig auch Veranstalter von Symposien und Seminaren mit den Schwerpunkten Geomantie und Wasser. Mitinitiant des Lebensnetzes Geomantie und Wandlung. Führt seit 1999 ein eigenes Architekturbüro.
www.sensiblearchitektur.ch

Radomil Hradil, 1967 geboren, lebt in Tschechien. Studium der Agrarwissenschaft in Brno, danach tätig in biologisch-dynamischen und ökologischen Gartenbau- und Landwirtschaftsbetrieben in Deutschland, der Schweiz, Norwegen und Tschechien. Übersetzer, Dolmetscher, Buchautor, Herausgeber und Redakteur, unter anderem Übersetzung mehrerer Bücher von Marko Pogačnik.

Pierrette Hurni, geboren 1951, wohnt in Wabern bei Bern. Ausbildung zur Musik- und Pantomimelehrerin, Studien in Ethnologie und Astrologie. Aura-Soma-Farbberaterin, bis 2008 Inhaberin eines Aura-Soma-Ladens in Bern. Seit 1995 Teilnahme an Seminaren und Reisen mit Marko Pogačnik, 1999 Mitbegründerin der Geomantiegruppe Drei Seen/Solothurn-Bern-Thun. www.pierrettehurni.ch

Deert Jacobs, 1969 geboren in Hamburg, lebt in Bremen. Nach Krankenpflegetätigkeit Ausbildung in Freiburg zum Diplom-Schauspielpädagogen sowie Medizin- und Psychologiestudium. Sozialtherapeutische Theaterprojekte und Theater für die Erde. 1997/98 Aufbau des Erfahrungsfeldes zur Entfaltung der Sinne im Schloss Freudenberg in Wiesbaden. Geomantieausbildung bei Marko Pogačnik/Hagia Chora. 1998 Gründung von „Genius Loci — Atelier für Geomantie und Kunst", selbstständiger Künstler, Geomant und Unternehmensberater. www.geniusloci.info

Renate Kirzinger, geboren 1960, lebte bis zu ihrem Tod im Juli 2007 in Hausham bei München. Nach Psychologiestudium und Ausbildung als Heilpraktikerin war sie in München in eigener Praxis mit dem Schwerpunkt Homöopathie tätig. Geomantieausbildung bei Marko Pogačnik/Hagia Chora. Ihr besonderes Anliegen waren die Menschenrechte und der Einsatz für Natur und Erde.

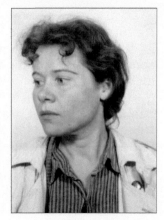

Thera Konrad, geboren 1949, lebt in der Nähe von Thun. Nach Tätigkeit und Sprachstudium in Israel Studium der Heil- und Sozialpädagogik, Waldorflehrerin und Mutter einer erwachsenen Tochter. Geomantieausbildung bei Hagia Chora sowie Ana und Marko Pogačnik. Seminare und Projekte: Wasser und Natur, Geomantie. Künstlerin in der Gestaltung von Erdbildern. Mitbegründerin der Geomantiegruppe Drei Seen/Solothurn-Bern-Thun.

Wolfgang Körner, geboren 1950, lebt in Nürnberg. Zwei Semester Mathematik/Physikstudium, drei Semester Philosophie/Theologiestudium, dann Gärtnerlehre, Studium der Landespflege. Seit 1981 selbstständiger Landschaftsarchitekt. 1994/96 Ausbildung bei Hagia Chora, danach Dozent der Schule für Geomantie. Arbeitsschwerpunkte: Anwendung harmonikaler Prinzipien, Arbeit mit Elementarwesen, planetaren Kräften und Engeln. Seit 1997 Organisation und Anleitung von Erdheilungen. Geomantische Analyse, Gartenplanung und Gestaltung von Bauplätzen und Neusiedlungen, Buchautor. www.naturraum.norisgeo.de

Dirk Kruse, geboren 1958, lebt in Bochum. Ausbildung als Sozialtherapeut, Gründungsbeteiligung mehrerer Projekte und Einrichtungen, Hobbygärtner und Imker. Seit 1995 Organisationsberater und Dozent. Bienenforschung im "Widar-Projekt" der Stiftung Fintan, Rheinau/Schweiz, An- throposophische meditative Praxis, Geistwesenbeobachtung in Sozialprozessen, Jahreslaufbeobachtung, Kosmologie, Konstellationsforschung und weitere Forschungsprojekte. Autor, Seminarleiter.
www.spirituelleorganisationsentwicklung.com

Eva Mächler-Wydler, geboren 1949, lebt in Schüpfen im Schweizer Seeland. Sie ist verheiratet und Mutter von zwei erwachsenen Söhnen. Pflegefachfrau, seit 1997 eigene Praxis als Therapeutin für Körperarbeit. Schulung in Geomantie und Persönlichkeitsentwicklung bei Ana und Marko Pogačnik, Mitarbeit in Schweizer Geomantiegruppen, geomantische Reisebegleitung.

Thomas Mayer, geboren 1965, lebt in Kempten. Begegnung mit der Anthroposophie. 1988 Mitbegründer, später Geschäftsführer von Mehr Demokratie e.V., zwanzig Jahre bundesweiter Aufbau der Bewegung für Direkte Demokratie, 1993-2004 Einsatz bei verschiedenen Bürger- und Volksbegehren sowie Regionalgeld-Initiativen und dem Regio-Geld e.V.,

bis 2006 Gesellschafter des OMNIBUS für Direkte Demokratie. 2013-18 Leitung der Schweizer Vollgeld-Initiative. Seit 2004 gemeinsam mit Agnes Hardorp Kurse in Anthroposophischer Meditation. Autor und Geistesforscher.
www.anthroposophische-meditation.de
www.geistesforschung.org

Rena Meyer Wiel, geboren 1970, lebt in Bonn und Bad Honnef. Gesangstudium in Wuppertal und Köln. Interdisziplinäre Performancearbeit, CD-Produktionen und Konzerte als Ausdruck von Zeitzeugnis – in Form von Performances, Texten und Tonproduktionen für Landschaften, Gedenkstätten und Räume, Zeitpunkte und Menschen. Heilpraktikerin mit den Schwerpunkten Pränatale Körperpsychotherapie, Transformative Stimmarbeit und Cranio-Sacral-Therapie.

www.earthmerged.com

Sybille Mikula, geboren 1956 in Hamburg, lebt seit 1990 in Wien. Chefsekretärin, 1981 Soziologiestudium, 1983–89 soziale Forschungsstätte Bauhütte im Schwarzwald und Weiterbildung in Gruppendynamik und Sozialökologie. Seit 1990 Ausbildung in Reinkarnationstherapie und Energiearbeit, Coaching, Psychologischer Astrologie und Vitalenergetischer Körperarbeit. 1993 eigene Praxis, seit 2002 mit dem Schwerpunkt Holomantische Heilweisen. Studium der Geomantie und Mitarbeit bei Geomantie Wien und im Lebensnetz Geomantie und Wandlung. Weiterbildung im Heilsamen Singen, seit 2018 ärztlich geprüfte Fastenbegleiterin.
www.holomantie.at

Sonja Müller-Hartmann, geboren 1959, lebt bei Speyer. Sie ist geprüfte Astrologin DAV, Kinesiologin sowie Meditations- und Tanzleiterin und führt in Schwetzingen eine Praxis für kreative Astrologie und energetische Heilweisen. 1999 gründete sie das Astrologiezentrum Heidelberg als Ausbildungszentrum des DAV. Fortbildungen in Körpertheater, Geomantie, meditativem Kreistanz, geistigem Heilen, Fußreflexzonen-Harmonisierung und Feldenkraispädagogik.
www.müller-hartmann.de
www.planetenstellen-im-goldenen-kreis.de

Elke Arina Neumann, geboren 1953, lebte bis zu ihrem Tod im August 2019 in Hannover. Ausbildung und Tätigkeit als Zahntechnikerin, dann Mutter. Geomantieausbildung bei Marko Pogačnik und Wolfgang Schneider sowie Stimmbildung nach Svärdström-Werbeck bei Holger Lampson am Musikseminar in Hamburg. Improvisation mit neuen Instrumenten und Gesangsstimme, Geomantin und Lebensberaterin.

Christoph Oberhuber, geboren 1944, lebt in Wien. 1960 Gründer einer Jazzband, Profimusiker und Medizinstudent, dann nach entsprechender Ausbildung Lehrer für Mathematik und Musik. Nach Abschluss der Lehrtätigkeit Heilerausbildung und Begegnung mit der Geomantie. Heiler, Musiker, Mitarbeit bei Geomantie Wien.

Ana Pogačnik, geboren 1973, lebt mit ihrer Familie in Šempas/Slowenien. Klavierstudium, dann Studium der Archäologie. Einige der von ihr seit 1989 empfangenen Botschaften wurden auch auf Deutsch veröffentlicht. Sieben Jahre Zusammenarbeit mit ihrem Vater Marko Pogačnik. Seit 1999 eigene Vortrags- und Seminartätigkeit. Seit 2002 leitet sie Ausbildungen im Rahmen der dafür gegründeten Schule „Wieder Sehen" (jetzt „Modra Zemlja) in Deutschland, der Schweiz, Schweden, Österreich, Kanada und in den USA. www.ana-pogacnik.de

Marko Pogačnik, geboren 1944, lebt in Šempas/Slowenien. Künstler, Geomant, Seminarleiter, Dozent und Autor. Er hat in der Mitte der achtziger Jahre die Lithopunktur entwickelt, die mit Kosmogrammen kombiniert wird. Solche Projekte wurden realisiert in Europa, Südamerika und Asien. Er lehrt in verschiedenen Ländern Geomantie und vertiefte Wahrnehmung. Er den Begriff der Erdwandlung bekannt gemacht.
www.markopogacnik.com

Silvia Reichert de Palacio, geboren 1951, lebt in Deutschland und auf Mallorca. Augenoptikmeisterin, Studium der Philosophie, Ausdrucksmalerin nach Arno Stern. Geomantieausbildung bei Hagia Chora, Assistenz bei Marko Pogačnik, dann selbstständig mit eigenem Büro für Geomantie, Feng Shui und LandArt sowie Dozentin bei Hagia Chora. Ausbildung in psycho-sozialer Leitungskompetenz und als Coach (EAS) beim

Institut Inita. Langjährig im Vorstand des Vereins zur Förderung der Geomantie Hagia Chora. Seit 2003 eigene Geomantieausbildungen. www.reichert-palacio.de

Ilse Rendtorff, geboren 1926, lebte bis zu ihrem Tod im Mai 2017 in Kronshagen bei Kiel. Kindergärtnerin, dann Dorfschullehrersfrau, Mutter und Religionslehrerin an einer Berufsschule. Seit den siebziger Jahren politisch aktiv mit Teilnahme an der Anti-AKW- und Friedensbewegung. Seit den achtziger Jahren in Kiel Meditations-, Erdheilungs- und Jahresfestegruppen, Gründerin des Erdheilungsvereins "Quelle des Friedens" in Kronshagen.

Jana Rieger, geboren 1967, lebt mit Ehemann und zwei Kindern in Berlin. Grundschullehrerin mit Weiterbildung in Waldorf-, Natur- und Montessoripädagogik, Lebenskundelehrerin. Mitarbeit in der Berliner Geomantiegruppe und im Lebensnetz Geomantie und Wandlung.

Wolfgang Schneider, geboren 1961, Geomant, lebt in Halberstadt. Ausbildung und frühere Tätigkeit als Elektriker. Fachhochschulstudium Umwelttechnik. Beschäftigt sich seit 1988 mit der Wahrnehmung von Erdenergien. Entwicklung körperorientierter Methoden in der Geomantie. Seit 1993 Seminarleitung im In- und Ausland, 1998 Gründung des Instituts Anima Loci. Mitarbeit im Lebensnetz Geomantie und Wandlung.

Viktoria Scholz, geboren 1970, lebt in Leipzig. Studium der Architektur in Berlin. Arbeit als Architektin und Begegnung mit Feng Shui und Geomantie. Geomantische Schulung u. a. bei Hagia Chora. Selbstständige Künstlerin, Geomantin, Dozentin und Seminarleiterin. In der Leipziger Geomantiegruppe und im Lebensnetz Geomantie und Wandlung aktiv. Initiatorin vieler Gemeinschaftskunstprojekte. Projektleitung in ästhetischer Forschung und kultureller Bildung im Rahmen des Modellprogramms Kulturagenten für kreative Schulen. www.arte-lilee.de

Wolfgang Steffen, 1962 in München geboren, lebt in Stein am Rhein. Studium der Germanistik und Philosophie. Seit 1995 Beschäftigung mit Geomantie, auch durch eigene Vorträge und Kurse. Seit 1989 Lehrer an verschiedenen Waldorfschulen, seit 2007 an der Atelierschule Zürich.

Jürgen Stümpfig, geboren 1962, Diplom-Bauingenieur und Baubiologe IBN, lebte vor seinem Tod Ende Mai 2011 vor allem im Allgäu und bei Freiburg. Schwerpunkt seiner seit 1994 selbständigen Tätigkeit waren die Statik im bau- biologischen Holzhausbau und baubiolo-gische Hausuntersuchungen. Seit 1997 Beschäftigung mit Geomantie, seit 2003 Ausbildung bei Ana Pogačnik.

Wolfgang Alexander Tiller, geboren 1968, Geomant und Bildhauer, lebt in Rösrath bei Köln. Studium Kulturmanagement, Tanzausbildung, Geomantieausbildung bei Hagia Chora sowie am Institut für Geomantie in Graz. Studium der Bildhauerei an der Alanus Hochschule für Kunst und Gesellschaft in Alfter bei Bonn. Seit 1997 tätig im Bereich Geomantie, Kunst und als Berater von Unternehmen, Gemeinden und Privatpersonen, Mitbegründer der Wiener Geomantiegruppe, seit 2012 Mitarbeit im Atelierhaus von Mary Bauermeister.

Bettina Inés Truffat, geboren 1964 in Berlin, ist aufgewachsen in Chile und Argentinien und lebt in Berlin. Mit vier Jahren begann sie zu tanzen. Sie ist Tänzerin, Diplom-Tanzpädagogin, Gestalttherapeutin, Mutter und Künstlercoach. Sie arbeitet und forscht in den Bereichen zeitgenössischer Tanz und des Systems von Fedora Aberastury. Geomantieausbildung bei Ana Pogačnik. www.truffat.com

Rositta Virag, geboren 1950, ist spirituelle Lehrerin sowie Lebens- und Sozialberaterin mit eigener Praxis: Aura-, Energie- und Lichtarbeit, Heiltönen, Channeling und Bewusstseinsarbeit mit Erde und Mensch, Seminare und Beratungen in ganz Österreich und im Ausland. Zuvor kaufmännische Tätigkeit, Betrieb eines Naturkostladens in Wien sowie Gründerin von Seminarzentren. Autorin/Herausgeberin mehrerer Publikationen und Meditations-CDs, vor allem zur Aura und Aura-Fotografie. www.gela.at

Gunhild von Kries, geboren 1954, lebt in Gottsdorf bei Berlin. Studium an der Musikhochschule Lübeck. Musikerin, Instrumentenbauerin, Musiktherapeutin, Therapeutin für geistige Heilprozesse, Dozentin, Autorin und Hobbyimkerin. Seit 1985 Entwicklung eines neuen Streichinstrumententypus „Tähtivirta" (Sternenstrom) in fließenden Formen und verschiedenen Holzarten, Forschungen daran sowie an einer neuen Verbindung der Musik zum Geistigen, zur Stille.

Helgard Zeh, geboren 1940, lebt in Worb in der Nähe von Bern. In Hannover und Berlin Ausbildung zur Diplomingenieurin für Landschaftsplanung mit Vertiefung in Ingenieurbiologie. Dreißigjährige Berufstätigkeit mit der Wiederbelebung der Fließgewässer als Schwerpunkt. Seit 1992 Beschäftigung mit Geomantie, seit 2003 Geomantieausbildung bei Ana Pogačnik. Mitarbeit in Schweizer Geomantiegruppen und im Lebensnetz Geomantie und Wandlung.

Literaturliste der Autorinnen und Autoren

Hans-Joachim Aderhold:
- Krista Kösters/Hans-Joachim Aderhold/Wolfgang Schneider: Stuttgart 21 – Der energetische Stadtraum zwischen Materialismus und menschlichem Bewusstsein, Stuttgart 2010.
- Herzfeuer – Geomantische Gedichte, Borchen 2011.

Fritz Bachmann:
- Getragen von Engeln und Elementarwesen – Die ätherischen Hüllen des Goetheanums, Schaffhausen 2003.

Erwin Frohmann:
- Gestaltqualitäten in Landschaft und Freiraum – abgeleitet von den körperlich-seelisch-geistigen Wechselwirkungen zwischen Mensch und Lebensraum, Wien 2000.
- Erwin Frohmann/Rupert Doblhammer: Schönbrunn – Eine vertiefende Begegnung mit dem Schlossgarten, Steyr 2005.
- Das Weitental – aus ästhetischer und geomantischer Sicht, Bruck an der Mur 2006.
- Erwin Frohmann/Christian Krotscheck: Geomantie im Steirischen Vulkanland – Wirksame Landschaft – Verwandelter Mensch, Auersbach 2007.
- Christian Holzer/Karin Wimmeder/Volker Toth/Erwin Frohmann: Hellbrunn – Orte und Quellen der Inspiration, Salzburg 2011.
- Erwin Frohmann/Albert Kirchengast (Hrsg.): Landschaft und Lebenssinn, Salzburg 2016.

Deert Jacobs:
- Elementarwesen im Theater, in Industrie und Kultur, in Thomas Mayer: Zusammenarbeit mit Elementarwesen 2 – Neue Interviews mit Forschern und Praktikern, Saarbrücken 2012.

Florian Grimm:
- Nur zusammen mit den Elementarwesen geht es weiter, in Thomas Mayer: Zusammenarbeit mit Elementarwesen 2 – Neue Interviews mit Forschern und Praktikern, Saarbrücken 2012.

Hans Hansen:
- Hausheilung und Befreiung der Technik und Unterweltwesen, in Thomas Mayer: Zusammenarbeit mit Elementarwesen 2 – Neue Interviews mit Forschern und Praktikern, Saarbrücken 2012.

Philipp Hostettler:
- Ana Pogačnik/Philipp Hostettler in Zusammenarbeit mit der Stadtplanung der Stadt St.Gallen: Geomantisches Inventar Stadtgebiet St.Gallen, St.Gallen 2006. (Erstes geomantisches Inventar einer ganzen Stadt, noch nicht publiziert.)

Radomil Hradil:
- Marko Pogačnik/Radomil Hradil: Gaiakultur – Der Weg zu einer Zivilisation der erwachten Herzen, Saarbrücken 2014.

Wolfgang Körner:
- Wolfgang Körner/Ottilie Körner: Alltägliches Zusammenleben, Anderen Menschen beim wahrnehmen helfen, Baumfaune und Pflanzenwesen, in Thomas Mayer: Zusammenarbeit mit Elementarwesen – 13 Gespräche mit Praktikern, Saarbrücken 2010.
- Das spirituelle Gesicht Nürnbergs – Strukturen einer geomantischen Stadtentwicklung, Nürnberg 2013.
- Wolfgang Körner u.a.: Kraftplätze in Franken – Geomantischer Guide zu Kultstätten und energetischen Orten, Scheßlitz 2016.
- Wolfgang Körner (Hrsg.): Kraftortwanderungen in Franken, Scheßlitz 2018.

Dirk Kruse:
- Zahlreiche Schriften zur meditativen Methodik und geistigen Forschung, zur spirituellen Organisations- und Hofentwicklung, zur übersinnlichen Jahreslaufforschung und zu weiteren Themen. Siehe dazu das Verzeichnis auf seiner Homepage.
- Das Elementarwesen-Menschen-Beziehungsland, in Thomas Mayer: Zusammenarbeit mit Elementarwesen – 13 Gespräche mit Praktikern, Saarbrücken 2010.

Thomas Mayer:
- Thomas Mayer/Johannes Stüttgen: Kunstwerk Volksabstimmung – Die spirituellen und demokratischen Hintergründe der Direkten Demokratie, Wangen 2004.

- Rettet die Elementarwesen!, Saarbrücken 2008.
- Zusammenarbeit mit Elementarwesen – 13 Gespräche mit Praktikern, Saarbrücken 2010.
- Zusammenarbeit mit Elementarwesen 2 – Neue Interviews mit Forschern und Praktikern, Saarbrücken 2012.
- Thomas Mayer/Roman Huber: Vollgeld – Das Geldsystem der Zukunft – Unser Weg aus der Finanzkrise, Marburg 2014.
- Thomas Mayer/Roman Huber: Wie Banken Geld aus Nichts erzeugen – und wie Vollgeld das ändert, Marburg 2018.

Ana Pogačnik:
- Licht des Herzens – Botschaften aus der Engelwelt, Ottersberg 2002.
- Marko Pogačnik/Ana Pogačnik: Das Herz so weit – Zu den Wurzeln des Friedens in Palästina und Israel, München 2004.
- Ana Pogačnik/Philipp Hostettler in Zusammenarbeit mit der Stadtplanung der Stadt St.Gallen: Geomantisches Inventar Stadtgebiet St.Gallen, St.Gallen 2006. (Erstes geomantisches Inventar einer ganzen Stadt, noch nicht publiziert.)
- Die Erde liebt uns – Wenn die Landschaften sprechen – Briefe an uns Menschen, Saarbrücken 2012.
- Ana Pogačnik/Marko Pogačnik/Thomas von Rottenburg: Die Wahrheit aus der Zukunft – Die Botschaft der Bosnischen Pyramiden als Wandlungsimpuls für die Neue Zeit, Šempas 2017.
- Ins Wunder des Neuen – Die Botschaft der größten Steinkugel der Welt, Šempas 2019.

Marko Pogačnik:
- Die Erde heilen – Das Modell Türnich, München 1989.
- Die Landschaft der Göttin – Heilungsprojekte in bedrohten Regionen Europas, München 1993.
- Elementarwesen – Die Gefühlsebene der Erde, München 1995, als „Elementarwesen – Begegnungen mit der Erdseele" erweiterte Neuauflage, Baden und München 2007.
- Marko Pogačnik/William Bloom: Leylines und Ökologie, Mühldorf 1996.
- Schule der Geomantie, München 1996, als „Das geheime Leben der Erde – Neue Schule der Geomantie" erweiterte Neuauflage, Baden und München 2008.
- Geheimnis Venedig – Modell einer vollkommenen Stadt, München 1997, als „Venedig – Spiegel der Erdseele – Geomantische Erfahrungen einer idealen Stadtlandschaft" erweiterte

Neuauflage, Baden und München 2009.
- Wege der Erdheilung, München 1997.
- Erdsysteme und Christuskraft – Ein Evangelium für das Menschwerden, München 1998.
- Die heilige Landschaft – am Beispiel Istrien, Mühldorf 1999.
- Brasilien – Ein Pfad zum Paradies, Ottersberg 2000.
- Die Erde wandelt sich – Erdveränderungen aus geomantischer Sicht, München 2001.
- Die Tochter der Erde – Die Wiedergeburt des göttlichen Weiblichen, Aarau 2002.
- Erdwandlung als persönliche Herausforderung, München 2003.
- Marko Pogačnik/Ana Pogačnik: Das Herz so weit – Zu den Wurzeln des Friedens in Palästina und Israel, München 2004.
- Liebeserklärung an die Erde – Ein weltumspannender Steinkreis für die Kraft des Wandels, Baden und München 2007.
- Quantensprung der Erde – Mensch und Natur im Wirbel der planetaren Wandlung, Baden und München 2010.
- Synchrone Welten – Geomantie des zwölfdimensionalen Lebensraums, Aarau und München 2011.
- Die Sprache der Kosmogramme, Aarau und München 2012.
- Marko Pogačnik/Radomil Hradil: Gaiakultur – Der Weg zu einer Zivilisation der erwachten Herzen, Saarbrücken 2014.
- Universum des menschlichen Körpers, Aarau und München 2015.
- Friedenswerkstatt – Die Friedensmatrix erneuern, Saarbrücken 2016.
- Wandlungstanz der Erde – Ein Begleiter durch die Herausforderungen der jetzigen Zeit, Saarbrücken 2019.

Silvia Reichert de Palacio:
- Feng Shui – Der Garten in Harmonie, München 2008.
- Silvia Reichert de Palacio/Thomas Burghardt: Kraftplätze im Garten nach Feng Shui, München 2012.

Ilse Rendtorff:
- Naturmeditationen – Heilung für Mensch und Erde – Von den ersten Schritten bis zur tiefen Erfahrung, Saarbrücken 1999.
- Mit Wünschelruten Kraftorte und Naturwesen entdecken, Saarbrücken 2002.
- Jahreszeitenfeste – Lebendiges Feiern im Jahreskreis, Saarbrücken 2005.

- Ilse Rendtorff/Michael Görlitz: Wir singen mit der Erde – Lieder im Jahreskreis – Das Liederbuch zu den Jahreszeitenfesten, Saarbrücken 2005.

Wolfgang Schneider:
- Der Bewusstseinssprung der Elementarwesen, in Thomas Mayer: Zusammenarbeit mit Elementarwesen – 13 Gespräche mit Praktikern, Saarbrücken 2010.
- Krista Kösters/Hans-Joachim Aderhold/Wolfgang Schneider: Stuttgart 21 – Der energetische Stadtraum zwischen Materialismus und menschlichem Bewusstsein, Stuttgart 2010.

Wolfgang Alexander Tiller:
- Lichtbringer – Geomantische Arbeiten von 1997-2004, Wien 2004.
- Geomantische Analyse des Kahlengebirges, Wien 2005.
- Geomantische Phänomene – Eine berücksichtigungswürdige Facette bei Planungen?, in Magistratsabteilung 18 für Stadtentwicklung Wien (Hrsg.): 100 Jahre Wiener Wald und Wiesengürtel 1905-2005 – Der Stand der Dinge, Wien 2005.
- Tiller/Lehmann/Lukacs,/Krenslehner: Orte der Kraft, Organe der Landschaft, Band 01 – Geheimnisvoller Tiergarten Schönbrunn – Geomantie und Zahlenmystik, Wien 2006.

Rositta Virag:
- Aura-Fotografie – Interpretation – Das praktische Handbuch zur Interpretation von Aura-Fotos, Innerschwand 2003.
- Die Aura – Das Wesen und die Bedeutung der Lichtkörper, Innerschwand 2007.

Gunhild von Kries:
- Zeit heilt – Begegnungen mit dem Klang der Zeit, Schaffhausen 2003.
- Aus Liebe zur Musik – Schritte in ein neues Zeitalter, Steinbergkirche 2016.

Helgard Zeh:
- Ingenieurbiologie – Handbuch Bautypen, herausgegeben vom Verein für Ingenieurbiologie, Zürich 2007.